帝国代理人

Agents of Empire

16 世纪地中海世界的
骑士、海盗、耶稣会士与间谍

Noel Malcolm

[英] 诺埃尔·马尔科姆 著

余福海 译

文匯出版社

新经典文化股份有限公司
www.readinglife.com
出 品

献给阿尔班、法鲁克和乌兰

目 录

简化家族树

* m 表示婚姻关系

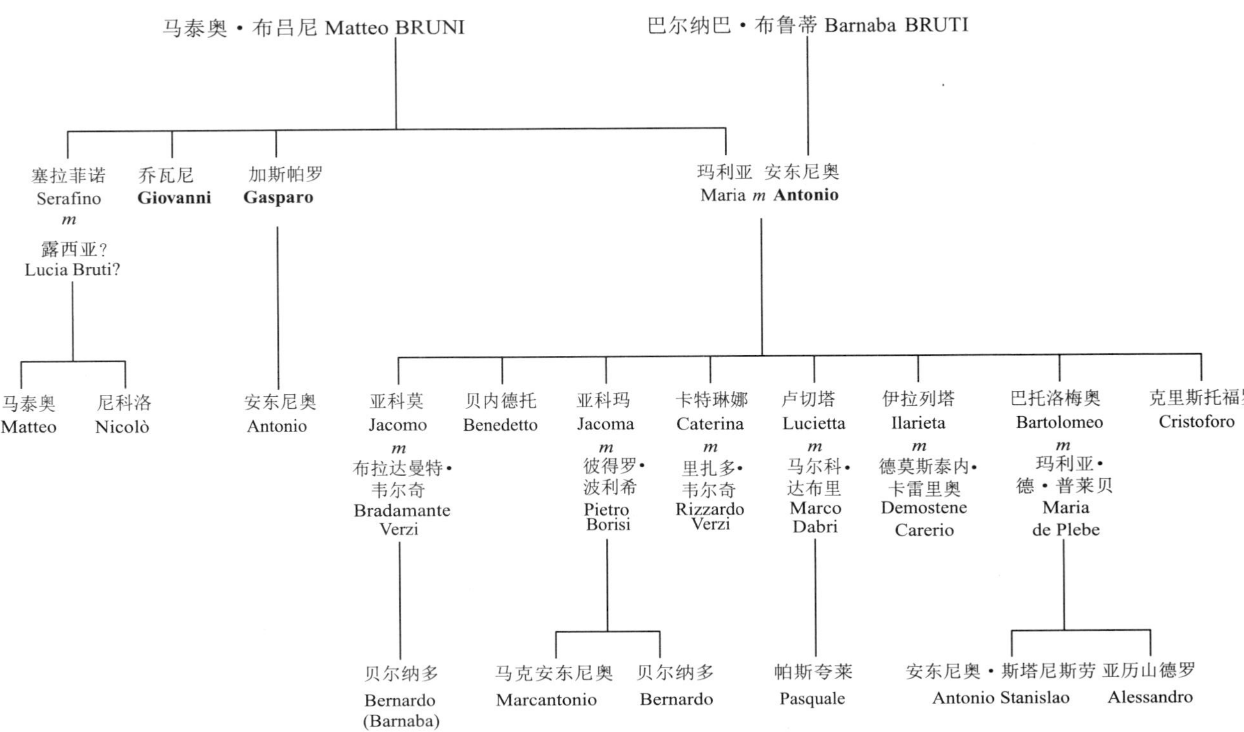

1.布吕尼与布鲁蒂家族所处的欧洲，16世纪下半叶

（本书中的所有插图均为英文原书插图。）

俄　　国
华沙
布列斯特
波兰－立陶宛联邦
克拉科夫
利沃夫
克里米亚汗国（奥斯曼）
摩尔达维亚
雅西
特兰西瓦尼亚
瓦拉几亚
黑　　海
索菲亚
埃迪尔内
奥
斯
曼
帝
国
鲁
米
利
亚
乌尔齐尼
斯科普里
伊斯坦布尔
爱尔巴桑
萨洛尼卡
培拉特
发罗拉
色萨利
沃洛斯
安
纳
托
利
亚
科孚
希俄斯
莱夫卡
优卑亚
勒班陀
纳夫普利翁
扎金索斯
皮洛斯
科罗尼
迈索尼
莫奈姆瓦夏
罗德岛
卡斯特洛里佐
尼科西亚
法马古斯塔
塞浦路斯
马尼
基希拉
喀帕苏斯
苏达
克里特
中
海
埃及

前言

大约二十年前，正当我在阅读一本关于奥斯曼帝国的16世纪意大利书籍时，后颈的汗毛竖了起来。作者引述了一篇关于奥斯曼帝国主要欧洲省份的论著，由安东尼奥·布吕尼所写；这本书在讨论阿尔巴尼亚人的部分写道，相关信息可以在“他们的同胞布吕尼”的作品中找到。这则引述指向一份由阿尔巴尼亚人撰写的有关（至少部分有关）阿尔巴尼亚的文献。这对研究该国历史的人来说意义非凡，因为这似乎是首部由已知姓名的阿尔巴尼亚作者撰写的此类作品。

此前我从未见过有人引用这一文献。进一步调查后我很快确认它从未出版、藏地未详，总之，罕有人知。有本现代阿尔巴尼亚教科书似乎从中摘引了词句，但仅包含上述16世纪意大利书籍在引用布吕尼作品时提到过的一处细节。而安东尼奥·布吕尼本人似乎是个无名之辈，几乎没有在阿尔巴尼亚历史上留下过踪迹。我只在彼得·巴特尔——当代书写阿尔巴尼亚的西欧作家的老前辈——的一部作品中看到有一处提及此人，彼得·巴特尔指出，一位叫那个名字的人据说于16世纪晚期某个未知时间在罗马代一位犯错的教士(此后他成为阿尔巴尼亚的一位主教)求过情。这一阶段,再无任何发现。*

当然，很有可能布吕尼的论著未能以任何形式幸存至今。但我知道在文艺复兴时期的意大利，政治－地理学抄本论著十分受欢迎，常被抄写多份流转传阅；鉴于意大利图书馆和档案馆的非凡馆藏，收录这一论著某个副本的地方可能并不少。年复一年，我尝试多种方式寻找它，其中一些方式较有条理（例如，在意大利书籍中查找其他手稿资料的索引，然后再探寻那些手稿，以期发现附载其中的布吕尼作品），另一些多多少少有些随意（一有机会就浏览意大利手稿收藏目录）。但最终是好运而非技巧和努力帮助我找到了它。在近期一篇意大利博士论文中，作者详细列出了梵蒂冈图书馆庞杂手稿的完整目录；正在阅读之际，我看到布吕尼作品的标题赫然在列。十分钟之内，我预定了飞往罗马的航班。**

当我终于将布吕尼论著抄本拿到手中时，我发现它的篇幅不及预期。尽管这个抄本的确写了这个国家的很多有趣之处，但它并不是专门写阿尔巴尼亚的。不过，这个抄本格外引人入胜，特点鲜明，与这一时期西欧学者关于奥斯曼帝国的常规历史叙事截然不同。它由一位深知内情的人所写——作者既不是在伊斯坦布尔获取二手信息的外交官，也不是途经言语不通的地域的旅行者。我决定亲自誊抄这部作品，找一个合适的学术园地发表，并对它进行简短介绍。

但真正的问题此时出现了。在介绍这部作品时，我必须说明安东尼奥 · 布吕尼是谁，以及他是如何、何时、为何写下它的。一些关于他生平的线索，包括他与摩尔达维亚流亡统治者相当令人困惑的关系，在文本之中可以看出。但除此之外，抄本中仅有两处关于他的细节。一是他的名字，抄本称为安东尼奥·“布鲁诺”而不是“布吕尼”，试图以此为基础发现他的更多信息几无可能，因为其姓氏的

---

* Pollo and Buda, *Historia*, i, 366 (textbook); Bartl, *Der Westbalkan*, 90.

** Gennari, 'Milione', p.viii.

两种拼法在意大利文化和历史中比比皆是。二是他出生的城市名字Dolcigno或Dulcigno——今天黑山的乌尔齐尼。乌尔齐尼的乔瓦尼·布吕尼曾是当地的大主教，所以我决定从他入手，期望发现二人有家族联系。渐渐地，在好运和旷日持久的研究工作帮助下，我拼接出了布吕尼家族史的部分片段，并开始追索安东尼奥·布吕尼几个最近亲属的故事——他的父亲、叔伯和表兄弟——直到这时，我终于意识到自己面对着更为宏大的课题。

这是一段尤为丰富的家族往事，其中偶有真正的戏剧性情节，它们与16世纪欧洲历史上的一些重大事件紧密交织在一起，尤其是那些涉及基督教世界与奥斯曼世界之间关系的事件。多年来，我一直在研究早期现代时期这两个世界相互碰撞又彼此往来的方式。西方基督徒与奥斯曼人之间互动范围广泛，一方面开展间谍活动、情报收集和外交（包含译员的本职工作），并以此为基础进行战争和劫掠，一方面又开展贸易、合作或实际上被奥斯曼人雇用。安东尼奥·布吕尼家族的成员在不同时间和地点参与过上述所有类型的互动。由此，本书的构想逐渐成形。我有两个基本目标，一是描述这个尤为有趣的群体的经历、冒险和成就，二是以他们的集体传记作为框架，以之为基础构建这一时期东西方关系与互动的更宏大、更具主题性的阐释。这里涉及的主题多种多样，不仅包括塑造那些国际关系的大规模外交和战略议题，还包括粮食贸易、海盗和海上劫掠、囚犯交换和赎买、海战、伊斯坦布尔的间谍活动，以及译员扮演的角色等等。在书中，我常常会跳出传记叙事框架转而讨论这些议题，因为它们并非题外话，而是本书主旨的一部分。

随着研究的推进，第三个目标随之出现，即在书中多处简要阐明阿尔巴尼亚地区的历史，并强调阿尔巴尼亚有时以惊人的方式参与了这一时期欧洲历史的诸多领域。阿尔巴尼亚历史学家关于16世纪的记载相对较少，他们更为关注的，一方面是民族英雄斯坎德培的时代，另一方面是文献记载更为丰富的17世纪。诚然，本书所描述的事件只有很少一部分发生在现代阿尔巴尼亚国界以内。但是，阿尔巴尼亚人在巴尔干地区的分布要更加广泛，古今皆然；此外，他们不仅在几个西欧国家的军事事务中发挥了作用，而且在奥斯曼帝国政治史上占有一席之地，奥斯曼帝国很多极其显贵的帕夏就是阿尔巴尼亚人。阿尔巴尼亚人能够超越文化和政治鸿沟，这是他们能为西方雇主所用的关键，也使他们时不时在东西方关系史上占据尤为突出的地位。关于这点，没有比安东尼奥·布吕尼的大家庭更具说服力的了。他们与奥斯曼帝国政府中权势极其显赫的一位维齐尔是亲戚，布吕尼家族为西方势力服务的能力有时因此大为增强。

在我试图重现其生平的个体中，只有巴托洛梅奥·布鲁蒂此前曾引起过历史学家的关注。个别罗马尼亚历史学家（包括最杰出的尼古拉·约尔加和安德烈·皮皮迪）曾研究过巴托洛梅奥·布鲁蒂的职业生涯，对他在摩尔达维亚政坛扮演的角色尤为感兴趣。一些西班牙历史学家曾探讨过巴托洛梅奥·布鲁蒂早期服务西班牙国王的活动——这些活动使他在费尔南·布罗代尔撰写的16世纪地中海伟大历史著作的结尾部分顺带跑了个龙套。但罗马尼亚历史学家并未探讨巴托洛梅奥·布鲁蒂的大部分早年生活，而西班牙历史学家也没有关注过巴托洛梅奥·布鲁蒂后来的职业生涯。总之，他们仅仅注意到他是其他主角身边的次要人物。因此，我还有很多研究工作要做。其他一些人物也被忽视了，比如安东尼奥·布吕尼的父亲在勒班陀战役中作为船长发挥了重要作用，几乎所有关于这场战斗的现代标准历史叙述均未提到他。很多作品列出桨帆船船长的名字，但却忽略了安东尼奥·布吕尼的父亲，而极少数列出他名字的作品中，有本书竟认为他是来自教宗国的意大利贵族。*

因此，本书的很多研究包含了对传记性细节的探究。当学者试图重新发现被遗忘数个世纪的人物时，每一个残存的信息碎片都显

---

* Salimei, ‘La nobiltà’, 14.

得珍贵。本书并未穷尽我搜集到的所有材料，不过纳入了一些帮助阐明人物个体生活的韵味和风格的细节。本书展示的生平故事本身十分有趣——我希望如此；同时，这些生平故事超越了人物本身，指向他们生活其中的一个乃至多个世界。某种程度上，我给自己定下的任务与一些“微观史学”的著名作品相似，即聚焦于一个迄今未知的个体故事，并以此入手，召唤出更广阔的社会或文化世界。不过我的方法与他们的有所不同，部分是由于所获证据的性质所致。微观史的大多数经典著作基于一组单一的丰富信息档案——典型的是一组由地方法官撰写的司法卷宗。我本人在搜寻传记信息时，从未有幸发掘到这样的宝藏。最像这种宝藏的史料本应该是详细介绍布鲁蒂家族（安东尼奥·布吕尼的表亲）的手稿。这个抄本在 18 世纪基于很多原始档案写成。最后看到这个抄本的是伊斯特里亚当地历史学家多梅尼科·文图里尼。1905 年，他发表了一篇文章，介绍其中的一些信息，但这个抄本看来未能幸存至今。*

因而，我的方法是设法调查清楚这些不同个体每人在特定时间的活动，然后前往可能藏有这些活动相关记录的档案馆，探寻他们生活的蛛丝马迹。此类研究费时费力，而且研究者也难免担忧挂一漏万。比如说，我毫不怀疑梵蒂冈档案馆和威尼斯国家档案馆必定有更多关于这些人的资料。两地所藏文献浩如烟海，我多次在其中进行试探性的查阅；但要系统性的“网罗”所有文献，则需要年复一年的工作。我安慰自己，如果本书将布吕尼和布鲁蒂家族呈现在恰当的历史背景下，其他在档案馆读到他们名字的历史学家至少会注意到他们，也许还会记录下自己在该馆的发现。另一片我未曾涉入的巨大文献海洋是伊斯坦布尔的奥斯曼档案馆。原因非常简单，虽然我对现代土耳其语有基础的阅读能力，但我并没有那么多年的时间将其转化为阅读奥斯曼手稿的能力，这些手稿中元音丰富的土耳

---

* Venturini, ‘La famiglia’.

其语言和元音非常匮乏的阿拉伯文字之间经常对不上。(我用到了经现代土耳其文转写出版的奥斯曼史料;其他情况下,我大量使用奥斯曼文献的阿尔巴尼亚语、塞尔维亚-克罗地亚语、马其顿语、罗马尼亚语和各种西欧语言的译本。)尽管书中的一些人与伊斯坦布尔政府有过往来,伊斯坦布尔档案馆也并不一定能提供关于他们的更多信息——如果涉及司法案件,也许该馆能提供相关司法记录的简要索引,仅此而已。奥斯曼档案馆虽有这一时期丰富的行政文书,例如税务登记册、支出账目和行政法令,但却较为缺乏西方政府档案中常见的个人信件和报告、东拉西扯的政策文件等等更为私人化的材料。

本书与一些著名的微观史经典作品的更大区别是,我在此描述的很多人也深度参与了"宏观历史"。重构一位农民或磨坊主的精神和社会世界是件令人着迷的事,但他们的精神和社会世界必定十分有限,接触不到国际事务、军事指挥和宗教的重大发展。而我试图重现其生平的人们与所有这些事务都有密切联系。他们受到枢机主教友善相待,与教宗和伊丽莎白一世女王等君主通信。其中一位是特伦托会议上积极参与天主教改革的大主教;另一位是教廷舰队司令在三次战役中的得力助手;还有一位参与了西班牙-奥斯曼停战和波兰-奥斯曼和约的谈判,同时还是摩尔达维亚的首席大臣和军队指挥官;另一位差点成功阻止了一场极具毁灭性的哈布斯堡-奥斯曼战争,还有一位为了终结这场战争冒险出使觐见鲁道夫皇帝。因此,讲述这些人的故事,也意味着在相当广阔的画布上,描摹他们参与其中的国际关系史。

本书当然不会乔装成16世纪下半叶的欧洲通史;但本书确实试图探究奥斯曼帝国与一系列基督教势力之间的合作、冲突、外交、军事等关系。同时,本书试图挑战一些假设,也为一些长期争论的议题提供新的解释。虽然本书运用了其他专家可能感兴趣的新材料,但是本书所有文字都以非专业读者为主要对象。我希望向这些读者解释清楚这一重要的历史时期；纠正他们对基督教世界和奥斯曼世界之间关系的成见；向他们呈现16世纪欧洲历史被全然忽视的阿尔巴尼亚因素。若能成功实现其中任何一个甚至全部目标，那这本书就值得一写。

我首先要感谢的是万灵学院以及各位同事，他们不仅为我提供了研究和撰写本书的理想条件，还支持我进行研究所需的大量查阅档案之旅。我特别感谢两位卓越的历史学家约翰·埃利奥特爵士和安德烈·皮皮迪对本书初稿的评论。同样感谢斯图亚特·普罗菲特，他是位睿智而富有建设性意见的编辑，也是位眼光犀利的读者。我还要感谢排印编辑马克·汉斯利异常勤奋的工作。我很感激几位朋友和同事提供了罕见的史料：丹尼尔·安德森、贝伊图拉·德斯塔尼、乌兰·费里茨和拉贝特·费里茨·泽内利、凯特·弗利特、埃里克·纳尔逊、安德烈·皮皮迪和奥利弗·施密特。阿格涅斯卡·科拉科夫斯卡不仅在华沙慷慨款待，而且在阅读和翻译一些有难度的波兰文献方面给予了宝贵帮助。我还要感谢维利和萨希特·易卜拉欣玛吉，感谢他们在特罗波亚的热情款待，并向我展示了一些与锡南帕夏有关的传统遗迹；感谢乌兰·费里茨和阿迪娜·费里茨·奥洛尼使这次访问得以实现。

我非常感谢本书末尾手稿列表中列出的所有图书馆和档案馆；就大多数图书馆而言，我要感谢普通阅览室、珍本阅览室以及抄本收藏室的工作人员。此外，我还要感谢以下图书馆：牛津万灵学院、的里雅斯特阿提利奥·霍蒂斯市民图书馆、罗马意大利古代历史研究所图书馆、罗马朱斯蒂诺·福图纳托图书馆、米兰布雷顿斯国家图书馆、帕多瓦大学图书馆、巴黎土耳其研究图书馆、巴黎让·德·维农图书馆、剑桥大学图书馆、牛津大学基督圣体学院、伦敦大学海斯洛普学院、牛津大学女王学院、牛津大学罗德学院、伦敦大学东方与非洲研究学院、伦敦大学学院斯拉夫东欧研究学院、剑桥大学斯科尔特奥斯曼研究中心、牛津大学泰勒研究院（尤其是其斯拉夫语和现代希腊图书馆）、伦敦沃伯格研究院、伦敦惠康图书馆。

在提及档案馆和图书馆之时，我想单独谈谈两处。我特别感谢盖拉尔多·德格利·阿佐尼·阿伏加德罗·马尔瓦西亚伯爵，他在威尼斯的耶路撒冷圣约翰骑士团威尼斯与伦巴第大修道区接待了我。在此一并感谢圣约翰骑士团团长马修·费斯廷神父帮助安排访问，并感谢名誉档案管理员马特·蒂乌佐博士提供帮助。藏于此地的档案非常重要，这是意大利唯一一批保存完好的修道区历史档案。但是这批档案急需财政资助，以修复档案存放馆舍的物理结构，并通过数字化或其他手段促进研究。对慈善人士和基金组织而言，这是特别值得资助的项目。

遗憾的是，对于要提的第二处，我的看法不那么正面。二战即将结束时，斯洛文尼亚城市科佩尔的市政档案被意大利掠走。自此以后，这些档案就一直躺在威尼斯国立马尔恰纳图书馆的储藏室中，无人问津，马尔恰纳图书馆也不接受相关问询。20 世纪 60 年代，有工作人员用缩微胶卷拍摄了部分档案，这些胶卷目前存放在的里雅斯特国家档案馆。我曾试图在那里研究这些档案，但胶卷拍摄的质量非常低。我非常感谢的里雅斯特国家档案馆的工作人员，他们在设法改善这一材料的易读性方面给予了极大帮助。但有些胶卷的阅读困难几乎无法克服。这些档案由数百卷中世纪装订抄本组成，堪称了解威尼斯统治时期斯洛文尼亚城市的最大单一可能来源。它是斯洛文尼亚人民文化遗产的重要组成部分，至少理论上应是如此。如果这些档案被归还到科佩尔，抑或在威尼斯向学者开放，就能被用于重新理解威尼斯和斯洛文尼亚的历史。而目前的情形，在二战结束七十多年后，绝对不可原谅。

第一章

乌尔齐尼、阿尔巴尼亚与两大帝国

故事发生在乌尔齐尼，一个伫立在突出岩壁上俯瞰亚得里亚海的城市，这里也是本书主人公的故乡。它位于现在黑山的南端，而今少有西方游客造访，却是阿尔巴尼亚和科索沃居民的夏季旅游胜地。他们去乌尔齐尼不仅因为它拥有向南延伸7英里的金色沙滩，还因为这是个说阿尔巴尼亚语的城市。乌尔齐尼并不是个大城市，目前市区人口约11000人，郊区人口约有20000人；在历史上这座城市也没有扮演过重要角色。对于当代历史学家来说，它最为人所知的是1878年柏林会议之后愈演愈烈的地区冲突。这次会议将其划归黑山，遭到奥斯曼帝国的反对。1571年以来，奥斯曼帝国一直占据这里，其居民大多是阿尔巴尼亚裔穆斯林。柏林会议之前的17、18世纪，乌尔齐尼与北非巴巴里海盗有特殊联系，是个臭名昭著、令人生畏的海盗老巢。乌尔齐尼另一个算得上出名之处是，自称犹太人弥赛亚并以此震撼整个犹太世界的沙巴泰·泽维在遭到放逐后，于1676年卒于此地。当时他已经十分蹊跷地皈依了伊斯兰教（他的追随者为此感到十分痛苦）。但是，像这一区域的大多数城市一样，乌尔齐尼的历史远比上述介绍更为悠久。这里最初为伊利里亚人控制，然后归于罗马，是亚得里亚海东岸一串有独特城市传统的滨海

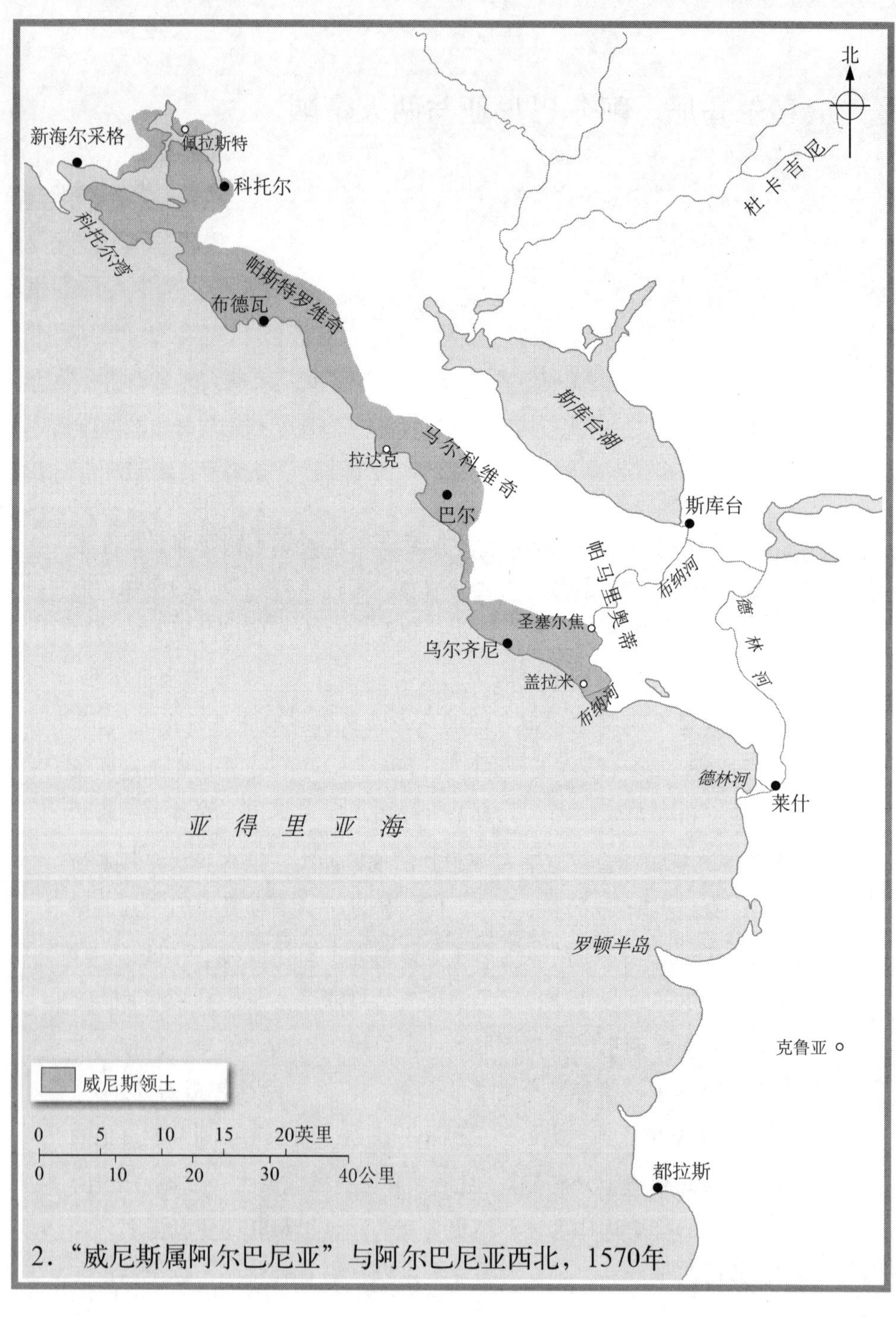

2. “威尼斯属阿尔巴尼亚”与阿尔巴尼亚西北，1570年

城镇之一。此后，包括乌尔齐尼在内的这些城市先后被拜占庭帝国的行省和其后的斯拉夫诸王国（公国）占有。14 世纪末，在最后的斯拉夫人王朝巴尔沙王朝控制下的乌尔齐尼已是个重要的贸易中心，与杜布罗夫尼克有密切联系，而且发行了自己的货币。1405 年，乌尔齐尼被威尼斯人控制，最初虽有反复，但威尼斯人的统治一直维持到 1571 年奥斯曼人征服这座城市。[1]

目前所能见到的关于乌尔齐尼最早的详细描述来自 16 世纪 50 年代。按时间顺序这也正是本书的写作起点。这一时期，它是座相当小的城镇,经济地位并不高。但乌尔齐尼对威尼斯来说却意义重大，它处于至关重要的边疆，是威尼斯在亚得里亚海东岸狭长国土的最前沿，紧临奥斯曼帝国。一位威尼斯官员于 1553 年到访这里，据他记载，乌尔齐尼有 300 户人家，总计 1600 名居民，其中包括 300 名正当入伍年龄的男子。他把全部居民分为三类:贵族、市民和劳作者。最后这类人在郊区土地上劳作，生产酒和油，“这些是贵族和市民的主要收入来源”。乌尔齐尼的领地很小（6 英里长，2 英里宽），仅有两三个村庄，村庄共 600 名居民。但同年的另一份报告记载说，这些村庄提供了足够城区人口半年所需的粮食、一年所需的酒，还生产了最上等的橄榄油以供出口。并非所有的劳作者都从事农业生产。一份 1558 年的报告观察到，很多人充当水手为生，绝大多数人口是贫困的。所有这些报告都提到这里的普遍贫困现象。奥斯曼帝国在最近的扩张中已经夺走了很多肥沃的农业腹地，而流经乌尔齐尼的贸易额不大，不足以让经济状况改观。当地收入包括每年最多 700 杜卡特的货物关税、50 杜卡特的马匹转口关税（从奥斯曼购买，转运威尼斯），再加上 120 或 130 杜卡特的酒税。这些收入用于支付地方长官的薪俸。但由于每年基础防御所需的费用达 1770 杜卡特，所以很明显，如果没有威尼斯的补贴，乌尔齐尼撑不下去。其中一份报告抱怨说，驻扎此地的普通士兵靠每年 32 杜卡特的薪水难以维生。这份报告也指出这座城镇的财政规模极小，即便所有财政收入全部用于支付士兵工资，顶多也就养得起27人。[2]

由于乌尔齐尼是个边疆城镇，人们也许会以为它是个重要的军事据点。但威尼斯应对奥斯曼帝国的策略并非如此针锋相对，大部分军事方案仅仅包括招募当地士兵和从海上快速驰援城市。因此，在乌尔齐尼仅有一支小部队对国土进行警戒，应对包括海盗侵袭在内的偶然性袭击。1553年，这里仅有一位威尼斯长官带领8名士兵负责城堡警戒。再加上一位来自帕多瓦的队长麾下的18名步兵，两位阿尔巴尼亚队长麾下的19名轻骑兵，以及从乌尔齐尼境内招募的24名马尔托罗士兵(泛指巴尔干本地战士)。这些马尔托罗士兵是“极其彪悍之人”，装备有弯刀、标枪和带毒箭的弓。1553年，乌尔齐尼整体上被视为“未设防的”：虽有城墙，但并没有处于防御状态。城堡本身看起来也许由于其“悠久而且高耸的城墙”而令人印象深刻，但如同1558年报告所说，内陆有两处更高的地方俯视着城堡，城堡临海一侧也“有部分城墙看起来很可能会倒塌”。此前从乌尔齐尼来的报告和信息，也令人对这座城市的防御设施印象不佳。1531年，当地长官已经就军备的恶劣状况发出警告，他说：“一些大炮和火器根本就无法使用。”三年前驻扎此地的炮兵军官也曾经抱怨过那些他必须与之打交道的阿尔巴尼亚人。[3]

一位在1553年访问这里的官员也未能对此地的居民表现出好感。他写道：“这些人有着野蛮的风俗。”他马上又加了一句（好像这是他们野蛮的证据），“他们操阿尔巴尼亚语，与达尔马提亚人（斯拉夫人）完全不同”。但是，“他们对统治者非常忠诚，为此应该得到嘉奖。他们之间没有极端的迫害或者相互仇恨的情绪，尽管如此，他们还是非常容易暴怒。他们喜欢在公共场合打口水战，不过他们那与生俱来的愠怒也会很快烟消云散”。对于来自威尼斯的游客来说，乌尔齐尼在某些方面看起来是个奇妙、遥远的异域，尤其对于这位贵族出身的官员乔瓦尼·巴蒂斯塔·朱斯蒂尼安而言就更是如此。人们在看到这座城市仅有的几处威尼斯时代的古迹时，也会生出相似的感触：在老城区一条狭窄的街道上，一处房子的入口有处石雕，上面刻着：*Nemo profeta aceptvs est in patria sva*（“没有先知在自己家乡被人悦纳”，引自《路加福音》第 4 章第 24 节）。它可能由一位遭放逐的威尼斯市民所放置，借此抚慰被远远流放的痛苦。[4]

然而，来自意大利本土的任何人都不会觉得这里城市生活的基本条件有多么陌生。虽然大多数居民习惯讲阿尔巴尼亚语，少数居民习惯讲斯拉夫语，不过公共生活和商业活动中却使用意大利语。乌尔齐尼有座面朝大海的宏伟市政建筑，可能是市政厅，直接仿照安科纳的执政宫（市政厅）建造。这里有座罗曼－哥特式大教堂，教堂内有主教和教堂圣职团，此外至少还有五个教堂。罗马天主教在这座城市历史悠久，尽管中世纪的斯拉夫统治者创办或资助过东正教堂，但值得一提的是，东正教堂中最重要的那些位于城墙之外。我们对乌尔齐尼的教育状况知之甚少，但肯定有相当数量的神职人员在那里保证意大利语和拉丁语的基础教育。一位生于科索沃城镇新布尔多的人文主义者马蒂诺·赛格诺曾于 15 世纪晚期任乌尔齐尼主教。16 世纪 10 年代到 20 年代，乌尔齐尼学者卢卡斯·帕奈提乌斯在威尼斯出版了恺撒、普劳图斯、亚里士多德、哲学家马尔西利奥·费奇诺以及魅力非凡的布道者吉罗拉莫·萨佛纳罗拉的大量著作。乌尔齐尼不仅在贸易和行政事务上与威尼斯保持频繁联系，而且有大量移民在威尼斯生活和工作。总之，尽管这个小城镇的世界很像一潭死水，但从意大利来到乌尔齐尼，与其说是来到一个截然不同的地方，不如说是迁居到了威尼斯文化影响依稀可辨的边陲一隅。[5]

巴尔也是如此，这里也是威尼斯的属地，位于乌尔齐尼以北约 12 英里（直线距离）。这不是同名的现代港口城市，而是老巴尔，是座有城墙的城镇，位于比现代巴尔市更靠内陆几英里的位置，一直存在到 19 世纪晚期，之后先后遭遇了炮火轰击、一场巨型弹药爆炸和一场地震，逐步被毁。16 世纪中叶，巴尔是座比乌尔齐尼更大的城市（拥有 2500 名居民，而不是 1600 名），经济也更加繁荣：属地内的农业区面积更大，能够出口大量的酒和橄榄油。这里也有一座罗马天主教大教堂，此外也有其他一些教堂，但人口中也有东正教徒。不论信奉哪种宗教，绝大多数人口是讲斯拉夫语的。对威尼斯城的巴尔移民研究表明，相较于同乌尔齐尼移民的联系，巴尔移民与更靠北的布德瓦和科托尔移民联系更紧密。语言可能在其中发挥了部分作用。尽管阿尔巴尼亚裔居民在巴尔城只占少数，朱斯蒂尼安1553年的报告中还是提到，在附近的村庄里两种语言都有使用。这一地区是阿尔巴尼亚语世界和斯拉夫语世界接合的地方，人们一定曾经普遍使用双语。[6]

朱斯蒂尼安观察到，一些人把巴尔视为阿尔巴尼亚的终点和达尔马提亚的起点（如果从南向北看的话）。但是，所谓的阿尔巴尼亚和达尔马提亚是两个弹性很大的概念，更多地被视为地理术语（尽管也很模糊）而非语言标志。威尼斯官方常常把一直延伸到科托尔湾北界的整个“黑山沿海地区”视为“威尼斯属阿尔巴尼亚”。与此同时，奥斯曼帝国对阿尔巴尼亚地区北部边界的划定也是这个范围。不过，一些人把乌尔齐尼甚至更往南的德林河口视为阿尔巴尼亚地区的边界。这一时期的文献提到阿尔巴尼亚人时，其用法和今天的种族－语言概念大致相同，但也可能仅仅指代来自某一地理区域的人民，这个区域比今天的阿尔巴尼亚要大，至少两者之间有所不同。[7]

1553年朱斯蒂尼安访问这一地区时，对巴尔居民的印象比对乌尔齐尼还要差。尽管他充满赞赏地记述巴尔可以提供500名极其好斗的战士，但同时却认为当地人民的风俗极为野蛮，补充说：“他们对外国人冷淡，充满天生的敌意。彼此之间几乎没有友善的精神，互相诽谤，非常狂躁易怒。”社会中似乎充斥着某种狠戾之气：一项对15世纪晚期暴力和神职人员的研究着重关注了巴尔的一些司法案例：平信徒杀害教士，2例；两位教士扭打斗殴，1例；两位教士殴打执事，1例。1512年，两位神职人员同时声索附近拉达克的本笃会修道院，因此爆发了冲突。两人各自代表一个利益集团，双方均拥有私人武装。等到他们停止打斗时，已经有 62 人丧命。（但我们将看到，这里有更深层次的社会政治因素在起作用，而非仅仅是神职人员之间的竞争。）由于巴尔人和马尔科维奇人之间关系非常紧张，城墙外有更多的暴力事件发生。马尔科维奇是个拥有 1000 名战士的好战氏族或部落，控制了城市周围的乡村地区。他们曾于 15 世纪被威尼斯当局收编，也忠诚地提供过军事服务。但他们的大片领地随后归于奥斯曼人。当他们奋起反抗新主人时，巴尔的威尼斯当局不想违反刚刚签订的威尼斯－奥斯曼和平协议，拒绝帮助他们。据说，这是他们对巴尔抱有强烈敌意的起源。尽管如此，很多城镇家庭仍然延续了与马尔科维奇人通婚的传统；巴尔草率粗疏的司法体系也意味着，遭到当局谴责的市民会立即走人，加入马尔科维奇部落，而不是冒着可能被绞死的风险继续逗留在城里。这种整体的不安全感十分强烈，如果没有武装护卫，巴尔人就无法外出到他们的农场中劳作；一位像朱斯蒂尼安这样的高级官员到访时，如果没有轻骑兵的护送，就无法由海岸来到城中（路程不到 3 英里）。然而朱斯蒂尼安却看到持续冲突的一个好处：他说，正是和马尔科维奇人的持续“战争”，避免了巴尔人“像疯狗一样”自相残杀。[8]

上述情况是威尼斯－奥斯曼帝国边境地区的典型混乱状态。事实上，基督教世界与奥斯曼帝国的边境地区基本都是这样。双方冲突的具体原因不是两个国家间的冲突，而是当地具有一些共同身份特征的群体之间的地方性敌意：马尔科维奇人是斯拉夫人和东正教徒，巴尔的绝大多数居民也是斯拉夫人，部分居民也是东正教徒。事实上，马尔科维奇人的领地位于奥斯曼帝国一边，但这并不意味着他们是因为亲奥斯曼才对巴尔人发动攻击。（两者争端的起源故事表明，事实恰恰相反。）但他们位于边境的另一侧，则增加了巴尔长官对马尔科维奇村落实施报复的可能性，往往会延长并加剧冲突。

在沿海岸更往北的同属威尼斯统治的小镇布德瓦可以观察到相

当类似的模式。而今这里的赤褐色石制瓦房几乎被大海环绕，是这一地区文化遗产中最珍贵的部分。16 世纪 50 年代，布德瓦是个贫困的所在，仅有一小块属地，所有耕地已被葡萄园取代，以便补贴水手、渔夫和居于此地从事小规模沿海贸易的商人的微薄收入。镇中和属地人口加起来只有 800 人，其中最多有 200 人适合服役。1521 年，布德瓦（由塞尔维亚东正教会）皈依天主教。布德瓦确实拥有自己的主教，但主教通常住在意大利。朱斯蒂尼安对布德瓦人的论述解释了为何如此：“他们有着野蛮的风俗，其邋遢的生活方式类似吉卜赛人。而且由于所在省份的极端贫困，人畜杂处一室，这一点与几乎所有阿尔巴尼亚（即威尼斯属阿尔巴尼亚）人相同。”这里的治安难题与附近奥斯曼帝国的村民无关，布德瓦人与他们的关系非常友好。相反，问题产生于布德瓦人与另一个强大的氏族或部落帕斯特罗维奇的长期敌意，帕斯特罗维奇人控制了广阔地域，在布德瓦的东南部建立了根据地。敌意的起因尚不清楚。朱斯蒂尼安记述说，尽管这两个族群血缘关系相近，且均对威尼斯“非常忠诚”，但这种敌意仍持续存在。帕斯特罗维奇人也曾被威尼斯人收编作为一支战队（他们可以提供1200名战士），而且被赋予各种特权，以保持其忠诚：他们有财政和贸易特权，施行自己的法律，进行自治，1558 年报告描述道，“几乎如瑞士人一样”。对威尼斯人来说，结果造成了令人尴尬的局面：布德瓦人更直接认同威尼斯人的统治，威尼斯人对其控制也更加有效。但出于安全目的，帕斯特罗维奇人对威尼斯人的利益来说更加重要。[9]

朱斯蒂尼安离开布德瓦，在轻骑兵的护送下由陆路向北继续旅行，途中穿过了一个氏族的领地。大约十五年前，这一氏族转而效忠于奥斯曼帝国。他来到了科托尔——另一个威尼斯人统治的设防城镇（城镇背后陡峭的山坡上设有防御性的墙体，围绕着坡顶的一座小要塞）。科托尔位于科托尔湾最深处。科托尔湾是一片巨大的不规则水域，如同峡湾一般，拥有壮丽的风景，提供了整个亚得里亚海东岸最佳的深水港口。正因如此，第一次世界大战期间，它成为奥匈帝国一处主要海军基地。上文述及的所有城镇中，科托尔最为重要。它不仅拥有3000到4000人口，与内地贸易中产生的税收收入相当可观，还控制了包括31座村庄在内的一长串属地，它们蜿蜒分布在海湾的东部和北部边缘（尽管并不都有出海口：奥斯曼帝国已经控制了一处具有战略意义的前哨基地——要塞城市新海尔采格）。科托尔在这一时期也许还没有被正式称为“威尼斯属阿尔巴尼亚地区”的首府，但它在诸多方面起到了这样的作用：正因如此，例如，尽管重大案件中对巴尔和乌尔齐尼长官的裁决提出的司法上诉直接交由威尼斯终裁，但那些所涉金额少于100杜卡特的上诉请求，则交给科托尔长官终裁。科托尔在威尼斯人的优先序列中地位更高，既有军事原因也有商业原因。人们或许会觉得，由于军事原因，科托尔和奥斯曼帝国地方当局的关系更加紧张。不过这种顾虑已被太平时期两者的贸易联系所压倒，其中奥斯曼帝国羊毛、皮革、蜡和马匹的流入达到了每年30万杜卡特的规模。十三年前，威尼斯共和国和奥斯曼帝国为争夺这一地区进行了一次重要战争，当地也爆发了激烈战斗，而朱斯蒂尼安记述时，已经能够宣称：“科托尔人及其属民与奥斯曼人邻里关系非常良好。”[10]

威尼斯细长脆弱的属地在东、南两面与奥斯曼帝国相连，这个帝国也是当时东欧最具活力的政治力量。在过去两个世纪，奥斯曼帝国以惊人的速度扩张。1400年，奥斯曼帝国苏丹已经接管了色雷斯、保加利亚和马其顿，从威尼斯人手中夺得重要港口萨洛尼卡，在科索沃之战中决定性地击败了塞尔维亚领导的联军，并派出大批劫掠部队经由北阿尔巴尼亚大肆掠夺，最远到达乌尔齐尼。15世纪早期的很短时间内，奥斯曼的扩张活动一度停滞，甚至被迫回缩，但他们很快就卷土重来。1415年到1423年间，奥斯曼帝国一边采取直接的军事行动，一边对地方领主威逼利诱，结果阿尔巴尼亚地区大部被征服，只有少数城市仍然处于威尼斯人控制之下。阿尔巴尼亚以北的其他巴尔干地区也已臣服于奥斯曼帝国的影响，甚至处于附庸地位。然而1453年夺取君士坦丁堡之后，“征服者”苏丹穆罕默德二世决定停止采取间接统治的办法，派出军队将塞尔维亚和波斯尼亚王国的领土先后并入奥斯曼帝国。对希腊内陆地区的征服也于此时完成。16世纪20年代，伴随着苏莱曼大帝发起匈牙利战役，匈牙利王国的大片国土成为奥斯曼帝国领土，奥斯曼帝国进入了欧洲扩张的下一个重要阶段。现在苏丹军队直接面对的是神圣罗马帝国哈布斯堡王朝领导的军队。事实上1529年维也纳围城之役中，就是在哈布斯堡的抵抗下，奥斯曼人功败垂成。这之后，尽管苏丹在罗马尼亚领地内的权力在接下来的几十年里明显增强，但再没有对欧洲大陆展开直接的征服行动。即便如此，奥斯曼帝国仍构成了对其北部、西部邻国的巨大军事威胁，这尤其得益于苏莱曼的父亲于1516年到1517年征服叙利亚和埃及的肥沃领土之后取得的财政资源。

历任苏丹在他们直接控制的地区建立了一套行之有效的军事和民政统治系统。这一套行政管理制度的设计初衷是为了供应两种必需品：打仗的男丁和军饷。因此，很多农业用地被分割成军事封建制的庄园，置于西帕希骑兵（*spahis*）的控制之下。这些骑兵在和平时期负责收税，留下一部分自用，战时应召，带领武装仆从赶赴战场。（另有一支以伊斯坦布尔为基地的常备军，它由骑兵军团和常规步兵组成，通常被称为耶尼切里或禁卫军。）领土被分成名为桑贾克（*Sancaks*）的大区，这个词来自土耳其语中的“战旗”。桑贾克由桑贾克贝伊负责管理。这些桑贾克组成行省，其中一些行省的规模如现代国家一般大。行省由总督（*beylerbeyis*）负责管理。但在地方层面，许多行政事务由卡迪（*kadi*，法官）负责，他们还通过一套融合了伊斯兰教法、苏丹律例和（在很多案例实践中的）当地传统法律元素在内的法律体系，实行奥斯曼司法。尽管非穆斯林在法律上处于弱势地位，他们也可以向卡迪寻求正义。非穆斯林还要缴纳一种特定的分级人头税，而穆斯林则不必。不过在正常情况下，奥斯曼帝国没有试图强迫非穆斯林臣民皈依伊斯兰教；东正教会和罗马天主教会继续在奥斯曼帝国发挥影响。这部分是考虑到伊斯兰教关于“有经人”（包括所有的基督教徒和犹太教徒）的传统信条，部分是考虑到如果没有非穆斯林缴纳税收，公共收入将会下降。但易被忽视的原因是奥斯曼帝国与许多前现代帝国一样，对其臣民的生活不怎么感兴趣。只要能够获得所需的金钱和兵源，以及其他一些基本服务和原材料，奥斯曼帝国似乎没有动力去改造他们。奥斯曼帝国行使起国家权力来，有时的确反复无常且专制，但很多基督教国家同样如此。在巴尔干半岛的某些地区，农民接受奥斯曼帝国统治之后，生活得到了真正的改观。农民为西帕希付出的劳役比之前为封建领主付出的大为减轻。事实上，15 至 16 世纪，有很多农民从奥斯曼帝国尚未征服的地区迁徙至奥斯曼帝国境内。[11]

不过，有些地区经过奥斯曼帝国很长时间的统治后，却开始了武装抵抗。宗教动机经常是原因之一；在此前统治者无为而治的地区，人们对税收和征发男丁到远方参战的普遍敌意，也是部分原因；另一重要原因是人们对当地长官的不满。不论是宗教领导人还是世俗领导人，他们的社会影响力大大超越了其被允许行使的有限政治权力。巴尔干地区试图摆脱苏丹统治的斗争中，15 世纪的阿尔巴尼亚最为激烈和持久。豪强地主家族的后裔杰尔季·卡斯特里奥塔——被称为斯坎德培，这个词来自土耳其语 İskender Bey（即“亚历山大大人”）——在于 1468 年去世之前的二十五年间，领导了一系列反奥斯曼帝国的战斗。为了打败他，帝国苏丹三次率军亲征阿尔巴尼亚，但均未能征服其主要据点克鲁亚要塞。斯坎德培此后死于疾病而非战争。1478 年，也就是斯坎德培去世十年后，克鲁亚才被彻底征服。[12]

奥斯曼帝国治下的阿尔巴尼亚地区有四个城市将在本书中经常被提及。斯库台位于同名的大湖南端，在乌尔齐尼以东，相距仅有一天的路程。斯库台以南是莱什，距离乌尔齐尼也是一天路程，但由海路到这里更为便捷。乌尔齐尼和这两处城市均有长期密切的经济、社会联系。它们均是商业市镇，是沿海或近海重要贸易路线的终点。这一商路横跨阿尔巴尼亚北部山区，从科索沃甚至更远处把货物运至海边。斯库台经由布纳河与亚得里亚海连通，进入河口的海船可以驶到距城镇不到 6 英里的地方。在那儿有处河港，长长的骡车队在那里卸下货物，接着货物会被装上来自威尼斯等地的商船。莱什距离海岸非常之近。德林河入海前，分成两条主要支流，莱什就位于分汊处。莱什有自己的港口，附近还有另一处港口，其位置则在更加隐蔽的海湾中。* 莱什往南 30 英里（直线距离）是海滨城市都拉斯，再往南 50 英里是另一个亚得里亚海海滨城市发罗拉。二者今天分别是阿尔巴尼亚中部和南部的主要港口城市。[13]

14 世纪 90 年代，奥斯曼帝国的军事和政治压力第一次扰动了阿尔巴尼亚。阿尔巴尼亚地区此时在众多封建领主统治下四分五裂，无法组织抵抗。都拉斯、莱什和斯库台由当地统治者转交给威尼斯人控制。作为贸易城市，它们均有一个讲意大利语的商业阶层，而且威尼斯自身就是其最重要的贸易伙伴。所以，这样的安排看起来再自然不过，这是保护商业活动免受奥斯曼帝国征服威胁的最佳方式。斯坎德培生前，这三座城市仍处于威尼斯人统治下，是范围大得多的“威尼斯属阿尔巴尼亚地区”的一部分。因此，它们在很大程度上避免了其他阿尔巴尼亚地区经历过的政局动荡。但是奥斯曼帝国在 1478 年最终征服克鲁亚城堡的那场战争也将莱什纳入囊中。同年，奥斯曼帝国军队对斯库台城堡开始了史诗般的围攻，最终于 1479 年取得成功。都拉斯在接下来的二十年里仍处于威尼斯的控制之下，但是也于 1501 年落入奥斯曼帝国之手。[14]

奥斯曼帝国的征服对这些城市的影响相当巨大。以斯库台为例，

* 随后的冲积扇沉积极大地改变了德林河口的景观。旧时两条支流入海的位置在 17 世纪的地图上清晰可见。

绝大多数基督徒选择了逃亡；因此，当人口逐步恢复之后（由1500年的730人增长到1582年的1410人，不过16世纪70年代之前可能一度达到更大的人口规模），斯库台变成了一个穆斯林占多数的城镇。贸易路线也终于恢复；根据朱斯蒂尼安1553年的报告，经过斯库台的大宗货物有皮革、蜡、羊毛、地毯、毛毡、羽纱（一种由丝绸和羊绒制成的奢侈织物）和各种香料，其中一些货物来自遥远的小亚细亚和亚美尼亚。莱什也参与了部分贸易。莱什的基督徒人口在1478年奥斯曼帝国征服此地时也纷纷逃离，那些仍留在所谓的"岛屿"（德林河两条支流之间的三角洲）上的基督徒也在1501年到1503年反抗失败后选择离开。进入16世纪下半叶，莱什仅包括城堡及其驻军（可能是400名穆斯林），还有其下河岸地带的一个基督徒小聚落。尽管发生了上述所有变迁，威尼斯和杜布罗夫尼克的商人仍然来到莱什；朱斯蒂尼安的记述强调从阿尔巴尼亚北部肥沃平原运至的谷物是主要商品，但1559年的一份报告指出，人们也在莱什买卖波斯丝绸。[15]

都拉斯在1501年被奥斯曼帝国征服后也丧失了基督徒人口。几年后编制的税务登记册仅仅列出了驻守堡垒的118名军人。16世纪20年代访问此地的旅行者把它形容为一座废墟中的城市。然而，16世纪50年代威尼斯人的报告中，都拉斯已作为海盗活动或海上私掠的中心而被经常提及。1556年5月，威尼斯舰队指挥官克里斯托福罗·达·卡那报告都拉斯有八艘海盗船。次年，一艘威尼斯商船就在乌尔齐尼海岸不远处被五艘海盗船扣押，然后直接带往都拉斯。这些人也许是穆斯林私掠者。毫无疑问，吸引他们来到这一港口的是此处由奥斯曼人控制的堡垒。当被威尼斯桨帆船追击时，他们可以托庇于其火炮之下。（1559年，一个威尼斯海军指挥官为解救六艘商船，回击了海盗们的虚张声势，炮击了堡垒，击沉了一些海盗船只；这一前所未有的行动几乎引起一场战争。）但是私掠毕竟是经济活动的一种形式，其赃物常常在都拉斯出售，这说明都拉斯的市场经济仍然在正常运作，城中不仅有奥斯曼军人，也有文官。正如我们将看到的，这一世纪稍晚一些时候，都拉斯还是个粮食出口中心。[16]

发罗拉也成为一个海盗基地，同时也是到访商人采购粮食的重要城市，其出口规模比都拉斯更大。尽管在外国人的记述中发罗拉常与都拉斯并称，这两座城市在前奥斯曼帝国时期作为商业中心城市功能也非常相似，但它们近期的历史却走上了截然不同的道路。发罗拉是奥斯曼帝国最早控制(早在1417年)的阿尔巴尼亚城镇之一，而且由于其统治者和平献城投降，当时没有受到多大破坏。奥斯曼统治造成的最显著的人口结构变化，是大批犹太人为了逃脱在西欧受到的迫害，拥入此地。15 世纪晚期到 16 世纪早期，犹太人在发罗拉受到欢迎。1520 年，至少有 2700 名犹太人居住于发罗拉。他们的居住区均以迁入地的名字命名，比如“西班牙区”“加泰罗尼亚区”“卡拉布里亚区”和“奥特朗托区”（奥特朗托是意大利脚跟上的港口城市）。那时，他们占人口的三分之一，其余人口大部分是基督徒（希腊正教徒），穆斯林的比例非常小。到这一世纪末，犹太人口有所减少，但仍然是商业生活的一个重要因素。最终，海盗活动的增长（同样和当地奥斯曼军队有勾结）让穆斯林人口有所增加，但此地的经济基础仍然是粮食贸易（其中最重要的是与威尼斯和杜布罗夫尼克进行的），一些酒、岩盐的出口，以及对当地优质沥青的开采。这些沥青是建造和维修船舶的原材料。[17]

这些故事的一个方面需要澄清。第一眼看上去，好像外来势力接管了所有领域，不仅是受人关注的统治权问题，还包括穆斯林居民的迁入和日益猖獗的海盗活动。但这一印象是错误的。除了部分人（士兵和其他一些人）外，穆斯林人口并非是从遥远的伊斯兰地区迁来的移民，而是碰巧皈依伊斯兰教的阿尔巴尼亚当地人。改宗的原因很复杂，在很多情况下，可能更多与改善社会和经济地位有关，而不是出于任何宗教上的考虑。尽管阿尔巴尼亚穆斯林有一些法律特权，他们绝没有形成一个单独的排他性阶层，家族忠诚观念的强大纽带逾越了宗教分歧，持续发挥作用。这里比第一眼看上去的有更多连续性和协作。以发罗拉为例，我们可以见到很多穆斯林、基督徒和犹太教徒作为商人、船主和船长一起工作的案例。（例如，1567 年到 1568 年犹太人“发罗拉的亚伯拉罕”和穆斯林“锡南船长”一起签约购买了 22.5 吨小麦，运往威尼斯销售；1576 年，“穆斯塔法”的一艘船载有“扬尼斯 · 特奥多罗”的货物，从发罗拉运至杜布罗夫尼克。）至于海盗，小规模的海盗行为和沿海的袭击活动在这些水域早已司空见惯，这和地中海的许多其他地方一样。例如，莱什和都拉斯中间是罗顿半岛，其居民在 16 世纪中叶仍然是基督徒，当时他们就乘自制的小船外出劫掠其他沿海地区。（但他们是都拉斯海盗的死敌。）罗顿－都拉斯地区的海盗史最早可以上溯至 14 世纪。早在 1479 年，苏丹针对发罗拉的海盗发布过命令，我们怀疑这时这些海盗不仅是当地居民，而且仍是希腊正教徒，因为此时发罗拉还没有穆斯林人口。[18]

斯库台、莱什、都拉斯和发罗拉的故事促使我们从更广的维度思考阿尔巴尼亚在这一时期究竟发生了什么。这四个城镇都位于或者靠近海岸，这并非巧合。贸易是使城市延续数世纪的主要因素，即便是处于封建领主的控制之下，这一因素也让它们保有一些市政特权。另一个主导因素则是地理位置：它们所属的这一沿海和近海地区的城镇网络位于阿尔巴尼亚西北隅。由于相同的原因，这一城镇网络也是非典型的，在这个国家的广大腹地也没有同等规模的城镇网络。* 斯库台、莱什和都拉斯等地许多操意大利语的天主教徒选择迁徙至其他威尼斯领地——包括乌尔齐尼——或者直接迁至威尼斯城，我们不应对此感到惊讶。大规模驱逐并非奥斯曼帝国的政策，

* 16 世纪下半叶，约相当于今日阿尔巴尼亚的地理范围内，仅仅有两个重要城市：培拉特和爱尔巴桑。前者在奥斯曼帝国统治之下，经历了最初的衰退后，城市规模大大扩张。后者则完全是奥斯曼帝国一手建立的。

但他们的战争政策确实允许对一开始拒绝投降的城中居民进行惩罚和奴役，这增强了有条件迁走的人远徙的决心。[19]

但同样真实的是，15 世纪中期奥斯曼帝国和斯坎德培的长期激烈对抗也造成了来自内地的移民潮，数以千计的人们经由沿海城镇，乘船来到意大利南部。（在阿普利亚、卡拉布里亚和西西里幸存至今的一些讲阿尔巴尼亚语的村庄，广为流传的传统说法是他们到达的时间正值斯坎德培刚刚去世。这个说法认为只有一次悲剧性大逃亡。虽然在一些情况下，这一时间节点也许是真的，但很明显移民过程要更加漫长，其中一些是 15 世纪 80 年代到 90 年代的战争导致的，另一些则由长期的经济因素导致。）很多人定居下来当农民，一些人发挥自己的技能，成了轻骑兵战士。阿尔巴尼亚裔轻骑兵成为意大利大多数地区军队的重要组成部分。1528 年阿韦特拉纳（位于阿普利亚）战役中，受雇于那不勒斯王国的阿尔巴尼亚裔轻骑兵，与受雇于威尼斯的阿尔巴尼亚裔、希腊裔轻骑兵作战。1544 年布洛涅围城之役中，英王亨利八世的军队中就有阿尔巴尼亚人。一代人之后，法国宗教战争期间，阿尔巴尼亚裔战士在法国国王军中参加战斗；16 世纪 70 年代西班牙在佛兰德的军中也有装备标枪的阿尔巴尼亚裔轻骑兵；1576 年布鲁塞尔也有阿尔巴尼亚裔战士。有人也许会说斯坎德培长期与奥斯曼帝国对抗，让两样东西扩散到了欧洲的大多数地区：他作为基督教世界英雄的声誉和他属下骑兵的后裔。[20]

阿尔巴尼亚各地区在斯坎德培抵抗奥斯曼期间遭受的破坏和大规模移民状况不尽相同。今天阿尔巴尼亚的南部从 15 世纪 30 年代中期就处于奥斯曼帝国控制之下，大多数时间保持和平状态，其村庄和小城镇的人口也以健康的速度增长。如果说奥斯曼帝国征服的过程对阿尔巴尼亚北半部分造成的创伤比其他巴尔干地区更多（事实也确实如此），原因并非奥斯曼帝国在这些地区使用了根本不同的手段，也不是因为一旦控制这些地区，就推行了更加专制的统治制度，而是其他两个不同的因素在起作用。这个国家西北隅的主要城镇网络（包括这里讨论的三个城市）的居民与威尼斯这个重要势力有特殊联系，使得他们能够在最后关头寻求其庇护。这些具有商业活力的人口移民外地，对经济有很大的负面影响。另一方面，这一区域其他大多数地区的村庄、庄园在旷日持久的反抗战争中，尤其是在奥斯曼帝国使用焦土政策时被摧毁，已有的权力结构也被打破。彻底粉碎对他们统治的反抗后，奥斯曼人对重建这一区域的兴趣不大，因为其农业产量减少，贸易路线中断，商业中心不再宜居，经济价值已经有所下降。位于南部的发罗拉经济表现要好多了。当北部的一些城镇，比如德利希特，残破凋敝成村庄时，南部的一些地方，比如佩尔梅特和克尔曲勒，已经由乡村规模的聚落扩展为小城镇。[21]

最后说说威尼斯帝国。威尼斯帝国此前将乌尔齐尼与其他北阿尔巴尼亚城市连在一起，此时仍是“威尼斯属阿尔巴尼亚”剩余属地的宗主。这一帝国历史悠久，国家特征与奥斯曼帝国大相径庭。有人认为威尼斯的“大爆炸”是在1204年，当时它参加了臭名昭著的第四次十字军东征，没有直奔圣地，而是洗劫了君士坦丁堡，与其同伙瓜分了拜占庭帝国的领土。（但这个天文学比喻并不完全准确，此前威尼斯人已经控制了亚得里亚海东岸的一些地区。）当其他西欧国家的封建领主们用希腊内陆的贫瘠土地、浮夸的头衔犒劳自己时，威尼斯精明地挑选了一系列有助于加强其对商路的控制的地方。此后贸易成了威尼斯经济的生命之血。这些新财富链条中的关键之处在于希腊西南端的两个设防港口——科罗尼和迈索尼，以及位于希腊大陆东翼的优卑亚岛。爱琴海上的一些小岛也被划归威尼斯。由于实际原因，威尼斯把这些小岛移交给了个别贵族，成为私产，这些贵族则成为这些岛屿的世袭统治者。（长远来看，这一政策是失败的。一些统治者成为小暴君，据说锡罗斯岛和蒂诺斯岛曾经为争夺一头驴的所有权而开战。）为了填补这一链条的重要缺口，也为了在主要贸易对手热那亚面前抢占先机，威尼斯此时还占领了科孚岛和都拉斯，尽管未能长期统治。更重要的是，威尼斯买下了克里特岛，并成功击退了热那亚的一些激烈竞争。威尼斯朝帝国方向发展的势头在 14 世纪中期遭到逆转，当时它不得不放弃在亚得里亚海东岸的权益（转交给匈牙利）。但 1386 年，威尼斯得到了科孚岛，接下来的 34 年里，我们将看到威尼斯先后获得了一大批领地：14 世纪 90 年代，都拉斯、莱什和斯库台；1409 年，重要的达尔马提亚城市扎达尔；1420 年，其他一些达尔马提亚港口和岛屿，加上科托尔。如前所述，乌尔齐尼也在这一时期落入威尼斯之手，巴尔和布德瓦也是如此，不过很快就被当地的斯拉夫统治者夺了回去。所以，从地理的角度看，威尼斯霸权在 15 世纪中期达到了顶点。临近 15 世纪末，莱什、斯库台和都拉斯的丢失是个沉重打击。优卑亚岛于 1470 年，科罗尼和迈索尼于 1500 年先后被奥斯曼帝国征服。但此时也有一个重要收获：威尼斯先是通过政治手段强迫塞浦路斯的末代女王，在事实上占有了这里，然后于 1489 年完成了法理上的吞并。[22]

在帝国形成的整个过程中，商业动机是最重要的。威尼斯没有兴趣在巴尔干大陆开拓大片领土。当然，正如上文所述，城市有其自己的农业区，提供食物和收入，但大多数农业区的规模相当小（扎达尔除外）。尽管克里特岛和塞浦路斯到手后，它们自然也会被用作粮食、油、棉花和酒的供应地，但这并非威尼斯人取得它们的首要目的。威尼斯首先考虑的是经过漫长航程，航行到“黎凡特”（此处主要是指伊斯坦布尔、叙利亚和埃及）市场的实际用途。桨帆船和圆船一起被用于贸易目的，如有必要也可以作为军舰保护贸易。由于桨帆船载有大量桨手，因而需要大量劳力，但载货量却非常有限，必须经常补给食物和水，因此需要可以频繁停靠的地方。不可预知的地中海风暴是让这一需要更加迫切的另一因素。桨帆船舷侧的最低点只比水面高出一米多，这也就意味着海况差的时候的确有可能被大海吞没。因此拥有一系列安全的避风港将带来巨大便利。一位现代史学家认为，由于这一时期航海术已经足够先进，足以让水手离岸横渡地中海，因此获得亚得里亚海东岸的城镇是为了把它们用作中转由陆路运至的商品的港口。这在某些情况下也是个辅助性的动因，但水手确实有强烈的（并非基于航海术的）理由，希望取得这些威尼斯根据地。[23]

一旦进入了这样一个避风港，他们就会发现它还有其他用处，比如招募人手充当船员。更大一些的领地，比如克里特岛，成为人手的重要来源地——不仅提供单纯卖力气的桨帆船划手，同时也提供有经验的水手和有相关技能的工匠。这些根据地的另一便利之处是能够提供有关前方状况的信息。对于船长和商人来说，这种情报是非常重要的商品。威尼斯要求船舶从黎凡特返回时必须停靠于科罗尼和迈索尼，以提供他们掌握的有关香料价格以及海盗和私掠活动的所有情报。1553 年朱斯蒂尼安评论说，丢失乌尔齐尼将对威尼斯造成非常大的损害，原因之一就是商人将不愿冒险让船只前往阿尔巴尼亚诸港口。而目前，他们总会停靠乌尔齐尼，以得到这一地区海盗活动的最新情报。朱斯蒂尼安的叙述清楚地表明，乌尔齐尼和罗顿半岛上的居民达成了协议：当后者看到都拉斯的海盗出动，他们就施放烟雾信号通知乌尔齐尼。[24]

贸易活动需要得到保护，因而威尼斯的贸易利益也就催生了安全利益。威尼斯发展了这样一种理论：整个亚得里亚海——它被称为“海湾”——是个威尼斯湖，其他势力的武装船只非经允许不得进入。杜布罗夫尼克——一个位于亚得里亚海岸中途的重要贸易竞争对手，也不得不接受这一规则：例如，1562 年，杜布罗夫尼克一艘武装弗斯特船（一种桨帆船式样的小艇）就在杜布罗夫尼克城外被一位威尼斯指挥官扣押了。他义正辞严地警告杜布罗夫尼克当局，任何武装船只都会被彻底摧毁。大多数时候，奥斯曼人也接受这一规则。在奥斯曼人眼中，这赋予了威尼斯人保护亚得里亚海域的奥斯曼商人和货物的特殊警务责任，这是威尼斯 - 奥斯曼帝国贸易关系赖以维持的互惠性权利义务网络的一部分。奥斯曼帝国舰队出于补给和其他实际目的，偶尔也会访问发罗拉，但他们通常不会继续北行。发罗拉城下恰恰就是亚得里亚海的窄点，在此处，意大利半岛和巴尔干半岛之间的海峡仅有 50 英里宽。而且，位于海峡之下的恰恰就是科孚岛，它拥有良港以及守卫良好的城堡，是威尼斯最重要的战略资产之一。科孚岛、克里特岛和塞浦路斯是威尼斯舰队进行海上巡逻的基地，威尼斯的希腊领地也是重要的军事人力来源地，包括轻骑兵（stradiot）。（多数威尼斯轻骑兵也许是希腊人；这个词就来自希腊语 stratiōtēs，意思是“战士”，有个威尼斯人用轻骑兵家乡话写的一系列滑稽诗句里就充斥着希腊语词汇。）[25]

“帝国”是个历史概念，也是个弹性很强的概念，因而用这个词来称呼这一系列威尼斯领地没有问题。但是，它当然不应该等同于 20 世纪或者 21 世纪的“帝国主义”概念，它仍缺乏“殖民主义”的意涵。事实上，整个威尼斯的故事仅有一个殖民计划的重要案例：在克里特岛，数以千计的威尼斯人于 13 世纪定居此地，贵族家庭成员取得了许多大庄园，并以此维持生计。在塞浦路斯，没有大规模的移民定居，但此前的统治者培养了一个拉丁－希腊混合的精英群体，一些威尼斯贵族现在也加入了这一精英群体。这个弹性很大的多元帝国以不同方式对待不同领地。一些希腊岛屿成为小封地，克里特、科罗尼和迈索尼更多地由威尼斯进行直接统治。而在科孚岛、威尼斯属阿尔巴尼亚和达尔马提亚则尊重当地法规，管理非常松弛。在非必要情况下，比如帕斯特罗维奇人这类威尼斯臣民就几乎不受管理。在希腊领地，特别是克里特岛，威尼斯确实出于政治和宗教原因，对东正教进行了一些限制。神职人员必须承认教宗的至上地位（如 1439 年东正教会在佛罗伦萨大公会议上短暂地承认过的那般），克里特岛的教士不被允许拥有自己的主教。在帝国全境，天主教会的高层职位任命也被严格控制。但是更普遍的情况是威尼斯人没有系统性地推行意大利化，也没有抑制当地的语言和风俗习惯。比如，学校教育是地方性问题，威尼斯并不插手。[26]

仅有的全面“威尼斯化”的要求是必须使用威尼斯的钱币和度

量衡；至少在重大罪行的审判上适用威尼斯刑法（然而民事案件则由法官遵循或者参酌当地法律和民俗进行裁决）；帝国全境须服从威尼斯经济政策的某些一般性原则，包括盐（这是一些地方经济的重要元素）的生产和交易由国家垄断，（1502 年起）限制在威尼斯以外地区建造的船舶尺寸。（有份 16 世纪 60 年代乌尔齐尼建造船舶的记录，可以推测，其中就有这种吨位低于 80 吨的小船。）16 世纪早期，所有亚得里亚海的贸易必须经由威尼斯的规定已经是空头文件，在实践中被广泛忽视；只有威尼斯公民（与威尼斯臣民相对）才能参与黎凡特贸易的传统规则也被抛弃。[27]

这一海外帝国名为“海洋领地”（Stato da Mar），与此相对，威尼斯在意大利大陆的属地则被称作“大陆”（Terraferma）。这种区分出于实际目的，比如威尼斯文秘署的文件中也会用到，但是它没有宪法意义。威尼斯宪法条文中，只有威尼斯城和其属地之间有根本差别。威尼斯城是统治者，只有其贵族家族（1297 年威尼斯贵族实行著名的“封闭”之后，产生的一个人数有限的群体）的成员才能担任高级公职；这些人被派去治理扎达尔、乌尔齐尼和科孚岛的方式与治理帕多瓦、维琴察和贝加莫的方式毫无区别。从另一种意义上说，那些意大利城市在理论上是跟达尔马提亚和威尼斯属阿尔巴尼亚的城镇，以及科孚岛一模一样的：在每种情况下，威尼斯统治的基本规则都建立在一个名为“让与”的法案的基础上，即该城镇或社区自愿臣服威尼斯。这一法案通常要求威尼斯尊重当地现有法规，而威尼斯对此大度接受。那些法规的运作在某些方面自然会因新的权力关系而改变：城镇议会此前是立法者，现在却变成了协助威尼斯长官的咨询机构。但很多权利也以这种方式保留了下来。如之前一样，法官从当地贵族中挑选，而不是威尼斯人。在一些情况下（包括 15 世纪的乌尔齐尼），城镇会坚持由自己而不是威尼斯长官对其乡村地区的村庄直接行使权力。威尼斯统治理论上基于自愿奉献的另一结果是，这些城镇可以不时派出“大使”到威尼斯，用阿谀的辞藻表达他们的忠诚，同时也要求特别的好处，或者处理申诉。[28]

那么总的来说，威尼斯以一种令人惊讶的低干涉模式对其阿尔巴尼亚和达尔马提亚属地进行治理。在每一处通常有三个关键的威尼斯官员：民政长官、军事长官和财政官。在像乌尔齐尼这样小一些的城镇，前两个职位也许会合二为一。这些官员通常最多在一地任职两年，他们任职时不是作为职业行政人员，而是作为贵族，在其成年时光中必须完成各种公共服务，不停地上任和离任。一位历史学家尖锐地批评这一制度，认为它会造成普遍腐败，而且官员从未在一地任职足够长时间，也就无法充分了解该地的需要。这样的批评似乎自相矛盾，因为任期短暂本身就是预防腐败的制度设计，旨在降低官员卷入地方利益网络的可能性。当然，正如对许多官员的指控显示的那样，腐败确实发生了。但同时令人印象深刻的事实是有一个强有力的制度处理这一问题（包括巡回督察或“审议官”，他们会现场听取对官员的抱怨），而且威尼斯对腐败行径的处理要比几乎其他任何西欧政府都严肃认真。[29]

从 1513 年安德烈亚 · 马塞洛前往就任乌尔齐尼长官时威尼斯总督给他的一系列正式指令中（这份幸存至今的手稿很显然是由于书写优美而被保存下来，除此之外，有关这一时期的乌尔齐尼几乎没有其他文献了），就可以看出这些规定有多么严格。这些禁令遵循标准的文书格式。你履任之时，禁止做任何演讲。你禁止参与商业活动。未经我们许可，你不应给任何人薪水。你不应在乌尔齐尼城堡之外过夜，否则处以 5 杜卡特的罚款。如你从我们领地中窃取金钱，必须偿还，也将被永久剥夺所有的贵族荣誉。你必须在返回威尼斯十五日内，提供全部账目。你只能简单地在外套上添加一处雕花或者涂绘，所费应不超过 2 杜卡特。你的儿子、侄子或者其他亲戚不得向其他政府职员销售任何马匹、羊毛或丝绸布料、衣物、银器等。你也不得如此，否则五年内不得担任公职。你处罚的所有款项都必须如数记载，并加以统计，等等。现实中的执行情况可能比这一纸措辞严厉的禁令要更加宽松，但很清楚的是，至少在原则上，威尼斯法律在远方的乌尔齐尼就如在威尼斯一样有力。[30]

这就是本书中心人物出生、成长并受统治的世界。

第二章

三个家族

乔瓦尼·巴蒂斯塔·朱斯蒂尼安在1553年的报告中描述过乌尔齐尼的贵族、市民和劳作者，他继续写道：

> 在这三种居民以外，也有一些被迫进入此城的望族后裔。这些家族来自邻近城市，像斯库台、莱什、都拉斯等，现在已被奥斯曼帝国统治。他们中为首的是布吕尼家族、帕马里奥蒂（Pamaltotti）家族和布鲁蒂（Brutti）家族，其中只有马克安东尼奥（Marc'Antonio）先生是极有德行的绅士，对威尼斯共和国极为忠诚，他是著名的罗马“布鲁图斯”家族的后裔。这些外来家族大多以贸易为生，在奥斯曼帝国港口做生意，他们相当富裕。[1]

朱斯蒂尼安这里提到了三个不同家族，他描述的细节并不全然准确。Pamaltotti是Pamalioti的误写（也许是抄写过程中的失误），Brutti的正确拼写是Bruti，至于“马克安东尼奥”·布鲁蒂，任何其他幸存至今的有关文献仅仅称他“安东尼奥”。同姓罗马祖先直系后裔的说法，对于16世纪的人来说似乎并不令人惊讶，但今天看来却异常牵强。

不过将他们描述成家族，看来他对其有一定了解，并非无知。我们确切知道布吕尼家族和布鲁蒂家族以婚姻为纽带，关系紧密，因而看来帕马里奥蒂家族也与他们有关，尽管确切的联系仍属未知。

十分幸运的是，我们可以看到有关布吕尼家族起源非常详细的记述。17 世纪中期，维琴察城一位有强烈考古癖的教士弗朗西斯科·巴尔巴拉诺·德·米罗尼，辑录了有关他家乡宗教史的大量信息：教堂、主教、圣人、奇迹等等。为了让维琴察取得更大荣耀，他热衷于汇集尽可能多的教会要人，甚至录入了乌尔齐尼的乔瓦尼·布吕尼。乔瓦尼·布吕尼曾于 1551 年到 1571 年间任巴尔大主教，他的家族可以追溯至一位维琴察祖先。当巴尔巴拉诺写到布吕尼家时，他还提到，1623 年，他在科佩尔（今斯洛文尼亚境内）遇见了一位名叫马泰奥·布吕尼的"非常博学、可敬的老人"。他是乔瓦尼·布吕尼的侄子。尽管他说那时他没有特地询问马泰奥，但很难令人相信他书中非常精确的家谱信息不是得自与这位布吕尼家族最后幸存者的邂逅。

巴尔巴拉诺记述如下：11 世纪早期，一个叫阿尔比诺·布吕尼的人在维琴察生活，他的曾孙尼科洛效力于拜占庭皇帝的宫廷，随后成为梅敦要塞（位于斯库台湖东北部，在今黑山境内）"和其他城堡"的领主，在斯库台建立了其家族。斯库台于 1479 年落入奥斯曼帝国之手，他的后裔安东尼奥·布吕尼就逃离了斯库台。安东尼奥移居乌尔齐尼，其子乔瓦尼是图斯卡诺（也许是指 Tuscena，是图济的意大利语名，图济位于梅敦以南，也在黑山境内）的领主。乔瓦尼之子马泰奥也有三子：乔瓦尼，曾任巴尔大主教，1571 年死于勒班陀战役；加斯帕罗，他也参加了那场战役；塞拉菲诺。[2]

虽然我们无法知道三兄弟的确切出生日期，但仍可做出一些估计。长子乔瓦尼于 1551 年成为大主教，所以当时他可能已经超过 30 岁（教会法规定的最低年龄）。但我们将看到，他在勒班陀战役中仍然足以充任桨手，所以他可能不到 40 岁就取得了大主教之位。这样看来，他可能出生于 16 世纪 10 年代早期。虽然我们对塞拉菲诺几乎一无所知，但是我们知道他 29 岁的儿子尼科洛同乔瓦尼一道死在勒班陀。如果尼科洛出生于 1542 年，他的哥哥马泰奥（家谱信息的提供者）也许要早一两年出生，以此推测，其父塞拉菲诺可能在 1515 年以前出生。至于加斯帕罗，16 世纪 80 年代中期仍然活跃于军事生涯中，他那时也许 60 多岁，所以他可能生于 1520 年左右。[3]

不过，有一件事情足够清楚。虽然布吕尼一词源自意大利语，但巴尔巴拉诺把所有这些人都视为维琴察人的观念相当荒谬。这一家族至少在斯库台生活了 250 年之久，毫无疑问也经常和当地家族通婚。布吕尼家族是阿尔巴尼亚人，不过和绝大部分阿尔巴尼亚人相比他们称不上典型，因为他们属于这一贸易城市的外向型精英。巴尔巴拉诺确实提供了另一则有用信息：他明确指出，三兄弟的母亲是“露西亚 · 德 · 尼科，一位极为高贵的女士”。德 · 尼科家族确实是乌尔齐尼最显贵的家族之一。1405 年此城归于威尼斯人统治之下，15 世纪 20 年代早期威尼斯势力在斯拉夫人的短暂统治之后再度控制了此地，在这两个历史时刻，德 · 尼科家族均是与威尼斯谈判的少数几个头面家族之一。布吕尼家族自身有没有被乌尔齐尼贵族接受则难以确定。亚得里亚海岸的大多数城镇均发生了与威尼斯的“封闭”相似的事情，因而加入贵族行列很难（不过威尼斯总督能够强令他们接受）。朱斯蒂尼安的记载说明这个“外来”家族在迁居此地长达七十多年后，仍然一定程度上处于局外人地位。但布吕尼家族在斯库台一定享有贵族地位，正如我们将要看到的，加斯帕罗的职业生涯有赖于此。所以，在乌尔齐尼这个比斯库台更小的城镇，当地贵族应该也都非常尊重他们。[4]

关于布鲁蒂家族，我们也非常幸运地得到了多到不寻常的信息。这主要得益于布鲁蒂家族史抄本。它汇编于 18 世纪，在 1903 年之前曾被多梅尼科 · 文图里尼参阅过。这本族史告诉我们：这个家族的姓氏没有明显的意大利语渊源，仅能做一些臆测；而且，我们可以相当肯定，其家族姓氏也没有古罗马渊源。一位研究中世纪阿尔巴尼亚的专家指出，一些北方城镇中流行取拉丁语或混合了阿尔巴尼亚语–拉丁语的名字。这一风气似乎最早始于诙谐的绰号，带有亲热、讽刺甚至谩骂意味，比如，Bonushomo（好人），Syignis（火热的眼睛）或者 Buzolatus（厚唇）。滑稽的意大利语名字在都拉斯也很流行，比如 Formica（蚂蚁）或者 Battipiedi（邮戳）。由于拉丁语词 brutus 意思是“愚蠢的”或者“非理性的”，而意大利语词 brutto 意思是“丑的”或者“讨厌的”，看来这个家族不知出于什么原因骄傲地接受了这个无礼的绰号。[5]

无论如何，我们知道，这一家族至少在 13 世纪就已经在都拉斯生活，某位马尔科 · 布鲁蒂就于 1285 年生于此地。布鲁蒂家族在都拉斯绵延不绝，直到城市于 1501 年陷落。他们与杜卡吉尼家族（北阿尔巴尼亚的封建地主）、斯潘家族（斯库台贵族世家）、斯坎德培的卡斯特里奥塔家族等头面家族联姻。当然，文图里尼使用的这一记载要晚得多，可能像通常的家族史那样，夸大了他们的地位。我们也可以质疑族史中马尔科曾任“都拉斯之主”的说法。从威尼斯档案中，我们能够找到更多信息。威尼斯档案提供了有关巴托洛梅奥 · 布鲁蒂的具体细节：1429 年他充任都拉斯副长官，1432 年兼任副军事长官。由于“极为忠诚，熟稔外交事务”，1439 年他承担了面见奥斯曼苏丹的重要外交使命。但关于这一家族在奥斯曼人 1501 年征服都拉斯期间及其后的事情，我们只能依赖文图里尼参阅过的那本族史。巴托洛梅奥之子安东尼奥曾娶卡斯特里奥塔家族的女人为妻，他和大多数族人一样，可能被杀，也可能沦为了奴隶。但安东尼奥之子巴尔纳巴在屠杀中幸存，逃亡至莱什。在莱什，他生活于奥斯曼统治之下，显然，他在那儿重新收拾了家族生意的烂摊子。[6]

巴尔纳巴之子，与其祖父同名的安东尼奥 · 布鲁蒂，也就是本书的关键人物之一，就于 1518 年出生于此。在他父亲去世后（具体时间未知），安东尼奥遭到奥斯曼地方当局的打压，逃到了乌尔齐尼。在乌尔齐尼，他娶了乔瓦尼、塞拉菲诺和加斯帕罗的姊妹玛利亚 ·

布吕尼。对于这两个姓氏恰好相似的家族而言，这并非唯一的联系。根据文图里尼给出的家族谱系，安东尼奥的妹妹露西亚·布鲁蒂生于 1524 年，嫁给了一个叫“斯蒂法诺·布吕尼”的人。“斯蒂法诺”很有可能其实就是塞拉菲诺。文图里尼使用的原文献显然生硬难读，他绘出的家族树包括了一些混乱的姓名，比如 Caverio 应为 Carerio，Bensa 应为 Borisi。究竟安东尼奥在莱什有没有（如他此后所说）被迫留下“巨额财富”，我们不得而知。但当他踏入乌尔齐尼这座城市时，一定相当贫困。除了与布吕尼家族建构了那两条血缘纽带，他还把另一位姊妹嫁给了一位杜卡吉尼族人，还有一位姊妹嫁到了苏因纳家，而苏因纳家族在乌尔齐尼根基颇深。毫无疑问，他在莱什的贸易活动中与这座邻近城镇中的精英有过频繁接触。我们还注意到，安东尼奥及其姊妹迁居乌尔齐尼要比布吕尼家族晚两代人以上。布吕尼家族已经花时间在这个相当小的城镇积累了高质量的“社会资本”。从这个意义上说，他们也许从一开始就是高级合作伙伴。但无论安东尼奥·布鲁蒂在这一阶段缺乏什么，我们将看到，他很快便通过纯粹的个人活力和魅力加以弥补。[7]

关于帕马里奥蒂家族，其与布吕尼家族和布鲁蒂家族的关系，我们不得而知。但我们仍知道有关这一家族的一些信息。“帕马里奥蒂”本身不是家族的姓氏，更像是氏族或部落的名字，类似于马尔科维奇、帕斯特罗维奇。就像这两个氏族一样，帕马里奥蒂人也有一块领地，领地内有许多村庄，足以招募相当数量的武装人员。与他们不同的是，帕马里奥蒂人似乎已经把阿尔巴尼亚语作为母语。[*15]

---

* 尽管有人指出他们的名字来源于希腊语，但更可能来自 malok，意为“高地人”。但是我们并不清楚，Pa- 是否来自 Pal（Paul）或者 pa，意为“非……”，因此该词即“非高地人”之意。克罗地亚学者米兰·冯·萨弗雷（Milan von Šufflay）把这里的“非高地人”释为“非阿尔巴尼亚人”。如果帕马里奥蒂人确实有非阿尔巴尼亚起源，那么这种族源似乎可能是瓦拉几人——瓦拉几人此前作为一个民族，广泛生活于巴尔干半岛的这一地区，当然中世纪斯库台附近也存在瓦拉几人。他们讲一种近似于罗马尼亚语的拉丁语派生语言。

世纪 20 年代早期，当威尼斯在这一区域的势力受到塞尔维亚统治者的严重挑战时，帕马里奥蒂人正如帕斯特罗维奇人一样站在了威尼斯一边，并起到了至关重要的作用。这是因为他们控制了布纳河沿岸地区，使得塞尔维亚人无法再次围攻斯库台。作为对他们的奖励，帕马里奥蒂人获封一块与乌尔齐尼领地相邻的土地，这立即引起了乌尔齐尼“社区”的不满。15 世纪 40 年代，与斯拉夫统治者的新一轮战斗中，帕马里奥蒂人再次被征召，再次获封一些地产，其中至少有一处没收自一位背叛威尼斯的乌尔齐尼地主。[8]

1553 年朱斯蒂尼安写到帕马里奥蒂人时，对其状况的特殊性质非常清楚。他说，除了由战士和轻骑兵组成的小军队之外，他们是唯一从威尼斯当局手中领取津贴或者薪水的当地人。他们“来自斯库台及其附近地区。鉴于他们的功绩，威尼斯赐给他们房屋和地产，豁免了其税收，还赋予了其他特权”，他们是“领主”，即威尼斯封地的所有者。不过他肯定已经知道帕马里奥蒂人是个部落集团，当他写到布吕尼、帕马里奥蒂和布鲁蒂等家族时，他写的似乎是生活于乌尔齐尼城中的某个显要的帕马里奥蒂家族。我们可以合理推测这个家族究竟是哪个。1424 年第一批受封的帕马里奥蒂族人，有尼凯和乔治 ·“埃尔曼”、杜凯和狄奥多里奥 ·“亚美尼亚”。尼凯被描述成帕马里奥蒂一族的领袖。1505 年，乌尔齐尼市议会的一干成员中就包括一位乔治 · 阿玛尼。四十年后，乌尔齐尼的长官向威尼斯报告说：尼卡 · 阿玛尼，一位自称帕马里奥蒂军事长官的人，要求支付他薪水，并威胁要到威尼斯上诉。很可能与布吕尼和布鲁蒂家族有联系的就是这个阿玛尼家族。从乔治 · 阿玛尼曾任职于市议会的事实来看，他们似乎已被接纳为乌尔齐尼的头面家族。[9]

因而如果以地位而论，当布吕尼家族和布鲁蒂家族与阿玛尼家族结亲时，并非自降身份；实则，他们结亲的这个家族具有相当不同的特征和历史。阿玛尼家族的一个分支可能在威尼斯统治时期就已定居斯库台。一位叫梅多诺 · 阿玛诺的人 1416 年生活于此，威尼斯长官为了和梅多诺的女儿发生性关系，对他施加了巨大压力，引起了一桩臭名昭著的丑闻。但乌尔齐尼的阿玛尼族人的特殊地位来自他们在乡村地区控制了大量的忠实追随者。从一位西班牙在杜布罗夫尼克的代理人 1573 年夏发回的一系列情报报告中，可以一窥阿玛尼一族的势力。此时正是奥斯曼征服乌尔齐尼两年之后，也是威尼斯和苏丹签订和平协议数月之后——也就是说，西班牙，而非威尼斯，现在看来是反奥斯曼活动更可能的资助者。根据这位西班牙代理人的说法，“一群向威尼斯人效忠并反抗奥斯曼的阿尔巴尼亚人的首领”说，他在科托尔有 40 名精兵，有把握从威尼斯手中夺取科托尔，献给西班牙王室。[10] 这位代理人随后解释道：

> 我正打交道的这个人是阿尔巴尼亚人的贵族神职人员，他曾经出任主教一类的职位，拥有 10 或 12 个村庄。他的兄弟是神圣同盟（在 1571 年）中所有阿尔巴尼亚人的头目，他们被威尼斯劝说去反抗奥斯曼人。当(奥斯曼)舰队驶入亚得里亚海时，这位神职人员的兄弟率领 400 人在乌尔齐尼备战，最后全部阵亡。他的名字叫安德烈亚·阿玛尼，这位还活着的叫乔治·阿玛尼。他们的村庄位于斯库台城下。[11]

根据他 1573 年 11 月的进一步报告，此人手下有 40 或 50 人，此人还宣称，经过充分动员之后，他能够招募到 2000 到 3000 人；夺取科托尔的计划看起来可行，阿玛尼当然也值得扶植，因为“他们是要人”。同这一时期阿尔巴尼亚的叛军领导人的很多乐观估计一样，他们所说的成千的数字值得怀疑。但这说明了一个重要事实，阿玛尼一族不仅在威尼斯统治下的帕马里奥蒂族人中维持了传统的领导地位，在奥斯曼统治下的帕马里奥蒂族人中同样如此。（1540 年，边界线从布纳河西移，离乌尔齐尼更近。）他们正是 1570 年到 1571 年间反抗奥斯曼统治的那群人。这种与当地人口的联系（尽管一定曾被 1571

年的灾难所削弱），有助于解释为何阿玛尼一族没有像布吕尼和布鲁蒂家族那样，从这一地区远徙。在接下来的时间里，我们也能看到一些阿玛尼族人活动的痕迹：1580 年，一个扎根于布德瓦的“阿尔巴尼亚人阿尔曼”正协助组织运粮船由布纳河港前往杜布罗夫尼克；1584 年，一位来自杜布罗夫尼克的乔治·埃尔曼尼（也许正是上面提到的“贵族神职人员”）也在组织布纳河的类似运输生意。1590 年，一位叫杜卡·阿玛尼的人擢升斯库台主教，之前他曾做了七年布纳河港的堂区教士。二十年后，他在布纳河港的继任者叫托马·阿玛尼。但之后的踪迹渐趋模糊。帕马里奥蒂人已不再被视为重要势力。由于相同原因，阿玛尼一族在当地的重要性看来也走到了尽头。[12]

上述对这三个家族的记载关注了地位问题，因为地位对他们来说非常重要。在当地社区之外活动时，个人信誉和家族人脉最具价值；而在当地社区内部，主要由家族为基础获得并维持的地位和荣誉则至关重要。地位和荣誉在政治上也很重要。事实上，如果不时时参照社会地位的问题，就不能理解威尼斯与敏感的亚得里亚海东部城镇和乡村社区关系的全貌。这一问题也与威尼斯轴心自身关系密切。

威尼斯统治之前，亚得里亚海东岸的几乎每个城镇和许多岛上村落已经在社会和政治领域出现了位列议事会的贵族精英与其他人口的阶层差异。有时也会有三分的阶层，即贵族、市民和乡村的非市民。至少有一个岛屿，即科尔丘拉，乡村居民拥有自己的议事会，他们小心翼翼地维护它，使之免遭城市贵族的侵犯。但几乎任何地方的基本阶层差异都是在贵族和非贵族之间，根据当地制度，贵族拥有他人没有的权力。威尼斯的统治在某些方面削弱了贵族阶层的地位。威尼斯剥夺了贵族阶层的一些经济自由（如我们上文看到的，限制了盐的贸易和船舶制造，而且一开始还要求他们的贸易必须经过威尼斯）。威尼斯不分社会地位地向所有阶层征税，更重要的是，将威尼斯市民在贸易活动中享有的一些基本权利赋予所有人，而不仅仅是贵族阶层，这便削弱了贵族之前拥有的诸种经济特权。而且，虽然当地贵族可能会在司法系统中保留一些职位，但是他们不再能做主了：威尼斯长官是司法机构的首长，人们也有机会直接向在他之上的威尼斯上诉。因而，有很多因素导致非贵族可能欢迎威尼斯势力，但贵族却会对其不满。这种不满还有另一个原因。以达尔马提亚城镇为例，其之前的统治者是匈牙利。因此，他们此前是一位君主的臣民，君主制可以提供贵族荣耀，这也是威尼斯做不到的。威尼斯在15世纪早期巩固统治时，必须处理君主派的忠诚问题。这一难题直到16世纪晚期仍然存在。但从另一角度说，贵族也有足够理由感激威尼斯的统治。15世纪奥斯曼军队完成对亚得里亚海腹地绝大多数地区的征服之后，威尼斯人提供了安全保障，这在当时来说是必不可少的。威尼斯也巩固了贵族在本地的基本特权，这也不可忽视：威尼斯承诺尊重其现有法规，这也就意味着，市议会的规则和传统，也就是贵族家族掌权不会改变。从贵族阶层的视角来看，这对其地位是个越来越有价值的保障，因为他们在经济领域的权力基础正在日益受到侵蚀。一些非贵族出身的商人和创业者正在变得富有，然而与此同时，贵族的农业收入却在下降。1528年扎达尔的一份报告指出，当地大多数贵族没有工作，仅以庄园收入为生，出于对附近奥斯曼人的恐惧，很多土地处于撂荒状态，他们正变得越来越贫穷。[13]

上述问题理所当然地在整体上导致了经常性的社会紧张和偶尔爆发的暴力冲突。其中一些最严重的事件发生于16世纪早期。16世纪10年代晚期，赫瓦尔岛的贵族和平民之间爆发了暴力冲突，并扩散到包括扎达尔、希贝尼克和斯普利特在内的一些沿海城镇，这些城镇的平民阶层要求在市议会取得席位。不久科托尔也被争斗所撕裂。亲匈牙利派贵族的积极活动，大体上加剧了这些冲突。此时威尼斯正卷入意大利本土的一场战争，这些贵族希望借机摆脱威尼斯的统治。1511年到1512年冬季，局势恶化，威尼斯派出一位军事长官率两艘桨帆战舰（部分由亲威尼斯的流亡贵族资助），前来恢复秩序。他不仅在赫瓦尔还在一些沿海城镇进行了镇压，然后返回威尼斯。

在威尼斯，他不得不面对行为过激的严重指控。[14]

局势最为紧张的一处是巴尔，这里的平民于1507年拿起武器，要求在市议会取得代表权。直到1512年达成妥协方案，争端方才平息：当地将设两个议会，一个由贵族组成，一个由平民组成，相继召开。但在那一年的最后几个月里关于拉达克本笃会修道院的争执中，暴力冲突再次爆发。要命的是，争夺修道院控制权的两位教士，一位是贵族，另一位不是。*根据巴尔长官给威尼斯的一封生动而相当绝望的信，非贵族出身的活跃分子威胁要把贵族们剁成肉片，而且争斗很快就变成了“用火器、弓箭和其他各种武器”相互打杀，一共造成了62人死亡。威尼斯当局害怕在巴尔的统治会因此削弱，给奥斯曼人可乘之机，于是就派科托尔长官前往稳定局势。12月20日，他前脚刚到，非贵族一派就再次袭击了贵族，造成两人死亡，数人受伤。科托尔长官不得不与巴尔的同事一起在城堡中避难。他最终促成了一项协议，根据协议，贵族阶层承认新的非贵族议会，非贵族议会有权任命半数公共职位。但是，潜在的敌意没有消失。之前引述过1553年朱斯蒂尼安的评论，“巴尔人会像疯狗一样自相残杀”，他认为平民和贵族之间的仇恨“由来已久，不可遏制”。根据此后的记载，一两年后，贵族出身的教士与非贵族出身的教士竟然在基督受难礼上扭打了起来，争执起因则是关于谁有资格在会众面前手持圣饼盒（盛放圣餐的容器）。朱斯蒂尼安在科托尔也观察到两个议会——贵族议会和非贵族议会之间类似的紧张关系，这在上文已经介绍过了。贵族阶层仍然保留了关键职位的任命权，仇恨也有增无减。[15]

据朱斯蒂尼安所述，只有两个地方基本不存在这些社会–政治分歧：布德瓦和乌尔齐尼。布德瓦规模太小，太贫困，也就无法维持贵族精英的存在。社区政府在六十年前才正式成立，它甚至没有市

---

* 参见上文14—15页。

民和非市民之分。尽管乌尔齐尼确实在贵族、市民和非市民的“劳作者”之间进行了三种阶层的经典划分，但贵族阶层直到那时仍然人数甚少，因此也不得不和市民阶层分享城市的大部分职位，而仅仅保留司法特权。朱斯蒂尼安在写下上述评论时，真正舒了一口气，如前所述，他说乌尔齐尼人民中“没有极端的迫害或者相互仇恨的情绪”。但这种相对良好的状态更多地得益于贵族阶层的先天不良，而非他们的仁慈。事实上，由于市议会已经完全为非贵族渗透，我们也很难辨别出乌尔齐尼的贵族家族到底有哪些。一位威尼斯长官1505年列出的一份清单指出，仅有十一人是贵族，其中两人出自同一家族；十个姓氏中，除了达布勒这个姓氏之外，未发现和布吕尼家族、布鲁蒂家族有任何联系。1544年，乌尔齐尼长官向威尼斯报告说：现在仅余两个贵族家族，家族成员（成年男性）仅五人，他正在动用权力把一些家族加入贵族行列。但令人沮丧的是，他没有列出增补家族的姓氏。但这其中不包括布鲁蒂家族，因为布鲁蒂家族是在1562年成为贵族的。是年，威尼斯总督签署特别命令，让安东尼奥·布鲁蒂成为乌尔齐尼贵族。但我们不知道那一时段的贵族增补是否也包括布吕尼家族和阿玛尼家族。但我们至少可以说，乌尔齐尼制度相对灵活，让这一问题变得不如在其他地区那么重要。[16]

乌尔齐尼社会状况的另一方面值得一说。上文已经指出，乌尔齐尼在公共生活和很多商业活动中使用的语言是意大利语。这从实用角度来说是个事实，但对觉得自身与农业人口存在深层次差异的老城区家族而言，这是此种差异的一个“标志”，因而也可能具有象征意义上的价值。在亚得里亚海东岸几乎所有历史悠久的城镇中，包括北阿尔巴尼亚的一些，直到11或者12世纪方才停止使用拉丁语派生语言。达尔马提亚的城市居民在中世纪被称为“拉丁人”，与农村居民“斯拉夫人”相对应。毫无疑问，他们也懂周边人群的语言。但过了相当长的时间，从乡村郊野来的大量移民（1348年黑死病大大加速了移民潮）才使当地的斯拉夫语和阿尔巴尼亚语成为城墙之内的常用语言。到了15世纪，即便是骄傲的杜布罗夫尼克市民也已经遗忘了他们的拉丁语派生语言“旧拉古萨语”。这一时期，他们与意大利的商业和政治联系逐步增强，因而意大利语的使用逐渐增多。虽然使用旧拉丁语派生语言和接受意大利语之间当然没有语言学上的承继关系，但两者之间可能仍有一些心理上的联系：与周边农村的文化相比，城市文化的特质因此保留了下来。到了16世纪，像乌尔齐尼这样的城镇中，贵族精英和非贵族商人已经完全使用双语了。事实上，他们的教育也包含学习意大利语书写，在一定程度上也学习拉丁语书写，但似乎并没有训练阿尔巴尼亚语书写。不过，仍然不确定社会中的女性是否接受了上述教育，她们接受任何种类教育的机会都非常有限。在像斯普利特和杜布罗夫尼克这样的达尔马提亚城市中，旅行者们提到了这样一个事实：这里的男子意大利语和斯拉夫语说得一样好，但女人却只能说斯拉夫语。乌尔齐尼城中的阿尔巴尼亚女性的情况也同样如此吗？她们中的一些人也许如此。但值得一提的是，奥斯曼人征服乌尔齐尼后，布鲁蒂家族的幸存者迁到了一个距威尼斯更近的说意大利语的城镇，族内的一些年轻女性很快就嫁给了当地人。这些当地人说意大利语，当然不会讲阿尔巴尼亚语。所以这些女性很可能在此之前已经熟练掌握了意大利语。这可能表明了布鲁蒂家族在乌尔齐尼有着相对较高的社会地位。和托尔斯泰小说中的情节类似，俄国贵族妇女用法语交谈，更卑微的商人之妻则可能不会这么做。[17]

布鲁蒂家族最著名的人物是巴托洛梅奥，几乎在所有写过他的历史学家笔下，他都是个“意大利化的阿尔巴尼亚人”。这种说法不完全错误，但暗示他的语言或文化上的意大利元素仅仅停留于表面，这却可能具有误导性，或者说带有偏见。因而，这种说法也许是欺骗性的。杜布罗夫尼克的精英人群说意大利语，用意大利语记录政务，甚至用意大利语撰写文学作品，但我们不会怪声怪气地称他们为“意大利化的克罗地亚人”。巴托洛梅奥 · 布鲁蒂确实是阿尔巴尼亚人，但是他也有意大利文化的认同，而这远不是肤浅的表面认同。布吕尼家族和布鲁蒂家族在语言和文化上是真正的两栖动物。正如我们将要看到的，这对他们在更广阔的地中海世界取得成功必不可少。[18]

第三章

为威尼斯效力的安东尼奥·布鲁蒂

1560 年，安东尼奥·布鲁蒂从位于乌尔齐尼的家中向威尼斯政府发出一封长长的请愿书，历数一直以来的效忠经历。威尼斯档案中请愿书的相关文件已经遗失，但多梅尼科·文图里尼见到了手稿本族史中的一份副本，记下了这份副本的大量内容。这份材料内容非常丰富，尽管其自我颂扬的目的显而易见，但它与我们拥有的所有有关安东尼奥活动的其他记载相吻合，因而可信度颇高。[1]

请愿书的内容起于奥斯曼－威尼斯战争，这场战争爆发于 1537 年，持续至 1540 年。冲突的确切起因相当模糊。苏丹苏莱曼大帝显然正想与威尼斯一战，甚至可能会对 1537 年初发生的一起事件表示欢迎。事件中，头脑发热的威尼斯海军指挥官亚历山德罗·孔塔里尼攻击了三艘奥斯曼船只，击沉其中两艘，于是就给了苏莱曼发动战争的借口。但 1537 年苏莱曼带到发罗拉的强大陆军和舰队志不在威尼斯，而在南意大利。这一地区属于奥斯曼帝国的首要敌人——哈布斯堡家族。苏莱曼大帝制订了法国－奥斯曼帝国联合发起钳形攻势的计划，法国军队此时正在攻打哈布斯堡家族在北意大利的领地。尽管奥斯曼帝国确实对阿普利亚发起了大规模袭击，抓住了数以千计的俘虏，法国国王却未能履行自己在这次交易中的义务，因而苏莱曼大帝不得不改变策略。既然船只、士兵和火炮全部到位，苏莱曼决定乘机袭击科孚岛。围攻科孚岛城堡的战事失利；但威尼斯就这样被拉入了与奥斯曼帝国的战争。（其他威尼斯领地也受到了攻击，巴尔和乌尔齐尼均被当地奥斯曼军队围攻了一阵。）1538 年，威尼斯人与哈布斯堡家族一起加入了由教宗撮合并支持的“神圣同盟”。战争期间最著名的战役是 1538 年 9 月希腊西北部海域发生的普雷韦扎海战。从严格的军事角度来说，这不是一场决定性战役：基督教舰队在著名的热那亚指挥官安德烈亚 · 多里亚指挥下，遭受了一些损失，但仍保留了相当的战力。正是多里亚决定撤退，并拒绝再次同敌人交战，使奥斯曼赢得了一次决定性胜利，尽管奥斯曼舰队的很大一部分随后很快就被阿尔巴尼亚外海的风暴所摧毁，这场胜利仍为土耳其海军隆重庆祝至今。这场战争中的其他战役都不是决定性的。西班牙军队确实一度占领了守卫着科托尔湾的新海尔采格镇及其要塞，但海雷丁 · 巴巴罗萨接着就大举围攻，把它夺了回去。等到威尼斯于 1540 年签订和平协议时，它已经丢失了在希腊大陆的两个据点：纳夫普利翁和莫奈姆瓦夏，还丢掉了很多更小一些的希腊岛屿。正是在这场战争中，奥斯曼帝国进一步侵入了包括巴尔和乌尔齐尼在内的达尔马提亚和威尼斯属阿尔巴尼亚城镇属地，削弱了这些地区的地方经济。[2]

从安东尼奥的请愿书中看来，他由莱什迁居乌尔齐尼是在战争伊始或者之后不久。（此时他 19 岁，可能已经从他已故父亲手中接掌家业，成为一家之主。）也许是莱什的奥斯曼当局把他驱逐出境，因为他们发现他正在为威尼斯人工作。在他到达乌尔齐尼不久后，威尼斯长官亚历山德罗·孔塔里尼就命他主管一艘双桅船（一种灵活、低矮、桨帆船式样的船只，比弗斯特战船要小），派他侦查阿尔巴尼亚海域。通过家族的贸易活动，他早已对这一海域了如指掌。他很快就传回了奥斯曼军队向科托尔军事总部移动的情报，似乎与此同时，他采购了阿尔巴尼亚急需的粮食（也许是从罗顿半岛之类的地方买的，那里的居民不太理会他们的奥斯曼主人），也运到科托尔。他请愿书中列出的其他服务包括援助巴尔人。巴尔人正在一边承受着马尔科维奇人的攻击，一边在威尼斯长官手下作战，以便保卫乌尔齐尼领地免受奥斯曼人攻击。[3]

1540 年和平协议达成之后，安东尼奥·布鲁蒂已经不需要充任战士了，至少直到三十年后才需要再次面对战争。但他最初为威尼斯提供的这两种服务——搜集情报和购买粮食，仍是重要的。而且，随着经验的增长，他也会被视为与阿尔巴尼亚地区的奥斯曼官员等人谈判的人选。这三种服务中的每一种都有其独特的重要性。

在东地中海世界，信息和情报的重要性再怎么夸大也不为过。发现私掠或海盗活动，搜集商业信息，这是威尼斯人普遍关注的，上文也已简单述及。在战争中对军事情报的渴望显而易见。但对信息的需求远不止这些。这是个消息匮乏的世界，信息就是力量。正是由于这里的很多信息不准确或不完整，其传输的时间间隔也不规则，所以为了梳理出真相或近似于真相的认识，积累尽可能多的交叉报告非常重要。每一位海军指挥官，事实上每一位私掠者或海盗，都会提前派出一艘小船进行所谓的 pigliar lingua——字面意思是“抓舌头”。这包括在海岸或岛屿上登陆，询问（有时为了询问，会实施绑架）当地渔夫、水手有关其他船舶的状况和动向等等。间接证据常常至关重要：例如，当威尼斯或者西班牙分析奥斯曼军事意图时，他们会非常关注诸如发罗拉等地脆饼（biscotto）产量增加的消息。这种脆饼耐储存，并且相当轻，由经过两次烘焙的面包制成，是海军作战中的基本食品。而且，他们也高度重视各种奥斯曼政治新闻，无论是地方层面的，还是帝国层面的。他们还采取周密手段，确保从伊斯坦布尔源源不断获得信息。这不仅涉及商业和外交渠道，我们接下来将看到，也涉及伊斯坦布尔的间谍网络。[4]

1555 年到 1562 年间的一段时间，安东尼奥·布鲁蒂在威尼斯海军长官克里斯托福罗·达·卡那要求下，传送一些关于奥斯曼舰队动向的“尽可能快的报告”到达尔马提亚。他怕的是这支舰队将进入亚得里亚海，攻击威尼斯领地，而不是西行与西班牙军队作战。他甚至给了安东尼奥“一套新密码”用来传送消息。密文的使用虽然常见于高层外交信函中，但对于这种工作来说却是不寻常的要求，这说明了信息的敏感性，也说明了安东尼奥将要从一个固定地点传送信息，而不是亲自携其返航。文图里尼的记载中没有交代确切的时间，但威尼斯档案中的一份文献也许可以补充这一插曲的一些背景。1558 年 4 月中旬，威尼斯政府写信给达 · 卡那，解释说，他们之前（3 月初）已经写信说明对奥斯曼舰队意图的担心，现在也正在向塞浦路斯、克里特岛和科孚岛派遣增援部队。这封信敦促达 · 卡那想尽一切办法“以得到关于奥斯曼舰队动向的信息”。达 · 卡那通过科孚岛长官，把安东尼奥 · 布鲁蒂安排在奥斯曼港口发罗拉，以便海军指挥官们“可以了解任何进展”。[5]

此后，安东尼奥提供了另一项有价值的服务，他被要求在科孚岛和威尼斯之间建立定期公私信件传递系统。这里的难题显然是，它们在阿尔巴尼亚海湾会被一些船只（大概是些海盗船）拦截。安东尼奥发现了一条安全路线，把信件由科孚岛送往乌尔齐尼，然后再由威尼斯海军船舶带往科托尔。1567 年的另一份证据揭示了与搜集和传递信息工作相关的另一面。这年 4 月，威尼斯政府授权他由乌尔齐尼领地出口 12 桶（7.5 吨）酒和 8 桶（5 吨）油，没有税收和其他限制。这么做的目的是给他“更便捷的机会，以便同苏丹在这一边境地区的官员进行友好交涉，同时发展新的社会关系。他可以借此为我们的国家服务”。把商业活动和情报收集、培养“有影响的代理人”合而为一，是非常实用的方式。（我们也可以推测，这对安东尼奥来说是经济上有利可图的方式。所以没准这主意是他提出的？）[6]

在同阿尔巴尼亚的奥斯曼官员等人的交涉中，威尼斯当局主要把安东尼奥·布鲁蒂用作谈判代表、当地外交官和处理各种问题的“万金油”。一项典型的任务是谈判释放被都拉斯或发罗拉海盗扣押的商船（和商人）。有一次，在乌尔齐尼和莱什的一场争执中，为后者工作的私掠者掠获了一艘属于著名威尼斯贵族阿尔维斯·文德拉明的货船，把它洗劫一空，然后卖掉了。安东尼奥不知用什么方式说服他们归还了与船价等值的金钱。不久之后，他就随克里斯托福罗·达·卡那前往都拉斯。在都拉斯，他成功让一位海盗船长在卡迪面前宣誓：他不会攻击威尼斯市民。他还讨回了另一艘威尼斯货船，成功解救了被扣押于发罗拉的三名威尼斯人。另一位威尼斯海军长官菲利波·布拉加丁也叙述了这类工作。1563 年 3 月的最后一周，他写道：“到了乌尔齐尼之后，由于布鲁蒂骑士非常熟悉阿尔巴尼亚港口，与奥斯曼人打交道有丰富经验，我把他带到我的军舰上，然后前往都拉斯和发罗拉解救莫罗西尼的两艘货船。这两艘船满载橄榄油，在奥斯图尼（位于阿普利亚的一个城镇）附近被弗斯特战船劫持。”在都拉斯，他们发现船上的油已经被卖给了“各路当地人”，船本身也已被拖上岸并拆成了两半。于是，他们前往发罗拉向此地的港口艾敏和纳齐尔（*emin* 和 *nazır* 这两个术语都是管理者之意）侯赛因申诉。侯赛因偏袒海盗，信誓旦旦地作证说，这些船舶原属费拉拉或阿普利亚（非威尼斯属地）商人。如果属实的话，这也就意味着，海盗们没有义务修复船舶并支付赔偿金。布拉加丁写道：“由于他与海盗们蛇鼠一窝，我对他的不公表达了强烈不满，随后离去。”尽管这次使命失败了，安东尼奥·布鲁蒂在几个月后的 6 月仍被再次派往发罗拉开展工作，争取追回更多的被窃货物，释放被扣押的威尼斯臣民。[7]

布拉加丁的经历表明，没有人能保证，仅仅靠官方抗议或者援引规则就可以说服当地的奥斯曼官员（威尼斯和奥斯曼帝国之间的互惠协议的确明确规定了任何一方均应尊重并保护另一方的商业航运）。这时就需要其他不那么正式的方法。方法之一是送礼。凡是请求官员特别关照，通常都要送礼。这可能包括黄金或者银币，不过奢侈品总是受到欢迎，比如大段昂贵织物、优质玻璃器皿、银杯、优质蜡烛或精制糖（或者上述各种的搭配）。西方旅行者到奥斯曼帝国后，常对官场贪图这些贿赂愤愤不平。有人写道："无论是谁想要驻足奥斯曼，只要一进入其领土，就必须立即打开钱包，直到他离开这些领地，才能合上……因为奥斯曼人在收受金钱和礼物上鲜廉寡耻而没有底线。"但给官员送礼的做法在西欧社会也司空见惯：这一时期的法国，一位王室官员可能希望收到自己所辖境内城镇馈赠的"地方酒、橄榄、糖果、香料、蜜饯、奶酪、谷物、猎获物、鱼类、大蜡烛、金银杯、金链"等等。为了让一些特殊请托水到渠成，送礼并不特别。在威尼斯－奥斯曼边境有经常性的礼物交流，对维持良好的双边关系来说很是重要。早在1506年，乌尔齐尼长官就专门汇报"为了维持与桑贾克贝伊（地区长官）和伏伊沃达（*voyvoda*，地方官员，尽管这一词语也用来指奥斯曼大地产的管理人员，但通常指税吏）的睦邻友好关系"所费的金钱。朱斯蒂尼安在1553年记载说，附近的奥斯曼伏伊沃达经常"以公事为由"来到这个城市，以便得到大量礼物，每年总值约600杜卡特。在斯库台，每次新的桑贾克贝伊履任，斯库台城就会馈送其价值80斯库多（66.6杜卡特）的礼物。朱斯蒂尼安反对这一做法，视之为"隐性贿赂"。其他人既抱怨其花费巨大（16世纪50年代早期，一份报告得出结论说，达尔马提亚的威尼斯官员在1540年战争结束后，已经在礼物上花费了30 000杜卡特，相当于每年2300多杜卡特），也抱怨其滋生了其他腐败行径：一些官员送的是自己的东西，然后按照超过其成本的虚高价格报账。与此同时，其他官员则向边境另一边的同行行贿，以便从有利可图的奥斯曼马匹出口生意中捞油水。[8]

威尼斯方面的证据是金钱和货物仅朝一个方向流出，有理由推测，如果仅仅是为了表现得更慷慨的话，一些礼物的确会以这种方式馈送。但杜布罗夫尼克（从奥斯曼的视角来说，这个城邦事实上是奥斯曼帝国的一部分；但它却与附近其他处于奥斯曼直接控制下的领地相差巨大，所以它也需要不断维护与地方官员的友好关系）市议会的登记册记录了来自奥斯曼一方经常馈送的礼物。1567 年 8 月，杜布罗夫尼克当局收到了特雷比涅伏伊沃达馈送的牲畜和奶酪；12 月，收到了发罗拉两位艾敏馈送的两张地毯和两副马具；1568 年 3 月，收到了卡拉·霍卡——令人害怕的发罗拉海盗船长馈送的一张地毯；1569 年 2 月，收到了特雷比涅伏伊沃达馈送的 12 份奶酪和 122 磅黄油，新海尔采格的新艾敏馈送的一张地毯和一副马具，等等。每种情况下，馈赠均被暗示要以货币化的礼物作为回报。目光敏锐的杜布罗夫尼克商人非常准确地评估馈赠的价值。他们经常以更大价值的礼物回赠，但增加的额度却差别巨大。我们可以认定，这取决于他们对每一位奥斯曼官员信誉的评估，他们对此也是认真掂量过的。[9]

因此，从严格的法律角度说，礼物馈赠是个“非正式”问题，但却可能在实践中成为重大的正式问题。其他改善威尼斯－奥斯曼关系的方式，实际上更加非正式化，更依赖于私人纽带，无论是基于友情，还是基于血缘和婚姻关系。边界的存在并没有消除多种多样的经济和社会联系，边境线会随着时间的推移发生变化，使它更不可能成为两个社会之间清晰分明的界线。很多家族在边境两侧均有分布，即便其中一支族人改宗伊斯兰教，也绝不会消除彼此关照和尊重的家族纽带。这就形成了一个影响深远的基督教世界－奥斯曼之间的人际关系网络。例如，1550 年，布达的总督写信给威尼斯当局，请求他们给他在达尔马提亚的表兄弟——天主教教士希贝尼克的安东尼奥发放薪俸。1591 年，威尼斯使者不得不从莱什出发，由陆路到伊斯坦布尔。他打算雇用一位叫扎尔科的基督徒商队首领，这位首领立足于杜布罗夫尼克。巧合的是，他正是新海尔采格的奥斯曼阿伽（*ağa*，军事长官）之侄，这相当有用。六年后，一位意大利伯爵作为战俘被关押在波斯尼亚城镇巴尼亚卢卡，他的家族向斯普利特的一位高级教士——在当地被视为大主教的代理人——寻求帮助。这位教士写信说，他一边在巴尼亚卢卡打听其下落，一边也通过自己在萨拉热窝的穆斯林人脉调查其去向。他在附言中补述道："今天，我的一位亲戚来到此处，他是一位有权势的穆斯林，从个人层面说，他也是个仁慈的人"，这位亲戚也已经承诺帮助寻找伯爵的下落。这些例子均涉及相对常见的家族联系，一定也有很多案例牵涉商业联系和其他长期友情。[10]

在这个充满跨境联系的世界，私人的信任可以轻易胜过官方的敌意，一个像安东尼奥·布鲁蒂那样的中间人可能对威尼斯人来说特别有用。在安东尼奥的请愿书中，他提醒他们，他既在奥斯曼的阿尔巴尼亚领地有很多重要"关系"（或深或浅的交情），也有很多高层朋友，他们大部分在伊斯坦布尔改宗了伊斯兰教。这里也许有自我吹嘘的成分，但他所说的基本内容是真实的。我们将会看到，他的一个儿子后来利用到这种非常高层的家族联系。所以，事实上，威尼斯雇用安东尼奥完成一些重要的地方外交使命，可能不仅是他个人能力的反映，还反映了他有价值的地方人脉和交际。例如，1568 年，威尼斯当局开始对一位地方桑贾克贝伊日益敌对的态度表示担忧。北阿尔巴尼亚和杜卡吉尼辖下黑山桑贾克的长官哈桑贝伊，开始要求威尼斯边境一侧的一些人承认奥斯曼主权，并向他进贡。因此，安东尼奥奉命前往说服他尊重现在的边界线，这一边界线是 1537 年到 1540 年战争后威尼斯和苏丹双方同意的。这可能是一项危险的任务，当奥斯曼地方长官的意志受阻时，他们会表现得反复无常，而且也不会因此受到严重惩罚。仅仅六年前，另一位贝伊对乌尔齐尼边界施加了相似的压力，乌尔齐尼派了"一位令人尊敬、经验丰富的人"作为使者与他谈判。这位贝伊向此人发泄愤怒，把他和他的同伴勒死并埋在"某个不光彩的地方"——意思是说，也许是个粪堆。[11]

威尼斯总督给安东尼奥的指示谨慎周密。首先，安东尼奥去接触杜卡吉尼的桑贾克贝伊，仅仅是为了一个具体而相对次要的问题：

盖拉米或格兰诺村的相关纠纷。这是个海滨村庄，属于乌尔齐尼的领地，位于乌尔齐尼东南。朱斯蒂尼安用少见的抒情辞藻把这里描绘成一个有着清冽纯净的泉眼、宜人的牧场和猎物众多的密林的地方。看来，安东尼奥早已和这个村庄有了特殊的缘分。在请愿书中，他强调：他曾经在1537年到1540年间的战争中帮助挽救了“乌尔齐尼领地格兰诺村”；1553年，他获得了临近村庄的一些潜在沃土的长期租约，这些土地属于附近布纳河畔的圣尼古拉修道院。安东尼奥可能正打算在那里建立一处家族庄园，俨然已经成了这个村庄的某种守护者或庇护人。因而安东尼奥的首要任务仅仅是提醒这位桑贾克贝伊信守承诺。看上去有关这个村庄的承诺是后者向伊斯坦布尔的威尼斯代表做出的，而到目前为止尚未兑现。在取得贝伊信任后，安东尼奥才提出贝伊试图侵占威尼斯领土的更大议题，并向他暗示，如果他停止这么做，他（安东尼奥）将能够说服威尼斯送他一份大礼作为感谢。安东尼奥随身携带现有边界协议的副本，该协议清楚地说明了哪些地方位于边境的哪一边。在特定的时候，他会提议派人到科托尔档案处取这一文件，等他回来，装作自己刚刚收到文件，然后将它提交给贝伊。（之所以要演这出戏，显然是要隐瞒安东尼奥被威尼斯人派遣，以处理边境事务为主要工作的事实。同时也避免了他的手下在途中被劫走文件的可能性。）而且，安东尼奥得到授权，可以馈赠任意礼物给贝伊随从中的关键角色，以便贝伊对他的请求有所好感。在请愿书中，他不仅自豪地记载了在这些有关村庄和边境的谈判中的成功，还记下了在他争取之下，贝伊的意大利奴隶马尔科·巴罗奇重获自由的事情。整件事不仅说明了安东尼奥作为执行者的能力，更重要的是突出了他的个人地位。引人注目的是，威尼斯当局承认，如果安东尼奥凭借自身能力、运用自己的权威和人脉来谈判，可能比摆出威尼斯使者的一切官方架势进行谈判得到的东西多得多。[12]

安东尼奥·布鲁蒂向威尼斯提供的另一主要服务领域是供应粮

食。乍看上去，这也许不像多么特殊的服务，更像是商人生意中的常见内容。如上文所述，朱斯蒂尼安记载说，布鲁蒂家族靠贸易过上了舒适的生活，但并没有提及具体商品。另一份可能也写于1553年的报告说，都拉斯和莱什（以及其他城市）在乌尔齐尼交易两种商品：马匹和粮食。前者是由陆路运来，但后者却来自阿尔巴尼亚各沿海港口。（朱斯蒂尼安记载说，马匹由“土耳其人”运到乌尔齐尼，但由于奥斯曼帝国禁止马匹出口，所以这一交易也是非公开的。）安东尼奥的请愿书中还提到了另一种商品，他写道，他的一位侄甥曾经在威尼斯以他的名义售出羊毛，带回1500杜卡特。来自巴尔干内地的羊毛也在阿尔巴尼亚诸港口进行交易，特别是莱什：例如，1577年，一批羊毛由莱什运往杜布罗夫尼克，然后再运往安科纳；1594年，来自斯科普里的威尼斯商人里兹万写信给杜布罗夫尼克的一位佛罗伦萨商人说，他已经将成包羊毛运往莱什，准备装船运出。毫无疑问，安东尼奥及其家族在有利可图时，也贩卖阿尔巴尼亚港口能够交易的其他各种货物：兽皮、皮革、蜡、油、酒和沥青。尽管奥斯曼禁止军事物资出口，但如果当地人能弄到沥青，也会贩卖它。不过粮食尤为特殊。[13]

谷物买卖的监督和管理比其他商品都要严格。由于粮食是生活必需品，政府必须非常认真对待粮食供应。对17世纪早期热那亚的两项研究说明，对于富裕的斯皮诺拉家族成员，谷物提供了他们所吃全部食物热量的52%；但对于城市收容所中的贫民来说，这一数字是81%。就1560年西班牙舰队的桨手和船员而言，这一数字超过70%。威尼斯世界的粮食衡量标准是“斯塔罗”，1斯塔罗相当于62千克。据估计，每人每年都会消耗4斯塔罗（接近于250千克）的谷物。这也许看来非常过量，但除去磨制面粉过程中的损耗，以及一定的浪费之后，这个量接近每天一根长面包。在这一时期的欧洲史上，经济发展的根本动力之一就是人口的稳定增长，有些地方的人口可能在16世纪增长了一倍。一些城镇原来依靠周边乡村供应粮食，而这时发现需要到远处开发新的粮源地。费尔南·布罗代尔早已指出，这就是为什么这一时期几乎所有迅速发展的城市不是在海滨，就是与沿海地区有水道相通，因为像粮食这种大宗商品的长途陆路运输过于昂贵。1552年，威尼斯人口达到158 000人，每天需要消耗约108吨谷物。威尼斯内陆能供应的谷物不到一半，所以可能每天必须由其他地方运进至少60吨。一份1558年到1560年间抵达威尼斯的大商船（最低吨位240吨）清单表明，粮食就占到了总吨位的近1/4。当然，大城市并不是唯一需要进口粮食的地方。朱斯蒂尼安报告说，威尼斯在达尔马提亚的领地有10万人口，每年需要消耗45万斯塔罗的粮食（这个数字可能既包括人类消耗的粮食，也包括动物饲料），他们仅仅能够生产10万斯塔罗的粮食，这部分是由于奥斯曼侵入了他们的领地，部分是由于土地被用于生产更有利可图的葡萄酒。克里特岛曾经是重要的粮食产地，也同样在16世纪转而经营葡萄酒生产，16世纪末它进口了所有消耗粮食的1/4到1/3。然而，城市是问题最尖锐的地方，城市越大（发展越迅速），问题越突出：比如，伊斯坦布尔，16世纪地中海世界最大的城市，在该世纪中叶约有50万人，每天就需要340吨粮食。[14]

因此，几乎每一个城市都采取了周密措施维持和控制粮食供应。在伊斯坦布尔，国家组织粮食储备，所有的食物供应都由大维齐尔管辖。热那亚设有“富饶司”（Ufficio dell’Abbondanza）负责粮食进口和储备，调节粮食价格。（这个相当乐观的名字是中世纪的遗产，其他一些意大利城市也使用相同的名字。）1541年到1557年间，杜布罗夫尼克建立了一个巨大的市政粮仓，这也是类似的管控体系的一部分。这一粮仓被称为“大窖”，现在是杜布罗夫尼历史博物馆所在地。1557年，为了组织进口、调节价格、储备谷物并分配给面包师，罗马建立了所谓的“粮食供给区”（Prefecture of the Annona，annona是拉丁语，指粮食的牌价及供应）。在威尼斯，粮食管委会（Magistrato alle biave 或 Zonta delle biave）履行一系列类似使命，他们定期发布向粮商付款的价目表，也出资委托特定商人购入大量粮食。这类进口的需求十分迫切，以致城市当局无差别地欢迎任何商人运入粮食，无论是威尼斯人还是外国人。这些商人中的大多数是非贵族出身的平民，很多是外国臣民，包括奥斯曼人。例如，1559 年 4 月，威尼斯政府允许人们付钱给“已向威尼斯售出粮食的穆斯林商人”。1562 年 7 月，威尼斯政府同意船东卡基·法鲁克·图尔克（一位穆斯林）前往都拉斯和发罗拉获取粮食。不过，威尼斯自己的海上臣民表现尤为突出，科孚岛的希腊人在这一贸易中特别活跃。[15]

杜布罗夫尼克在 1541 年到 1557 年间建了一个新粮仓，罗马于 1557 年重新构建了供给体系，这些并非偶然。16 世纪中叶正是地中海粮食市场供应问题真正开始发酵的时期。当这样的问题发生时，至少对任何大城市（这类城市并不包括杜布罗夫尼克，其人口约 6000 人）来说，仅仅依靠仓储设施不能解决问题。一些种类的“低筋”面粉保存时间不到一年，但不管怎样，大城市的大规模需求均要求定期供应。另一因素加剧了问题严重性，在任意特定粮食产区——比如，西西里岛和阿普利亚是威尼斯和其他意大利消费者的两大主要粮源地——出口仅仅来自满足当地需求后的余粮，而且占比相对稳定；所以，如果农作物的整体产量下降 20%，可供出口的粮食数量可能会下降 40%，甚至更多，对价格产生巨大影响。16 世纪 40 年代晚期开始，意大利粮食减产，接连造成了几个城市的供应危机：1548 年，佛罗伦萨和锡耶纳出现了严重困难，威尼斯的困难出现于 1549 年，杜布罗夫尼克出现于 1550 年。1551 年，扎达尔发生饥荒。这些难题在 16 世纪 50 年代早期有所缓解后，不久便再次出现：巴勒莫和马耳他的粮食价目表显示，1553 年到 1556 年间，粮价陡升。1555 年，阿普利亚的农作物减产使其不再出口小麦，这已经足够糟糕了；但这一年埃及爆发了饥荒，伊斯坦布尔连续三天没有面包供应，此后苏丹首次全面禁止奥斯曼帝国的粮食出口。接下来两年里，杜布罗夫尼克不得不采取一系列特殊措施避免饥荒发生：向奥斯曼属巴尔干地区的粮源地乞粮，对运粮入城的船东授予特权。1560年，西西里出口暴跌，年末伊斯坦布尔再次发生粮食短缺，促使苏丹再次禁止奥斯曼粮食出口。苏丹甚至派出军舰前往希腊海岸，拦截那些满载粮食的西方货船（来自威尼斯和杜布罗夫尼克），然后用武力强行带往伊斯坦布尔。此后在1568年到1569年，1573年到1575年，1588年到1590年间均发生了粮食危机，而且情况愈演愈烈。[16]

这些细节表明，奥斯曼帝国已经成为威尼斯和杜布罗夫尼克（包括热那亚在内的其他城市也是如此）的重要粮源地。我们可以找到一些有关16世纪初这类交易的记载：例如，1505年，威尼斯舰队从奥斯曼人手中购买了粮食；1528年，佛罗伦萨正式请求在伊斯坦布尔采购粮食。但从16世纪中叶起，粮食交易才大大增加。奥斯曼帝国有三大重要产粮区：埃及，罗马尼亚领地瓦拉几亚和摩尔达维亚，以及从色萨利（位于希腊北部）延伸经过马其顿和色雷斯，直到保加利亚的广阔沃土。这三大产区全都越来越集中供应伊斯坦布尔和其他奥斯曼核心地带。16世纪50年代早期，威尼斯船只从位于保加利亚黑海海岸的瓦尔纳获得粮食，但此后，由罗马尼亚和保加利亚领地运至黑海的大多数粮食转到了伊斯坦布尔，再也没有往前运。16世纪50年代晚期，威尼斯还派出船只前往埃及（和叙利亚）采购粮食，但此后这一供应看来也枯竭了。幸运的是，色萨利产量巨大，以至于在多数年份里仍有余粮可以销售（经常通过其主要港口沃洛斯）；从伯罗奔尼撒半岛、更大一些的希腊群岛和阿尔巴尼亚地区也依然能够获取粮食。距离伊斯坦布尔越远，这些地区的农产品就越不易被那座城市几乎无法满足的需求吞噬；在希腊西部港口和阿尔巴尼亚海岸交易的粮食尤其如此。[17]

威尼斯商人既受制于奥斯曼的粮食贸易管理，也从中获益。按照官方规定，任何大规模粮食出口都要取得授权，获得苏丹颁发的许可证，称为 *hüküm*。作为奥斯曼帝国朝贡国的杜布罗夫尼克，通常能够在严格的条件下取得这些许可证，即这些粮食只能自用，不得再次销售。有时，这些严格的限制会被打破。但伊斯坦布尔的威尼斯代表则会遇到政治难题，而且 1560 年到 1561 年间的全面禁令取消后，苏丹继续拒绝威尼斯的请求。然而，很多当权的帕夏自己拥有大片田庄，所以有时有机会直接同他们打交道，购买他们生产的粮食。事实上，奥斯曼制度以一种重要的方式帮助了西方买家。奥斯曼实行粮食最高限价（*narh*），由地方法官执行；由于这一价格通常低于正常的市场价格（这既是为了协助政府采购，也是为了维护社会公平），这大大刺激了面向境外买家的黑市交易和走私。1563 年，一份奥斯曼报告抱怨说，希腊人正以官价的近两倍价格向境外买家出售粮食。16 世纪稍晚一些时候，另一因素成为这一价格差的诱因：奥斯曼货币贬值，让人们更加期望找到境外买家，因为他们会以币值稳定的货币付款。所以，1560 年到 1590 年间，尽管伊斯坦布尔的威尼斯代表没有收到正式的许可证，却也搞定了很多直接或者间接由奥斯曼领地到威尼斯的粮食运输。在这些情况下，像乌尔齐尼的阿尔巴尼亚商人这样的中间人，其地方性知识和人脉，只会变得更加重要。那么，总的来说，尽管比起胡椒、香料、丝绸、马海毛和其他奢侈品方面的知名贸易，威尼斯的粮食进口不那么引人注意（也较少为历史学家论及），但是，作为一个运行中的政权，威尼斯被同奥斯曼帝国的这种经济联系牢牢绑定，这一联系对其生存至关重要。[18]

威尼斯也可以通过另一种方式获取粮食：先让别人获取，再劫掠他们的船只。这一行径的主要受害者是其在亚得里亚海的强大竞争对手。1562 年 9 月，威尼斯指挥官菲利波 · 布拉加丁劫掠了一艘拉古萨船（即杜布罗夫尼克的船，这艘船在阿普利亚的巴莱塔港装满了粮食），在武装保卫下驶往科孚岛，以供给其城镇人口和驻扎此地的船员；一年后，在其与安东尼奥 · 布鲁蒂到都拉斯和发罗拉的失败之旅后，布拉加丁在布德瓦附近劫掠了另一艘载有5000斯塔罗小麦和7000斯塔罗大麦的拉古萨船。1565年和1566年发生了更多这样的事情。威尼斯人没有以拉古萨人不应该同奥斯曼进行贸易来为自己开脱；如1562年的案例所示，来自意大利的粮食也有可能被当成目标。唯一给出的正当化理由是纯粹的需求。至少对劫掠者来说，这一理由已经足够，因为这种行为在意图上并不算是海盗活动。劫掠者常会承诺补偿船上货物的价值，而且会兑现绝大多数承诺。尽管他们常拖延很长时间，并且以很低的价格补偿。（据说，马耳他的骑士要更讲道理一些，他们迫使船舶停下，让商人以目的地价格售出粮食。）杜布罗夫尼克自身也非常偶然地采取过这样的策略。1569年夏末，杜布罗夫尼克劫掠了一艘刚在阿普利亚载了粮食，正前往那不勒斯途中的船。杜布罗夫尼克解释说，这艘船被风暴冲入了拉古萨水域；不管怎么说，它都是一艘拉古萨的船；它的船长曾经托庇于杜布罗夫尼克以逃避游弋的威尼斯桨帆船的劫掠。但拉古萨当局仍然感到有责任向那不勒斯总督表示深切的歉意，他们承诺用卖家交付的下一笔货物弥补其损失，声明他们也是迫于“遍地饥馑，尤以达尔马提亚为甚”才如此行事。尽管如此，杜布罗夫尼克经常也遭到同样对待。在1569年这个充满危机之年，杜布罗夫尼克向其水手和商人发布指示，警告他们防范掠夺成性的威尼斯人：给一位船长的指示写道，他应远离科孚岛水域，“彻底远离所有其他威尼斯领地及其军舰”。给另一位船长的建议是向都拉斯的奥斯曼要塞长官送礼（装载粮食要在要塞前进行），因为“他能帮助你对抗威尼斯桨帆船”。这样的策略并不总会奏效。1569年8月，威尼斯人劫掠了一艘拉古萨粮船；9月劫掠了三艘（在它们由发罗拉出发返航的途中），11月又劫掠了一艘。[19]

从拉古萨档案中，我们可以对这一时期阿尔巴尼亚港口的粮食生意有最详尽的了解。安东尼奥·布鲁蒂和其他威尼斯臣民虽然活跃于这一时期，但对其工作的文字记载却很少。16世纪60年代和

70年代，杜布罗夫尼克当局是阿尔巴尼亚粮食的重要买家。他们不仅重视通过在伊斯坦布尔的代表得到足够的苏丹许可，也重视同那些拥有大庄园的帕夏们打交道；比如，1569年10月，他们通过卡普丹帕夏（奥斯曼海军司令）在发罗拉的代理人购买了小麦和小米，然后付钱给他。仅仅一个月前，他们写信给都拉斯的一位商人。这位商人正在同大维齐尔穆罕默德·索库鲁的管家在此地的代理人打交道。他们给这位代理人（一位叫希莫的基督徒）附上一封信，在信中傲慢地告诉他，这位管家，也就是他的主人，请他们取走他庄园的农产品，他们也已答应下来，“尽管我们并非特别需要它”——这是杜布罗夫尼克在饥荒时期做过的一例非常厚脸皮的商业欺诈。有时许可证中覆盖了与这些大庄园的交易。例如，1565年，苏丹指示发罗拉官员，允许拉古萨从这一地区的三个庄园购入粮食：苏丹的庄园、索库鲁的庄园和另一位维齐尔佩特夫帕夏的庄园。但大部分这些特殊采购的谈判似乎在现场由拉古萨当局的人完成。拉古萨商人和船长可能会停留几个月，以便完成粮食交易。此外，他们在当地也有一个代理人网络，他们必须处理很多可预见的问题：发货慢、劣质粮食等等。杜布罗夫尼克在发罗拉也有一个官方“领事”（在这一时期的大多数时候由一位犹太人雅各布·科杜托充任）；他的职责不仅包括组织粮食购买，还包括处理发罗拉海盗对拉古萨臣民的劫掠和奴役，这一问题在16世纪70年代越来越突出。[20]

最活跃的一位代理人是阿尔巴尼亚天主教教士乔瓦尼·乔尼玛（Giovanni Gionima），大概是著名的乔尼玛（Jonima）家族的一员，这一家族是斯库台贵族。1569年夏末，拉古萨政府写信给他说：“以上帝和圣母玛利亚之名，请你前往阿尔巴尼亚那些看来最适合的地方，以你平日的勤勉，尽力为我们采购你能找到的任何粮食，不论是小麦还是别的，以尽可能低的价格购买。”他预计要花最多1000杜卡特。另一位拉古萨代理人埃利亚·苏因纳会补偿这笔费用。埃利亚·苏因纳是乌尔齐尼一个显赫家族的成员（埃利亚·苏因纳和劳罗·苏因纳为杜布罗夫尼克提供各种服务，包括在乌尔齐尼购买橄榄油，从乌尔齐尼派信使到莱什，转寄信函给发罗拉的科杜托。顺便说一句，劳罗娶了安东尼奥·布鲁蒂的姊妹博纳)。乔尼玛迅速回复说，他已经购买了 3000 斯塔罗（222 吨）小米和 1000 斯塔罗高粱。此外，他从罗顿半岛获取了 205 斯塔罗豆子；乔尼玛在莱什收到的下一个指示是把他所有的粮食运上奥斯曼船只——拉古萨人知道，威尼斯不敢劫掠奥斯曼船。这位天主教教士的工作持续了很多年：例如，1579 年末，我们发现他把粮食运上了都拉斯海滩上的一艘拉古萨船，雇用了另一艘奥斯曼船装上他刚买到的另外 2000 斯塔罗粮食。[21] 但是四年后，再次监督粮食装船时，他和海滩上的拉古萨水手被“都拉斯的大批穆斯林”袭击。暴徒打伤水手，扯走了他们的衣服，从乔尼玛手中夺走购粮款（超过 2600 杜卡特），然后杀了他。拉古萨政府记录表明，这并不是唯一一起这类案件；同一年，“无礼之徒”组成的暴力团伙袭击了发罗拉的商人和水手，超过三个月不让他们购买任何粮食。这种不满的根本原因不难猜测：外地人大量购买，推升了当地粮价。而且，这些港口的大多数人是消费者，并非生产者。如乌尔齐尼长官 1570 年 1 月写给拉古萨当局的信中所说：“你们的代理人已成为这一地区粮价大幅上涨的主要因素，致使人们陷入了极为艰难的境地。”[22]

以上就是安东尼奥·布鲁蒂混迹多年的复杂而苛刻的市场。毫无疑问，1553 年，他已经是一名经验丰富的商人，那时乌尔齐尼在阿尔巴尼亚粮食出口中扮演着关键角色。朱斯蒂尼安在这一年的报告中说，乌尔齐尼商人每年从阿尔巴尼亚北部港口运回 15 万斯塔罗（9300 吨）粮食。对于一个小型贸易中心来说，这一数字令人印象深刻——约占威尼斯城每年消耗量的 1/4。1556 年，安东尼奥在请愿书中提到，科孚岛（在苏丹禁止出口之后）出现了严重的粮食短缺，威尼斯当局给了他三艘船，他设法从阿尔巴尼亚内地运回小米；他说，出于对威尼斯政府纯粹的奉献精神，这次服务是自费进行的。此后不久，他执行了更多的服务。他作为常驻的威尼斯代理人，驻扎于奥斯曼属阿尔巴尼亚长达两年，主要负责粮食供应——他写道，他不顾“极大的危险和困难”，执行了这一任务。（他的请愿书中并未说明其任期，但伊斯坦布尔的威尼斯代表确切提到：1558 年夏，安东尼奥正在莱什任代理人。）在他稍显浮夸的记述中，他说，由于他在当地广受欢迎，所以他总能设法迫使这里的拉古萨商人让他带走他们准备的满船粮食；尽管如此，但由于他的声望如此之高，以至于商人仍然拉拢并帮助他。尽管有一点添油加醋，但整个故事很可能是真的；由于安东尼奥童年时居住于莱什这座城镇，所以他在地方性知识和人脉上有巨大优势。1559 年，当安东尼奥返回乌尔齐尼时，似乎已是这座城市最显赫的粮商了。在这一年，一位威尼斯官员提议建造堤防或者码头，为乌尔齐尼开辟适宜的港湾，并解释说这样就“有可能在安东尼奥 · 布鲁蒂及其搭档的一定帮助下，从阿尔巴尼亚运回大量小麦”。这年夏天，安东尼奥访问了威尼斯，粮食管委会给他 3000 杜卡特用来购买粮食，次年又给了 6000 杜卡特；他现在俨然已是从阿尔巴尼亚采购粮食的首席买家。[23]

1559 年安东尼奥 · 布鲁蒂访问威尼斯是为了接受威尼斯政府授予的殊荣：6 月 30 日，在总督洛伦佐 · 普留利主持的仪式上，他获封圣马可骑士团骑士。这是威尼斯唯一的骑士团，按其他欧洲骑士团的标准看来相当另类：没有大团长，没有章程，没有总部，连成员聚会的常规活动或者仪式也没有。但由于这一成员资格是威尼斯共和国授予的唯一此类荣誉，所以人们对其非常尊崇。有三类人可以获得授勋：出任大行政官或者大使，通过职权获得授勋；少数贵族家族成员通过世袭取得；一些人为政府做过特别服务，从而取得。大多数骑士属于第三类人。战争时期，这种任命的数量会增加，不过和平时期却很少：安东尼奥 · 布鲁蒂是 1559 年仅有的三位获封骑士的人之一。16 世纪 50 年代，每年获封骑士的总人数在 1 到 13 之间浮动。

这段载入元老院记事的引文，称赞安东尼奥做过的如下服务：

> 鉴于他有着丰富的与我们边境地带的奥斯曼官员打交道的经验，与其中一些人十分熟络，同时在他们所有人中享有很高的声望和信誉，我们已经见识到了我们最忠实的仆人，乌尔齐尼的安东尼奥·布鲁蒂，多次在不时发生的事件中为我们效劳，并为我们争得诸多利益——不仅包括解救船只、威尼斯臣民及其货物，购买粮食，还包括其他同等重要的事务。[24]

关于通常的授勋仪式有相当细致的描述幸存下来。仪式在总督宫谒见厅举行，内阁成员列席。总督发表演讲，表彰被授勋者，勉励他们继续服务；他将用一把巨大的仪式用剑，碰触被授勋者的两肩；然后总督会将一条金项链挂在他的脖子上，与此同时，另一位官员会把金马刺固定在他的靴子上；接着，伴随着总督风笛手的乐声，众人就从宫殿凯歌而出，新骑士在隆重簇拥之下回到家中或者住处。被授勋者要花费一些钱：支付给包括风笛手在内的各种费用和小费总计达 57 杜卡特。但另一方面，这条纯金项链也不仅仅是象征性的馈赠；安东尼奥的纯金项链价值 100 斯库多（合 83.3 杜卡特），有一条 17 世纪流传至今的纯金项链，其重量不低于 600 克。骑士也将获得一份总督签署的精致证书。以安东尼奥为例，其证书内文宣称他在为威尼斯共和国服务时，“从未不情愿接受任何任务，他不惜辛劳和花费，在任何致命的危险面前从未退缩”。[25]

这是安东尼奥·布鲁蒂在该项服务中的生涯顶点；如我们将看到的，安东尼奥的儿子们在试图强调对威尼斯的个人忠诚时，常会提到安东尼奥的骑士身份。不过这并不是安东尼奥获得认可的唯一表现。上文已经提到，1562 年下一任总督颁令，安东尼奥跻身乌尔齐尼的贵族阶层。* 还有，安东尼奥于 1567 年取得出口葡萄酒和橄榄油的免税特权，尽管威尼斯授予特权的动机复杂，但至少部分目的是支持其代理人的工作。两年后，安东尼奥再次向威尼斯发出请求，要求把乌尔齐尼接下来空出的两个公职肥缺分配给他的九个儿子；他虽未言明职位的性质，但确切提到每个职位的年薪为 150 杜卡特。这一请求也得到了批准。[26]

安东尼奥积极为威尼斯当局采购粮食，这一活动贯穿了整个 16 世纪 60 年代。没有苏丹的许可证似乎也并非重大障碍——但值得注意的是，1569 年 10 月，他收到威尼斯的指示，授权他花费 200 到 300 杜卡特贿赂当地的桑贾克贝伊和其他奥斯曼官员。他最后一次购买阿尔巴尼亚粮食可能在 1570 年上半年。那年 5 月中旬，亦即威尼斯和奥斯曼帝国战争爆发数月之后，布德瓦长官写了一封相当胆怯的信给威尼斯政府，解释说他抓住了一艘满载小麦的双桅船。这船是安东尼奥·布鲁蒂骑士派往布德瓦的，当时正在驶向威尼斯的途中。他承认，他这么做违反了伊斯特拉半岛、达尔马提亚和威尼斯属阿尔巴尼亚诸城市不应扣押前往大都市的粮船的明确规则；他这么做，是受必须在“这些战争、瘟疫和饥荒的时期”养活 4000 到 5000 人的“极端必要性”驱使。也许安东尼奥此时决定，他无法再以商业活动为手段向威尼斯效力了。此后不久，他向威尼斯政府强烈建议：他希望与他两个儿子一起加入威尼斯海军，并且带来自费招募的 10 名阿尔巴尼亚弓箭手。提议被欣然接受，并写进 6 月 7 日一封给威尼斯海军长官的公函中。临近 6 月末，这位长官率舰队到了科孚岛，安东尼奥可能就是在这里与他的弓箭手和儿子马尔科以及亚科莫一起加入了舰队；由于安东尼奥的声望，他们全部被安顿于旗舰之上。但在 7 月下旬，恰在军舰驶向克里特岛之前，一位掌管所有步兵部队的长官要求安东尼奥登上了重返乌尔齐尼的舰队。身为该城最有魅力、

---

* 参见上文第 43 页。

最务实的人物之一，乌尔齐尼正需要他；毕竟，这是他的家乡。他在该城倾一生之力重建了其家族的财富，非常成功：他赚到了钱，拥有附近一处村庄的田产，他是这座城市的贵族，他甚至是圣马可骑士，他正在打点孩子们的未来地位和收入。他如此苦心构筑的安全和富裕的整个家族框架，将在 1571 年夏末崩溃。安东尼奥·布鲁蒂也会在这一切崩溃时死去。[27]

第四章

为上帝效力的乔瓦尼 · 布吕尼

安东尼奥 · 布鲁蒂的三位姻兄弟之一塞拉菲诺几乎没有留下存在的痕迹，我们仅仅知道他的名字和他两个儿子的身份：尼科洛，乌尔齐尼的轻骑兵队长，在勒班陀战役临近结束时被杀；他的另一个儿子马泰奥也会在本书中短暂露面。塞拉菲诺肯定不是教士，显然也没有过军旅生涯，看来最有可能的是他在拓展家族的贸易生意；他可能是 1559 年威尼斯官员提到的安东尼奥 · 布鲁蒂的“搭档”之一。但是，关于他再无所知。然而，这一家族的故事仍将继续下去，我们接下来要讲述的是他两个兄弟乔瓦尼和加斯帕罗的生平。

乔瓦尼 · 布吕尼出生于乌尔齐尼，可能在此地接受了早期教育。他后来的生涯说明他接受的远不止基础教育：在特伦托会议上，他将引用圣托马斯 · 阿奎那的经典著作，面对异常苛刻的观众即兴作长篇拉丁语演讲。他很可能在意大利读了大学；如果是这样，他最有可能上的是帕多瓦大学。帕多瓦大学是威尼斯本地的大学。但帕多瓦大学这一时期的详细学籍记录未能幸存。我们也不知道他在何时何处接受圣职。我们知道的有关乔瓦尼 · 布吕尼的第一个明确信息是，在 1551 年成为巴尔大主教之前，他是乌尔齐尼大教堂的教士。他在乌尔齐尼侍奉的主教是雅各布 · 达尔马斯。雅各布 · 达尔马斯是巴尔城贵族。1536年，他受命出任乌尔齐尼主教。研究过这一地区大量天主教会文献的18世纪历史学家丹尼尔·法拉提称达尔马斯是有德之人；但1544年乌尔齐尼长官一封愤怒的信件却持不同看法。他抱怨说，达尔马斯已经让他的教士陷入“混乱和分裂”。似乎是因为主教支持他在乌尔齐尼的两位亲戚，而这二人强烈反对长官将新家族增列入这个城市的贵族阶层。至少从长官的角度看来，这是在制造贵族和非贵族出身的教士之间的争端。巴尔在这一问题上已深陷泥潭，不过乌尔齐尼幸免于此。五年后，出现了另一个引起争端的可能诱因：巴尔大主教写信给威尼斯的宗教裁判所说，根据他收到的一份报告，“路德派异端”正在乌尔齐尼引起“巨大的丑闻和混乱”。但我们对这些人一无所知；这一时期意大利天主教徒使用“路德派”一词泛指“新教徒”，那些以任一形式批评过教宗或者罗马天主教会的人几乎都被定义为“路德派异端”。考虑到乔瓦尼·布吕尼后来成为天主教正统的捍卫者（以及定义者），我们可以确信他不是他们的同道。[1]

1549年巴尔大主教卢多维科·基耶雷加托是在他家乡城镇维琴察的舒适居所里写下这封信的。1528年，他被任命为巴尔大主教，但他在巴尔度过的时间非常少。这样的缺席也并不罕见。很多意大利神职人员，特别是那些被排除于威尼斯的高级政府职位之外的内陆城市贵族，被任命为海洋领地的主教。威尼斯没有真的指望他们到那里居住，在很多情况下，他们台面上的收入非常微薄，以至于他们仅仅只能把它当成辅助性收入。1546年，基耶雷加托在特伦托会议待了几个月时间，他向教宗哭穷，说服教宗给了他50斯库多（41.6杜卡特）特殊津贴。此后不久，他试图辞去大主教之职，指定科尔丘拉岛一位方济会士顶替他的职位；但威尼斯当局强烈反对，基耶雷加托被迫收回辞呈。1547年，他转而写信给教宗说，年事已高的他无法生活在自己的大主教区。他时年65岁。四年后的1551年5月，鉴于基耶雷加托已经“退休”，教宗任命乔瓦尼·布吕尼为巴尔大主教；

乔瓦尼旅行至罗马，于6月21日亲自接受了大披肩——高级神职人员的特殊法衣。但是，有两个不利的附加条件：基耶雷加托将保留其巴尔大主教的荣誉职衔，从大主教区收入中支领65斯库多（54杜卡特）的退休金。因此新任大主教的收入甚至会比哭穷的前任还要少。[2]

这样一个经费匮乏的职位，责任却格外重大。首先是巴尔自身的教区。这个城市有18个教堂，包括大教堂，也包括一个方济会修道院和一个女修道院；巴尔的教士群体相当大，16世纪早期，威尼斯自身就至少有10名来自巴尔的教士。巴尔城外有48个教堂分布在教区的农村区域。这些教堂一直扩散到奥斯曼领地内，远远越过了相对较新的边界线。大主教区内，除了邻近的乌尔齐尼和布德瓦等地，还有其他七个主教区。除了管理大主教区，巴尔大主教还兼任"塞尔维亚主教长"一职。这一职位是个历史头衔，曾长期归于斯普利特大主教，但由于尚不可知的原因，这一职位在16世纪早期被转交给巴尔大主教。正是由于身兼主教长，巴尔大主教才领受了大披肩；他也有非同寻常的特权，可以像那些枢机主教一样，穿戴紫色长袍。一份后来的文献记载，塞尔维亚、阿尔巴尼亚和马其顿的70个主教区受塞尔维亚主教长管辖。这个数字看起来出人意料的高，但其中很多教区由于缺乏真正的天主教徒，可能已是名存实亡的历史性实体，不过是巴尔干半岛教会地图上的线条而已。但北阿尔巴尼亚地区（包括科索沃）有较多信仰罗马天主教的人群，更小规模的天主教徒在整个地区的很多城镇均有分布，特别是在那些包含所谓的杜布罗夫尼克商人"聚集区"的城镇。所以，涉及这样一个广大的区域，塞尔维亚主教长仍要履行一些实际职责。我们搜集到的零星证据说明，这位新任的巴尔大主教对待这些职责非常认真。[3]

乔瓦尼·布吕尼除了出席特伦托会议期间外，似乎全部时间均住在巴尔。1553年朱斯蒂尼安进入巴尔城时，他和同行者"被最受尊敬的大主教和尊敬的长官接见，人们用嘹亮的钟声和礼炮的轰鸣声向他们致敬"。在前往住处之前，他们先在大主教陪同下参观了大教堂。同样在1553年，教宗写信给巴尔的乔瓦尼和乌尔齐尼主教达尔马斯，要求他们调查圣尼古拉修道院拟向安东尼奥·布鲁蒂出让的一处土地；安东尼奥请求教宗确认这一点（这样他的继承人就可以更安全地持有这处地产），教宗希望在确认这一点之前，确切掌握实情。*1557年，乔瓦尼视察了临近莱什南部、克鲁亚北部的一个天主教村庄拉希，为那里新建的一处教堂举行祝圣仪式。教堂有处拉丁语碑文写道：*Hoc templum consecravit R.D. Ioannes Brunnus Archiepiscopus Antibarensis*（"尊敬的乔瓦尼·布吕尼大人，巴尔大主教，为此教堂祝圣"）。这句话在20世纪初被抄写了下来，但教堂本身于1967年被爆破摧毁，此时阿尔巴尼亚正在经历一场"无神论"运动。毫无疑问，多年来，主教们多次访问奥斯曼领地内的天主教教区。奥斯曼当局一般对此不设限制，他们与罗马天主教会的紧张关系通常仅限于同天主教势力发生战争时期（不过，1570年到1573威尼斯－奥斯曼战争之后，他们似乎对威尼斯领地来的教士保持了相当长时间的戒心）。乔瓦尼属下的布德瓦主教安东尼奥·库尔莱亚在特伦托会议上讲了一个他怎样"进行伪装"以访问奥斯曼领地的故事。"因为他不能用其他任何方式到达那里，那里在土耳其势力控制之下。"但这明显是夸大其词。他的故事中提到，一位百岁高龄的"希腊人"一遇见他，就立刻认出他是一位主教，要求为自己举行坚信礼，然后很快就安息在他的臂弯里。此事同样不足为信。[4]

有关乔瓦尼·布吕尼为远方教众做的工作，没有具体的细节保存下来。事实上，我们对这一时期这一地区的天主教相关情况知之甚少；教会的详细文献记载仅仅开始于下个世纪，也就是在"传信部"（一个支持在非天主教地区传播天主教信仰的机构）1622年于罗马创立，并于1634年由方济会传教士引进阿尔巴尼亚地区之后。但17世纪早期报告中提到的基本问题，也非常可能是布吕尼大主教在16

---

*　参见上文第55页。

世纪所面临的：由于教士要么完全不在教区，要么素质低下、缺乏资金，天主教信仰正在衰弱。结果是人们缓慢而稳定地改宗东正教或伊斯兰教（或者至少习惯性地接受了那些信仰和实践——对于现代人来说，“改宗”这个词暗示了一个人神学信仰转变的痛苦过程，但在本书说的很多案例中可能并非如此）。例如，巴尔 17 世纪 30 年代的一份报告说，此地“由于他们没有好的牧者”，大多数人已经成为东正教徒或者穆斯林；同一时期的方济会士观察到，“由于人们对信仰奥义的无知，也由于缺乏能够向他们解释信仰奥义的人”，克鲁亚地区的大量天主教徒正转而皈依伊斯兰教。[5]

乔瓦尼似乎在艰难地努力化解这些危险。从他死后的数年里这一地区天主教徒对他的一些总体评价中，可以窥见他的工作概貌。1578 年，一群远在科索沃的天主教徒给罗马写了一封信，信中说，在布吕尼牧养之下，他们至少得到了一些精神慰藉，布吕尼的手下向他们派出传教士，尽管这些传教士没有受到良好教育；在布吕尼去世后，教士的派出中断了，导致很多人加入了东正教或伊斯兰教。对布吕尼更为由衷的敬意，来自一位代表“塞尔维亚和马其顿人民”写信给罗马的无名氏。他宣称，乔瓦尼·布吕尼任巴尔大主教时，“奥斯曼领地内所有遵从神圣罗马天主教会信仰和仪式的基督徒，不仅包括那些（前）塞尔维亚王国的基督徒，也包括马其顿的所有基督徒，还包括他们的主教，在需要的时候，均可以向他求助；他亲自探访他们，至于那些远地的人，他派出主教探访他们，为他们提供布道者和忏悔神父”。对他工作的怀念持续了很长时间才逐渐消退。在乔瓦尼去世后将近半个世纪，一位由巴尔出发、贯穿北阿尔巴尼亚到科索沃旅行的天主教教士发现了描绘身着紫色长袍的巴尔大主教的“一些油画”，“尤以描绘乔瓦尼·布吕尼者居多”。[6]

奥斯曼政权通常很宽容——不仅允许臣民中存在天主教徒，也允许外国天主教神职人员访问他们，这在某种意义上令人惊讶，因为苏丹肯定知晓教宗对奥斯曼帝国的深深敌意，这种敌意既涉及宗教，也涉及政治。16世纪的一些教宗倾注巨大精力谋划摧垮这一帝国，依靠内部叛乱、西方统治者发动的战争、涉及俄国（甚至还有波斯）等势力的地缘战略，或者上述策略兼而用之。“十字军”这个词，对于大多数历史学家来说，在中世纪结束之后已经失去了意义；它很少用于描述这些后来的教宗计划。如果这个词仅仅用来指代恢复圣地的战争，由于16世纪的计划主要是摧毁奥斯曼在欧洲的势力，那么二者明显不同。而如果这个词仅仅指代那些主要靠激发普罗大众的宗教情感招募军队而发动的战争，那么就有了另一种差别。但“十字军”有更广泛的意义，意指基督徒向异教徒发起的任何有宗教动机并以宗教名义正式宣战的战争。而这就是16世纪的教宗们继续敦促基督教世界统治者向奥斯曼帝国发起的战争。他们自己的确用了这个名词，这个用法并没有错。[7]

在他们的想法中，向来不缺宏大的地缘政治方案；例如，16世纪的第二个十年，在宗教改革爆发三年前，教宗利奥十世派出特使到莫斯科，希望组织一次征服伊斯坦布尔的联合行动；这位特使未能抵达，但教宗克莱门特七世1525年派出的特使带着相似的反奥斯曼使命成功抵达莫斯科。当然，这些事情动机复杂，包括希望（我们现在知道，这非常幼稚）通过这样的合作，信仰东正教的俄国人可以以某种方式承认罗马的首要地位。这种十字军计划既是目的，也是手段，是长期巩固天主教世界的公因数。为了应对宗教改革及分裂后果而进一步发展的十字军理念，也包含了类似的思路。在一些关键时刻，特别是1526年施派尔帝国议会和1532、1541年的雷根斯堡帝国议会上，由于皇帝查理五世迫切需要德意志新教诸侯的支持以对抗奥斯曼的威胁，他被迫做出了让步；这一因素而不是其他任一政治因素，使得宗教改革有可能在欧洲中部扎下根来。消除奥斯曼的威胁，将从根本上改变这种状况，那样的话天主教在德意志境内收复失地就会成为更有吸引力的选项。这也不是反奥斯曼十字军可能解决的唯一重要的欧洲内部问题。历任教宗对法国国王和哈布斯堡家族根深蒂固的冲突深感沮丧，重要原因之一是这种冲突经常是在意大利土地上进行的。它们是最强大的两个天主教势力；二者如此频繁地进行战争，这简直不能容忍。但从大约1530年开始，法国国王弗朗索瓦一世与另一重要的反哈布斯堡势力奥斯曼帝国结成了战略联盟，让局势变得更加难以忍受。联盟可以呈现出相当惊人的形式，比如1543年到1544年的联合军事行动中，奥斯曼军舰编队作为法国国王的客人在土伦过冬。一些天主教国家宣称反感这种形式的合作，这实际上非常虚伪，因为他们如果有机会与苏丹打交道的话，也可能乐于采取"敌人的敌人是朋友"的原则。但教宗的失望明显更加真实。处理好法国－帝国冲突有助于建立广泛的反奥斯曼欧洲联盟；同时，建立这样一个反奥斯曼联盟，如果它同时包括哈布斯堡王朝和瓦卢瓦王朝在内的话，也可能有助于处理好基督教世界心脏地带的纷争。[8]

由于时间相隔甚远，这些十字军计划和那些中世纪计划之间有着重要差别。16世纪的地缘战略与更为宏大的恢复、强化和扩大罗马天主教会影响的计划密切联系在一起。这一计划在范围上无所不包。对内，针对那些在信仰的理解和实践上需要指导和提升的普通天主教徒；对外，针对三类基本的目标群体：必须受到驳斥和压制的异端（主要是新教徒）；非异端的"分离教会"基督徒，比如希腊正教会和其他东方教会，必须说服他们结束分裂，承认罗马的首要地位；需要皈依的非基督徒。如果那些非基督教徒统治了基督徒臣民（如奥斯曼所为），或者他们正在和基督教国家发生战争（如奥斯曼经常做的），教会必须参与组织抵抗。长期目标是打败他们，为天主教赢回土地和人民；中期目标则是重建教宗在欧洲事务中的道德与宗教领袖地位。

强化罗马天主教会本原与地位的整个计划可以称为"反宗教改革"。这是个模糊的概念，其原始意义不言而喻相当狭隘：天主教会发起的反新教运动。相当长的一段时间里，历史学家试图区分天主教改革运动（消除弊端，改善教育等等）和反宗教改革运动（强化正统）；在一些论述中，前者取得了巨大成功，直到它被后者的狭隘僵化（宗教裁判所、禁书目录等等）所束缚。现在更普遍接受的说法是，从一开始这些不同的立场就彼此交织、相互关联；要想在明确区分两者的基础上讲某个修会的历史，比如反宗教改革修会的最佳代表耶稣会的历史，是难以讲清楚的。但是，标准解释仍然倾向于强调在基督教世界内对抗异端敌人时，天主教改革和巩固教会这两点的相互影响。如果从一个更外向的维度看待这个故事的话，它通常还包括派出传教士到世界上的遥远之地传扬福音。我们还没有充分认识到反奥斯曼十字军和以十字军为核心的更大地缘战略作为整个反宗教改革计划的关键因素的重要性。

1536 年，教宗保罗三世宣布他打算在意大利城市曼托瓦召集一次大公会议，旨在实现三个主要目标：消除新教异端，实现基督教世界和平，组织一次反奥斯曼十字军。会议从未召开，但教宗确实至少在某种程度上实现了他的第三个目标，两年之后，他组建了教宗国、神圣罗马帝国和威尼斯的神圣同盟，与苏莱曼大帝的军队进行了战争。上文已经提到，在神圣同盟海军遭遇了一场严重挫败之后，这场战争在 1540 年无果而终。两年后，保罗三世签发教宗谕令，宣布将在特伦托召开新的大公会议。他在谕令中讲述了他之前试图召集会议的经历和他这么做的原因：他希望结束欧洲基督教君主之间的宗教分歧，因为他“希望在面对异教徒的武器和战略时，天主教世界是安全的、受庇护的”，他知道和平对于把天主教世界“从很多即将到来的危险中”解救出来是必要的。他回顾了最近与奥斯曼交手遇到的挫败：1522 年，失去罗德岛；16 世纪 20 年代中期，匈牙利大部被征服；“由于苏丹，我们邪恶、无情的敌人，从不休息，他把我们的彼此仇恨和分歧当成为自己谋取好处的机会，所以他构想和计划了针对意大利、奥地利和伊利里亚（即克罗地亚、达尔马提亚和威尼斯属阿尔巴尼亚）的海战和陆战”。在召集曼托瓦会议失败后，“苏丹，我们野蛮、永久的敌人”

发动的攻击更多了。现在是时候行动了。[9]

组织一次大公会议的政治困难巨大；因此，特伦托大公会议于1545年正式召开之前多次推迟也就不足为奇了。会议地点本身是教宗和皇帝查理五世之间的政治妥协结果：特伦托城是个自治的主教公国，在司法管辖权方面位于神圣罗马帝国境内，但地理上却位于意大利，恰到好处地临近德意志领土和罗马之间最重要的道路之一。法国国王一点也不乐见会议召开，他担心这会解决神圣罗马帝国皇帝的国内问题，让他腾出手来进行对法战争；神圣罗马帝国这时入侵法国领土，迫使他让步，但法国仅仅象征性地参加会议，直到最后阶段才发挥影响。似乎唯一不愿意妥协的人群是新教徒，他们拒绝参加会议。就这样，会议按部就班地召开了，其任务分为两大类：一类是改革天主教会的实践；另一类是在新教徒不认同的领域澄清和巩固教义。即便几轮会议中间发生过长期推迟，它仍然逐步解决了一些最有争议的问题：第一轮会议期间（1545年到1549年），称义的神学问题和一些圣礼问题；第二轮会议期间（1551年到1552年），圣餐礼和其他圣礼问题。（一些新教神学家的确出现在第二次会议上，但仅仅是为了要求取得投票权，会议不可能接受这种要求；他们对实质性议题没有影响。）1562年1月会议再次召开时，大多数困难的神学问题已经解决，但仍然存在重要的实践议题尚需讨论，尤其是那些有关主教权力和职责的议题。[10]

考虑到其任务的性质，特伦托会议与奥斯曼事务没有直接联系；例如，没有必要讨论伊斯兰教的神学或者针对穆斯林的传教活动。不过奥斯曼的威胁却是难以抹去的背景。1551年，人们几乎可以说，这威胁出现在了会议上。萨洛尼卡东正教牧首——希俄斯的马卡里奥斯出现在特伦托，要求得到承认。当局不会同意这一请求，除非他改信罗马天主教，并接受教宗的首要地位。私下里，马卡里奥斯接触了查理五世的代理人，宣称他能够在神圣罗马帝国和伊斯坦布尔最显赫的帕夏中的三位之间扮演中间人的角色，这三位帕夏可能会被说服站到基督教一边来。马卡里奥斯还宣称，他能够协助神圣罗马帝国与奥斯曼帝国东侧的劲敌波斯沙阿建立联系。碰巧的是，神圣罗马帝国在特伦托的一位代理人吉罗拉莫·布基亚是一位老到的情报收集者，他最初来自科托尔，经营着威尼斯属阿尔巴尼亚的线人网络，对奥斯曼事务了如指掌。正是布基亚写信给皇帝的一位重要大臣说，他最终发现马卡里奥斯是奥斯曼人派出的间谍，意在搞清他上面提到的计划在神圣罗马帝国推进到哪一步了。[11]

大公会议在教宗的反奥斯曼地缘政治方案中发挥重要作用的想法也并未消失。在筹备第三轮会议时，教廷一位枢机卿列出的会议中心目标就包括“解决基督徒的敌人——苏丹”。1560 年底宣布召开第三轮会议之后，直到它最终于 1562 年召开之前的漫长等待期间，教宗庇护四世派使者出访潜在的反奥斯曼盟友，比如波斯沙阿和埃塞俄比亚统治者“祭司王约翰”；他邀请摩尔达维亚（一个东正教国家，是奥斯曼帝国的一部分，也是任何推翻奥斯曼统治的宏大计划的潜在参与者）的统治者参加大公会议；他也派出了特使到莫斯科拜访伊凡雷帝，请求他派出一些高级教士和一位使臣。（波兰国王拒绝让教宗的代理人过境，但教宗找到另外一条更隐秘的道路，派遣了另一位代表到俄国。）如他派往西班牙国王处的特使解释的那样，庇护四世希望“安排基督教世界对抗奥斯曼的事宜，以便——如果这能取悦上帝的话——收复君士坦丁堡和圣墓，根除伊斯兰信仰”；为了达到这一目的，他强调，教宗将“尽一切努力，运用所有权力，不惜任何代价”。[12]

第三轮会议刚一开幕，庇护四世很快就对其进展缓慢感到不耐烦；1562 年 5 月，他从罗马寄出一封信给他的使节们（特伦托的教宗代表，他们负责指导会议事宜），敦促加快议程。他写道：“苏丹活不了多久了，因为他患有水肿，身心俱疲；阁下，让我们试着引导会议得出快速而有成效的结论，切实把所有基督教世界联合起来，这样我们就能拿起武器一致对抗异教徒、异端分子和分裂分子。这是我们必须全神贯注的目标。”会议上也已经出现相似的情绪。2月，卡斯特拉纳主教发表了一番演讲，提到苏丹苏莱曼快要去世的传言，并预计他的儿子们之间将爆发内战，这将是一个泛基督教同盟（甚至包括新教徒）征服整个奥斯曼帝国的良机。几天之后，佩奇（位于匈牙利，是奥斯曼统治下的一个教区）主教发表了激情洋溢的演说，称赞神圣罗马帝国皇帝使欧洲免遭奥斯曼人的蹂躏。艾斯特根也是奥斯曼手中的一座城市，4月，那里的大主教传出消息称，他所在的教区险情不断，让他不能来参加会议。会议期间的其他事件，也让人们注意到危险可能以各种形式出现。1563年5月，博瓦（一个位于卡拉布里亚的贫穷地区，在意大利的“脚趾”上）主教要求允许他离开会议，以便为一些亲属筹集赎金，他们被“土耳其人”（指北非海盗，名义上处于奥斯曼统治之下）绑架。7月，大公会议举行了一次特别的弥撒，庆祝西班牙军队战胜了阿尔及尔港口奥兰那些亲奥斯曼的海盗。1563年9月，大公会议临近结束，马耳他骑士团的代表发表了漫长而雄辩的演讲，描述了骑士团如何捍卫意大利、对抗异教徒：如果马耳他倒下，他说，“几乎毋庸置疑，这对基督教世界的整体而言将是个莫大的创痛，也许无法治愈”。[13]

因而，当1562年初乔瓦尼·布吕尼到达特伦托会议时，可能已经有人对他作为奥斯曼边境地区的高级教士身份充满了兴趣和同情。他显然错过了1月18日新一轮会议的开幕；最初点名时，他的名字没有出现。但他肯定此后不久就到达了那里，因为据文献记载，他首次参与辩论是在2月10日。他似乎没有经由威尼斯直接到达目的地，而是很有可能先去了罗马，同教会高层进行协商，可能也汇报了教区的情况。1月10日，教宗的得力助手之一，他的侄子兼国务卿卡洛·博罗梅奥写信给特伦托的一位使节，要求他每月向乔瓦尼·布吕尼支付30金斯库多（25杜卡特）的津贴，“从他到达之日起算”——这句话暗示，是博罗梅奥送布吕尼上的路。另外的证据说明，这两人之间显然发展出了真挚的友谊；18世纪历史学家丹尼尔·法拉提说布吕尼“与博罗梅奥极为亲密”。博罗梅奥后来成为反宗教改革的柱石之一，模范大主教，拥有巨大道德和精神权威；而这时他仅23岁，还没有成为教士（不过受他叔叔照顾，他已经是枢机了），也还没有经历1562年底那场使他性情大变的精神危机。在特伦托大公会议的第三轮会议中，他是使节和教宗之间的关键中间人之一；他主要扮演教宗指示的忠实传达者，即便掺杂了任何个人喜好，那也是为了维护教宗的地位。在大公会议期间，他和布吕尼有没有继续联系，不得而知；如我们将看到的，会议闭幕之后，我们方见到了他们友谊的主要证据。[14]

乔瓦尼·布吕尼需要这份津贴。他是少数几位收到每月30斯库多的高级教士之一；大多数人最初仅仅收到了20斯库多（稍晚一些增长到25斯库多）。如果这些就是他们赖以维生的全部金钱的话，他们不可能生活得很好；1563年，胡格诺派外交家于贝尔·朗盖轻蔑地说，在特伦托，每年300斯库多“很难养活一个仆人和一头驴”。在达尔马提亚和威尼斯属阿尔巴尼亚主持教区的高级教士均醒目列在津贴名单上：他们包括扎达尔、拉布、塞尼和布德瓦的主教。1562年初，大公会议成立了一个特别委员会，调查那么多主教无法在他们的教区居住的原因。这个委员会一开始就举出了最严重的六个案例，报告了主教贫困的问题：三个意大利的例子，加上拉布、布德瓦和巴尔，这些地区的主教“一无所有”。正当乔瓦尼尤为贫困之际，特伦托的物价则变得异常高昂。这个阿尔卑斯山脚下的小城市，约有8000常住人口，不得不容纳大量拥入的人群。1562年3月，共有131位枢机、宗主教、大主教和主教，加上15名神学家、4名使臣和另外7位代表。这些人均带来了随从。塞哥维亚大主教携有33名随从，波兰枢机斯坦尼斯劳斯·霍西乌斯携有60名；埃尔科莱·贡萨加枢机携有160名，以便与自己的诸侯地位相符。宗主教、大主教和主教们平均每人携带的随从和家臣刚刚超过9人；而乔瓦尼·布吕尼携有4人。我们知道其中一位的身份，即他的侄子马泰奥（塞拉菲诺之子)。17 世纪 20 年代早期,生活于科佩尔的他已经非常老了,但他对大公会议的个人回忆给弗朗西斯科·巴尔巴拉诺留下了深刻印象。就这样,乔瓦尼有了自己的秘书;他的其他雇员包括一名给他做饭的男仆和一名马夫。仆人购买粮食的一些记录幸存了下来,他每月大约购买 4 斯塔罗粮食。消费水准对五个人来说似乎高了,甚至可以用一些粮食作为动物饲料;仆人们可能利用了这种商品(大公会议向参会者进行补贴)的低价格,把一些粮食以市场价卖出。尽管远至德意志的商人拥入特伦托,销售生活物资,每两三天就有超过 1000 头牛运进物资以供应城市,但物价仍旧居高不下。这也似乎说明,教宗 1 月份给大公会议的指令——参会者应该节制饮食,放弃"盛宴派对"——没有得到普遍遵从。[15]

无法知道乔瓦尼·布吕尼在特伦托时住在何处。为数不多的大房子在他到达特伦托之前肯定早已被瓜分完毕,我们至今仍能看到其中一些房屋带有奢华的多彩外墙设计。1561 年 12 月,博罗梅奥写给埃尔科莱·贡萨加的一封有趣的信说,特伦托的教宗使团根据"国籍"分配住房(同时,他们试图把囊中羞涩的纳克索斯大主教从一处对他而言过于豪华的房屋中逐出);博罗梅奥解释说,教宗担心这样的安排可能会使各国团体形成"秘密集会"并带来很多其他不良后果。按现代标准,这一轮会议至少有 13 个国家出席:意大利人凭借其在会议事务中极为广泛的参与(最终参会人数高达 195 人)占据主导地位,但这一轮会议临近结束时,与会者也包括了 31 名西班牙人、27 名法国人以及零星的希腊人、弗拉芒人、匈牙利人、葡萄牙人、爱尔兰人、波兰人、德意志人、捷克人和克罗地亚人。(事实上关于特伦托会议的所有文献都忘了有一位教士是阿尔巴尼亚人,会议的部分官方记录者对此并不知情,两度把乔瓦尼·布吕尼列为"希腊人"。)但博罗梅奥和教宗使团所指的"按照国籍分配"可能有所不同;从他们的角度,威尼斯的主教们可能算入一个国家,无论其民族起源如何。在那一群人中,乔瓦尼必定认识布德瓦主教安东尼奥·库尔莱亚（来自巴里的一位意大利人），但乔瓦尼可能并不希望同他有密切联系；库尔莱亚的演讲异想天开、滑稽可笑，迅速让他有了标新立异的小人物的坏名声，让一些人感到可笑，也让很多人恼怒。毫无疑问，乔瓦尼与威尼斯海洋领地来的另一些主教有私交。尽管他在一些问题上明显遵循威尼斯立场，但如我们将看到的，会议上辩论和投票的详细证据也没有说明这些主教有什么集体行动。[16]

会议的一系列辩论在该城的大教堂——一座由珍珠白和玫瑰红的石块构筑而成的巨大罗马式建筑中举行。在之前的几轮会议中，与会者可以坐在唱诗班里，但如一幅曾被认为是提香的画作中表现的，现在这轮会议人数众多，不得不用上整个教堂中殿。人们基本上按照资历逐个发言。乔瓦尼·布吕尼不仅是大主教，还是位主教长——这是天主教最高的位阶之一。他很快就投入工作，开始经常性地认真参加辩论。当他在2月到达时，会议正在讨论改进禁书目录的更新维护工作，起草了一项法令，决定设立机构检查之前所有的目录和判例，并邀请任何利益相关方带着安全通行许可前来会议申述。乔瓦尼赞成这一做法。随后，1562年3月11日，恰好在复活节假期前夕，会议一头扎进了整轮会议迄今为止最具争议的议题：主教定居问题。最初发布的草案看起来并不特别让人难以接受。它只是说，负责"治愈灵魂"（直接教牧职责）的大主教、主教和所有教士应该居住于他们的教堂所在地，"除非出于正当、良善、必要的理由，并且对天主教会有利"，否则不得离开驻地。几乎所有人都认同这是一件好事，尽管很多人的虚伪表态与其素日所行不符：1561年不少于80位主教不在其教区而住在罗马。这一问题现在被会议上一群改革主义者提出，他们担心如果不坚决处理这种擅离职守的行为，新教徒将征服大部分德意志领土。但复活节休会期间爆发的激烈争论却是，居留的基本要求是神法，抑或只是人法。这一问题十分棘手，因为它暗含了教宗权力的问题：很清楚，如果这是人法（这一领域包含教会法中设定的大多数制度安排），那么教宗有权签署豁免令，但相对而言，教宗特权不太能扩展到允许某人违反神法的程度。这一难题之下潜伏着名副其实的“定时炸弹”，这是此前大公会议的遗留问题：主教们是从教宗那里获得权力，还是直接从全能的上帝那里获得权力的。[17]

这轮会议在 4 月 7 日恢复召开，大主教布吕尼是最早发言的人之一。他认为居留是必要的，无论是出于神法，还是人法；而且“现在并不需要断言居留的要求是根据哪种法；与此相反，我们应该给出主教应当居留的理由”。这一尝试既是非对抗性的，也是务实的。他继续说，重要的是解决那些使主教们觉得无法在自己教区体面生活的难题（这明显与他们收入不足有关）。接下来的两周里，他没有参加关于神法和人法问题的漫长而激烈的辩论。4 月 20 日，会议就一项提案进行表决，这项提案宣称居留事实上为神法所要求。布吕尼采取了温和但明显倾向于教宗的立场，他说答案应该是“不”，除非教宗另有决定。在接下来几个月里，就其他一些有关教区教士和主教的议题，乔瓦尼·布吕尼表态支持改革（特别是那些能够从经济上巩固其地位的提案），但他也特别强调加强主教的权力；例如，他敏锐地提出，主教对其教区内所有宗教机构，包括男女修道院、学校和社团，都应享有监督权。9 月一项提案建议，收入少于 500 杜卡特的主教座堂今后不应该再因拨款发放年金而减少其收入，在关于这项提案的辩论中，布吕尼说首先要做的事情是取消他们正深受其害的年金政策。他明显仍旧对从他自己的微薄收入中拨出 54 杜卡特作为基耶雷加托年金的往事耿耿于怀。12 月，主教居留问题再次被提上议程，他重申了自己对居留重要性的信念，然后补充了一个更加私人化的观点，会议备忘录记载说：“他说自己并不拒绝居留，尽管他的教区在奥斯曼境内，时刻面临死亡的威胁，还忍受着年金政策的沉重负担。”（可能备忘录记录者在此处有一点疏漏，虽然这一教区部分位于奥斯曼一侧，但巴尔本身——如上文指出的，位于威尼斯领土范围内。）[18]

乔瓦尼·布吕尼所持立场某种程度上与其个人经历有相当直接的联系。他在诸多议题上的立场也与威尼斯密切相关，因为有一些威尼斯臣民信奉希腊正教或者塞尔维亚正教。1562年7月，会议推出了一些教会法(条例)草案，旨在反对新教徒对圣餐仪式的主张——尤其是新教宣称罗马天主教会的圣餐礼只给平信徒一“种”东西（面包）而葡萄酒则专供神职人员这一点是错误的。一条教会法表示，如果某人说上帝要求同时使用这两种东西，他就应该被开除教籍（也就是说，彻底驱逐出教）；另一条教会法对否认基督完完全全存在于每种东西（酒和面包）中的人规定了相同的处罚；还有一条教会法则以同样方式处罚宣称神法要求向儿童颁赐圣餐的人。威尼斯宗主教主张，这些教会法中的第一条必须措辞更加明晰，“以便希腊人不被包括在内”；他说，第二条教会法也应该加以澄清，最后一条教会法“只要希腊人的特权不受其影响”，是可以接受的。乔瓦尼·布吕尼发言表态时，他认同了宗主教的观点。*[19]

第二年，在关于婚姻问题的新教会法的辩论上，再次出现了可能与东正教发生冲突的问题。一条教会法草案宣称，如果有人说，由于一方通奸，婚姻可以解除，无辜的一方可以在前配偶在世时再婚，那么此人应该被开除教籍。关于这一点，会议上的威尼斯使者们表示强烈反对：他们说这会在克里特、塞浦路斯、科孚和其他岛屿引起愤慨，因为希腊人一直允许在出现通奸的情况下离婚，而从未因此在任何一次大公会议上受到指责。乔瓦尼·布吕尼在这里也表示了对威尼斯立场的支持。他也是诸多认为罗马天主教会应该有反对离婚的法令，但大公会议不应该把“那些支持在这些情况下离婚的人

---

* 不过请注意，教会法并没有肯定地说让平信徒享用面包和水是错误的。下一个月，皇帝向会议发出正式请求，希望在波西米亚和匈牙利同时发放这两种东西，皇帝认为这对追回已转投新教的人民至关重要；乔瓦尼则说只有当人们完全重返天主教并接受教义，才能允许他们这样做。他还说这件事需交由教宗定夺；最终教宗同意让步，但很快这一让步就形同虚设。

是异端”确定为神学准则的教士之一。[20]

婚姻问题本身是1563年大公会议期间讨论的主要议题之一，大主教布吕尼也是这次讨论的积极参与者。他表态支持对秘密婚姻（这一说法经常用来指再婚或重婚）进行更严厉的处罚，他提议主教应该有权力使一些婚姻免受“禁止结婚的亲等”的限制，但是他也表态反对允许人们与第四代血亲，也就是第三代堂（表）亲结婚的建议。可能他在这一点也受其阿尔巴尼亚出身影响：在北阿尔巴尼亚山区，天主教严厉禁止任何父系血亲之间的通婚，直到第十二代才允许通婚。[21]

1563年2月，乔瓦尼被提名加入一个小委员会，负责收集滥行圣职按立的证据；委员会其他成员包括威尼斯宗主教和桑斯大主教。委员会在波兰使者的住所开会，4月向大公会议提交了一份临时报告，然后继续开会到7月。此外，乔瓦尼在这最后一年中介入的多数辩论与主教权力有关，他希望加强主教权力以制衡其下的神职人员，加强大主教权力以制衡主教。后面这一点似乎对他有特别的重要意义。一条教会法草案提出，主教长应该在自己的大教堂所在城市开展视察，除非下属主教请求，否则不应去下级教会视察，乔瓦尼认为大主教的权力不应该被这样一条规定削弱，对此加以拒绝。11月，就在大公会议结束前的一个月，关于这一法规的讨论再起，有两个人的发言也让他有些不悦：其中一人说，虽然主教长应该定期召集地区会议，但修士和修女应该免受其管辖。而另一位认为，对主教们的严重指控，诸如对异端的指控，不应该由大主教受理和裁决，而只应该由教宗进行。布吕尼被这三项提议大为触怒，他宣读了一份正式的异议声明，宣称这些提议与“大主教良善而悠久的权利”矛盾，它们严重损害了这些权利，以至于“整个教会的等级制度几近被摧毁”。如他所指出的，大公会议的大多数投票人是主教；所以在任何此类争执中，他们既是当事人，也是裁判。他的结论是整件事情应该汇报给教宗，而不是由这一存有先天偏见的集会决定。这是他在大公会议上发表过的措辞最严厉的演讲；到这时，经过全力以赴的工作和勤勉参与之后，他已经取得了被敬重地倾听的权利。[22]

特伦托会议在1563年12月4日结束，在最后的几周时间里，一些议题草草而过，一些业已形成的决定也走过场般地获得通过。在居留的责任这一重大问题上，会议提出了一个折中方案，提到神的“训诫”说牧者应该照看他的羊，但关于居留是否是神法所要求的，并没有确切说法。尽管有各种妥协，或者说正是因为有这些妥协，特伦托会议在某些方面具有非同寻常的意义：它把罗马天主教会的全部信条和实践的框架置于新基础之上，这个基础继续运行了三个世纪而未更易，至今仍旧是天主教生活和思想中诸多领域的基本规则。这是一项巨大的成就，所有与会者均清楚这一点。主持会议的教宗特使宣布会议闭幕之后，赞美诗的乐声响起。然后，用会议的一位高级法律顾问日记中的话来说：“我看到如此多重要而杰出的高级教士欢欣之泪夺眶而出，甚至祝福那些之前与他们争执不下的人……没有人不曾表达……这种极为热烈的欢欣，同时赞美上帝。”当然，问候、感谢朋友和仇敌的众人之中，也包括这位巴尔的阿尔巴尼亚裔大主教。[23]

乔瓦尼·布吕尼在大公会议刚刚结束之后的活动并不清楚；也许他在威尼斯待了一段时间。5月，他在罗马，可能进一步巩固了和博罗梅奥的友情。他在罗马时，成功说服了方济会代理总会长，让他获得了最有经验的修士之一，70岁高龄的维罗纳的希尔维斯特罗。他曾经在达尔马提亚工作，能说一口流利的塞尔维亚－克罗地亚语。代理总会长写道，乔瓦尼想要一位能够“不仅仅在巴尔城，也可以在这位最受尊敬的大主教的教区内他认为合适的任意地方，指导其信众祈祷和阅读的人”。随后乔瓦尼偕同希尔维斯特罗回到了巴尔。[24]

大主教布吕尼从特伦托回来之后，看来充满了改革的热情。抵达巴尔后不久，他开始向拉达克的本笃会修道院长施加压力——修道院位于巴尔西北四英里处的海滨。显然修道院收入不错——如我们之前看到的，1512 年围绕它曾经爆发过激烈的控制权之争——其教会可能对当地人民已经有了一些教牧职责。*1554 年以来，修道院长一直都是洛伦佐·马克安东尼奥·皮萨尼，他是威尼斯贵族；尽管他是本笃会修士，但似乎已经把这一职位视为闲职。乔瓦尼想要他住在拉达克，但皮萨尼不愿接受这位大主教的管辖。所以乔瓦尼试图在罗马教廷对其发起法律诉讼。教宗此前设立了一个由枢机主教组成的特别委员会，处理包括特伦托法令解释工作在内的事务，这一委员会负责向教宗提供建议。1565 年 3 月，特别委员会的秘书长最终给巴尔的乔瓦尼写了封信，告诉他暂停在这一问题上的所有行动，等待进一步指示。也许布吕尼从中艰辛地体会到了改革在理论与实践上的差别。[25]

但此次罗马的断然拒绝并不意味着教宗不再信任乔瓦尼的判断。1565 年，乌尔齐尼主教安德烈亚·朱比扎（达尔马斯主教的继任者）去世，教宗通过 10 月 30 日的一封正式信函宣布，乔瓦尼应该掌管这一教区；几乎与此同时，教宗也让乔瓦尼掌管了布德瓦教区，因为布德瓦特立独行的主教库尔莱亚从特伦托回来之后就直接返回故乡巴里的家中，再也没有离开半步。乔瓦尼很快就发现自己卷入了另一场神职人员的纷争中。当主教朱比扎在世时，乌尔齐尼大教堂的圣职团教士未经许可，从乌尔齐尼选定了另外 11 位神职人员，把他们补入座堂圣职团中；乌尔齐尼的贵族抗议说，这 11 人中没有一位来自贵族家庭，朱比扎也反对他们的任命，视其无效。乔瓦尼·布吕尼同前任采取了相同立场。座堂圣职团呼吁在威尼斯的教宗特使介入此事，特使却将此事交由科托尔的主教和副主教处理。于是，科托尔举行了正式的听证会，听证会上一位律师代表布吕尼和乌尔齐尼贵族出席，与此同时另一位律师代表教士。听证会上的两位法

---

* 参见上文 14—15 页及第 42 页。

官未能达成一致，把整件事情返回在威尼斯的特使处理。最终结果如何，我们不得而知。我们也不能断定乔瓦尼·布吕尼在这里是否严格按照他对教会法的理解行事，也无法断定他是否在某种程度上也受到其与乌尔齐尼贵族和当权家族之间密切私人关系的影响。但是，关于这一时期他个人活动的一般性证据——尽管这些证据为数有限，确实有力表明他的动机是为了维护信众和天主教会利益。[26]

1564年12月，特伦托会议结束整整一年之后，乔瓦尼·布吕尼从巴尔向枢机主教博罗梅奥写信，请求他伸出援手。由于方济会的领导层发生变化，他担心新的总会长可能会召回希尔维斯特罗；他附上巴尔的座堂圣职团和神职人员所写的证言，请求博罗梅奥在罗马方济会为之斡旋。与此同时，他也请求允许他重新任命一位80岁的修士马尔科·帕斯夸利（来自巴尔最显赫的家族之一）居住在巴尔的克拉雷安贫会女修道院中，以便聆听修女们的忏悔。如他写给博罗梅奥的信中所说："我一直倾注巨大心力维持这些穷人对天主教的信仰，尽管这一可怜的省份正处于分裂分子（即东正教）和穆斯林的压迫之下。"巴尔的座堂圣职团和神职人员的信中也确认了这一点，他们不仅为希尔维斯特罗的工作，也为他们坚持不懈的大主教作证。他们写道，从他第一次来到巴尔出任大主教那天起，"他就开始以最柔和的方式管辖和统领他的信众，证明他不仅是位好牧羊人，对每个人来说也是一位父亲和兄长"。[27]

还有另一个证据——一个引人好奇的证据——可以说明乔瓦尼·布吕尼作为牧者对其信众的责任心。1568年8月13日，教宗庇护五世致信他，感谢他近来呈送的一份视察巴尔城和教区的报告。之所以引人好奇，是因为这份报告本身显然并未存世；如果能够找到这份报告，对了解相关记载几乎荡然无存的这一时期来说将会是相当丰富的史料。布吕尼当然是按照特伦托会议的决定行事的，但罗马的记录人员似乎在更长的时间之后才认识到视察报告的重要性。今天我们仅有教宗相当简短的信函可供参考。教宗对布吕尼的"勤勉和虔诚”表示赞赏，由于那一地区的天主教正处于巨大的危险之中，位于“异教徒的虎口之下”，他敦促布吕尼继续工作。最重要的是，他坚持说：“应该把迷信的种子从那些人身上完全取出，他们以前常常采取的对死者遗体可怕而野蛮的处理方式今后应该从他们身上移除，并且彻底根绝。”对这一令人不安的句子最可能的解释是，布吕尼曾提到过当地肢解打斗中死去敌人的尸首的习惯。这也许可以用来提醒我们，他的教区确实处于边境地带，轻微冲突（有时则十分残酷）在这一地区几乎是家常便饭。[28]

最后还有一份文件让我们更好地看清乔瓦尼·布吕尼的工作及其与卡洛·博罗梅奥以及教廷之间的友好交往。1565年9月，他从乌尔齐尼写信给博罗梅奥，说他——如他在此前的信中提到的——在他兄弟的帮助之下，为教宗成功购得三匹非常优良的骏马，他的兄弟是前往奥斯曼境内的马市购得它们的。他解释说，这是乔瓦尼回巴尔前受教宗接见并赐福时，教宗给他的一份委托。现在，他写道：“我已经把它们送上前去安科纳的船只，同行的有我的侄子马泰奥，我趁此次机会派他代替我亲吻真福者的至圣之足以及您的至圣之手”。他说，这些马年岁不大，很漂亮，每匹马均步态优雅。如果有任何其他可以效劳的服务，他都会乐意“与我上面述及的兄弟和亲属一起”，在力所能及的范围内去做。这是一份精心挑选的礼物，因为邻近的奥斯曼领地以马匹质量优良而著称：16世纪一篇关于马术的论文中记载，纯种马匹来自安纳托利亚，但那些马经常同本地的阿尔巴尼亚或者斯拉夫种马交配，以培育出敏捷度稍差但更强健的马匹。正如上文所述，进口马匹是乌尔齐尼商人的主要活动，但也相当秘密，因为奥斯曼当局鉴于其军事价值禁止马匹出口。乔瓦尼·布吕尼这封信之后仅仅过了五个月，苏丹就发布了一份给斯库台贝伊的正式指令，抱怨穆斯林正在销售马匹“给敌军城堡中的异教徒”（即乌尔齐尼和巴尔），要求叫停这一做法。因而，乔瓦尼·布吕尼和他的兄弟做了很多。他对教宗的忠诚深厚而真挚，但同时我们可以看出，他在这封信中也表现出一些对自己家族长期利益的忠诚。派遣马泰奥护送这些马匹是个精明之举，教廷可能为此给予回报。根据将近六十年后见到马泰奥的巴尔巴拉诺的记述，马泰奥“曾长期在罗马教廷效力，他在这里有体面的工作，与他值得敬仰的功绩相匹配”。我们有理由推测，如他的姻兄弟安东尼奥·布鲁蒂一样，乔瓦尼·布吕尼可能已经尽其所能，以巩固自己家族的未来。因为在他们所生活的世界中，家族责任之纽带比其他任何事都要强大——唯一的例外是个人对上帝的责任。[29]

第五章

加斯帕罗 · 布吕尼与马耳他骑士团

1567 年 10 月，加斯帕罗 · 布吕尼成为一名马耳他骑士——全称是耶路撒冷圣约翰医院骑士团骑士，关于他此前的生平，我们几乎没有确切的了解。他大致出生于 1520 年前后，可能是三兄弟中最年轻的一位。[*] 考虑到他此后的军事生涯，可以猜测他应该参加了 1537 年至 1540 年的战争，只要当时他的年龄够大。他后来的生平事迹也说明他在早期生涯中花了一部分时间成长为一名经验丰富的船长；所以，考虑到朱斯蒂尼安关于布吕尼和布鲁蒂家族如何通过贸易支持家族发展的评论，我们也许可以推测，他涉足了粮食和其他商品的贸易，也许是和他的姻兄弟合作。至少有一半的可能性，加斯帕罗就是 1565 年为教宗购得那三匹骏马的兄弟——也许可能性超过一半，因为乔瓦尼在致博罗梅奥信中的措辞（“我上面述及的那位兄弟和其他亲人们”）可能意味着此时乔瓦尼仅有一位兄弟在世。加斯帕罗成为马耳他骑士团成员之前，于 1557 年到 1558 年间，生了一个儿子安东尼奥——但此后十余年里，没有文献提及这个男孩。正是自加入马耳他骑士团起，加斯帕罗 · 布吕尼方才进入历史记载之中。[1]

---

* 参见上文 34—35 页。

正如其官方名称所说，这个骑士团起源于耶路撒冷，创立于十字军占领这座城市之时。起初他们经营着一家 hospital——并非现代意义上的医疗机构，而是为朝圣者提供救济或休息的地方，在这里穷人和病人也能受到照料。不久后，他们将救护职责与军事职责结合，这种军事职责与圣殿骑士团和条顿骑士团类似。圣约翰骑士团在鼎盛时期控制了中东地区将近 50 个城堡，包括该地区所有城堡中最为壮观的骑士堡。13 世纪末耶路撒冷的拉丁王国被彻底摧毁之后，骑士团在罗德岛上建立了新的家园。他们在那里转变为一支海上力量，主要目标是奥斯曼领地和埃及之间贸易线路（对穆斯林来说也是朝圣线路）上的军舰和商船。1480 年，骑士团遭到奥斯曼的一次重大攻击；此后不久他们签订协议，保证不去骚扰奥斯曼船只和领土，但对贸易线路上其他船只的攻击仍在持续，他们也成为这一地区基督徒海盗的幕后支持者。1516 年到 1517 年奥斯曼征服叙利亚和埃及之后，这些水域的贸易成为奥斯曼的国内事务，伊斯坦布尔政府越来越不愿意容忍这根眼中钉。1522 年，刚刚即位的苏莱曼大帝带着一支大部队登陆罗德岛，在持续近 6 个月的围困之后，攻占了罗德城。骑士被允许带着自己的武器、圣物和档案（对历史学家来说是幸运的），体面地离开。8 年后，皇帝查理五世将马耳他岛赠予他们。[2]

从此骑士团就需要向两个对象效忠：作为宗教团体，他们是教宗的臣属，但从法律和政治的角度，他们持有的马耳他是阿拉贡王国之下的封地。这样他们就是皇帝的臣民，在 1554 年到 1556 年间查理五世将帝国在继任者之间分割之后，是西班牙国王的臣民，后者此时还统治着西西里和那不勒斯王国。这一联系对骑士们来说具有实际意义：他们岛屿的食物供应大多来自临近的西西里（包括每年 6000 多吨谷物），他们也依赖于西西里和那不勒斯的西班牙官员，以寻求其他具体的协助，包括招募士兵。反过来说，对于查理五世及其继承人西班牙的菲利普二世来说，让这支军事武装占领地中海如此重要的战略位置也意义重大。西西里和突尼斯之间的距离在最狭窄处不足 100 英里；这是一处把地中海分为两半的咽喉要地，马耳他距此足够近，可以守卫其东部通道。这一地区的主要问题不是一支大型奥斯曼舰队从伊斯坦布尔一路出发攻击西班牙本土的威胁（尽管不时真的有这种可能性），西班牙人一直担忧的是来回游弋的北非海盗，尤其是的黎波里、突尼斯和阿尔及尔的那些。[3]

15 世纪晚期，西班牙开始在摩洛哥地中海沿岸占领“要塞”(presidios)。（梅利利亚是 1497 年夺取的，至今仍为西班牙所有——休达也是如此，早先它为葡萄牙夺取，随后归于西班牙。）16 世纪，西班牙开始向东推行这一政策，在阿尔及亚海岸夺取战略要地，甚至占领了遥远的的黎波里港。其主要目的是抑制，或者至少发展出系统的防卫力量对抗当地穆斯林海盗劫掠西班牙船只和领土的行径。但西班牙倒霉在这一政策方案恰好遭逢最有才能和魅力的海盗领袖兴起——海雷丁（也以“巴巴罗萨”之名著称）和奥鲁奇，这对兄弟控制了阿尔及尔城。西班牙军队对他们施加更大压力，成功杀掉了奥鲁奇，但他们最终却促成了西班牙最有理由恐惧的联合：1518 年，海雷丁将自己置于奥斯曼苏丹的正式保护之下。接下来的几年里，查理五世在北非远征中耗费了更多鲜血和金钱，但结果只是加强了这种联合，并且使海雷丁有了增加劫掠活动的政治与经济动机。随后的 1532 年是这一系列反制政策的最后阶段，查理五世派遣舰队到伯罗奔尼撒征服了科罗尼的堡垒和城镇（上文提到，1500 年奥斯曼人从威尼斯手中夺得了它）：苏丹渴望一位真正经验丰富的海军指挥官为自己效力，于是就把海雷丁召到伊斯坦布尔，让他掌管奥斯曼舰队。正是海雷丁的战术本领使奥斯曼一方取得了六年后普雷韦扎战役的胜利。1546 年海雷丁去世后，奥斯曼海军继续利用大批北非海盗；当北非海盗不以这种方式帮助其在伊斯坦布尔的政治庇护者时，他们就继续劫掠船只和沿海地区。[4]

理论上，马耳他骑士团的首要目的就是应对这种威胁。最初受封马耳他时，他们也负责控制利比亚的黎波里港的堡垒，当时该港在西班牙手中；他们在此处维持驻军长达 20 年，到 1551 年才放弃它。当然，骑士们受其政治恩主召唤，参加了历次主要的海上远征——比如，他们是 1532 年征服科罗尼的武装力量的一部分。当他们与“巴巴里海盗”在海上相遇时，他们会攻击对方的船艇，他们也不时劫掠北非沿海地区。1536 年，骑士团大团长给麾下一位骑士的指示似乎足够明了：“我们的任务主要是打击异教徒，把海盗们逐出基督教世界的沿海地区和海域。”但一项对 1532 年到 1574 年间常规航行的统计分析表明，文献记载中标明目的地的航行中，只有 5 次是前往“巴巴里”海岸，但却有 18 次是前往“黎凡特”——也就是说地中海东部水域。油水最多的外快仍在伊斯坦布尔－埃及贸易线路上，或者是携贸易商和朝圣者从马格里布到埃及的沿海线路。希腊群岛中有不少岛屿现在是奥斯曼领地，也提供了不错的狩猎地，前往那里的另一个优势是骑士团经常从仍在威尼斯手中的岛屿上获取庇护、食物以及淡水——但是，他们为这些地方的当权者所不喜。在这些活动的整个模式中，多数情况下最主要的动力是战利品：商品、人口（充当奴隶或者索要赎金）和船只。损害“异教徒”是重要的考虑因素；至少从理论上来说，战利品只能来自他们。但无法获利的打击行动对骑士们来说要缺乏动力得多。[5]

现代术语中，海盗（pirate）和私掠者（corsair）之间有明确区别。海盗无差别地劫掠和攻击，不遵守任何法律，也不认同任何上级权威。私掠者按照其恩主的授权行事，目标是特定敌人，遵守一套行为规则（比如，如果在非敌方的舰艇上发现敌方人员或者商品时应该如何处置）。当私掠者回到母港时，可能会遵守更多的规则（在战利品的分配上，通常要支付其恩主一些类似于什一税的款项）。16 世纪的地中海世界，“私掠者”（意大利语的 corsaro 从 corsa 或 corso 而来，指劫掠之旅）这个词的各种形式都被使用；“海盗”（pirata）这个词是存在的，但不太常用。在土耳其语中，*korsan*（从 corsaro 演变而来）可以用来指任何一种类型的海盗，而 *levend*（来源于 levantino，黎凡特，或从一个意指“自由战士”的波斯语词而来）则有更宽的语义范围，包括陆地上的盗匪。也许，有关海盗的确切文献相对缺乏的一个原因是大多数涉足此类活动的人都自称私掠者。真正的海盗行径当然也存在，一名奥斯曼作者提到伊达山地区（位于马尔马拉海的安纳托利亚海岸）的海盗，他们攻击各种奥斯曼臣民，包括基督徒、犹太教徒和穆斯林。（*harami levend* 这个名词就用来指这些人。）但大多数真正的海盗行径规模较小，而且是地方性的。一旦活动超过一定规模，海盗就会需要政治势力的帮助和认可，对方反过来也可能认为他们有利用价值。但向全职私掠者的转变比较模糊，存在不同的权力等级以及不同类型的认可，有些更像是默许。例如，都拉斯和发罗拉行事更像海盗的私掠者确实享受当地奥斯曼当局提供的便利和保护，但是他们有时也受到伊斯坦布尔的责问。他们劫掠威尼斯人和拉古萨人，违反了一些苏丹的法令，但不能说他们是完全意义上的海盗，因为他们通常不会攻击穆斯林，也不会攻击那些来自奥斯曼直属领地的船只。[6]

读过西欧历史学家关于这些问题的传统论述，我们也许几乎就会认为，横行地中海的海盗和私掠者只有穆斯林而已。但事实上也有很多基督徒私掠者；16 世纪 60 年代，瓦伦西亚的私掠者非常活跃，他们甚至向阿尔及尔本土发起了大胆袭击。不过，最为强大的基督徒私掠者是马耳他骑士团，他们完全符合这个词的定义。就他们而言，其政治上的统治者，实际上就是骑士团大团长。正是大团长同时向其骑士和私掠者（16 世纪晚期和 17 世纪早期，其数量不断增加）签发正式授权。这些私掠者有自己的一套规则，选择性地把攻击目标合法化；骑士团船只劫掠所得归骑士团，私人劫掠者则向骑士团交付一定比例的战利品。必须注意的是，这一时期的“巴巴里海盗”，一般来说也是如此，至少那些阿尔及尔主要港口中的“海盗”是这样：战利品的十分之一要付给帕夏；按照奥斯曼政府的政策和国际协议，某种程度上其攻击目标的选择也受到约束，比如法国就排除在外。

旧时的历史叙述把骑士团视为高贵的海域警察，巴巴里船长则是肆意妄为的盗匪，他们黑白对立、永不相容。这种历史叙述错得离谱；实际上双方的私掠行径惊人地相似。[7]

但肯定仍然有人想知道从受害者视角来看，被私掠者和海盗作为攻击目标，两者是否有很大差别。为数众多的犹太人在奥斯曼船上被抓捕，带往马耳他沦为奴隶，他们也许问过自己这个问题。（比如，1594 年，大团长为“萨菲德之子塞缪尔之子西翁，留着黑胡子的矮个男人，约 30 岁，我们的犹太人奴隶”签发了安全通行证，让他去为自己和其他 8 个被囚禁的犹太人筹集赎金。骑士团档案中有很多这类记载。）这在很大程度上也取决于如何解读官方的行为规范，以及遵守规范的严格程度。骑士团不仅乐于夺取奥斯曼治下希腊正教徒的船只，偶尔还会夺取杜布罗夫尼克的船只；拉古萨人向苏丹纳贡，至少按理说是苏丹的臣民，但他们也是罗马天主教徒。据说，骑士们也会劫掠基督徒船只，用酷刑折磨船员，迫使其承认货物属于穆斯林或者犹太人，这样就可以理直气壮地掠走货物。各基督教政权经常反对骑士团的做法，但最讨厌他们的当属威尼斯。威尼斯经常担心骑士团在克里特或塞浦路斯海域掠获奥斯曼船只的事件可能会破坏自己与奥斯曼帝国之间的贸易联系；苏丹合乎情理地认为威尼斯应该负责其领土周边的巡航。刚刚提到的对酷刑虐待基督徒船员的不满就来自威尼斯政府；他们的船只中有很多确实总是载有犹太人和穆斯林的货物。事实上，威尼斯对这些打着骑士名号的私掠活动的不信任和厌恶由来已久：1522 年，罗德岛围城战中，威尼斯阻止了前往帮助他们的志愿者，当骑士团最终投降后，威尼斯派出特使祝贺苏丹。1536 年、1553 年，威尼斯先后两次宣布实行“扣押”政策，冻结骑士团在威尼斯境内的所有资产和收入，用这种方式更加严厉地要求骑士团停止劫掠威尼斯和奥斯曼船只。威尼斯偶尔发现骑士团有点用，但大多数情况下双方之间毫无好感。正是威尼斯政府在向教宗的投诉中，把这些骑士称为“盗贼骑士”。[8]

劫掠活动当然有厚利可图。1564 年 6 月，最富技巧和冒险精神的骑士之一马图林·德·莱斯科·罗姆加斯俘获了卡比阿迦名下的一艘盖伦帆船，卡比阿迦是苏丹宫廷中的白人太监总管。据说船上货物价值 80 000 杜卡特。三个月后，他参与劫掠了另一艘大商船；它最终在炮火之下沉没，但他拯救了一些重要乘客，得到非常高的赎金。这些做法似乎导致苏莱曼苏丹决定在次年实施了他此前一定已经酝酿许久的计划：彻底征服马耳他岛。在命令阿尔及尔长官为这次战役招募船长时，苏丹给出了两个简洁的理由：马耳他已经成为“异教徒的总部”，骑士们“阻塞了地中海东部的穆斯林朝圣者和商人前往埃及的线路”。苏丹可能还有更多的战略考虑：15 世纪 80 年代以来，征服意大利大陆的一部乃至全部，业已成为奥斯曼的重要长期目标，马耳他将成为侵入西西里和那不勒斯王国有用的踏脚石。但此次围攻的主要目标是摧毁骑士团。[9]

发生于 1565 年 5 月中旬到 9 月中旬的大规模围城战的故事已是老生常谈，在此不需赘述。骑士团的主要据点比尔古城（后来改名为维洛里奥萨城，意为“胜利之城”）位于从南边延伸到马耳他大港的狭长手指状半岛上。瓦莱塔现在所在的大半岛那时仅仅是个贫瘠的山坡，在其顶端是一处刚刚修建的堡垒圣艾尔摩堡，俯瞰着海港的入口。圣艾尔摩堡的守军勇敢无畏，在最后阶段更是视死如归，为比尔古的防御者赢得了宝贵时间。尽管拉拉·穆斯塔法帕夏麾下的奥斯曼地面部队在数量上占据巨大优势，但是他们逐渐为疾病削弱。到 9 月份，奥斯曼军队补给出现不足，并且害怕如果他们再滞留更长时间的话，返程的海况会变糟。他们还担心西西里的西班牙部队前来救援；这支军队一拖再拖，就在奥斯曼军放弃围困之时才到来。后来，西班牙指挥官加西亚·德·托雷多广受指责，人们认为他懈怠或怯懦（不过一位现代军事历史学家认为他保持了合理的谨慎和良好的战略直觉）。到奥斯曼人彻底撤走之时，将近 300 名骑士在战役中死亡或失踪——占开战时马耳他当地骑士总数的一半还多，几乎占到骑士团全体成员的三分之一。现在需要进行大量的重建工作，不仅是物理上的重建，包括象征意义上的。1566 年 3 月，年迈的骑士团大团长——在围城战中指挥骑士及其附属部队的让·德·瓦莱特——为即将建造的全新要塞城市奠定了第一块基石，这座城市以他的名字命名为瓦莱塔。欧洲天主教统治者的捐献源源不断到来，骑士团本身也为这个快速而雄心勃勃的建设项目提供大量资金支持。速度很重要，因为人们普遍认为奥斯曼军队将在几年内卷土重来。基于同样的理由，招募更多骑士，补充骑士团严重减员的队伍，尤为重要。而这也是 1567 年加斯帕罗·布吕尼成为一名马耳他骑士的背景。[10]

简单梳理骑士团的结构和理念也许有助于说明加入骑士团的有关程序。骑士团按照“语言”分为八个准国家分部：普罗旺斯、奥弗涅、法兰西、意大利、阿拉贡、卡斯蒂利亚（包括葡萄牙）、英格兰和德意志。（但事实上当时只有七个分部：骑士团在英国的资产已经为亨利八世没收，仅仅保留了少量英国骑士。）每种语言区既代表了地理意义上招募新骑士的区域，也代表了行政意义上的区域——划分为被称为修道区的单位——这些区域中分布有骑士团数个世纪在欧洲积累的大量庄园和其他资产。这些资产通常被捆绑成称作“辖区”（commende）的单独地产，分配给高级骑士作为奖励或年金之用。骑士本人并不占有全部收入，而是把其中的 15% 到 20% 通过修道区官员上交马耳他的中央财政；在很多情况下，骑士团希望通过购买其他土地，将其并入自己的地产，做出一些改善。据统计，16 世纪 80 年代早期，骑士团每年从其资产中获得 10 万斯库多（83 000 杜卡特）的收入。每名骑士去世之后骑士团也可以得到其个人地产的五分之四，而每位进入骑士团的新成员需缴纳 150 斯库多的高额费用；马耳他的大团长手中掌控的全部收入至少在 20 万斯库多，这还不算骑士团军舰掠得的战利品和它授权的私掠者支付的什一税。在马耳他协助大团长工作的是个由各语言区领袖（每位均有一个历史性职位——

比如，意大利语区领袖是舰队司令）和其他一些官员组成的议会；而加上每个语言区的两名代表，就能扩大为一个大议会。而包括更多骑士在内的最大机构全体议会，则负责考虑修改章程，选定新任终身大团长。[11]

如语言区名单所显示的，这是个非常国际化的组织，尽管其中法国人比例严重过大，西班牙人仅稍少。鉴于西班牙和法国之间，法国和神圣罗马帝国之间，以及意大利各邦国之间偶尔爆发激烈的政治冲突，而骑士团从未被国家－政治的路线所撕裂，这很引人瞩目。主要原因是它专注于一个外部敌人；从这一点来看，这是16世纪教宗们希望实现的跨欧洲合作的难得鲜活案例。不过，另外一个原因是骑士团经历了中世纪以来的“贵族化”过程，因而其成员现在由某种“阶层团结”联系起来——此外，还有在一些情况下通过血缘和婚姻形成的非常深远的联系。随着时间的推移，骑士团的准入资格越来越苛刻。16世纪，对意大利申请者的要求是“四个四分之一”(指祖父母加上外祖父母)，每个四分之一代表他们在父系祖先方面有二百年的贵族血统；对法兰西申请者的要求是祖辈有八位贵族，对德意志申请者的要求是十六位。由于西班牙语区的施压，1555年骑士团同意必须把祖先是犹太人或者穆斯林的排除在外。一般来说，申请者必须是婚生子，但一些“高级”贵族（如亲王或公爵）的私生子，如果能够说明他们的曾祖父也是位高级贵族，也能够被接纳。而且，中世纪以来，骑士团已经排除了任何在银行或者羊毛贸易等典型的“市民阶级”职业工作的人，同时排除的还有书吏和公证人；一般说来，如果某人的父亲从事过贸易，那么此人就不合格。[12]

拥有完全骑士资格的“公义骑士”在准入制度上有一些规定。还有一些人被称为“武装仆从”或者“服役弟兄”（英语单词sergeant就是从这个名词衍生而来，一些意大利作者称其为sergenti)，他们在骑士团的作战部队中扮演重要角色。在1603年规定进一步收紧之前，均没有要求这些人出身贵族。随军牧师也是如此，他们是被按立的神职人员，这一点不像骑士。在马耳他，每个语言区均有自己的会馆（auberge）供应食宿，服役弟兄和随军牧师另坐一桌。但也有例外：非贵族出身的人如果为随军牧师团做出突出贡献，就有机会被大团长特批或者“恩准”成为“恩典骑士”，比如画家卡拉瓦乔在1608年获此殊荣；与之类似，教宗也可以直接授意绕过这些规定。由于教宗这么做的主要原因是想授予受益人一份有价值的“辖区”以使他变得富有，这一做法让骑士团的其他人大为不满：从理论上来说，只有公义骑士方才有资格获得辖区。16世纪一段用对话体写就的有关骑士团的有趣材料中就有对这一问题的一些辛辣评论。尽管教宗一再确认针对骑士团的法令的有效性，一个对话者说，即便如此，这些法令“也会被枢机主教等人强行抵制，他把辖区恩赐给任何自己喜欢的人，对贫困的骑士极为不公”。更糟糕的是，“他还培养了这些没有任何贵族资格证明的骑士群体，也不举行其他任何仪式”。但是，他补充说，“这只发生在贫穷的意大利语区”。[13]

如果加斯帕罗·布吕尼通过正常途径进入骑士团，他将会经历这些程序：首先，他必须以个人名义向有关修道区提出申请——加斯帕罗要向威尼斯修道区提出申请。他必须让威尼斯的骑士团官方人员认可他身心健全，他也不得有恶名（比如说曾被军队开除），不得负有巨额债务，不得犯过凶案，不得有被宗教裁判所判刑的经历，不得是已婚男性（即便现在是鳏居状态也不行），也不应隶属任何其他骑士团。骑士团随后会派出两名骑士前往他的出生地，与一名公证人一起收集至多六名证人关于其家族声誉和贵族祖先的宣誓证词。如果对其满意的话，这些档案随后将被签字密封，交由申请者，让其带往马耳他。一到马耳他，他就要缴纳150斯库多的入团费，向所在语言区作自我介绍并出示其档案——如果该语言区对其满意，方才向大团长推荐其入团。[14]

尽管过程并非一帆风顺，仍然有理由认为加斯帕罗确曾经历过这一流程。不幸的是，加斯帕罗的骑士团档案——其中有其家族背景的详细记载，现在既不在马耳他骑士团档案馆，也未见于威尼斯修道区档案馆。马耳他第一份与其有关的文件——实际上也是所有幸存文档中第一份特别提及他的——出现于1567年10月14日议会的会议纪要里。它记载道，“就接受加斯帕罗·布吕尼以弟兄骑士位阶加入庄严的意大利语言区的议题”，议会倾听了双方的申述——布吕尼本人一方，经由他的法定代表，以及两个意大利骑士一方，即吉罗拉莫·阿伏伽德罗和弗朗西斯科·卡塔内奥。这两位骑士是“异议者”，反对他加入。议会设立了一个包括另外两位骑士（一位是葡萄牙人或者西班牙人，另一位是法国人）在内的委员会进行调查，说他们应该仅仅考虑“其加入骑士团这一主要问题，不用理会批准其加入的特许”，他们应该“听取双方意见，核查档案，如果必要的话也可以对证人进行考察”。[15]

这两个反对者是有一定地位的骑士：阿伏伽德罗来自皮埃蒙特，于1541年加入骑士团；卡塔内奥来自伦巴第，于1553年加入。他们反对的具体原因不详，不过也未能使调查人员采信其意见。10月28日，意大利语区举行会议，由首领舰队司令主持。会议记录写道：“核对投票结果之后（诸人对此并无异议），仅就加斯帕罗·布吕尼生于境外这一事实予以宽免，因此他——经他本人同意——从今天起被接纳加入骑士团。”提及“边境”的理由容易解释：按照16世纪50年代的法令，每个申请者必须生于语言区的地理边界之内，而根据最近的法令，意大利语区被界定为意大利半岛的那些省份加上西西里。尽管过去的确有威尼斯海洋领地的人加入骑士团——1566年希贝尼克的切萨雷·莫里佐加入了骑士团——但这次则是直接宽免了这一限制。因而，意大利骑士究竟为什么提出反对意见，仍不可知。他们不可能抱怨加斯帕罗未曾在马耳他度过一年试用期，因为这是该世纪稍后一些时间里方才形成的法定要求。我们确切知道加斯帕罗有一个年幼的儿子；但是只要他并没有真正娶这个孩子的母亲为妻，就不存在障碍。我们也确切地知道，加斯帕罗和他父亲均曾染指贸易；但威尼斯修道区从未将这种情况视为限制，不然这会把整个威尼斯贵族阶层排除在外。这里唯一的宽免或者“恩典”只涉及边界的问题；正因加斯帕罗作为拥有完全资格的公义骑士被接纳，所以他不可能是被教宗硬塞给骑士团的“恩典骑士”。[16]

鉴于教宗给二人委员会的指令中提到核查档案，最可能的解释是反对者质疑加斯帕罗贵族身份的真实性。斯库台和乌尔齐尼的贵族身份——尽管当地对此非常郑重，但也许在一些意大利贵族，特别是其中的非威尼斯人眼中看来微不足道而且相当可疑。尽管如此，10 月 30 日意大利语区再次聚会并且如其会议记录记载所说：“加斯帕罗 · 布吕尼贵族身份的证据有效，无人反对，他被接受成为一名骑士。决定如上。”总之，很难想象骑士团在急需新人之时，会继续如此严厉彻查前途在望的候选人；这段插曲刚过，11 月 1 日，大团长就向法国、西班牙和葡萄牙贵族发出广泛呼吁，敦促他们在接下来的六个月内赶到马耳他——在奥斯曼下个征战季节开始之前——加入骑士团。（他承诺允许他们在两年内完成贵族身份的证明，尽管如此，他们的资历均会从他们到达之时起算。）不过标准本身却没有一点放松。仅仅三个月前，某个叫切萨雷 · 费雷蒂的人文书不齐全，被接纳进骑士团。骑士团派出两位骑士千里迢迢前往伦巴第获取关于其祖父的进一步证词；对一位来自比萨的新骑士的类似查询就在接纳加斯帕罗之前的几天开始，结果他被骑士团驱逐。[17]

10 月 31 日，在圣凯瑟琳礼拜堂（圣凯瑟琳是意大利语区的主保圣人），举行了加斯帕罗·布吕尼加入圣约翰骑士团的庄严仪式。首先，他出席弥撒，跪在祭坛之前，手持火炬，象征其燃烧的慈善之火。然后，主礼骑士，舰队司令尼科洛 · 奥尔西尼 · 迪 · 里瓦尔塔正式询问他是否是另一个骑士团的成员，有无结婚等等；他回答“不是”。加斯帕罗把手放在弥撒书之上，发下三重誓言：服从、贞洁和守贫。舰队司令向他展示带有显眼的骑士团白色“马耳他”十字的长袍，告诫他必须特别关照寡妇和孤儿，无论遭遇何种危险，永远不得在战斗中遗弃十字架(骑士团旗帜上也有十字架)。接着，加斯帕罗穿上长袍，一柄巨剑在其左肩上轻触三次。他现在成了加斯帕罗兄弟，教团的一员，因此也是一位神职人员——虽然其存在的意义是进行战斗。[18]

加斯帕罗·布吕尼是第一位加入马耳他骑士团的母语为阿尔巴尼亚语的人吗？这看起来相当可能，尽管要证明这点需要对之前的文献记载进行详尽检索。不过在加斯帕罗加入时，骑士团中已经有带有部分阿尔巴尼亚血统的人或者至少象征意义上的阿尔巴尼亚人了。科斯坦蒂诺·卡斯特里奥塔(他的姓氏说明他是斯坎德培的亲戚)1561年成为一名骑士，在四年后的围城战中扮演了重要角色。奥斯曼对圣艾尔摩堡前哨发动持续进攻的关键阶段，当守卫这里的骑士将绝望的信息传至德·瓦莱特表示无法进一步抵抗的时候，卡斯特里奥塔就是大团长派去评估战况的三名骑士之一；另外两人得出结论无法坚守要塞，但他不认同，并志愿领导一支由骑士和士兵组成的分遣队支援它。德·瓦莱特精明地让守军知道，他会接受卡斯特里奥塔的提议，并且原先的守卫者可以自由离开，但如果他们这么做了，就会被视为懦夫。结果，守卫者留了下来，接着坚守了圣艾尔摩堡两周。卡斯特里奥塔的英雄之举可能让那些骄傲的骑士送命，但他可能也因此拯救了骑士团，使其免于完败。[19]

科斯坦蒂诺·卡斯特里奥塔的行为可能受到那位同姓人的影响，斯坎德培乃是近期历史中最为著名的军事英雄之一，不过卡斯特里奥塔不能宣称自己是他的后代。斯坎德培的一些子女在其死后移居意大利，这一姓氏受到高度尊崇，以至于即便是与其仅有表亲和通婚关系的人也乐意取用这一姓氏。以科斯坦蒂诺为例，他们的亲缘相当疏远。他是阿特里帕尔达侯爵阿方索·格拉纳伊的私生子，阿方索的父亲是贝尔纳多·格拉纳伊之子，而贝尔纳多·格拉纳伊则是斯坎德培一位最重要的阿尔巴尼亚战友孔特·弗拉纳之子。阿方索的母亲是斯坎德培母亲的堂表亲戚。正是为了尊崇和斯坎德培的这种关系，阿方索及其兄弟也取用了“卡斯特里奥塔”这个姓氏。这种阿尔巴尼亚联系在阿方索这一代仍然相当强烈：阿方索不仅指挥了一支当地的轻骑兵武装，还在阿尔巴尼亚和希腊组织了活跃的间谍网络，他的兄弟费兰迪纳公爵乔瓦尼据说会讲阿尔巴尼亚语。这种联系也对阿尔巴尼亚意义重大。1532 年，阿尔巴尼亚希马拉地区的头人写信给阿方索，称他是“希马拉与阿尔巴尼亚的领袖”；1551 年，当哈布斯堡代理人（从巴尔城出发）前往阿尔巴尼亚的罗顿，与计划进行反奥斯曼叛乱的当地要人进行秘密会议时，他在那里遇到了“迪米特罗 · 马西，已故的安德烈 · 马西之子。安德烈亚 · 马西则是非常令人怀念的阿特里帕尔达侯爵的亲属”。[20]

科斯坦蒂诺 · 卡斯特里奥塔自己也与一些阿尔巴尼亚人有联系。他和自称马其顿大公的阿里亚尼托 · 阿里亚尼蒂（此时是罗马教廷军队的指挥官）通过信。后者的祖父是阿尔巴尼亚反奥斯曼叛乱的组织者之一，也是斯坎德培的关键支持者；骑士团就其贵族身份咨询过的一位证人是科斯坦蒂诺 · 穆萨基，他是定居那不勒斯王国的另一位阿尔巴尼亚贵族。无从得知卡斯特里奥塔（他既从事军务，也从事写作，用优美的意大利语写过一些纯文学作品）是否真的能讲阿尔巴尼亚语。尽管他自称那不勒斯人，一位现代历史学家认为他似乎对自己的阿尔巴尼亚出身没有概念，这不太可能——毕竟，他的名字就显示了这一点。1566 年，他正在马耳他，此时他正因过于严厉地训练新兵受到罚款（大团长介入此事并代付了罚款，说尽管他个性很“反复无常”，但他在围城战中贡献巨大）；加斯帕罗 · 布吕尼正式入团时，他大概也在场；1569 年，他被授予了瓦莱塔城的一个职位，直到 1581 年仍然定居于此。所以尽管加斯帕罗作为出生于阿尔巴尼亚地区的操阿尔巴尼亚语的人，在骑士团中显得有些另类，但多亏卡斯特里奥塔，这一时期的马耳他骑士团已经有理由将阿尔巴尼亚血统同骑士团最尊崇的品格联系在一起：英勇和果敢。[21]

我们难以判断加斯帕罗的主观动机对其生命中这一重大转变的

影响。宗教信念也许起到了部分作用(毕竟,他是一位大主教的兄弟);但从另一角度来说，有很多骑士，特别是那些年轻骑士，确实对宗教职责非常轻视。1567 年到 1568 年的行政法规谴责人们穿戴金、银线织就的华丽服饰，日落之后鸣放火绳枪取乐，以及在弥撒、礼拜日布道之时玩滚球。这一时期，一队年轻的西班牙骑士被控歌唱滑稽歌曲，内容既有针对高级骑士的，也有关于马耳他妇女的。在他们的正式起诉书被拟定时，他们闯进议会厅，从骑士团副书记长手中夺走笔，将墨水瓶掷出窗外。加入这个组织并非为了追求纯粹的宗教事业，成为骑士也不是成功的威尼斯臣民的必经之路。尽管一些威尼斯家族与骑士团保持了长期联系，但威尼斯政府一般来说并不鼓励公民申请加入。[22]

更合理的解释是加斯帕罗受教廷鼓励做出这一决定——我们将会看到，教廷迅速介入加斯帕罗作为骑士的部署，并掌控他之后生涯的很多事务。在购置那三匹马之后，加斯帕罗执行了更多任务，其间他可能访问了罗马并被一位教廷国务卿甚至教宗本人所赏识。庇护五世于 1566 年 1 月当选教宗，他是一位彻头彻尾的十字军支持者。有战斗意志且对奥斯曼世界有一些详细了解的人正是他想要的那类人才。30 年后，威尼斯人拉萨罗 · 索兰佐在其讨论奥斯曼帝国以及如何抵抗它的专著中写道，需要的就是熟悉这一地区，懂得当地方言，有判断力、信誉和智慧，并热衷于捍卫基督教世界的人。列举过这一类人的聘任案例后，他写道:“庇护五世召来乌尔齐尼的加斯帕罗 · 布吕尼兄弟，耶路撒冷圣约翰骑士团的勋位骑士，以便在准备抵抗奥斯曼人的舰队中，也在其他与这场战争有关的重要事务中用到他。”这可能仅指 1570 年的诸项事务（与奥斯曼开战的第一年)，此时加斯帕罗确实被召唤加入舰队;不过这里的说法更像是泛泛而谈（这么多年之后写的作品，在时间上不够精准)，同他 1567 年的最初聘任有关。而这一证据有其实际重要性，我们将看到，索兰佐此处肯定是从加斯帕罗之子那里获得的信息。[23]

刚加入骑士团不足两周，加斯帕罗·布吕尼就被派遣执行重要使命。1567 年夏，大团长从骑士团在伊斯坦布尔的“朋友”（从字面上来看，16 世纪间谍活动中使用“朋友”指代可靠的线人）处获知新苏丹塞利姆二世正打算在第二年春季进行一次大规模的海上远征。由于塞利姆在前一年致力于结束其父苏莱曼发动的奥斯曼－哈布斯堡陆战，这看起来非常有可能；两位哈布斯堡和平特使在 1567 年 8 月抵达伊斯坦布尔。甚至在此之前，威尼斯情报人员已经注意到伊斯坦布尔造船厂正在密集建造新军舰。据说，利比亚和突尼斯港口也收到了来自奥斯曼政府的大批脆饼订单。由于骑士团仍严重缺员，新城也刚开始建设，大团长担心骑士们无法承受新一轮进攻。10 月 24 日，他写下一份文件说，他从“许多人的信中，以及使者和间谍那里”获知了奥斯曼战备的确切信息，这一天他向西班牙和葡萄牙修道区下达正式指令，要求他们调拨钱款用以加强马耳他的防卫，他解释说“每天到达的信中都说塞利姆正筹建一支更强大的舰队和一支规模更大的陆军来侵略这座岛屿”。11 月 1 日，如上文提到的，他向法国、西班牙和葡萄牙贵族发出统一请求；同时，他派出十名骑士招募战士。11 月 11 日，他派出三名高级骑士作为使者前往教宗、法国国王和西班牙国王处，他们一同前往罗马，教宗让他们带上自己写给那两位国王的信件，请求援助。[24]

加斯帕罗·布吕尼随他们一起前往罗马，他有自己的特殊任务。用骑士团第一位历史学者贾科莫·博西奥（他本人于 1574 年成为骑士团在罗马的代理人）的话说：“加斯帕罗·布吕尼兄弟，一位阿尔巴尼亚人，也被大团长派驻杜布罗夫尼克城，以便接收伊斯坦布尔的‘朋友’寄来的书信，他们一般用密文写信给大团长。”为什么大团长选择把如此敏感的任务交由这个迄今并不知名而且未经考验、成为骑士仅仅几天的人呢？难以避免的结论是，他这一职位任命得到教廷的批准，可能就是教宗提议的。[25]

到 12 月 6 日，加斯帕罗已在罗马，这天教宗写了一封正式的谕令给杜布罗夫尼克政府：

> 亲爱的孩子们，向你们致以问候！为了我和教廷的某些事务，我把持这封信的人——我的爱子加斯帕罗·布吕尼送到你们这里。我指示他在需要时应该以我的名义请求你们的帮助和支持。由于你们对我和教廷一贯特别地尊敬和忠诚，我并不怀疑你们将及时而且慷慨地帮助这位加斯帕罗，不过我还是向你们保证，任何对他的帮助都将得到我的高度赞赏，一有机会，我将因你们在此事上的服从而大方奖励你们。[26]

这是一封有分量的介绍信，但在加斯帕罗使命的确切目的上相当模糊；尤为明显的是，信中没有提及他是一名马耳他骑士，甚至没提到他与骑士团有任何关系。另外值得注意的是拉古萨当局通常以收到教宗谕令为傲，用表示尊崇的大字抄写谕令并录入官方记录，但他们却没有保存这封信函；其原始文本未见于他们的档案中，尽管很多其他谕令流传至今。拉古萨人消息非常灵通，肯定很快就发现了任命加斯帕罗·布吕尼的真实目的，甚至在他到达之前可能就知道了。为了尊重教宗，他们不能拒绝或驱逐他，但事实上他的到来肯定使他们面临极为尴尬的处境。[27]

为了解释这一点，有必要介绍一下这个高度繁荣的亚得里亚海小城邦的特殊地位。最初它作为巴尔干内陆商品的出口中心积累起财富，特别是波斯尼亚和科索沃银和铅的出口。当奥斯曼人征服巴尔干时，他们认识到这个贸易城市，以及它遍布这一地区的活跃商人网络，对他们大有裨益；所以他们允许它继续实行自治，统治滨海地区的一小块领地，从不强迫它接受直接统治。1442 年，苏丹穆拉德二世批准对其商人施行优惠关税并尊重这座城市的法律和自由，作为杜布罗夫尼克每年赠送 1000 杜卡特礼物的回报。但经过接下来的半个世纪，这一“礼物”不仅数量（上升到 12 500 杜卡特）逐渐

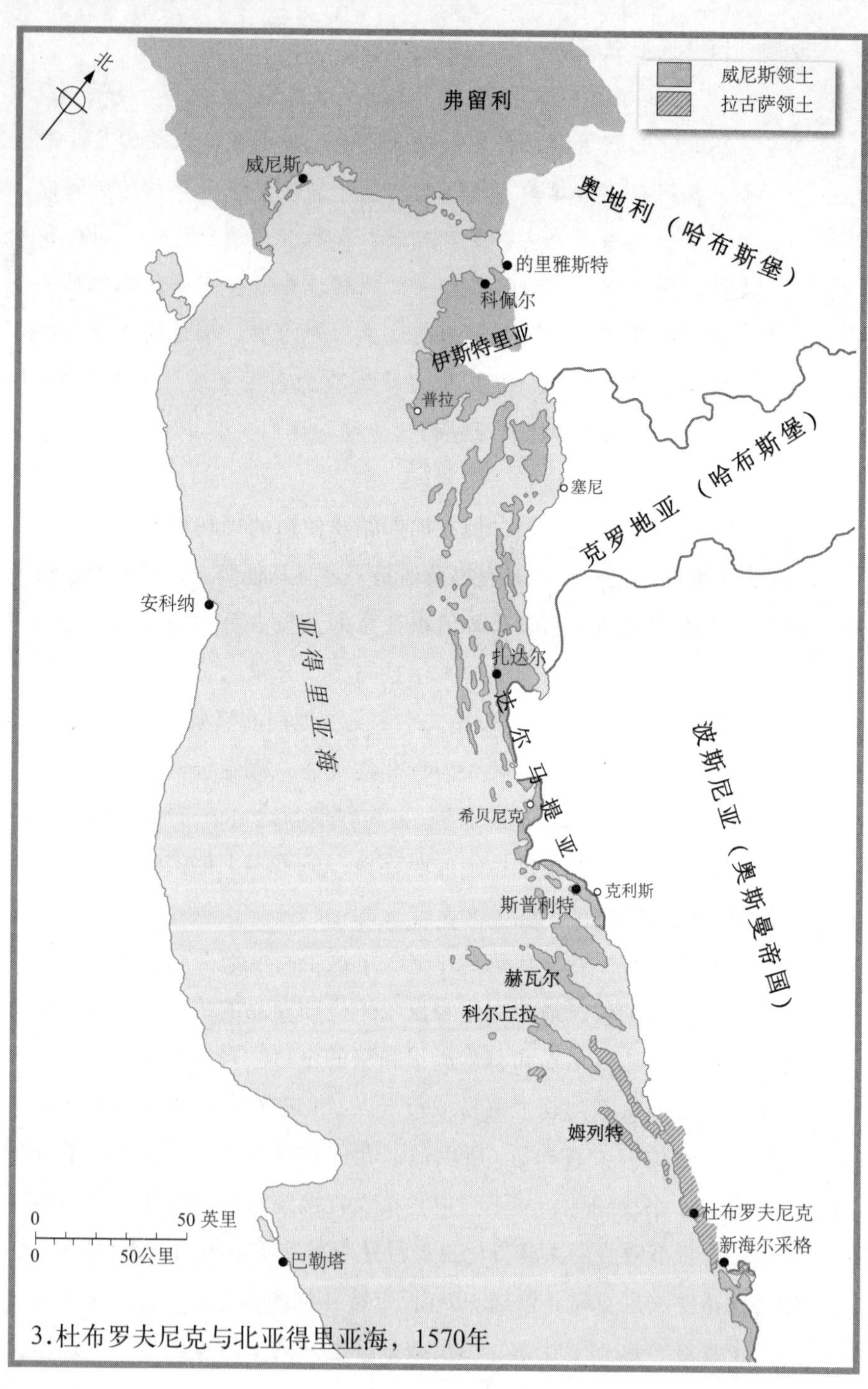

3.杜布罗夫尼克与北亚得里亚海，1570年

增加，还逐渐被奥斯曼人曲解为哈拉吉（*haraç*）——奥斯曼帝国通过协议或者条约取得的地区中非穆斯林居民每年缴纳的税收。在拉古萨人看来，支付这种贡赋并不涉及认同奥斯曼的最高政治权威；而且他们也有足够的理由如此认为，因为威尼斯和奥地利在不同时期均曾向伊斯坦布尔支付过类似的年贡。但在历任苏丹眼中，杜布罗夫尼克是帝国“精心保卫的领地”（这是奥斯曼官方术语）中不可分割的一部分。苏丹们允许这一基督教城邦拥有自己的法律、行政机构和官员；这并非例外，因为三个大很多的欧洲地区——特兰西瓦尼亚、瓦拉几亚和摩尔达维亚这三个罗马尼亚公国——也在奥斯曼体制内享受相似的自治。与上述三个地区相比，杜布罗夫尼克与伊斯坦布尔的联系要远为松散，这使得它得以继续作为一个恰好与奥斯曼帝国有紧密商业和政治联系的独立城邦，继续出现在其他基督教国家面前（甚至对它自己而言这一点更为明确）——可以说它与威尼斯相似，不过程度更深。但事实上与威尼斯不同的是，它在地理上被奥斯曼领土包围，在军事上也没有抵抗奥斯曼人的强大实力，而且它并非只是部分依赖，而是完全依赖奥斯曼土地供应的粮食。[28]

在局势紧张之时，奥斯曼当局可以将他们对二者权力关系的认识化作严厉的条款。1568 年 8 月，拉古萨驻伊斯坦布尔的使者们抱怨贡赋等级时，大维齐尔（苏丹大臣中职位最高者）勃然大怒，质问他们有何权力代表这座城市及其领地或居民提出要求。“难道这不全属苏丹所有吗？”他大声呵道。不过，奥斯曼当局的要求通常微不足道。杜布罗夫尼克和罗马尼亚地区最重要的区别在于拉古萨人不向奥斯曼帝国提供军事武装；奥斯曼也未要求在其领土内驻扎任何士兵，甚至不要求通行权。在支付贡赋之外，他们实际的职责大多非常小：运送奥斯曼旅行者和货物，或者苏丹认可的外国使节；有时也会应苏丹的要求负责转运粮食或沥青（从 1580 年开始）前往伊斯坦布尔。而且一些职责纯粹是象征性的，比如要求这座城市庆祝奥斯曼在战争中的巨大胜利。事实上，杜布罗夫尼克作为东西方之间一处近乎中立的中转站，显然为奥斯曼当局所乐见：他们相当频繁地将这座城市作为交换俘虏的场所，而且其边境地位也适合为奥斯曼执行也许是最重要的实用任务：提供信息和情报。[29]

这项工作受到历任苏丹的高度评价。1541 年苏莱曼大帝写信给杜布罗夫尼克："将出现和流传的消息详细写下，寄到我的宫廷，此事不得停止。"而且 1547 年再次写道："你们不应干扰信息的流动，也不应该停止从尘埃般微贱的异教徒军队及其舰队中探听他们的荒谬想法和真实意图。" 虽然后一个要求明显指的是军事情报，但杜布罗夫尼克发往伊斯坦布尔的很多消息是一般的政治新闻，其价值并不在于其秘密属性，而在于拉古萨商人的欧洲网络使得他们可以先于其他任何传播途径提供这类信息。比如说 1568 年 4 月杜布罗夫尼克政府决定写信给伊斯坦布尔当局告诉他们法国国王和胡格诺派签订和约的最新消息；当年 12 月寄了一封满是最近消息的信（用意大利语写就）给派驻伊斯坦布尔的使臣，同时还附上"塞尔维亚语"译本，以便大维齐尔穆罕默德 · 索库鲁阅读。但有时送出的情报很敏感，有可能伤及基督教国家。1565 年 8 月，马耳他命悬一线，西西里总督加西亚 · 德 · 托雷多正在召集救援部队，一位驻杜布罗夫尼克的哈布斯堡代理人报告说，墨西拿方面的消息每十天就会传来此地，"特别是有关国王陛下的将领唐 · 加西亚先生的作为……就连他洗了次脸，也很快就会有消息传来，接着一位土耳其人携这则消息离开这座城市，前往君士坦丁堡"。同样，1568 年 9 月，拉古萨人告诉了大维齐尔西班牙舰队规模和驻地的准确信息。1570 年奥斯曼与威尼斯开战之后，杜布罗夫尼克也没有停止执行这项任务：这年夏天它把威尼斯舰队规模和行动的详细信息送给苏丹，1571 年把有关西班牙舰队的情况报告给他，而且 1572 年就海军指挥官唐 · 胡安的行动再次写信。拉古萨人非常明白这种情报馈赠对奥斯曼政权的价值。1590 年，他们在伊斯坦布尔的使臣告诉大维齐尔："我们为维持世界各地的线人进行了大量而且持续的冒险，以便知道各地正在采取和讨论的措施，这样我们就能接着通知奥斯曼政府有关消息。有鉴于此，我们支付了两种贡赋，并非仅仅一种。”而且他们引述了另一位维齐尔费尔哈德帕夏最近对他们说的话：“由于你们十分贫乏，苏丹并不需要你们进贡，但他确实需要你们通知他世上每天发生的事，因此留心为他办好这份差事。”[30]

但如果某个情报部门同时也在向雇主的敌人提供情报的话，它就不会受到彻底的信赖。而这也正是杜布罗夫尼克正在做的事情。作为教会的忠诚子民，拉古萨人经常向罗马传递信息，1551 年开始他们把包括军事情报在内的奥斯曼帝国的消息源源不断地传递给那不勒斯的西班牙当局。（由于特殊原因，西班牙的善意对拉古萨人意义重大：作为意大利南部的统治者，西班牙是亚得里亚海地区的主要势力，因此杜布罗夫尼克非常需要西班牙来制衡他们的宿敌威尼斯。）同时，杜布罗夫尼克作为东西方之间交流中心的地位使它成为各个基督教势力情报人员的天然目的地。16 世纪 30 年代，一位著名的拉古萨贵族为西班牙效力，与此同时杜布罗夫尼克大主教，一位来自米兰的意大利人，代表法国国王积极活动；而且，16 世纪的多数时间里这座城市均有威尼斯的情报收集网络，尽管拉古萨人不遗余力地试图将威尼斯代理人驱逐出境。[31]

1566 年，当杜布罗夫尼克收到一些令人震惊的消息时，其所处的情势便是如此。巴列塔（阿普利亚西班牙统治区的一个港口）要塞指挥官之子出走伊斯坦布尔，皈依伊斯兰教，而且谴责拉古萨人向那不勒斯传递情报。他对此了如指掌，因为情报要经过他父亲之手。这一事情发生时，正逢新苏丹塞利姆二世即位；杜布罗夫尼克的特权必须被每位苏丹在即位时重新确定，这一突发事件有可能严重危及其传统权力。所以 1566 年 11 月 11 日，拉古萨政府发布严厉法令：从今以后任何人不得向西方传递任何新闻或者信息；如果发现政府工作人员正在做这样的事情，将处以 1000 杜卡特的罚金；普通市民将会被处决；如果一个外国人做了这样的事情，将由元老院决定采取何种措施；没有政府允许，任何人不得因私到西方旅行。这不是敷衍奥斯曼人的故作声势——其意图非常郑重。1567年6月，一位政府工作人员被发现违反了这一法律，他因此被驱逐八年，并且如果他踏上拉古萨土地，将会被处以1000杜卡特罚金并失去所有贵族权利。那不勒斯总督派出一名新的代理人，杜布罗夫尼克政府将他驱逐出境；总督提出抗议，杜布罗夫尼克当局决定于1567年10月4日派出一位特使解释为何他们不能允许这样一个人居住在该城。十二天后，杜布罗夫尼克签署了另一项法令，重申了此前法令的处罚。法令宣称："如果任一外国人在我们城市和领土范围内曾经设想并胆大包天地传递过这类消息给任一君主或其大臣，或者给其他任何个人，或者曾经收到或者传递过这类信函"，他必须受到严厉调查；"未经尊贵的总督及其议事会知情并表达许可之意"，任何外国人不得派出携有这类消息的任一种类船只，也不得派出携有消息的人。[32]

正是在这一法令颁布的数周之内，马耳他大团长和教宗就派遣加斯帕罗·布吕尼到杜布罗夫尼克充当情报人员，这个时间点相当不巧。拉古萨文献中没有提及他，我们无法解释他是如何被接受的，但我们可以肯定正是他在教廷的资历让一切改观；因为杜布罗夫尼克非常看重教宗对拉古萨的全心支持。接下来的夏季，该城确实有人担心奥斯曼将派出舰队武力夺取杜布罗夫尼克，此时正是教宗主动提出派遣士兵支援他们。他们也知道教宗是唯一可能说服其他基督教势力帮助他们的人。所以，尽管不情愿，加斯帕罗·布吕尼仍被允许留驻杜布罗夫尼克。博西奥的骑士团史中明确提到，他确实曾经在杜布罗夫尼克居住了相当长时间，而且得以开展自己的工作："所说的布吕尼骑士的工作是必要时随时派出邮艇（三帆快速桨帆船），不计代价地运送间谍和往来伊斯坦布尔的情报。"博西奥看来见到过一些来自伊斯坦布尔的报告；他记述说，它们用密文写成，外边的地址写作"维托里奥贝尔福特"（意指"胜利的坚实堡垒"）。这是对1565年骑士团军事胜利和建造瓦莱塔的不太微妙的暗示。但似乎这些文件没有一份幸存至今。从其他证据看来，有一些迹象表明以这种方式传播的消息是什么，其中一些涉及反间谍活动，比如 1567 年 12 月（在加斯帕罗抵达杜布罗夫尼克前不久）大团长将马拉加的穆斯林三兄弟的活动通知了西班牙当局，其中一位在伊斯坦布尔，一位正在拉古莱特要塞（西班牙的一个重要据点，就在突尼斯城外）充任奥斯曼间谍。不过多数情况下的关注点仍是侦查奥斯曼的战略计划和军事意图。[33]

博西奥给出的几个细节强调奥斯曼援助西班牙的摩里斯科人的可怕威胁；正当加斯帕罗·布吕尼在杜布罗夫尼克执行任务之时，这一问题日渐成为西班牙当局面临的首要安全问题。摩里斯科人由伊斯兰教改宗基督教，至少在官方层面是如此——但事实上所谓“改宗”十分敷衍或者强制，所以很多摩里斯科人事实上仍是秘密的穆斯林。1566 年底，西班牙菲利普二世准备通过一项法令，旨在彻底摧毁摩里斯科人中的伊斯兰文化残余：禁止摩尔人的服饰、音乐和舞蹈，摧毁浴室，废止阿拉伯语，所有的阿拉伯书籍须于三年之内烧毁。这一法令于 1568 年 1 月 1 日付诸实行，有充分根据的流言很快开始流传开来：激进的摩里斯科人正准备全面叛乱。4 月，格拉纳达当局截获了一封叛乱分子写给阿尔及尔海盗头目乌卢奇·阿里的信；此后不久乌卢奇·阿里就被苏丹任命为阿尔及尔总督。虽然西班牙政府一直害怕其穆斯林国民和北非海盗（其队伍中确实包含很多苦大仇深的西班牙穆斯林移民）之间时断时续的联系，它更加担心境内的叛乱受到包括一支大型海盗舰队在内的奥斯曼远征军的支持。穆斯林在西班牙南部全面收复失地的可能构成了真正的担忧。1568 年 12 月酝酿已久的摩里斯科人叛乱爆发，导致格拉纳达地区陷入长期血战，对类似干预的恐惧越发有据可循，因为很多穆斯林志愿从北非赶来，奥斯曼决策者也郑重讨论过援助摩里斯科人。[34]

大团长让·德·瓦莱特死于 1568 年 7 月底。据博西奥的说法，他当时正在向菲利普二世传递重要信息，“在伊斯坦布尔用固定薪水雇用的间谍用密文传来信件告知，他渗透并得知了阿尔及尔统治者和其他巴巴里摩尔人头目与奥斯曼政府的谈判，他们乞求苏丹对格拉纳达人民给予支持、帮助和鼓励”。我们只能认出德·瓦莱特代理人中的一位：乔瓦尼·巴雷利。他是出身科孚贵族家族的威尼斯臣民，这一家族成员活跃于粮食贸易并且在威尼斯的希腊人社区中享有盛名。1566 年他被德·瓦莱特接纳为恩典骑士，当时他被描述为“来自君士坦丁堡”，这说明他一直作为商人居住在那里；1569 年底，他志愿为西班牙国王前往那里执行另一项使命，有记载说德·瓦莱特之前通过巴雷利与“两个奥斯曼官员达成了协议，他们的工作是管理整个造船厂，他们同意烧毁苏丹的所有船只”。甚至一个马耳他骑士，一位公开宣誓与苏丹为敌的人，也能访问伊斯坦布尔和奥斯曼帝国的其他地方，只要他（至少表面上）在参与筹集赎金或者交换俘虏的事宜。我们将看到，巴雷利之后也会这么做。所以相当有可能的是这一时期他的报告连同其他报告一道经过加斯帕罗·布吕尼之手传递。我们不知道加斯帕罗是否动用了自己的家族和商业关系来建立更加本地化的情报网络，并扩展到诸如奥斯曼港口发罗拉这样的地方。我们从博西奥处只知道菲利普二世感谢大团长送出的报告，他说这些报告在对摩里斯科人的作战中帮了大忙。[35]

如今我们饱含同情地看待摩里斯科人的境遇——尽管他们在反抗中采取的做法有时同样残酷，尽管事后来看他们显然无法成功。但加斯帕罗·布吕尼有其自身的独特经历和忠诚。他是威尼斯臣民，来自经常处于奥斯曼威胁之下的边疆地区；他是罗马天主教骑士团的成员，专门向教宗效忠；通过这一骑士团，他也向西班牙国王效忠。短时间内，这三大势力将集结于神圣同盟之下，组建联合舰队对抗奥斯曼；而加斯帕罗·布吕尼也将扮演一个更为重要的角色。

第六章

桨帆战舰与地缘政治

1570 年 3 月 25 日，奥斯曼信使库巴德抵达威尼斯。虽说是帝国信使（*çavuş*），但他的地位要比字面意思高得多；正是这些人在帝国境内将苏丹的意志直接传递给官员，在境外他们多被用作特使和临时使臣。库巴德熟悉威尼斯。1567 年和 1569 年，他曾经到威尼斯执行使命；他每次均受到热烈欢迎。1569 年，他在朱代卡岛住所享受了一场特别的小提琴和大键琴音乐会。库巴德也享受其与该城东方语言主要翻译之一“塞浦路斯人”米凯莱 · 芒布雷的亲切友谊——像他一样，米凯莱 · 芒布雷也来自一个切尔克斯人家庭。但这次他要执行一项沉重的任务。他向威尼斯政府和总督展示了苏丹塞利姆二世 2 月上旬发布的最后通牒，通牒要求他们把整个塞浦路斯转交给奥斯曼帝国。如果他们这么做，居民的安全将得到保证，可以自由选择继续居留还是携其财物离开，威尼斯在奥斯曼帝国的贸易特权也将被重新确定。如果他们不这么做，两国之间就会发生战争，苏丹将以武力征服该岛。这个消息非常不受欢迎，但并不令人惊讶；威尼斯在伊斯坦布尔的代表马克安东尼奥 · 巴尔巴罗已经在 1 月 29 日被告知了苏丹的意图，他也已经成功地把消息传回威尼斯，尽管奥斯曼人想尽办法拦截他发出的所有邮件。因此，库巴德抵达一个多月前，威尼斯政府就已经在积极备战了。对库巴德最后通牒的回应是一场重大的仪式，元老院举行了一次庄严的投票；220 票中，199 票支持战争，5 票反对，16 票无效。总督给苏丹写了封简洁而不屈的回信，让库巴德带回伊斯坦布尔；其骄傲的口吻，对苏丹诸多伟大头衔的刻意忽略，将会产生强烈刺激。3 月 27 日，正是复活节礼拜一，总督将海上统帅的指挥杖授予吉罗拉莫 · 赞恩，赞恩举着圣马可战旗走向战舰，三天后他率一支由桨帆船组成的小型舰队出发了；船上有 2000 名士兵，目的地是塞浦路斯。[1]

苏丹的最后通牒开头是一系列不满。威尼斯越过了之前议定的边界，非法在达尔马提亚建造城堡；基督徒海盗将塞浦路斯作为基地攻击埃及船只，最近威尼斯两次为他们提供饮食以及保护；在抓住穆斯林海盗时，威尼斯会处决他们，而不是解送给奥斯曼；威尼斯人错误地审判并处决了一位奥斯曼基督徒或犹太商人的父亲；一位名叫哈其 · 阿里的奥斯曼穆斯林商人在科托尔从事贸易，在海上被劫掠后没有得到赔偿。这一大堆抱怨很难作为一场全面征服战争的理由——基督徒海盗使用塞浦路斯的详细情况是例外，它们与 1522 年罗德岛的情况异曲同工。在伊斯坦布尔的谈话中，威尼斯代表马克安东尼奥 · 巴尔巴罗也发现了奥斯曼主张的另一原因：（简单说来）塞浦路斯从前长期处于穆斯林统治之下，岛上仍有清真寺的遗存，这意味着苏丹有为伊斯兰光复故地的宗教义务。很明显，这也是为了证明基于其他理由所做决定的合法性而炮制出来的借口。那么兵锋直指塞浦路斯的真正原因是什么呢？几个世纪以来，流行的观念把这一决定归咎于约瑟夫 · 纳西——身为苏丹塞利姆心腹的犹太富商——的邪恶影响。在某个版本中，其动机是为苏丹取得塞浦路斯的葡萄酒（纳西当时是奥斯曼帝国所有酒类进口的包税人，“酒鬼”塞利姆非常喜爱他的酒），然而另一个版本中动机则是纳西对威尼斯的仇恨。这些均经不起严肃的推敲，尽管他确实熟悉苏丹和各位高级维齐尔，但没有证据表明塞浦路斯政策是由纳西指导的。

这一时期奥斯曼帝国的海外政策并非出于个人意志，而是为一些重大地缘政治考量所驱动。正是这些考量迫使我们必须探究塞利姆做出决定的根本原因。[2]

自从奥斯曼1516年到1517年征服叙利亚和埃及之后，伊斯坦布尔－开罗就成了帝国最重要的轴心。接下来的50年里，正是来自埃及的巨额收入维持了帝国的财政盈余，在事实上支持了奥斯曼在其他很多地方的征服活动。而且，苏丹同时是圣地麦加和麦地那的守护者，这一事实刺激了奥斯曼领导伊斯兰世界的野心；它也使苏丹有责任维护麦加朝圣的安全，对很多穆斯林来说这一旅程开始于前往埃及的海上航行。可能两个事实中的任何一个均足以使清除基督徒在塞浦路斯的统治变成长期目标；因为这个岛屿实际上（如最后通牒所说）是海盗窝，理论上也能够成为西方进攻奥斯曼腹地的垫脚石。[3]

但是，奥斯曼对这一问题的思考有着更大的背景。正是在这50年中，奥斯曼做出了巨大努力拓展其在埃及南部与东南部的权力和影响，经由红海，进入印度洋，甚至更远，直到苏门答腊岛上的亚齐穆斯林苏丹国。他们的部分目的是商业，阻止有利可图的东印度贸易落入这一地区新的竞争对手葡萄牙手中；但商业和政治在这里联系在一起，因为这一战略的成功将大大削弱奥斯曼在东方的主要竞争对手及敌人波斯。奥斯曼帝国的野心十分惊人。1568年，大维齐尔穆罕默德·索库鲁命令埃及长官召集建筑师和工程师研究开挖苏伊士运河的可行性。一年之后，他被莫斯科势力向里海的扩张所困扰，就派出一支军队去夺取位于伏尔加河三角洲的阿斯特拉罕镇，打算开挖另一条运河以连接伏尔加河和顿河。两度远征阿斯特拉罕均宣告失败。但如果远征成功了，并且运河开通了的话，奥斯曼将达成多个政策目标：在他们的敌人俄国和波斯之间建立一道安全防线；取得与相隔遥远的中亚反波斯逊尼派盟友乌兹别克直接联系的渠道；获得派遣军舰前往里海的能力，这样就开辟出一条通向波斯腹地的海上通道。这样不仅有条件发起巨大的反波斯钳形攻势，也会建立一条全程由奥斯曼保护的中亚穆斯林经由里海海岸前往麦加朝圣的路线，这条长期纽带将维系和睦，可能还会令四邻宾服。对于这些计划来说，经过塞浦路斯的东地中海通道均是核心部分。一项现代研究主张穆罕默德·索库鲁并不情愿攻击塞浦路斯，因为他更愿专注于其宏大的地缘政治计划。但他不情愿的证据相当不确定；不过毕竟他诡计多端，也许给一些西方外交官留下了反对战争的印象。即便 1570 年他反对进攻，那也肯定只是出于进攻策略和时间上的分歧；因为他自己的长期政策也迫使他消除塞浦路斯这一战略上的漏洞。[4]

一些更短期的因素也许产生了一定影响。1566 年，奥斯曼海军司令皮雅利帕夏（一个克罗地亚人，最初来自拉古萨领地）不仅夺得了热那亚人统治的希俄斯岛，还夺取了 13 世纪以来就由威尼斯贵族家族拥有的四个希腊小岛。尽管就希俄斯而言，他的行为在经济上对奥斯曼不利（破坏了这个宝贵的贸易中转站），但在伊斯坦布尔很受欢迎。三年后，苏丹的顾问们可能作了一番斟酌；1569 年阿斯特拉罕的灾难性冒险之后，也门的另一场棘手战役仍然前途未卜，他们可能希望来一次类似的受欢迎的成功。1568 年初与神圣罗马帝国达成新条约促使塞浦路斯战役成为现实选择，停战释放出了进行新的欧洲战争的人员和物资。另一个有关的考虑是，1569 年下半年最终做出塞浦路斯战役的决策时，西班牙已经深陷两起冲突，无法自拔：他们一边要应付安达卢西亚群山中的摩里斯科人，另一边要处理荷兰叛军。一些观察者也许认为这将增加奥斯曼为了支持摩里斯科人而直接攻击西班牙的可能性。尽管穆罕默德·索库鲁留下了很多相关的暗示（也许是为了掩盖西方的耳目），但作为足够优秀的战略家，他排除了对地中海另一端的强国进行任何大举入侵的可能性。西班牙在军事上分心，更使得威尼斯的海上目标更具吸引力；奥斯曼人自信他们能够独力打败威尼斯海军，但不太能打败威尼斯海军和西班牙舰队的联军，而西班牙现在必定无暇援助威尼斯。当奥斯曼人了解到威尼斯军械库中的大多数军需物资在 1569 年 9 月中旬被烧毁时，他们更有了信心。尽管把下一次战役放在塞浦路斯的决定也许有一些机会主义，但奥斯曼在这一方向上的政策总趋势多少已经明朗。当然，这对马耳他骑士团来说足够清楚，1567 年他们已经机智地把在塞浦路斯的地产变现了。[5]

回顾过去，威尼斯似乎在洞察奥斯曼政策走向时过于迟钝。这部分是因为他们之前经历过错误的警报，部分是因为他们也同样担心奥斯曼对克里特和科孚的企图。目前确实也有人认为奥斯曼帝国不会发动对威尼斯的战争，因为这将失去威尼斯商人支付的巨额关税；这一主张的经典陈述是驻伊斯坦布尔的威尼斯大使（bailo）马林 · 卡瓦利在 1560 年返回威尼斯时提出的（他事实上是常驻大使，但也有权管辖伊斯坦布尔的威尼斯社区），他竟然宣称威尼斯抵制一年的黎凡特贸易就足以使奥斯曼帝国跪地求饶，但他也同时表达了一个更加根本性的威尼斯原则：“我们应该以极大的灵活和谨慎继续在这两条道路之间前进——发动战争和不发动战争。当然我们不应该因为他们认为我们无力发动战争就挑起战端。”尽管威尼斯 - 奥斯曼贸易在 16 世纪 60 年代迅速发展，但现在是时候表明威尼斯确实有能力一战了。[6]

威尼斯知道自己有能力而且应该作战，但它也知道除非有盟友，否则不可能打赢奥斯曼帝国。地中海区域中最为重要的盟友是西班牙。至迟在 1570 年 1 月，威尼斯的政策——如其驻马德里大使所传达的——仅仅是警告国王菲利普二世苏丹援助摩里斯科人的计划，以此刺激他采取更加反奥斯曼的立场；直到 3 月初库巴德迅速赶往威尼斯时，他们方才命令自己的大使寻求建立正式联盟。所以直到最后关头，威尼斯仍固守对作为地中海势力的西班牙保持冷漠的传统政策。这一态度背后有很多原因，包括上一次与西班牙结盟的失败，也就是 1537 年到 1540 年反奥斯曼战争，特别是西班牙舰队的指挥官安德烈亚 · 多里亚应为普雷韦扎战败负责。（多里亚出身于热那亚统治家族让事情变得更糟；热那亚共和国16世纪20年代末期已经成为西班牙的一个附属国，是威尼斯的传统竞争对手和敌人）。西班牙通过其统治的那不勒斯王国，也成为威尼斯未来瓜分巴尔干地区的潜在竞争对手。因为西班牙与奥斯曼没有任何实质性的商业联系，它乐于支持海盗活动——不仅仅是马耳他骑士团，也包括其他被称作“西方人”（Ponentini）的海盗——这给威尼斯和奥斯曼之间的关系带来很大压力。最重要的担心是如果威尼斯与西班牙缔结了正式的反奥斯曼同盟，其军队将被迫应战，或者甚至主动进攻以维护西班牙在北非的利益，而北非并不在威尼斯的战略考量中。通常情况下，威尼斯更看重奥斯曼的善意回应。所以其政策逻辑与其处境保持一致，不久前的1568年，威尼斯人实际上正在向奥斯曼送出关于西班牙舰队动向的消息。[7]

威尼斯对马德里的冷漠收获了同样的态度。在西班牙眼中，威尼斯人是毫无原则的通敌者，除非能够带给他们好处，否则就算是针对奥斯曼的防御性作战，他们也会袖手旁观。菲利普二世宫廷中的一位教廷外交官1570年4月报告：“西班牙人对威尼斯人没有丝毫好感，因为后者从不乐于帮助他人；而且人们相信威尼斯一有机会就会欣然退出战争，把任务留给别人，而只考虑他们自己的利益。”16世纪50年代和60年代西班牙在北非对抗奥斯曼及其附属国的零星战事继续进行——没有得到威尼斯的点滴帮助。海雷丁·巴巴罗萨死后，另一个天赋异禀的海盗指挥官图尔古特·雷斯（雷斯是船长之意）脱颖而出。在他的帮助之下，奥斯曼人1551年占领了的黎波里；阿尔及尔一位精力充沛的统治者萨利赫·雷斯1555年占领了西班牙要塞布日伊；1559年，西班牙军队在奥兰附近遭到惨败。紧接着一场更大的灾难降临到西班牙人头上。这一年底西班牙国王派出一支约50艘战船的混合舰队，包括热那亚、马耳他和教廷的船只在内，以夺取突尼斯岛屿杰尔巴；目的是使其成为进一步作战的军事基地，以便将图尔古特·雷斯逐出的黎波里，并建立对突尼斯和利比亚海岸的控制。据统计这次远征损失了12 000名士兵，只有非常少的人生还。很多人死于疾病；其余的人在皮雅利帕夏和图尔古特·雷斯指挥的奥斯曼庞大舰队的反击中或被杀，或被俘，这次反击击沉了很多基督教桨帆船，另外俘获了约20艘（包括教宗的旗舰），并在一次长达82天的围困中牵制了西班牙军队的残余势力——在西班牙人快渴死的时候，围困宣告结束。奥斯曼人在杰尔巴岛上建造了“骷髅金字塔”纪念这次胜利；直到19世纪仍然能够看到它。西班牙在军事史上遭遇这一严重挫折的时刻，威尼斯表示了同情，却没有提供任何形式的帮助，还指示其海军指挥官避开与奥斯曼舰队的任何接触。[8]

如果说西班牙人从这次灾难中获得了什么长期益处的话，那就是它迫使他们投入更多精力提升海军力量，特别是在意大利南部。16世纪50年代，那不勒斯王国舰队一直在增强实力；现在更是投入双倍努力增加船只数目。其他船厂也投入了工作，比如巴塞罗那造船厂；到16世纪60年代中期，军舰数目已经恢复到杰尔巴战役之前的水平，尽管1565年唐·加西亚仍然必须非常谨慎地避免冒险与在马耳他的奥斯曼舰队作战。很多西班牙造船项目由教宗授权的特别宗教税收支持，西班牙教会从收入和财产中支付什一税和其他款项给西班牙王室。罗马和马德里在这些问题上有一些龃龉；教宗怀疑这些钱并不总是用于宗教目的——指反对异端和异教徒的战争。但1566年1月庇护五世成为教宗之后，他迅速重新确定了被称为“补贴”的最大税收；庇护痴迷于反奥斯曼十字军的想法，而且他知道西班牙的海军力量必将起到举足轻重的作用。[9]

从西班牙的角度来说，其舰队的主要目的是在北非和西地中海推行反奥斯曼和反海盗政策，对前往防卫遥远岛屿塞浦路斯则不感兴趣。但这并不是说，西班牙当局对奥斯曼的任何欧洲领土均无兴趣。意大利东南部与巴尔干的密切地缘关系意味着潜在战略利益一直存在。如我们所见，科斯坦蒂诺·卡斯特里奥塔的父亲阿特里帕尔达侯爵在巴尔干有一个情报网络。（他的线人包括一些阿尔巴尼亚基督徒和一名叫穆斯塔法的穆斯林。）这并非私人爱好；身为16世纪30年代奥特朗托和巴里地区长官，他向那不勒斯总督送出定期报告，总结他掌握的黎凡特新闻。16世纪50年代，这项工作将由非常活跃的继任者继续开展。那不勒斯王国此前历朝对巴尔干事务均有干涉，可以据此提出一些名义上的合法要求。一份有趣的现存文献于1567年由那不勒斯一位政府律师起草，讨论了那不勒斯国王在原拜占庭帝国的古代领地。除了其他事情之外，它主张都拉斯“公爵领地”经诺曼统治者罗贝尔·吉斯卡尔之手转至那不勒斯安茹王朝，并引用了一篇14世纪文献宣称“全部阿尔巴尼亚王国和行省”均属于那不勒斯国王查理一世。这位律师在都拉斯领地的问题上意味深长地评论道：“我相信它包括发罗拉。”他的文字不是入侵奥斯曼属阿尔巴尼亚的政策建议；但是，它是个未来可以利用的说辞，而且事实上未来并不遥远。我们将看到，几年之后西班牙国王异母的兄弟，奥地利的唐·胡安，将相当郑重地谋求建立与巴尔干的战略联系，甚至计划谋求可能的领土。尽管从某种意义上这一趋势将把西班牙的利益更加密切地与威尼斯反奥斯曼努力结合起来，但这也同样使他们成为巴尔干战利品的潜在竞争者。威尼斯并没有忘记1538年的不愉快经历，尽管时间很短，新取得的根据地新海尔采格被一支帝国驻军（事实上是西班牙人）占领了——一根插进威尼斯属达尔马提亚和威尼斯属阿尔巴尼亚之间的非常不受欢迎的哈布斯堡楔子。[10]

庇护五世一再请求西班牙国王菲利普二世加入神圣同盟，这一提议在16世纪60年代晚期碰了钉子，西班牙对威尼斯的态度仅仅是部分原因。菲利普的一些顾问认为，这位禁欲主义的十字军教宗反异端的热情和反异教徒一样强烈，他建立的天主教联盟将激怒欧洲新教徒——特别是在尼德兰，西班牙的官方路线是抑制世俗叛乱而非（菲利普本人越发觉得西班牙正在）打一场宗教战争。1570年，菲利普仍要应付摩里斯科人的叛乱；他派遣异母兄弟、年轻且魅力非凡的奥地利的唐·胡安负责，但战斗直到这年底方才停止。尽管如此，教宗特使4月到达西班牙宫廷时，得到了正面回应。此后不到一个月，5月16日，菲利普写信给庇护五世原则上同意与威尼斯、教廷等组建神圣同盟。为何菲利普的立场发生如此重大（而且对于这个众所周知的深思熟虑的决策者来说如此迅速）的改变？可能是穆罕默德·索库鲁的虚张声势和误导适得其反；西班牙确实从自己的情报人员处获悉了严肃的报告说苏丹可能会派出一支舰队同时攻击西班牙海岸。教宗特使的基本主张是，如果不彼此协助的话，无论是威尼斯，还是西班牙，均难以在地中海打败奥斯曼。这点毋庸置疑。特使秘密保证教宗对西班牙的支持将高于威尼斯，正如教宗主动提出大幅度增加宗教税收那样。同样重要的是，菲利普接受建立同盟的关键条件是这个同盟不仅旨在对抗苏丹，也旨在对抗的黎波里、突尼斯和阿尔及尔的统治者。在当前的环境下，菲利普不能真的期待威尼斯把自身的军队转向那些目标，但他希望得到保证，如果他把西班牙军队转向那些目标，没人可以指责他背弃了同盟的根本目的。[11]

庇护五世是一位十足的理想主义者，他希望说服其他重要的天主教势力加入同盟。但是，没有丝毫可能做到这一点。1568年，神圣罗马帝国皇帝马克西米利安刚与奥斯曼签订和平协定，有效期八年。他怀疑同盟的可行性，并不认同教宗的想法，而且1569年他同堂兄弟菲利普的关系也相当冷淡。波兰与奥斯曼的关系（二者直接接壤）对任何为了遥远地中海的一场争吵而考虑进行战争的波兰统治者来说，都过于敏感。（但庇护五世永远乐观，他告诉驻波兰的教廷大使前往莫斯科说服伊凡雷帝加入同盟——而且出于好意，提供神职人员“按照罗马的仪式指导他的人民”。这位大使不得不向庇护五世解释说伊凡刚刚与苏丹恢复和平，而且没有丝毫可能使他皈依天主教。）16世纪30年代以来，法国间或也是奥斯曼的盟友；尽管年轻的国王查理九世和他的母亲凯瑟琳·德·美第奇这时试图稍稍疏远苏丹，以便安抚在国内冲突中更加强硬的天主教势力，但这一长期立场没有改变。在写给凯瑟琳·德·梅第奇的一封信中，法国驻威尼斯大使对法国政策进行了非常合理的粉饰，提醒她弗朗索瓦一世（法国－奥斯曼同盟的建立者）说过他不会加入帮助他宿敌的防御性同盟，这也适用于任何一个名义上进攻性实为防御性的同盟。如果所有基督教国家联合起来组成一个真正的进攻性同盟，以光复那些被奥斯曼占领的领土，法国当然希望参加。但在目前的情况下，加入毫无意义，只能疏远奥斯曼的好意，而没有任何长期益处；塞浦路斯早晚不保，威尼斯最终会同苏丹维持和平以挽救其他领土。[12]

这些是可以在公开场合讲的观点，不方便公开明言的基本思想是法国需要奥斯曼的积极参与，以便如1572年一位在伊斯坦布尔的法国特使所说，“制衡奥地利家族（也就是哈布斯堡家族）过分扩张的势力”。任何削弱奥地利或者西班牙哈布斯堡家族的情况对法国来说都有潜在的好处，这一原则尤其适用于西班牙在地中海和北非的战败。关于西班牙国王，一位稍后到伊斯坦布尔的法国使臣弗朗索瓦·萨瓦里·德·布雷韦写道：“当我们与他作战时，他运用军队和手腕挑起我们国内的纷争时，可以肯定如果不是他必须费钱费力守卫包括意大利和西班牙在内的滨海地区，他的表现定会全然不同。”德·布雷韦特别指出：阿尔及尔和突尼斯领土“对他如此重要，甚至必不可少，如果拥有它们，他就可以彻底安全地从西班牙到达意大利，让他更有能力使自己成为整个意大利的主人”。这是法国长期关注的另一问题。反宗教改革的热情也许在庇护五世心中烈烈灼烧，菲利普二世当然也不外如是；但在法国决策者的政治考量之下，反宗教改革黯然失色。[13]

所以，除了威尼斯和西班牙之外，庇护五世能够鼓动加入其大同盟的多是一系列较小的势力。马耳他（一个独立的政治实体，尽管不是个主权国家）当然也算在内。热那亚作为西班牙附属国自动参加，萨伏依公爵也坚定跟随西班牙。比较有争议的是托斯卡纳统治者科西莫·德·美第奇。理论上，他也严格受制于西班牙王室；

1555 年，他的军队占领相邻的锡耶纳地区之后，这里首先转到神圣罗马帝国皇帝那里，接着经由菲利普二世回到科西莫手中，因此科西莫也作为附带军事义务的西班牙封臣占有锡耶纳。但科西莫有更大的野心。1561 年到 1562 年，部分以马耳他骑士团为样本，他建立了自己的海上骑士团圣司提反骑士团，以便在地中海舞台上起到更大作用。庇护五世对这点和他宗教热情的其他表现（借钱和人给法国打击胡格诺派）印象深刻。1569 年，他单方面授予科西莫“大公”头衔。这导致菲利普二世和皇帝马克西米利安满怀愤怒和怨恨，其严重程度现代人几乎难以想象，这样一个头衔的赠予应该取决于他们两人。马克西米利安严肃考虑过对佛罗伦萨进行惩罚性的军事讨伐，而菲利普反对接受科西莫加入反奥斯曼同盟，以免在正式文件中提到他的新头衔。托斯卡纳桨帆战舰最终将在反奥斯曼战争中起到重要作用，但这是在西班牙和教廷进行了很多漫长乏味的外交角力之后的事了。[14]

接着，从 1570 年初夏，罗马的谈判人员开始敲定威尼斯、教宗和菲利普二世之间交易的具体细节；正式谈判将从 7 月 1 日开始。他们遵照的模板是 1538 年的神圣同盟，它基于“谁做什么”的简单规则，但也有很多其他问题要解决，其中有一些十分紧要，比如西班牙承诺从西西里向威尼斯军队提供粮食。就神圣同盟的所有细则取得一致是一项旷日持久的工作，其实质目的是为 1571 年春季开始的下一战季确定联合行动事宜。但与此同时，奥斯曼人侵部队正在大规模集结，准备进攻塞浦路斯。所以从 1570 年 4 月下旬起，教宗也在努力组织对威尼斯的军事支持。威尼斯的传统做法是和平时期维持一支相当小的活跃海军，封存大量桨帆船作为储备，一般来说，随时可以调用。16 世纪 60 年代也许有约 50 艘桨帆战舰在海上，有超过 70 艘被封存。激活储备的桨帆船须配齐所有装备，寻找在舰上服役的大量水手、桨手和士兵——这些都要花钱。最初，庇护五世慷慨地提出要提供 24 艘桨帆船的人手和装备；但事实证明，这个规模太大了（尽管他努力筹集经费，包括任命16名新枢机主教，他们必须为特权慷慨地付钱），最终数目减少到了12艘。此举是为了组建独立的教廷舰队，由教宗自己的指挥官率领，随同威尼斯舰队共同作战——这一计划令威尼斯人高兴，他们认为，在与西班牙军事长官有任何分歧时，可以向这位有同情心的大人物求助。[15]

事实上，这位教廷指挥官的外交任务与军事任务一样多；应对1570年战役的联合舰队是由各方军队组成的临时同盟，并非正式的神圣同盟海军，因此可能容易受到各种政治和心理摩擦的影响。庇护需要老练、智慧、谦卑且具有较高威望的人；他选择的是罗马最伟大贵族家族的领袖人物帕利亚诺公爵，35岁的马克安东尼奥·科隆纳。几乎从任何方面来说他都是理想选择。科隆纳是教宗的臣民，而且——尽管与前任教宗有激烈冲突，导致其土地被暂时没收——是教会忠诚的孩子；他一位近亲也叫马克安东尼奥，是一位枢机主教。但是，科隆纳在意大利南部的大量地产也使他成为西班牙国王的封臣，他也是西班牙国王的远亲（通过他的母亲，阿拉贡国王裴迪南的孙女），而且16世纪60年代他曾在西班牙宫廷待过一段时间。虽然威尼斯人也许对他的西班牙关系有一些担心，但他们更加担心他不是一位经验丰富的海军指挥官。按照海洋共和国的标准来说，他当然不是这样一位指挥官；但在教宗领土范围内，他是为数不多的有相关经验的人之一。16世纪60年代早期，教廷海军在杰尔巴覆灭之后，科隆纳的小型私人舰队一度是唯一可以用来保护滨海地区的舰队（而且可能参与了私掠活动）。1563年或者稍早，他从枢机主教博罗梅奥手中购得3艘桨帆船；他把其中一艘卖给了一位热那亚船东，但1565年时他仍然保有桨帆船，据说他的舰队盛时曾有7艘桨帆船。而且据说他曾在自己的某艘船上待过一段时间——这至少足以让他不晕船。[16]

1570年6月11日礼拜日，在西斯廷教堂举行的仪式上，庇护五世授予马克安东尼奥·科隆纳委任状，递给他教廷战旗。事不宜迟，科隆纳当天就向统领这12艘船的人发放正式委任状。（作为整支舰队的指挥官，他有更大的职责，需要麾下有人充任旗舰舰长。）名单包括一些罗马贵族阶层的著名成员，其中有他的姻兄弟奥拉齐奥·奥尔西尼，他的兄弟普罗斯佩罗·科隆纳和他的堂兄弟蓬佩奥·科隆纳——后者是一位有经验的战士，致力于军事生涯，部分是为了求得教宗宽恕他曾经谋杀继母的罪过。船长与船上士兵的指挥官是两回事，但马克安东尼奥·科隆纳在三艘船上将这两个职务合二为一。这些双料首领之一是他挑来充任其旗舰舰长的琴西奥·卡皮祖基（琴西奥是英诺琴佐的简称），一个忠诚于科隆纳家族的古老罗马贵族家族成员；他的委任状也是6月11日签发的。五天后，科隆纳离开罗马前往安科纳，他的一位船长已经把8艘桨帆船从威尼斯带到此处，以期在这一港口配齐装备和人员。四天后，他从安科纳启程前往威尼斯，以再获4艘船，并与威尼斯当局讨论计划中的战役。在威尼斯时，他得到教廷大使的帮助，大使于7月6日、13日报告科隆纳已经为威尼斯承诺的桨手支付了大多数预付款，而且他对整个事务“关心备至”；刚得到威尼斯提供的桨手，科隆纳立即率4艘桨帆船于7月23日离开威尼斯，与安科纳的其他船只会合。至于他自己的旗舰，威尼斯人从库存中挑出一艘著名的舰艇，一艘大型实验性五层橹船（每个桨位上有5人，每人一把桨），是一位古典主义海军建筑师1529年设计的；它在过去运转良好，但直到今日它已经被封存了30年。[17]

到达威尼斯不久，科隆纳收到一封加斯帕罗·布吕尼6月30日从安科纳寄来的信。“今天早晨我率一艘三帆快速桨帆船和36名水手、3位军官到达这里。”他和蓬佩奥·科隆纳打了招呼，科隆纳告诉他立即写信给马克安东尼奥说明他带来的海军军官的详情——这也就是这封信的内容。但他补充说：“我也想通过这封信谦虚地告知您：我已经派人捎话到威尼斯，给我的一位外甥，布鲁蒂骑士之子，让他设法为我找到军官；因此我现在告诉您，他也应该让阁下知道他找到了什么样的军官。”显然这则消息与他在威尼斯的一位外甥的报告有关，那份报告说他没能找到任何合适的人——这并不令人吃惊，因为威尼斯当局已经用了数周时间在他们的城市和领土中搜寻具备行船和军事技能的人。所以第二天加斯帕罗·布吕尼再次写信给科隆纳，说“因为我的外甥没有提供军官”，他从 36 人中挑选了 12 人充任水手，其他 24 人充任军官。[18]

此处很多信息尚不清楚，包括这个外甥的身份（正如我们之前看到的，安东尼奥·布鲁蒂有九个儿子）。不容易说清楚加斯帕罗的三帆快速桨帆船从何而来；这是他曾经用来从杜布罗夫尼克传递情报文书的那种船，但拉古萨不太可能允许他积极从臣民中招募人手。他可能是从教宗国东部海岸的另一港口航行而来，尽管并不清楚他为何受命在他没有特别人脉的地方招募人员。正如拉萨罗·索兰佐之后写道的，他也可能是受教宗召唤从乌尔齐尼前来。尽管如此，值得注意的是加斯帕罗在两封信上署名的头衔是“教宗桨帆战舰长官”。他似乎按照教宗的指令前往安科纳，其目的是从卡皮祖基手中接管旗舰舰长之职。可能卡皮祖基决定只充任步兵统领，他在科隆纳 6 月 16 日从罗马启程不久就对教宗汇报了这一决定；教宗便迅速通知布吕尼前往安科纳替代他，像他那样募集船员和军官。但是，如果要和在乌尔齐尼的布吕尼进行沟通的话，这个时间表看起来很紧——此外，他还得在 6 月底之前从乌尔齐尼给威尼斯的外甥送信。所以，布吕尼可能听从教宗差遣，在之前就从亚得里亚海东岸到了西岸。[19]

马克安东尼奥·科隆纳于 7 月 26 日到达安科纳。这可能是他第一次与加斯帕罗·布吕尼见面，后者很快成了科隆纳的得力助手。科隆纳当天在旗舰上签发给其他船长的指令说道：“加斯帕罗·布鲁诺（Gaspar Bruno，原文如此）骑士兄弟将以我的名义告知你们装载各种必备物资的命令；因此，请勿违反这些命令。”（后面是列出数量的清单：意大利式脆饼、酒、大米、面粉、油、醋、沙丁鱼等。）第二天，加斯帕罗从科隆纳那里收到了正式委任状，任命他为旗舰舰长：

> 由一位有经验和勇气的人掌控我们的旗舰，适合为圣座效力，也与我们自己的荣誉和意愿相称。鉴于我们已经得到有关他的品格和功德的可靠记载，我们从高贵而深受尊敬的耶路撒冷骑士加斯帕罗·布鲁诺阁下身上见到了诸般品质，我们选择他，经由这一委任状选择并授权他，出任集所有常见的权威、权力、荣誉、地位、特权和酬金于一身的长官以及上述桨帆战舰的舰长；因此，我们明确命令效力于该艘桨帆战舰的所有人，应该像对我一样服从、尊重并敬畏他。[20]

不过这多是在其他委任状中也有的公式化语句；所以，这里没有多少信息可以揭示选择加斯帕罗担任这一显赫职位的真实原因。我们能够肯定的是，科隆纳没有为这个任命而后悔；加斯帕罗将在三个战季里连续出任他的旗舰舰长。

加斯帕罗·布吕尼于6月30日到达安科纳，至8月初舰队出发，只在这里停留了5周；他精力充沛，有很多工作要做，需将桨帆战舰准备停当，这些船是现代早期地中海的复杂战争机器。一艘典型的桨帆战舰长41至43米，宽5至6米；它通常每侧有24或者25排桨，由3、4或者5人负责一支桨。（给每名桨手单独配一支桨的做法，如科隆纳的独特旗舰所体现的，已经在16世纪上半叶被逐渐抛弃了——新的系统更加简单，每支桨的桨手中只需一人具有真正的技术就行。）还有一种更大型的战舰被称为“灯笼桨帆船”，有更多桨手位，艉部挂着三只巨大的玻璃灯笼，用于在夜间引导其他战舰并发送信号，它也因此而得名；这些更大型的舰艇通常用作旗舰。每艘桨帆战舰均有两根装有三角帆的桅杆。远距离航行主要依赖风力，但如果需要的话，桨手可以保持3至4节的稳定速度达数个小时；在追敌或逃跑时，可以达到12节的速度，但最多坚持20分钟，这种情况下即便是久经考验的船员也会极度疲惫。[21]

一艘桨帆战舰从构造上来说最显著的特征是成排的桨手，他们占据了大部分甲板。威尼斯桨帆船上，桨手传统意义上是共和国境内的自由人，特别是来自达尔马提亚和希腊诸岛的人，他们有丰富的海上经验。斗转星移，情况恶化，报酬增速滞后，自由人供应不足，很多座板上满是“被强迫者”——通常是来自监狱的犯人。其他国家，像托斯卡纳、教宗国和那不勒斯使用这些人，也使用自由人（即志愿者；有一处资料称他们是“流浪的人，他们因为饥饿或者赌博被迫出卖自己，或者自我抵押，上舰工作”）；那不勒斯特别依赖“被强迫者”，他们构成约 60% 的桨手。但是，其他国家还有别的渠道取得这类人手，而威尼斯人由于和奥斯曼的协议无法采用这种办法：使用奥斯曼奴隶。1571 年，那不勒斯舰队中，奴隶构成了桨手人数的 11%，这个数据在这一年代末上升到 21%。一名教廷海军军官 1601 年写的手册建议说：“从弗斯特船上掳获的摩尔人（即北非人）要比来自陆地上的人好用。”但许多人来自奥斯曼帝国的其他地方：科隆纳从博罗梅奥处购得的一艘桨帆船的奴隶桨手名单包括“都拉斯的易卜拉欣之子侯赛因”“发罗拉的穆斯塔法之子侯赛因”“都拉斯的哈桑之子佩尔万”和“波斯尼亚的阿里之子哈桑”。马耳他骑士团几乎全部依赖他们掳获的奴隶。这构成廉价的劳动力，但可能带来其他问题。据说这导致了骑士团 1570 年 7 月下旬遭受的重大灾难，当时他们的三艘桨帆船在海上被海盗指挥官乌卢奇 · 阿里追上：显然穆斯林桨手想要自由，于是干脆停止划桨，因而骑士们不得不自己拿桨，不过他们的人数完全不足以应对这项任务。而且，基督徒和奥斯曼海军指挥官都非常清楚，战斗中可以信任手持武器的志愿者和罪犯（前者是忠诚的臣民，后者是有暴力倾向的人，被获得赦免的承诺所驱使），但不能信任奴隶。[22]

在这一点以及很多其他地中海海上实践中，对抗的双方有很强的相似性。像他们的马耳他对手一样，北非海盗也依赖奴隶桨手，奥斯曼舰队使用自由人（通常通过要求每个村庄提供特定数目的桨手的征兵制度招募而来）、囚徒和奴隶混合组成的桨手队伍。一个曾经在奥斯曼战船上充当奴隶的西方人给出的记载能够代表成千上万人的经历：“除非有大风，否则这些束缚手脚的俘虏必须不分昼夜地划船，直到身体上的皮肤被烤得像一只烧猪，在高温中开裂。汗水流入眼睛，浸泡全身，导致极度的痛苦……当船上的监督看到任何人歇口气、休息，马上就打他……直到他全身布满血痕。”要说基督教国家和奥斯曼的任何做法有什么不同的话，据一位西方观察者 16 世纪 80 年代所说，“如我曾经看到和经历的，奥斯曼桨帆船上的奴隶比那些在基督教国家或者西班牙桨帆船上的奴隶状况要好很多；当我乘坐桨帆船从那不勒斯前往西西里时，我对奴隶受到如此残暴和可怕的对待感到震惊”。[23]

除了桨手，船上还有另外两群人。一艘桨帆战舰通常配有 100 名士兵，他们有自己的指挥官。此外还有一群水手和相应的军官。像加斯帕罗 · 布吕尼这样的船长之下是水手长（大约相当于大副，但有指挥桨手的特别职责），在其手下是一位次水手长；一名秘书或者事务长，负责记账和监管给养；一名领航员；三名技工，比如船上的木匠，每人有一名助手；六名炮手，负责操作船上的火炮；一名牧师；一名外科理发师；八名一级水手和三十名普通水手。这些细节来自科隆纳 6 月下旬起草的一艘战舰的月工资清单（从每月 7 斯库多的水手长到每月 2.5 斯库多的普通水手）；考虑到旗舰更重要，船体也更大，上边的人可能也更多。8 月 12 日旗舰增加了一人，科隆纳签署了特别委任状给科尔丘拉的弗朗西斯科，聘其为专业航海顾问。[24]

还有一些船尾贵族或船尾绅士，他们担任军官，有一定社会地位。受到船长或者船东青睐的年轻人可以借此初步体验海军生活。1571 年梵蒂冈授意发布的关于基督徒舰队道德堕落的报告有一整节讨论鸡奸罪，特别指出这些年轻“绅士”的存在是这一问题的关键，因为这一做法使军官们有可能把他们喜爱的年轻人带上船：“他们假装这么做是为了给年轻人经验，而且他们是亲戚；年轻人真的得到了经验，不过是邪恶的那种；这哪是亲戚，分明是他们的妻子。”该报告主要关注的其他内容是对上帝的亵渎。正如作者所说，“战舰上的人似乎忘记了陆地上通常的亵渎方式，他们采用了新的方式，让地狱都大吃一惊”。教廷舰队上的道德是庇护五世真正关心的事：当科隆纳和加斯帕罗 · 布吕尼在安科纳时，他派遣了一名耶稣会士分发一位有影响力的基督徒作家安东尼奥 · 波塞维诺写的论文，名叫《基督教战士》(*Il soldato christiano*)。这是前一年出版的反宗教改革的经典，之后又出了很多版本。它旨在激励天主教士兵打击异端和异教徒，为此敦促他们自我涤罪。这本书有一个专门章节讲到对上帝的亵渎，但它也猛烈抨击了决斗，“诽谤，撒谎，奢侈，贪婪，赌博和炫耀”。它建议士兵花时间阅读圣奥古斯丁、奥罗修斯和比德的作品。即使不考虑拥挤的舰上生活条件，这似乎也不现实。没有理由认为科隆纳或布吕尼在基督教信仰或者一般性的道德标准上特别松弛（抛开布吕尼有私生子这个小问题不谈，这是那个阶层的普遍现象）；但另一方面，由于科隆纳在安科纳期间的个人账目包括赌资，我们可以断定，他也没有达到波塞维诺的所有高标准。[25]

8 月初，这个小型教廷舰队离开安科纳，沿着海岸前往位于意大利脚跟上的奥特朗托，在 6 日抵达。刚一到达，科隆纳就收到菲利普二世的信，说他已经命令自己的海军指挥官吉安 · 安德烈亚 · 多里亚（安德烈亚 · 多里亚的一个侄孙）率部分西班牙舰队前往那里。此前菲利普和教宗之间谈判的结果是西班牙承诺视科隆纳为他们联合部队的总指挥；但在这封信中，菲利普要求在实际战斗中，科隆纳应在所有事情上采纳多里亚的建议。尽管多里亚海军经验更为丰富，这却是一个令人头疼的请求，言外之意可能是菲利普已经告诉多里亚，希望以他的意见为准——在这种情况下，科隆纳作为总司令的位置被严重架空。事实上，菲利普给多里亚的秘密指示比这更糟糕：他告诉多里亚要谨慎行事，尤其要保存自己的军舰（这意味着，如果可能的话，一点也不让它们在战斗中冒险）。多里亚感到处境尴尬，但他乐于遵循菲利普的政策，部分因为舰队中有 12 艘桨帆船是他自己的财产，只是出租给国王，如果它们在战争中折损，他将得不到充分赔偿。所以，他故意缓慢地从西西里岛航行到奥特朗托，让科隆纳等了两周。当他最终抵达时，科隆纳按下对这一明显拖延的恼火，待他以殊荣。但在接下来召开的作战会议上，科隆纳发现这位热那亚指挥官对在地中海东部采取任何行动都持怀疑态度。多里亚至多有些勉强地接受联合舰队应前往克里特岛，一旦到达就得再做打算。8 月 22 日，两支部队共计 61 艘桨帆战舰离开奥特朗托；在当月的最后一天，他们到达克里特西北的一处天然良港苏达。[26]

迎接他们的是吉罗拉莫 · 赞恩，在威尼斯拒绝库巴德最后通牒后便持圣马可军旗出航的海军指挥官。自从他离开之后，事事不顺。他不得不在扎达尔度过两个月，等待部分舰队和步兵部队会合。在那里，一场严重的伤寒疫情折磨着他的部下。6 月末，他带着由 70 艘船组成的舰队到达科孚，又在那里等待更多部队到来；在科孚的那个月，伤寒继续造成更多的死亡。（正如我们所见，安东尼奥 · 布鲁蒂的儿子亚科莫和马尔科在那里加入舰队，还带来 10 名阿尔巴尼亚弓箭手。亚科莫在战役中幸存，但马尔科 · 布鲁蒂大约在这个时间从历史记载中消失了；如果他不是死在下一年的勒班陀战役中，那他很可能在威尼斯船上染上了伤寒。）*8 月初，赞恩终于把舰队带到克里特。在克里特岛仓促招募人手也无法弥补所有的损失；尽管其他中队的加入使威尼斯军舰的总数达到 148 艘，他们仍严重人手不足。10 月初，赞恩估计死于伤寒和痢疾的威尼斯桨手和士兵超过 20 000 人。[27]

9 月 1 日，马克安东尼奥 · 科隆纳召集了指挥官和部分高级军官（总司令部层面的，不包括像加斯帕罗 · 布吕尼这样的船长），讨论他们的抉择，两天后召开了另一场高级别会议。我们对这些讨论颇

---

* 参见第 66 页及第 492 页注释 27。

为了解，因为随后激烈的相互指责催生出一系列回顾性记述——毫无疑问，这些记载都有些为自己开脱的倾向。科隆纳忠于教宗，呼吁整个舰队尽快出发攻击塞浦路斯的奥斯曼舰队；他得到赞恩和一名西班牙高级军官的支持，不过受到多里亚的反对，一些威尼斯人也不赞同。*多里亚坚持说，他必须在9月底返航，争论一直持续到当月13日，这天科隆纳最终说服了同僚们朝塞浦路斯方向进发。多里亚要求在克里特岛最东端对舰队进行正式的检查，成功地进一步拖延了时间；这次检查暴露出一些船只人员配备严重不足，一些军舰被裁撤，船员和士兵被分给别的军舰。一艘教廷舰船被以这样的方式“缴械”；随舰队同行的教廷使节后来在对此表示不满的备忘录中抱怨科隆纳“给某个叫布鲁诺的骑士下达命令”，仓促行事，而没有适当考虑船上的教廷财产。备忘录还记载说，出发的时候，科隆纳“派布鲁诺骑士按照航行的次序通知每艘船的位置”；这位使节发现自己的军舰排在第五位时发出了抱怨，惹得科隆纳大为光火，威胁要干掉他。马克安东尼奥·科隆纳面对的压力和挫折显然已经够多了，不想再忍受一个对地位斤斤计较的教会官僚。至少加斯帕罗·布吕尼是他可以信赖、能把事做好的人。[28]

9月17日他们启程向东，联军总计192艘战船。同盟指挥官对奥斯曼舰队的情况掌握得相当好，知道它比他们的舰队规模小。塞浦路斯还有一支奥斯曼陆军，他们知道这支部队正在围攻尼科西亚，这是这座岛屿腹心防备森严的首府。要是同盟速度更快、运气更好一点，他们就能在奥斯曼舰队指挥官将麾下士兵派去支援陆军围城战的时候攻击奥斯曼舰队。但好运并不站在他们这一侧，多里亚的

---

* 威尼斯步兵指挥官斯福尔扎·帕拉维奇诺（Sforza Pallavicino）有一个替代方案：攻击达达尼尔海峡，前往伊斯坦布尔，由此诱使奥斯曼军队离开塞浦路斯。尽管目标的选择十分大胆，总的想法却不像看起来那么狂野；近至上一年7月，威尼斯政府曾告诉赞恩，他可以参加与塞浦路斯奥斯曼舰队的战斗，也可以对“一些重要地方”进行牵制性攻击。

拖延误了事。当科隆纳和其他指挥官离开克里特时，他们不知道尼科西亚事实上已经于9月9日落入奥斯曼之手。这则消息于9月21日传来，此时他们已经航至卡斯特洛里佐岛，这座小岛就在安纳托利亚海岸到罗德岛东侧之间。他们现在正在从克里特到塞浦路斯航程的半路上；尽管大型设防港口法马古斯塔仍在顽强抵抗，他们知道尼科西亚的陷落必定会决定性地改变他们的计划，因为这会腾出大量奥斯曼士兵以充实军舰。只有赞恩仍然支持前往塞浦路斯，提议被否决了；一些人提出进攻优卑亚岛（原威尼斯属地内格罗蓬特，在希腊大陆的东海岸外）；多里亚以它距奥斯曼心脏地带太近为由拒绝了，轻描淡写地建议选择一些其他目标，比如发罗拉、都拉斯或者新海尔采格。但当他们几天后在卡尔帕索斯（克里特岛和罗德岛之间的岛屿）再次会商时，多里亚单方面宣布他要率整支舰队马上返回西西里。科隆纳和多里亚爆发了激烈争吵，前者坚持由他指挥整个舰队，而多里亚拒绝服从。联合作战的任何契机显然都走到了尽头，于是他们怀着激烈的敌对情绪回到了克里特岛。途中，一艘威尼斯桨帆船和两艘教廷桨帆船在风暴中沉没；多梅尼科·德·马西米率领的另一艘教廷军舰（以及至少三艘威尼斯桨帆船）在停泊于克里特海岸时被一场风暴摧毁。[29]

教廷和威尼斯的指挥官让舰队在克里特待了几周，重新分配人员和物资，安排一支步兵部队在那里过冬，作为未来远征法马古斯塔的骨干。10月24日，加斯帕罗·布吕尼从苏达写信给马克安东尼奥·科隆纳。科隆纳此时去了附近的干尼亚城。他报告说，他与赞恩讨论了各军舰重新分配人手的困难，他仍在等着对赞恩的部队进行全员登记。他收到了赞恩的指示说，多梅尼科·德·马西米将率40人登上一艘达尔马提亚军舰；赞恩还补充了一条相当秘密的信息，他已经下令逮捕尼科洛·琴图廖内（出身著名热那亚家族的一名船长）。加斯帕罗最后写道：“我以阁下的名义向将军（赞恩）致敬，他昨晚睡得不好，还在忍受痛苦的腹绞痛。”但是，比这更糟糕的问题正在等待早已破裂的同盟远征军。[30]

巴托洛梅奥·克雷森蒂奥的航海手册总结了标准的地中海智慧:“从9月24日至11月22日,航行不全然安全,但也不全然危险;在这个时期,谨慎的统治者把舰队带回港口”;另一方面,从11月23日至3月20日的整个时期“非常危险”。科隆纳和布吕尼为验证这些原则的真相吃到了苦头。他们于11月10日离开克里特,前往科孚。他们抵达凯法洛尼亚岛时,许多士兵和船员死于疾病(可能又是伤寒);他们在那里花了一些时间用醋清洗并熏蒸军舰,然后去了科孚,科隆纳在那里裁撤了另一艘船。11月28日,他们再度起航,但被强劲的偏北风压制到科孚岛北端的小港口卡西欧比,在那待了一个月。他们设法从那里出发去科托尔时,一场新的灾难发生了:恰恰就在城市跟前躲避另一场强力风暴时,他们的旗舰被闪电击中。这艘舰艇木质老化,封存期间定期用沥青保养,于是就像火炬一样燃烧起来。后来的叙事以一种极为溢美的方式称颂科隆纳的成就,说他亲自释放了桨手,拿起教廷的军旗,最后一个离开这艘船;但马耳他骑士团的史学家博西奥的记载指出,科隆纳此时正在科托尔城。根据博西奥的说法,这艘船被摧毁,“而所有人员、军旗和贵重物品都在加斯帕罗·布吕尼兄弟的努力和勤奋下得救,尽管他冒着火烧水淹的极大危险——他在军舰上忙于救援工作,组织最重要的事务,直到火焰逼近方才跳入海中”。[31]

科隆纳和布吕尼随后借了一艘威尼斯军舰,沿着海岸前行,但下一个晚上另一场猛烈风暴让他们的船在距杜布罗夫尼克几英里的地方搁浅并失事。他们和手下躲在一间磨坊里休息了一夜,居民告诉他们附近有一队奥斯曼士兵;他们彻夜保持岗哨,天一亮迅速返回海边烧毁船只残骸,然后全速前往杜布罗夫尼克。根据一份后来的记载,奥斯曼人要求拉古萨当局把他们交出来,但当局“否认知道有关他们的任何事情,把他们藏了起来”;这听起来像后人的杜撰(可能是拉古萨人自己附会的),因为这样一大伙人的踪迹难以隐藏。无论如何,他们在杜布罗夫尼克有朋友,而且很安全。加斯帕罗·布吕尼一定从他最近在这座城市的长期居留中积累了很多人脉，马克安东尼奥·科隆纳事实上也作为教宗代表受到特别欢迎。自战争于春天爆发以来，拉古萨人最大的恐惧已经变成威尼斯将以战争为借口夺取他们的城市。他们的罗马特使，熟练的外交官弗朗西斯科·贡多拉，恳求教宗的保护以抵制威尼斯人。5月，他报告说，驻罗马的威尼斯大使指责拉古萨人是奥斯曼人的亲密盟友和线人，教宗答复到他们并非盟友，只是出于需要才不得不和他们保持友好关系，就像威尼斯一直努力做的那样。（在向奥斯曼传递情报的问题上，贡多拉指出，威尼斯人的官方文件显示他们也这样做过。）但这个问题不会就此消失；9月拉古萨政府致信教宗，就贡多拉报告的“诽谤”提出抗议，庇护五世仍然在帮杜布罗夫尼克说话，应付威尼斯人在11月神圣联盟谈判期间的批评。因而，科隆纳受到礼遇。1月2日，拉古萨人赊购给他装备一艘小船所需的装备，还借给他1011金斯库多（拉古萨人后来会提醒他这笔账，他七年后仍然没有还清）。这些钱用来为科隆纳的手下支付报酬，购买食物，以及雇船载他们前往安科纳。他本人——可以推测，还有他忠实的船长加斯帕罗·布吕尼——也去了安科纳，然后到了罗马。[32]

没有人从这次远征中受益。科隆纳总共放弃或者损失了他那12艘桨帆船中的9艘。虽然没有发生任何形式的战斗，但很多人死于疾病。枢机主教格朗韦勒，菲利普二世最能干、最愤世嫉俗的使节，诙谐地评论说科隆纳对海军事务的了解与他一样少。科隆纳本人后来向菲利普抱怨过传说中格朗韦勒说过的另一句妙语：“国王信任马克安东尼奥并不能说明什么；他可能更信任自己的姐妹，但却不会让她带兵。”但是，格朗韦勒的玩笑背后有相当程度的不实，可能也不怀好意；因为他肯定已经非常清楚，这次战役失败，以及事实上科隆纳返程时迟到的根本原因，还有所有随之而来的风险，都是因为执行菲利普命令的多里亚从全部计划伊始就大搞破坏。这对神圣同盟的组建或者下一年的战役预期来说并不是好兆头。[33]

第七章

反叛与奥斯曼的征服

1570 年初，甚至在奥斯曼－威尼斯战争正式爆发之前，巴尔干腹地的桑贾克贝伊就开始派出零星的骑兵部队袭击亚得里亚海东岸的威尼斯领土——达尔马提亚和威尼斯属阿尔巴尼亚。扎达尔城自身拥有最大的内陆地区，受到尤为严重的打击。攻击主要包括焚烧村庄、掳掠牲畜和其他财产，似乎并不是任何获取领土的适当战略的一部分。军事行动的目的仅仅是为了迫使威尼斯派遣士兵前往该地区，从而减少可用于援助塞浦路斯的人数（在这方面，奥斯曼人成功了：很快就有 1000 人从威尼斯被派到达尔马提亚）。但显然也有更大的心理目的：使威尼斯人的生活惨淡起来，向他们表明，要想让他们那一长条领土保持稳定，就得和奥斯曼帝国维持和睦关系。[1]

然而，这是双方都会用的伎俩。这并不是说朝相反方向发动对等的攻击：能够进行这种作战方式的当地轻骑兵实力太弱，而且也需要用于防御作战。但威尼斯同样能把冲突扩展到远离塞浦路斯岛的地带，以这种方式进行报复，使奥斯曼当局在帝国的其他地方处境艰难。双方基本上不对称，这有助于威尼斯优势的形成。威尼斯没有统治穆斯林人口，但奥斯曼有很多基督徒臣民，可以说服他们发起叛乱，以确立或复立一位基督教统治者。（但即便在这件事上，情

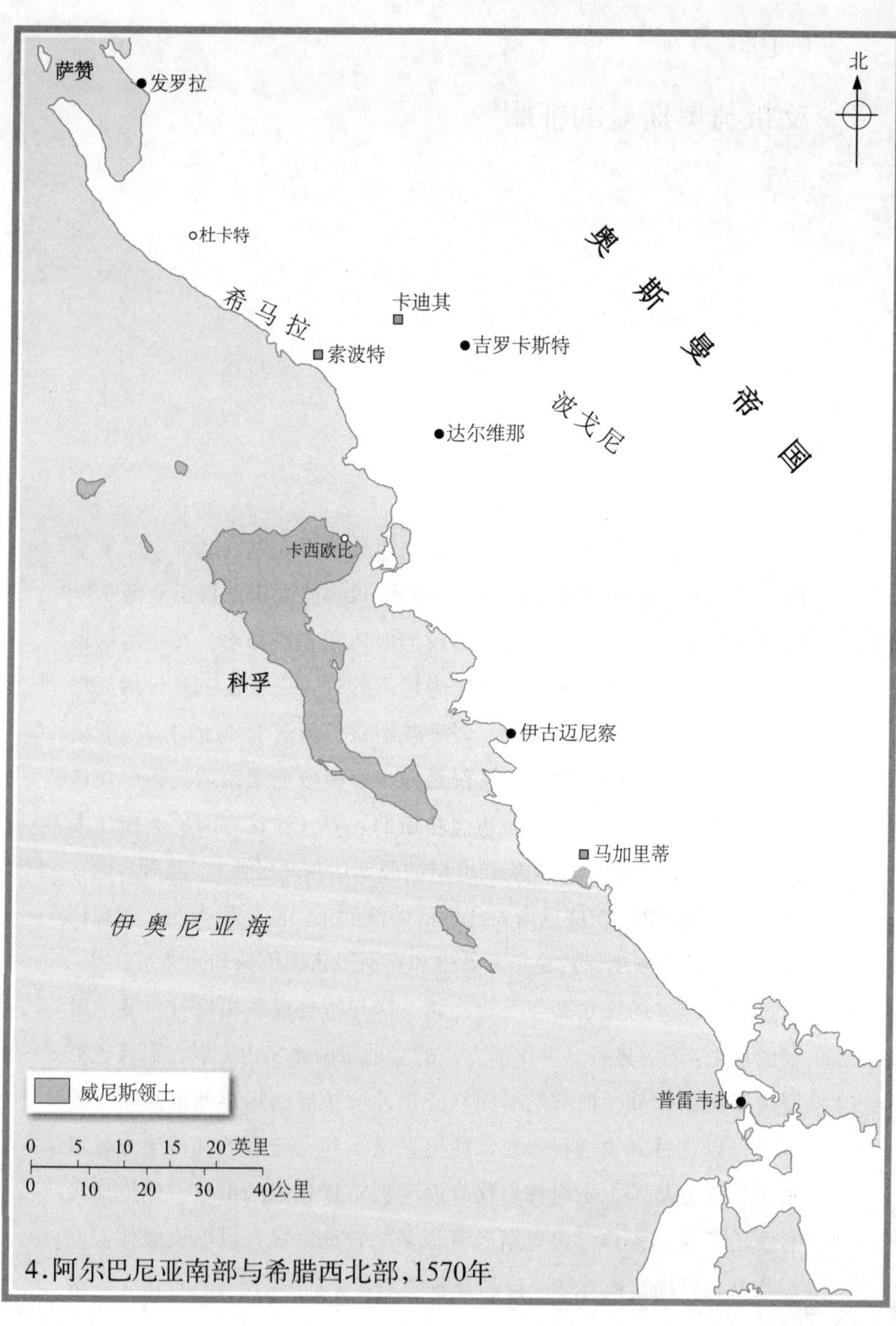

4.阿尔巴尼亚南部与希腊西北部,1570年

况也不是非黑即白。一些威尼斯的东正教塞浦路斯臣民显然乐见他们的天主教封建主被推翻，尽管他们没有密谋促成此事；当地有些传言说，克里特的亲奥斯曼分子将在这次战争期间发动叛乱。）在这种情况下，唯一令人惊讶的是，威尼斯过了很久才采取这一策略。[2]

谈到反奥斯曼叛乱时，需要格外注意。因为19世纪以及20世纪早期，每一个巴尔干国家编纂的现代历史的第一阶段都同从奥斯曼帝国争取独立的进程息息相关，每个国家的民族历史均热情地甚至过于痴迷地关注过去任何可以被描述为摆脱奥斯曼统治的解放斗争的事件。这导致了一些并不是这么回事的事件也被归入此类：比如，帮派强盗活动或者旨在让当局恢复之前税收水平的抗税行动。困扰很多西欧社会的大规模农民起义，在16世纪奥斯曼统治下的巴尔干非常少见。由于普遍的经济增长，帝国统治保证了奥斯曼体制内封建地租的水平相当低，宗教政治具有稳定性，人们生活的基本条件从过得去到非常好千差万别。不过，的确有一些人群、一些地方充满着参加反抗活动的所谓政治或者政治－宗教动机。

奥斯曼属阿尔巴尼亚有两个主要的抵抗中心：位于斯库台北部和东北部高山地带的"杜卡吉尼"地区，以及南部海湾伸展的一片崎岖不平的地带希马拉——位于发罗拉和科孚海峡中间。在这些地方，奥斯曼入侵摧毁了之前地方领主的统治结构，但由于地形恶劣，却未能建立可行的行政管理体制。鉴于从这些地方可以获得的预期经济回报较低，奥斯曼人也没有什么动力来解决这些难题。为了填补这一真空，当地发展出自身的权力结构，并且变得根深蒂固、难以清除：北部高山区形成氏族制度，希马拉则是可被称为准氏族制的准村社联盟。这些地方发展出军事文化，以在政府提供的治安或者司法机构缺席的情况下进行必要的自卫。这一点，加上本地的农业和畜牧养殖难以供养逐渐增长的人口，催生出劫掠以及希马拉滨海地带的海盗行径。这本身就会导致与本地奥斯曼当局发生严重冲突。但是，引发大规模叛乱的却是那些当权者试图推行其他大多数地方可以接受的各种税收和兵役。[3]

这些地方是16世纪阿尔巴尼亚反抗奥斯曼的焦点。有时他们甚至试图协调彼此以及各地的其他可能支持者的行动：1551年一群贵族在罗顿半岛（它本身几乎是个微型的希马拉，会进行海上劫掠，还有一个仅仅流于表面的奥斯曼政府）聚会，计划一场支持哈布斯堡的叛乱，其中包括来自希马拉、“直到杜卡吉尼乡村”等地的领袖。该组织还包括一位天主教主教；天主教神职人员希望那不勒斯或者威尼斯取代奥斯曼的统治是容易理解的。在阿尔巴尼亚的这两个主要地域之外，反奥斯曼行动有时是由旧日天主教统治家族成员和高级东正教神职人员开展的。尽管天主教和东正教均未受到奥斯曼当局的迫害，这些社区的领袖或者代表很有可能仍感到他们个人的社会权威（在这一相当保守的社会中很难消退）越来越与政治权力脱节。摆脱奥斯曼统治也许有助于扭转这一局面。[4]

1566年，奥斯曼首次试图在希马拉征收固定税收后不久，希马拉人就举行了武装叛乱。夏季，皮雅利帕夏率舰队进入亚得里亚海，派出一支8000到10 000人的远征军进入深山平定叛乱，但却损失惨重，被赶了回来。在这个插曲中，希马拉人还派出特使到邻近的那不勒斯王国寻求军事支援；总督给了他们12桶火药，但他们进一步请求大炮和一位有经验的指挥官则被无视了。未来四年里，西班牙似乎没有尝试维持这一联系。1570年战争爆发时，一位在米兰为西班牙服役的轻骑兵彼得罗·丘恰罗（或者叫彼得罗斯·祖恩萨罗斯，他曾经被描述成“阿尔巴尼亚瓦拉几人”）利用在米兰和罗马的两位同事，试图恢复那不勒斯同希马拉的联系；西班牙当局显然对此表现出一定兴趣，但这一举措无果而终。同时，希马拉人快速接近了威尼斯，于1570年4月主动提出夺取邻近的奥斯曼港口发罗拉，提出充当威尼斯军队侵入阿尔巴尼亚的“护送者”。这些提议通常伴随着对大量枪支和弹药的请求。这大概就是为何威尼斯人没有采取行动的原因，尽管他们表达了一般性的鼓励。[5]

但是，两个月后，科孚的威尼斯军事长官，精力充沛的70岁将军塞巴斯蒂亚诺·韦涅耶派出一支陆军部队携带火炮，进攻位于希马拉南部的索波特要塞。这是奥斯曼在16世纪中期加固过的一座中世纪要塞；它的城墙据称有两棵棕榈树那么厚（其遗迹在博尔什村附近，今天仍可以参观），它是1566年奥斯曼对抗希马拉人叛乱时唯一可供坚守的要塞。奥斯曼守军逃跑了，韦涅耶在那里部署了少量威尼斯部队，由一位希腊人或阿尔巴尼亚人长官埃马努埃莱·莫尔莫里率领——莫尔莫里运用他的地方性知识帮助策划并执行了这次攻击。受到这一胜利鼓舞，韦涅耶接着对另一个奥斯曼要塞，位于科孚以南8英里内陆的马加里蒂发动了类似的攻击；尽管部署了5000人和4门大炮，威尼斯人没能拿下它。然而，当威尼斯在威尼斯–奥斯曼战争中处处受挫时，1570年6月初索波特的小胜利极大地鼓舞了士气。这也可能有助于威尼斯出台鼓励奥斯曼属阿尔巴尼亚叛乱的政策，此前这在威尼斯政府头脑中似乎只有雏形而已。[6]

此后不久，6月的最后几天，另一起类似事件发生在伯罗奔尼撒南端的马尼半岛。这个高山地区对奥斯曼人来说极难攻取。马尼人近来的历史经历、社会组织、生活方式以及对奥斯曼的态度与希马拉人相似；和伯罗奔尼撒很多地方一样，他们中也有阿尔巴尼亚家族。1568年平定马尼的一场叛乱之后（200名妇女、儿童和老人沦为奴隶，而马尼男人退入山中），奥斯曼人在马尼一处常被称为布拉乔奥迪马伊纳的地方建造了一座要塞。1570年6月29日夜，威尼斯舰队克里特中队的队长马尔科·奎里尼率舰队到科孚与赞恩会合，派出火绳枪兵作为先遣队占据俯瞰这座要塞的位置，第二天他开始用船上的火炮展开炮击；要塞中小规模守军无法在使人畏缩的火绳枪射击下操纵自己的火炮，很快就投降了。这刺激了马尼半岛新一轮的普遍反抗，接下来持续了两年时间。威尼斯在这里采取行动，可能是为了回应马尼人的明确请求；自称伯罗奔尼撒代表的格雷戈里·马拉克萨斯4月出现在威尼斯，请求帮助。威尼斯人一直有在希腊南部挑起叛乱的想法。两个月前，他们派出一位来自从前热那亚统治的希俄斯岛的希腊人前往伊斯坦布尔，寻求东正教普世牧首的帮助，以期在威尼斯登陆的配合下，在伯罗奔尼撒组织大规模叛乱。类似的提议悬而未决：马耳他的科孚－威尼斯人骑士乔瓦尼·巴雷利于1569年底奉西班牙国王之命，前往伊斯坦布尔，他的任务之一就是与他在那里的两位联系人商谈，这两人宣称能够在一次希腊南部的叛乱中招募到50 000人。但没有迹象表明，在这个阶段，威尼斯人认真采纳了这种战略。奎里尼对布拉乔奥迪马伊纳的进攻看起来相当投机，不过他相当明智地把注意力放在一个有强大反奥斯曼传统的地方。[7]

阿尔巴尼亚北部地区的故事也很相似。1565年到1566年，杜卡吉尼山区发生了大规模叛乱；斯库台的出口贸易因此彻底瘫痪。1568年底，奥斯曼试图向非穆斯林征收人头税时，当地掀起了另一场叛乱。这一地区的战略重要性毋庸置疑；重大叛乱不仅会牵制奥斯曼军队，还可以保护通向威尼斯重要海军基地科托尔的陆地通道。（1571年底，杜卡吉尼山区叛军与科托尔当局之间的协作终于建立，致使奥斯曼人非常不安。）不过，战争爆发后相当长的时间里，威尼斯没有制定战略。一切似乎都依赖各种各样的地方举措。1570年上半年，采取任何这种行动的余地都很小，因为威尼斯地方官员正努力应对诸如养活人民这种基本的实际事务：如我们听见，1月份乌尔齐尼长官向杜布罗夫尼克抱怨，高昂的粮价正在导致城市变得“极为贫苦”，5月份布鲁蒂托运的小麦在前往威尼斯的路上被布德瓦长官扣押。[*]5月底或者6月初，杜卡吉尼的桑贾克贝伊率一支700人的军队进攻乌尔齐尼和巴尔，但没有大炮，他无法拿下这些城市。在乌尔齐尼，他的部下被轻骑兵的突击所击溃（大概是由加斯帕罗和乔瓦尼的侄子——28岁的轻骑兵首领尼科洛·布吕尼率领）。在这次进攻之前或者之后不久，奥斯曼军队在三个桑贾克贝伊的指挥下发动了更大规

* 参见第63页及第66页。

模的入侵，他们花时间在威尼斯领土全境烧毁村庄，摧毁财产。大批农村人躲进乌尔齐尼城墙之内。不久，该城粮食储备几近枯竭，但乡村对于任何试图收获剩余作物的人来说仍然过于危险。[8]

这些最后的细节来自一段非常有趣的长文，写于1570年的收获季——可能在7月。它的题目是“阿巴尔尼亚及其城镇、河流、高山、湖泊、平原、边界等等的记录”，不仅讨论了威尼斯属阿尔巴尼亚的处境，也广泛讨论了奥斯曼属阿尔巴尼亚的全境，描述了其经济资源、政治组织和军事筹备。文中对这个国家资源的评论显然由一位有经验的商人所写：例如，它讨论了爱尔巴桑和培拉特生产的皮革和丝绸，从杜卡吉尼山区运往莱什港的优质沥青，在这里“我看到它以每个意大利铜币（半个杜卡特）三四磅重的价格销售”。这段记录也非常重视粮食生产，包括在乌尔齐尼和斯库台之间种的“大量小麦和小米”以及由于奥斯曼的出口禁令而进行的秘密销售。它主张，如果威尼斯派出两三艘武装桨帆船：

> 乌尔齐尼人就能够到罗顿，他们将在那里受到那些阿尔巴尼亚人非常友善的接纳，尽管奥斯曼战争正在进行。因为他们并不完全服从奥斯曼人。鉴于和平时期我们能从德林湾取得50 000斯塔罗的各种粮食运往威尼斯城，他们能够从罗顿得到所有种类的大量粮食。这不仅有利于乌尔齐尼人民，也有利于养活由于不位于海岸而事实上受到围困的巴尔城，养活布德瓦、科托尔和达尔马提亚。[9]

作者游历广泛：比如，他说，奥斯曼军事部署中心克鲁亚的水质优良，“符合我的口味”。他似乎经历过1537年到1540年的威尼斯－奥斯曼战争，或至少有一些记忆。他的想法非常务实，特别是在军事方面。在对乌尔齐尼的详细叙述中——这个城市似乎是他最熟悉的地方——他全盘分析了那里要塞的优缺点，指出朝向大海的一面是最不安全的部分；它目前处于“极为危险的”状态，但如果适当修缮，也能做到“无法攻克”。最重要的是，他分析了驻阿尔巴尼亚奥斯曼人的军事弱点。五个桑贾克贝伊中，他写道，发罗拉、爱尔巴桑和奥赫里德的桑贾克贝伊已经带领他们全部的西帕希骑兵（军事－封建骑兵，在自己的地产上招募随从）参加塞浦路斯战役。所以只有斯库台和杜卡吉尼的桑贾克贝伊留下了。在北方各大城市中，都拉斯难以攻克；尽管城堡的城墙防守薄弱，但有两个强大的炮兵堡垒，由 700 人守卫，已准备好应对威尼斯桨帆船的攻击。另一方面，斯库台很可能被拿下，即使它的城堡坐落在一块很高的突出岩层上，但这座城堡的地理位置是其唯一的真正力量。虽然这个文本的幸存手稿未署名，但各方面的证据均表明作者很可能并非别人，正是安东尼奥·布鲁蒂骑士，他的生涯与作者的经历和兴趣的每个细节相符；最可能的情况是，安东尼奥于 1570 年 7 月和科孚的威尼斯舰队司令及步兵指挥官在一起时写下这个文本，因而他们可以把它转呈威尼斯当局。*如果这一判断是正确的，这将是现存最早的阿尔巴尼亚人写下的对阿尔巴尼亚这个国家的描述。（如果不是的话，那么最早的这种描述就是——如我们将要看到的——他外侄写的。）不过此时它的意义在于它表明了当地威尼斯的效忠者和活动家既通过突显奥斯曼的军事虚弱，也通过暗示接管阿尔巴尼亚领土将得到长期经济利益，试图刺激威尼斯出台政策军事介入阿尔巴尼亚。[10]

另一位类似的活动家是巴尔的威尼斯长官亚历山德罗·多纳托。1570 年 9 月，他写信给威尼斯，骄傲地宣称已经成功赢得了两个马

---

* 关于安东尼奥在科孚，参见第 66 页。安东尼奥显然与这些指挥官有很好的个人关系；他在那一年晚些时候从乌尔齐尼写信给他们，并收到了步兵指挥官的回信。在那些信中，他解释说，威尼斯人在阿尔巴尼亚北部的进攻可以利用为莱什服务的两个港口：一是圣乔瓦尼（San Giovanni）的迪·梅杜亚港（di Medua，安东尼奥的表述是“della Medoa”；阿尔巴尼亚语为 Shëngjin），另一个是莱什本地的“小湾”（Sacca）。这一时期仅有的另一个提到后面地名的文本就是 1570 年的匿名作品，并且它同时提及圣乔瓦尼的迪·梅杜亚和小湾。

尔科维奇人村庄，马尔科维奇人是与巴尔人常年发生冲突的好斗部族。* 他自信能获得其他村庄的支持，这类村庄为数很多，也非常重要，因为它们为斯库台的堡垒提供安全保障；唯一的难题是，得给他们钱。多纳托的信非常乐观。“这些好战之人的暴动和叛乱，”他写道，“加上刚传来的舰队对敌作战胜利的消息（这是个错误报告），整个省就这样改变了，他们只要望到圣马可战旗的半个影子就会拿起武器效力。”不到一年，在多纳托表现不佳之后，这种自我吹嘘会使得他的回忆变得痛苦不堪：“要是我有多次请求的士兵，我就能证明为国家服务的愿望，阁下就不会认为我是个没有价值的公民。”历史学者纳塔莱·孔蒂 1581 年发表过的另一种记述以一种相当不同的视角讲述多纳托的活动。纳塔莱·孔蒂住在威尼斯，消息灵通。据孔蒂的说法，多纳托率一队火绳枪兵攻击一个马尔科维奇村庄，屠杀男人、妇女和儿童，并将村庄焚烧，使得马尔科维奇人屈服；他还收买人杀死一些马尔科维奇头人，在他们之间散布不和。通过这些方法，他使大约 80 个村庄臣服。[11]

与此同时，孔蒂指出，在布纳河口和斯库台郊区之间的其他人也表示效忠。其中的重要族群一定是帕马里奥蒂人，他们被乌尔齐尼的阿玛尼家族（该家族与布吕尼和布鲁蒂家族相关联）招募到威尼斯一方；如我们所见，这一家族的领袖成员后来被称为“神圣同盟中被威尼斯人劝说反叛奥斯曼人的所有阿尔巴尼亚人之主”。** 这里所用的方法并非强制，而是动用个人和家族领导力——不过，遵照当地的传统做法，那些承诺未来提供军事支持的人将儿子或兄弟作为人质，以保证履行承诺。在布纳河周围，以及在乌尔齐尼城外通往斯库台和莱什的更宽的一块奥斯曼领土上，多纳托不需要使用恐吓策略，因为这里对反奥斯曼叛乱有很多实质性热情。1570 年 10

---

* 参见第 15 页。

** 参见第 39 页。

月中旬，乌尔齐尼长官希罗尼莫·韦涅耶报告说“德林河这一侧的阿尔巴尼亚村庄领袖”正在请求他支持进行反奥斯曼行动，这28个村庄已经公开支持威尼斯。到月底时，又有9个村庄加入。渴望改变的不仅是阿尔巴尼亚基督徒：10月初，多纳托写道，当地32名穆斯林来到巴尔皈依基督教。他们接受了洗礼，现在正在接受大主教的宗教教导。[12]

乔瓦尼·布吕尼积极参与多个反奥斯曼倡议。1570年10月第一周，他收到一封布里斯卡的天主教教士用阿尔巴尼亚语写的信件。布里斯卡是奥斯曼领土范围内的一个村庄，在巴尔以东，朝向斯库台湖的岸边，刚刚宣布对威尼斯效忠。* 这封信邀请大主教前去与一些“长者”讨论重要事项。当他到了布里斯卡，发现那些长者是斯库台附近一些村庄的代表；他们告诉他，那个城市的居民热衷于叛乱，并且奥斯曼驻军严重空虚，因为斯库台和杜卡吉尼的桑贾克贝伊已经率他们的军队到阿尔巴尼亚南部帮助平息希马拉的叛乱。斯库台城堡现由桑贾克贝伊的管家或副手穆斯塔法贝伊指挥。据称，他曾告诉留守的几个驻军士兵，如果受到猛烈攻击，他们应该投降，而不是冒生命危险。事实上，穆斯塔法贝伊已经与多纳托联系，刚刚向多纳托发出消息询问，如果他把城堡交到威尼斯手中，能得到什么样的报酬。多纳托送给穆斯塔法一枚贵重的钻石以示善意，但他把实质性谈判委托给乔瓦尼·布吕尼。这么做有一个很好的理由：穆斯塔法贝伊事实上与大主教有亲戚关系。乔瓦尼写了一封友好的信，开头是“以主之名问候你，穆斯塔法贝伊，我最亲爱的亲戚”，承诺给他一年3000杜卡特的津贴，结束时说：“愿我们的主耶稣基督赐给你光亮，让你走上更安全的真道。”到11月初，桑贾克贝伊返回，似

---

* 这封信后来被多纳托转呈威尼斯。然而，不幸的是，只有一个意大利译本流传下来。这个时期的阿尔巴尼亚语文献是极为罕见的；这些证据至少表明，受过教育的阿尔巴尼亚人中还是有人用这门语言书写的。

乎消除了把斯库台城堡直接转手的可能性，这场交易也就毫无结果。然而，这个月中旬，乔瓦尼·布吕尼进入奥斯曼境内执行另一项使命，到布纳河边的小港口与一些从斯库台来的心怀不满的阿尔巴尼亚穆斯林见面。他们说可以向威尼斯说明遭受攻击时城堡最脆弱的地方在哪里。他们还说，桑贾克贝伊正打算离开城市，前往伊斯坦布尔；所以，大主教和穆斯塔法贝伊的谈判继续进行。在接下来的几个月里，两个亲戚甚至有一场秘密的夜间会面。但乌尔齐尼长官最终认定穆斯塔法是双面间谍，正试图在斯库台为威尼斯军队设置陷阱。科托尔代理长官贝尔纳多·孔塔里尼也得出了相似的结论，他此后就所有这些行动给出了非常负面的记载。根据孔塔里尼的说法，巴尔和乌尔齐尼的长官一道敦促他支持攻击斯库台的想法，他发现他们的计划大相径庭，而且彼此之间互相矛盾；从他的观点来看，攻击没有成功的可能性，在当地阿尔巴尼亚人中举行公开叛乱可能会适得其反，吸引更大规模的奥斯曼军事力量来到这个区域。后见之明告诉我们，这一批评说的是实情。[13]

当大主教为了威尼斯在巴尔努力工作的时候，他的妹夫安东尼奥·布鲁蒂在乌尔齐尼的表现也不逊色。8月中旬从科孚回来之后，他花时间（如他日后所说）“建立和强化我们这些阿巴尔尼亚人头脑中对威尼斯的效忠意识”。他说的“我们这些阿尔巴尼亚人”是指附近奥斯曼领土上的阿尔巴尼亚人，他们正在站到威尼斯这一边，从历史的角度来看，他们又重新效忠旧主了。11月1日写信给总督时，他宣称“我已经在我们阿尔巴尼亚人中彻底形成了这个观念，使阿尔巴尼亚重归威尼斯旗下只需要（您派出）几艘桨帆战舰和一名率领若干士兵的指挥官”。甚至，他现在主要的担心是他的努力可能过于成功：

> 因为阿尔巴尼亚是我的故乡，他们对我的承诺有很大信心——我承诺您将永远不会抛弃他们，相反，您将待他们如您

> 的臣民和您忠诚的仆人——他们如此充满反奥斯曼的热情，比起鼓励他们拿起武器反抗奥斯曼人，阻止他们发动一些激烈但为时尚早的攻击反而更难。我向您保证，阿尔巴尼亚人的心思已经归于您的权柄之下，我愿献上我自己的生命、我儿子的生命以及我的财产，来使您荣耀，为您服务。

六周后的12月13日，安东尼奥向威尼斯舰队的海军和陆军指挥官送出了私人信件，请求派出军舰和士兵。他解释说，这种帮助，加上当地阿尔巴尼亚人的努力，就有可能夺取莱什和斯库台城堡——只要士兵是由“知道如何用大炮、梯子和地雷展开围攻的英勇指挥官”率领。虽然他自信地写道，现在是时候实现“对阿尔巴尼亚的征服”了，他明显担心没有这样的帮助，当地人民的所有努力将是徒劳。[14]

安东尼奥·布鲁蒂刚送出这些信，当地武装力量的局限性就充分暴露。在此前几周内，一个叫巴托洛梅奥·杜卡吉尼的人（可能是杜卡吉尼贵族家族成员，他们的祖先得名自这个北部高山地区）已经请求乌尔齐尼长官希罗尼莫·韦涅耶攻击莱什的奥斯曼城堡——这是巴托洛梅奥的家乡。这位长官最终同意这么做，尽管安东尼奥·布鲁蒂建议他等待威尼斯的援助。12月15日安东尼奥向威尼斯政府报告说，部队于当月8日抵达莱什，“我们的人立即攻占了这座城镇，穆斯林出逃并躲到城堡之中。9月，杜卡吉尼的桑贾克贝伊率领200名骑兵到来支援他们，但我们打败了他，迫使他逃走。由于我们的人缺乏技能，而且天气恶劣，所以他们洗劫并且烧毁城镇后就撤军了”。（对这一事件的另一处记载证实这次突击是乌尔齐尼的一队轻骑兵发动的——也许他们受尼科洛·布吕尼指挥。）“缺乏技能”不言而喻指的是完全无法开展任何攻城作战。安东尼奥·布鲁蒂评论说，然而攻击奥斯曼人并报复他们在乌尔齐尼领土内焚烧村庄的行动有助于鼓舞士气，只要威尼斯进行必要的投资，冬季的几个月里能收获更多的重要战果：他一再敦促政府“派出士兵、武器和军舰，这样我们不仅可以夺取莱什城堡，还有斯库台要塞和敌人的其他东西”。但这次突袭在莱什一无所获，其心理影响却的确传递到更远的地方。1 月初，韦涅耶报告，这次英勇行为在阿尔巴尼亚中北部的马蒂地区引起叛乱，把恐惧远播到重要的克鲁亚要塞的奥斯曼人当中；叛军派使者到乌尔齐尼，请求援助，但韦涅耶未提供一兵一卒。与此同时，在另一次配合失当的机会主义行动中，吉罗拉莫·赞恩在从流产了的 1570 年海军战役中返航时，把他的舰队停在科孚南端对面的某处，派一支步兵部队攻击马加里蒂——又没有成功。[15]

这些行动，非但丝毫无助于实现宣称的目的，反而造成了致命的后果：严重惊动了伊斯坦布尔当局。1570 年 12 月下旬，苏丹对鲁米利亚——帝国主要的巴尔干行省，所有阿尔巴尼亚桑贾克均隶属于此——的总督下令，告诉他迅速前往斯科普里集结禁卫军和骑兵部队，派往莱什。苏丹解释说，根据杜卡吉尼桑贾克贝伊的消息，成千上万的乌尔齐尼人、巴尔人和科托尔人聚集起来，再次攻击这个城镇，克鲁亚分区的阿尔巴尼亚基督徒叛乱正在摧毁从那里到莱什一带的穆斯林财产，并与威尼斯属阿尔巴尼亚的入侵者勾结。1571 年 2 月中旬，苏丹发布紧急命令，要求向斯库台城堡供应弹药和装备；八天后，他传信给鲁米利亚的总督，强调斯库台城堡和黑塞哥维那（主要指新海尔采格）作为帝国耳目的重要性，并特别指出需要格外保护莱什要塞。3 月 4 日，他又写信给克鲁亚的卡迪表达对局势的关切，叛军数度逼近莱什，焚烧房屋，洗劫周边村庄，阻断莱什和斯库台之间的道路，对威尼斯旗帜宣誓效忠。九天后，苏丹再次向鲁米利亚总督下令，先是通报在科孚的奥斯曼间谍得来的消息；苏丹评论了马加里蒂要塞最近的巩固加强情况，说它现在状况更好，但是他坚称斯库台和杜卡吉尼的桑贾克贝伊应该采取更多措施来保卫莱什和都拉斯的要塞，因为“巴尔和乌尔齐尼城堡的异教徒正在把阿尔巴尼亚叛乱分子引入歧途”。这个命令不仅将马加里蒂（某种意义上，位于现代阿尔巴尼亚－希腊边境南部）与阿尔巴尼亚北部要塞联系在一起，也提及在新海尔采格和伯罗奔尼撒半岛普遍存在的难题。这道命令（也许是第一次）说明，各种各样的当地零敲碎打的小型袭击在伊斯坦布尔眼中已经变成单一的战略问题。[16]

与此同时，当地叛军的活动并未停止。1571 年 3 月，巴托洛梅奥 · 杜卡吉尼和其他阿尔巴尼亚领袖在罗顿半岛会见了一位西班牙代理人，并说明了他们的要求：35 艘备有人手和装备的西班牙桨帆船，还有大炮和 4000 支供阿尔巴尼亚人使用的火绳枪，加上 2500 名训练有素的火绳枪兵，其中大部分可能由那不勒斯王国的轻骑兵充任。而他们能够募集到 12 000 名当地男丁，并且一旦起事，人数将上升到 80 000 人。这个要求很过分——菲利普二世肯定这样认为，因为他拒绝了——叛军的预期数量可能过于夸张了，但事实上，这种会见表明该地区处于持续动荡之中。也是在 3 月，一位威尼斯海军指挥官阿戈斯蒂诺 · 巴尔巴里戈，南下科孚与塞巴斯蒂亚诺 · 韦涅耶会合，半道停在巴尔讨论攻击斯库台的可能性。巴尔长官亚历山德罗 · 多纳托坚持认为，只要威尼斯派军舰溯布纳河而上，跟上一队士兵，就能拿下这座城堡。稍晚时候，多纳托写信给威尼斯，他表示，一旦斯库台落入手中，就容易“征服全部阿尔巴尼亚、塞尔维亚、黑塞哥维那等许多地方，因为到伊斯坦布尔一路上，再也没有堡垒了”。尽管多纳托的想法有些狂妄，巴尔巴里戈对此印象足够深刻，他派出舰长尼科洛 · 苏里亚诺率 4 艘军舰前往德林河口侦查并与当地领袖（也许正是会见过西班牙代理人的某些人）交谈；苏里亚诺尽其所能鼓励他们，保证他们将从威尼斯人手中收到军事物资。[17]

渐渐地，这些繁杂的事务似乎开始被整合为一个更具普遍性的威尼斯政策，虽然大部分还是依靠当地主动采取行动和纯粹的运气。4 月，居住在马加里蒂附近的阿尔巴尼亚人来到科孚，请求协助夺取它，并主动提出留下人质以示诚意；一位曾经到过那里的威尼斯舰长判断，这些当地志愿者不足以完成任务，因为他们只有用刀枪武装起来的200到250人。但不久之后，埃马努埃莱·莫尔莫里，最近征服了索波特要塞的指挥官，带着他的士兵和“大批阿尔巴尼亚人”攻击位于希马拉南端的奥斯曼小要塞尼维卡，他们成功夺取并洗劫了它。这一成功有助于巩固与当地希马拉人的联盟，受到鼓励的莫尔莫里随后要求科孚当局给他更多的人手，这样他就可以攻击位于卡迪其的另一座奥斯曼要塞。这个提议更为棘手，这个五角形的城堡位于陡峭的山峰之上，居于内陆，距离索波特10英里（直线距离），一路上地形非常崎岖；但莫尔莫里说他有翔实的情报，并且他已经从附近地区的阿尔巴尼亚人那儿扣留了人质，所以塞巴斯蒂亚诺·韦涅耶给他带来了他要求的士兵。这样做之后，韦涅耶继续率军舰溯海岸而上——这部分因为他想追捕据说正驶向都拉斯的奥斯曼海盗船长，部分单纯是因为有强烈的南风。召集了更多的桨帆船后，他相当冲动地决定对都拉斯发起全面海上攻击。但事实证明这个城市防卫完备（正如那个关于阿尔巴尼亚的匿名文本所说），当火炮的弹药用尽时，这支有22艘桨帆战舰的威尼斯军队被迫撤退。当韦涅耶回到科孚时，他发现莫尔莫里对卡迪其的攻击也失败了。[18]

正是这些行动造成的不安，导致苏丹最终派出一支强大的军事力量到这一区域；尽管现代的历史学家可以看出当地叛乱和威尼斯干预的协调配合充满试探性而且举措失当，但对奥斯曼统治者来说可能没那么明显，尽管他的间谍就在科孚和其他地方。在冬季的几个月里，苏丹在斯科普里——一个位于奥斯曼巴尔干领土核心地带具有战略性地位的城市——集结部队。4月初，据说那里有30 000步兵和骑兵。一份4月4日从伊斯坦布尔寄来的报告表明，这支军队将分为三部，分别前往阿尔巴尼亚北部、希马拉和马尼半岛——这是当时的合理猜测。但即使是在消息灵通的观察家那里，也有许多不确定性。3月初从杜布罗夫尼克发出的一则消息报告说，军队会去围攻扎达尔；4月中旬的另一个消息快报说其目的地完全未知。伊斯坦布尔的威尼斯大使尽管身处严格的软禁之中，还是成功地把消息偷偷送去威尼斯。5 月 4 日，他写道，第三维齐尔艾哈迈德帕夏已经于 4 月 29 日离开首都，出掌军队，目的地不太清楚："其国内的观点似乎认为，他正要前往达尔马提亚"，不过也有很多人认为是向特兰西瓦尼亚进军（那里的统治者刚刚去世，可以预见会有一些政治不稳定性）。可能苏丹正在这些选项中摇摆不定，包括特兰西瓦尼亚；这解释了为何艾哈迈德在到达斯科普里之后停留了几周时间。但当他终于率领军队出发时，目的地是威尼斯属阿尔巴尼亚，目标是进行征服，从根源上消灭威尼斯对阿尔巴尼亚北部叛军的支持。[19]

在奥斯曼人的部队准备就绪时，威尼斯也进行了与威尼斯属阿尔巴尼亚有关的一些军事准备，虽然规模相对较小。4 月 9 日，威尼斯任命 41 岁的伯爵贾科莫 · 马拉泰斯塔为科托尔和"所有阿尔巴尼亚民兵"的总督；4 月末，他率 2500 人驶向科托尔，于 5 月上旬或中旬到达那里。马拉泰斯塔来自一个曾经于中世纪晚期统治过里米尼的著名贵族家庭的支系。他有一份曾经身为贵族"雇佣兵队长"的经典履历——这是一种可以率其招募的人手接受不同统治者雇佣的自由军事指挥官。他是个强硬而冲动的人，曾在 16 世纪 50 年代服务于科西莫 · 德 · 美第奇，被教宗囚禁过，曾在塞浦路斯为威尼斯工作，在任意处决他怀疑曾涉嫌暗杀他兄弟的人之后，丢掉了职位；接着他成为教宗卫队的骑兵上校。当科西莫 · 德 · 美第奇从教宗那儿接受大公称号时，他率领 200 人的卫队护送科西莫 · 德 · 美第奇。尽管威尼斯可以从自己的领土上招募人手，战时它一直依靠雇佣兵队长和他们的佣兵部队建立武装；通过这种方式，它获得了来自威尼斯领土以外的许多地区的士兵，包括意大利中部（马拉泰斯塔主要的招募地点是罗马涅）、托斯卡纳、利古里亚、萨伏依和科西嘉。有时也雇佣瑞士人，或到处游走的法国或西班牙士兵。为平息意大利内部纷争，在与奥斯曼人种平相处时，威尼斯甚至与波斯尼亚的桑贾克贝伊达成协议，招募克罗地亚轻骑兵以补充其自身的骑兵部队。（在 1509 年这一危机之年，当大部分本土领地落入敌手时，威尼斯政府曾严肃讨论过雇佣一支15 000到20 000人的奥斯曼军队；根据日记作者吉罗拉莫·普留利的说法，有人认为这会破坏威尼斯作为基督教世界捍卫者的形象，“好像有人割下自己的阴茎，以向妻子泄愤”,这使人们感到担忧。）无论来自何处，雇佣兵队长都不便宜；所以，此时派遣大规模先遣部队到科托尔，表明威尼斯终于开始认真对待威尼斯属阿尔巴尼亚官员的提议，在这一地区采取更加积极的反奥斯曼政策。[20]

马拉泰斯塔到达后，立即与科托尔的三个关键人物会谈：扎卡里亚·萨拉莫内，达尔马提亚和阿尔巴尼亚的督查；科托尔代理长官孔塔里尼；海军舰长尼科洛·苏里亚诺，他曾在德林河口与阿尔巴尼亚叛军领袖谈判。然后他与苏里亚诺一起考察这一地区，并与其他当地威尼斯官员谈话；他考察了巴尔，还有乌尔齐尼，在那里他遇到了安东尼奥·布鲁蒂和“布纳地区的领袖”（最有可能指阿玛尼家族）。根据一份报告，“为了巩固新成为威尼斯臣民的阿尔巴尼亚人的忠诚”，也为了鼓励杜卡吉尼人加入进来，马拉泰斯塔去了布纳河口。他与布鲁蒂讨论的计划包括夺取莱什，利用那个位置控制通往斯库台的南方通道，接着动员当地阿尔巴尼亚人对抗斯库台的穆斯林人口和驻军。终于，安东尼奥·布鲁蒂对军舰和士兵的祈求似乎得到了回应，他征服莱什和斯库台城堡的信心将要付诸检验。[21]

马拉泰斯塔回到科托尔，确信计划可行，除了自己手下的士兵外，他还说服萨拉莫内和科托尔代理长官派来所有的骑兵和2000名有作战经验的士兵。准备就绪，但等待布纳河和德林河之间的阿尔巴尼亚人送来承诺的人质导致了额外的延迟。5月30日，也就是在他和部下启程从科托尔出发的最后期限几天前，马拉泰斯塔决定亲自对当地发起一次小规模的惩罚性征讨。现存的记载对其意图的细节有不同记述。根据一份早期报告，他派出了200人烧毁附近一座奥斯曼村庄，与此同时他率500名士兵穿过科托尔湾到威尼斯人控制的城镇佩拉斯特。他计划洗劫另一个奥斯曼领地内的小贸易转口港里桑，接着率部下越过高山返回，与其他 200 人会合。一份报告说，他仅仅领导 200 人沿着海岸焚烧并劫掠了 6 英里长的奥斯曼领土。无论计划如何，它最终遭受惨败；在与部下沿山路回科托尔时，当地战士从高处猛投重石，伏击了他们。他手下多达 100 人被杀或严重受伤。马拉泰斯塔头部受伤，腿被打断；他被俘获并带往里桑，在那里被套上枷锁，送到伊斯坦布尔。他远征莱什的计划接着被抛弃，他的士兵被分别编入威尼斯属阿尔巴尼亚各地的卫戍部队。据亚历山德罗 · 多纳托报告说，已经集结在巴尔的这 160 名阿尔巴尼亚人质现在只剩下“极端的绝望”了。[22]

这次灾难的消息在 6 月中旬到达威尼斯。这个月底，政府派人顶替马拉泰斯塔出任威尼斯属阿尔巴尼亚的军事指挥官：又是一位雇佣兵队长——夏拉 · 马丁嫩戈伯爵，他来自内陆布雷西亚的一个著名贵族家族。他的父亲，一位法国军队中的官员，被敌对的布雷西亚家族——阿伏伽德罗家族杀死了；私生子夏拉追随父亲到法国军队中服务，他曾率一队法国士兵返回布雷西亚，试图在光天化日之下于中央广场上杀死谋杀其父的人。当那人逃走之后，他随即杀死了另一位阿伏伽德罗族人，因此被判处终身监禁。但在战争爆发之际，他与威尼斯约定，加入军队，换取解除禁令（不过他本人仍然被禁止进入布雷西亚）。他招募的士兵是来自加斯科涅的法国新教雇佣兵——即使以 16 世纪军人的标准来看，他们似乎也是一群惹是生非的人。就在启程前往阿尔巴尼亚之前，停留在位于威尼斯南部的基奥贾时，他们卷入了与一队更大规模的意大利士兵的争斗，这伙人杀了他们两个人。当意大利人向前推进时，马丁嫩戈让他的军队排成战斗阵形；他们朝对手冲锋，杀了 100 人，把很多人赶入大海。科托尔代理长官后来写道，有这些人在他城里，几乎就像瘟疫一样糟糕。[23]

但马丁嫩戈这 600 人还是受到了威尼斯属阿尔巴尼亚的欢迎，因为他们于 7 月初抵达科托尔时，人们已经知道大批奥斯曼军队正在接近。威尼斯间谍——可能是能够悄无声息地通过这一地区的阿尔巴尼亚人——已经跟踪到艾哈迈德帕夏的举动，现在明确的是，他正朝乌尔齐尼和巴尔而来。希罗尼莫·韦涅耶、安东尼奥·布鲁蒂和布纳地区叛军领袖向科托尔发出紧急请求，要求军舰和士兵防卫布纳河港圣塞尔焦。威尼斯派出了他们要求的军队，并不是觉得可以长时间在河岸上阻挡敌人的大批军队，而只是为了争取多一点时间以准备乌尔齐尼的防卫。

威尼斯舰长尼科洛·苏里亚诺于7月9日或之前视察圣塞尔焦，他看到河东侧是奥斯曼军；西岸是从乌尔齐尼来的意大利卫戍部队，“再加上阿尔巴尼亚人”，他们得到了两艘威尼斯军舰的支援。双方爆发了激烈的战斗。然而，他指出，奥斯曼人正在上游建一座桥，很快就可以将军队和44门大炮运过去，其中还有4门重型火炮；他害怕意大利士兵会很快发现回乌尔齐尼的道路被切断。威尼斯属阿尔巴尼亚的整个形势发生了戏剧性的变化：马拉泰斯塔之前的任务是雄心勃勃地发动进攻，但现在，为避免巨大损失，任务突然变成了防守。[24]

艾哈迈德帕夏的军队并不是唯一接近这一地区的敌对势力。4月和5月期间，奥斯曼人组建了一支非常庞大的舰队，由两位指挥官统领：第二维齐尔佩特夫帕夏统率所有的步兵，而阿里·穆阿津札德帕夏则是舰队司令。在6月袭击克里特之后，这支舰队沿着伯罗奔尼撒西海岸推进，破坏了诸如凯法利尼亚等威尼斯属地并向科孚驶去。克里特和科孚的中队规模太小，无法抵抗，因此被撤回，朝西行进加入部署在墨西拿的同盟海军。奥斯曼舰队的首要目标是阻止并击败敌人的基督教盟友可能派出的任何大型舰队。但其他目标显而易见：通过蹂躏威尼斯领土进行心理打击，生擒成千上万的人充当军舰上的奴隶，更普遍的则是掠夺战利品，而且很显然准备沿着亚得里亚海岸而上，远至扎达尔并征服这座城市。奥斯曼舰队不在半途对任何重要的城镇或者城堡进行围攻。但是，在到达希马拉后，指挥官就率一支数千人的军队上岸占领了索波特要塞。据记载，埃马努埃莱·莫尔莫里拒绝投降，但有很多士兵开始秘密逃走；要塞最终被夺取，莫尔莫里被俘至伊斯坦布尔。[25]

到这一阶段，艾哈迈德帕夏的军队已经到达斯库台。一些人留在当地，以保证城市的安全。艾哈迈德接着推进到乌尔齐尼；布纳河的防线也没能挡住他很久。对他军队规模的估计大不相同。一些记载说有 15 000 人，这似乎低了，因为此前有报告说，30 000 人集结在斯科普里，而其他史料和早期编年史难以置信地说有 70 000 甚至 80 000 人。尼科洛·苏里亚诺的原始报告给出了 30 000 人的数据；夏拉·马丁嫩戈后来作证有 80 000 人——但他有动机报尽可能虚高的数字，为自己的行为开脱。防卫者的准确数字——包括身体健全的乌尔齐尼市民——尚不清楚，但相比之下肯定微不足道；1571 年 2 月的一份报告观察到，尽管那里的驻军得到加强，但许多居民已经离开，要么寻求安全，要么在威尼斯舰队服役。对乌尔齐尼的防卫者来说，眼前的困难无以复加。7 月 18 日，在奥斯曼军队接近这座城市时，希罗尼莫·韦涅耶发信息给科托尔说，根据步兵指挥官和安东尼奥·布鲁蒂的意见，乌尔齐尼不可能守得住了——尤其考虑到他们认为奥斯曼舰队即将从海上发动攻击。因此他要求 4 艘军舰带走所有剩余的市民和士兵，还有他们的大炮，然后将整个城市付之一炬。科托尔代理长官回复说，奥斯曼舰队即将到来的传闻是假的，命令他坚守岗位。韦涅耶的下一封信写于 7 月 20 日，带有一丝更加积极的语气，同时仍然给人形势极端困难的感觉。他说，这座城镇的市民表现出了良好的斗志；他刚派出一批火绳枪兵和当地阿尔巴尼亚人出城与奥斯曼军队的前哨部队作战，此后他的人从城垛上射击，成功杀死了艾哈迈德帕夏的很多士兵。但他抱怨缺乏火药，并宣称他仅有 300 名士兵（指意大利驻军，他们最近刚刚通过抽调马拉泰斯塔部队的人手得到加强）。此外，他们中的 80 人无法用于作战：每当要他们拿起武器准备战斗，“他们就收拾好自己的东西，躲起来”。[26]

7 月 29 日，艾哈迈德帕夏的部下为费尽周折从斯库台调来的四门大炮建造好炮台，开始轰击。夏拉 · 马丁嫩戈在科托尔或其附近时得知了这个消息，他还得知乌尔齐尼人打算与韦涅耶、布鲁蒂一起逃跑，因为他们不再相信小规模的卫戍部队能够保卫这座城市。所以，马丁嫩戈立即率 600 名加斯科涅士兵前往乌尔齐尼。由于艾哈迈德的军队只在陆地一侧，仍然可能通过海上进入城市，而且几天来威尼斯军舰一直利用海路带来食物以及来自布纳河的成桶淡水。但守卫者接连遭受两轮沉重打击。马丁嫩戈到达乌尔齐尼后不久，一块被奥斯曼炮火炸碎的砖石（或者按照另一个记载是钟塔上的钟）击中了他。他被“像死人一样抬走”，而且似乎有好几天无法指挥；他的副手不久就受了相似的伤，在舰队最后一批航程中的某次被送回科托尔。虽然士气受到严重影响，加斯科涅和意大利士兵仍继续战斗了几天；然而，阿里 · 穆阿津札德帕夏和佩特夫帕夏的舰队最终出现在城市前面。这个打击改变了防卫者的形势。不仅他们的补给线被切断，而且奥斯曼桨帆战舰的火炮可以轰击乌尔齐尼的防波堤——佚名作者（可能是安东尼奥 · 布鲁蒂）于 1570 年的记述中正提到这里十分薄弱且“极其危险”。[27]

我们知道接下来大体发生了什么。马丁嫩戈和韦涅耶与佩特夫帕夏达成协议，城市投降，作为交换，奥斯曼人承诺为所有法国和意大利士兵，还有任何愿意离开的居民开放前往杜布罗夫尼克的安全通道。留下的人安全也得到保障。即将启程的士兵和居民接着登上佩特夫的军舰；艾哈迈德进了城，显然是没有遵守保障安全的承诺，许多人丧生，城市的一部分被烧毁。但在大体的轮廓之下，有许多细节无从得知。

从一开始，对投降的决定就有争议。夏拉 · 马丁嫩戈被送到杜布罗夫尼克后不久，在 8 月 16 日送出的简短报告中，他简单地说，由于奥斯曼舰队的到来，寻求体面的条款成为必要之举，“因为城市防守薄弱，缺少弹药和维修城墙的材料”；那里的平民和士兵也都“充满了恐惧”。根据一位消息灵通的拉古萨人的报告，马丁嫩戈后来把投降的决定推到他的军官身上，之所以投降是因为弹药用尽了；军官们坚持这是决定的真正原因，但同时也宣称即使弹药存量充足，马丁嫩戈自己也想过逃跑或投降；但当地居民说弹药很充足，因为威尼斯舰队连同食物和其他物资一起运进了弹药，士兵能够而且也应该继续战斗。9月编撰于科托尔的另一份报告，把这一决定归因于缺水。另一方面，消息灵通的威尼斯编年史家费代莱 · 费代利则称，关键因素是对船上大炮的恐惧，它能快速在面朝海上的城墙打开缺口，也可以摧毁城市中的房屋；那也是他们投降后不久希罗尼莫 · 韦涅耶在给威尼斯的报告中强调的一点，即乌尔齐尼不能抵御来自海上的攻击。最有可能的解释是，所有这些因素都夹杂其中，但所有这些——不只是对船上重型大炮的恐惧——是以一种“预期”的方式发挥了作用：水和弹药没有用完，但“预期”不久会用完。所以说，提出投降决定最明显的原因是，奥斯曼舰队的到来创造了达成协议的契机。通常，要求一个城市或一支军队投降并主动提出条件时，假如它拒绝（比如乌尔齐尼考虑了几天后拒绝了艾哈迈德帕夏），这个城市就可能被洗劫，里边的人无论是军人还是平民，都可能被抓住并受到奴役。守城者单独与奥斯曼舰队媾和之后，可以从第一阶段启动程序，通过谈判取得安全通行权；如果他们继续对抗舰队，最后就没有机会逃脱劫掠和奴役了。[28]

所有的记载均强调守城者急于与舰队的步兵统帅佩特夫帕夏谈判，而不是同艾哈迈德。据推测，选择与佩特夫而不是舰队司令阿里·穆阿津札德接触的原因是佩特夫作为维齐尔，地位超过他的同事，负责通盘指挥。这里也可能有另一个因素起了作用：佩特夫是个阿尔巴尼亚人，不像阿里（土耳其人），也不像来自黑塞哥维那东正教塞尔维亚家庭的艾哈迈德帕夏。无论原因是什么，与他的对话开始了，佩特夫使用了从伊斯坦布尔随身带来的译员，他是位来自卢卡的意大利人，已经皈依伊斯兰教，被称为许雷姆贝伊。根据六周后于科托尔完成的报告，佩特夫不想与艾哈迈德起争执，就告诉守城者再等一天，给艾哈迈德一个亲自拿下乌尔齐尼的机会；他也把同样的消息送至艾哈迈德。因此，艾哈迈德加倍努力，向这座城市发起了三次总攻，但每一次都被击退，而且损失惨重。（这一点明确表明守军的弹药还没用完。）接下来的一天——确切日期尚不清楚，但可能是8月3日或4日——守城的士兵和许多居民走到岸边，被带上奥斯曼桨帆船。他们包括尼科洛·布吕尼，他的姑父安东尼奥·布鲁蒂，也许还有他们家族中的其他人。一份报告（由科托尔代理长官孔塔里尼草拟）指出，安东尼奥·布鲁蒂与韦涅耶还有马丁嫩戈一起做出了投降的决定。也许是因为相信许多生命会因此得救，他最终这样做了。但是，关于他最后活动流传至今的唯一记载，却让我们对他未言明的态度留下了截然不同的印象。威尼斯历史学者安德烈亚·莫罗西尼接触了很多史料，也许和目击者交谈过。根据他的说法：

> 乌尔齐尼的安东尼奥·布鲁蒂骑士，曾经在阿尔巴尼亚为（威尼斯）共和国提供卓越服务，他反对投降，抵抗了艾哈迈德对这座城市的试探性进攻；他担心人们对他怀有极端的敌意，所以在登上双桅帆船后，在船将要驶向阿普利亚时，自己从船上跳下了海。他被一艘军舰截住，作为俘虏带给阿里（穆阿津札德）帕夏。[29]

此处的一些细节令人费解，包括提到阿普利亚；对方已经承诺开放到杜布罗夫尼克的通道，而不是到西班牙统治的领土。拉古萨人的报告表明，许多乌尔齐尼居民一直热衷于继续战斗，所以他们不可能对布鲁蒂抱有“极端的敌意”；鉴于这个证据，也考虑到莫罗西尼在这里的写作顺序，抱有敌意的“人们”似乎是奥斯曼人。然而，在安全得到保障的情况下做出跳船的决定，返回正处于艾哈迈德帕夏控制之下的乌尔齐尼，令人费解。我猜测，最好的解释可能是，他并不是在出发点从船上跳下，而是在它沿海岸行进了一段之后。也许他希望游到陆地上前往巴尔，在那里继续抵抗。但这个决定是致命的。他是否被阿里·穆阿津札德帕夏当场处决，还是在死前一段时间在军舰上做苦役，均无从得知；家族史仅仅记录说，他在乌尔齐尼陷落时被奥斯曼征服者判处了死刑。[30]

几乎每一个关于夺取乌尔齐尼的记载只是说，艾哈迈德帕夏破坏了对那些留下来的人的安全保证，他放任部下烧杀抢掠。来自科托尔的报告这么说："当陆军统帅进入城市，他让手下把所有留下来的人砍成碎片，放火烧了一些满是妇女和儿童的房屋。"对此给出的解释部分是心理学上的：他痛恨与佩特夫帕夏达成协议的居民，并将这座城市视为自己的战利品，而不是他对手的。但这些记载也说，他把乌尔齐尼的男子、妇女和儿童变为奴隶，而且在离开之前把大量驻军部署在了这座城市，所以不清楚为什么他想要杀戮大量人民或者烧毁很多房屋。只有拉古萨人的文献对发生了什么提供了完全合理的解释。根据这个记载，乌尔齐尼和斯库台之间的反奥斯曼阿尔巴尼亚叛军已与乌尔齐尼和巴尔的长官达成协议，他们将在威尼斯人支持之下全体出动——最初怀有夺取斯库台的意图。这 300 名叛军领导人表示，他们可以募集 6000 名战士。然而，那个协议是有条件的。威尼斯人答应给他们武器和物资（显然没有兑现承诺），同时他们把 200 名兄弟和儿子转交给威尼斯人作为人质，这些人质被韦涅耶留在乌尔齐尼。由于当地阿尔巴尼亚人的反抗——实际发生的或者计划中的——是艾哈迈德帕夏远征的主要原因，而且无论对乌尔齐尼本身做过任何担保，乌尔齐尼城内身为奥斯曼臣民的非市民都可能受到惩罚，所以当艾哈迈德的军队进入城市时，这 200 人不愿意束手就缚。（这些阿尔巴尼亚人，其数量也许经过了一些后续的夸大，可能就是乔治·阿玛尼之后记载中提到的人。据他记载，他的兄弟安德烈亚，如我们所见，"率领 400 人在乌尔齐尼备战，最后全部阵亡”。）* 根据这份拉古萨报告，艾哈迈德帕夏确实打算处决这些人质；所以，“撤到一些房屋中的他们非常勇敢地自卫；房屋被点着；一些人质被烧死，其他人被杀，但许多奥斯曼士兵也因此死亡”。如果火灾和杀戮随后蔓延开来——鉴于奥斯曼军队没有料到竟然有人对抗他们对城市的接管——按照这一记载，这些事实就会变得更加容易理解。[31]

乌尔齐尼之后，下一个就是巴尔。那里同样也有人质，这是由于亚历山德罗·多纳托使用铁腕政策征召马尔科维奇人入伍；根据莫罗西尼的说法，城外的马尔科维奇人抵挡了正在推进的奥斯曼军队一阵子。但是，巴尔人很快也发现自己处于同样的钳形攻势之下，艾哈迈德的部队正在接近他们的城市，奥斯曼舰队切断了任何从海上获取支持的可能性。很快，巴尔城投降了。在这种情况下，也有一个被早期记载广泛接受的简单故事和一个稍微细致一些的解释。这个简单的版本是科托尔代理长官孔塔里尼在他的叙述中提供的，他轻蔑地说：“接着是巴尔，它被提供了食材、武器、士兵和其他勇敢的战士，在军队兵临城下之前，也是在舰队显示出任何派人登陆的征象之前，以一种完全可耻的方式主动或被迫投降。”这份 9 月份汇编于科托尔的报告对亚历山德罗·多纳托不无藐视：“据说即便士兵想要战斗，当地长官还是向海军司令投降，没有等待火绳枪发出一枪，也没有等到至少对方发起一两次攻击。”[32]

威尼斯政府显然接受了这个版本的说法；11 月 5 日，威尼斯将多纳托永久放逐，并威胁如果抓住他就要处决他，并对任何抓住他的人给予 1000 杜卡特的奖励。但是，纳塔莱·孔蒂给出的更详细的记载解释了多纳托的行为：在巴尔，不像在乌尔齐尼，舆论分化严重，很多市民根本就反对战斗。据孔蒂说，他们收到佩特夫提出的相同的投降条款后，一些人说他们想要保卫城市，而另一些人则热衷于

---

* 参见第 39 页。

接受。争论持续了三天；“一部分市民开始骚动，如此极度缺乏补给，他们不想承受战斗的危险。”在莫罗西尼的记载中，一位带头反对投降的人是他们的大主教。“乔瓦尼·布吕尼，巴尔大主教和安东尼奥·布鲁蒂的亲属，一位在宗教上极端虔诚，极为忠诚于威尼斯的人，用雄辩的口才敦促他们勇敢抵抗敌人的攻击，不要出于畏惧或者胆怯而投降敌人。”驻军指挥官，来自卢卡的乔瓦尼·维达乔尼渴望战斗，尽管他称这座城市是“虚弱的”；莫罗西尼后来在杜布罗夫尼克从参加过多纳托召集的关键决策会议的人手中得到了一份书面陈述，其中提及了上面这位指挥官。看来最后反对继续战斗的声音太过强大，多纳托同意在提供安全通道的条件下投降。这项提议由佩特夫的意大利语译员许雷姆贝伊带至巴尔。许雷姆和维达乔尼，他们都远离家乡卢卡，在谈判中可能碰过面。和人们对西方基督教世界与奥斯曼世界之间的交流可能持有的印象不同，这种会面并不罕见。[33]

多纳托、驻军士兵和一些巴尔人走下海岸，登上了奥斯曼军舰。（离开的确切日期尚不清楚，但可能是 8 月 8 日或 9 日。）但是，不止一份早期文献强调说，很大一部分人宁愿留下；来自科托尔的报告甚至指出，“当地人全留在了家中”，尽管从书面陈述上清楚地知道，至少两个贵族确实离开了。根据拉古萨人的报告，奥斯曼人刚刚接管，“很多底层家庭立即背叛基督（即皈依伊斯兰教），抓住这个邪恶的机会报复他们与贵族的旧恨”。也许在这里，我们可以发现乌尔齐尼人和巴尔人之间行为差异的根本原因，乌尔齐尼人在过去没有被这种社会－政治的纷争严重分化。而后者，乔瓦尼·布吕尼领导的贵族对威尼斯极度忠诚；而许多市民采取了不同的路线，向往生活在旧贵族寡头不再有任何特权的奥斯曼城市中。在谈论那些乐见天主教威尼斯人统治结束的东正教塞浦路斯人时，有必要清楚，奥斯曼征服者并不总是简单的“不可抗力”；有时也有地方上默许和合作的因素，无论是出于宗教的、政治的还是社会的目的。[34]

巴尔之后，下一个目标是布德瓦。在奥斯曼军队抵达乌尔齐尼城门之后，大量人口已经逃到科托尔；那个城市将他们拒之门外，很多回到家中的人都被四处游荡的奥斯曼军队杀死。当佩特夫舰队到达时，布德瓦的那些人很快就决定投降。* 大部分舰队接着推进到邻近科托尔湾入口的奥斯曼港口和要塞新海尔采格；据报告，有 80 艘舰艇于 8 月 11 日到达那里。佩特夫在这里把夏拉·马丁嫩戈及其十几个军官和手下，加上乌尔齐尼的威尼斯政要，还有巴尔和布德瓦的这类军民人等送上船前往杜布罗夫尼克。（要人中不包括乔瓦尼·布吕尼，他正被锁在奥斯曼军舰上。）佩特夫对马丁嫩戈的加斯科涅士兵表现出极大的敌意，谴责他们是叛军和双重的叛徒：作为胡格诺派教徒（即新教徒），他们反抗他们的国王；作为攻打奥斯曼人的雇佣军，他们破坏了法国－奥斯曼联盟。他们担心佩特夫想要违背诺言，把他们送上军舰做奴隶，因此才会说一些似是而非的借口。但是，佩特夫没有正当理由对信任他的那些意大利士兵和平民做同样的事情，除了纯粹的军事必要——因为他的舰队在过去那个夏天因疾病和逃兵耗尽了人手。但是，即便是这种需要也不能解释他为什么会扣留妇女，他明显有在返回途中把她们卖为奴隶的想法。这些人中有很多会在两个月后勒班陀战役结束时被同盟释放。到目前为止，就奥斯曼舰队的整个远征而言，从克里特岛向北，基本原则似乎是摧毁威尼斯人的士气，同时摧毁威尼斯的资源。因此，一份早期报告中说马丁嫩戈和他的同事们被赤身裸体地解往杜布罗夫尼克，这也不是不可能。[35]

伊斯坦布尔隆重庆祝征服乌尔齐尼。我们几乎可以怀疑出于公共关系的目的，这一征服的意义被夸大了，这也可能表明同年早些时候苏丹对阿尔巴尼亚北部领土产生了严重的战略恐慌。他决心消除对那些领土的威胁，这意味着永久性控制巴尔和乌尔齐尼。根据

* 不久，注意到奥斯曼人在几乎无人防守的情况下离开了这里，科托尔代理长官派战舰和人手重新占领这个城镇，但当年晚些时候这里再次落入奥斯曼手中。

拉古萨人的一份报告，艾哈迈德帕夏在乌尔齐尼留下500驻军，巴尔也同样如此。显然，这些士兵来自他自己的步兵。许多历史学家认为，400名北非私掠者组成的驻军立即进驻乌尔齐尼，联系两个事实，这似乎是合理的：一支乌卢奇·阿里麾下的阿尔及尔私掠中队加入了奥斯曼舰队；在以后的几年里，乌尔齐尼成为与北非有密切联系的知名私掠或海盗中心。但是，私掠者是整个奥斯曼舰队中最熟练的水手和海上战士；把他们用于常规的陆上驻军实在是太不可思议了。私掠者仅有20艘桨帆船，调拨出400人驻守乌尔齐尼和巴尔不可能不严重削弱自身实力，更别说两地驻军共有1000人了。不管怎么说，乌尔齐尼直到很久之后才以私掠中心而著称。除了一份文献提及1592年乌尔齐尼人驾船攻击威尼斯人，其他任何文献甚至连来自那个城市的零星私掠活动也没有提及。到17世纪初，才有一名来访者指出，乌尔齐尼人用小艇掠夺商船；这被称为当地居民的活动，没有提及北非的介入。总的来说，乌尔齐尼的私掠者和海盗从17世纪30年代开始才成为这一地区的关键因素，甚至更晚。[36]

征服对人口的影响（在乌尔齐尼是毁灭性的，在巴尔没那么严重）很快就因瘟疫——可能由军队或舰队带来，当他们到达这片海岸时，许多士兵擅离军队或者舰队——加剧了。到1572年1月初，一名法国外交官从杜布罗夫尼克写信说，瘟疫已传遍了阿尔巴尼亚、附近的斯拉夫土地和伯罗奔尼撒大部，“传染性极高，十分严重，几乎无人幸存，乌尔齐尼、巴尔、布德瓦、新海尔采格、都拉斯和无数其他城镇几乎都被居民和士兵抛弃”。当地的经济也受到战争的严重影响；乌尔齐尼和巴尔的橄榄树林被奥斯曼侵略者砍伐或烧毁，直到1582年才有收获。乌尔齐尼似乎很快就成了一个近乎彻头彻尾的穆斯林城市，主要人口是驻守的奥斯曼士兵。巴尔保留了相当数量的基督徒，既包括东正教徒，也包括天主教徒，但1610年和1618年之间，大部分人口从基督徒变成了穆斯林。大教堂在征服后不久改成了清真寺，大主教的宏伟宅邸——乔瓦尼·布吕尼在那里差不多住了20

年——主要被充作马厩并贮藏干草，只有其中一部分成了城里卡迪（法官）的住所。这座城市的另外17座天主教堂中，1618年只有两座还在使用，其中一座已被东正教占据。然而，更多生活在乡村的人口没有消失，保留了一些更深层次的连续性：过去几百年里阿尔巴尼亚语和斯拉夫语之间的语言界限大致保持了下来。不过有一样东西还是改变了，这些语言和社会与威尼斯文化世界的独特融合已经逝去。另一种类型的帝国融合取代了它。[37]

第八章

勒班陀战役

1571 年夏天，一支庞大的奥斯曼舰队出现在克里特和威尼斯属阿尔巴尼亚之间的水域，主要目的是对抗基督教同盟发起的任何海上进攻。战争季节始于那一年的春天，法马古斯塔（威尼斯在塞浦路斯最后的，也是最重要的据点）的围攻仍在进行，威尼斯及其盟友有可能会派遣救援部队。1571 年 5 月底，这种可能性变得更大，期待已久的神圣联盟终于组建。在地中海某处基督教联军和奥斯曼军队之间极有可能爆发大规模海战。

同盟的谈判，自 1570 年 7 月以来就拖来拖去，一直麻烦不断、争吵不休，当年战役流产之后的互相指责也为之增加了困难。（不只是不同盟友之间的互相指责；威尼斯针对自己的指挥官启动了法律程序，吉罗拉莫 · 赞恩也花了一些时间调查其步兵将领斯福尔扎 · 帕拉维奇诺的品行。）马克安东尼奥 · 科隆纳的位置相当不稳固。西班牙对重新任命他的敌意起初是强力的因素，枢机主教格朗韦勒的嘲笑就表达了这种敌意，而多里亚对 1570 年战役的批判性记述激化了它；但是，科隆纳受益于其堂兄弟枢机主教马克安东尼奥的游说活动，马克安东尼奥在马德里有重要人脉。他最终被西班牙所接受，西班牙人担心如果他落选了教廷指挥官，这个位置可能由科西莫 · 德 ·

美第奇的儿子取代，而科西莫·德·美第奇被教宗赠予的“大公”头衔让菲利普二世非常不自在。[1]

与此同时，庇护五世还在不知疲倦地努力促成计划中的同盟。在这一点上，他得到威尼斯的大力支持，威尼斯热衷于任何可能挽救法马古斯塔和光复塞浦路斯的努力——尽管一些威尼斯贵族有越来越多的意见，说他们应该减少自己的损失，与苏丹进行和平谈判。组建同盟的主要障碍是西班牙。西班牙在罗马的外交官、大主教格朗韦勒和胡安·德·苏尼加，提出一个又一个难处。他们按照国王指示的精神行事，但我们决不能说他们完全按字面上的指示去做，因为几个月过去了，菲利普根本就没有给他们任何指示。1571 年 2 月他终于发出指令，强调了两点：西班牙指挥官应该有控制全部同盟舰队的权力，而战役的首要目标应该是突尼斯。他提名的西班牙指挥官是他的异母兄弟，奥地利的唐·胡安（那时年仅 23 岁），他之前曾经短暂地担任西班牙地中海舰队的总指挥官，在镇压摩里斯科人的血腥陆战中表现也不错。教宗和威尼斯人同意他担任总指挥，但反对在他缺席的情况下指挥权应该顺延给他的西班牙副手的额外要求；菲利普最终接受，这种情况下马克安东尼奥·科隆纳将负责整个舰队。至于选择突尼斯作为首要的目标：驻罗马的西班牙使节似乎决定不就这一问题施加压力，因为他们知道坚持这一要求将意味着终结谈判。1571 年初的几个月里，他们真的担心，除非西班牙让步，否则威尼斯将与苏丹单独媾和；他们知道，如果发生这种情况，西班牙在北非和地中海西部的利益将面临更大风险。[2]

西班牙的那些恐惧不是毫无根据的。1571 年 3 月威尼斯派出特使贾科莫·拉加佐尼前往伊斯坦布尔。此人是商人，碰巧也是法马古斯塔主教的一位兄弟，其表面任务是谈判交换战俘，放行在伊斯坦布尔扣押的威尼斯货物和在威尼斯扣押的奥斯曼货物。他的深层目的（威尼斯当局两年之后承认，但当时已经被马耳他骑士团大团长的情报网络查知）是探明苏丹可能接受哪一种和平解决方式。由于大维齐尔索库鲁·穆罕默德曾派过一个威尼斯译员要求威尼斯派出特使，人们推测双方可能已经达成了合理的条件。但是，当拉加佐尼于 4 月底会见索库鲁时，他没有得到这样的消息。他被告知，苏丹被威尼斯送回的对最后通牒的答复深深冒犯，“为此他（苏丹）正意图对威尼斯发起大规模战争，还会拿下克里特和科孚”。[*]拉加佐尼回答说，很快将有一个基督教国家的同盟，从根本上改变战争的平衡，索库鲁的回应则兼有虚张声势和消息灵通的玩世不恭：他说，“他的主人有足够力量对抗他们所有人，并且同时在许多地方进行战争；而且，他非常清楚威尼斯对基督教君主的信任相当少。”[3]

接下来的几周里，索库鲁与拉加佐尼进行了多次会面，一同参会的还有威尼斯大使马克安东尼奥·巴尔巴罗，他被允许解除在家中的软禁，参加讨论。5 月初谈判事实上结束了，当时威尼斯政府寄给拉加佐尼一封满是关于战争的乐观消息的信件：它宣布阿尔巴尼亚已经起兵对抗奥斯曼，都拉斯已被攻陷（一份错误的报告），并且有望拿下发罗拉。重要的是，它还表示马克安东尼奥·科隆纳已经来到威尼斯，承诺威尼斯人神圣同盟将会提供支持。事实上科隆纳花了许多天利用威尼斯人脉与相当高明的外交技巧强化贵族支持同盟的情绪。在 4 月 14 日对威尼斯政府的演讲中，他宣称如果同盟谈判以失败告终，那才是苏丹取得的前所未有的最大胜利；在 5 月 6 日的另一场演说中，他敦促他们接受奥地利的唐·胡安作为总指挥，由于“他是个渴望荣耀的年轻人”，因此他（不同于之前的西班牙指挥官多里亚）将热衷于打击敌人。在威尼斯时，科隆纳也充当了威尼斯向教宗提出最后一批诉求的中间人，然后通过教宗与西班牙驻罗马的代表协商。威尼斯和西班牙之间的互不信任仍然很强烈，科隆纳在克服这一点上起了重要作用。[4]

1571 年 5 月 20 日，教宗、威尼斯及西班牙的代表在罗马签署了

* 威尼斯对最后通牒的回复，参见 115—116 页。

建立神圣同盟的官方文件，其中第一条宣布这将是永久性的攻守同盟，潜在目标包括阿尔及尔、突尼斯和的黎波里。第二条和第四条说，每年春天会集结 200 艘桨帆船、100 艘运输船，50 000 名士兵和 4500 名轻骑兵；每年秋天，大使们将在罗马会面，计划下一年的战役。第七条关于成本分担，以 1538 年同盟使用的准则为基础：西班牙支付一半，威尼斯三分之一，教宗六分之一。第十一和第十二条处理西班牙对北非的关切这一棘手问题。如果西班牙被奥斯曼或北非的军队攻击，威尼斯将派遣 50 艘桨帆船援助（同样地，如果威尼斯的领土被侵犯，西班牙也将派出 50 艘桨帆船）；如果西班牙要在没有同盟战役和奥斯曼舰队明确威胁的某一年对阿尔及尔、突尼斯或者的黎波里采取行动，威尼斯将贡献出 50 艘桨帆船。第十四条代表西班牙令人惊讶的让步，它宣布三位指挥官（西班牙的、威尼斯的、教宗的）将组成战争委员会，通过多数投票做出决定；这将约束总指挥官唐·胡安，尽管他已经是少数派。让拉古萨人大大松了一口气的是，第十九条规定，不得以任何方式侵犯杜布罗夫尼克及其领土。第二十一条说，任何一方不得单独媾和。[5]

虽然回过头来看很容易分辨出哪些承诺是可疑或空洞的，但这一外交成就的规模不可低估。经过近十一个月的互相怨恨和谈判停滞，人们有强烈的解脱感。庇护五世喜气洋洋，他几乎从成为教宗那天开始，就一直在争取组建神圣同盟。威尼斯也深深地松了一口气；7 月初同盟在威尼斯正式公布时，城市中心充满了欢快的庆祝活动。圣马可大教堂的弥撒（由西班牙大使主持，他也是一名神职人员）之后，就是盛大的花车游行。一辆花车上有三名年轻人代表总督、菲利普国王和教宗；另一辆花车上有一条头上裹缠月牙的龙（象征苏丹），这条龙正在被三个年轻人用剑反复击打；一辆花车上有一个长着翅膀和角的裸体“摩尔人”，代表冥界的船夫卡戎，他的船上载着一个土耳其人。接着就是教士的队伍，西班牙大使、高级教士、总督和超过 200 名身着最漂亮的深红色衣服的贵族。用一位观察者的话说："我不会描述吵闹声、钟鸣声、炮火和人的呼喊声；当同盟的消息公布时，几乎所有人都喜极而泣。"[6]

关于同盟具体安排的外交工作正在收尾，但许多实际问题还需要谈判。从教宗的观点来看，其中最重要的问题之一就是有关教廷舰队的条款。威尼斯倾向于把所有军舰留给自己的海军；有人认为威尼斯对于1570年提供给教宗的多数船只被毁坏或抛弃感到愤怒，但双方没有争执的迹象，似乎正是科隆纳阻止教宗再次找威尼斯的麻烦——可能因为它提供的舰艇质量差。教宗有另一个选择。托斯卡纳大公科西莫被菲利普二世重点排除，无法直接参与同盟。科西莫急于使自己变得不可或缺，得益于最近创建的托斯卡纳海上骑士团，他拥有了一支小舰队，由经验丰富的船员组成。从1570年夏天开始，庇护五世就在研究租用12艘托斯卡纳桨帆船的可行性，然而遭到西班牙的激烈反对。但是，由于西班牙也阻挠其他替代性方案（涉及从热那亚获得船只），也因为科西莫乐于效劳，愿意为所有军舰提供桨手、水手和军官，教宗继续推进这一方案。最后时刻的麻烦在于科西莫要求由他任命12艘桨帆船船长；他显然想让舰队尽可能表现得像托斯卡纳的，以加强他是同盟事实参与者的印象。但科隆纳巧妙周旋，把数字从12减少到10，其他两位船长由教宗任命。其中之一是科隆纳的旗舰舰长加斯帕罗·布吕尼。[7]

5月11日科西莫和教宗最终签订的合同指出，12艘军舰将被运送到教廷港口奇维塔韦基亚，全副武装、配齐船员，每艘船有60名军官和水手。其中11艘每把桨配备3名桨手，至少有24个桨手座板，而旗舰上船尾到主桅的区域每把桨配有5名桨手，从主桅到船头每把桨配有4名。（上一年的数据说明了此次旗舰尺寸更大：它有269名划手，而这支舰队的典型桨帆船只有210名桨手。其中，69%的桨手是囚徒，31%的桨手是奴隶。）这艘旗舰是灯笼桨帆船，完整地配备有"一套小号，以及旗舰上通常装备的所有其他东西"；教宗仅仅提供旗帜。一半船员的薪水将由罗马支付，科西莫包揽另一半；此外，教廷主要贡献了每艘船上的步兵。马克安东尼奥·科隆纳让琴西奥·卡皮祖基负责招募军队，任命塞尔莫内塔公爵和科隆纳的姻兄弟奥诺拉托·卡埃塔尼充任舰队上步兵的“总指挥”，让巴托洛梅奥·塞雷诺（他后来写了对战役的详细记述）做自己的助理。蓬佩奥·科隆纳被任命为马克安东尼奥的副手。一些当代历史学家认为蓬佩奥是旗舰舰长，而其他人却把这个角色归于奥拉齐奥·奥尔西尼或者琴西奥·卡皮祖基；标准的历史叙事几乎没有提到加斯帕罗·布吕尼，但毫无疑问，他在这场战役中全程率领旗舰——如他在此前的一场战役和之后的一场战役中一样。[8]

6 月 13 日，马克安东尼奥·科隆纳离开罗马前往奇维塔韦基亚，他在那里（可能与他的得力助手布吕尼一起）花了一周检查军力配置。许多罗马贵族和其他杰出人物自愿入伍。一些人被拒绝了，因为他们太年轻（决心确保自己的舰队不发生鸡奸罪行的教宗严厉地命令，“年轻的男孩”必须被排除），但是，最后的名单的确包括了一些有名望的人，因为地位尊贵，其中有几个人被安置在旗舰上。这些人中最麻烦的是教宗 20 岁的甥孙米凯莱·博内利。他此时还是青少年，就被任命为教廷军队的总指挥——尽管庇护五世是禁欲主义者，有改革的热情，但当涉及家族利益时，他是个老式的任人唯亲者——并图谋在这次远征中取代更有经验的人，比如卡埃塔尼。还有保罗·吉斯莱里，庇护五世的侄子，他在罗马开始军事生涯，接着由于不道德的行为被开除；现在，他希望通过在战斗中好好表现重新取得庇护五世的喜爱。可能更可靠的人是奥拉齐奥·奥尔西尼，安东尼奥·卡拉法（他是蒙德拉戈内公爵，是科隆纳的女婿），琴西奥·卡皮祖基和他的两个堂兄弟，比亚焦和卡米洛，以及博洛尼亚贵族皮洛·马尔维奇，他是教廷步兵上校；以上这些人都在旗舰上。在这个阶段登船的最杰出的军人——他后来转移到西班牙军舰上——是 62 岁的加布里奥·塞尔贝洛尼，作为雇佣兵队长、炮兵指挥官和防御工事专家，这位米兰贵族有着漫长而且非常成功的履历。

他 29 年前在匈牙利与奥斯曼人作战，曾担任安特卫普长官，在他的舅舅庇护四世在位期间重新设计罗马的圣天使堡，曾经是马耳他的高级骑士；他以西班牙炮兵统帅的身份加入这次战役。最后，旗舰还带上了马耳他最有经验的骑士之一马图林·德·莱斯科·罗姆加斯——他夺取奥斯曼船只的举动促使苏丹决定于 1565 年攻打马耳他。根据续写了博西奥骑士团史的达·波佐的说法，罗姆加斯有个比较宽泛的职务，是舰队中的桨帆船督察，而加斯帕罗·布吕尼（我们可以猜测，他作为军舰指挥官经验要逊色不少）当了罗姆加斯乘坐的这艘船的船长；尽管没有特别的理由认为他们会发生冲突，我们将看到，随后的证据也没有表明两人之间有任何温情。[9]

1571 年 6 月 21 日，科隆纳和他的部下离开奇维塔韦基亚，乘船到那不勒斯。他们在那里等了将近一个月，部分是因为西班牙桨帆船还没有准备好，部分是因为原计划——与科孚的威尼斯舰队会合——可行性在战略上有不确定性：庞大的奥斯曼舰队从克里特向西北进发的消息突然使这一计划变得非常棘手。在那不勒斯逗留也并非没有困难。新上任的那不勒斯总督枢机主教格朗韦勒肯定是在故意刁难，当教宗的军队和西班牙的地方军队发生打斗时，科隆纳用尽了所有外交手腕来安抚枢机主教（教廷军队一度试图猛攻总督宫）。最终，教宗的舰队出发，与已经加入它的三艘来自马耳他的军舰一起，前往墨西拿，于 7 月 20 日进入这个港口。三天后，威尼斯舰队的科孚中队在其指挥官塞巴斯蒂亚诺·韦涅耶率领下到达那里，塞巴斯蒂亚诺·韦涅耶此时出任威尼斯海军的总指挥，取代了臭名昭著的吉罗拉莫·赞恩。面对迎面而来的奥斯曼舰队，韦涅耶知道自己的中队（50 至 60 艘桨帆船）在这种绝境面前无能为力，抱着沉重的心情放弃了科孚。当奥斯曼舰队向亚得里亚海东岸推进的消息传来时，这些整装待发的军队不情愿地在墨西拿等待了整整一个月：加斯帕罗·布吕尼可能正是 8 月份在此地了解到乌尔齐尼和巴尔的陷落。这些城市也不是最后的进攻目标；奥斯曼舰队的一部越过杜布罗夫尼克入侵了威尼斯岛屿科尔丘拉，据说城中的女人都穿上了军装来抵御入侵者，奥斯曼继续向赫瓦尔岛发动袭击，甚至进一步向北挺进。[10]

最终，从巴塞罗那出发，途中在热那亚和那不勒斯待了一些时间之后，唐·胡安于 8 月 23 日率领 44 艘军舰到达。他召集指挥官，征求他们的意见；一些人发言反对发动进攻性的战役，但科隆纳和韦涅耶都赞成。他们讨论了进攻希腊和阿尔巴尼亚奥斯曼港口的想法，以便阻止苏丹的舰队在巴尔干西海岸建立基地；根据西班牙的一则报告，科隆纳和唐·胡安私下支持这一想法，但威尼斯人都强烈反对，不单因为他们的主要目的仍是拯救法马古斯塔，还因为他们担心西班牙会在希腊建立根据地。就在一周后，从克里特出发经历艰苦的不间断航行之后，其余 70 艘威尼斯桨帆船驶进了港口。在大致相同的时间，吉安·安德烈亚·多里亚也率热那亚军舰赶到了。在经验丰富的指挥官圣克鲁斯侯爵阿尔瓦罗·德·巴桑率领下，几天后拥有 30 艘船只的那不勒斯中队也到了。9 月 8 日，唐·胡安巡视了整个舰队，现在编有 209 艘桨帆船和 6 艘加莱赛战船（galleass，超大型三桅战舰，甲板内有桨手和为火炮内置的“堡垒”），以及大量运输船和小型船只。两天后，他又召开了一次军事会议，在这场会议中，几名西班牙军官仍然反对发起进攻性战役。但是，神圣联盟的初衷占了上风；科隆纳和韦涅耶渴望出兵，如科隆纳向威尼斯人保证的那样，唐·胡安的确是“一个渴望荣耀的年轻人”。舰队终于在 9 月 16 日离开了墨西拿。教廷大使与一群嘉布遣会修士站在码头区，进行启程的最后准备——防止“年轻男孩”登上甲板；每艘教廷军舰均配备了一个嘉布遣会或多明我会修士。最后几天弥漫着一股强烈的宗教狂热：9 月 8 日（圣母诞辰），教廷大使开始为期三天的斋戒和弥撒，这一系列活动在由携带真十字架碎片的大主教率领盛大游行队伍前往大教堂时达到高潮。他还在“无数骑士”的护送下通过墨西拿的街道——我们可以合理地假定，其中包括加斯帕罗·布吕尼，他正在为胜利和家人的安全祈祷。[11]

神圣同盟舰队于9月26日抵达科孚，受到了居民的欢迎。这些居民在夏季遭受了沉重的苦难，又在那个月初遭到奥斯曼军队的新一轮攻击。9月下旬，奥斯曼舰队完成了亚得里亚海的远征。几天之内，同盟指挥官了解到，奥斯曼舰队现在在帕特雷湾（将希腊北部与伯罗奔尼撒分开的狭长海域靠外的部分，朝向凯法利尼亚和伊萨基岛）。这些信息来自唐·胡安派出的侦察队；尽管他的公共形象是浪漫骑士或年轻的性急之徒，唐·胡安确实对情报的重要性有精明的把握。在科孚时，他也派了间谍深入到希腊大陆以获得更多信息。几天来，大部分舰队驻扎在伊古迈尼察海湾，正对着科孚的南部。一支特遣队上岸获取淡水；一些人遭到攻击，还发生了其他遭遇战。一位骑马的阿尔巴尼亚人声称要卖给他们食物，此人被认定为间谍遭到扣押，由科隆纳审讯；询问可能是由他讲阿尔巴尼亚语的旗舰舰长进行的。同时，岸上特遣队的一些成员被奥斯曼军队俘获，并被带到勒班陀接受审讯，这个港口正是佩特夫帕夏和阿里·穆阿津札德帕夏的舰队停泊之处。[12]

敌方情报在这样的战役中是最重要的商品，双方均做出特别的努力来得到它。一个胆大包天的奥斯曼私掠者卡拉贾·阿里甚至渗透到墨西拿港，在那里统计基督教舰队船只数目，另一个海盗卡拉·霍卡（发罗拉海盗指挥官）在基督教舰队离开科孚时就盯上了它。两个月以来，基督教势力收集和分析了关于奥斯曼舰队实力的报告。7月，一位威尼斯奴隶设法从奥斯曼舰队逃了出来，报告说它有193艘桨帆船和小型快速桨帆船，以及大约107艘较小的船只；他还说，尽管没有大规模传染性疾病，人们由于许多其他原因正在死亡，包括食物和饮水供应不足。除了少数例外，舰队“缺员非常严重，无论是士兵还是桨手，缺乏人手，今年他们军舰的装备变得极为糟糕”。类似的报告于8月初到达墨西拿：180艘桨帆船，100艘其他船只，所有船只人力均不充足。该月晚些时候，有个在新海尔采格逃跑的西班牙奴隶给出的总数为155艘桨帆船和80艘较小的船只，然而另一位线人给出的数字是150艘桨帆船，但其他较小（人员配备差）的船多达150艘。基督教的指挥官仔细阅读过这类报告，但没有得出明确结论。在唐·胡安的一位幕僚，因战伤而独眼的侯爵阿斯卡尼奥·德拉·科尔尼亚写给唐·胡安的报告中提到，尽管同盟的西班牙和意大利军队大多是有经验的，但“德意志人（准确来说是西班牙雇来的两个步兵团）在海上毫无用处，而且现在缺乏火绳枪”，不过“我不认为敌人人手充足，或者说比我们的好。……至于奥斯曼舰队的数量和质量，这些报告如此不同，我无法很好地判断它比我们的小还是比我们的大”。直到战斗前夕，卡拉·霍卡再次对基督教舰队进行秘密统计，奥斯曼人估计的同盟舰队规模比实际上小得多；同盟指挥官则以为双方势均力敌，奥斯曼拥有更多的小艇，但大型军舰较少，这似乎是实情。[13]

基督教舰队从伊古迈尼察向南航行寻找敌人交战，于10月4日抵达凯法利尼亚岛，在那里收到从克里特传来的令人沮丧的消息：法马古斯塔已经陷落。这一消息来得很晚，表明奥斯曼可能彻底破坏了地中海东部的通信，因为投降发生在8月1日。报告还描述了在围攻中得胜的奥斯曼统帅拉拉·穆斯塔法帕夏如何把矛头对准威尼斯指挥官马克安东尼奥·布拉加丁（他被指控杀死穆斯林俘虏），命令对许多放下武器的意大利、希腊和阿尔巴尼亚士兵执行死刑。布拉加丁本人受到羞辱性的对待，然后被奥斯曼人生生剥皮；他的皮被塞满稻草，然后作为战利品送往奥斯曼领土。虽然在某种意义上，塞浦路斯陷落的消息打消了联盟远征的主要理由，但它直接加强了同盟士兵的决心——尤其是威尼斯人，他们渴望复仇。三天后他们将得到这个机会，最终，两支舰队在帕特雷湾入口附近靠近北岸的海域遭遇。[14]

1571年10月7日的勒班陀战役（传统上这么称呼，以奥斯曼舰队驻扎的那个距此相当遥远的海军基地命名）是最著名的海战之一。按照现代观念，受到从18世纪到20世纪连续不断的海战史影响，海战很大程度上取决于舷侧炮，主要目的是击沉敌船。然而，16世纪的桨帆船战斗完全不同。这些船主要充当士兵的平台，他们向对手射击，然后登上敌船，近距离战斗。每艘军舰前面长长的撞角或喙不是为了击沉敌人的船只，而是为了刺穿对方，然后作为跳板让士兵通过。虽然军舰上的确有火炮，但是它们在战斗中的主要目的不是击沉敌船，而是打击甲板上的人，或者粉碎桨或舵以使敌船丧失战斗力。重型火炮（在两栖进攻中可用于轰击防御工事）只安装在船头；用于杀伤人员的小型回旋炮可以放置在其他地方，尽管正常的军舰上很少有空间留给它们。虽然熟练的威尼斯炮手可以在远至500码之外击中一艘军舰，但船只之间的大多数炮击也只是西班牙人所说的让"衣服燃烧"的程度。在肉搏战之前使用的主要武器是火绳枪和同类重型火枪；火绳枪发射半盎司重的子弹，西班牙的重型火枪则发射重两盎司的弹丸，可在100码之外穿透甲胄，500码之外射杀马匹。同时还有弩，可以穿透轻型甲胄，也有传统的弓；没有人认为这些武器由于火器的发明变得过时，因为传统的弓弩射速更快，且均不受雨水影响。此外，船上还装备了用于投掷"火球"的装置，以及承装被称为"希腊火"的能猛烈燃烧的黏性制剂的装置。勒班陀战役双方均有火绳枪，但同盟一方数量更多；奥斯曼人更依赖传统的复合弓，这对优质的盔甲起不了作用。虽然双方均有大炮，但是奥斯曼桨帆船中配置得更少。虽然这些武器在打乱敌方阵形上都能起到很重要的作用，但是两艘军舰之间交战的最后阶段包括登船肉搏，使用剑、匕首、矛，以及最为有效的武器——西班牙步兵使用的长枪。用曾在勒班陀一艘热那亚船上战斗过的米格尔·德·塞万提斯的话来说，到了最后，一切取决于士兵个人冲上敌方军舰的勇气：

> 当船纠缠在一起时，除了撞角上的两英尺木板，士兵已经没有更多的空间留给自己了。尽管他看到面前敌人那边有无数火炮……然而……他顶着所有枪炮，并努力沿着那条狭窄

的堤道冲上敌船。而且最惊人的是，一旦一个人倒下，在世界末日之前永远无法再起身，另一个人就会取代他的位置——这是战争带来的所有危险面前勇气和胆量最伟大的表现。[15]

10 月 7 日上午战斗开始前，超过 40 000 名基督徒和奥斯曼士兵心中一定做好了进行这种战斗的准备。几小时后，两支舰队在安全距离外对峙，每支舰队均排成南北向的单列，超过四英里长。预备舰船集团位于阵线中央后方。双方阵线各分为三个部分；在基督教的一侧，唐 · 胡安指挥中军，吉安 · 安德烈亚 · 多里亚指挥右翼，威尼斯总军需官阿戈斯蒂诺 · 巴尔巴里戈（在韦涅耶和唐 · 胡安几天前的严重纠纷之后，他接管了韦涅耶的一些职能）指挥左翼。那一翼的顶端在阵线北端，靠近陆地：不是后来冲积形成的现代海岸线，而是一组岛屿，希腊语称为埃奇那戴斯，意大利语称为库佐拉里，其中大部分现在已融入大陆。唐 · 胡安小心翼翼地将西班牙、威尼斯和其他地方的船只混编在一起，使得阵线不是简单按照国家划分，但左翼却大多为威尼斯桨帆船（尤其是来自达尔马提亚和克里特的船只），右翼在某一点之外也大多是热那亚桨帆船。唐 · 胡安自己的旗舰处于中心位置，教宗的旗舰在其右侧，威尼斯人的旗舰由韦涅耶率领，在其左侧。由于声望和荣誉的缘故，大部分的旗舰都集中在那里：比如，帕尔马公爵在热那亚旗舰上，乌尔比诺公爵在萨伏依旗舰上。同样，奥斯曼阵线中央包含阿里 · 穆阿津札德帕夏和佩特夫帕夏的旗舰，以及其他政要的灯笼桨帆船。这些船只也集中了最大数量的禁卫军（苏丹常备陆军步兵），他们配备了火绳枪，且技艺高超。[16]

两支舰队之间的明显差异——尽管奥斯曼指挥官很晚方才意识到其重要性——是同盟有六艘巨大的威尼斯加莱赛战船，它们推进到军舰阵线的前列。中午过后不久，奥斯曼舰队终于开始发动攻击，此时这几艘战舰的重要性变得清晰。水中的加莱赛战船高到敌人无法爬上去；每艘加莱赛战船都是一座浮动的堡垒，平均装备 31 门火炮，其中一些用于横向攻击。奥斯曼桨帆船接近时要顶着威力强大而精准的炮击；奥斯曼人一开始以为加莱赛战船只在船头有大炮，所以在经过它们时受到了二次打击。一些桨帆船被击沉，这不仅对奥斯曼的士气造成巨大打击，还破坏了他们的攻击阵形，使其失去连贯性。阿里 · 穆阿津札德帕夏压上来，直接与他的对手唐 · 胡安交战，而佩特夫帕夏则冲撞科隆纳的旗舰。其他战舰围成一圈，提供支援，激烈的战斗随即爆发。教宗的旗舰一直在同时与几艘奥斯曼桨帆船作战；其中包括一艘由阿里 · 穆阿津札德帕夏两个十几岁的儿子指挥的灯笼桨帆船。根据卡埃塔尼的副手巴托洛梅奥 · 塞雷诺（他与卡埃塔尼一起在附近的一艘教宗军舰上）的说法，教宗年轻的甥孙表现很好，他周围的人被敌人的炮火击倒时（包括科隆纳的管家，此人的头颅被炸飞到他身边），他坚决地用火绳枪射击。在这种情况下没什么招数能用了，加斯帕罗 · 布吕尼也许发现自己大多时候不仅要充任水手和船员的战斗指挥官，本人也得亲自上阵——我们将看到，他因此在战斗中严重负伤。[17]

每一段战线上的战斗都很激烈。在左翼，阿戈斯蒂诺 · 巴尔巴里戈竭力阻止奥斯曼军舰溜过沿海滩涂包抄同盟舰队；他手下士兵不足，军舰也是同盟舰队中受损最严重的。然而，随着时间的流逝，由于奥斯曼船员试图将船靠岸以躲避攻击，这让他占了些优势。（部分可能是因为奥斯曼舰队 30% 到 40% 的船员是希腊人，尽管很少有人来自这个特定的地方。）在右翼，同盟战舰不得不与奥斯曼舰队最有经验的战士——指挥官乌卢奇 · 阿里从阿尔及尔带来的私掠者——战斗；十几艘基督教军舰全员阵亡。其中最著名的一例是一艘叫“基督统御世界”号的威尼斯船只，它击退了 5 艘奥斯曼桨帆船，然后再次被 4 艘桨帆船攻击，几乎损失了全部人手。故事的一个版本说受伤的船长贝内德托 · 索兰佐等到许多奥斯曼士兵蜂拥上船后，点燃剩余的火药桶，把船炸上了天；另一个版本把这一行为归于刚看到索兰佐被斩首的事务长。乌卢奇·阿里甚至设法智胜吉安·安德烈亚·多里亚，吸引他偏离战场，接着溜进制造出的空隙；战斗结束时，当不可逆转的战局和战败的规模越来越清晰时，他带领私掠船前往外海。他也是奥斯曼方面唯一保有相当规模船只编队的指挥官。战役的转折点出现在正中央，唐·胡安、科隆纳和韦涅耶的旗舰在那里经历了几个小时的恶战（正如我们所见，韦涅耶的旗舰上可能有安东尼奥·布鲁蒂的儿子亚科莫，也许还有亚科莫的兄弟马尔科，他们是加斯帕罗·布吕尼的外甥）。* 圣克鲁斯侯爵从预备队中带来补充士兵，把他们投放到西班牙和教宗的旗舰上，他们中的一些人成功突入阿里·穆阿津札德帕夏的旗舰，杀死了他。根据费兰特·卡拉乔洛（他当时在中央集团稍微左侧一点的一艘教廷桨帆船上）的说法，一名西班牙士兵砍下阿里帕夏的头颅，把它带给唐·胡安，唐·胡安却对这种没有骑士风度的行为感到厌恶；不过这颗脑袋还是被挑在船尾的一根长杆上，这明显导致剩余奥斯曼战士产生了挫败情绪。随着其他几位奥斯曼指挥官相继被杀，战斗逐渐接近尾声。[18]

费兰特·卡拉乔洛将胜利归功于四个因素：加莱赛战船的作用；同盟的船只比奥斯曼更早发射火炮；“敌人对地形的信任”（意思是，因为附近的陆地正是家乡领土，他们很明显愿意舍弃战斗）；同盟在火绳枪上的优势。现代历史学家加入了其他因素。里卡多·塞雷索·马丁内斯大体上接受了卡拉乔洛说的四种因素（同时强调炮火的精准度而不是先发制人），还提到更有效的后备队伍和更有经验的士兵。但最后一点似乎并非如此；西班牙步兵有一半是新兵，阿斯卡尼奥·德拉·科尔尼亚的评论（上面提到过）表明，大多数意大利人也是如此。海军历史学家约翰·吉尔马丁强调三个因素：加莱赛战船的作用；同盟的中军力量更强，这在很大程度上归功于其占优势的后备力量；巴尔巴里戈确保基督教阵线不被包抄的技术和决心。对勒班陀战

---

* 参见第 492 页注释 27。

役最详尽的记载来自亚历山德罗·巴尔贝罗，他特别强调其他两个因素。他指出，总的来说同盟战斗人员数量更多，包括船员和非奴隶桨手，他们可以拿起武器；奥斯曼舰队在超过五个月的海上战役后，因死亡和逃兵，人手大量消耗，可能总共只有20 000名战士。而同盟有23 000名士兵和另外13 000名船员可以投入战斗。基督教士兵火绳枪数量更多，他们明智地用火绳枪在登上敌船之前尽可能多地清除敌人。他们还有坚实的甲胄，保护他们不被奥斯曼弓箭手的箭矢所伤。巴尔贝罗总结说，结果是“必然”的胜利。他的论点不错，但结论仍令人惊讶；鉴于这场战斗在相当长一段时间里都极端胶着、难分胜负，我们不得不惊叹于奥斯曼战士的不屈不挠，他们实际上也只差一点就克服了双方的差距。[19]

关于这场战斗的所有记载几乎无一例外来自西方。奥斯曼编年史家对此草草带过，这可以理解。现代标准记述的确记录了战斗发生之前奥斯曼高层指挥官之间曾就是否适合与敌方舰队作战发生过争论；这是历史学家帕切维简单描述的，但大多数可利用的详细史料从西方史料中摘得，来自战后审讯俘虏时得到的信息。然而，事实上有一篇对勒班陀战役的同时代奥斯曼记载，其作者要么曾参与其中，要么与当时参战的很多人相熟：波斯诗人穆罕默德·伊本·“阿卜杜拉·泽雷克·侯赛因”。他参加过塞浦路斯战役，1574年完成了他的土耳其语叙事作品《塞浦路斯征服史》(*Fethname-i Qibris*)；他对勒班陀战役的记述出现在一份补充文本中，16世纪70年代后期写于塞浦路斯，主要关注的是奥斯曼随后对拉古莱特和突尼斯的攻击。令人惊讶的是，这段记载似乎被所有现代勒班陀研究忽视。[20]

泽雷克的叙述描述了舰队在夏季破坏克里特，攻陷凯法洛尼亚、科孚、索波特和布德瓦，在这些地方“士兵不满足于掠夺居民的财产，把妇女、女孩、男孩和老人带走”。它对同盟舰队进行了相当确切的记载，说他们有25 000名战士；它指出，卡拉·霍卡（从发罗拉来的私掠船长，在冲突中死亡）在战斗前不久捉了一个基督徒水手，逼他给出了舰队的位置；它证实了高级指挥官之间的分歧，指责阿里·穆阿津札德帕夏未采纳有经验的水手的建议。（阿里被奥斯曼人大加毁谤：17世纪的卡提卜切莱比评论说，这位刚刚获得任命的海军统帅“一生连艘小划艇都没指挥过”。）泽雷克提供了战斗本身的一些细节。他写道，有40到50艘奥斯曼船只太靠近陆地，不幸搁浅，这就给这个不那么意外的结果涂上了一层无辜的假象。关于战斗中的实际情况，他证实了一些西方记载中描绘的画面，其中强调接连不断的炮火造成的稠密烟幕：“四面炮击如雷滚滚，高贵的舰队被遮天蔽日的厚厚烟雾笼罩。”他还强调基督教桨帆船优势火绳枪射击的影响：“士兵们死于枪林弹雨。”他说阿里·穆阿津札德帕夏让他的桨帆船攻击加莱赛战船，这并不准确。他在记载阿里之死带来的巨大影响时，尽管有意识地使用了诗意的语言，但听起来像是真实的：“听到这则消息之后，奥斯曼军队像被冰雹袭击过的苗圃；士兵失去了力量，人们抛弃了从敌人那里缴获的船只，纷纷逃命。异教徒如同疯狗一般，恢复了勇气，变得比七头的龙还要狂暴。”[21]

战斗在下午晚些时候结束。随着战事平息，刺鼻烟雾构成的阴云开始消散，迎接幸存者的是一幅极为惨烈的画面。用费兰特·卡拉乔洛的话说，“海上全是尸体、木板、衣服、一些正在游泳逃走的奥斯曼人、溺水的其他奥斯曼人、许多船只还在燃烧的四散的残骸，还有一些船正在下沉”。巴托洛梅奥·塞雷诺描绘了相似的画面：在燃烧的残骸之间，水中“满是上衣、头巾、箭囊、箭、弓、鼓”等物，外加许多因伤命不久矣的人，他们被基督徒士兵用“火绳枪和长矛”结果了生命，还有那些设法游到基督徒船边，攀附在船侧的奥斯曼士兵和水手，一些人的手被砍掉，其他人被拖上船，要么是由于同盟军队想要收取赎金，要么是想把他们当成奴隶卖掉来赚上一笔。[22]

另一方面，对于奥斯曼桨帆船上的很多人来说，这场战斗的结束带来了期盼已久的自由：12 000名或者更多的基督徒奴隶被释放了。其中一些人是奥斯曼军队今年早些时候突袭威尼斯领土时劫掠的妇女和儿童——包括来自乌尔齐尼和巴尔的人，奥斯曼人违反那些城市投降时签订的协议将其扣留。许多人是军舰奴隶，被锁链绑在桨手座板上，在悲惨的条件下划动船桨；其中几千人在舰队从伊斯坦布尔出发时就已在其中，但还有大量奴隶是一路上掠来的，用以补充到由于疾病和逃亡而人手不足的军舰上。用一位早期的编年史家的话来说，“当听到有人喊‘胜利了，胜利了！’，他们就打破枷锁，拿起奥斯曼人散落的武器，开始大肆砍杀，以报复他们遭受的虐待和残忍行径”。如果他们成功地杀死最后剩余的奥斯曼士兵和船员，下一步自然就是在军舰上——以及死亡的奥斯曼人衣服里——寻觅贵重物品。但是在这一点上他们面临正在拥入敌船寻找战利品的基督教士兵的竞争（而且搜刮不仅针对敌船：一艘威尼斯桨帆船的全部补给在战斗中被洗劫一空，西班牙士兵搬走了所有贵重物品，甚至包括圣马可战旗，后来墨西拿一位愤慨的威尼斯商人把它买走了）。这是战利品，长官们清楚最好不要干涉：贵族费兰特·卡拉乔洛回忆起显贵们也不敢离开自己的军舰，除非有船长替他们保管战利品。[23]

正是在这种情况下，发生了勒班陀战役整个故事中最糟糕的一幕。奥斯曼军舰上的奴隶中有一位是大主教乔瓦尼·布吕尼，他像很多他牧羊的子民一样，被剥夺了曾经承诺的自由。他的新主人非常了解他的地位，但是他们也知道他强烈反对放弃巴尔城的决定，所以他们决定把他留在军舰甲板上当众羞辱（连同乌尔齐尼的轻骑兵指挥官，乔瓦尼的侄子尼科洛），让他划桨。正是在军舰上，乔瓦尼和他的侄子迎来了死亡。一份早期威尼斯报告称，他们“被奥斯曼人所杀”；后来送至罗马耶稣会的一份记载说他们是在战斗正酣时被奥斯曼人处死的。但事实上他们被基督徒士兵所杀。17 世纪后期，关于此事的一些消息在这一地区流传：斯科普里大主教写道，“在第一轮进攻中”，布吕尼被士兵斩首，他们误以为他是奥斯曼人。后来，一个达尔马提亚贵族的家族记录中讲了类似的故事：布吕尼“在桨帆船被夺取之时”遭到误杀。然而，真实的故事要糟糕得多。[24]

战斗结束后，教宗就基督教舰队的道德败坏问题组织了一次调查，讨论了很多一般性问题，比如对东正教基督徒的虐待，渎神、鸡奸和赌博的盛行。* 但是全部卷宗中最骇人听闻的部分是关于乔瓦尼·布吕尼死讯的报告，编撰者是意大利南部主教辖区纳尔多的主教，他明显与目击者有过交谈。他写道，奥斯曼军队一被打败：

> 全副武装的西班牙人就杀了很多贫穷的基督徒奴隶，以便劫掠他们，从他们手中拿走上帝赐予他们的一点点战利品。其中，他们杀了可怜的巴尔大主教，在此前8月初城市陷落时，他成为奥斯曼舰队的俘虏；尽管他叫喊“我是主教，我是基督徒”，但他们拒绝相信，反而用长矛杀了他。如果这发生在战斗中，就不会那么糟糕了，但是它发生在战斗结束很久之后。[25]

大主教在这种情况之下死去已经足够可怕了。但更具悲剧色彩的是，如果乔瓦尼·布吕尼幸存的话，他肯定会立即与他的兄弟相聚——这种小说场景般的重逢值得塞万提斯大书特书。** 加斯帕罗·布吕尼可能知道他的兄弟在巴尔投降之后被带走了，也许已经猜到他可能在奥斯曼的某一艘船上，尽管他不知道在哪一艘上。现在也无法确切知晓后一点；但可以做出较好的推测。大主教是所有俘虏中地位最突出的，所以我们推测他可能被扣押在战役总指挥官佩特夫帕夏的桨帆船上。（两位威尼斯高级长官随后的信说，乔瓦尼·布吕尼和他的侄子是“帕夏”的囚犯或奴隶；佩特夫不仅有这一头衔，也是目前可能性最高的那位。）佩特夫的桨帆船“苏丹娜”号（乔瓦尼·布吕尼可能就在这艘船上当桨手）冲撞了加斯帕罗·布吕尼的船，

---

* 参见131—132页。

** 塞万提斯本人正躺在热那亚桨帆船的甲板上忍受着剧痛，靠近中央舰群，他被火绳枪打烂了左手。

在佩特夫调转方向支援奥斯曼主将之前，双方士兵爆发了激烈的战斗。这时佩特夫的船被两艘桨帆船攻击，一艘威尼斯的，一艘热那亚的；加斯帕罗·布吕尼的船与一艘奥斯曼军舰交战了一会儿，接着回头攻击“苏丹娜”号。佩特夫剩余的人手被杀，他本人乘坐一艘小艇逃脱了。小艇桨手，一位改宗伊斯兰教的意大利人，叫喊着“不要射击——我们是基督徒”穿过基督教阵线。战斗仍在继续，所以我们不能简单认定这些拦截佩特夫船只的战士就是下一阶段干出洗劫之事的那帮人。一份早期史料说佩特夫被西班牙舰长胡安·德·卡多纳打败，这当然不是真的；那则故事也许源自卡多纳在战斗结束后接管了佩特夫的军舰——在这种情况下，可能是他船上的士兵（隶属于执长矛的西西里步兵团，半是西西里人、半是西班牙人）杀害了乔瓦尼·布吕尼。无论如何，佩特夫和加斯帕罗·布吕尼的桨帆船均没有再向远处移动；乔瓦尼死亡时，他的兄弟也许就在不足100码远的地方。[26]

加斯帕罗丧亲的消息迅速传开。威尼斯指挥官塞巴斯蒂亚诺·韦涅耶在战斗结束几周后写给威尼斯总督的正式信件中宣称，这让他感到“同情”；他还写道，加斯帕罗·布吕尼“在孕育胜利之日的重要事务上为我们提供了最伟大的协助——在胜利之日，他也身负重伤”。在治疗创伤并得知他兄弟无谓之死的可怕消息时，加斯帕罗·布吕尼的脑海中一定思绪万千。在这场战争中他失去的不只是兄弟和侄子，还有妹夫，可能还有他大家庭的很多其他成员；在他这一代人中，他似乎是唯一的幸存者。他已经失去了家庭和所有财产。他出生、长大的地方现在是座奥斯曼城镇——也许只剩下个空壳子，大半沦为焦土和废墟，人口大大减少。有很多其他威尼斯人，尤其是海洋领地的臣民，他们从战争胜利中得到的抚慰已经被失落感和丧亲之痛所抵消，但也许少有人像他那样失去的那么多。[27]

基督教士兵、水手和桨手死亡将近8000人（还有很多人受伤），奥斯曼一方的数目应该更大。战败的消息于10月23日到达伊斯坦布尔，对当地舆论产生巨大心理影响——不仅因为丧亲之痛的程度，还因为大多数奥斯曼舰队的突然损失造成了一种空前的无防备感。一位到伊斯坦布尔不足两年的威尼斯使者听说“伊斯坦布尔的很多人已经准备好逃亡到安纳托利亚，很多人自称基督徒，改宗基督教，天天等着基督教舰队的到来”。根据一位奥斯曼编年史家的说法，当时正在埃迪尔内宫廷中的苏丹大为震惊，以致三个晚上无法入眠；在听说伊斯坦布尔充满同盟舰队正在迫近的谣言后，苏丹返回了都城以稳定局势。一听说战败的消息，塞利姆苏丹便发布了一系列紧急命令给希腊北部、伯罗奔尼撒和希腊群岛，还有塞浦路斯和罗德岛的长官和指挥官，警惕可能的进攻。伊斯坦布尔的气氛直到 12 月初才稳定下来，此时私掠船长乌卢奇 · 阿里到来了。10 月 28 日，苏丹的第一批命令之一便是令他召集所有能找到的船只，带往伊斯坦布尔；他成功地从爱琴海诸岛搞到了 40 多艘船，这使他能率一支由 87 艘船只组成的舰队隆重地驶入金角湾，安抚住了人心。苏丹此前已经任命他为卡普丹帕夏（奥斯曼海军司令）；现在还给了他一个华丽的称号——“克里奇 · 阿里”（克里奇的意思是利剑或马刀）。[28]

事实上同盟的指挥官仅仅短暂考虑了向伊斯坦布尔挺进的想法，后来认为这完全行不通就放弃了。几年后，弗朗西斯科 · 帕特里齐记录说，当他问一位资深人士——考虑到帕特里齐的罗马人脉，可能是科隆纳——为什么他们没有趁勒班陀的胜利立即发起进攻性战役，他说，联盟有太多人受伤了。但这并不是唯一的原因。教宗的步兵指挥官在战斗两天之后写信给罗马说：“我想，我们会有太多伤员，因此不能如愿继续向伊斯坦布尔进军。我们此时只有一个月的补给，不能在外过冬。”他补充说，“我认为我们应该回到亚得里亚海，夺取发罗拉、都拉斯和新海尔采格”；但即便是这些计划也很快就被放弃了。因而，在防御工事专家加布里奥 · 塞尔贝洛尼进行简单的侦察后，夺取莱夫卡要塞的想法也被放弃。莱夫卡是科孚南部的岛屿，是奥斯曼领地穆斯林私掠者的中心。唯一从奥斯曼人手中夺得的据点马加里蒂，塞巴斯蒂亚诺·韦涅耶经过四天围攻之后夺得了它。奥斯曼人还放弃了索波特，它被希马拉人短暂占领，然后由他们移交给威尼斯人。但这些都发生于11月同盟舰队解散之后。[29]

战斗后的几天（首先在附近岛屿的港口，接着在科孚），人们忙于照看生病和垂死的人，对船舶作必要的修理，分配劫掠所得。战利品数量众多，如卡埃塔尼报告所说，每艘教廷军舰都拖回至少一艘敌船(一艘军舰例外，"菲奥伦扎"号，其补给几乎完全被扫荡一空)。马克安东尼奥·科隆纳记下了用这种方式俘获的奴隶名单：大部分是来自安纳托利亚和伊斯坦布尔的奥斯曼人，但也有一些非洲黑人，"乌尔齐尼的马林，叛教的基督徒，40岁""马蒂诺，卡拉布里亚的叛教者，30岁""侯赛因，阿尔巴尼亚叛教士兵，30岁""贾费尔，一位叛教的日耳曼人""优素福，阿尔巴尼亚志愿桨手""来自伊斯坦布尔的吉卜赛哑巴"和"马诺利之子乔治，塞浦路斯的叛教男孩"。为了象征性地表达感谢，唐·胡安把奴隶送给各种政要供个人使用；接收者包括高级长官和军舰舰长。不知道加斯帕罗·布吕尼是否收到了，但如果他收到了，当他回到意大利时大概按照一个能干的健全男性高达100杜卡特的现行价格出售了他。作为总指挥官，除去送给他的异母兄弟西班牙国王的部分，唐·胡安个人得到了所有战利品的十分之一。塞巴斯蒂亚诺·韦涅耶对这次分配极为不满；早先敌对的情绪现在又浮上表面，韦涅耶在唐·胡安发出的官方急件之前把胜利的消息传至意大利。抱着些许不满情绪，盟军在10月的最后一周分道扬镳。威尼斯舰队的大部分向北行进；教廷和西班牙的船只航行到墨西拿，于11月1日到达那里，两周后教廷的桨帆船到达那不勒斯。[30]

科隆纳和其他政要快速行进到罗马。在教宗的鼓励下，市政当局决定参照古罗马人的做法举行一次"凯旋"仪式。参与者几乎完全局限于参战的罗马贵族和绅士——可以想见西班牙人被深深触怒，因为这是在宣称马克安东尼奥·科隆纳是唯一的胜利者。只有少数非罗马人被邀请和他一起走过挤满了欢乐人群的街道。他们包括马耳他的法兰西骑士罗姆加斯，他一直在科隆纳的旗舰上；旗舰舰长有没有到场无从知晓。[31]

当然，罗马有充分的理由感到欢欣。威尼斯也是如此，人们用大弥撒、钟声、塑像和烟花进行了长达数日的庆祝。西欧许多地区都有庆祝活动，艺术和文学将在接下来的几年、几十年里纪念这场战斗。然而，一个问题不可避免地产生了：长远来看，勒班陀实现了什么？我们将看到，奥斯曼海军很快重建；趁机进行一次进攻性战役的计划流产了；威尼斯最终十分耻辱地与苏丹和解，用伏尔泰的话来说，好像奥斯曼人是勒班陀的胜利者。这个问题的标准回答是，虽然战斗实际的作用很少甚至几乎没有，但心理作用非常之大，因为它向西方基督教世界说明，奥斯曼人并非不可战胜：用布罗代尔的话来说，“土耳其霸权的魔咒被打破”。不过这并非有力的论据，不仅因为奥斯曼还遭遇过其他著名的战败（例如，1529 年围攻维也纳，1565 年围攻马耳他，对奥斯曼人来说一直都是巨大的耻辱），还因为精心策划的海战是一种极不常见的战争形式；在正面对垒中击败庞大的奥斯曼陆军更能打消西欧人的恐惧。[32]

考虑勒班陀战役重要性更有用的方式是问如果奥斯曼赢了会发生什么。这当然也包括反事实的猜测；但是对奥斯曼策略的评估并非依赖纯粹的臆想。就在尼科西亚陷落后，苏丹塞利姆二世寄了一封信给他的附庸瓦拉几亚大公，告诉他应对这个消息感到欣喜，要求协助准备一支陆军和海军以攻占科孚。这暗合索库鲁 · 穆罕默德对拉加佐尼说的，苏丹将一并拿下科孚和克里特。科孚是威尼斯海上体系的两根楔子之一（克里特是另一根），但还不止这点；有了它，奥斯曼很有信心策划一次跨越奥特朗托海峡大规模入侵意大利的军事行动；没有它，任何这样的计划都有可能遭受破坏，尽管奥斯曼征服意大利南部的想法在现代人看起来奇怪且牵强。但只是在事后看来，奥斯曼向西扩张应该止于巴尔干海岸和匈牙利平原方才显得自然。1480 年至 1481 年，大批奥斯曼军队抱着建立长期统治的明确目标侵占奥特朗托及其属地时，就已经预示了未来可能的计划。苏莱曼大帝1537年的宏伟战略，包括配合法国人从南北两侧夹攻意大利，在前文已有所提及。*16世纪50年代对意大利南部的多次攻击大多数是劫掠性的冒险，皮雅利帕夏1566年对阿普利亚的进攻也是如此，但三年后法国驻伊斯坦布尔大使收到报告，苏丹计划率领六万骑兵和二十多万名步兵入侵阿普利亚。1571年12月底，索库鲁·穆罕默德致函勒班陀总督说他要派出五万名鞑靼人和四万人的辅助部队在即将到来的一年进攻阿普利亚；他说，必要的运输船“之前已经在这些地区建造了，以便围攻科孚”——这说明这个威尼斯要塞在奥斯曼计划中的地位有多么突出。1573年，苏丹通知法国国王，他打算次年命十五万名步兵和五万名骑兵入侵阿普利亚，西班牙在伊斯坦布尔的情报人员仍然认为，这样的攻击即将于1574夏天来临。两年后，威尼斯驻伊斯坦布尔的大使报告说，奥斯曼派遣克里奇·阿里率一支拥有100艘船只的舰队外出，目的有两个：突袭卡拉布里亚；侦察科孚以便未来进行围攻。类似的计划和恐惧在16世纪90年代再次出现：这个年代的中期，正是奥斯曼的盟友法国的亨利四世主动提出，如果奥斯曼入侵那不勒斯王国的话，就和他们瓜分这一地区。[33]

更糟糕的是，从意大利统治者的角度来看，他们的某些臣民可能欢迎奥斯曼入侵。如胡格诺派外交官休伯特·郎格特在1572年末写信给萨克森选帝侯奥古斯都时所说：“如果奥斯曼夺取了阿普利亚或者老卡拉布里亚的一些港口城市，并在那里部署强大的军事力量——考虑到从阿尔巴尼亚和希腊西北部到这里的航程较短，这并不难——我不怀疑，许多被极其恶劣的西班牙暴政所激怒的那不勒斯王国臣民将叛变到他们一方。”他补充说，即使他们不指望奥斯曼人会是更温和的统治者，他们仍然乐见现有的压迫者被打倒。这样的态度在16世纪90年代的卡拉布里亚清晰可见，而且的确发生了

---

*　参见第47页。

一场支持奥斯曼的阴谋，涉及哲学家（多明我会修士）托马索·康帕内拉。为了使敌人难受，总有一些人乐于邀请奥斯曼介入。1551年到1553年，被放逐的萨莱诺公爵据说策划与法国一起，带来15 000到20 000名奥斯曼属阿尔巴尼亚人和斯拉夫人，在意大利南部煽动反哈布斯堡叛乱；他的部分计划看来是交出阿普利亚港口特拉尼给奥斯曼海军。1573年又发现了一个阴谋，拉文纳的乔瓦尼·阿尔多布兰迪尼伯爵和一些荷兰新教徒企图把安科纳的教廷港口交给苏丹。[34]

继而，反事实的命题如下。如果奥斯曼人在勒班陀获胜，他们将在接下来的一年返回，对科孚展开大规模围攻。如果他们成功了，他们就有信心和能力，不只是袭击意大利南部，而且要入侵它。威尼斯舰队的残余力量将在亚得里亚海北部被压制，消耗殆尽的西班牙－热那亚－教宗舰队不足以抵抗奥斯曼登陆部队。当然，最终这一切从未发生。但正是这种逻辑将威尼斯和西班牙的命运在最深的层面上联系在一起。它们的关系通常来说可能是竞争性的，或是对彼此不满，一方对另一方在地中海地区更广泛的战略目标也没有任何兴趣；事实上当一方在奥斯曼手中遭受失败或羞辱时，另一方经常会私下感到一丝得意。但是威尼斯人知道奥斯曼征服南意大利将对自己在亚得里亚海的权力构成致命威胁。他们意识到在一场反对奥斯曼人的全面战争中，他们需要西班牙的帮助；西班牙人知道如果自己不帮忙，如果科孚陷落，他们的南意大利领土就会成为下一个目标。这就是把这些相互敌对的盟友牢牢绑在一起的纽带。

第九章

战争、和平与奥斯曼卷土重来

奥斯曼帝国在15和16世纪发展出的统治体系、税收制度和军事组织等在许多方面受到西欧的嫉妒。没有什么事件可以比勒班陀的灾难之后奥斯曼海军的出色重建更能说明它的强大了。收到战败消息的一周内，大维齐尔索库鲁·穆罕默德就颁布法令，建造200艘新桨帆船应对接下来的战季。其中有很多将在伊斯坦布尔造船厂建造，但还有21处其他造船点，主要是在马尔马拉海和黑海沿海地区。一连串命令指示各大区的长官网罗所有可用的木匠、绳索匠和其他工匠，把他们派往船厂；禁卫军士兵也被作为劳力投入其中。当索库鲁12月初得知一名皈依伊斯兰教的塞浦路斯俘虏是个造船工匠，并且知道如何设计加莱赛战船时，他立即要求建造7艘。如同军事技术的大多数其他领域一样，奥斯曼人迅速采纳了他们遇到的任何新模式。伊斯坦布尔的造船厂和枪械铸造厂的熟练匠人中，很多都是基督徒；单纯出于经济原因，来自克里特的威尼斯臣民会去那里工作，来自法国、热那亚、西西里和西班牙的人同样如此。[1]

后来的编年史家帕切维说了一则著名故事，新任命的海军司令克里奇帕夏告诉大维齐尔，虽然造船厂有能力建造200艘船，却不可能生产其他所需物品，比如锚（每艘桨帆船3个）和帆。据说索

库鲁 · 穆罕默德答道："情况是这样的，如果我们愿意，我们可以用银制造所有的锚、用丝绸制造粗绳索、用锦缎制造帆，这没有任何困难。"这一夸张表述背后是基本正确的断言：奥斯曼帝国拥有所有需要的物质资源。当然，首要的是木材；据统计，制造一艘桨帆船要砍伐七英亩的硬木（不同种类——比如桨由鹅耳枥打造）和五英亩松树。奥斯曼人精心安排木材供应，将木材从远至摩尔达维亚地区和黑海南岸的地方运来。帆布来自希腊、安纳托利亚和埃及，麻绳来自安纳托利亚北部港口萨姆松，沥青来自发罗拉，大量的动物油脂（润滑水线以下的船体）来自罗马尼亚地区。最重要的铁产自萨莫科夫的庞大国有冶金工厂集群，萨莫科夫位于保加利亚西部，保加利亚、塞尔维亚、波斯尼亚和阿尔巴尼亚北部也有小型制造中心。但金属生产是这一系统中最薄弱的环节；如法国外交官 1572 年 1 月从杜布罗夫尼克寄回的报告所说，当时"极端缺乏用于制造舰上火炮的青铜，以及制造锚的铁"。就青铜而言，奥斯曼可能受他们六年前征服希俄斯岛的决定影响，希俄斯岛曾是英国人出售锡的贸易中转站。（我们将看到，英格兰后来摇身一变，成为奥斯曼军事工业的重要原材料供应商）。[2]

令人吃惊的是，这支新舰队几乎完全按照大维齐尔的命令建成，只是稍微落后于时间表。1572 年 6 月中旬舰队在伊斯坦布尔全部集结完毕。贾科莫 · 马拉泰斯塔在科托尔附近的惩罚性劫掠于上一年夏天惨淡收场，他刚刚从伊斯坦布尔的监狱中被释放出来，但被要求在这座城里多待几天，这样他就能见证舰队的宏大场面，并向威尼斯和教宗报告其规模；当马拉泰斯塔于 8 月下旬到达威尼斯时，报告说他（在索库鲁的要求下）数了数军舰，总数为 244 艘。现代研究表明共有 225 艘桨帆船和 5 艘加莱赛战船。这些军舰中有一些是旧船，但不是很多：在 1571 年 12 月带到伊斯坦布尔的 87 艘船（其中有许多不是桨帆船）中，有些已经返回阿尔及尔，一些船直到 6 月一直停泊在希腊群岛。所以看起来在 8 个月内至少建造了 180 艘新船——生产效率远远超过任何一个西方势力，事实上超过了所有西方势力的总和。[3]

但效率之下也有问题和不足。据报告说，造船者使用了未晒干的“绿色”木材。事实上这看起来是普遍做法：1558 年，威尼斯大使提到，由于这一点，奥斯曼军舰的生命周期非常短暂，其中有很多在仅仅一年之后就无法使用。（但 1572 年杜布罗夫尼克的报告说，奥斯曼发明了一种加热木材的技术，替代自然的风干过程。）火炮也缺乏，尽管奥斯曼已经在法马古斯塔俘获了很多威尼斯炮手，把他们安排到伊斯坦布尔的枪械铸造厂工作。但也许与舰队人力资源供应有关的最重要问题既是数量，也是质量。奥斯曼需要大规模征兵来供应桨手，同时还要面对人们极度不愿服役的情况；索库鲁还下令各省长官从监狱中把罪犯送来。在所需的 20 000 人的军队中，大约三分之一是禁卫军和西帕希骑兵，其余队伍充满了——对奥斯曼来说非同寻常——志愿者。一名法国外交官指出，苏丹在勒班陀损失了 10 000 人，在塞浦路斯的损失更大，因此，邻近的安纳托利亚地区“几乎没什么人居住”。索库鲁颁布法令，火绳枪兵在所有船上步兵中的比例应该从三分之一提高到三分之二。他还下令，西帕希骑兵必须学习如何使用火绳枪；据一份威尼斯报告，这里长期的难题不是火绳枪的制造（伊斯坦布尔生产了大量火绳枪，“由叛教者、犹太人和穆斯林制造”），而是缺少会使用它们的人。最后，同样重要的是很多熟练的水手在勒班陀被消灭，没人愿意填补这个空缺，这也是可以理解的。很不寻常的是，苏丹甚至让杜布罗夫尼克提供 30 名船长和 200 名船员——拉古萨人温和地拒绝了这一要求。1572 年 6 月，一位法国外交官也看到了奥斯曼海军的宏大场面，将其描述为“一支由新船组成的舰队，由绿色木材建造而成，由此前从未拿过桨的船员划着，配上仓促找到的金属制成的火炮。这些金属大多掺杂了酸性或者生锈的材料。舰队中的新手导航员和水手，以及在上次战斗中惊魂未定的士兵，必须靠强迫才能让他们上船。”[4]

不管它有什么缺陷，这仍然是一支与前一年规模大致相当的舰队，它确实载有多达 20 000 名士兵。但它是为了什么呢？因为传统的海军史往往从一场大战跳到另一场大战，所以容易让人以为这种交战就是海军存在的理由。事实上，重大的海战在 16 世纪的地中海非常罕见；建造这支舰队的目的并不是为了在第二次勒班陀海战中获胜。制止或阻挠敌方舰队前进本身就是一种有价值的成就；但需要强调的一点是，一支庞大作战舰队的任何动作都是——如果有一个超越单纯劫掠的目标——针对港口或领土的征服。海军的战略与领土征服的战略有机地联系在一起。勒班陀海战之后，奥斯曼帝国处于守势，预判希腊和巴尔干西部领土可能受到攻击。事实上，1571 年夏末秋初奥斯曼人的基本预判是同盟舰队将夺取希腊或者阿尔巴尼亚西海岸的一些据点；奥斯曼特别注意加强了帕特雷、普雷韦扎、达尔维那（位于阿尔巴尼亚南部）、发罗拉和都拉斯的防御，而且 9 月和 10 月，艾哈迈德帕夏的军队继续对阿尔巴尼亚土地上实际存在的或潜在的叛乱采取行动。当地叛军与同盟军队的入侵合流，这是 1572 年奥斯曼当局最害怕的，情况同过去的一年一样。[5]

他们的恐惧是有道理的。正如我们所见，勒班陀战役后不久希马拉人再次积极地与威尼斯合作，杜卡吉尼北部地区的叛军与科托尔的威尼斯人协调行动。* 就在勒班陀战役之前不久，爱尔巴桑和奥赫里德之间的阿尔巴尼亚中东部地区爆发了叛乱；这个地区在几个月内仍将处于不稳定状态，奥斯曼史料抱着真正的忧虑记载说，1572 年 1 月，这些叛军已经与科孚的威尼斯人进行了接触。在希腊，一些新的叛乱不仅发生在大陆，也发生在诸岛上。东正教会的一些高级人物现在非常活跃。1 月份，一项奥斯曼调查发现萨洛尼卡教区不仅与同盟进行了联系，还派出教士去更远的地方寻求帮助；两人被扣押在罗马尼亚领土瓦拉几亚，明显是在前往波兰和俄国的路上。3 月

* 参见第 144 页（杜卡吉尼）、第 189 页（希马拉）。

份，奥赫里德总主教指派的一位高级神职人员在华沙进行了相似的活动。他从那里寄出了一封详细的建议书给教宗，列出摧毁奥斯曼帝国的“三管齐下”战略。一支西方军队夺取乌尔齐尼、都拉斯和发罗拉，与希马拉人会合，接着向萨洛尼卡挺进；一支军队入侵伯罗奔尼撒，与马尼人会合，也向萨洛尼卡行军；第三支军队由哈布斯堡率领，将经由匈牙利、塞尔维亚和保加利亚推进；所有三支军队最终汇聚于伊斯坦布尔。这不是诸多相似的融合了入侵和大众叛乱的有趣战略中的第一种，但无论如何也不是最后一种。[6]

当东正教特使在瓦拉几亚被捕时，他们可能也在寻求那里的支持。罗马尼亚的瓦拉几亚公国和摩尔达维亚公国隶属于奥斯曼帝国，但他们有自己的东正教统治者，而且他们在奥斯曼直接统治下的教友经常寻求广有土地的东正教贵族阶级的帮助或赞助。从苏丹的角度来看，巴尔干半岛南部的叛军、他们在罗马尼亚的支持者以及西方基督教世界的入侵者三方联合的预期尤其令人担忧。一次类似的联合出现了（至少是潜在的），1572 年 3 月塞巴斯蒂亚诺 · 韦涅耶从科孚报告说，他收到了波戈尼（横跨现代阿尔巴尼亚 - 希腊边界的大区）人的消息，说他们的 98 个村庄召开会议，同意反叛以支持威尼斯。他称他们——看起来是指传达这个消息的代表们——“极为富有”，并补充说，“他们是与瓦拉几亚君主有联系的领袖人物”；许多波戈尼的居民可能是瓦拉几人（其语言与罗马尼亚语非常接近），有很好的证据表明波戈尼人和罗马尼亚人之间存在私人和文化联系——这是巴尔干内部联系的一个例子，这种联系不仅在奥斯曼人到来之后幸存下来，而且有可能在某种程度上因为被整合进一个单一帝国而有所加强。两个男人带着消息来到韦涅耶那里，其中一人叫帕诺 · 斯托利克；这可能就是曾在 16 世纪 60 年代瓦拉几亚宫廷出任总管的帕诺斯。他说，波戈尼人民准备发动叛乱，但他们需要威尼斯 20 000 名步兵和 5000 名骑兵的帮助。这种级别的支持显然不可行，不过很明显叛乱发生了，如 1572 年 7 月波戈尼人给帕诺 · 斯托利克绝望的信件所说，奥斯曼人摧毁了他们最好的修道院，“如果他们（神圣同盟）不愿意给我们基督徒提供任何帮助，我们全都将被掳为奴隶”。[7]

威尼斯人并不是这一时期与巴尔干反奥斯曼分子接触的唯一势力。唐·胡安在北非和奥斯曼欧洲部分的很多地区维持了非常活跃的间谍和线人网络，包括科罗尼、罗德岛和伊斯坦布尔。1571年12月，他在间谍活动上花了30 000斯库多的巨资（25 000杜卡特）——他全部军事预算的四分之一。他的一些特工不仅收集情报，而且与潜在的或实际的反叛者取得联系。1571年底，他派出一名炮兵军官，他在西班牙文献中的名字叫胡安·德·斯泰，同马尼的叛军领袖会谈；1572年2月下旬，在卡拉马塔附近一座修道院的会议上，与会者一致认为，当同盟舰队靠近时，就开始发动普遍性的叛乱。据报告，形形色色的希腊人提出唐·胡安应该成为被解放的希腊之王——这个想法很可能是要讨好这位皇室私生子，他没有任何属于自己的王朝领土。即便没有这样的个人企图，威尼斯人仍然会怀疑唐·胡安的意图，把他视为巴尔干事务的西班牙干涉者。唐·胡安的特使德·斯泰在去马尼的路上被科孚的威尼斯当局扣留。马耳他骑士乔瓦尼·巴雷利后来给唐·胡安的报告说，勒班陀战役之后，一些希腊和阿尔巴尼亚首领曾写信给唐·胡安，把它们寄到了扎金索斯岛的威尼斯长官那里，“请殿下前来并解放他们，承诺拿起武器赶走奥斯曼人，把他们自己献给殿下”，这位威尼斯官员决定不把信转寄给西班牙人。[8]

如果知道他的异母兄弟在巴尔干利益的所有细节，菲利普二世也许也会提出反对。他的基本观点没有转变：西班牙的反奥斯曼目标必须首先围绕北非，而不是通常所说的“黎凡特”。他允许代表于1571年底在罗马签署一项关于下一年战役的协议。协议规定，西班牙和教宗的舰队将于3月份在墨西拿会合，然后东进，在科孚与威尼斯海军会合。但是，菲利普二世继续主张发动一次北非战役，而不是在巴尔干或爱琴海。1572 年 1 月 1 日，威尼斯驻西班牙大使向菲利普提交备忘录，强调同盟必须攻击奥斯曼势力的欧洲“中心”而不是非洲“外围”。他写道：“如果希腊和阿尔巴尼亚人民看到同盟的军队不去支援他们，我们的舰长被派到北非作战，那么他们和其他基督徒运动与起义的希望将会落空。”但最终说服菲利普同意进行一次东方战役的是西班牙驻罗马的外交官，而不是威尼斯驻马德里大使，因为不这么做的话，同盟将迅速瓦解。考虑到要维持这个正式同盟继续运作，菲利普对外交官们表示，如果非得是欧洲目标的话，那么必须选择普雷韦扎、发罗拉和新海尔采格之类对那不勒斯王国有利的地方；但现在轮到他的特使路易·德·雷克森斯向他指出，如果拿下那些地方，它们将归威尼斯所有。不过，雷克森斯建议进攻优卑亚、爱琴海群岛或伯罗奔尼撒，以鼓舞希腊叛乱，影响苏丹重建新舰队的努力。但菲利普对这类可能的作战目标无一例外地缺乏真正的兴趣。他的心思仍然集中在北非以及领地内其他更紧迫的问题上。[9]

同盟舰队开始缓缓集结。唐·胡安 1572 年春季在墨西拿、那不勒斯和巴勒莫之间游弋，试图（未成功）在议定的科孚会师前为迅速远征北非筹集资金和给养。教廷舰队花了一定时间组建——这一年是支复合舰队，部分是托斯卡纳舰船，但也包括曾被奥斯曼在杰尔巴夺走、在勒班陀又夺回的旧教宗旗舰；与科西莫·德·美第奇的协议签订于 4 月中旬。但到这一阶段，庇护五世已病入膏肓，这意味着同盟的关键参与者之一将经受难以预测的领导权变动。在庇护五世于 5 月 1 日去世后，一次尤为短暂的教宗选举会议选出博洛尼亚贵族、枢机主教乌戈·邦孔帕尼，也就是教宗格里高利十三世。他是位意志坚定的改革派（其名号永远与他在 1582 年颁行的新历法联系在一起），曾经出任教宗在西班牙宫廷的使者，受到菲利普二世的喜爱和信任。这种私人关系也许正好可以将菲利普留在神圣同盟体系内——庇护躺在病床上时，菲利普正考虑抛弃同盟，他指示大臣说，西班牙应在教宗死后离开同盟，准备进攻阿尔及尔。但这种关系不足以确保菲利普继续维持对同盟一致达成的目标，哪怕仅仅是名义上的支持。5月20日，他捎信给异母兄弟唐·胡安，要求他暂缓前往科孚和黎凡特。他命令舰队留在墨西拿，等候进一步的指示。[10]

格里高利十三世当选后立即召见了马克安东尼奥·科隆纳，确认任命他为教宗舰队司令，并派他去那儿不勒斯。5月下半月，教宗舰队在那不勒斯组建，当月29日，科隆纳启程，与加斯帕罗·布吕尼一起前往墨西拿，于6月3日抵达。次日，科隆纳写信给教宗的军需官："你需支付旗舰舰长布鲁诺骑士工资，去年的报酬已经付过了，也就是说，你要支付从去年12月1日到5月底欠他的薪资，确保在未来继续照例支付，并从他那里取得收据。"科隆纳再次让琴西奥·卡皮祖基担任步兵指挥官；教宗国内成功进行了一次募兵工作，科隆纳部队过多，他不得不将一些士兵送到墨西拿以登上威尼斯舰船。6月初，墨西拿情绪高涨。马尼的一些叛军代表刚刚抵达，唐·胡安与他们商谈之后，于6月9日向伯罗奔尼撒人发布了一篇宏大宣言，敦促他们起事，承诺提供帮助。现在西班牙和教廷的舰队准备起航。此次战役的最终目标尚未确定，但科隆纳希望在伯罗奔尼撒半岛抢占地盘，他认为唐·胡安也支持这么做。一旦联合舰队在科孚会师，找到合适的战争目标不成问题。然而，唐·胡安不顾科隆纳以及威尼斯指挥官越来越多的抗议，一直推迟下达离开墨西拿的命令。最终菲利普二世不许他出动的事实暴露；官方理由是担忧法国发动新攻势，为了可能在意大利西部进行部署，有必要让西班牙陆军在西西里待命，但事实是，菲利普仍一门心思扑在北非战役上。7月1日，科隆纳向唐·胡安发出最后通牒：如果他不派桨帆船到科孚，同盟就视同解散。为了挽救同盟，唐·胡安派出了一部分海军：22艘桨帆船和5000名士兵。带着这支无足轻重的西班牙舰队，再加上13艘教廷桨帆船和19艘威尼斯桨帆船，科隆纳终于起航前往科孚，他心情苦闷，并且完全有理由怨恨西班牙。[11]

由约 70 艘桨帆船组成的威尼斯主舰队在贾科莫 · 福斯卡利尼的率领下，从 4 月开始就一直在亚得里亚海南部干等。他们仅尝试了一项重要的计划，5 月下旬到 6 月上旬攻击了新海尔采格的奥斯曼要塞。这是曾在乌尔齐尼投降的贵族雇佣兵队长夏拉 · 马丁嫩戈提议和领导的，但以失败而告终，要么是由于他过于自信，要么是由于（据说）奥斯曼情报人员已经提前数月得知这次攻击。科隆纳在科孚短暂停留之后，担心伤寒再度爆发，于是率所有军舰到伊古迈尼察，在当地，阿尔巴尼亚人再次来卖给他们食物。唐 · 胡安不在场，科隆纳就是整支舰队的总指挥官。现在他麾下有 128 艘桨帆船，20 艘小艇以及 6 艘加莱赛战船；最新报告指出，克里奇 · 阿里已于 6 月 12 日离开伊斯坦布尔，他的战争舰队总计 130 艘桨帆船和 3 艘加莱赛战船（其余奥斯曼海军被部署到别的地方进行防卫）。不久之后，奥斯曼人很可能掌握了同盟舰队的规模和编制的精确数目；在伊古迈尼察停泊时，不但同盟的一些士兵被奥斯曼人俘获，一位曾在马克安东尼奥 · 科隆纳船舱干活的穆斯林奴隶也趁机逃脱。费兰特 · 卡拉乔洛说，这为“敌人了解基督徒的确切信息提供了更大便利”。在随后的海军猫鼠游戏中，克里奇 · 阿里看起来确实明白基督教舰队比他的舰队装备更好更强大；他的主要策略就是完全避免与其直接作战。[12]

在伊古迈尼察时，科隆纳和福斯卡利尼收到了令人惊喜的消息，菲利普二世同意唐 · 胡安率其大部加入黎凡特战役，尽管不是全部舰队。看来格里高利十三世在宗教和财政方面的压力起到了一定作用；菲利普可能估计，如果能够换取威尼斯支持进行一次北非远征的承诺，在未来几年中他也许能从同盟取得一些好处。与这则消息一同到来的是唐 · 胡安的指令：舰队必须在科孚等待，直到他到达。但科隆纳在唐 · 胡安不在场的情况下，其总指挥官地位是否会被这远方来的一纸命令推翻，仍有争议。克里奇 · 阿里舰队劫掠南方威尼斯诸岛的消息传来；科隆纳、福斯卡利尼和西班牙先遣队指挥官都急切地想要与之交战。所以在7月29日，他们向南航行，四天后到达扎金索斯，威尼斯的克里特岛中队12艘桨帆船中途加入了他们。在那里他们得知奥斯曼舰队离开了伯罗奔尼撒地区三个半岛最东端的港口莫奈姆瓦夏，于是起航追击。8月5日，两支舰队出现在彼此的视线中，相距12英里；科隆纳率舰驶出阵列，开始前进，但克里奇·阿里撤退了。到黄昏，同盟的桨帆船退至基希拉岛取水。接连数日，双方都在等候时机；其间，一位从奥斯曼舰队逃脱的塞浦路斯奴隶报告说，奥斯曼舰队有140或150艘桨帆船以及50艘较小的船只，“桨手状况很糟糕，但有很多士兵，不过不少士兵生了疾病”。8月10日，同盟舰队发现克里奇·阿里的船只在马尼半岛顶端取水，立即发动攻击，但刚进入火绳枪射程范围，奥斯曼桨帆舰队就迅速逃走。一份仔细的评估现在认定奥斯曼舰队有120艘桨帆船和100艘小船，他们面对的是科隆纳的140艘桨帆船和6艘加莱赛战船。看起来胜利在望；但返回科孚与西班牙舰队其余部分会合的任务也不能再拖了。[13]

8月4日，唐·胡安率53艘桨帆战舰到达科孚，发现科隆纳和福斯卡利尼不在，他勃然大怒。与此同时，科隆纳从基希拉岛开始就诟病唐·胡安的缺席：如果他一直同他们一道，就可以围猎并摧毁克里奇·阿里的舰队，接着取得“几乎全部伯罗奔尼撒，因为基督徒们已经拿起武器，准备就绪，等着成就这桩大事”。因而，当8月底两人终于在科孚见面时，科隆纳用尽全部自制力和外交技巧，以挽救两人的私人关系以及同盟本身。考虑了一周之后，他们得知克里奇·阿里现在位于伯罗奔尼撒西部半岛西海岸迈索尼以北的皮洛斯港，于是联合舰队先驶向伊古迈尼察，接着出发往南。由于唐·胡安有些犹豫，加上领航员的严重导航误差，舰队到皮洛斯的航程花了比预期更长的时间。9月17日上午到达目的地时，克里奇·阿里已经带着大部分舰队到了戒备森严的迈索尼港。科隆纳敦促唐·

胡安派20艘桨帆船追击仍然在视线中的奥斯曼后卫舰群；唐·胡安以那些奥斯曼船只正在前进为由拒绝了，尽管科隆纳的瞭望员肯定它们驶向相反的方向。然后唐·胡安极不寻常地建议科隆纳亲自率教宗旗舰驶近观察：如果他发现他们正在撤退的话，就开两炮，如果他们正在前进的话，就开一炮。科隆纳在后来记述此事时咬牙切齿地说道："让教宗的指挥官独自带着教宗的旗帜前进，这太奇怪了。"他还写道，自愿陪他一同前往的其他军舰舰长被唐·胡安制止，不过一位威尼斯舰长直接违抗了命令。科隆纳照计划驶近，看到敌船正在撤退，他开了两炮。费兰特·卡拉乔洛（他当时正在一艘西班牙桨帆船上）说，他然后"派布鲁诺骑士通知唐·胡安，敌人已于当晚离开"。[14]

接下来几天偶尔有一些小规模战斗，但奥斯曼舰队大部仍由迈索尼要塞安全保护着，同盟对如何诱使他们出港一筹莫展：试图轰击要塞或企图从陆上拿下它都不可行。10月5日，由于食物补给渐趋匮乏，同盟舰队回到皮洛斯。科隆纳向罗马发出一封意志消沉的信，说他们不知道克里奇·阿里的舰队现在在哪儿，已经没有叛教者从他们那里逃脱并来提供情报——与之相反，他指出，"许多西班牙人和达尔马提亚人已经投敌，那些不是穆斯林的，现在也已成了穆斯林"。食物缺乏加上秋季风暴的到来，继续征战已行不通。10月19日，盟军舰队返回科孚，途中在一场风暴中折损了一艘教廷桨帆船。战事结束，船只返回意大利港湾。[15]

没人对这个结果感到高兴（菲利普二世可能是例外），但最为不满的是威尼斯人。毕竟他们才是直接面临奥斯曼入侵领土的人；他们履行了对同盟的义务，等了西班牙几个月。威尼斯军事领袖仍然热衷于向奥斯曼还击；即便在科隆纳和唐·胡安准备离开科孚时，福斯卡利尼仍在尝试说服他们发动一场对奥斯曼岛屿莱夫卡的攻击。科孚的军事长官塞巴斯蒂亚诺·韦涅耶依旧勤勉不懈。9月，他参与了一个重夺巴尔城的计划：那个城市的一位贵族难民马尔科·萨穆埃莱

（别名卡洛贾尼）说服他认为这个计划可行。计划会用到一位马尔科维奇头人和一名在城外有处房子的铁匠。他们打算让 500 名士兵在夜晚登陆，然后把他们秘密送往铁匠的房子以及附近的一座教堂；这位马尔科维奇头人会用计杀死通往城市道路上的卫兵，打开城门；教士用教堂的钟声作为信号，士兵便可进入城内。计划于 9 月下旬拟定，但由于恶劣的天气而取消，此后再也没有重启——后来一份对萨穆埃莱的记载形容他是个“只靠诡计和流氓行为等手段为生”的骗子和术士，这话可能不假。秋去冬来，采取任何进一步直接行动的可能性越来越小。1573 年初，苏丹的一项命令确实提到阿尔巴尼亚人在奥赫里德（位于阿尔巴尼亚的中东部或东南部）桑贾克的一次叛乱，他们受到威尼斯人的积极支持。但这显然是件微不足道的事，至少从西方的角度来说是这样，而且鼓动它的威尼斯人不久就会清楚，自己政府的政策已发生变化。[16]

到 1573 年初，威尼斯在战争中度过了三年中的大部分时间。主要由于西班牙的拖延，三次大型海上征伐两次毫无斩获，塞浦路斯无可挽回地丢失了。据估计，1571 年威尼斯每月花费 25 万杜卡特用于战争；到 1573 年春，威尼斯已经花费了 1000 万杜卡特，尽管后来一份报告（可能是威尼斯人言过其实的说法）认定数目为 1400 万杜卡特。[*] 除了渐渐攀升的政府债务，贵族商人因地中海贸易中断也损失惨重；更难以忍受的是，一些生意被讨厌的对手拉古萨人抢走，其商业在战争的几年中繁荣发展。在 1572 年 10 月以及 11 月，驻威尼斯的西班牙大使和教廷大使都报告说，威尼斯精英成员与苏丹和解的意愿越来越强；根据教廷大使的说法，他们得出结论，奥斯曼帝国不可能被打败，除非发动陆上战争，而这是同盟成员眼下负担不起的。事实上，威尼斯已于 9 月派出特使访问法王查理九世，试探能否利

---

* 和平时期，威尼斯国家收入总额在 1555 年的 140 万杜卡特和 1579 年的 190 万杜卡特之间浮动；由于贸易萎缩，战时的收入会大大降低。

用法国驻伊斯坦布尔大使争取有利的停战条件——同时祈求国王自始至终向同盟其他成员保守这个秘密。法国驻奥斯曼帝国特使达克斯主教弗朗索瓦·德·诺瓦耶是位非常老到的外交家；他自1571年开始就在伊斯坦布尔，并一直维系着他的主人和苏丹之间的友好关系，其间巧妙地回避了索库鲁于1572年夏季邀请法国加入奥斯曼共同对抗西班牙的建议。1573年早些时候，法国也在认真考虑阿尔及尔方面的提议，将阿尔及尔港口置于法国军队的保护之下，预先阻止任何西班牙的攻击。法国在伊斯坦布尔确实有一定的影响，安排威尼斯－奥斯曼和约也能为法国带来明确的利益：打破同盟，将使西班牙在未来同奥斯曼作战时更加孤立和脆弱。[17]

不过，达克斯主教最终在谈判中只扮演了一个小角色。他在1572年11月离开伊斯坦布尔到杜布罗夫尼克，然后收到查理九世指令返回奥斯曼宫廷；当他在2月的最后一天到达时，大部分谈判已由被关押的威尼斯大使马克安东尼奥·巴尔巴罗在人脉亨通的犹太医生兼商人所罗门·南森·阿什肯纳兹的帮助下完成了。法国大使帮助商定最终协议，这项工作于1573年3月7日结束，但他很明显地为这些条款有多么耻辱而感到失望。条约的基本模板参照终结1540年威尼斯－奥斯曼战争的协议。威尼斯如今不得不支付总数达30万杜卡特的赔款，先前约定的扎金索斯岛年贡现在也要增加。条约的正式文本规定，威尼斯交还索波特城堡（没有它，奥斯曼人没指望控制希马拉地区），交回掠夺而得的火炮。其他方面，在“阿尔巴尼亚地区”（土耳其文本中是Arnavudluk）和波斯尼亚（即达尔马提亚内地），双方将重新获得战前拥有的领土。然而，达克斯主教知道还有附加条款，和约本身没有明言。不管条约怎么说，他知道奥斯曼将保有“被他们拿下的阿尔巴尼亚城市”，即乌尔齐尼和巴尔。条约（3月22日于伊斯坦布尔）公布后一个月内，威尼斯不得不归还和约明示或暗示的索波特和马加里蒂，还交还了在马尼的堡垒。同时，威尼斯将向大维齐尔个人支付50 000杜卡特；这是在伊斯坦布尔办事的方式。达克斯主教说，威尼斯人不希望协议的条款被公开。的确，大使的谈判仅由威尼斯政府的核心——十人委员会授权，而对仍然包含主战派的元老院保密。但当大使的儿子于4月3日携带文件抵达威尼斯时，协议条款迅速为公众所知。[18]

五天后威尼斯驻罗马大使把消息捅给了格里高利十三世，教宗勃然大怒，立即命他从房间里出去。大使两次请求进一步听取他的解释，教宗两次命他退下。接着教宗走到窗前，背对着他，“怒不可遏”地再次命令他离开，并告诉他，他离开的同时即被革除教籍。格里高利把许多精力放在继续前任的同盟大业上；三方势力的代表在罗马过冬，由各方（包括威尼斯大使）在2月签订了再进行一次黎凡特远征的正式协议。确切的目标未定，但有可能是对阿尔巴尼亚发动重大攻击。提案稿本保存于梵蒂冈图书馆，题为“1573年，对奥斯曼作战事宜”，提案认为陆上战役需要当地居民配合，而这在阿尔巴尼亚最容易实现。提案建议的地点不在巴尔或乌尔齐尼，那里遭到蹂躏，大部分基督徒人口已不复存在，而是选定沿着海岸更远的地方。莱什“岛”是个可能的切入点，但因为“如我被告知的那样”，那里的空气散播疟疾，因而夺取都拉斯港作为开端更为合适，同盟军队还可以在那里与地方领袖达成协议，让他们广泛起事。会见罗顿半岛的头人也很重要，尤其是因为他们与内陆重要军事目标克鲁亚地区的人民有特殊的联系。有了克鲁亚，同盟就可以唤起迪勃拉和马蒂的好战之徒，进一步向东扩张；一开始也有必要联络“那些杜卡吉尼高山居民”的头人，督促他们起事。这个提案中地方性知识的程度值得注意；例如，有一处提到派小战船溯什昆宾河攻击位于内陆3英里远的一处小型奥斯曼要塞。作者的全名没有给出，文本仅将其描述为“dil S.P.C.”，也即“由P.C.先生提供”。一个可能的人选是普罗斯佩罗·科隆纳，马克安东尼奥的兄弟和战友；稍晚，一份由涉嫌欺诈但向来活跃的巴尔人马尔科·萨穆埃莱撰写的文件说，“普罗斯佩罗·科隆纳大人”对夺取斯库台的计划特别有兴趣。如果这一判断正确，那么普罗斯佩罗的主要线人之一很有可能就是加斯帕罗·布吕尼，他与加斯帕罗有很多机会详细讨论这些问题。[19]

然而，所有这些计划现在都被永久搁置。剩下进行反奥斯曼行动的唯一重要军事力量是西班牙海军（和陆军），菲利普不可能用它进攻奥斯曼帝国欧洲领土的任何部分。西班牙国王现在可以自由实施他的北非战略，如他一向所愿——这也许有助于解释，当威尼斯大使把1573年3月和平协定的消息告诉他时，他为何表现得极为冷漠。至少他相对来说自由了；7月、8月和9月，庞大的奥斯曼舰队不期而至，从普雷韦扎游弋到伊古迈尼察，再到发罗拉，短暂劫掠了邻近奥特朗托的意大利海岸，这让菲利普在那不勒斯和西西里的分舰队不能离港开赴非洲作战。但这一威胁一过去，唐·胡安就去了西西里，在那里花了数周整编军队，在菲利普和马德里国务会议的一致同意之下，他率一支入侵部队驶向不远处的突尼斯——他的舰队中有104或107艘桨帆船以及100多艘其他船只。突尼斯在不到四年前被乌卢奇·阿里手下的军官从此前的阿拉伯统治者手中夺取，并被置于奥斯曼控制之下。唐·胡安的舰队于10月8日到达时，奥斯曼官员和许多居民弃城而逃，两天后西班牙军队未遇抵抗就入了城；沿海湾更远处的比塞大港，当地人推翻了奥斯曼统治者，主动把城镇交给西班牙人。突尼斯的形势颇为奇特，自从1535年西班牙就在突尼斯之外的拉古莱特占据着一座堡垒；它守卫着被称为突尼斯湖的大型潟湖的海上入口，而突尼斯城就在湖的另一侧。菲利普下令摧毁突尼斯城，但唐·胡安看上去没收到命令，可能鉴于拉古莱特缺乏常驻守军，他决定在突尼斯构筑防御工事，替西班牙保有这座城。他留下8000人的军队，交给出色的防御及火炮专家加布里奥·塞尔贝洛尼指挥，以实现这个目的。唐·胡安只待了一周就返回巴勒莫，出席一场庆功欢迎会。甚至向来愤世嫉俗的枢机主教格朗韦勒对此消息也感到振奋，他写道，唐·胡安可以像尤利乌斯·凯撒那样说“我来，我见，我征服”，可以像伟大的罗马将领西庇阿一样，冠上“阿非利加努斯”的称号。[20]

格朗韦勒的信心持续到1574年春季：3月份，在讨论奥斯曼可能的反击时，他告诉那不勒斯的教廷大使说，拉古莱特和塞尔贝洛尼在突尼斯城外构筑的新要塞均“粮草充足”，“武装极佳”。真相大相径庭；塞尔贝洛尼的行动急需资源，而菲利普二世将所有注意力都放在尼德兰以及其他棘手的西欧问题上。5月底，有清晰的迹象表明奥斯曼人正在筹建庞大的海军力量，格朗韦勒向菲利普保证突尼斯和拉古莱特相对安全，因为奥斯曼人不可能从陆上一侧进攻它们，舰队也不能在那里长时间停留。一个月后，他提到“坊间传言”说奥斯曼人正计划进攻突尼斯，而他坚持认为南意大利及西西里是更可能的作战目标。如果连西班牙王国消息灵通的官员都如此漫不经心的话，鉴于菲利普还有别的事务要操心，并且打一开始他就不打算占领突尼斯，我们可以猜测国王本人根本没把它放在心上。而另一方面，对苏丹塞利姆二世来说，夺回那座城市是他最优先考虑的事，因为这将挽回并加强奥斯曼帝国在整个北非的威信。1574年头几个月，为组建一支强大的远征军，奥斯曼付出巨大努力；例如，4月，丘斯滕迪尔（位于保加利亚西部）、斯科普里、普里兹伦、斯库台、杜卡吉尼和爱尔巴桑的桑贾克贝伊接到命令为舰队提供成千上万的桨手。也有一些证据表明，塞利姆派代理人同荷兰叛军取得联系，激励他们叛乱，试图将菲利普的注意力从北非转移到更远的地方。为筹备这场远征，奥斯曼人克服了万难。当奥斯曼海军最终于1574年7月第二周出现在拉古莱特海面时，共有250到300艘船只，载有超过40 000名士兵。这是自苏莱曼大帝的大规模陆上征战以来，奥斯曼投入的最强兵力。[21]

塞尔贝洛尼一知道奥斯曼舰队迫近，就派了他的外甥兼副官乔瓦尼·马格利亚尼乘坐一艘轻型船艇，紧急给唐·胡安报信。由于国王的异母兄弟被派往米兰指导西班牙在意大利的总体政策，马格利亚尼踏上了史诗般的高速航行；用了不到两周，马格利亚尼就在米兰附近见到了唐·胡安，尽管他认为归去要么必死无疑要么沦为俘虏，他还是毅然决然地返航了，返程所用的时间甚至更短。唐·胡安迅速投入到组织援军的工作中，于8月17日率27艘桨帆船抵达那不勒斯，并召集更多军舰。但奥斯曼围攻军队的巨大优势已经让守军付出代价，尤其是因为西班牙新建的防御工事仍远未完工——奥斯曼人到达时，围绕新要塞的城壕才仅仅挖了齐膝深。8月23日，拉古莱特的旧要塞在第五次总攻击时陷落。此时，与塞尔贝洛尼一道在突尼斯城外新要塞的4500人中仅剩下2500人；到了9月第二周，只剩700人，大部分都有伤病。1574年9月13日，要塞终于被攻克，塞尔贝洛尼被俘；他的儿子乔瓦保罗一直同他在一起，在前一天被火绳枪击中头部而死。几乎没几个幸存者，其中大多数人受了重伤，包括被射中脸部的乔瓦尼·马格利亚尼。奥斯曼作家泽雷克可能也参加了这次战役，他写道："只有100人幸存，余下的人全都倒在了穆斯林的军刀下。"[22]

奥斯曼在突尼斯的胜利在伊斯坦布尔引起无尽欢愉，罗马和马德里则深深沮丧。它证明奥斯曼政权投入巨大努力重建海军的正确性。克里奇·阿里1572年在其中扮演老鼠的猫鼠游戏已经表明，新舰队主要用于装点门面，其弱点在任何一次勒班陀式的作战中都会迅速暴露。他在1573年的战事，主要包括沿巴尔干海岸游弋，也给人相似印象。但1574年，他证明了奥斯曼人能够执行最为根本的海军任务：将实力以陆军的形式投放到远方海岸。随着同盟的瓦解，奥斯曼海军现在成了东地中海霸主。但有意思的是——这长期困扰历史学者——接下来几年里，苏丹没有再进一步利用这种优势。相反，奥斯曼海军遭到削减，而与此同时西班牙也将注意力转向他处。作为16世纪70年代早期欧洲地缘政治冲突中心的地中海，相当快地步入平静状态，只是被重新活跃的基督徒或穆斯林海盗不时打断。

"难道地中海已不再是足够吸引人的奖励了吗？"布罗代尔问道。"不管原因何在，这一点却是个事实：这两个帝国被单独留在地中海封闭的比武场内，不会再盲目地彼此冲撞。”不过，将地中海本身说成是有待赢取的奖励有可能使人产生误解；如海军历史学者约翰·吉尔马丁指出的，现代概念的“制海权”几乎不适用于16世纪的策略或现实。“海的主人”之类的说法不时被使用，这确有其事，但他们通常指的是驾驭卓越舰队的能力，有必要的话，将其用于特定的目的，而非建立永久性垄断和控制体系；威尼斯自称永久统治亚得里亚海是个例外。一般来说，威尼斯是唯一以保护贸易路线为海军政策首要关切对象的大国；而所论及的贸易是与奥斯曼帝国进行的，其通常政策是合作，而非冲突。（威尼斯于1573年回归到合作立场，并将在接下来72年中与奥斯曼人维持和平。）为了理解1574年之后平静状态形成的根本原因，有必要记起战争舰队的基本目的。海军舰船或编队可能执行多种常规任务（重要官员的护送，巡逻抓捕或者阻止海盗等等），但主要作战舰队的基本目的通常是运送军队以攻取领土。1574年之后，西班牙忙于其他问题——尤其在尼德兰——无暇顾及针对奥斯曼的任何大规模行动。而对苏丹来说，不存在需要通过两栖作战加以征服的明显目标；南意大利这块最诱人的宝地也最为棘手，因为对这一地区的进攻可能会把威尼斯带回反奥斯曼军事联盟，而这样的联盟可能击败奥斯曼军队。其他最有吸引力的宝地可能是摩洛哥的非奥斯曼领土。但在地中海尽头发动一次战役，涉及艰巨的后勤难题，加之邻近母港的西班牙舰队有干预的风险；此计划可能得不偿失。*[23]

那么，对布罗代尔问题的回答是：随着突尼斯的收复，奥斯曼帝国拥有了所有合理预期中能够占有的地中海沿岸领土；尽管还有别的可以考虑或垂涎的地区，但奥斯曼并没有自信取得它们。海军极为昂贵，并且需要不断维护；即使是能从埃及获取巨大利润的奥斯曼

* 地中海还有另一个有吸引力的潜在目标：克里特岛。但这个岛包含一些防御良好的阵地；土耳其最终于1645年发动攻击，这次征服战争历时24年才结束。

政府，也负担不起连年发动大规模海上战役。另一方面，陆战则可以定期进行，并且能够收获更多领土。1578 年，苏丹在东方发动征服战争，席卷美索不达米亚、波斯西北部和高加索地区，这将在十余年中耗费无尽资源。而在这之前，为了铺平战争道路，苏丹的大维齐尔与西班牙议定了海军停战，之后一再续期。西班牙－奥斯曼休战也许既是地中海平静态势出现的原因，也是它的征兆，但休战确实极大地影响了这个世纪剩余时间里的地缘政治。而我们将看到，布吕尼－布鲁蒂家族的另一位成员密切并且颇有争议地卷入了促成休战的过程。[24]

第十章

布鲁蒂与布吕尼家族在伊斯特里亚

1570 年到 1573 年威尼斯－奥斯曼战争期间，布吕尼和布鲁蒂家族付出了沉重代价。加斯帕罗 · 布吕尼失去了兄弟乔瓦尼和侄子尼科洛。如果尼科洛的父亲塞拉菲诺 · 布吕尼到 1571 年还活着，那么看来他死于乌尔齐尼陷落。（对此没有特别的记录，但 1572 年底教廷国务卿签署的一份文件概括地说，当乌尔齐尼被征服时，加斯帕罗失去了“他的诸兄弟、亲属和他所有的一切”。）看来其他家族成员也在那时死去：威尼斯海军司令塞巴斯蒂亚诺 · 韦涅耶在勒班陀战役两周后写的一封信中，提到加斯帕罗说过“他许多可敬的亲属在乌尔齐尼城被奥斯曼人杀害”。安东尼奥 · 布鲁蒂在城市投降后随即死去又是一次打击；他的妻子——加斯帕罗的姊妹玛丽亚有没有幸存不得而知，但此后再也没有提到她。正如我们所见，安东尼奥的两个儿子之一，1570 年至 1571 年为威尼斯而战的马尔科 · 布鲁蒂，似乎已经消失。在布鲁蒂家族这边可能也有其他人死亡；安东尼奥在 1569 年给威尼斯的请愿书中提到的九个儿子，有三个在这份历史记载之后就完全消失了，这表明他们在之后没能活太久。[1]

不过，马尔科的兄弟和战友亚科莫幸存下来，至少七个兄弟姐妹也是如此。亚科莫本人明显参加了勒班陀战役；如果他们在乌尔齐尼陷落时在城里，并不清楚兄弟姐妹们是怎样逃脱的。也许他们的父亲先行把大部分孩子送走了；也有可能一些更年幼的儿子正在威尼斯或别的地方上学。清楚的是，亚科莫——1571年，他正值29岁——现在扮演布鲁蒂家族族长的角色，安排他们迁往科佩尔，这座城市位于威尼斯属伊斯特里亚，在亚得里亚海东北角上。由于缺乏这个家族和科佩尔此前有联系的证据，不能判断为什么他们选择了那样一个特定的目的地；一份1575年的威尼斯法令支持亚科莫在科佩尔取得贵族地位的请求，法令仅仅说，这个城镇被亚科莫和他的兄弟们“选”为“故土沦陷后的永久居留地”。但至少清楚的是，布鲁蒂家的兄弟们并不是以窘迫的难民身份迁来；他们迅速与该城一些最有权势的贵族家庭通婚，部分要归功于亚科莫对贵族地位的请求得到批准。其中一对夫妇于1572年诞育了一名婴儿，因此我们可以推断，迁往科佩尔发生在乌尔齐尼陷落后不久。此时，布吕尼家族的一位成员加入了布鲁蒂家族行列——塞拉菲诺的长子马泰奥，他之前曾陪同他的叔叔乔瓦尼·布吕尼参加特伦托会议。加斯帕罗·布吕尼的私生子安东尼奥也成为科佩尔居民，可能居住在他的堂兄弟马泰奥家中。在经历了战争带来的所有剧变和丧亲之痛后，余下的布鲁蒂和布吕尼家族成员再度团聚在威尼斯治下的一座亚德里亚海小城。[2]

科佩尔距乌尔齐尼有450英里远（直线距离；也许乘船要有10天的行程），但这两地之间的相似性会使任何从一地迁往另一地的人感到惊奇。这也是一座古城，罗马人称之为卡普里斯（从指“山羊”的拉丁语词语而来），拜占庭人则称之为查士丁堡，曾归属于很多统治者，包括神圣罗马帝国皇帝，其后它于1278年到1279年落入威尼斯之手。科佩尔由一位威尼斯长官和一众威尼斯官员进行管理；其下是城镇的贵族议事会，筹备立法，向长官提出建议，派“使者”携特殊请求前往威尼斯，提名城市主要家族成员担任法官和政务官。像海洋领地的其他社区一样，威尼斯按照科佩尔自身的地位进行管理。但在某一方面它并不典型。很多伊斯特里亚、达尔马提亚和威尼斯属阿尔巴尼亚的城市珍视他们最初自治权的记忆，强调威尼斯的权力仅仅来自自愿的“让渡”行为，他们通过“让渡”把自身置于威尼斯统治之下，科佩尔则更加彻底威尼斯化：14 世纪中期的起义失败后，其议事会被威尼斯废止，当它重新组织时，它被迫只包括亲威尼斯分子，这些人的权力不依赖于“让渡”行为，而是总督的授权。因此，用一位历史学者的话说，科佩尔统治贵族“相较于伊斯特里亚而言更为威尼斯化，相较于贵族气质而言更具官僚主义”。但如果由此产生的是一个对威尼斯非常忠诚的社区，当地很大程度上也没有经历过曾经严重撕裂巴尔及诸多达尔马提亚城市的那种社会冲突的话，那么乌尔齐尼的迁居者在那里也许会感到自在。[3]

科佩尔是伊斯特里亚半岛最重要的城市；它的意大利语名为卡波蒂斯特里亚（Capodistria），意思是“伊斯特里亚之首”，看起来通常用来指其重要性而非地理位置。威尼斯属伊斯特里亚从任何行政管理的角度看都不是一个行省，也没有中心首府；在平等的基础上，每个城镇拥有自己的农业领地，有自己的长官。尽管如此，从 1584 年开始，对伊斯特里亚全境有司法权的特别法院在科佩尔设立，因而以这种特别的形式，该城被视为具有突出地位。它也是诸城中最大的。1553 年年中，它的人口是乌尔齐尼的 6 倍；乔瓦尼 · 巴蒂斯塔 · 朱斯蒂尼安在沿海岸下行到威尼斯属阿尔巴尼亚旅行前的那年 5 月访问了科佩尔，记载它有 10 000 名居民。他满意地说，人们对威尼斯“极为忠实”，他观察到：“所有居民，包括贵族和平民，用最漂亮的衣服打扮自己；他们身穿意大利样式的服装，他们中有很多医生和受过教育的人，而在这个地区定居和工作的全是斯拉夫人。”但在他访问的几个月间，科佩尔正被瘟疫蹂躏。这个城市超过三分之一的人口或死或徙；瘟疫结束时，仅有 2300 人幸存，到了 1560 年人口仅仅恢复到 3600 人。当布鲁蒂家的兄弟姐妹于 16 世纪 70 年代初到达那里时，这个曾经富裕的城市仅有两倍于乌尔齐尼的人口。到 1577 年，人口总数增长到 4000 人，但长官报告说，科佩尔正在经历比瘟疫的直接后果“更大的灾难”，“苦于不断的饥荒、风暴以及盐产量下降”——盐是该城的经济支柱之一。疟疾也是个问题；1579 年到 1580 年，一位精力充沛的长官鼓励议事会派一名大使到威尼斯，要求派工程师规划排干城外“非常密集、恶臭无比的沼泽地”，未来几年当地采取了一些排水措施。随后的报告显示，16 世纪 80 年代早期，当地人口上升到 4800 人，但到 1593 年又下降为 3500 人；在那一年，科佩尔“乏人居住，很多房屋沦为废墟”。据说该城贵族阶层的 200 位成员中，“一些人由于贫穷，参与农业生产，一些人从事渔业，一些人从事船运业；在这些贵族中，极贫几乎是普遍情况，因为他们不从事商业，或者任何一种知识性职业”。[4]

在科佩尔城外有 42 座村庄，人口也在这一时期逐渐下降，从 1560 年的 6000 人下降到 1596 年的 5000 人。这里的生存条件同样非常恶劣；1577 年，长官写道：“威尼斯大陆领土上畜生住的牛棚，比这一地区几乎全部由茅草扎成的人住的小屋，要远为精致和舒适。”在 1553 年瘟疫之前，这里是重要的酒类产地；朱斯蒂尼安报告说，酒类销售额每年在 25 000 到 30 000 杜卡特。酒类主要市场是北部的哈布斯堡领地——边界线距科佩尔仅几英里，帝国城市的里雅斯特就在另一侧。1591 年伊斯特里亚的一份总结报告说，很多酒出口到“德意志”（指神圣罗马帝国），科佩尔还有小规模的丝制品出产。这里也产谷物和油，但根据这份报告，只供当地消费。该地区从来就没有实现粮食自给；不过油的生产似乎取得增长，1598 年科佩尔长官指出，油和酒是当地卖给哈布斯堡领地买家的三种主要产品之二。第三种，也是最重要的，是海盐，盐在科佩尔邻近海岸大量生产，卖到哈布斯堡腹地、达尔马提亚和威尼斯。1578 年，人们发现的里雅斯特人设立了自己的盐业作坊，这引起威尼斯当局的巨大担忧，害怕这一变化将破坏整个伊斯特里亚经济；威尼斯命令其在亚得里亚海的海军指挥官、科佩尔以及附近城镇穆贾的长官捣毁的里亚斯特司法管辖权之外的非法盐田。十三年后，科佩尔长官仍在诉说这种竞争性生产构成的威胁；盐卖给哈布斯堡商人以换取粮食，换不来粮食，科佩尔的城市和乡村就得挨饿。[5]

从威尼斯的角度看，伊斯特里亚是阻挡哈布斯堡和奥斯曼的战略屏障；它是人力资源的储备地，总人口在 50 000 到 70 000；它还是舰队所用木材的重要来源地。很多作家也提到其农业潜力。但伊斯特里亚乡村整体上人口不足，十分落后；1560 年的一份报告说，很多地方“既没有定居人口，也没有受到应有的耕种，部分因为人口数较少，部分因为他们天性粗犷，他们的收获大约是应获产量的一半”。威尼斯当局意识到这一点，大力鼓励移民迁到这一地区。1540 年，奥斯曼新近征服地区的难民被迁往伊斯特里亚；到 1554 年，超过 15% 的伊斯特里亚人口是移民；1556 年，伊斯特里亚所有废弃土地被宣布为国家财产，这样就可以重新分配；16 世纪 60 年代设立了一个拓殖项目，把博洛尼亚地区的家庭迁往伊斯特里亚南部的未开发区域。瓦拉几人、斯拉夫人、阿尔巴尼亚人和希腊人不定期但却经常性地流入此地，1571 年之后还有很多塞浦路斯来的难民；有证据表明希腊人经常放弃此处并迁往别地，然而阿尔巴尼亚人更能适应新的生存条件。布鲁蒂和布吕尼家族则属于不同范畴；他们不是被安置在空旷郊野的农民，而是有重要社会资本（以及可能有一些真实资本，存在威尼斯）、正在寻觅一处城市作为新家的贵族。不过这里的总体状况——人烟稀少、人口流动程度相当高，也许在一些方面使伊斯特里亚相比威尼斯治下的其他地方而言，更容易吸引移民进入。[6]

很多科佩尔贵族家庭在更早的时期迁居到那里，有一些来自阿尔巴尼亚。姓氏表明了他们来自阿尔巴尼亚，在 15 世纪前就开始迁居，到 1432 年组成了这个城市的贵族阶层；布拉蒂家族（Brati，他们是长期困扰在这个城市的抄本文献中寻找“布鲁蒂”的历史学家的难题）早在 13 世纪就从阿尔巴尼亚迁来。另一个重要家族叫杜卡因，可能是阿尔巴尼亚北部杜卡吉尼家族的支系。但布鲁蒂家族没有与这些家族通婚，尽管他们同样是贵族。取而代之的是，亚科莫选择与这个城市最有权势的韦尔奇家族通婚，这一家族宣称源于原威尼斯贵族乔治或佐尔其家族，有300多年伊斯特里亚封建领主历史。亚科莫本人娶了布拉达曼特·韦尔奇，他的姊妹卡特琳娜嫁给了里扎多·韦尔奇。（这两位韦尔奇是不是同胞或堂兄妹不得而知。）亚科莫的妹妹伊拉列塔比卡特琳娜年逊5岁，嫁给了德莫斯泰内·卡雷里奥，另一个根基深厚的贵族家庭成员，这一家族与韦尔奇家族也有密切联系；她的儿子贝内德托出生于1572年，她的另外五个孩子之一劳拉后来嫁给了一位叫尼科洛·韦尔奇的人。幸运的是，布鲁蒂家族迁往全新环境时，他们中的一些人恰至婚龄，没有比通过联姻建立强大而直接的社会关系更好的办法了。看来这一家人中只有一位在迁居之前就已结婚：出生于1549年的亚科玛·布鲁蒂，她的丈夫是巴尔的彼得罗·波利希。波利希家族是巴尔为首的贵族家族之一，有很强的亲威尼斯传统；事实上，1450年威尼斯感激地记载说，一位叫马尔科·波利希的人"促成将巴尔城堡转交我们统治"。后来一份科佩尔文件记录道，亚科莫·布鲁蒂"吸引他们（即波利希家）同样来到本城，并在这里定居，因为他们已经失去了故乡巴尔"；这发生在巴尔沦陷后不久还是一段时间之后，无从得知，不过有资料称彼得罗和亚科玛的儿子贝尔纳多于1590年搬到科佩尔。[7]

威尼斯总督于1575年9月3日发布命令，将科佩尔贵族地位授予亚科莫和他的兄弟们，以及他们所有的合法子嗣。这清楚地表明，布鲁蒂家族最重要的社会资本是他们父辈受人赞许的声望。"布鲁蒂家族一直对我们国家如此忠诚并心怀好意；尤其是极为忠诚且备受尊敬的骑士安东尼奥·布鲁蒂，他一生荣耀，奉献出如此勤勉而有成效的服务……"，诸如此类。但同样清楚的是，这种无形资产的价值必须在威尼斯而不是在科佩尔变现。1575年12月26日，科佩尔议事会决定向总督提出正式抗议：它说本城法令要求在议事会进行四分之三多数投票来接受新贵族，抱怨说“出于这个原因，乌尔齐尼的亚科莫·布鲁蒂先生以及他的兄弟们决定尝试一种不同的方式，以成为议事会成员”。他们请求总督，亚科莫必须通过常规程序；但此后，议事会记录中再无相关内容，看来威尼斯当局获胜了。此事打击了当地的自尊心，但毫无疑问这最终会被布鲁蒂家族在科佩尔贵族中的众多姻党的努力所软化。[8]

布鲁蒂家族在这一时期如何在财务上养活自己并不太清楚。亚科莫可能从事了贸易，并动用了另一项继承而来的重要资产：他父亲的人脉；但亚科莫在晚年抱怨身处贫困，他的四个儿子全部从事译员职业，这意味着他们没有需要打理的父辈产业。不过，不论他刚到科佩尔这些年的财务状况如何，亚科莫最终确实成了科佩尔公认的重要成员。1583 年 11 月，议事会在其领袖人物中挑选三人作为使者前往威尼斯，以便请求提高酒类和盐的出口税（适用于那些不经过威尼斯出口的货物）；第三位使者，用议事会会议记录的话说是“卓越的亚科莫·布鲁蒂先生”。五年后，他当选为市政粮仓（一个重要机构，被一位作者描述为“穷人的唯一指望”）的督察；他的妹夫德莫斯泰内刚在三个月前成为一名督察。1589 年 12 月下旬，亚科莫接替德莫斯泰内，被任命为科佩尔四位法官之一；一周后，城市粮食委员会从四人中选定二人，代表委员会开展特殊行动，他是被选中的二人之一。[9]

德莫斯泰内·卡雷里奥不再任法官，而是被选为驻威尼斯的大使，1590 年 1 月初，该城四位法官和二位市政官的正式声明描述了他的使命：他将告诉威尼斯当局“这里可怜的人民察觉到自己与整个地区一道处于十分悲惨的境地，因为两家犹太银行已在这个城市开了 70 年，他们高达 12.5% 的利率，已使每个阶层以及每种状况下的人陷入极端痛苦”。卡雷里奥得请求威尼斯赶走犹太人，取而代之建立“公典行”——在典当业基础上建立的借钱给穷人的慈善机构。科佩尔市政当局拥有 113 块盐田，他们想将这些作为担保，抵押给威尼斯，然后威尼斯贷出 4000 杜卡特作为公典行的启动资本。* 六周后，议事会再次给卡雷里奥发出指令：他需再次向威尼斯求助，阻止的里雅斯特人建立竞争性盐作坊。它宣称："科佩尔城和（奥地利）大公子民之间的贩盐贸易以及运输，是所有穷困市民的唯一支持，也是支付威尼斯税收的基础，因为我们用这种方式输出盐，以获取小麦、羊毛、奶酪和各种谷物。"这对科佩尔市来说不是个好年景。1590 年 8 月，卡雷里奥与另一位大使一道再次被派出，乞求威尼斯拨 6000 斯塔罗（372 吨）谷物："在这多灾多难之时，全然忠实的民众深陷贫困，我们如今极度匮乏，连足以应付一周的面包都没有，以至于人们将有叛乱的风险，而城市将被彻底毁灭。"威尼斯的回应相当勉强，赊给科佩尔 300 斯塔罗面粉，并允许它购买 500 斯塔罗谷物。人们没有造反，不管怎样，科佩尔幸存了下来。[10]

亚科莫 · 布鲁蒂于 1593 年再次担任市政粮仓督察，1597 年他是两名负责实施惩罚的治安法官之一，另一位叫弗朗西斯科 · 卡雷里奥。但他最重要的任命是"斯拉夫统帅"，即"斯拉夫人的头领"，他在 1593 年 9 月获得该职位。该职位自从 14 世纪中期以来就是政府体制的重要组成部分，管辖科佩尔地方所有乡村居民的治安；这位首领组织、指挥当地民兵——他们由村民组成——也扮演居民利益保护者的角色。有证据表明，一项必要条件是与他们沟通的能力。当地的所谓的"斯拉夫人"包括斯洛文尼亚人、克罗地亚人和瓦拉几人——他们可能也讲塞尔维亚 - 克罗地亚语（1561 年的一份报告提到"一个伊斯特里亚人和莫拉几人的混合群体"——"莫拉几人"常用来指达尔马提亚腹地逐渐增加的说斯拉夫语的瓦拉几人），因为亚科莫生长于斯拉夫 - 阿尔巴尼亚语的语言区边界，他可能熟稔于塞尔维

* 这些提议均未得到批准。此前的公典行（Monte di Pietà）陷入债务危机，这个城市的政府于 1579 年到 1580 年帮助它摆脱了困境，但后来它破产了；科佩尔人看起来不是很守信用。犹太人成功扛住了压力，他们贷款的权利最终得以恢复。

亚－克罗地亚语，不过适应斯洛文尼亚语可能花了他一些时间。斯拉夫人首领手下接受过军事训练的男丁人数最近已由 400 人增加到 500 人。但首领的正式职责还覆盖了所有成年男性，他们构成了人力资源池，民兵就从中而来。1598 年科佩尔长官指出，这些村庄包括 1235 名年龄在 18 至 50 岁的男性："所有这些人被叫作'斯拉夫人'，由（科佩尔）市民授权，他们有一位头领，当出现职位空缺时，由他们的代表选定一位本市绅士……他有责任保护并捍卫他们，确保他们不臣服于任何敲诈勒索，他每年从城市财政中支领 156 杜卡特；现任首领是亚科莫 · 布鲁蒂先生，他履起职来让众人皆大欢喜。"我们可以推测，亚科莫也很满意。他不仅获得了一份能养活自己的收入，还获得了该城及其乡村地区的核心职位——他在 1618 年去世时仍然占据着这一位置，此时他已经 76 岁。[11]

亚科莫 · 布鲁蒂大家庭的另一位成员有相似的人生经历，密切融入科佩尔市民生活：他的大表哥马泰奥 · 布吕尼，塞拉菲诺之子。我们上一次读到马泰奥是在 1565 年，当时他携叔叔乔瓦尼送的三匹奥斯曼骏马从乌尔齐尼到教宗那里；此后（根据弗朗西斯科 · 巴尔巴拉诺的说法，他在马泰奥生命行将结束时在伊斯特里亚结识了他），他"长期在罗马教廷服务，在那里他有尊崇的工作"。* 他在罗马待了多久无从得知，但到 1587 年他肯定在科佩尔有了深厚根基，这一年他第一次以市政部门负责人的身份出现在记录中——两位卫生督察之一。1589 年他被任命为市政粮仓督察，1591 年再次任此职位。接下来的一年，他成为维持该城大教堂物理结构、管理特殊养老基金的两位官员之一。其他两项任命紧随其后：1592 年是法官，1593 年被任命为本市辩护律师。法官无须正式法律训练，但辩护律师可能要求有一些特长；1608 年，在一起针对犹太银行家——18 年前他们曾成功抵制该城关掉他们生意的企图——的案件中，马泰奥以威

---

*　参见 89—90 页。

尼斯商人贝内德托·蒂耶波洛的官方代表身份出席法庭，法律特长在这种场合很是关键。因而马泰奥在教廷的职责可能与某种类型的法律工作有关。毫无疑问，当他逐步在科佩尔的公职阶梯上攀爬时，他的罗马资历对他十分有利。但另一个因素也许起到了更大作用：他也娶了一位韦尔奇家族成员。当他的第一任妻子卡米拉于1602年定下遗嘱时，她把遗产留给了姐妹维罗妮卡·韦尔奇和茱莉亚·韦尔奇，还有她的侄女，也就是彼得罗·韦尔奇的女儿们，以及她的侄子，也就是阿戈斯蒂诺·韦尔奇之子。结论显而易见，亚科莫·布鲁蒂为他的表兄弟充当了媒人，巧妙地将他引入自己的家族和社会网络。科佩尔贵族身份的许可随之而来；布吕尼家族此后将作为这个城市的贵族家庭之一载入史册。[12]

尽管马泰奥·布吕尼仍然是世俗中人，他在罗马教廷的经历和人脉可能给了他一张进入科佩尔教会生活的特别入场券；但我们无法窥及这一点，因为不幸的是只有市政记录留了下来，教会记录则未能幸存。在布鲁蒂家族到来之前的几十年中，科佩尔已被激烈的神学纷争撕裂：这个城市的主教彼得罗·保罗·韦尔杰里奥，一位智力超群、胸有大志的教廷外交官，于1549年被指控为新教异端，天主教正统捍卫者尽最大努力清除他的同情者，不论是事实上的还是想象中的。（领导这帮人的是科佩尔最著名的作家吉罗拉莫·穆奇奥，他最为人所知的身份是诗人，但也是一位反宗教改革的重量级辩论家；他领导了一场复仇之役，将韦尔杰里奥无可责难而且并非异端的兄弟的墓穴从大教堂中移了出去。）消灭异端的努力似乎非常成功：伊斯特里亚1558年至1591年这段时间被判为“路德宗”异端的十二人中，没有一人来自科佩尔；1580年初，枢机主教阿戈斯蒂诺·瓦列尔视察科佩尔，大主教最多只能说“他不确定这个城市有没有任何异端，尽管他对一些人有所怀疑”。此次视察的其他发现描绘出科佩尔宗教生活相当令人沮丧的画面。主教收入少于400杜卡特（低于特伦特会议提出的保护性最低收入500杜卡特）；大教堂的十一位教士收入低得可怜（大约 20 杜卡特），微不足道；主教不进行布道，因为严重疾病几乎夺走了他的记忆。每个教区应设立神学院的特伦托原则在这里没有得到贯彻，因为没钱支付；这里曾有一位公共校长，但他已经在两个月前离开，人们希望耶稣会能派人接替他。本市的法官和市政官则表示，他们一直希望耶稣会在科佩尔设立一所学院；但这一愿望——这是耶稣会作为教育型教团声誉快速增长的明显证据——不能实现。该份视察报告还记录说：科佩尔没有出版商或书商。这不是负面的评论，意味着不需要监管或在其中搜查“禁书”；但在现代人眼中，这又是该城总体生活状况近乎残酷的负面图景中的一丝细节。[13]

不过，这种严峻感可能被夸大了。这是个有真实文化生活、具有一定活力与格调的城市。当枢机主教瓦列尔抵达并开始他的视察时，他在由八位神学、法律或医学博士托举的华盖下，被领着穿过这座城市；在前往大教堂听“最美的圣歌”之前，他们经过了三座为这种场合专门搭设的，用格言、纹章和绘画场景加以装饰的凯旋门。这个城市的教堂有包括奇马·达·科内利亚诺、帕尔马·韦基奥和保罗·韦罗内塞等在内的著名画家的作品，也有一些出自维托雷·卡尔帕乔（其家族与这个城市关系密切，尽管维托雷本人是不是出生在这里仍有争议）。据一份后来的描述，科佩尔的多梅尼科修道院教堂有两幅提香的画作，其中至少有一幅作品可能为现代提香研究界一无所知。那个教堂有优质彩绘大理石，“极为迷人”；除了大教堂外，还有 5 个修道院和女修道院以及 33 座小教堂。至于主教乔瓦尼·因杰涅里，他从 1576 到 1600 年在科佩尔服务：他的记忆可能有问题，但他仍然是个受过良好教育、有教养的人。他是帕维亚大学教授，来自威尼斯的法学家，也是去世后出版的地质论文的作者。安排出版的人是他的侄子安杰洛·因杰涅里，诗人托尔夸托·塔索的朋友；当安杰洛于 1581 年出版塔索的《被解放的耶路撒冷》（*Gerusalemme liberata*）的一个版本时，他说如果不是被盗版所迫得加紧出版这本书，他会回到科佩尔，以便在主教叔叔——他是个“博学多识”的人——的帮助下，为塔索的作品准备精心制作的文学注释。科佩尔人还更广泛地在精神生活方面做出了贡献。比如，一个叫克里斯托福罗·韦尔奇的人曾是帕多瓦大学的逻辑讲师；医生桑托里奥·桑托里奥（生于1561年）是17世纪初帕多瓦大学的一位教授，因把伽利略的物理学原理应用于人体生理学而闻名。在这个城市本身，“帕拉迪亚学园”（有文艺复兴时期意大利气息的“学术组织”——并非高等学府，而是结合就餐和社交、智力辩论和文学训练的友好社团）活跃于16世纪60年代晚期，直到进入下一个世纪。它的一些成员创作了重要的文学作品，比如马克安东尼奥·瓦尔德拉将奥维德的《女杰书简》（*Heroides*）意译为意大利语文本（死后由桑托里奥·桑托里奥编辑）；我们会看到，有一本出版作品集包含许多帕拉迪亚学园成员的诗歌和散文，其中收录了加斯帕罗·布吕尼之子安东尼奥的文学作品。[14]

所以，尽管人口稀少，疟疾横生，公共及教会收入很低，饥荒不时发生，主要产业常受威胁，贫困不绝于耳，缺乏学院、神学院甚至书店，科佩尔也并非如此不堪的居住之所。我们不应忘记，许多类似不满在各种时期威尼斯境内的其他地方也会出现，甚至有过之而无不及。在威尼斯犯有重罪的人有时会被流放到这个伊斯特里亚城市，这确有其事：例如，1581年，一个叫卡洛·杜拉佐的人因为在威尼斯试图用火绳枪伤人，被流放到科佩尔四年；1589年，十人委员会的秘书因为鸡奸罪被判流放到那里十年。但海洋领地的任何城镇都可能被当局用于这种目的。科佩尔与很多其他目的地最明显的差别是它离威尼斯很近：在顺风的情况下，乘船不到两天就能到达。当然，科佩尔的精英家族以他们与母城的紧密联系为傲。像亚得里亚海世界的任何其他小城镇一样，他们同时对自己的市民社会和体制感到非常自豪。在这里，像布鲁蒂和布吕尼这样的家族，一旦被接受并且定居，就可以落地生根。但另一方面，它不是个容易求得辉煌职业生涯的地方。因而，在一些成员，比如亚科莫·布鲁蒂和马泰奥·布吕尼，出任科佩尔的头面人物，维持家族的社会地位，通过血缘和婚姻培植民间威望并发展人脉关系之际，其他人外出闯荡。其中最卓越的是亚科莫年轻的弟弟巴托洛梅奥，他是这一时期威尼斯臣民中最富冒险经历的人之一。[15]

第十一章

巴托洛梅奥·布鲁蒂与战俘交换

1573 年 6 月，巴托洛梅奥·布鲁蒂向威尼斯政府呈递了一份请愿书。那时他仅有 15 或 16 岁——他并非安东尼奥·布鲁蒂最年幼的儿子，却也比他的哥哥、家族的新族长亚科莫小了整整 15 岁。他在请愿中说明自己精通意大利语、阿尔巴尼亚语和斯拉夫语言，还曾在威尼斯的学校中学过拉丁语和希腊语；他请求将他派驻伊斯坦布尔，成为见习译员。自从 16 世纪 50 年代起，威尼斯当局实施了一套正式的年轻男性译员训练制度，受训者被称为青年译员（giovani di lingua，字面意思是“语言青年”），他们在威尼斯大使府邸工作，大使是威尼斯在奥斯曼首都的常驻使臣。在初入门的几年中，这份工作报酬有限，但羽翼足够丰满的译员在大使府邸能够占据重要地位，有很多机会亲身涉足有利可图的副业，包括贸易，因此这一职位十分引人希图。巴托洛梅奥的请求来得正是时候，威尼斯－奥斯曼和平协定刚刚签订 3 个月，双方的正式关系重新开启。元老院显然收到了有关这个年轻申请者的正面信息，可能记起了他已故的父亲，在回复中称他为“一位十分值得我们国家帮助的人”，并宣布“鉴于他表现出的敏捷思维，一旦他掌握了奥斯曼的语言和习语，便能在短时间内成为我们政府极为合适的雇员”。巴托洛梅奥·布鲁蒂被准时派往了伊斯坦布尔。[1]

因为那时他资历尚浅，未能在文献中留下哪怕细微的痕迹，故而巴托洛梅奥在奥斯曼首都最初几年的遭遇有很多不确定性，这些谜团也不太可能被解开。我们所知的是，1574 年 9 月初，大约在他到达那里一年后，威尼斯政府允许大使将他从伊斯坦布尔解职，在 10 月底，巴托洛梅奥收到 50 杜卡特的旅费，被遣送上路。显然当局认定，见习译员的生活终究不适合他；我们可以猜测，问题在于性情或利益，而非语言才华，因为他后来的职业生涯证明他最终在土耳其语上达到了流利的程度。不过，不出几个月，他又回到了伊斯坦布尔，要么为大使工作，要么至少与他保持了联系。1574 年 11 月底，在 9 月份突尼斯陷落时被俘虏的火炮将领加布里奥·塞尔贝洛尼从伊斯坦布尔监狱转往大维齐尔索库鲁·穆罕默德的府邸，1 月中旬他被准许拜访大使安东尼奥·蒂耶波洛。在 1 月 15 日的报告中，蒂耶波洛详细描述了科孚防御工事的一些可能改进，这是塞尔贝洛尼提议的，他补充道："这是他（塞尔贝洛尼）派布鲁蒂代表他同我讲话时，所不能明言的。"此后不久，巴托洛梅奥·布鲁蒂被派往罗马执行协助安排囚犯交换的重要使命（见下文）；我们将会看到，这占据了他在 1575 年的一大段时间。1576 年 1 月，他返回伊斯坦布尔，并宣布威尼斯授权他重新开始语言学习，这让新任大使乔瓦尼·科雷尔有些吃惊。但不到七个月，在他自己的请求之下，他被允许再次离开这座城市；作为青年译员的日子结束了。科雷尔报告说："且不谈按计划那样专注于语言学习的事情，他的心思并不在此，但我一直清楚，他有为我们最辉煌的国家服务的良好意愿和全部渴望。"科雷尔不知道的是，可能从他最近返回伊斯坦布尔后，巴托洛梅奥·布鲁蒂就已被西班牙情报机构招募。他非但不是威尼斯共和国的忠实仆人，还成了主要竞争对手的秘密雇员。[2]

首先来了解下囚犯交换——这引出了更大的问题：近代早期地中海世界的整个俘虏、交换和赎金机制是如何运作的。这一时期，战争、海盗、海上与陆上劫掠在奥斯曼境内和基督教世界内均产生了大量俘虏。这些人中有很多长期或者永久性地沦为奴隶：除了法国，每个地中海国家均有相当的奴隶人口（不过法国也会在军舰上使用他们）。意大利有 40 000 或者 50 000 名穆斯林奴隶；西班牙的穆斯林奴隶总数可能与之接近，尽管他们的数目要远少于非洲黑人奴隶。“巴巴里”国家阿尔及尔、的黎波里和突尼斯拥有至少 35 000 名基督徒俘虏（一份最近的估计是 38 500 人）；奴隶在这些地区人口结构中占据很大比例，在当地经济中充当了必不可少的要素。家庭和农业奴隶也常见之于奥斯曼帝国腹地。大量波兰人、乌克兰人和俄罗斯人在奥斯曼劫掠性的远征中被抓，用船装载穿过黑海到达伊斯坦布尔和其他贸易中心；单单在 1578 年，通过克里米亚半岛港口费奥多西亚（意大利名为卡法）就卖出了 17 500 名这样的奴隶。1584 年，原威尼斯使臣贾科莫·索兰佐估算，伊斯坦布尔有 10 000 名基督徒奴隶，其中 3000 人属于苏丹，3000 人属于舰队将领；那个世纪初一项对伊斯坦布尔家庭奴隶的研究说明，该市约 40% 的奴隶是所谓的俄国人，即黑海北方的斯拉夫人。事实上，奴隶制是无法逃避的现实，影响着从乌克兰草原到葡萄牙与摩洛哥大西洋沿岸的居民。奴隶制的基本特征——通过劫掠或战争获取、公开和私下买卖、其经济和军事功能、其法律地位、解放的可能性——在基督徒 - 穆斯林边界的两侧别无二致。由于奴隶尝试返回家园，以及其家庭努力寻觅失踪成员，寻求组织俘虏交换或赎回奴隶的各类个人和代理不断跨越穿梭这一边界。[3]

我们很可能会认为在那些一开始就被当作长期奴隶的人和那些被放在一旁勒取赎金的人之间有明显区别；人们大概会想，只有精英，贵族、军官、富商等，会被归为后一类人。然而，在许多情况下，区别并不明显。当然，富人和名人注定要被勒取赎金，因为他们可以筹集到比作为体力劳动者的奴隶价格更高的金额；一般来说，那些明显等待赎买的对象会得到更好的对待。而对偏远乌克兰村庄的农民来说，被赎回的前景必然十分暗淡，这也是事实，他们甚至无法和家庭取得联系——如果尚有家庭成员从劫掠者手中逃脱的话。这一时期，一个强壮的男性基督徒俘虏赎金价格通常是 80 至 100 杜卡特（虽然在战时，由于市场上供过于求，一位奴隶平常的售价受其影响，能够下降到 30 杜卡特那么低）；差不多是一位意大利农民或无技能工人 4、5 甚至 6 年的收入。尽管如此，很多背景相当普通的西欧人被赎买从而摆脱奴隶状态，另一个方向上的类似情形当然也是可能的，即穆斯林俘虏从欧洲被释放回奥斯曼。[4]

最简单的赎取制度几乎可以立时运作起来：巴巴里海盗劫掠完一座意大利村庄，沿海岸移动几英里，在海滩插上白旗，邀请剩余村民前来把刚刚被抓的人赎回去。我们可以推测，在这些情况中价格会非常低，不受——用冰冷的经济学名词来说的话——后续的管理开支或损耗的影响。有时，在一群人（比如士兵或者同一家族的成员）被捉住的情况下，其中的一人会被允许返回家中筹集赎金，其他人则作为担保；在奥斯曼制度中，需要以严重惩罚的痛苦作为担保，如损失一只耳朵或割去鼻子。这种有条件释放的例子在前面提到过，60 岁的犹太俘虏被允许离开马耳他，以便为他本人和其他八位犹太人筹集赎金；[*] 马耳他骑士尤其倾向于这种做法，有结论说在 1544 年到 1580 年这个时期，岛上奴隶的所有赎金中超过半数是奴隶自行安排的。在一些条件下，奴隶被允许前往家中筹集他自己的赎金，条件是他让一位家族成员前来，替他充当人质。在奥斯曼－匈牙利边境，沿边劫掠成风，似乎有“职业囚徒”自愿被抓住以充当担保人；在他们的担保之下，俘虏可以离去并拿到赎金，为他本人和职业囚徒取得自由，接着为职业囚徒的功劳支付一份酬金。[5]

在双方之间安排进行俘虏交换的做法，比直接支付固定金额要更为灵活。例如，1597 年，一位在突尼斯港口比塞大的西西里女奴，

---

* 关于这位犹太人俘虏，参见第 96 页。

写信给在巴勒莫的一位女性朋友，让她请求西西里舰队指挥官释放她突尼斯主人在舰船上的兄弟，以换取她自己的自由。这个女人也许不能筹到赎买自己的金额，但她能够利用人脉，也充分利用了自己创造的对于主人兄弟的特殊价值。有时家族成员会出于用俘虏换回亲属这个明确目的而购买一个奴隶；这里的优势可能在于价格差，但如果两边的价格差别显著，一换一的交换不会被接受。（因为西欧劳动力成本较高，奴隶价格在那里普遍较高，而西方的主流倾向是让强健的俘虏为奴，而不是为了赎金兜售他们。）1578 年，在驻伊斯坦布尔的威尼斯大使的报告中，包含了一位阿尔巴尼亚穆斯林，即爱尔巴桑的阿卜杜拉之子侯赛因的悲诉，他的儿子在勒班陀被俘，现在是科孚的一名军舰奴隶。侯赛因买了一名基督徒奴隶——彼得罗·达·列森纳（即从威尼斯达尔马提亚赫瓦尔岛来的彼得罗）——以便进行交换。1575 年，他接触了威尼斯的外交官贾科莫·索兰佐，此时后者正在莱什；索兰佐告诉他带彼得罗去威尼斯，还给了他一封保证安全通行的信件。但当他到那里交出基督徒俘虏后，“过了一个月，在此期间他以为能用前述的彼得罗换回儿子，他被那些人告知，如果他想要回他的儿子，他得再交给他们一个基督徒”。他回到奥斯曼领土，把委屈先后诉至达尔维那的桑贾克贝伊和大维齐尔，大维齐尔把这一不满转给这位大使。这个故事结局未知，但可能对侯赛因和他的儿子来说并不太好；大使指出，因身体虚弱和其他问题，侯赛因无法返回威尼斯。[6]

除了这些亲自行动的交换者和赎买者外，还有很多活跃的中间人。从事双边贸易的商人容易涉足这些交易；犹太人是杰出的赎买代理人，在马耳他执行这一任务的来访商人包括犹太人、穆斯林、亚美尼亚人、希腊人和马龙教徒（阿拉伯基督徒）。穆斯林商人会从巴巴里国家旅行到佛罗伦萨、罗马和其他地方，主动提出通过赎金或者交换解救基督徒俘虏的交易，或者取得已被准许回家筹集赎金的俘虏所承诺的款项；这些商人常常是改宗伊斯兰教的“叛教者”，他们的母语可能是意大利语或西班牙语。有时，作为一种投机的方式，基督徒商人会购买穆斯林奴隶，把他们带回故乡，在那里其亲属或保护人会为他们的自由支付报酬。偶尔会有个人的创业行为：例如，1568年，一位禁卫军恢复了一名被黑山人捉住的拉古萨男童的自由，把他带回杜布罗夫尼克，因为在此事中的协助，他获得了3000阿克切（*akçes*）（约合50杜卡特）的报酬。执行这项制度有很多方式，有些方式比其他方式在道德上不那么为人称道；1578年，一群在莱什被抓的拉古萨水手被港口的艾敏（督察）强迫签署文件，假称艾敏代他们支付了400塔勒（266杜卡特）的赎金，随后艾敏要求杜布罗夫尼克偿还这笔钱。[7]

第三方参与的其他类型更为系统化而且更加广泛。官方赎买项目有各种各样的形式。主要城市比如马赛，或者普罗旺斯海岸的小城镇会筹集资金，派代理人到北非赎回市民；与之相似，1568年，杜布罗夫尼克派出官方赞助的使者到阿尔及尔。十三年后，那不勒斯王国为其在伊斯坦布尔的臣民筹集了10 000杜卡特的“全体赎金”。奥斯曼或巴巴里这一方并没有与之类似的举动；帕夏们和阿尔及尔的高级海盗确实有时派特使携奢侈的礼物拜访西方统治者（1586年，弗朗西斯科·德·美蒂奇得到两匹马、两头狮子和一只鸵鸟），但是维持这种高级别交流的主要目的并非将己方臣民赎回，而是鼓励西方人赶快支付赎金。这个时期一个重要发展是基督教宗教组织在赎回奴隶方面地位的上升——特别是意大利城市中的平信徒兄弟会和法国、西班牙、葡萄牙的两大“赎救派”教团：仁慈圣母会和圣三一修会。这是非常反宗教改革的现象，原本可能是纯粹世俗性的慈善念头，以公开的宗教形式予以表达；以这种方式赎回的俘虏经常被投入劳作，为唤醒民众的宗教意识，在各欧洲城市一系列漫长仪式性巡游队伍中行进。但并不是每一个以宗教为名的赎回项目都按照计划运行。1580年，奉教宗之命在伊斯坦布尔组织赎回基督徒奴隶的西班牙圣三一修会修士克里斯托瓦尔·佩雷斯决定改宗伊斯兰教。

他陷入沉重的债务之中，依靠存入威尼斯的信贷资金生活，其中一部分被大使用于支付赎金；对大使的怨恨似乎是叛教的主要动机，他被绑入西班牙大使的府邸，受到关押，最终被遣回意大利。[8]

至少在理论上，威尼斯不需要维持官方赎回计划，因为其与奥斯曼帝国的长期协议规定，双方都不会夺取或奴役另一方的臣民。在正常情况下，为遵循这一规则，产生了一些真诚的尝试，如果在其司法管辖范围内的任何西方船只上发现被奴役的奥斯曼臣民，威尼斯会例行给予他们自由。但海盗和私掠者定期的掠夺使得很多威尼斯人——特别是海洋领地的居民——沦为俘虏；有时奥斯曼会在法律层面宣称民众可以拥有威尼斯奴隶，只要他们最初并非被奥斯曼人奴役即可。（另一方面，就爱尔巴桑的侯赛因之子这个例子而言，并非所有战争期间被俘的奥斯曼人都会在1573年冲突结束时被遣返。）因此，还威尼斯奴隶自由便是大使的常规职责。直到16世纪80年代中期，威尼斯才为此专门设立了基金：例如，在1571年被软禁时，马克安东尼奥·巴尔巴罗收到1000杜卡特用以缓解奴隶遭受的痛苦。1580年，正如上面提到的那样，大使使用了一些与佩雷斯的使命有关的资金。1586年，一项更常态化的制度建立了，部分以威尼斯的一个兄弟会募集的资金为基础，但其数目一直不足。两年后，大使乔瓦尼·莫罗报告说，“这儿有非常多奴隶，其中一些是战时在各地为威尼斯效劳时被俘”；他只有590杜卡特可以用在他们身上，其中500杜卡特来自一个专用于威尼斯市民和臣民的基金——这样一来就排除了许多曾为威尼斯英勇战斗过的外国人。[9]

曾为威尼斯战斗过的非威尼斯人的命运问题，被笼罩在1570年至1573年战争阴云之下。在乌尔齐尼和巴尔投降时，城中人得到承诺可以安全离开，但却被带走沦为奴隶，大使做了长时间努力确保所有人均能得到释放，无论是军人还是平民。1572年，法国特使达克斯主教试图为加斯科涅士兵说情，但一无所获。1574年，当大使要求释放所有囚徒时，他被告知，奥斯曼舰队司令需要他们在军舰上服务。1575 年 1 月，进一步的尝试取得成功，大维齐尔答应给威尼斯臣民自由，但不是所有曾为威尼斯战斗的人；然而在给大维齐尔行贿、正式向苏丹请愿以及艾哈迈德帕夏（他在乌尔齐尼和巴尔陷落之时，是陆军指挥官）说情之后，1571 年许诺的安全总算兑现。[10]

对于那些没被赎回或交换的奴隶来说，有另外两种重获自由的方式。一是被他们的主人释放；作为多年良好服务的回报，这在奥斯曼并非罕见，如果奴隶皈依了伊斯兰教，主人会在遗嘱中命令在自己逝世后释放他们——这是一种受赞赏的行为。（但改宗本身并不会结束奴役。）获得自由的另一种方法是逃往西方。尽管实际上困难重重，还是有许多逃跑发生，其中一些相当具有戏剧性，牵连甚众。1550 年，一帮基督徒奴隶，有 18 或者 20 人，在博斯普鲁斯海峡夺得一艘小船，驶向了自由；1572 年，多名奴隶从发罗拉一艘有 19 个桨手位的小型快速桨帆船上逃脱了；最轰动一时的壮举发生在 1581 年，至少 283 名基督徒成功从伊斯坦布尔夺取一艘劫掠船，一直航行到西西里。根据路德宗信徒斯特凡 · 格拉赫——此人曾经在神圣罗马帝国驻伊斯坦布尔使馆中充当随军教士，消息灵通且对万事好奇——的说法，小规模的海上逃亡每年都会发生，但这并不是唯一的办法。他还指出，秘密的代理人（他称之为“间谍”）会从西班牙和意大利来到伊斯坦布尔的商业区加拉塔，同奴隶交谈并规划他们的逃亡。在从主人家中逃跑后，奴隶会藏匿两三个月，以便长出胡须和头发，然后会装扮成阿尔巴尼亚人，与其他 15 或者 20 名奴隶一道，由代理人带领，在夜间经秘密通道离开伊斯坦布尔。每名奴隶需支付高达 20 杜卡特的费用，到达西班牙领土时，代理人还会收到每人 12 杜卡特的奖励。这种逃生方法充满危险。1576 年，奥斯曼当局抓住了六名伪装成保加利亚人的奴隶以及三个希腊向导；法国大使馆的一位意大利译员被判处死刑，因为他允许这些奴隶躲在自己家中。此前一年，威尼斯大使在内部调查中发现他的阿尔巴尼亚信使利用职务之便将一群奴隶从伊斯坦布尔带出，并为了钱财杀害了他们。[11]

格拉赫在这个语境下称作“间谍”的那些人可能并不主要从事间谍活动；但这两条业务线很容易合二为一。鉴于这些人对离开奥斯曼帝国的路线了如指掌，如果西班牙政府对这些秘密活动有所察觉，却未在某些情况下将这些人用作他途，这就有些奇怪了。（威尼斯大使也偶尔采用各种方法和途径私下用船将奴隶运出伊斯坦布尔，1574 年此事被一位皈依伊斯兰教的心怀不满的威尼斯译员泄露给了奥斯曼当局。可能得益于这样的秘密方法，或至少部分得益于此，1570 年至 1573 年大使处于严密的软禁状态下，还能够传送消息给威尼斯。）但还有其他将奴隶解放和间谍工作结合起来的不那么危险的方式。由于赎回俘虏被普遍当作必要且重要的事务，从事这一任务的人易于取得安全通行权。准备得当的话，代理人可以相当公开地进入敌方政权的心脏地带，在那里停留很长时间，公开会见官员，私下接触他人。这是情报工作的完美“掩护”——比外交工作更灵活，比贸易耗时更少（或者说，比假扮成做买卖难度更小）。[12]

基于这一点，乔瓦尼·巴雷利，来自威尼斯属科孚的马耳他骑士数次前往伊斯坦布尔；例如，1575 年，他在那里停留数月，返回时他就苏丹下一年预计采取的军事和地缘战略进行了非常细致且情报基础扎实的分析。没有哪一类人比马耳他骑士更受到奥斯曼当局记恨；这样的人被允许长时间待在伊斯坦布尔，相当于在冷战高潮时一位克格勃将军被允许安顿在一家华盛顿旅馆中。但巴雷利不仅为奥斯曼东道主容忍，还受到了他们的称赞。1574 年他在给西班牙上司的一份备忘录中说：“我通过赎买奥斯曼奴隶为他们做事，名声在外，借此我在奥斯曼人中取得了盛名。”这种方法被广泛采纳。16 世纪 60 年代，西班牙人在伊斯坦布尔建立情报网络时，他们的两位关键代理人亚当·德·弗朗西斯和乔瓦尼·玛利亚·伦佐也利用赎买俘虏作为掩护。1572 年，唐·胡安派了一名间谍到的黎波里，表面上寻求安排 6 名北非俘虏的交换或赎买。战争中这样的试探有点太露骨了，他被迅速扣押，直到支付了赎金方获释放（他返回时带回了有价值的情报）。很好理解的是，奥斯曼人也用了同样的方法；不同之处似乎是西欧国家对境内出现这种特使更缺乏容忍。当一位叫穆斯塔法·德·科尔多瓦尼（他可能来自科佩尔一个商人家庭）的意大利叛教者于1574年初来威尼斯执行官方赎买任务时，威尼斯当局认定他是间谍，决定把他毒死。对他而言幸运的是帕多瓦大学园艺主管提供的毒药没起作用；不过在1576年第二次到访威尼斯时，他最终死于暗杀。[13]

赎买和交易事务中另一个值得注意的地方是杜布罗夫尼克的特殊角色。作为栖身于奥斯曼领土边缘上的基督教城邦，杜布罗夫尼克在事实上自治，但却被苏丹视为帝国的一部分，是进行这种东西方交换的理想地点。与邻近的桑贾克贝伊和军事长官的亲密关系意味着它受到奥斯曼人的信任；有时，为了取悦他们，杜布罗夫尼克会返还逃跑到拉古萨境内寻求庇护的基督徒奴隶。被要求协助在意大利寻找并赎买奥斯曼俘虏的情况也相当常见：比如，1568年，拉古萨当局写信给卡拉·霍卡（发罗拉的海盗指挥官）承诺尽其所能，按要求将他的一名手下从阿普利亚的监狱中解救出来。这年晚些时候，在归还了一些穆斯林俘虏给奥斯曼人之后，他们决定抓住机会从对方手中以50杜卡特的交易价格赎回4名基督徒奴隶。1570年奥斯曼－威尼斯战争刚一爆发，杜布罗夫尼克在这类事情上的地位就大大提高。1571年底，威尼斯同意释放在战争开始时拘禁的奥斯曼商人，交换在伊斯坦布尔受到相似对待的威尼斯商人；交换地点在杜布罗夫尼克。基督徒战俘随后被源源不断地释放，与此同时，在伊斯坦布尔显贵的请求之下，拉古萨当局做出巨大努力，在意大利搜寻并赎买重要的奥斯曼俘虏。除了威尼斯之外的其他基督教势力乐于利用拉古萨政府的服务：例如，1573年，马耳他大团长寄了一封信请求他们协助骑士佩德罗·德·西斯内罗斯，他正带着一位叫贾费尔的奥斯曼俘虏赶来杜布罗夫尼克，以便交换其兄弟克里斯托弗罗骑士。四年后，拉古萨当局写信给在伊斯坦布尔的使节，要求安排一位在拉古莱特被俘的西班牙人胡安·德·阿格雷达的赎买，解释说“有人求助于我们，我们很乐意卖他人情”——这个人可能是那不勒斯总督。[14]

以上，就是巴托洛梅奥·布鲁蒂于1575年涉足的囚犯交换的基本背景。从两边来说，涉及的俘虏都具备高赎金价值。大多数基督徒囚犯是1570年至1571年在尼科西亚和法马古斯塔战斗过的士兵（包括一些阿尔巴尼亚军官，比如乔治·黑尔米，法马古斯塔的轻骑兵指挥官），还包括1571年7月索波特陷落之时被抓的埃马努埃莱·莫尔莫里，以及大约同一时间在军舰被奥斯曼人掳获并带出阿尔巴尼亚海岸时勇敢抗争的年仅17岁的乔瓦尼·托马索·科斯坦佐。这些人中身份最显赫的要属加布里奥·塞尔贝洛尼，他不仅是位高级将领，还是一位枢机主教的兄弟，并且还是已故的庇护四世的表亲；他在拉古莱特和突尼斯陷落时被带往伊斯坦布尔。另一方面，奥斯曼俘虏全是在勒班陀被掳获的人。这次战斗之后，唐·胡安立即试着把贝伊、船长和高级官员聚集起来，将他们从一般囚犯中移出。一些人反对这一做法；威尼斯指挥官塞巴斯蒂亚诺·韦涅耶成功拐带了一些奥斯曼船长到威尼斯，这些人此后再无音信。（威尼斯政府迫切希望防止奥斯曼人赎回损失的熟练人手。一得知胜利消息，威尼斯就给韦涅耶下达命令，禁止他释放任何船长，随即总督着手促成杀害所有被俘奥斯曼水手的方针。）唐·胡安成功集合到42名重要囚犯，根据一项协议，他们会被解送给教宗加以保护，因此唐·胡安把他们带往那不勒斯。其中两人是阿里·穆阿津札德帕夏的十几岁大的儿子，他们在战役中指挥自己的军舰；兄长死于那不勒斯，但弟弟在他们的姐妹法蒂玛的请求下，被唐·胡安释放，以展现悲天悯人的骑士风范。还有个俘虏也未离开那不勒斯（前往罗马）：名为穆斯塔法的奥斯曼军官，他来自热那亚，原名格雷戈里奥·布雷甘特。他曾出现在西班牙驻伊斯坦布尔情报机构的工资单上，枢机主教格朗韦勒怀疑他不忠，将他扣押。1572年春最终抵达罗马的囚犯总数为40人。其中最重要的人物是优卑亚桑贾克贝伊穆罕默德，两个因素提升了他的价值：第一，他本人非常富裕，是原阿尔及尔统治者萨利赫贝伊之子；第二，他与奥斯曼皇室有良好的个人关系。他“中等身高，留着稀疏的栗色胡须，带有轻微斜视”，约40岁，价值达20 000斯库多（16 666杜卡特）之巨。[15]

从他们被舒舒服服地安顿在一处罗马宅邸中起——与伊斯坦布尔的有高赎金价值的基督徒相反，后者被关在耶迪库莱要塞臭名昭著的囚塔中，忍受着残忍的殴打——奥斯曼俘虏迅速成为教宗和其盟友之间的争论焦点。一开始威尼斯人敦促教宗把他们都杀了。当教宗拒绝冷血地处决他们时，威尼斯要求将囚犯平分给同盟，这样他们就能至少杀死其中的三分之一。这个想法也遭到反对，教宗过于看重这些俘虏作为资产和谈判筹码的价值了。1573年3月，唐·胡安授意乔瓦尼·巴雷利携带一名囚犯以换取赎金；但实际上这是为了掩护一项奥斯曼境内的情报任务，以调查在伯罗奔尼撒半岛策动叛乱的前景。（该计划被威尼斯－奥斯曼和平协定的消息所改变，但他确实远行至萨洛尼卡，成功收取了1000杜卡特赎金。）那一年，教宗遇到了一些来自西班牙的压力，他们不满于教宗单单用俘虏交换自己臣民的愿望，敦促把最有价值的俘虏，包括穆罕默德贝伊，移交西班牙。[16]

一位在这些事务上有发言权的人也对此施加了道德压力：贵族雇佣兵队长贾科莫·马拉泰斯塔，1571年在科托尔附近倒霉的惩罚性征伐最终让他自己被俘虏并受到监禁，他被关在耶迪库莱的囚塔中，处境艰难。得益于他的高层人脉，特别是与美第奇家族的关系，曾有过一次不同寻常的国际性活动以争取他的释放。（这可能适得其反，让奥斯曼人对其重要性产生了夸张的估计：据说大维齐尔一度要求用扎达尔、希贝尼克和科托尔来交换马拉泰斯塔。）乌尔比诺公爵请求杜布罗夫尼克和菲利普二世为贾科莫说情的同时，法国国王查理九世和他来自美第奇家族的母亲也动用在伊斯坦布尔的影响力来取得贾科莫的自由；他于 1572 年 8 月底回到威尼斯。但是，他的儿子埃尔科莱在塞浦路斯被奥斯曼人所掳，仍然和其他有高赎金价值的人一起被关在伊斯坦布尔。1572 年底或 1573 年初，贾科莫提交了一份措辞严厉的备忘录给教宗，敦促他安排一次双方囚犯交换，争辩说尽管一些罗马的穆斯林有很高的赎金价值，但其中没人有任何真正的军事重要性。他写道，如若教宗不尽早执行这一方案，被扔在奥斯曼监狱中等死的前景会让基督徒战士不愿在未来参战。终于，到 1574 年夏，教宗格里高利十三世改变想法，希望进行常规的俘虏交换。这年 9 月拉古莱特和突尼斯陷落之后，西班牙施加的压力也加大了，尽管最终选定进行交换的俘虏与菲利普二世的期望有很大不同：用神圣同盟掳得的奥斯曼人交换神圣同盟建立之前尼科西亚陷落时被俘虏的威尼斯人的计划，让菲利普极为不满。[17]

1575 年最初几个月开展的这次交换由威尼斯大使议定。可能威尼斯正在执行（如驻罗马的西班牙使臣推测的）教宗的秘密指令。在与苏丹媾和之后，威尼斯的态度已变得不那么强硬——这毫不奇怪，鉴于这次交换中涉及的基督徒俘虏多是苏丹从 1573 年常规的奥斯曼－威尼斯囚犯互换中剔除出的。但并不清楚让巴托洛梅奥·布鲁蒂从旁协助的想法是否来自威尼斯大使。布鲁蒂的名字在苏丹给威尼斯总督有关交换的正式信函中突然出现，日期是 1575 年 1 月 28 日，信中说交换会在几个月后于杜布罗夫尼克举行，“巴托洛梅奥·布鲁蒂，这封帝国信件的送信人，会从罗马带回奥斯曼俘虏”；据此有人推测巴托洛梅奥是苏丹的雇员，不过这一措辞很可能并不一定有言外之意。1 月 31 日大使报告给威尼斯说，巴托洛梅奥——“乌尔齐尼的已故骑士布鲁蒂之子”——会送去官方信件，（并用暗语补充说：）“加布里奥先生想要这位布鲁蒂携我的信件去一趟罗马”。2 月 2 日，加布里奥·塞尔贝洛尼也给总督写了一封信，他把巴托洛梅奥说成他的送信人，并且请求允许巴托洛梅奥从威尼斯继续到罗马去，以确保整个事情达成满意的结果。两天后，巴托洛梅奥离开伊斯坦布尔。2月19日，他抵达杜布罗夫尼克，与居住在此的西班牙情报员切萨雷·德拉·马拉进行了长时间交谈。德拉·马拉不仅报告说“布鲁蒂骑士之子”前来安排用加布里奥·塞尔贝洛尼交换穆罕默德贝伊，还说巴托洛梅奥传递了一些伊斯坦布尔的新闻和街谈巷议：本年不会有大规模海上远征；被废黜的非斯国王要求奥斯曼帝国助他重新掌权，并承诺每年缴纳巨额贡赋；大维齐尔索库鲁·穆罕默德仍然大力支持苏丹；突尼斯的胜利者锡南帕夏“把他得到的所有金钱都给了穆罕默德（索库鲁），因此穆罕默德大力支持他”。2月26日，巴托洛梅奥到了威尼斯；当局派他继续前往罗马并祝他顺利。[18]

一两年后，当巴托洛梅奥·布鲁蒂被西班牙当局全职雇用时，他向西班牙国王提交了一份长长的述职报告。除了其他事情外，其中还描述了他是怎么被招募的。“1574年我在伊斯坦布尔为威尼斯共和国工作——指导并训练为共和国事务效力的大使和使臣们如何在奥斯曼宫廷中得体行事。”这种荒诞且过于自负的陈述透露出他试图让新主子印象深刻的愿望，却对他在1574年底所处地位的真实情况只字不提，这位十几岁的前译员，可能在大使府邸没有任何正式职位。他继续解释说，他结识了乔瓦尼·马格利亚尼——从突尼斯来的一位俘虏，他在大使府邸中与他交谈过。马格利亚尼是塞尔贝洛尼的外甥，他曾为警告唐·胡安奥斯曼进攻突尼斯而进行了一次史诗般的航行，在明知几乎必然被杀或被俘的情况下，还是选择返航。* 他不在构成此次俘虏交换主体的高赎金价值者之列，而是从突尼斯和拉古莱特来的众多俘虏（包括8名教士和2名拉古莱特驻军士兵的妻子）之一，在大使的帮助下，他的释放已得到逐步议定。“一天”，巴托洛梅奥写道，“他以亲和的方式和有力的论据，恳求我下决心为陛下服务。”刚开始他犹豫了，想到“我在威尼斯人那里备受尊重”。但接着，一种基督徒的热忱、一种为国王——“穆罕默德信徒”最

---

* 参见208—209页。

大的敌人——效力的心愿、一种“以某种方式为整个家族所受的伤害向受诅咒教派复仇”的渴望压倒了他，他开始赞同这种想法。当马格利亚尼几天后再度询问他时，“我让自己被他的论据轻易说服；如此，为了便于为陛下服务，我们找了个好由头，商定派我到罗马催促教宗进行囚犯交换”。[19]

假定这里说的基本故事是真的，这一信息提供了拼图的关键部位：马格利亚尼和——毫无疑问在他的建议之下——塞尔贝洛尼提名巴托洛梅奥·布鲁蒂作为这一任务的信使。（上文引述大使1月31日的加密内容也倾向于确认这点。）但我们有权探问这些人是否能够简单地按照他们的意志做出这样的安排，他们为何如此希望得到这位初出茅庐的年轻人的服务。答案的一条线索也许就在上文引述的切萨雷·德拉·马拉传达的一则消息的片段之中：巴托洛梅奥告诉他，锡南帕夏通过进献他所获的一切财物，赢得了大维齐尔的支持。一方面，这可能仅是外部的坊间传闻；另一方面，这也可能来自与锡南本人的谈话，或者至少是从帕夏府邸中的亲信处所知。有很好的理由支持第二种可能；因为，如我们将看到的，巴托洛梅奥拥有与锡南帕夏极为牢固的关系，事实上，他是帕夏的亲戚。巴托洛梅奥的父亲安东尼奥在1560年给威尼斯政府的请愿书中夸口说，他在奥斯曼境内有很多关系，他在伊斯坦布尔有身居高位的朋友；巴托洛梅奥来到此城生活时，一定会善加利用这一优势。1574年9月初他决定放弃见习译员职位——此时他与正在守卫突尼斯的马格利亚尼或者塞尔贝洛尼没有任何接触——更可能是因为利用他父亲的人脉和关系，他找到了其他谋生手段。这并不意味着他转而效力于奥斯曼，甚或受雇于锡南帕夏本人（他也许建议过巴托洛梅奥在奥斯曼建立一番事业，但那样的话他就得改宗伊斯兰教）；最简单的情景，是他正试图将他的人脉关系变现，或许是在这个城市代表西方商人。他将塞尔贝洛尼的信息转呈大使，而前者正暂住于大维齐尔的府邸，这表明了两点：他与威尼斯人保持着联系，同时他有便捷的门路出入索库鲁·穆罕默德的居所——有可能是作为锡南帕夏的门客。可以确定，帮他赢得西班牙人青睐的，并非有限的阅历，而是其人脉的性质和质量。当他的名字作为囚犯交换事务的合适信使浮出表面时，想必满足了各方的要求：被威尼斯信任，被奥斯曼喜爱和接纳，还——秘密地——被西班牙雇用。[20]

巴托洛梅奥·布鲁蒂于3月初到达罗马，教廷行政机关迅速做了必要准备。1575年3月12日，他离开罗马时带走了34名奥斯曼俘虏——原先40人所剩下的全部。他当晚写信给威尼斯总督，解释说他正在将他们带往费尔莫（教宗国境内城镇，紧邻亚得里亚海岸）；他说，到那之后没有威尼斯的指令他不会擅动，而将他们引渡到杜布罗夫尼克进行交换则是威尼斯人的任务。巴托洛梅奥署名“阁下最忠实的子民和仆人”——鉴于他同意为西班牙工作，这有些违拗事实。他还附上了一封带有意大利语译文的土耳其语书信，由穆罕默德贝伊所写，希望转呈苏丹；这很重要，因为在得到穆罕默德本人保证说奥斯曼俘虏已经上路之前，奥斯曼统治者不会让基督徒囚犯从伊斯坦布尔动身。他们刚在费尔莫安顿下，巴托洛梅奥就写信给教廷国务卿、科莫的枢机主教托洛梅奥·加利奥，说他所照管的人对未如最初承诺的那样被带往安科纳很是焦虑，并且他们仍处于监禁之中；但巴托洛梅奥以特有的自我推销性情说：“我用非常灵巧的方式细致地同他们交谈，安抚了他们。”他还提醒枢机主教出现了新难题，与俘虏穆罕默德苏帕希（*subaşı*，这是身为地区警卫首长的军事官员）有关。此人在伊斯坦布尔的一位亲属带来了一位颇有价值的意大利俘虏，把他送往杜布罗夫尼克用于一对一的交换；有人担心这会破坏现下已准备妥当的整个集体交换。（两个月之后，当他们仍在等待时，这个问题解决了，但解决方式看起来更加棘手，穆罕默德苏帕希突然被他的一位同僚刺死。巴托洛梅奥迅速组织其他人写下证词，以证实基督教当局并无过错。）在费尔莫漫长的等待过程中，巴托洛梅奥已与穆罕默德贝伊相识甚笃，这位所有囚犯中最显赫的人，似乎也是最有抱怨倾向的人，因为释放他们的承诺并未得到遵守。负责实际安排的教廷代表给罗马写了一封信，描述巴托洛梅奥如何对待这个令人尴尬的客户，也说明巴托洛梅奥的自我表扬并非完全没有道理。“自从我们到达费尔莫，巴托洛梅奥·布鲁蒂先生从未停止向他（穆罕默德贝伊）真诚地保证这一承诺；但他是个蠢货，难以令他满意或与他打交道。”[21]

5月下旬，事情总算有所进展。29日，大使向苏丹提交了官方申请，要求释放39名基督徒俘虏，说明有33名穆斯林正在等待交换，承诺另外找到6名俘虏以使两边的人数相等。6月初，苏丹向杜布罗夫尼克政府下达命令，其中提到39名基督徒现正从伊斯坦布尔出发；他要求拉古萨人牢牢看住他们，直到穆斯林抵达那里，待验明人数和身份后，如果一切顺利，就进行交换。7月15日，威尼斯派出三艘桨帆船，载着穆罕默德贝伊和同行俘虏，穿越亚得里亚海；与此同时，威尼斯人按照计数的要求补足了额外6名囚犯。这次交换终于在7月22日由拉古萨当局主持的仪式上举行。27日，当局写信给在奥斯曼宫廷的使臣，记下交换已经顺利进行，并且还特别说明借给穆罕默德贝伊1000杜卡特，贝伊答应在抵达伊斯坦布尔时偿还。同时，穆罕默德贝伊还向威尼斯总督寄了一封措辞谦逊的信件，感谢他的帮助并赞扬了巴托洛梅奥·布鲁蒂的表现。这是地中海晚近历史上最大规模也是最重要的正式俘虏交换之一；对此事的记忆将存续相当长的时间。18年后，奥地利大公马蒂亚斯写信给布达的帕夏提出交换囚犯的建议时，他提议效仿这次著名的交换来组织安排。巴托洛梅奥·布鲁蒂有理由分得一部分功劳；虽然他根本没有参与使这项交易得以实现的外交活动，但最后4个月里，他在照管奥斯曼俘虏这一艰难且微妙的任务中表现良好。不过至少他与一位可能在伊斯坦布尔发挥价值的高层人物建立了联系：穆罕默德贝伊，前阿尔及尔统治者的富有儿子。巴托洛梅奥作为西班牙代理人的职业生涯才刚刚开始。[22]

第十二章

伊斯坦布尔的间谍活动与蓄谋破坏

情报搜集和间谍活动并不是完全相同的事情，虽然前者构成了后者的重要内容。如我们所见，16 世纪的地中海世界渴求讯息，许多种类的信息受到高度重视，比如商品价格或海盗活动。汇编通告（avvisi，新闻信件）是一种流行做法，不仅能为私人服务，也能效力国家。虽然这些报告的内容往往是其来源地人所共知的事情（如大臣失势、饥荒或洪水爆发等），但在远距离之外获得此类事项的可靠信息，仍然得费一番周折。虽然政府可以指望外交官在公文函件中报告这类消息，但获知同一件事件的多份交叉报道大有裨益，当事情尚属传闻而非确知事实时更是如此。因此，在使馆之外，经常有情报搜集者的暗影闪过——代理人在某种意义上算是间谍，但又不是真正意义上的间谍。不过，要判断情报收集者何时转变成间谍十分困难。间谍所搜集的情报是东道国想要阻止他们拥有或传播的，但这条标准也并不是非常清晰；因为可以归入此类的话题范围在两国关系紧张时期会增大，而在战时则会变得极为广泛。

商人是天生的信息收集者，政府十分需要他们的服务。奥斯曼档案中最早的详细情报报告之一，就是由 1530 年都拉斯的一名官员使用来自阿尔巴尼亚南部城镇吉罗卡斯特的商人杜卡提供的信息编制的。杜卡显然熟悉意大利语，曾花三年时间在意大利、法国和西班牙从事马海毛贸易，最近从热那亚返回奥斯曼帝国，他提供了很多关于西欧国家的信息，尽管并非机密。商人的巨大优势在于他们能够不引起怀疑地旅行；1567 年从科托尔来的哈布斯堡情报代理人吉罗拉莫 · 布基亚（上文已经提到，他在特伦托会议上识破了一个替奥斯曼效力的教会间谍），建议教宗从杜布罗夫尼克、科托尔、巴尔或者乌尔齐尼派出商人“以贸易为掩护”评估阿尔巴尼亚的反奥斯曼叛乱前景。另一方面，那些常住外国城市的商人是政治传闻的可靠来源，而这些消息本就是他们追逐商业利益所必需的。西班牙当局对商人大加利用，为他们提供特殊的贸易特权以换取服务。有时商人深深扎根当地社会，他们的消息渠道鲜有外来者可与之匹敌。1575 年 9 月，两位使臣和驻伊斯坦布尔的威尼斯特别大使贾科莫 · 索兰佐报告说，一位叫洛伦佐 · 迪 · 斯库迪的威尼斯商人来访，此人娶了当地加拉塔区的一位女基督徒。他说他的妻子与前任大维齐尔鲁斯坦帕夏的遗孀米赫丽玛苏丹娜是密友，她听苏丹娜府邸中的一些女人说，“下一年将有一次极为庞大的海上远征”，目标是威尼斯的领土。[1]

情报搜集对商人而言是第二天性，但对外交家来说，则是工作内容的首要部分。他们的目的是挖掘东道国政府的秘密，尤其是与己方外交相关的那些。伊斯坦布尔的西方特使倾注了大量精力和心智于此。与其他地区相比，他们享有巨大的优势：奥斯曼行政机构的上层中有很多来自意大利、克罗地亚、匈牙利、奥地利和其他地方的“叛教者”（改宗伊斯兰教的人），他们的母语和精神结构是西方欧洲式的——或者说至少是基督教和非奥斯曼的。这是奥斯曼制度的基本特征，政府人员主要由苏丹的奴隶组成，他们完全效忠于苏丹，因为他们的社会关系被连根拔起，或者说从未属于过帝国内部任何本土利益集团。招募的传统方法是“募集”（*devşirme*，有时更戏剧性地被描述为“血贡”），从奥斯曼下辖的巴尔干地区基督教家庭带走十几岁的男孩，让他们成为苏丹的奴隶，皈依伊斯兰教，日后成为禁卫军或者宫廷仆役；但很多在战争中被掳、出生于外国的基督徒男孩或者年轻人也可以在行政体制中升至高位——如果他们变成穆斯林的话。出于显而易见的语言原因，奥斯曼政府用于外交通信的译员和书记官通常有意大利、奥地利或匈牙利背景。这一体系充斥着这些人；其中一部分人对他们的新主人无比忠诚，但西方外交官总有可能利用这些人对家乡（通常他们在那里仍有家族成员）的余情，或者在共同的语言、共有的精神特质，以及在一些情况下，未见减少的对酒精的喜爱等因素的基础上，至少同他们发展出个人友谊。*[2]

一旦联系建立，机密信息（或者其他形式的帮助，包括对奥斯曼政策施加影响）便开始源源不断而来，要找到回报这些服务的方式也不难。送礼文化在奥斯曼社会的宫廷和政府高层中尤为盛行。1594 年威尼斯档案中的一份文件列出了新任大使前往伊斯坦布尔时的所有送礼对象：他们不仅包括苏丹、大维齐尔和其他维齐尔，还包括海军司令及其属官，掌玺大臣和财政大臣（*defterdar*）以及他们的直系亲属，禁卫军的阿迦（*ağa*）和他的主要军官，加拉塔的法官和治安官及他们的下属，海关艾敏及其属员等等。在这样一种文化中，给奥斯曼译员或书记官的报酬很难引起怀疑。而且除这些正常的礼物馈送之外，还有一些持续不断的慷慨赏赐，如 1592 年前任大使所写：“很多希望得到礼物的奥斯曼人常来造访大使府邸，就如蜜蜂环绕蜜罐。”他建议，送礼给那些能够提供帮助或有价值的消息的人很值得，但大使必须拒绝其他所有人，“不然的话，来光顾他府邸的人将会比里亚尔托桥上的商店顾客还要多。”[3]

还有另一种人在伊斯坦布尔和奥斯曼宫廷扮演特殊角色，这使

---

* 大多数时期，伊斯坦布尔到处都能找到酒，但是西方使臣由于大方派送酒水而受到赞赏；荷兰旅行家约里斯 · 范 · 德 · 杜斯（Joris van der Does）1597 年时正在此地，他写道，很少看到穆斯林在英国使臣餐桌上饱餐之后不需协助还能走路的。

他们成为有价值的信息来源：犹太人。其中很多重要的贸易家族在基督教世界的威尼斯、维也纳等地有分支机构；这可能导致多重或弹性的效忠关系。得益于其财富，最显赫的犹太人有渠道接触高级维齐尔和帕夏（或者与苏丹为友，比如著名的约瑟夫·纳西），因外国人脉和国际视野而为他们所重视。最为活跃的一位是有西班牙背景的大卫·帕西，1569 年他生活在杜布罗夫尼克，他曾警告威尼斯政府苏丹计划攻击塞浦路斯。他于 1572 年移居威尼斯，可能协助推进同奥斯曼的秘密和平方案，但他对威尼斯政府提供的待遇感到不满，在下一年自愿为西班牙情报机构工作。据称他的妻子在费拉拉，有个兄弟在波兰的王宫中，其父在萨洛尼卡，还有个叔叔在伊斯坦布尔任苏丹御医。16 世纪 80 年代初，他住在伊斯坦布尔，不久之后他成为苏丹的心腹之一；现在轮到英国使臣寻求他的服务，因为据说他既反威尼斯，也反西班牙。犹太医生，比如帕西的叔叔，也有特殊渠道接近奥斯曼上流社会。通常，犹太医生在帕多瓦大学或者其他意大利大学学医，与西方有文化和家族联系，可能有着可用于多种目的的人脉网络。比如，杜布罗夫尼克市政医生之一萨穆埃尔·阿比亚塔的兄弟拉比·阿比亚塔是伊斯坦布尔首席财政大臣的前私人医生，当局乐于利用这个事实。也许这一时期最有影响力的人物是所罗门·南森·阿什肯纳兹，一位出生在乌迪内的威尼斯人，他在帕多瓦学医，在定居伊斯坦布尔之前就已在波兰宫廷有过丰富经验，他在伊斯坦布尔迅速获得许多高层联系和病人。到 1576 年，斯特凡·格拉赫称他“十分受大维齐尔支持，是他在法国、威尼斯、波兰和匈牙利事务上的心腹顾问”。所罗门一直与威尼斯保持联系，尤其是因为他有五个儿子在那儿，他为他们从威尼斯当局那里寻求特权；他的服务受到高度称赞，1576 年底威尼斯决心支付他每年 300 杜卡特的津贴。但在多数时候，所罗门也为神圣罗马帝国（他有个兄弟居住在维也纳）、西班牙和法国提供信息，是他们有影响力的代理人。1580 年从伊斯坦布尔写信给法国国王亨利三世时，他认为自己配得上“您最忠心的仆人”这一自称；他告诉国王说，他一直在帮助他，“尤其是在陛下被选为波兰国王（1573 年）的选举中，每桩达成的事务都由我在幕后操持——尽管如此，我认为达克斯主教把所有功劳占为己有”。[4]

利用叛教者、犹太人以及其他人，最娴熟的西方外交官控制着范围极广的信息来源。如拉萨罗·索兰佐在他关于奥斯曼帝国广为人知的书（出版于 1598 年）中所写，西欧统治者“在伊斯坦布尔培养了很多接受报酬的间谍，同时也给重要帕夏们最为亲密和最受信任的犹太人和穆斯林支付薪水”；他补充说，这些帕夏的仆人会出售秘密给西方外交官，苏丹宫廷中的女人也会这么做。这并非夸大事实。大使洛伦佐·贝尔纳多在其 1585 年至 1587 年任期报告中写道，他“逢迎贿赂了很多船长和水手”以便获得造船厂的内部信息，那里的一位书记官定期将物资补给的命令告知他——这是一种评估近期海上战役规模的有效方式。原籍卢卡的苏丹首席译员许雷姆贝伊在威尼斯的付酬名单上；他也秘密为西班牙工作，因而能够提供给贝尔纳多关于奥斯曼－西班牙关系的重要信息。关于苏丹本人的详细资料，以及苏丹在伊斯坦布尔托普卡帕宫（*Topkapı*）封闭世界中的活动，通过一位犹太女人中转，这名女探子受宫中苏丹娜信任。有关波斯战事的消息，贝尔纳多依靠奥斯曼掌玺大臣的三位书记官；他们还将许多欧洲统治者寄给苏丹的信件原文交给了他（一旦被翻译成土耳其语，原件通常被丢弃）。招募阿里阿迦为密探最令他引以为傲，阿里原籍安科纳，是苏丹三位贴身侍卫之一。还有其他大量证据来证实这种深入的渗透。只举几个例子：1579 年，大使能够把托斯卡纳大公寄给大维齐尔和海军司令的机密信件传递到威尼斯；1588 年，他的继任者有大维齐尔给苏丹汇报的黎波里叛乱信息的信件副本，还有一封波斯前线的奥斯曼将军给大维齐尔的信件副本；1596 年，大使能够在大维齐尔给波兰宰相的所有机密书信紧急发出前阅读它们。[5]

威尼斯人可能最精于此道，但他们并不是唯一的玩家。1575年，斯特凡·格拉赫记述说，他的上司、帝国使臣大卫·安纳德花费巨额金钱以便从许多穆斯林那里获得关于“威尼斯、波兰、特兰西瓦尼亚、法兰西、西班牙和匈牙利事务”的信息。佩斯帕夏的伊斯坦布尔代理人——佩斯是个匈牙利城镇，那时与布达分开——把寄给帕夏的所有官方书信的副本给了安纳德；帝国雇用名单中也有一位禁卫军和佩斯本地的西帕希骑兵，他们会秘密把安纳德的信件转寄邻近的哈布斯堡城镇科尔马诺的一名官员。1576年2月，一位信使（苏丹的送信人）奉令前往佩斯进行反哈布斯堡军事准备，格拉赫不仅欢欣地记下了命令内容已被知晓，还记录道：“他（苏丹信使）在不知情的情况下带走了我主人的信，代理人将它附在自己的信件中，并知会他在佩斯的朋友立即将附件寄给科尔马诺的基尔曼大人。”这种做法继续由安纳德的继任者执行。十七年后，在1593年的奥斯曼－哈布斯堡战争前夕，另一位帝国大使，用他一名手下的话说，“用很多礼物和报酬，诱使阿迦或皇室侍从通过一位老妇人寄给他奥斯曼宫廷动向的消息”。[6]

东西方在这些问题上着实不对称。奥斯曼人不仅没有在基督教世界派驻任何使臣，西方制度中也没有能够与伊斯坦布尔身居高位的“叛教者”相提并论的人物。犹太人的处境、他们与东西方相互间的关系也毫不相似，他们鲜能在西方宫廷中取得信任充任高级职位。教宗西克斯图斯五世（1585年至1590年在位）对两位犹太医生和一位有权势的葡萄牙犹太银行家乔瓦尼·略佩斯的陪伴十分受用，这确有其事；索兰佐自信地写道：“乔瓦尼·略佩斯把教宗西克斯图斯五世的很多秘密都传递给了苏丹，此事一清二楚，这些秘密是他生活于罗马时窥知的。”即便索兰佐的主张是正确的，这也是个例外；但它与更广泛的针对犹太人的妄想敌意模式十分契合，就像认为约瑟夫·纳西在西方维持着巨大的间谍网络的流行观点一样，因而有理由加以质疑。最合理的假设是，信息确实在犹太贸易网络中双向流动；1585年一位大使抱怨说，威尼斯的黎凡特犹太人正在传递给伊斯坦布尔“关于此地发生的每件事情的最详尽报告”，而且在他看来，他们的记述经常“错误”，损害共和国声誉。[7]

在基督教世界没有与叛教者对等的角色——没有从伊斯兰教改宗基督教的人被安置在敏感的政府职位上——而苏丹有很多忠诚的仆人是土生土长的意大利人、奥地利人以及其他地方的人，这一事实对奥斯曼人来说在谍报方面仍有真正价值。在一些情况下，这些人在严密掩护之下被派往西方，假装成普通的欧洲基督徒。西方在伊斯坦布尔的情报机构尽一切努力警告政府提防他们。比如，1572年，西班牙情报网络告诉在那不勒斯的上司来了四个奥斯曼叛教者间谍：一位有淡红色皮肤的35岁佛罗伦萨人，一位灰发的年长那不勒斯人，两个热那亚人，其中一人有红胡须。两年后，威尼斯大使报告说，大维齐尔派出一位叛教者到威尼斯进行间谍活动。此人来自罗马，一个月之前刚刚改宗伊斯兰教；大使写道，他“大约40岁左右，中等身高，皮肤是浅色而非深色，有匀称的黑色胡须；但我不太满意这种描述，因为可以找到很多符合这一点的人”。1579年，帝国的使臣同样警告说，一位叫穆罕默德·阿卜杜拉·弗朗克的佛兰德叛教者正作为间谍被派往西班牙。奥斯曼当然派出了很多这类代理人到西方，尽管其规模有时会被紧张的基督教国家高估；有人宣称1570年威尼斯有30位奥斯曼间谍，这大概是夸大其词。1559年那不勒斯当局的一位情报专家建议，所有到达本港的希腊水手必须检查包皮，以确保他们没有成为穆斯林，这多少有点疑心过头。除了处于严密掩护之下的间谍之外，还有些叛教代理人的奥斯曼身份并未被掩盖，但他们仍然从与西方的亲密关系中受益。比如，1574年，两个叛教者从巴尔干本土被派往科孚，接着前往阿普利亚；他们正式参与奴隶赎买，但真正的使命（如西班牙从一位通风报信者——达尔维那桑贾克贝伊的一位属官——那里所知）则是窥探防御工事，他们都是经验丰富的工程师。已知与叛教者有关的更为雄心勃勃的计划之一，是大维齐尔索库鲁设想派一位特兰西瓦尼亚人马库斯·本科纳——他取名艾哈迈德——到西方去，假装从奥斯曼出逃，希望作为一名翻译为西班牙国王效力；根据一份报告，计划甚至拟定了使用暗语以向索库鲁送回秘密信息——这是西方国家的常见做法，但在奥斯曼世界非常罕见。最终，仅仅六周之后，本科纳的使命就终结了，因为帝国驻伊斯坦布尔大使馆高效的反间谍工作揭穿了他的身份。[8]

收集信息不是聘用代理人的唯一目的。如之前所见，阿特里帕尔达侯爵和唐·胡安派往巴尔干的特使，其重要任务之一就是与潜在或现实的叛乱分子取得联系。这是西方国家的主要关切，这些使命的对象涉及各种不同类型的人群：希马拉和马尼半岛等叛乱倾向较高地区的当地社区领袖；通常被认为正寻求从奥斯曼统治之下解放东正教会的僧侣集团；最受重视的，是那些据信能被适当激励"策反"的掌权叛教者。此类情形也并不对称；在西方政府中没有可被"策反"的候选人，已知的奥斯曼支持反叛者的唯一重大案例，是向西班牙的摩里斯科人派遣代理人。* 秘密代理人的另一角色是执行实际的敌对行为，比如蓄意破坏或者暗杀。当乔瓦尼·巴雷利于 1569 年首次引起西班牙当局的注意时，正有人主动提出组织烧毁伊斯坦布尔的造船厂，掳获或谋杀约瑟夫·纳西以及在伯罗奔尼撒策划多次叛乱。（另一个想法也在这时提出，但菲利普二世对刺杀苏丹之子并不感兴趣；这个计划的翻版在 1571 年底被西班牙重启，将苏丹本人列入目标，并且得到了威尼斯的一些支持。）1574 年夏，一个来自希俄斯的希腊人向西班牙提议纵火；他烧毁伊斯坦布尔海军造船厂的计划被抛弃，因为舰队已经出航，但他的确在苏丹的宫殿放了一把火，造成一些破坏，数位禁卫军死亡。奥斯曼当局似乎在此类问题上不那么大胆；虽然 1569 年底威尼斯军械库大火被普遍归咎于苏丹派来的特工，但

* 偶尔有报告说，奥斯曼代理人在荷兰革命期间前往尼德兰，但是那些人更像是外交使节。

并没有确凿的证据。1577 年，大使确实报告了大维齐尔赶走了一位心怀不满的威尼斯人，那人提出烧毁总督宫。但一年之后的那场大火如何或为何发生，还不得而知。[9]

由于奥斯曼人没有派驻使馆，因而也就不能将之作为实现所有这些目的的行动中心，这可能有些不便。西班牙在奥斯曼帝国也是如此，他们也没有官方外交代表。在 16 世纪 40 年代和 50 年代，正是西班牙驻威尼斯大使馆维系着他们在伊斯坦布尔为数不多的代理人。在该世纪余下的时间里，驻威尼斯大使馆仍旧在一定程度上参与这类事务；但从 16 世纪 60 年代初以来（在杰尔巴可怕的失败之后），菲利普二世愈加活跃地致力于反奥斯曼行动，更多事务转而通过那不勒斯王国完成。关键突破于 1561 年到来，来自热那亚圣雷莫城魄力十足的乔瓦尼 · 玛利亚 · 伦佐在伊斯坦布尔招募了一批代理人，包括一些叛教者。（在勒班陀战役之后被关押在那不勒斯的热那亚人穆斯塔法——格雷戈里奥 · 布雷甘特——是其中之一；还有一位是禁卫军指挥官穆拉德阿迦，也有热那亚血统）。这立即引起了菲利普二世的兴趣，他命令那不勒斯总督通过科孚、杜布罗夫尼克或奥特朗托建立通信系统。起初的重点是策划奥斯曼舰队叛乱以及焚毁造船厂，但随着团体逐渐扩大，它变成了多用途的情报网络，为来访特工提供安全屋、传递一连串“通告”和情报。最重要的新成员之一是一位威尼斯商人，奥雷里奥 · 迪 · 圣克罗切，他自 1552 年以来一直住在伊斯坦布尔。从 1564 年起，他定期发送有关奥斯曼海军战备信息的报告；他似乎已成为这个网络的驻地负责人，负责分发酬金和招募新成员，到 16 世纪 70 年代中期，他被西班牙特工称为“伊斯坦布尔的密探头目”。[10]

任何仓促开展的类似远程业务都存在低效甚至欺诈的空间。一些被招募的人可能只是匿名合伙人，拿了钱却不工作；有些可能同时被其他西方国家雇用（晚些时候圣克罗切自己面临了这样的指控）；但似乎没有人为奥斯曼反间谍机构工作——这说明伦佐和圣克罗切至少基本能力过关。潜在的低效和混乱还可能是因为不同指挥链，甚至不同代理人群体受到多人控制：那不勒斯总督、西西里总督，菲利普国王（他有时越过自己的总督），驻威尼斯的使臣，以及一段时间内最为活跃的唐·胡安。这个系统有些功能失调，来自伊斯坦布尔的大部分情报受到忽视。菲利普的一位大臣称伦佐是“一个喋喋不休的骗子”。主教格朗韦勒在1571年抱怨说，伦佐的通告取自酒馆闲谈，1574年再次抱怨说，伊斯坦布尔的间谍只是在旧新闻上署上新的日期。“他们寄来过时且无所不包的事件，这样他们就可以说自己命中了要点，他们列出了所有可能性，包括相反的可能，这样总有一些事情必然会发生。”也许枢机主教有充分理由支持他的怀疑；但我们不应该忘记，当乔瓦尼·巴雷利在1574年初回到那不勒斯，准确地警告说奥斯曼准备攻击拉古莱特和突尼斯时，正是格朗韦勒把巴雷利视为“可信度很低或者没有信誉”的人，把他晾在一旁。[11]

以上，就是巴托洛梅奥·布鲁蒂在1575年进入的世界——虽然在一段时间内他加入的情报网络的真实性质还不为他所知。在1575年7月囚犯交换结束后，他再次会见了乔瓦尼·马格利亚尼，显然后者先前已经同俘虏一起从伊斯坦布尔到过杜布罗夫尼克。马格利亚尼随后陪同加布里奥·塞尔贝洛尼到了那不勒斯，带着年轻的阿尔巴尼亚新成员一道。用巴托洛梅奥后来写给西班牙国王的自传性报告中的话来说，在那里“我被带去亲吻最平和的领主唐·胡安的手，他温和地欢迎我，我与他讨论了许多有关为陛下效力的事情”。唐·胡安提了一些问题，并对巴托洛梅奥的回答感到满意；“所以，不久之后，我被命令返回伊斯坦布尔，乔瓦尼·马格利亚尼给了我一系列由唐·胡安签署的指示，这让我在回程途中备感荣耀，这些指示明确给出了为陛下效力的细节。”他似乎没有立即回到伊斯坦布尔，而是在威尼斯（也可能在科佩尔）度过了一段时间。他没有解释如何与威尼斯当局协调恢复见习译员的训练，但他在与囚犯交流中的突出表现肯定帮到了他；无论如何，正如我们所见，在1576年1月，他以上述身份回到大使府邸。[12]

大使乔瓦尼·科雷尔在他1月23日的报告中记述了巴托洛梅奥的到来。仅仅六天后，马泰奥·德·法罗在加拉塔举行了一场盛大的婚礼，他是帝国大使馆的一名译员。作为佩罗特家族（家族名取自加拉塔的别称）的成员，德·法罗是个讲意大利语的希腊正教徒，自1559年以来就一直为帝国大使馆工作。他的新娘——在其第一任妻子去世后的第二任——是西班牙秘密特工首领奥雷里奥·迪·圣克罗切的女儿；在1571和1575之间的某个阶段，马泰奥·德·法罗上了西班牙间谍网络的工资单。参加婚礼的斯特凡·格拉赫注意到一群威尼斯人和拉古萨来宾的出席，包括一些商人和大使的书记官。名字中有一些可以认出来，但其中一个名字“布鲁利（Bruli）先生”令人困惑；后来，此人被称作新郎的“傧相”，在仪式的关键时刻把戒指递给新娘。格拉赫的文字在他死后很久才被他的孙子编辑出版，而他的孙子可能并不总能正确辨认他的手稿。这个时期在伊斯坦布尔没有以布鲁利之名为人所知的人。但正如我们将看到，到1576年夏季，巴托洛梅奥·布鲁蒂显然已经与奥雷里奥·迪·圣克罗切相识，并且鉴于他将在大约三年内娶马泰奥·德·法罗的近亲为妻，有很坚实的理由认为正是巴托洛梅奥扮演了傧相的角色。这并不一定意味着巴托洛梅奥已经知道奥雷里奥的秘密身份。这是个小圈子，很可能发生偶然的联系。没有特别的理由认为奥雷里奥·迪·圣克罗切正在指挥巴托洛梅奥工作，甚至连这份工作的内容是什么也不清楚，虽然它可能包括收集威尼斯大使府邸流通的信息。直到1576年夏季巴托洛梅奥·布鲁蒂才——使用一个可能过于戏剧性的说法——被激活，原因相当偶然，与一位西班牙临时代理人在伊斯坦布尔的任务有关。[13]

几年中，西班牙使臣或者各种各样的代理人不断造访奥斯曼首都。因为西班牙－奥斯曼关系在16世纪70年代晚期最重要的发展就是两大势力间的休战谈判，现代历史学家（从布罗代尔开始）倾向于认为大多数或所有这些早期访问的最终目的在于此结果。法国驻伊斯坦布尔特使达克斯主教在其函件中的评论支持这种看法，任何西班牙动向在达克斯主教眼中都非常可疑；法国人担心西班牙与奥斯曼和解，这将使西班牙更易集中力量对付法国。然而，没有明确的证据表明，西班牙在这个十年的前半段下大力气与奥斯曼人谈判以达成协议。这不是说西班牙使臣从未试探奥斯曼的休战意愿有多强；了解敌人的谈判准备总是有益的，借此可获得有价值的信息，如敌方对自身力量或弱点的判断。但所有证据表明，这些活动是一般的情报任务，而非和平倡议。[14]

勒班陀战役一结束，西班牙就立即开始行动，唐·胡安派他的一名秘书携带一位特别的俘虏——阿里·穆阿津札德帕夏两个十几岁儿子的导师——到了伊斯坦布尔（这个任务让达克斯主教深感不妙，他认为这是西班牙甚至在战前就已经着手进行的谈判的延续——尽管对此并无实据）。在1573年夏，唐·胡安表现出宽宏大量的姿态，释放了穆阿津札德帕夏剩下的那个儿子，赠予骏马、金币和华服，还额外遣送了40名普通穆斯林俘虏；虽然这令奥斯曼人惊讶且印象深刻，但其主要目的可能是让陪同这个男孩的两名可靠特工得以长时间逗留在伊斯坦布尔，这两人是西班牙人安东尼奥·阿韦利安和佛罗伦萨人维尔吉利奥·波利多里。在1568年被伦佐招募的阿韦利安熟悉伊斯坦布尔，作为前任海军指挥官皮雅利帕夏的奴隶在那儿度过很长时间，会讲流利的土耳其语。在他于1573年7月到达后——达克斯主教立即对大维齐尔表示了强烈不满——他总共待了十五个月，建立各种人脉，并向那不勒斯和西班牙寄回报告。在这段时间，另一名西班牙特工胡安·库伦齐于1574年初短暂且秘密地造访了伊斯坦布尔。他带了信件给奥雷里奥·迪·圣克罗切，偷偷在修道士贝内德托·卡兰蒂诺家中与他会面，从他那里获得有关奥斯曼舰队的信息；他可能也策划了当时伊斯坦布尔一处火药仓库的爆炸。[15]

1575年5月，由西西里总督派遣来的另一名使臣海梅·德·洛萨达抵达伊斯坦布尔。此前他是海盗头目和海军指挥官乌卢奇·阿里（现在的克里奇·阿里）的奴隶，乌卢奇·阿里很喜欢他，让他身居要职；现在他的主要任务是与前主子商量拉古莱特和突尼斯俘虏的赎买事宜。洛萨达在后来写的长篇报告中，描述了克里奇·阿里如何带他去探访大维齐尔索库鲁·穆罕默德，而大维齐尔正想问他西班牙海军的动向。从洛萨达的记载中可知，正是索库鲁多次提出奥斯曼－西班牙停战的可能性："苏丹宫廷总是敞开的"，他说，"任何前来造访的人都不会抱憾离去。"这与阿韦利安在1576年初回到伊斯坦布尔时对威尼斯大使的评论相呼应：他说在前一次停留期间，也就是在1573年到1574年，他与索库鲁有过数次会面，索库鲁告诉他奥斯曼宫廷总是敞开的（洛萨达引用了同样的话），并且"一点表示善意的小心意"——即大额贡金——可能促成让西班牙国王省下更多金钱的停战。乔瓦尼·巴雷利在1575年从科孚返回那不勒斯之后也有关于索库鲁类似策略的描绘。巴雷利写道，他赎买的重要奥斯曼人之一——雅典的梅米切莱比告诉大维齐尔，基于两个原因他应该与西班牙达成和平协议：奥斯曼平民现在害怕在舰队服役，和平将带来非常可观的贸易增长。索库鲁明显赞成这个想法，并以奥斯曼－威尼斯税务事宜为由，向科孚的巴雷利送了封信；他邀请巴雷利到伊斯坦布尔就和平协议进行谈判，并为此承诺安全放行。所有这些故事表明布罗代尔错认了方向：试图促成谈判的是大维齐尔，而非菲利普二世。当然，当西班牙特使最终为了这个目的出现时，索库鲁会假装一直都是西班牙在求和。但有清楚的理由使索库鲁希望和平：在地中海与西班牙进行长期军事对抗，需要维持近乎再造的后勒班陀海军舰队，而这给奥斯曼财政带来巨大负担。一旦拉古莱特和突尼斯平定，讲和的理由就变得更加清晰：这样一支舰队几乎再无用武之地。[16]

与此同时，西班牙的意图基本上仍是攻击性的。在1575年夏天，一位志愿特工提出烧毁伊斯坦布尔海军造船厂以及使用有毒蜜饯和果脯暗杀克里奇·阿里的计划，并得到了西西里总督的支持。同时，阿韦利安去了马德里，说服菲利普国王支持他的计划，该计划涉及“策反”名为穆拉德阿迦的奥斯曼要人——不是已经在西班牙机构中的热那亚同名叛教者，而是克里奇·阿里的管家和受信任的副手。这位原籍来自卢卡的穆拉德阿迦表示愿意站到西班牙一边；为促成此事，阿韦利安提议让译员同事卢卡的许雷姆贝伊协助。阿韦利安更高的目标则是通过穆拉德阿迦策反克里奇·阿里本人——奥斯曼海军司令，来自卡拉布里亚的意大利人。在1575年末，阿韦利安从阿普利亚前往杜布罗夫尼克，并从那里（尽管多疑的拉古萨当局试图阻止他）经陆路去往伊斯坦布尔。他的表面任务是赎买奴隶；与大维齐尔会面时，他毫不奇怪地坚持了这一说辞，大维齐尔似乎为他并非代表唐·胡安进行停战谈判而感到失望。（后来，奥斯曼特工向索库鲁揭发说曾在西班牙宫廷上看到过他；大维齐尔说，他这次将尊重他作为赎买者的身份，给予他安全通行权，但威胁说如果他回到伊斯坦布尔，就要再次奴役他。）然而，阿韦利安的真正使命遇上了困难，很快穆拉德阿迦受到冷遇的消息传来。因此，他向间谍网络的常驻头目奥雷里奥·迪·圣克罗切寻求帮助和建议。[17]

正是在这时，根据他之后的自传性报告所说，巴托洛梅奥·布鲁蒂涉足其中。在报告中巴托洛梅奥对自身重要性自吹自擂；但它是我们了解接下来发生了什么所拥有的唯一具体记载。奥雷里奥觉得“没有其他解决方案，只有与我巴托洛梅奥·布鲁蒂交易，并且他们尚不知能否说服我承担这么一项伟大而艰巨的任务”。他们一道与巴托洛梅奥详谈；奥雷里奥给他看了国王的来信，命他为阿韦利安提供一切可能的帮助，阿韦利安向穆拉德阿迦展示了这封王室信件。一番思考之后，巴托洛梅奥提出了一个更好的想法。为穆拉德阿迦设计的邀请函应该转给穆罕默德贝伊，就是那位前一年他从罗马护送到杜布罗夫尼克的显贵。“我知道他更适合（为基督教世界）执行某些服务，不仅因为他（在意大利逗留期间）已经非常了解基督徒的事务，还因为他在为苏丹效力时所受待遇较差”。我们有权怀疑这是否真的是巴托洛梅奥的想法，还是说这正是奥雷里奥找他时脑中已有的选项。但至少有件事很清楚：只有巴托洛梅奥足够了解穆罕默德贝伊，能与他牵上线。于是他就这样做了；穆罕默德先是感到惊讶和恐慌，但逐渐地——“有时威胁我，有时应承我”——他转念接受了为西班牙国王工作。他的严格条件之一是巴托洛梅奥本人将他的信交给国王，并亲自代表穆罕默德与菲利普谈判。因此在 1576 年 8 月初，布鲁蒂以他的一位兄弟在科佩尔逝世为由，获准离去，与阿韦利安一同登上一艘拉古萨船只，驶离伊斯坦布尔。[18]

此时巴托洛梅奥 · 布鲁蒂彻底受雇于西班牙；但我们并不完全清楚他在 7 月与奥雷里奥 · 迪 · 圣克罗切和安东尼奥 · 阿韦利安打交道时都发生了什么。阿韦利安声称在彼时彼处已将他计入为西班牙效力的名册。奥雷里奥在这一插曲之后写信给国王，称他“现在招募了巴托洛梅奥 · 布鲁蒂，一位阿尔巴尼亚骑士，为您服务。布鲁蒂在他的故乡，仍然有继承自祖先的声望，在伊斯坦布尔还有重要的亲戚”。而且巴托洛梅奥本人很快为菲利普国王写下另一则说明，其中诸事以某种方式与以马格利亚尼和唐 · 胡安为主角的另一个版本对上了。在这个（以第三人称写就的）说明中，阿韦利安和“密探”，伊斯坦布尔的秘密特工，恳求巴托洛梅奥放弃为威尼斯效力，来为西班牙工作：

> 经过深思熟虑，不论是作为士兵，还是在涉及奥斯曼事务的秘密工作中，为陛下服务乃是正确的选择。归功于充足的经验和他在这方面所有的诸多联系，以及他的许多身居要职的亲属，也因为他已通过乔瓦尼 · 马格利亚尼向（唐 · 胡安）殿下明确承诺在下一个光荣机会出现时服侍陛下，他现已为陛下效力。

这也许只是折中的说法，意在使得奥雷里奥分得一点功劳或看起来不那么消息不灵。但是它仍然值得注意，尤其是它强调了巴托洛梅奥在伊斯坦布尔的高层联系。[19]

布鲁蒂和阿韦利安终于在1576年10月中旬到达那不勒斯。在此地军中服役的乔瓦尼·马格利亚尼把巴托洛梅奥介绍给那不勒斯舰队指挥官塞萨公爵；被告知布鲁蒂在马德里有紧急事务要处理，公爵承诺尽快送他上船。同时，巴托洛梅奥还要代表奥雷里奥处理一些其他事项，奥雷里奥让他转交一封信给总督蒙德哈尔侯爵。信件要求建立一条伊斯坦布尔与那不勒斯间消息和人员往来的新安全线路。以前的路线经过陆路到达伊庇鲁斯（现代希腊西北部）海岸，然后到科孚。正巧，我们对协助运作这个机制的其中二人了解一二。伊庇鲁斯海岸的关键人物，在位于伊古迈尼察正北方的小港口巴斯蒂亚，是个叫杜立斯的阿尔巴尼亚人；他是个有些财力的人物，受到发罗拉和达尔维那的桑贾克贝伊们的青睐，在1566年被伦佐招募，如他自己在给菲利普国王的信中所说，他照管经由巴斯蒂亚、往返于伊斯坦布尔路上的所有西班牙雇员。另一个过去两年中的重要密探，是年轻的科孚贵族彼得罗斯·兰扎斯，他用快艇将特工们从科孚转移至奥特兰托。* 但这一机制已被希腊和阿尔巴尼亚通信者开展的业务所危及，他们搞起了从伊斯坦布尔偷运逃亡奴隶的副业；大维齐尔调拨了额外的警卫和管控力量以阻止这一行为，使得这条路线无法使用。在离开伊斯坦布尔之前，巴托洛梅奥·布鲁蒂根据奥雷里奥的要求写了一份报告，介绍如何建立和运行新网络；这份报告附在奥雷里奥的信中，而他现在正要把这封信交给蒙德哈尔侯爵。[20]

在报告中，巴托洛梅奥建议从伊斯坦布尔发公函急件到布德瓦、科托尔和杜布罗夫尼克，由三帆快速桨帆船送到南意大利。这三个

---

* 兰扎斯是位有活力的军事领袖，在1574年之前为威尼斯效力，不满于威尼斯－奥斯曼和平协议，他转而为西班牙服务。1576年，在一大群来自希马拉的战士和一位西班牙工程师的帮助下，他组织炸毁了威尼斯在战争结束之后还给奥斯曼的索波特要塞。

地方每处都应有常驻的地方特工；他们由那不勒斯直接选定并支付报酬，且对彼此身份互不知情。最好使用从伊斯坦布尔到那些地方的普通威尼斯信使，因为他们很可靠，没有涉足逃亡奴隶的生意；他们得是“斯拉夫人”，按照“行程”支付报酬。当他们接近伊斯坦布尔时，应在城外 18 英里处的一座教士宅邸，将信件交给他。教士（他应得到报酬）接着将信件转交密探，因此信使并不清楚密探的身份。最重要的是，整个机制必须安排一位薪资出纳员。在过去，巴托洛梅奥写道，信使携带着他们各自的报告找别的信使，挨个要求支付报酬，密探也这么干，结果造成泄密。文章自然地得出如下结论：应给予巴托洛梅奥·布鲁蒂王室特许，以建立和运行整个系统。虽然这显然存在自我美化的因素，但报告本身十分严肃，表明对所涉问题有清楚把握。巴托洛梅奥在此类事务方面毕竟继承了某种家族传统；他的父亲组织了从阿尔巴尼亚南部到威尼斯的消息传递，他的舅舅加斯帕罗是杜布罗夫尼克的常驻情报收集员，负责接收伊斯坦布尔马耳他骑士团秘密特工传来的信息。*[21]

起初，巴托洛梅奥的建议轻松通过：总督读过后，“他非常喜欢”，并命他立即着手建立新系统。巴托洛梅奥回答说他不得不因其他事务前往西班牙宫廷，当蒙德哈尔询问是什么事务时，他说他不能告诉任何人。总督愤怒地回答：“你不知道我是这个王国的王吗？”巴托洛梅奥沮丧地回到住所，不确定他是否会被允许前往马德里。此后不久，又一个潜在障碍出现了，这是由名为马丁·德·阿库尼亚的西班牙特工到达那不勒斯所导致的。阿库尼亚曾在伊斯坦布尔待过一段时间，是克里奇·阿里副手穆拉德阿迦的奴隶，他又有了针对伊斯坦布尔海军造船厂的破坏计划；国王祝福了他，阿库尼亚现在带着王室指令来到那不勒斯，要求蒙德哈尔协助准备他的任务。一天阿库尼亚在街上偶遇了布鲁蒂，他在伊斯坦布尔时就认识布鲁蒂，

---

*　参见 49—50 页（安东尼奥·布鲁蒂），112—113 页（加斯帕罗·布鲁蒂）。

阿库尼亚把计划告诉了他，敦促他作为地方向导以及协调者与他共事。巴托洛梅奥拒绝了邀请，但那天晚上他仍被总督召见。总督要求他陪同阿库尼亚，巴托洛梅奥再次拒绝。当他说任务注定要失败时，蒙德哈尔要他写一份报告，说明理由。这份文件也表明，巴托洛梅奥对奥斯曼首都的情形有成熟判断和良好把握。首先，他指出，在阿库尼亚经过缓慢的陆路旅行到达之前，军舰就会出航并“被交付给不同船长”，所以没有机会摧毁它们。阿库尼亚的计划涉及赎买两个苏丹的奴隶作为掩护；他显然不知道“苏丹的奴隶不能因为钱而被释放，只能交换，得花几个月时间持请愿书与大维齐尔就他们的自由进行谈判”。（似乎奴隶赎买是巴托洛梅奥感兴趣或者涉足已深的一项业务。）而阿库尼亚计划让巴托洛梅奥从伊斯坦布尔的商店购买硫、硝石、火药和其他成分制造“燃烧弹”，这样的任务必须分配给几个人共同完成。阿库尼亚声称认识克里奇·阿里府邸的许多叛教者，但他唯一提到的“威尼斯人苏莱曼”却没什么用处：“我认识他，他很年轻，没有什么经验。”总的来说：使命会失败，许多基督徒会死，并“打破许多重要人物的计划，而他们实施并安排了许多事务，以服务于上帝、国王陛下以及阁下您的声誉”。[22]

总督的想法一旦形成，就不容易改变。此外，他还收到来自国王的命令，让他协助在路上的阿库尼亚。在他的坚持下，巴托洛梅奥就可行路线给了阿库尼亚建议，并写信将他推荐给一些熟人，还提供了一位向导。但当他再度拒绝与他一道去，恳求说他有要事需面见国王时，蒙德哈尔发飙了：“要么你告诉我是什么事，要么我送你去牢底关到死。”四个戟兵把巴托洛梅奥关到蒙德哈尔秘书的办公室里，秘书本人则被派去查抄巴托洛梅奥住所能找到的所有文件。直到穆罕默德贝伊给菲利普的机密信件被打开并阅读时，总督的态度才有所改变。第二天早上，他带着“友好的话语以及提供帮助的善意”同巴托洛梅奥谈话。然而，由于尚不可知的原因，在巴托洛梅奥最终离开那不勒斯之前仍然耽搁了相当长时间。1577 年 2 月 16

日，一名高级官员、舰队的审计长给国王的大臣写了封信，说巴托洛梅奥等待舰队带他到西班牙，已经等了很久。他现在开始从陆上启程到热那亚，然后从那里乘船。“我知道他非常善良且诚实，他是位贵族，可以在家乡为基督教世界做许多贡献；在伊斯坦布尔，也就是他来的地方，他有重要和可靠的信息来源，借此他已经并且将继续为国王陛下效力。”[23]

终于，在1577年春天，巴托洛梅奥·布鲁蒂到达了马德里。不知道菲利普二世是否亲自接见了他，但他肯定直接与国王有权势的国务大臣安东尼奥·佩雷斯打过交道。他带来的穆罕默德贝伊的建议受到热情欢迎；因为其重点是把阿尔及尔交到西班牙手中的大胆计划。穆罕默德称，如果他给大维齐尔一份价值25000斯库多（近21000杜卡特）的礼物，他有信心被任命为阿尔及尔的总督。一旦在那里安顿下来，他就会派信使到菲利普这里商定西班牙援助下的反奥斯曼政变。然后，他将作为国王的附庸统治阿尔及尔，将城市的一座堡垒交给西班牙驻军，并清除海盗们的反西班牙活动。他唯一坚持的条件是，如果计划失败，他必须在菲利普的领土上寻求避难，他应被允许继续信奉伊斯兰教，如前突尼斯统治者遭流放的儿子那样。西班牙国务会议认真考虑了他的建议，咨询了那些被视为奥斯曼事务专家的人，包括被召唤到西班牙的乔瓦尼·马格利亚尼；菲利普二世也有个人兴趣。1577年5月10日在阿兰胡埃斯举行的特别会议上，国务会议批准了这一计划。风险显而易见，但潜在收益远远大于风险：这样的政变一旦成功，将改变地中海西部的整体安全形势。[24]

但接着发生了一起突发事件。马丁·德·阿库尼亚从伊斯坦布尔归来，带来一则非同寻常的消息：他已与大维齐尔达成了一些在西班牙和奥斯曼帝国之间正式休战的初步协议，大维齐尔让他带了一封信给菲利普，要国王派一名使臣前来谈判。为了表明诚意，索库鲁甚至承诺在那一年不会对西班牙发动海上远征。一个密谋破坏的任务如何发生这样意外的外交转折？真正的故事——阿库尼亚向西班牙当局隐瞒了的关键部分——如下。当他于2月下旬抵达伊斯坦布尔时，阿库尼亚由一些不太可靠的阿尔巴尼亚人（可能包括巴托洛梅奥·布鲁蒂提供的人）陪同，这些阿尔巴尼亚人参与了逃亡奴隶的偷渡活动。他们中有个人被奥斯曼反间谍部门认出，遭到逮捕和折磨。奥雷里奥安排阿库尼亚秘密留在其女婿马泰奥·德·法罗的府邸；他被困在那里，担心自己的性命，因为奥斯曼当局从被折磨的囚犯那儿知道，城里有个在逃的西班牙“绅士”。在这个节骨眼上，奥雷里奥急中生智，他想起1575年夏天曾被海梅·德·洛萨达告知，大维齐尔问他为什么菲利普没有派人来商谈停战；他断定，现在拯救阿库尼亚的唯一办法就是假称他正是这样的特使。幸运的是，奥雷里奥拥有一封来自马德里的信件（实际上是寄给另一个“策反”候选人约瑟夫·纳西的），带有菲利普二世的真实印章。他用这封信件为马丁·德·阿库尼亚伪造了一封给索库鲁的官方介绍函，在索库鲁的大译员、卢卡叛教者和西班牙特工许雷姆贝伊的帮助下，前去会见大维齐尔。这个骗术成功了；即使是消息灵通的斯特凡·格拉赫在3月9日也记下，“西班牙特使前去面见大维齐尔，并递交了从他的国王处取得的凭证信函”。于是，双方进行了友好探讨；被囚禁的阿尔巴尼亚人得到释放；阿库尼亚带着索库鲁的正式谈判提议，被遣回那不勒斯，而这导致了地中海长达两年，或者说甚至六年的停战。[25]

马丁·德·阿库尼亚在4月下旬到达那不勒斯，并将消息告知总督，在送阿库尼亚接受当面询问之前，总督即刻致信马德里。西班牙的政策制定者激烈地讨论了正式停战的可能优缺点。金钱和人力的巨大节省非常有吸引力，尤其是在1575年王室财政已濒临破产之时。交易带来的好处也非常令人满意，如果北非海盗被他们的奥斯曼主人强迫遵守和约的话。主要缺点是苏丹可能利用休战来征讨科孚——如果成功的话，将对那不勒斯王国构成严重威胁。（正如我们所见，南意大利和科孚在安全上相互依赖，这是西班牙和威尼斯两国战略思想的基本特征。）[*] 乔瓦尼·马格利亚尼警告了这一危险；国务大臣安东尼奥·佩雷斯也建议威尼斯必须被包含在任何类似的休战中。其他缺点也被考虑进来：蒙德哈尔警告说，西班牙会失去“声誉”，与基督教世界之敌进行这桩交易会冒犯教宗，他将撤回王室财政仍严重依赖的教会津贴。国王最后的决定反映了他对这些风险的谨慎思考。他的特使将被授权商定两至三年的休战，威尼斯和教宗（以及较小的意大利城邦和神圣罗马帝国）也将包括在内。这将是个“伪装”或秘密的停战；由于不完全清楚的原因，大维齐尔给菲利普的信是阿库尼亚以改写译本的方式带回的，其中索库鲁似乎向菲利普提供了公共外交和秘密外交两种选择——原始土耳其文本根本不包含选择。至于将要进行谈判的特使：阿库尼亚由于财务上的违规受到蒙德哈尔的严重批评，而当他发现自己被边缘化时，他还写了封言辞激烈的信件，这着实帮了倒忙。（一位历史学家称这些信件是“表现力、精神不稳定和粗鲁的文学小丰碑”。）1577 年 6 月下旬，菲利普最终决定让乔瓦尼·马格利亚尼和巴托洛梅奥·布鲁蒂接管这一使命。马格利亚尼将是主要谈判代表；巴托洛梅奥被指示说，不仅要协助他完成这项任务，而且要继续相当独立地与穆罕默德贝伊来往。[26]

一方面是正式停战，另一方面是从奥斯曼帝国手中夺取阿尔及尔的大胆计划：往好了说这是在保留开放选项，但往坏了说就是自相矛盾。这还不是这个任务唯一棘手的地方，因为巴托洛梅奥·布鲁蒂开始了作为秘密特使的新角色，受委托协助确保——或者，以一种新颖和大胆的方式破坏——地中海的和平。

---

* 参见 190—192 页。

第十三章

秘密外交与大维齐尔

远在乔瓦尼·马格利亚尼和巴托洛梅奥·布鲁蒂踏入奥斯曼本土之前，两人间的关系就开始变得尤为紧张，这给他们的任务带来麻烦。很可能他们仍在西班牙宫廷时就起了争论。证据来自 1580 年巴托洛梅奥写给菲利普二世的一封长信，信中他说，在抵达伊斯坦布尔时遇到的问题证实了他一开始就表达过的所有疑虑。“在陛下的宫廷中，我告诉国务大臣安东尼奥·佩雷斯说，唐·马丁（阿库尼亚）关于秘密停火的说辞不可能是真的；我指出唐·马丁篡改了穆罕默德（索库鲁）帕夏写给陛下信函的译文，但没人听我的。”当被告知行动须完全保密，甚至不得知会那不勒斯总督任务的真正性质时，他对佩雷斯说：“与任何统治者，特别是和国王陛下进行秘密谈判，这不是奥斯曼人的做派和愿望。”没有直接与奥斯曼人打过交道的菲利普不清楚这点可以理解；但他相信这样的谈判一旦走上轨道之后，能够永远保密，就比较令人难以理解了。最难以置信的是他决定瞒过自己在那不勒斯的总督。的确，蒙德哈尔对布鲁蒂有过敌意行为，他也建议不要与苏丹谈判停战；但毕竟他听从菲利普的指挥，可以命令他遵从新的政策。相反，国王寄给他一封信，告诉他每月支付 30 斯库多（25 杜卡特）给巴托洛梅奥·布鲁蒂，“我们收到了有关他人格以及他在黎凡特事务方面有着经验和知识的良好评价，因此我们派他去伊斯坦布尔生活。他要在掩护下待在那里，如他迄今为止所做的那样，这样他就可以在适当的时候小心寄回有关苏丹活动的消息和警报”。[1]

1577 年 9 月初，马格利亚尼和布鲁蒂在从西班牙到那不勒斯（经由热那亚）的路上遇上了另一个复杂情况，他们突然得知奥雷里奥·迪·圣克罗切已经于 8 月到达那不勒斯，携有来自大维齐尔的另一封信件。马格利亚尼，显然决定遵循他必须保持任务处于秘密状态的命令，希望避免让奥雷里奥知道他和巴托洛梅奥·布鲁蒂正为同一目的一起旅行。在热那亚的军舰上，他告诉巴托洛梅奥，到达那不勒斯后，他会首先会见奥雷里奥，要是奥雷里奥问到巴托洛梅奥，他会说他已离开位于奇维塔韦基亚（罗马的主要港口）的军舰，正要从陆路到那不勒斯；巴托洛梅奥要在那不勒斯潜伏几天再现身。马格利亚尼确实被奥雷里奥找到，他也确实说了这个虚构的故事；但不久之后，他发现“布鲁蒂告诉奥雷里奥他是怎样到达的，他来看望奥雷里奥，同他一起外出就餐”。当他向巴托洛梅奥抱怨时，后者回答说奥雷里奥正和“他多年未见的”兄弟贝内德托同行，兄弟亲爱之情使他迫不及待，他仅仅将他到达的消息告诉了他的兄弟。（顺便说一下，这是贝内德托·布鲁蒂第一次被提及，这位兄长此前的人生履历完全未知；似乎在巴托洛梅奥于 1576 年 8 月启程离开伊斯坦布尔之后，他到了那里。）马格利亚尼认为这只是借口，这点他可能没错。但他对巴托洛梅奥的可靠性产生了怀疑，他怀疑巴托洛梅奥已将任务向奥雷里奥“和盘托出”——尽管巴托洛梅奥坚持说他只告诉奥雷里奥他正要去伊斯坦布尔执行策反穆罕默德贝伊的计划。[2]

阅读 1577 年 10 月 25 日马格利亚尼就所有这些问题从那不勒斯写给安东尼奥·佩雷斯冗长又愤怒的信——在信中他指责巴托洛梅奥明显背叛了使命并将他描述为一个“邪恶的人”——时，很难断定在这一阶段马格利亚尼有没有被告知奥雷里奥·迪·圣克罗切在伊斯坦布尔的真正角色。他当然知道奥雷里奥不仅仅是个碰巧带来一则来自大维齐尔的消息的威尼斯商人；他显然意识到奥雷里奥参与了有关穆罕默德贝伊的活动，他可能也知道他曾帮助过马丁·德·阿库尼亚。然而，我们还是有理由怀疑马格利亚尼是否了解奥雷里奥·迪·圣克罗切是整个西班牙网络的驻地头目——巴托洛梅奥在离开伊斯坦布尔时对此心知肚明。乔瓦尼·马格利亚尼此前不是情报工作者，在奥斯曼首都只待过很短的时间；如果他确实在某种意义上招募过巴托洛梅奥，那他肯定没有就招募事项与奥雷里奥打过任何交道。在9月下旬和10月期间，他在那不勒斯继续与奥雷里奥碰面，一直认为他和巴托洛梅奥之间的每一次联系都很可疑，他似乎没有意识到这个人有特别的重要性。当巴托洛梅奥说，除非受到奥雷里奥的安全护送，否则他不会再继续前进时，马格利亚尼一定被这个要求激怒了，因为他不得不告诉奥雷里奥他正与巴托洛梅奥为了同一个任务行动；但当巴托洛梅奥说他不仅需要安全护送，而且还要“秘密标记”或“秘密印信”时，马格利亚尼直接告诉他奥雷里奥不可能拥有任何类似的东西。[3]

最终，由于感到被巴托洛梅奥拖累，马格利亚尼决定向奥雷里奥解释这次使命的真实性质，并征求他的建议。正是在这时，奥雷里奥透露了阿库尼亚与大维齐尔谈判的真正内容是什么；奥雷里奥有一份索库鲁在会议之后写给菲利普信件的副本及其准确译文——不像阿库尼亚本人提供的改写版。了解到索库鲁从未主动提出秘密停战谈判可能性这点时，巴托洛梅奥对马格利亚尼说：“现在你知道我在宫廷中预测的是真的了。”他敦促马格利亚尼将这些信息发送到马德里，在离开那不勒斯之前等待进一步指示，不然的话，他们在伊斯坦布尔现身时将面临极大危险；但他遭到了漠然拒绝。马格利亚尼自己后来对这一争论的记载中没有提到分歧的真正原因，而是把巴托洛梅奥·布鲁蒂简单描述为不愿承担危险任务的懦夫。根据他的说法，巴托洛梅奥只是说“他不愿意为任何人送死”；马格利亚尼写道，他极为愤怒，以致他想要求总督监禁布鲁蒂，并为这次旅程提供另外的向导——直到他想起来此次任务须对总督保密。[4]

虽然奥雷里奥确实带给两位谈判代表一些类似的重要且恼人的信息，但他是否解释了整个事件在多大程度上建立在伪造文件的基础之上，则令人怀疑——因为伊斯坦布尔的局势在过去几个月里已经恶化，他实际上又伪造了更多的文件。在阿库尼亚离开伊斯坦布尔之后，大维齐尔索库鲁·穆罕默德越来越不信任他。索库鲁期待西班牙做出快速且正式的回复，但他什么也没听说；阿库尼亚从马德里寄来的第一封信模糊地向大维齐尔保证，菲利普赞成进行谈判，这份 7 月份发出的信在奥雷里奥离开伊斯坦布尔时仍未送达。另一个怀疑的原因是，据称葡萄牙国王塞巴斯蒂安正在筹备一场针对非斯和摩洛哥新统治者的大规模战争，而这位新统治者是苏丹的附庸。奥斯曼当局担心西班牙涉足其中，或者可能对阿尔及尔发动配合性攻击；如果两件事情之一或全部发生，浮于表面的西班牙停战倡议便只是幌子。（7 月下旬，这种担忧进一步加强，这时有位奥斯曼间谍从那不勒斯返回，报告说阿库尼亚是个骗子；根据这条信源，阿库尼亚在回到那不勒斯时谈到他的冒险，说他真正的使命是探明奥斯曼帝国是否会在当年派出一支庞大舰队，他与索库鲁的谈判旨在削弱舰队实力，“因为他的主人西班牙国王打算攻击非斯和摩洛哥的摩尔人”。）早在 4 月中旬，译员许雷姆贝伊告诉奥雷里奥说，大维齐尔决定对这一问题刨根问底，正计划对陪同阿库尼亚的阿尔巴尼亚代理人开展调查。整个西班牙间谍网络有暴露的危险。因此，奥雷里奥铤而走险，伪造了两封来自菲利普致许雷姆贝伊和大维齐尔的信件，信中国王说他渴望谈判，并要求派一名基督徒到西班牙，就如何与奥斯曼当局打交道提出建议；这位基督徒——这封信便利地提名奥雷里奥·迪·圣克罗切作为非常合适的人选——也应该为被派去谈判休战的特使提供安全通行证。索库鲁也为这种伪造所误，正式派奥雷里奥作为中间人。[5]

1577年8月奥雷里奥刚抵达那不勒斯就去找蒙德哈尔，后者向西班牙转寄了奥雷里奥所携一切文件的副本。（显然，奥雷里奥保留了奥斯曼安全通行证的原件，他将在上面填上马格利亚尼和布鲁蒂的名字。）8月27日他给在伊斯坦布尔的兄弟寄了封信——该信被那里的神圣罗马帝国大使馆拦截了——说明他心情欢畅，受到总督良好对待，自信地认为他将被任命为谈判休战的使臣："我希望能够完成谈判的任务，胜利回到伊斯坦布尔，我认为这次谈判将被委托给我，因为在西班牙没有其他人有经验处理这种事务。"在那不勒斯时，奥雷里奥继续进行赎买穆斯林的日常交易，9月份他写道，带他们回到伊斯坦布尔，将带给"使节任务更大的荣誉和声望"。但他的希望受到了双重打击——首先，他现在了解到马格利亚尼和布鲁蒂被选定执行任务；其次，他带来的索库鲁最新信件的内容使菲利普意识到阿库尼亚的谈判基于伪造，因而奥雷里奥本人现在也深受怀疑。（1577年底奥雷里奥被召到西班牙，在那儿的监狱里度过一段时间，这还要归功于蒙德哈尔提供的信息，指控他过分收取费用。）不过，菲利普同时也能从大维齐尔的信中看到索库鲁热衷于促成休战，因此有必要在支持塞巴斯蒂安国王的摩洛哥计划和继续谈判休战之间进行选择。他选择了后者。[6]

乔瓦尼·马格利亚尼和巴托洛梅奥·布鲁蒂在1577年10月底离开那不勒斯。随他们出发的乔瓦尼·斯蒂法诺·德·费拉里是个来自米兰著名世家的年轻人，曾在突尼斯担任马格利亚尼的副官，并与他一起被俘及释放。他们航行到布林迪西，并于11月4日登上一艘三帆快速桨帆船。他们第一次穿越亚得里亚海的企图被强逆风击败，他们回到了布林迪西。再次离岸起航时，又遇到一场严重的风暴；11月8日，当他们终于看到陆地时，水手最初以为他们在乌尔齐尼，甚至更北部，但后来他们认出了小岛萨赞，意识到恰好在发罗拉城外的海面上。这让船员严重不安，他们回忆说，去年一些来自那不勒斯王国的官方快速桨帆船在护送一艘贸易船舶到该港口时受到攻击和劫掠。发罗拉作为残暴海盗渊薮的名声在这次事件后进一步传扬——而且，它看起来当之无愧。此后不到两年，一位法国人和一位德意志人乘坐一艘威尼斯船，在距离发罗拉几英里处停下，让一些商人在那里做生意。当商人从船上下来搭乘快速桨帆船时，他们就被海盗跟踪了；他们把快船搁在沙滩上，逃到内陆，但还是被追上并被俘虏，在立即支付了50或60杜卡特的"赎金"之后方才重获自由。旅行者们接着去了发罗拉，以便查明这些人出了什么事。这个法国人指出这是一件危险的事情，的确如此；他和同伴没有身着威尼斯样式的衣服，可能被误认为是西班牙人，而"如果被怀疑是间谍的话"，西班牙人会"被俘虏和奴役，或者被处死"。抵达那里时，他们观察到一艘被掳获的商船由三艘弗斯特战船押赴港口，法国旅行者记录称"每天都能看到战利品被带到那里。"[7]

在讨论过沿着海盗出没的海岸航行到莱什的想法之后，马格利亚尼和布鲁蒂决定直奔发罗拉。在距离城镇两英里的地方，他们在海岸边挑选了一位当地人作为向导。在他们到达时，如马格利亚尼在11月11日从发罗拉寄出的信中写的，他们很快被一群人包围；"布鲁蒂先生和我的副手立即下船，并带着我们从奥雷里奥先生处得到的安全通行证一起去找卡迪（法官）。"卡迪把他们送到港口的纳齐尔那里，马格利亚尼称纳齐尔是桑贾克贝伊（地区长官）的副手或代表。纳齐尔邀请他们到自己的府邸，派一名武装卫士照看他们的快船。这时，马格利亚尼肯定感到与不仅会说阿尔巴尼亚语，而且知道如何与这种奥斯曼地方官打交道的某人同行十分便利。根据巴托洛梅奥自己的记载，便利甚至不止这些：在发罗拉，他写道，"要不是因为我找到该省的总督，而他正是我的亲戚的话，我们就危险了；他非常礼貌地接待了我们，从反对我们的穆斯林盗匪的愤怒中将我们解救出来。发罗拉是海盗的渊薮。"我们正好知道此事发生时此地纳齐尔的名字，穆斯塔法切莱比；不幸的是，没有关于他家庭背景的独立信息。这种亲戚关系的说法可能夸大了，就像纳齐尔被描述为"总督”，但马格利亚尼本人在他从发罗拉寄出的信中说，巴托洛梅奥·布鲁蒂“在每个地方都有朋友要去拜访”。从这一点来看，要么巴托洛梅奥十几岁时在发罗拉待过一些时间，可能是与威尼斯商人一起，要么他能迅速激活一些他父亲的私人关系。[8]

在马格利亚尼看来，巴托洛梅奥有很多当地朋友这个事实是负担，而非优势：他担心他们任务的秘密会被泄露。他很惊讶地发现，发罗拉的一些人已经在期待西班牙使臣到达；这是奥斯曼当局在谈判保密问题上采取截然不同路线的第一个迹象。根据奥雷里奥的建议，马格利亚尼要求纳齐尔说他是托斯卡纳大公的使臣。几天后到达培特拉镇，他在那里遇到发罗拉的桑贾克贝伊，不得不向他透露此行的真正目的，同时也要求他附和这个托斯卡纳的故事。到 11 月 25 日，马格利亚尼和布鲁蒂到达了马其顿的比托拉城，发罗拉桑贾克贝伊的兄弟从那里启程，持一封马格利亚尼给许雷姆贝伊的密信到伊斯坦布尔。他在信中解释说，他已经逐渐“完成几个月前就与唐·马丁·德·阿库尼亚先生开始洽谈的事务”；他恳求许雷姆将这个消息严格保密，并要求他找一处可以让他们秘密居住的地方，在许雷姆自己家中或者是其附近。（他还写道，当他在那不勒斯时，布鲁蒂碰巧来到那里，并且在那个阶段才加入了使团。）在经过马其顿和保加利亚雪地的缓慢行进后，旅行者们终于在 12 月 14 日到达伊斯坦布尔之前的最后一站——小切克梅杰。许雷姆贝伊派遣了一位信差，在夜深人静时带他们入城；当他们抵达为他们安排的房屋时，房东拒绝让他们入住，所以他们被迫前往信差自己的房子，在那里等候。这不是个好开头，而事情即将变得更糟。[9]

在破晓前两小时，许雷姆贝伊来看他们。当他了解到马格利亚尼被派来谈判的条款时，他喊道：“我要是基督徒，我都得画十字！唐·马丁（阿库尼亚）是在哪里杜撰出这样的谎言的？如给唐·马丁的信中所写，大维齐尔正在期待一位大使。大维齐尔会对此事非常不满，我祈求真主保佑，希望他不会对你的人造成不可挽回的伤害。”第二天，许雷姆贝伊回来了，说他已经告知索库鲁；正如他预期的那样，大维齐尔非常愤怒，他坚持如果马格利亚尼不是正牌大使，那么他该立即回西班牙去。当马格利亚尼说，索库鲁给了西班牙国王在公开谈判和“地下”谈判之间做选择的机会，许雷姆则断然否认。然而，索库鲁在 12 月 16 日确实会见了马格利亚尼和布鲁蒂。在去他府邸的路上——他们第一次冒险在白天走上伊斯坦布尔的街道——他们碰巧遇到了梅尔基奥尔 · 斯皮内利，年轻的威尼斯译员，他在 1574 年到 1575 年间作为青年译员受训，与巴托洛梅奥 · 布鲁蒂相熟；因而他们任务的保密性开始受到影响，伊斯坦布尔的其他欧洲代表也在行动。在索库鲁府邸的入口处，他们遇到了与所罗门 · 南森 · 阿什肯纳兹在一起的许雷姆。此前马格利亚尼被释放后待在大使府邸时，就在那里慢慢结识了所罗门 · 南森 · 阿什肯纳兹。索库鲁太忙，当天无法见他们，所以马格利亚尼回了家，而巴托洛梅奥（在这个城市中更加容易被认出的人物）则等到夜幕降临，这样他才可以不被注意到。[10]

最终，12 月 17 日，会见的承诺兑现了。索库鲁 · 穆罕默德是个令人印象深刻的人物，他现在正是 70 岁出头；这位来自波斯尼亚东南部的塞尔维亚人，在 18 岁时被募集（或者说以“血贡”名义）带走，当时他正作为祭台助手在米列赛瓦的东正教修道院服务。在历经行政长官和军事指挥官的出色职业生涯后，他于 1555 年晋升为维齐尔（苏丹的小型国务会议成员），并于 1565 年成为大维齐尔。苏莱曼大帝之子塞利姆二世相对缺乏经验，在接下来的一年中，倾向于授予大维齐尔更多决策权，因而索库鲁在战略政策方面的决定权显著增加。当大使马克安东尼奥 · 巴尔巴罗于 1573 年回到威尼斯时，在他的报告中概括了索库鲁 · 穆罕默德令人称羡的形象：“他独自号令所有事务，尤其是最重要的那些，事实上所有的民事、刑事和政府事务都经他的手；在处理事务时，他依靠自己的头脑，而非他人的建议。他虔诚、头脑清醒、倾向于和平，既不怀恨也不贪婪。他身体健康，气色很好，举止庄重，身材高大，形象良好，记忆超群。”三年后，下一任大使安东尼奥·蒂耶波洛评论说：“他看起来非常老到，倾听时很安静，回答时面不改色”；蒂耶波洛与他谈判时观察到，“你可能会认为在和一位基督教统治者而非奥斯曼统治者打交道”。但并不是每一位西方使臣都认同这一性格描述。1579年，神圣罗马帝国大使约阿希姆·冯·辛岑多夫抱怨说：“当你在今日与他就某事谈判时，他直截了当地向你承诺，接受并达成协议；但到第二天，甚至当天，他就否认、反对或者改变了它。”不是所有人都认为他不“贪婪”；格拉赫记载说，当一名维齐尔死亡时，他会在接受50000到60000杜卡特的贿赂之后任命一位继任者，甚至赞美他的蒂耶波洛也批评“他有极为强烈的敛财欲望”。索库鲁也因为他的裙带关系而闻名：某位奥斯曼编年史家统计说有7名维齐尔和10名总督是他的亲属。也许他在威尼斯报告中的积极形象主要是因为人们认为他同情威尼斯；拉古萨人也同样嘉许索库鲁，因为他们把他（可能基于更好的理由）视为朋友和保护者。但是他通常来说亲近基督教的想法——一位威尼斯特使表达的——肯定源自他在外交和舆论管理方面的技巧；所有证据均表明他是奥斯曼帝国长远利益的忠诚仆人。[11]

当乔瓦尼·马格利亚尼于1577年12月17日见到索库鲁时，他与此人打交道的经历与满怀赞美的威尼斯大使相差甚远。大维齐尔清楚地表达了他的极度不悦，这次秘密使命的性质令他“错愕且受冒犯”，责问他们为何没有按惯例带来大方的礼物。（马格利亚尼在突尼斯被火枪射中脸破了相，在一只眼下戴了个大黑罩来遮盖疤痕，这也让他不招人待见；索库鲁之后说苏丹想要一位不那么面目可憎的使臣。）马格利亚尼努力捍卫自己的立场，坚持说菲利普国王真诚地希望停战，并指出不仅西班牙舰队这一年留驻港内，而且国王已经拒绝从佛兰德派兵加入塞巴斯蒂安提议的摩洛哥远征。索库鲁轻蔑地回答，奥斯曼帝国兵力强盛，不需要西班牙让步：他吹嘘说，奥斯曼已在一年内恢复了整个舰队，强迫威尼斯达成屈辱的和平协议，割让包括索波特、乌尔齐尼、巴尔以及扎达尔大部在内的大量领土。然而，在这一番咆哮之下，索库鲁的真正愿望仍是达成协议。12月23日举行了进一步的会见，然后是28日。虽然大维齐尔仍然假装西班牙是急切求和的一方——他一度说威尼斯已经为和平协定支付了30万杜卡特，如果菲利普不想给这样一大笔钱的话，他应该交出阿尔及尔港口奥兰作为替代——他事实上在耐心试探西班牙谈判的可能底线。1578年1月3日，在索库鲁的要求之下，马格利亚尼写了一份列出西班牙条件的文档。它规定停战协定包括其他势力：教宗国、神圣罗马帝国、葡萄牙、威尼斯、马耳他、热那亚，在意大利的所有西班牙领土以及一些较小的意大利城邦；并且它也清楚地表明菲利普希望在世人眼中维持西班牙和奥斯曼帝国间的某种冷战。“陛下还要求，除非有双方颁发的许可或安全通行证，否则停战协定达成后不能有任何形式的通信或往来。”[12]

令人惊讶的是，一项临时协议渐渐酝酿而出。马格利亚尼受到许雷姆贝伊和索库鲁的密友所罗门·阿什肯纳兹的帮助，他以需要所罗门·阿什肯纳兹的医疗建议为由邀请他谈话。1月的某个时间，大维齐尔从中作梗，提出将奥兰治亲王——尼德兰反菲利普叛乱领袖——也包括在停战协定中；但看起来这不过是心理战。西班牙方面的最终文件由马格利亚尼在许雷姆贝伊和所罗门·阿什肯纳兹的帮助下于2月4日起草；三天后，这两个中间人告诉他，大维齐尔已经接受其条款的修订版本。被列入休战协定的国家将包括西班牙一方的教宗国、马耳他、热那亚和意大利小邦，以及奥斯曼一方的非斯、法国、波兰、威尼斯和神圣罗马帝国（最后两个是苏丹眼中的奥斯曼朝贡国）。大维齐尔承诺不会在1578年派奥斯曼舰队进行进攻性战役。作为回报，他不仅要求西班牙承诺当年不针对奥斯曼领土部署舰队，还须承诺从马德里派出正牌大使来伊斯坦布尔，以应有的公开仪式和礼物，在三个月内达成停战协定。马格利亚尼事实上没有权力许下任何承诺，他怀疑在该时限内是否能够派出任何大使；然而他答应了，并提出在新的大使到达前，自己留下做人质。2月8日，索库鲁给菲利普国王写了正式信件，陈述他的条件并抱怨说，“秘密谈判违背了我们苏丹伟大而庄严的惯例”。四天后，马格利亚尼的忠实助手乔瓦尼·斯蒂法诺·德·费拉里持这封信和他主人自己的公函被派往马德里。看来乔瓦尼·马格利亚尼战胜了种种不利条件——至少到目前为止。[13]

马格利亚尼的工作环境特别不友好。他和两个同伴被安置在一处昏暗的房屋内。如巴托洛梅奥·布鲁蒂在2月11日写给安东尼奥·佩雷斯的信中所说，“我们一直待在一间小屋里，吃饭睡觉都在同一个地方——悲惨的境地。因为担心起烟不能生火，而没有火我们快冻死了”。（当马格利亚尼召唤所罗门医生前来时，他告诉后者他因为受寒生病了，“不能生火，也做不了运动”。）仍然如此努力保持隐秘让人难以理解，索库鲁对此的厌恶已经非常明显。如果马格利亚尼认为这样能让他的活动不被伊斯坦布尔其他西方外交官的眼线窥探，他就天真得可悲了。1577年12月26日，神圣罗马帝国的大使写了份报告，其中包括一份马格利亚尼的任务和目标的详细记录，由索库鲁本人向他提供。由于目标之一是将神圣罗马帝国包括在休战协定中，大维齐尔与他讨论不足为奇。两天后，新任威尼斯大使尼科洛·巴尔巴里戈就马格利亚尼和布鲁蒂最近抵达伊斯坦布尔一事写信给威尼斯政府说，传言他们是作为西班牙使臣而来。虽然不知道两人准大使任务的细节，威尼斯当局却知道：他们已经收到来自西班牙的匿名情报，该报告非常准确地描述了马格利亚尼的任务，说他持有使臣身份的文书，但受命从不使用那个头衔。* 在大使寄出急件的同一天，法国使臣莱尔修道院长吉勒斯·德·诺瓦耶（达克

---

* 这份报告中的一些细节，让它看起来是由一位曾和奥雷里奥·迪·圣克罗切一起在那不勒斯待过的人写的——或者甚至是奥雷里奥本人，1573年他被指控同时为威尼斯工作；到1585年时，他显然还在玩着这种两面讨好的把戏。

斯主教的兄弟）写信给巴黎告知马格利亚尼和布鲁蒂到达的消息；在随后1月22日的报告中，他还批评大维齐尔把法国包括在停战协定中的愿望。到这一阶段，看来几乎只有马格利亚尼认为谈判仍然在秘密进行。[14]

与巴托洛梅奥·布鲁蒂挤在又小又冻的房间里，乔瓦尼·马格利亚尼对他同伴的敌意变得愈发强烈，双方关系进一步恶化。正如我们所见，在那不勒斯当他认定巴托洛梅奥懦弱且奸诈时，他们之间的根本不和就已出现。他于2月11日写信给国务大臣安东尼奥·佩雷斯，叫喊“布鲁蒂是世上最大的叛徒，最大的懦夫，最无耻和最没骨气的人。一位善良的骑士与一个既歹毒又邪恶的人长年生活在一起，而且为了不破坏工作条件，总得向他让步，还要保持耐心，这难道不是世上最糟糕的灾难之一吗？”他继续说：“当我要寄出这份急件时，他十分傲慢地当面对我说，寄信是他的工作，他在这事上与我有同等重要的地位，而且他保证能用对方能接受的方式同大维齐尔交谈。”——由于我们知道这份急件是由乔瓦尼·斯蒂法诺而不是巴托洛梅奥寄出的，这表明马格利亚尼事实上并不总是向后者让步。如他后来写信给菲利普所说，马格利亚尼确信在不知情的情况下，他在自己的行李中替奥雷里奥给许雷姆贝伊带来某种秘密信息；从当初在那不勒斯起，他一直对巴托洛梅奥接近奥雷里奥有所怀疑，他相信这三个人正联合起来对付他。这个故事的另一版本也出现在1月17日的两位帝国使臣安纳德和辛岑多夫的报告中，他们被告知奥雷里奥在马格利亚尼的行李中藏了一封给许雷姆的用柠檬汁书写的信件。据说奥雷里奥是受嫉妒心驱使，因为他认为自己本该被任命为大使。据说奥雷里奥已通知许雷姆说，马格利亚尼的任务“仅仅是欺骗”，他在那里“只是与奥斯曼人拖延时间，以阻止当年舰队的部署”。即便奥雷里奥真的发来这样的信息，许雷姆也不太可能照他说的来，因为所有证据表明他在努力挽救谈判。但显然，二人合谋的想法已根深蒂固。帝国大使也注意到：“显然与马格利亚尼同来的某个叫巴托洛梅奥·布鲁蒂的人，也在想方设法返回西班牙国王身边，而把马格利亚尼留在这里；布鲁蒂可能也暗中与奥雷里奥和许雷姆贝伊合作。因而马格利亚尼瞒着布鲁蒂来谈判。又因为布鲁蒂是威尼斯公民，面见国王的想法也被他断然拒绝。”[15]

马格利亚尼对奥雷里奥的部分怀疑可能是有道理的。这位根基深厚的情报头目很可能对他没能负责谈判的事实心生嫉恨。在马格利亚尼后来的另一份报告中，另一个怨恨的理由显露出来：奥雷里奥预先写信通知了许雷姆贝伊，说马格利亚尼的任务是改革在伊斯坦布尔的情报系统并调查其财务状况。当然有可能奥雷里奥也为威尼斯工作；这种一仆二主的服务在近代早期间谍世界中并不罕见。但如果他知道威尼斯也将被包括在休战协定中的话，效忠威尼斯本身并不会给奥雷里奥破坏谈判任务的理由。（两年后，当法国驻伊斯坦布尔大使要求威尼斯人帮助阻止停战谈判时，威尼斯人回答说，他们此前认为谈判会失败，因而对此并不担心；现在他们认为谈判得继续下去，只是要求西班牙确保威尼斯被包括在内。）威尼斯档案没有提供任何证据说明巴托洛梅奥·布鲁蒂在这个时期为威尼斯工作；所以没有明显理由怀疑他在2月11日给佩雷斯的信中的说辞：“我受到威尼斯人的迫害，因不满于我放弃为他们服务，他们不住地迫害我。”[16]

从巴托洛梅奥的角度来看，他有很多理由不满于马格利亚尼的任务。他预先警告说他们会遇到严重的问题，但却被忽视。他相信他在这项事业中享有平等的地位，但却被视为仆从一般的角色。（后来他向国王抱怨说，他不能私下写信给他，因为“我不掌握密文，并且马格利亚尼拒绝分享陛下命令我们共用的密文”。）他不得不放弃单独策反穆罕默德贝伊的任务，因为他在那不勒斯发现总督曾把此事告知阿库尼亚，阿库尼亚已经“把它泄露给了许多人”。他想作为信使传递临时协议相关的急件和文书，这一请求遭到了拒绝——我们可以猜想，这并非因为他是个威尼斯人，而是因为马格利亚尼不希望由他的私敌向国王报告。在后来给菲利普的信中，巴托洛梅奥提到导致分歧的另一个原因：当他得知西班牙舰队的两艘桨帆船被巴巴里海盗扣押时，他想向奥斯曼当局提出正式抗议，但马格利亚尼拒绝这样做。“之后”，巴托洛梅奥写道，“他对我的怀疑与日俱增，也许是因为他怀疑我正偷偷向陛下传达这里发生过的以及正在发生的事情；看到他那么多疑，我认为最好离开他，不再与他共事。”[17]

巴托洛梅奥·布鲁蒂与同伴越来越疏远还有另一个原因：与马格利亚尼不同，他似乎并不认为这次使命有任何成功的可能。这种怀疑的一些理由可以猜到。很明显，菲利普非常不愿意派出高级别使臣，让全世界的眼光都看到西班牙在伊斯坦布尔求和。很难想象奥斯曼在 1571 年之后投入了如此多的努力发展庞大的作战舰队后，会同意将它们闲置很多年——特别是当他们有一位精力充沛的海军指挥官克里奇帕夏（他确实卖力地游说反对停战协定）时。另一方面，很容易认为葡萄牙在北非广为人知的大规模战争计划——针对奥斯曼附庸摩洛哥统治者——将拉上西班牙。一旦此事发生，任何西班牙－奥斯曼停战协定将会沦为失败或不再可能。但布鲁蒂可能不知道的是，至少从 1577 年开始，索库鲁·穆罕默德一直在策划对波斯的战争；所以当沙阿伊斯玛仪二世当年 11 月逝世时，大维齐尔看到了在继任统治者巩固权力之前介入那里的不容错过的机会。历史学家很早以前就认为，早期现代欧洲的“大国”囿于一个体系之中，这个体系设定两个哈布斯堡国家——神圣罗马帝国和西班牙——反对两个反哈布斯堡的国家——法国和奥斯曼帝国。然而他们经常忘记第五大国实际上参与了欧亚互动：奥斯曼对波斯的关注，有时会对欧洲的大国关系产生决定性影响。索库鲁目前正计划一场持续多年的大规模战争，从波斯掠夺领土，并在当地构筑防御阵地，在奥斯曼帝国东侧创造全新的地缘政治格局。这需要持续派遣军队占领大片土地，而不仅仅是在每个春季发动有限的季节性征伐；在这种情况下，应对帝国欧洲一侧任何大规模军事威胁的安全防卫都变得愈加重要。索库鲁对帝国在亚洲雄心勃勃的未来愿景，使得他继续坚持与西班牙停战的策略——即便西班牙国王让他有足够理由弃之不顾。[18]

在 1578 年 2 月初完成协定的三个月时限来了又去。又过了几个月，还是没有来自马德里那边的任何消息。7 月中旬，在一位年轻、顽固、头脑中充满圣战狂热和骑士荣耀的国王率领下，葡萄牙军队在摩洛哥的大西洋海岸登陆。它包括 8000 到 10 000 名缺乏经验的葡萄牙士兵（包括衣着华贵的王公贵族），几千名北欧雇佣军，600 到 700 名英格兰和爱尔兰天主教徒，还有一群被意大利的托马斯·斯塔克利招募用于入侵爱尔兰的意大利匪徒，当他们到达里斯本时宿命般地被塞巴斯蒂安借调了，最后是 1600 至 2000 名西班牙人，索库鲁要么不知道他们的参与，要么选择忽视。8 月 4 日，在阿尔卡萨战役中，塞巴斯蒂安国王和他的当地盟友——非斯王位的一位觊觎者，与这个国家的统治者阿布杜勒·马立克的军队交战，被彻底击败；塞巴斯蒂安连同另外两位领袖均在战斗中阵亡，成千上万的葡萄牙幸存者被掳作奴隶或等待赎买。事态发展的消息需要一段时间才能到达伊斯坦布尔。因此，在整个夏天，马格利亚尼待在他的住处，与世隔绝，深感忧虑。正如他后来写信给菲利普时所说："我在两个房间里待了大约 15 个月，除了到窗边观望再没有其他的消遣。当葡萄牙国王抵达非洲时，我在窗口探了探头，就有人朝屋子扔石头。每当陛下调遣舰队时，我都身处危险之中，因为法国大使说服奥斯曼人陛下正计划讨伐阿尔及尔。"1578 年 9 月 4 日，他写信给安东尼奥·佩雷斯说派出乔瓦尼·斯蒂法诺 7 个月之后仍然没有收到西班牙的消息，他还听说巴托洛梅奥·布鲁蒂正在嘲弄他："关于葡萄牙国王去巴巴里的这次航行，乔瓦尼（马格利亚尼）会对穆罕默德（索库鲁）如何解释呢？"[19]

在同一封信中，马格利亚尼说，巴托洛梅奥·布鲁蒂告诉许雷姆贝伊马格利亚尼正计划逃离这座城市。很难说此时布鲁蒂这么做是真的这么认为，还是在搬弄是非；不过二人之间的关系完全崩溃了，这点再清楚不过。在 1578 年 10 月下旬，巴托洛梅奥和帝国译员马泰奥 · 德 · 法罗在晚上去见索库鲁，预先通知他马格利亚尼的行动。用马格利亚尼后来的话说（这是二手信息，毫无疑问带有偏见），巴托洛梅奥宣称“他与我一起由国王陛下派来商定停战协定，我把他从这件事中排除出去，这样我就可以摧毁谈判；因为我曾在海军服役，因此不希望停战；要是停战的话，陛下就不会维持舰队，没有舰队，我就会失掉工作”。索库鲁似乎很犹豫，巴托洛梅奥向他保证，自己的话值得信任，因为他正计划在伊斯坦布尔定居，他要在此迎娶马泰奥·德·法罗的一位外甥女。当被问及为什么他要在晚上来时，他说这样做是为了避开所罗门 · 阿什肯纳兹，马格利亚尼承诺给他一份大礼，因而所罗门也在试图破坏谈判。就在这时，大维齐尔生气了，打发他走。第二天，索库鲁问所罗门是否认识巴托洛梅奥 · 布鲁蒂，然后他被告知了——用马格利亚尼的话说——“关于他的大量负面信息”。许雷姆和所罗门同马格利亚尼一道，组建了反对其前同事的坚定联盟。[20]

直到 1578 年 10 月中旬，菲利普国王最终决定如索库鲁所要求的那样派遣一位大使，并选择胡安 · 德 · 罗卡富尔来承担此任务，此人曾经在勒班陀战斗过，是位有杰出军事生涯的贵族。他受命前往伊斯坦布尔给苏丹和大维齐尔带去大量礼物，并达成长达 20 年的停战协定。10 月 22 日，菲利普给巴托洛梅奥 · 布鲁蒂写了封信，向他解释这个问题——因为这封信的语气完全正常，这表明马格利亚尼对他的一些激烈批评可能未受到西班牙宫廷重视。但马德里和伊斯坦布尔之间的旅行很慢，直到 1579 年 1 月中旬，这些消息才最终被忠实的乔瓦尼 · 斯蒂法诺 · 德 · 费拉里带给了马格利亚尼。（然而，巴托洛梅奥后来抱怨，马格利亚尼并未把国王的信转交给他。）消息称，罗卡富尔将从那不勒斯行至杜布罗夫尼克，以在未来两个月内到达伊斯坦布尔。因此，马格利亚尼要求大维齐尔向杜布罗夫尼克派一名信使等他。索库鲁确实这样做了；但到 3 月下旬，从那里传回消息称未见到罗卡富尔的踪影，两个月后的报告内容相同。到 1579 年 6 月，马格利亚尼收到来自那不勒斯的一封信，说罗卡富尔“有点不舒服”。在 7 月和 8 月初，马格利亚尼在伊斯坦布尔的处境恶化，因为西班牙海军准备攻击阿尔及尔的传闻开始蔓延；他紧张地询问所罗门他是否能有外交豁免权。8 月下旬，谣言消散，另一封信抵达，承诺说罗卡富尔很快就会到达伊斯坦布尔。然而，这个诺言也未能兑现。[21]

最终，到 1579 年 10 月 4 日，西班牙代理人现身：一位名叫安东尼奥·埃切瓦里亚的军官，曾是伊斯坦布尔的一名奴隶，习得了流利的土耳其语。在相当长的时间里，他作为罗卡富尔的助手，一直在等待前往奥斯曼帝国首都。但他现在的任务是授予马格利亚尼大使证书，并带给他国王的指令，让他自行敲定协议；如果他不能说服奥斯曼人放弃公开外交的想法，一旦协议达成，他应要求将停战协议文本带到杜布罗夫尼克，由西班牙特使和奥斯曼特使在仪式上正式签订。索库鲁接受了这种安排，这让马格利亚尼松了一口气。菲利普的长期推诿——以及罗卡富尔明显编造的疾病——有多种多样的原因；除了菲利普被行政文书工作的汪洋席卷淹没之外，包括军事胜利的前景不断变动，一方面是西班牙在佛兰德，另一方面是奥斯曼在波斯，还包括教宗格里高利十三世对和谈消息非常敌视的反应所导致的难题。在 1579 年 7 月，菲利普下令逮捕被控作出不公正死刑判决的国务大臣安东尼奥·佩雷斯，这一事件也妨碍了处理奥斯曼事务。索库鲁可能知道所有这些因素。不过马格利亚尼可能不知道。他只知道，经过十八个月的紧张以及时常极度的焦虑过后，他现在大致回到了起点。但他至少撑了下来，而一切都还尚未可知。[22]

第十四章

锡南帕夏与摩尔达维亚冒险

1578 年的大半年和 1579 上半年关于巴托洛梅奥·布鲁蒂活动的信息极少。大概他正在伊斯坦布尔培养人际关系；因为他的人脉牵涉很多商人，他本人可能涉足贸易——也可能是赎买奴隶。毫无疑问，他找到了养活自己的方式；马格利亚尼的记录表明，巴托洛梅奥在 1578 年的 3 月、4 月和 6 月从他那里收到共计 134 斯库多（111.5 杜卡特），但这些是贷款，需要偿还，接下来十二个月他什么也没有收到。这一时期他个人生活中的一件大事就是婚姻，据称将“很快”在 1578 年 10 月举行。不幸的是，关于新娘的信息非常少；我们只知道她是佩罗特人（加拉塔的居民），译员马泰奥·德·法罗的外甥女，根据文图里尼绘出的家族谱系，她名为玛利亚·德·普莱贝。到伊斯坦布尔的外国宾客经常称道佩罗特女人的妩媚。法国旅行者让·帕莱内 1582 年在那里，他写道，女孩留着拂过香肩的长发，“非常优雅”，她们像穆斯林那样，用颜料涂黑眉毛和睫毛，而且她们“举止略带娇柔之态，长相甜美动人，让人很难逃开诱惑”。另一位访客皮埃尔·莱斯卡洛皮耶（1574 年）没那么神魂颠倒：“这些女人看上去要比她们本来面目漂亮，因为她们尽可能多地使用化妆品，把钱都花在穿戴上，手上戴满戒指，头上缀满宝石，不过这些戒指和宝石大多是假货。”当她们出现在公共场合时，这些妇女的豪华装扮引起所有观察者的注意；帕莱内和德意志奴隶米夏埃尔·黑贝雷尔都提到，即使是地位低贱的女人也会穿缎子、锦缎、丝绒或者丝绸，戴数条金银质的链子和手镯。而这种对华丽排场的喜爱，在佩罗特人的婚礼上最为明显。[1]

1573 年，法国旅行者菲利普·杜·弗雷讷－卡奈在加拉塔一个商人家中参加了一场东正教婚礼，他描述说，这里所有女人都穿得如同法国王室公主一般。新娘坐在华盖之下，身着深红色天鹅绒礼服，头上戴有金冠，“她身上的珍珠、红宝石和其他珠宝的光彩让人眼花缭乱”。新郎前来挨着新娘坐下，他们盖上深红色的面纱，人们享用着葡萄酒与甜品；新娘的母亲收到的礼物都放在一只银盆里；接着有人弹起希腊竖琴，众人随之起舞。但我们手头有的最详尽的描述是斯特凡·格拉赫对 1576 年马泰奥·德·法罗婚礼的记载，巴托洛梅奥显然是这次婚礼的傧相；可能正是在这个场合，巴托洛梅奥第一次瞥见了他未来的新娘。并不清楚玛利亚·德·普莱贝是罗马天主教徒还是希腊正教徒。跨信仰结合会被东正教会诅咒，至少在理论上如此；但让·帕莱内指出，这样的婚姻在加拉塔很常见，“每个人都追随他或她自己的信仰，就如在我们法国胡格诺派女人同天主教男人结合一样”。如果玛利亚像她舅舅一样是个希腊正教徒，那么想了解两三年后巴托洛梅奥与同一个家族的成员的婚礼，也许可以将格拉赫所描述的 1576 年典礼视为参照。新娘坐在金质华盖之下，两个伴娘守护在一旁；她被黄金与宝石包裹，戴着黄金冠冕，“她看起来就如一幅静止的图画，一言不发”。教士把新娘新郎的手放在一起，缔结婚姻；傧相接着把戒指递给新郎。一些细节内容在天主教婚礼上会有所不同，而在这之后的则是佩罗特社区的习俗。典礼之后，宾客把他们的礼物送给新娘，然后进入另一个房间享用麝香葡萄酒、甜品与水果。他们移步到另一处房屋观看音乐表演，接着正餐开始，佐以醇香白葡萄酒；格拉赫在这里同样惊讶于盛装打扮的女孩数目，有些还穿着银质拖鞋。宴会过后，三位犹太人用小提琴、小鼓和铃鼓奏起音乐，用土耳其语唱起歌。格拉赫赞赏佩罗特人的舞蹈方式，对他来说看起来比西欧的风格更加高雅和纯洁：它主要由女性来表演，与女性共舞的男子不会碰触她的身体，仅仅牵着她手握的精致手帕。不过，他对随后的滑稽默剧不那么满意，内容涉及一个威尼斯商人贵族与两名妓女纠缠，还有一幕表演粗俗的同性色欲。舞蹈和默剧继续进行，通宵达旦；他指出，富庶家庭婚礼上的庆典可以持续一周之久。[2]

当巴托洛梅奥在 1578 年 10 月告诉索库鲁他要娶马泰奥的外甥女时，他说这是为了能够生活得更加平静，不受打扰。这个说法可能不那么涉及实现家庭幸福，更多的是为了调整他在伊斯坦布尔的地位；通过娶妻融入佩罗特家庭，他将在当地拥有固定根据地，也许有办法使他摆脱威尼斯大使的辖制。巴托洛梅奥还是个有待闯一番事业的年轻人，他在西班牙情报机构中爬升的机会显然已被与马格利亚尼的争吵所扼杀。毫不意外地，他将奥斯曼首都视为满是机遇之地；确实如此。但就他而言，极有可能有特殊原因促使他计划在奥斯曼帝国开拓事业：他与锡南帕夏的关联，他在这一时期似乎已经成了后者的门生。[3]

几年之后，才有人知道这两个人有亲戚关系；比如，驻波兰的教廷大使与巴托洛梅奥打过很多交道，在 1589 年写到锡南是他的“表亲”。但家族联系本身的具体细节尚不清楚。有两份文件可以稍稍揭开答案的面纱，一份在威尼斯档案馆，一份在西班牙档案馆。1576 年 1 月，威尼斯当局记录了乌尔齐尼的亚历山德罗 · 朱比扎给他们的消息，他现在是科托尔的居民。朱比扎说，他于 1575 年从伊斯坦布尔来到这里，他在伊斯坦布尔时曾待在“锡南帕夏府中，而锡南帕夏是阿尔巴尼亚人，我母亲的表兄弟”。朱比扎在乌尔齐尼失陷时沦为俘虏，后来设法赎回了自己；然后他回到伊斯坦布尔，把沦为奴隶的一个姊妹和一个外甥解救出来，锡南帕夏在不索报酬的情况下为他争取到了二人的自由。“因而，我在那个城市时，常同锡南的外甥穆罕默德贝伊还有他的管家在一起，在我离开时已经成了他们非常亲密的朋友，我们约定无论发生了什么威胁威尼斯利益的事情，特别是涉及科托尔城和这一边境地带的事情，他们愿意在我出钱的情况下，将相关消息都寄给我”；作为回报，他会为穆罕默德贝伊在威尼斯买奢侈品，比如玻璃制品和丝绸服装。* 朱比扎家族过去在乌尔齐尼根基深厚：1555 年，马尔科 · 朱比扎是那里的粮食商人，如我们所见，安德烈亚 · 朱比扎从 1558 年开始担任乌尔齐尼主教直到 1565 年去世，此后乔瓦尼 · 布吕尼受命掌管这一教区。** 在他 1576 年提交给西班牙当局的自传性文本中，巴托洛梅奥写道，他希望亲自向穆斯林报仇雪恨，因为“他们残忍地杀害了我的父亲和与我有血缘关系的两位叔舅，其中一位是巴尔大主教，另一位是乌尔齐尼主教，而且他们奴役了我贫瘠的故乡”。虽然不能否认巴托洛梅奥有夸大的嫌疑，但他似乎不太可能只是为了增加家庭中受害主教的数目，就把他的舅舅乔瓦尼变成两个不同的人；主教安德烈亚 · 朱比扎（他去世时的情形未见记载）更可能是这里提到的第二位。他称他是一位有血缘关系的叔舅，其中意味并不清楚；可能安德烈亚的母亲出自布鲁蒂家族，或者可能这个措辞本身有点夸大——有一位布鲁蒂家族的女眷嫁给了安德烈亚的兄弟。将诸证据最利落地拼接起来的方法是假定安德烈亚的一位兄弟，也即亚历山德罗 · 朱比扎的父亲，娶了一位布鲁蒂家的女眷，而这位女眷又是锡南帕夏的表亲。当然，真相也许更为直截了当。但是，巴托洛梅奥与锡南帕夏的关系至少有了清晰的根据：布鲁蒂家族与朱比扎家族有亲戚关系，而朱比扎家族与锡南有亲密的家族联系。而这，在私人纽带起到巨大作用的世

---

* 亚历山德罗 · 朱比扎似乎对情报工作兴味盎然。他后来为教宗格里高利十三世效力；教宗派他去西班牙，他被西班牙怀疑是间谍而加以囚禁，但最终被释放，他的余生在那不勒斯王国种田。

** 参见第 87 页。

界中，已经足够了。[4]

锡南来自阿尔巴尼亚东北部的一座小村庄。如作家拉扎罗·索兰佐所说——他很可能是从巴托洛梅奥的表兄弟安东尼奥·布吕尼那里了解到他的信息——锡南是“来自普里兹伦桑贾克托波亚尼的阿尔巴尼亚人”。一些塞尔维亚历史学者尝试宣称他有塞尔维亚祖源，这难以令人信服。虽然托波亚尼周围的各村庄在这一时期处于族群混居状态，而且斯拉夫人可能在此占优势，但托波亚尼居民主要是阿尔巴尼亚人，有充分证据表明锡南的家庭背景既不是斯拉夫人，也不信东正教。他人生后半段的文献记载提到他的父亲是“阿里贝伊”，有人据此推测他生下来就是穆斯林；但他更可能来自天主教家庭（他与朱比扎家族的关系有力说明了这点），当他和他的兄弟们在奥斯曼发迹，便说服他们的父亲改宗伊斯兰教，以便更好地与他们一起分享成功。一份 1571 年的拉古萨文献列出了苏丹行政会议中所有“叛教者”。这份文献就从祖籍的角度将锡南称为“天主教阿尔巴尼亚人”。他可能生于 1519 年或 1520 年，在孩童时期被带往伊斯坦布尔。（对此有各种传说，有不可信的说法称他做牧童时与苏丹邂逅。最接近事实的故事是位威尼斯作家在 1582 年的伊斯坦布尔听到的：一位有权势的亲戚走捷径将他和几个兄弟送去为苏丹效力。一份关于奥斯曼体制的意大利文献称：“有些男孩因为受偏爱而被安置在宫廷训练中心，奥斯曼宫廷中所有重要人物都会让他们的基督徒亲戚成为穆斯林，然后带他们进宫。”锡南至少有四位兄弟成为各方面的高级官员。）他在皇宫厨房工作时引起苏丹注意的传统说法并不难理解，他确实当过试味员，也就是衣着光鲜、把菜端上苏丹餐桌的仆从和试吃团队中的一位。1556 年，时任首席管家的锡南被任命为叙利亚的黎波里 * 桑贾克贝伊；随后历任一系列地区长官，1567 年他被任命为埃及总督，他在地方的仕途达到顶点。[5]

---

* 指位于今天黎巴嫩境内的的黎波里，而非利比亚首都。——编译注

正是在到达埃及之后，锡南开始表现出下面这些助他爬升至奥斯曼政府顶层的品质：政治和军事技能，引人注目的虔诚，还有无情的野心——尤其是在排挤挡路的对手时。1568 年，索库鲁命令拉拉·穆斯塔法帕夏——正是指挥围攻马耳他失利却在随后的法马古斯塔之战中取胜的那位——在埃及组织一支军队，以镇压也门的叛乱。锡南对拉拉·穆斯塔法有所不满（认为后者应对他一位兄弟的死负责），于是妨碍他工作，还向伊斯坦布尔告他的状，导致他被召回。也许这一冲突早在索库鲁·穆罕默德的计划中，尽管拉拉·穆斯塔法是他的波斯尼亚同乡，甚至可能是他的远亲，但索库鲁·穆罕默德仍然想要让这两个潜在竞争对手中的一方或双方更加依赖他的恩惠。（威尼斯大使评论道："这全是穆罕默德设计的，以显示他的权力有多大。"）锡南被安排负责也门战役，他在那儿的工作极为高效，赢得了"也门征服者"的称号；回程途中，他还在麦加朝觐，修葺克尔白天房周围的一些设施，在麦加和麦地那设立基金，用于维持 30 名诵经者常年大声朗读《古兰经》，为自己赢得了虔信的名声。他下一次的军事成功是在 1574 年夺取拉古莱特和突尼斯，这次胜利后，他也就顺理成章地获得了"突尼斯征服者"的称号。[6]

根据一个广为流传的故事，锡南在回伊斯坦布尔的路上与受伤的俘虏加布里奥·塞尔贝洛尼起了争执，还打了他。他因这一不当行为受到克里奇·阿里的责备。当然锡南帕夏的名声也渐渐传开：他既脾气火爆，又是西方基督教国家的狂热敌人。早在 1574 年，达克斯主教就称他是"一位非常峻厉、残酷和反基督教的人"。两年之后大使安东尼奥·蒂耶波洛写信给威尼斯总督说，锡南是个"粗野、自负且天性骄纵的人"，而且"他不分青红皂白地威胁阁下、皇帝和所有人"，"极端敌视所有基督徒"。其中有一些说法可能是故作声势。在读过许多他对西方外交官令人紧张的敌意答复后，会觉得他采取了某种惯例的"套话"；在通常肃静的献礼仪式中尤其如此，此时这种敌意也最大程度地令人不安。因而，当帝国大使在 1575 年献上包括两个银质酒杯在内的精美礼物时，他吼叫道："你给我这些做什么？你知道我不喝酒。如果你想表示敬意，就给我枪炮、盔甲和其他武器，以便我能和你的人民战斗。"16 世纪 90 年代初有一次帝国大使在等待会见他时，一位牧羊人肩扛一只活羊现身，把羊献给锡南作礼物；用大使一位震惊的随从的话来说，"帕夏立即令他带着羊到跟前来，并感激地收下了羊，就这样先接见了一位牧羊人，把帝国大使晾在一边"。但这个故事也可以用另一种方式解读，以说明令锡南在苏丹臣民中受欢迎的特质。类似的品质还有不少。一位威尼斯大使在锡南即将去世时报告说："他们说他在宫廷日常事务管理上广受赞誉，因为他不知疲倦地行动，倾听，将法律案件交给称职的法官；在为首都提供丰富物资一事上也极为费心。"这一时期奥斯曼最有影响力的历史作家之一加利波利的穆斯塔法 · 阿里是拉拉 · 穆斯塔法的门生，也是锡南帕夏的死对头，锡南的声誉因此受损；这种批评也在很大程度上被依赖穆斯塔法 · 阿里作品的编年史家帕切维加以重复。穆斯塔法 · 阿里自诩在文艺上具有高超造诣，讽刺锡南是个使用自己不能理解的长句的粗野之人；他还说在他死时所有的诗人都很高兴。但锡南实际上是作家和艺术家的赞助人（他一度甚至还给过穆斯塔法 · 阿里工作），他在去世之时拥有 89 卷土耳其语图书、117 卷阿拉伯语图书和 128 卷波斯语图书。至少 7 种他拥有的波斯语插图手稿现在收藏于托普卡帕宫博物馆。锡南在开罗、大马士革、伊斯坦布尔等很多地方（例如科索沃南部的小城市卡查尼克，距他的出生地不远）捐赠了大量教产；这些教产包括三个马德拉沙（伊斯兰高等教育机构），他自己的纪念陵墓也配备了一座图书馆。[7]

1577 年，索库鲁正计划——就在沙阿伊斯玛仪去世之前的几个月——向波斯发动军事征伐，他任命拉拉 · 穆斯塔法为前线北路军指挥官，负责攻略阿塞拜疆；任命锡南为南部伊拉克地区指挥官。但是，这一年，两位指挥官之间的竞争造成了很大混乱，使得索库鲁在 1578 年 1 月决定让拉拉 · 穆斯塔法全权指挥，并解除了锡南的职务。索库鲁·穆罕默德和锡南之间的关系已经走了多年下坡路，这次事件似乎让两人的关系彻底决裂。如我们此前所见，锡南曾得益于大维齐尔的支持，1575年巴托洛梅奥报告说锡南通过给大维齐尔送钱使他乐于支持他；但他在拉古莱特和突尼斯取得胜利之后，已经有了足够威信建立自己的权力基础。1576年，大使安东尼奥·蒂耶波洛写道，从那次胜利之后，两人之间的关系开始冷淡，威尼斯后来的一份报告甚至解释说锡南受到苏丹鼓励，对抗索库鲁。苏丹这么做则是想制衡大维齐尔过分膨胀的权力。另一个因素在此也起了作用：阿尔巴尼亚因素。最受宠爱的妃子萨菲耶对苏丹有巨大影响，她是阿尔巴尼亚人，也是锡南的支持者；1585年，大使报告说，锡南被她所"宠幸"(也被她的儿子,未来的苏丹穆罕默德三世所宠幸)。加利波利的穆斯塔法·阿里反复批评锡南说，他在军队和政府机构中经营阿尔巴尼亚人的小圈子；穆斯塔法·阿里字里行间美誉波斯尼亚人，比如他的赞助人拉拉·穆斯塔法和索库鲁·穆罕默德，但对阿尔巴尼亚人却措辞尖刻。所以，这也可能是索库鲁和锡南失和的一个因素，因为前者的一些客户和门徒逐渐转投了后者。在这里讨论现代意义上的"民族"意识很不合时宜。尽管如此，历史学者已经观察到近代早期奥斯曼制度中兴起了某种基于民族－地缘因素的团结，有权势的人希望身边是与自己文化背景相同的人，这样他用母语就可以和他们轻松交谈，这不足为奇。巴托洛梅奥·布鲁蒂或许就是这一因素的受益者，即便不考虑特殊的家庭关系。[8]

大维齐尔和锡南帕夏之间的敌对状态构成了1579年夏天那次危机的部分背景,在这次危机中巴托洛梅奥·布鲁蒂险些丧命。7月中旬,马格利亚尼报告说，在当月8日，索库鲁·穆罕默德派遣许雷姆贝伊到他那里，询问"我是否知道布鲁蒂，他是否住在我的住所，鉴于他同我一道前来，为什么他没有住在我的住所"。马格利亚尼告诉他说，巴托洛梅奥已经娶了马泰奥·德·法罗的一位外甥女，前往加拉塔居住，解释说国王之所以派他随同马格利亚尼前来履行使命，

“是因为他懂阿尔巴尼亚语，有出入奥斯曼宫廷的经验”。第二天许雷姆告诉他，索库鲁已经宣布将要逮捕巴托洛梅奥。在逮捕他之后，索库鲁要求许雷姆和所罗门如他们之前所说的那样，证明巴托洛梅奥曾经力劝马格利亚尼从伊斯坦布尔逃走。马格利亚尼宣称，他对西班牙国王负有保护前同事的责任，乞求他们不要作证；但三天之后，许雷姆告诉他，大维齐尔已经向苏丹正式提出请求，鉴于巴托洛梅奥的“邪恶行为”，需用穿刺之刑处决他。马格利亚尼在回应时威胁道，如果发生了这种事情，他将有义务终止使命，离开伊斯坦布尔。[9]

乔瓦尼·马格利亚尼和索库鲁·穆罕默德此时都在故找借口。如前者承认的，他保护布鲁蒂的动机并不仅仅是纠结于布鲁蒂同为西班牙王室的仆人。“事实上”，他写道，“我怀疑此人一旦沦入监狱，可能改宗伊斯兰教（以挽救他自己的性命）”，这样他可能向苏丹提供关于西班牙和索库鲁交易的背景和性质等敏感信息。如果这些麻烦泄露出去，马格利亚尼担心，“情报机构会同时被摧毁”——这意味着，许雷姆和其他一些人的角色很可能会暴露。而大维齐尔所指责的布鲁蒂鼓励马格利亚尼逃走，可能是真的。我们知道马格利亚尼和布鲁蒂在6月29日见面，这可能是两人这一年来首次会面。在这次见面时，巴托洛梅奥又借了一些钱。我们也知道此时马格利亚尼正焦急地与所罗门讨论他是否拥有外交豁免权，因为西班牙对阿尔及尔的进攻迫在眉睫的谣言正在四处传播。也许马格利亚尼自己正试图逃遁。但索库鲁想除掉巴托洛梅奥的真正原因则完全不同。马格利亚尼报告说，摩尔达维亚——奥斯曼帝国内部的准自治罗马尼亚公国——大公是索库鲁的主顾，正是给了索库鲁一大笔钱他才取得了这个地位；一个除掉他以让竞争对手上任的计划现在正在运作，而巴托洛梅奥深深地卷入其中。与大公之位竞争者有关系的“某些希腊人”雇用了一位叫安布罗西诺的佩罗特译员协助组织他们的计划，而安布罗西诺正是布鲁蒂的一位朋友。巴托洛梅奥的角色是给锡南帕夏一大笔钱并在此后每年送上礼物，以争取锡南帕夏的有力帮助；作为回报，巴托洛梅奥会得到 2000 杜卡特的好处费。“希腊人”的身份并不清楚，可能指的是东正教徒；安布罗西诺就是安布罗西奥·格里洛，为托斯卡纳大使充当译员的天主教佩罗特人（一段时间后，他会秘密给威尼斯特使寄送托斯卡纳文件的抄本）；而且，根据另一份报告，巴托洛梅奥正在和“一些叛教的阿尔巴尼亚人，也就是他的本族人”一起工作。我们在这里得以一瞥巴托洛梅奥正在进入的圈子。但是，在后来写给西班牙国王有关此事的相当自夸的记录中，巴托洛梅奥把所有的重点放在他的高端人脉上，给人一种他独自成功打理了全部事务的印象：他运作争取“锡南帕夏和苏丹妻子的支持，而后者正与我来自相同的民族和故乡”。他解释道：“我不仅献给苏丹妻子许多非常贵重的礼物，还以（宣称头衔的）大公之名主动向苏丹上贡 80 000 杜卡特并打理全部事务，这一消息传到穆罕默德（索库鲁）帕夏那里，他立即逮捕了我。”[10]

巴托洛梅奥·布鲁蒂在 1579 年 7 月 19 日被捕，仅仅在索库鲁名下的一处建筑物中关押了不到一个月。大维齐尔对外声称，之所以关押他，是因为他向那不勒斯传递详细的情报，内容不仅涉及伊斯坦布尔政局，还包括波斯战争。（我们将看到，这其中有些是事实。）马格利亚尼让许雷姆贝伊和所罗门探访巴托洛梅奥，给他送钱，费尽心机把他解救出来。巴托洛梅奥的弟弟克里斯托福罗也牵涉进来，他最近来到伊斯坦布尔威尼斯大使府邸充当青年译员；马格利亚尼的记述说明 8 月 10 日克里斯托福罗收到所罗门一个侄子赊给的一些精美威尼斯绛色锦缎布料，可能是给巴托洛梅奥狱卒的礼物。但挽救巴托洛梅奥生命的真正战斗的主角并不是马格利亚尼，而是锡南帕夏。根据帝国大使的说法，索库鲁·穆罕默德和锡南在苏丹国务会议上公然争执起来：“穆罕默德帕夏措辞强硬地责备锡南维齐尔仅仅因布鲁蒂是个阿尔巴尼亚人就把他当朋友对待。他说布鲁蒂是锡南的主人苏丹的头号叛徒，他质问他跟这样一位朋友都干了些什么。”最后，根据巴托洛梅奥自己的说法，正是锡南求情，才从苏丹那里得到释放他的谕旨。这件事发生在8月13日。但妥协的结果是他应被逐出奥斯曼领土——正如马格利亚尼自己所建议的那样。所以在接下来的几天，巴托洛梅奥被押送到杜布罗夫尼克，大维齐尔给当地政府打了招呼，必须给他安排一艘到巴列塔（在阿普利亚海岸）去的船，因为他在西班牙有重要事务要料理。十天后，索库鲁突然想到，巴托洛梅奥可能会在杜布罗夫尼克会见赴任的西班牙大使胡安·德·罗卡富尔，他“如此无礼和邪恶”，可能会试图藏匿在大使的随从中返回伊斯坦布尔。所以他让马格利亚尼下命令阻止这样的事情发生。而且为了再次确保这一点，索库鲁还指示在伊斯坦布尔的拉古萨大使写信给他们政府说，巴托洛梅奥一到拉古萨，就必须被送上到巴列塔去的船。[11]

巴托洛梅奥·布鲁蒂成功地挫败了大维齐尔的计划，并且不止一次，而是两次。当他在8月底到达杜布罗夫尼克时，他邂逅了乔瓦尼·斯蒂法诺·德·费拉里和安东尼奥·埃切瓦里亚，他从后者那里了解到，由于罗卡富尔久“病”不愈，大使证书将被授予马格利亚尼。巴托洛梅奥现在决定和埃切瓦里亚一起回伊斯坦布尔；拉古萨当局根本就没有采取任何措施阻拦他，因为索库鲁的信仅仅要求他们协助他从事在西班牙的重要事务，并没有解释他被奥斯曼帝国驱逐的真正性质。相当令人吃惊的是，巴托洛梅奥还派了一位信使携带一封宣布他重返伊斯坦布尔的信，提前到了马格利亚尼那儿。埃切瓦里亚、布鲁蒂和正在杜布罗夫尼克等待罗卡富尔的信使一起向奥斯曼首都进发。但在几天的旅程之后，他们到了位于科索沃西北部的小城新帕扎尔时，遇到了一位携有马格利亚尼后续信件的信使，其中一封信通知埃切瓦里亚大维齐尔已经决定驱逐布鲁蒂。所以，在埃切瓦里亚坚持之下，巴托洛梅奥回到了杜布罗夫尼克。这时拉古萨当局已经收到了新的指示。他们迅速找了一艘正要到巴列塔去的船，把巴托洛梅奥送了上去（拒绝了他在杜布罗夫尼克再待一天时间以便给西班牙国王和那不勒斯总督写信的请求），告诉船长和一位西班牙乘客在到达目的地之前看好他。但幸运的是，在他们开拔后不久，他们就被反向的风带到了杜布罗夫尼克西北部的一座拉古萨岛屿姆列特岛。在那里登陆时，巴托洛梅奥成功从看管人手中逃脱，去了附近的威尼斯领地科尔丘拉岛。现在，他又恢复了自由身。[12]

鉴于大维齐尔明确希望将他再度驱逐或处死，巴托洛梅奥仍决心返回伊斯坦布尔，这有些令人意外。他在后来给菲利普国王的信中宣称，他只是出于继续为西班牙国王效力的愿望，这难以令人信服；如果罗卡富尔作为大使去了伊斯坦布尔，巴托洛梅奥可能会想要尝试与他一起开拓新的落脚点；但一知道马格利亚尼才是扮演这一角色的人，他就明白继续效力西班牙这条路行不通了。除了他目前在伊斯坦布尔有妻子和家庭以外，巴托洛梅奥返回奥斯曼首都唯一合理的解释，就是他确信锡南帕夏的权势足以保全他。[13]

巴托洛梅奥从科尔丘拉乘船到了位于奥斯曼属阿尔巴尼亚地区的莱什。根据他的说法，他从那儿写信给杜布罗夫尼克的“某些贵族，我的朋友们”以及拉古萨政府，解释他的做法。在莱什，他也主动为天主教教士、同时也是为杜布罗夫尼克工作的粮食买家乔瓦尼·乔尼玛效劳。（如我们所见，四年后乔瓦尼在都拉斯的海滩上被杀害。）* 巴托洛梅奥似乎严重低估了拉古萨当局对索库鲁·穆罕默德命令的重视程度。他们在 1579 年 10 月 13 日答复乔尼玛的信中警告他“不要以任何方式与他（巴托洛梅奥）共事，也不要在任何其他事情上相信他，要像避开火灾一样躲开他”。10 月 15 日，拉古萨当局要求他们的大使就巴托洛梅奥逃跑向索库鲁道歉，并向他保证“我们将尽己所能，目前已经派出密使到莱什武装逮捕、拘押他。”到 27 日，这些密使回到杜布罗夫尼克，报告说他们已经说服莱什的卡迪（法官）逮捕布鲁蒂，卡迪将他移交给两个艾敏（督察），指示他们在收到进一步命令前拘押他。拉古萨政府及时把这则消息报告给了伊斯

---

* 参见第 63 页。

坦布尔。但是，一个非常戏剧化的转折在此时发生了。用巴托洛梅奥自己的话说："当锡南帕夏的姊妹得知我被拘押在莱什，她派她的一个儿子率一支25人的小队，全副武装，骑马赶来，他们用武力将我从莱什救出，还我自由，然后给我人手以及所需物资，随我返回伊斯坦布尔。"锡南的传记作者们推测他有个姊妹；这段话证实了这点，并且还指出她生活在阿尔巴尼亚，而非伊斯坦布尔。因为，巴托洛梅奥还解释说，锡南从拉古萨的报告中才得知他被捕；他一听说，便立即下令还巴托洛梅奥自由，派一位信使将命令送到莱什，巴托洛梅奥的兄弟克里斯托福罗陪同这名信使一同前往。只是到那里之后才发现巴托洛梅奥已经逃脱；根据巴托洛梅奥的说法，他们接着囚禁了组织逮捕他的那些拉古萨官员。（巴托洛梅奥可能有所粉饰，据我们所知，密使已经安全返回杜布罗夫尼克；但此处也许说的是一些定居于此的上层拉古萨人，密使通过他们联系卡迪。）克里斯托福罗和信使返回了伊斯坦布尔，比巴托洛梅奥本人晚到一天。[14]

巴托洛梅奥 · 布鲁蒂在莱什时，伊斯坦布尔发生了一起惊人的事件，这一事件将极大地改善他的前途：10月11日，索库鲁 · 穆罕默德被刺杀了。午后，他正在自己的宅邸接待请愿者，突然一个穿戴像托钵僧的人走上前，抽出刀子，刺向他的胸部；索库鲁在两小时后死去。杀手被打成重伤，在带去由苏丹讯问之时，已经无法说话。各种说法流传开来：有的说他是个宗教狂热分子，认为大维齐尔的政策过于亲基督教；有的说他是匹独狼，曾被索库鲁 · 穆罕默德充作军舰奴隶，此时前来报复；也有的说（不大可能）他是索库鲁的妻子在撞见丈夫和一个年轻男子发生关系后找的刺客。真相永远不得而知，但有位现代历史学家合理地认为，凶手是个真正的狂热分子，他被索库鲁的政敌——包括锡南在内的一群高级帕夏——利用了。但是，被任命为大维齐尔替代索库鲁位置的人，并不是那些人中的一位，也不是阿尔巴尼亚人（他的父母是来自新海尔采格的东正教塞尔维亚人），他就是艾哈迈德帕夏，曾在乌尔齐尼和巴尔陷落时指挥陆军；

此前他就是资历第二高的维齐尔，享有崇高地位，因为他的妻子是苏莱曼大帝女儿的孩子，而苏莱曼的这个女儿此时仍然非常有影响力。艾哈迈德与索库鲁·穆罕默德的关系看起来不错；但他没有参与西班牙停战协定的谈判，所以很多新的工作等着马格利亚尼、所罗门和许雷姆来做。[15]

在他们着手进行的第一批任务中，其中一件就是处理巴托洛梅奥·布鲁蒂的难题。11 月 5 日，马格利亚尼从拉古萨使臣那里得知巴托洛梅奥已经弃船而去，逃往科尔丘拉，然后经由那里进入奥斯曼领土。17 日，他们告诉他，莱什的艾敏写信给拉古萨政府说巴托洛梅奥正在他的管控之下，询问是否应将他遣返至杜布罗夫尼克；而拉古萨当局想知道大维齐尔意下如何。在乔瓦尼·马格利亚尼的请求之下，拉古萨使臣在第二天前往探访艾哈迈德帕夏，并带所罗门和许雷姆同往；马格利亚尼知道，无论发生什么，这两人都倾向于不允许巴托洛梅奥返回伊斯坦布尔。当新任大维齐尔询问巴托洛梅奥做过什么，拉古萨人回答说他们也不知道；他们不过是收到宫廷要求逮捕他的命令。接着许雷姆走近艾哈迈德，在他耳边讲了“很长时间”。之后艾哈迈德答道：“如果是这样的话，那就遵照我兄弟（索库鲁）的愿望，将他发配到阿普利亚。”（许雷姆后来告诉马格利亚尼，他解释说巴托洛梅奥曾冒犯过索库鲁，密谋替换摩尔达维亚大公；他可能也增加了其他指控。）大维齐尔称他将就此拟一条正式命令，并告诉拉古萨人派他们的译员来取。但当译员来时，他看到却是巴托洛梅奥应被释放的命令，因为其来自乌尔齐尼，因此是奥斯曼臣民，不能被强制遣往意大利。译员就同许雷姆商议，后者心想这仅仅是抄写员的笔误，于是再次去见艾哈迈德。大维齐尔宣称，在阅读了莱什经由杜布罗夫尼克转来的文件称“布鲁蒂来自乌尔齐尼，是苏丹的子民”之后，他不得不下令释放他。当这名拉古萨译员提出抗议时，大维齐尔说：“这人做了什么？杀了人吗？谁在起诉他？谁在控告他？我的工作是主持正义，而不是迁就别人的好恶。”我们可以把这件事看成法治的一个实例；但也可以怀疑大维齐尔刚被锡南帕夏收买了。[16]

马格利亚尼的急信称许雷姆和所罗门很是恐慌，并（用暗语）解释了恐慌的原因。原本给罗卡富尔的王室指令被埃切瓦里亚带到了伊斯坦布尔，指令中有一项特殊要求。依照这项要求，他们改变了索库鲁之前同意的停战协定文本，偷偷地把皇帝和奥地利大公、法国国王加入协议中。他们害怕这种篡改会被巴托洛梅奥拆穿，他们可能会因此被处决，他们相信，巴托洛梅奥知道此前的文本是怎么写的。此外，根据许雷姆的说法，巴托洛梅奥也已告知同他一道旅行到新帕扎尔的信使，许雷姆和所罗门是秘密的基督徒，在马格利亚尼的宅邸中“他们的生活都像基督徒”——这一指控在许雷姆身上看起来相当合理，许雷姆曾是来自卢卡的罗马天主教徒，但非常令人吃惊的是所罗门，他通常被视为一位拉比。而所有恐慌的根源，是他们知道巴托洛梅奥和锡南帕夏有特别的关系。10 月 14 日，就在艾哈迈德刚刚被任命为大维齐尔之后，那位信使（就是他在杜布罗夫尼克等了罗卡富尔很长时间）被艾哈迈德和锡南帕夏询问，关于停战谈判他知道些什么。另一方面，锡南要求知道马格利亚尼的社会地位；这位信使说，他相信他是位像唐 · 胡安那样的大贝伊。如马格利亚尼后来的报告所说：“锡南回答说，他从布鲁蒂那里了解的恰恰相反，布鲁蒂说的是真相；这位信使告诉我，连同这一点，锡南说了很多从布鲁蒂那里得知的事情，这让我震惊。”11 月 8 日，这位信使再次探访马格利亚尼，说“锡南帕夏问他是否知道这位阿尔巴尼亚人（指布鲁蒂）已经逃脱；他回答说不知道。锡南告诉他，巴托洛梅奥已经逃出生天，他会从他那里了解穆罕默德（索库鲁）帕夏谈判内容的真相，他补充说：‘别再想欺骗我们了，因为他会告诉我全部真相。’”[17]

巴托洛梅奥 · 布鲁蒂最终现身伊斯坦布尔时究竟告诉了他的权贵亲戚什么，我们不得而知。但无论是什么，都没有破坏停战协定；

这也不足为奇，因为奥斯曼帝国现在正一门心思地专注于波斯战争，这场战争将持续超过10年，伴随大量的人员和财产损失。1580年3月，大维齐尔和马格利亚尼签署了一份文件，将临时停战延长一年。1580年下半年，恰恰就在奥斯曼当局更加热衷于达成长期停战协定时，菲利普开始进一步拖延；似乎是马格利亚尼的迫切恳求，说他害怕被刺杀，方才说服了菲利普最终达成协议。1581年2月，在他与巴托洛梅奥·布鲁蒂到达伊斯坦布尔两年又三个月之后，乔瓦尼·马格利亚尼签署了与奥斯曼帝国为期三年的休战协定——协定也将威尼斯、马耳他骑士团包括在内。最后，他得到苏丹允许，离开伊斯坦布尔。他在5月份到达那不勒斯，还带着一位囚犯，遭人唾弃的修士克里斯托瓦尔·佩雷斯，他皈依伊斯兰教的举动被及时制止了。* 一个月后，马格利亚尼到了罗马，他在那里有个微妙的任务：向教宗解释他的行动；在那里的法国大使称他是"一位非常聪明的谈判家"，这并非没有理由。在伊斯坦布尔的进一步谈判，主要由乔瓦尼·斯蒂法诺·德·费拉里在之后几年里主持：停战协定在1584年又延长了一年（经过一段代价高昂的妥协阶段后，西班牙为达成准停战协议付出了一大笔钱，该协议要求终止和约须提前六个月告知），而且在1587年再度延长一年。在1589年到1590年冬，德·费拉里仍试图让奥斯曼人接受临时休战一年或两年的协定，直到他们等来一位新的西班牙特使：乔瓦尼的儿子鲁杰罗·马格利亚尼伯爵。但到那时，奥斯曼与波斯的激烈冲突正要结束，因此，地中海区域的和平不再是奥斯曼帝国政策制定者的当务之急了。[18]

对巴托洛梅奥·布鲁蒂来说：他生涯的下一章节已经开启，甚至在他到达伊斯坦布尔之前就已开启。乔瓦尼·马格利亚尼在1579年11月23日的冗长急信中描述了他的同事们在想到巴托洛梅奥再次出现时的恐慌，然后又补充了一句："他们已经把摩尔达维亚许给

---

* 关于佩雷斯，参见232—233页。

了布鲁蒂正在为之谈判的那个人，条件是一定数目的金钱。”奥斯曼制度按下面的方式运行：首先，苏丹会提名新任大公，接着此人会拜访大维齐尔，大维齐尔为他授权，知会他的职责，赠予他各种象征性的礼物，包括礼服和带有鹭羽的圆柱形顶戴。（这种类型的羽毛也出现在苏丹的头巾上，有避邪的意味；它象征着传说中的呼玛鸟——*hüma*——一种无所不能的皇家秃鹰，土耳其语“帝国的”——*hümayun*——一词由之而来。）在禁卫军仪仗队的护卫下，新任大公前去伊斯坦布尔的东正教牧首座堂受膏。他在几天之内谒见苏丹，苏丹并不看他，只是通过大维齐尔对他训话；不久之后，他前往摩尔达维亚。在伊万库·萨苏尔（“萨克森人约翰”）大公的例子中，由大维齐尔主持的授职仪式被安排在11月21日，谒见苏丹安排在26日。伊万库·萨苏尔于12月8日离开伊斯坦布尔前往摩尔达维亚。但目前尚不清楚巴托洛梅奥是否已在那天回到奥斯曼帝国首都；如果他仅仅比锡南帕夏派的信使（和他的弟弟克里斯托福罗一起）提前一天回来，我们怀疑他是否在12月中旬之前到达，因为那名信使在11月中旬才离开伊斯坦布尔，并且在冬季的气候条件下，前往莱什然后返回，肯定花了至少四周时间。[19]

巴托洛梅奥·布鲁蒂的前途现在完全改观了。伊万库·萨苏尔的任命不仅给他带来承诺的2000杜卡特好处费，还有可能帮他取得一些摩尔达维亚的肥缺。巴托洛梅奥在伊斯坦布尔的头号敌人死了，他的亲戚和赞助人地位比以往任何时候都要高。1580年1月25日，他给菲利普国王写了一封志得意满的长信，解释他自己的做法，指责马格利亚尼；他说，在他返回伊斯坦布尔时，他探访了马格利亚尼，请他忘记过去，但马格利亚尼却用冷漠和敌视的态度对待他。他向国王保证，他仍然是正在等待他命令的忠实仆人。他还小心地提醒道，他已经自费服务了三年，要求得到补偿。然而，他写道，“我为陛下服务不是出于我个人的利益；而是因为我以身为世上最伟大的国王的仆人而感到荣耀”。他请求菲利普不要通过马格利亚尼给他寄信，而要通过伊斯坦布尔的帝国大使；当他不在时，菲利普给他们的指令要给他的兄弟克里斯托福罗。因为如他解释所说，“我已经被摩尔达维亚大公传唤，锡南帕夏也敦促我以他所有人马的统领的名义到那儿去，我没有拒绝这个头衔；但我不愿在向陛下辞行之前就前往那里，因为我已经对您宣誓效忠，从此之后无论我在何地，我都将一直记得自己是天主教国王的仆人”。他没有立即离开伊斯坦布尔，这封信也不是他给菲利普的最后一封。2 月 10 日，他再次写道，马格利亚尼那天当着克里奇 · 阿里（坚决反对地中海停战协定的将领）的面同大维齐尔谈话，受到很轻蔑的对待。“当然”，巴托洛梅奥证实说，“我相信未来没有和平，马格利亚尼迄今为止以牺牲陛下声誉为代价议定的所有事情将付诸东流。因为他们在您的宫中没有听我的话。”很容易想到，这些信件在马德里引起的反响并不好。5 月下旬那里的官员写信给马格利亚尼说：“未处理布鲁蒂的薪水事宜，也不用支付，除非你认为有必要支付薪水，以避免这个叛徒曾做过的和将会做的事情发生。在你的人身安全得到保障前，我们必须跟他拖延时日。”[20]

1580 年 5 月底，巴托洛梅奥离开伊斯坦布尔。如法国大使 6 月 2 日从那里发回的报告所写：“布鲁蒂曾在奥斯曼宫廷商谈恢复摩尔达维亚大公的地位，之后还去见了他。几天之前，他因此受到大公的慷慨奖励；他被任命为骑兵和步兵统帅，得到了一处年税收价值为 3000 杜卡特的港口或海关，以及从一位被处决的波雅尔的庄园所获的收入。”巴托洛梅奥的财富转化现在几乎完成。虽然艾哈迈德 · 帕夏在 1580 年 4 月去世导致了锡南的宿敌拉拉 · 穆斯塔法帕夏被任命为大维齐尔，但仅仅四个月后，拉拉 · 穆斯塔法便去世了，新任大维齐尔非锡南本人莫属。巴托洛梅奥 · 布鲁蒂迅速成为摩尔达维亚第二有权势的人物；他的亲戚和赞助人则成为整个奥斯曼帝国最有权势的大臣。

第十五章

加斯帕罗·布吕尼与胡格诺战争

当年幼的巴托洛梅奥·布鲁蒂在 1573 年申请成为实习译员时，他并不是家族中唯一寻求新职位的人。他的舅舅加斯帕罗·布吕尼也需要工作，或至少一份收入。在前一年年末，教宗格里高利十三世试图确保加斯帕罗会因他的功绩从马耳他骑士团得到一份辖区（产出收益的地产）。1572 年 12 月 19 日，格里高利的国务卿在教宗谕令之后，写了一张便条给骑士团大团长让·莱韦斯克·德·拉·卡西埃：

> 加斯帕罗·布吕尼骑士兄弟，一个阿尔巴尼亚人，在这三年对奥斯曼作战中一直担任教廷旗舰舰长；这期间他失去了家乡、财产、兄弟、亲属和所有的一切，这些全都在去年为奥斯曼人所夺。圣座意欲设法替这位骑士安排所需用度，这是他完全应得的。教宗在谕令中要求杰出的阁下将下一份空置的辖区地产授予他。

这封信和教宗谕令被交给法兰西骑士罗姆加斯，勒班陀海战中，罗姆加斯和加斯帕罗在旗舰上共事。罗姆加斯本人也是教宗恩惠的受益人。教宗格里高利在 12 月初就曾经运用自己的权力将爱尔兰修道区授予他——这个职位在实际上并不存在的英格兰“语区”之内，无法给持有者带来收入，但能带给他大十字勋章骑士的高级位阶和骑士团议会席位。格里高利曾派罗姆加斯到马耳他，不仅持有奖励他修道区的文书，还有一封信要求让他担任突科波列，也就是全英语区领袖的尊荣职位。议会尽可能优雅地接受了爱尔兰修道区的任命——在此事上他们别无选择——但却坚决抵制了关于突科波列的建议，解释道有许多骑士更有资历、更为适合。这对教宗要求授予加斯帕罗 · 布吕尼一份辖区来说并不是好兆头。[1]

由于骑士团高度贵族化的气质，它痴迷于头衔和特权，特别不情愿由外人干涉荣誉分配。在这段时期内发生过几宗激烈的内部纠纷，所涉及的荣誉实在微不足道。法兰西和西班牙语区就谁拥有在肉市上先被服务的特权争论不休；而阿拉贡语区谴责意大利语区首领篡夺了他们的权利，将象征性银钉钉入骑士团一位意大利军官新造的桨帆船船尾。但有一些特殊原因使教宗对内部事务的指示受到冷遇；因为马耳他骑士团和教宗之间的关系在 1572 年夏季严重恶化，此时仍然处于紧张状态。在马克安东尼奥 · 科隆纳的请求下，教宗格里高利在当年 6 月初写了一封严厉的谕令给大团长，要求他派马耳他桨帆船加入教廷舰队；大团长很傲慢地回答说，他惊讶于教宗不知道骑士团桨帆船已许诺给了西班牙国王。一个月后，当科隆纳在墨西拿正为西班牙人不愿出航而烦躁时，他要求马耳他骑士随他出征，而他们直接拒绝了，科隆纳让教廷大使威胁将他们逐出教会都没用。最终在唐 · 胡安的许可下，骑士团被纳入科隆纳麾下东进的舰队中。* 但在战斗结束之后的 1572 年 11 月，马耳他成立了特别委员会，调查“某些骑士兄弟抱怨和轻率的言论，他们公开说不愿与杰出的领主马克安东尼奥 · 科隆纳同行并受他指挥以远征野蛮的奥斯曼人”。在这个常常反威尼斯的骑士团内部，显然也有明显的反教

---

* 参见第 200 页。

廷情绪；在这个时候为加斯帕罗·布吕尼这样的人——科隆纳从前的副手——请托可不太妙。即便是在马耳他享有很高个人威望的罗姆加斯，也因与科隆纳的亲近关系而受到负面影响。[2]

教廷国务卿托洛梅奥·加利奥，也就是科莫枢机主教，派罗姆加斯送去教宗要求拨给布吕尼辖区的信件，他写道："既然你知晓那位骑士的功绩和美德，以及他在世上的一切都被奥斯曼人抢夺的处境，我不会要求你在这件事上费心尽力，因为我完全相信你会自愿如此。"3月8日，罗姆加斯报告说，他已将信呈交大团长，"此外，我还向他讲了布鲁尔（原文：Brul）先生为圣座提供的服务"。布吕尼名字的拼写错误（在罗姆加斯的信中两次出现）让人怀疑他在多大程度上了解或关心他的同事，尽管他们在同一条船上共处了数周。但无论罗姆加斯多么费心尽力，结果可能都一样。3月25日大团长拉·卡西埃写信给科莫枢机主教说，他已经分配完职权范围内的所有辖区："在这件事情上我无论如何都不能服从真福者，因为我完全办不到。"加斯帕罗·布吕尼接受了这个令人沮丧的消息——大概是在1573年4月——威尼斯的和平协议已明确表示，不再需要他担任教廷旗舰舰长。不知道那一年剩下的时间他是怎么度过的；也许他大多时间待在罗马，或者休息了一段时间后去了科佩尔。他后来写道，他"一直"在为教宗服务，因而他似乎没有正式引退；六个月后，他在1573年10月的文献记录中再次出现，当时他正在为一次新的军事行动召集士兵。他的任务是保护和促进教宗的利益，使其免受宗教敌人的侵犯。然而这次的敌人不是异教的奥斯曼穆斯林，而是异端的法国新教徒或"胡格诺派"，他们威胁着阿维尼翁的教宗领地。[3]

教宗领地包括法国南部两个相连的地区，以阿维尼翁为中心，被法国王室领地包围。该地区较大的领地被称为沃奈桑伯爵领，在1229年被割让给教宗，这里由教廷的一位教区长管辖，在卡庞特拉城有自己的等级会议，卡庞特拉位于阿维尼翁城东北十五英里。像许多封建领地一样，该地不是齐整的地理单元。它的一些边远地区

北
0
5
10 英里
0
5
10
15
20公里
罗讷河
瓦尔雷阿斯
莱皮伊
昂特勒绍
奥兰治
沃奈桑伯爵领
卡庞特拉
奥兰治公国领地
阿维尼翁
阿维尼翁领地
卡瓦永
梅内尔布
普罗旺斯
迪朗斯河
5.阿维尼翁飞地

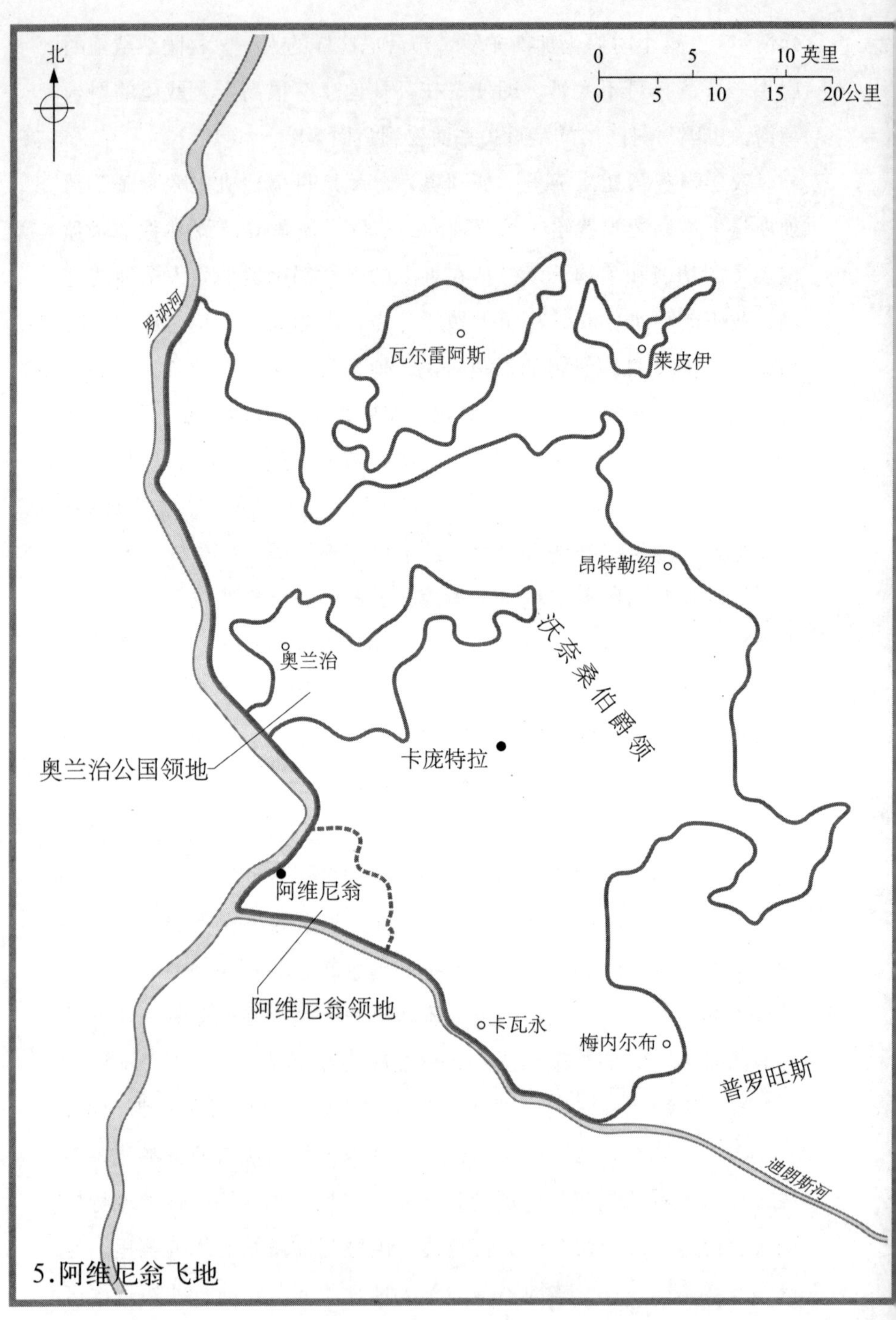

与它并不相连，它的心脏地带有个外国实体，孤悬的奥兰治公国就在同名的小镇上，由拿骚伯爵继承。* 至于阿维尼翁的小领地：它在1348年由普罗旺斯女伯爵售予教廷，那一时期，一系列法国籍教宗居住在阿维尼翁而非罗马。这里的地方政治机构是阿维尼翁市议会。两处领地加在一起，人口少于十万；这一带有许多村庄和小城镇，但到了16世纪90年代（在人口因瘟疫减少之后）唯一重要的市镇群就只剩下阿维尼翁。阿维尼翁此时至少有4000人口，卡庞特拉有2500人口，卡瓦永有2000人。阿维尼翁城及其属地由教宗的使节或者副使节以教宗的名义统治；在16世纪60年代中期，法王查理九世坚持让教宗任命查理·德·波旁（国王的侄子）为枢机主教，但这个枢机主教大多时间都不在阿维尼翁，于是就给他安排了一位联合使节。他就是图卢兹大主教乔治·达马尼亚克，人文主义学者、有经验的外交家，也是重要的法国贵族。与法国王室保持良好关系很有必要，因为这个教廷飞地不可能抵挡住法国的入侵战争；而且在和平时期，它的经济依赖于商品自由流动——包括它在教皇新堡等地生产的优质葡萄酒——到周围的法国领地和城镇，以及距其南部较近的马赛港。一般来说，这一时期双方关系友好，一系列法王不仅免去沃奈桑伯爵领和阿维尼翁（后文简称它们为阿维尼翁飞地）居民的进出口关税，还授予他们法国臣民的所有基本法律权利。但由于地理位置以及在行政和防御上向来入不敷出的事实，保留这块飞地对教廷来说一直是个难题。[4]

这个难题从16世纪60年代早期以来变得更加棘手。新教已经蔓延至沃奈桑伯爵领，强硬的新教徒不仅抵抗教宗的精神权威，也开始反对教宗的世俗权威。这一新信条在法国南部尤为成功。周围地区的一些重要城镇比如蒙彼利埃和尼姆，胡格诺派已占了多数——

---

* 尼德兰历史上的奥兰治亲王就是由此而来：这个名字来自法国小镇，它的拉丁名字是Arausio，和水果或者颜色无关。

小城奥兰治也是如此，它已成为激进的新教徒堡垒。对教廷来说，问题不仅仅是收复自己的领地；当特伦托会议召开最后一轮集会时，教宗庇护四世感到全基督教世界的眼睛都在注视着他。必须树立榜样：如果教宗本人甚至连领地内的异端都消除不了，那么我们现在称之为反宗教改革的运动就显得苍白无力。庇护四世恢复了早已取消的阿维尼翁地区军队长官的职位，并将这一职位授予他的表亲法布里奇奥·塞尔贝洛尼（加布里奥的兄弟）。法布里奇奥·塞尔贝洛尼将阿维尼翁变成了戒备森严的城市。塞尔贝洛尼还首先从胡格诺派手中夺得小城梅兰多勒，接着是奥兰治城。奥兰治城遭到洗劫并（可能因一名士兵的疏忽）被大部焚毁。阿维尼翁保住了天主教，但飞地的舆论更为激进了。很多新教徒的房屋和地产被没收；这一点比其他任何事情，都既在胡格诺派一方传播了暴力复仇的情绪，也使当地天主教徒——受益于地产财富的人——随后不愿接受向新教徒做出任何妥协。[5]

这些事件发生在法国宗教战争的背景之下，1562 年到 1598 年间的大多数时间里这场宗教战争剧烈撼动着法国。法国国王是天主教徒，他们在战场上的首要敌人是新教徒；但正是由于胡格诺派在军事和法国社会中的势力，任何和平协定必然要包括同他们妥协，这反过来也会刺激强硬派天主教运动的增长，以及对王室政策的敌意。其中一个这样的协议是 1570 年的圣日耳曼和约，结束了第三次宗教战争（教宗的军队也参与了这场战争，他们从意大利出发并配备了一个耶稣会武装僧团，前往支援法王查理九世：他们夺得的胡格诺派战旗将会被自豪地展示在罗马的拉特兰圣约翰教堂中，直到 1798 年被法国士兵没收）。和平协议包括了年轻的新教领袖纳瓦拉国王亨利和法王查理九世的妹妹玛格丽特之间的婚姻。在 1572 年 8 月巴黎的结婚庆典期间，许多胡格诺派领袖现身在这座狂热的天主教城市中，对其中一名胡格诺派军事指挥官的暗杀企图，引起宗教暴力的突然爆发。国王和他的议会决定，最佳选择是利用这个机会将胡格诺派领袖一网打尽。民众此时也开始在街上捕杀新教徒。这些谋杀和屠杀开始于圣巴托洛缪节，随后蔓延到法国其他城市；第四次宗教战争旋即爆发。[6]

在飞地阿维尼翁——如在罗马一样，圣巴托洛缪大屠杀被视为值得公众庆贺的事情——局势迅速恶化，联合使节达马尼亚克命令所有新教徒从飞地撤出，到奥兰治领地去。1573 年间胡格诺派的攻击持续进行，没有受到那年夏天和平协议的影响，而第四次宗教战争在法国其他地区已经结束。飞地军队受一位曾在勒班陀战斗过的老兵（马克安东尼奥·科隆纳的表亲）马克安东尼奥·马丁嫩戈指挥；但他的部队很少，完全不够，所以 7 月份他恳求罗马派遣更多部队前来。在等待增援时，胡格诺派给他带来重大打击：1573 年 10 月 2 日至 3 日夜，他们夺得了梅内尔布堡垒。这个城堡虽小，但几乎坚不可摧，控制着阿维尼翁东南 21 英里的同名小镇。这在一定程度上是种报复行为，因为这次行动的策划者西皮翁·德·瓦拉瓦尔想为在圣巴托洛缪节这天死去的兄弟报仇。它也被作为讨价还价的筹码：德·瓦拉瓦尔让费里尔上尉管辖城堡，并告知只有在归还新教徒被没收的财产之后，梅内尔布才会被交回。这并未发生，所以梅内尔布现在成了针对阿维尼翁飞地内乃至法国在普罗旺斯的领地进行频繁劫掠征伐的基地。到了 10 月上旬，教廷国务卿科莫枢机主教准备好派遣援军到马丁嫩戈那里；当月 5 日，他写信给教宗在法国宫廷的特使，要求他取得一份军队穿越法国领地的通行证或特许。两周之后，他收到梅内尔布失陷的消息，他再次写信说，教宗等不及了，已经派遣 100 名骑兵越境，经过皮埃蒙特；“600 名步兵也会在三天内从这里开拔”。他再次要求为这些士兵取得通行证，他们需要行军穿过普罗旺斯。他们被分成三个各 200 人的中队，由三位军官指挥：蓬佩奥·卡蒂利纳、卡米洛·德拉·彭纳和加斯帕罗·布吕尼。[7]

延误一些天之后，1573 年 10 月 31 日国务卿写信给加斯帕罗·布吕尼（当时可能还在罗马城内，或者就在罗马城外）。他告诉他四艘军舰正在前往奇维塔韦基亚的教廷港口，加斯帕罗和其他两名官员应将手下尽快带到那儿。天气良好，适宜行船，如果错过这个机会，可能要等待很长时间，而“阿维尼翁的驻军需要日渐增长”。四天后另一封来自科莫枢机主教的信说，军舰已经到达，现在正在等待；到了11月16日，加斯帕罗·布吕尼在奇维塔韦基亚准备开拔——在和那里的军需官发生争执后，军需官拒绝向他的将士提供额外的甲胄。目前尚不清楚他在招募士兵时亲自负责到何种程度。在旧的佣兵制度中，佣兵队长会从统治者手中得到一笔预付款，他会用这笔钱外出招募士兵。但近年来教廷已经更换了更为集成化的制度，在这项制度中队长不再是独立承包商，而是国家雇员，由国家支薪；教宗国常备国民卫队制度的发展意味着有些兵源可供随时征用。无论如何，加斯帕罗一定会收到一笔预付款，用作第一期军饷；没有这笔钱，他们根本不会上船。[8]

这支由桨帆船组成的小舰队，带着六百余名增援士兵，于1573年11月27日早上抵达马赛。难题立刻出现。马赛城的长官拒绝他们上岸，并告知军官他们必须先和几英里之外的普罗旺斯总督代表沟通。三个军官抽签决定由谁前往；结果由加斯帕罗·布吕尼跑一趟，但他并未得到要求的许可。接着他们给在艾克斯的总督本人捎了信，仅仅被告知，总督将寻求国王的指示，来看是否允许他们下船。在接下来几天内，他们向各方面权贵求助，请求让他们上岸即可，此时他们在船上的人开始死于热病；这些努力也未成功。事实上教宗特使已经在11月26日向国王说过此事，已经得到允许他们上岸并给予食物的承诺。但考虑到这么一支大规模的意大利武装会使局势恶化，降低同法国南部胡格诺派和谈的机会，查理九世同时拒绝授予他们前往阿维尼翁的通行证。最终，12月19日，被困在热病滋生的舰船上超过三周之后，三名军官决定自己来解决问题：天黑之后，他们将船拖上岸，让士兵登陆，开始向阿维尼翁进军。加斯帕罗·布吕尼在离开军舰时用他抖动笨拙的手写给科莫枢机主教仓促的报告中说："今晚我们成功让所有人登岸，我祈求上帝引导我们平安到达。"第二天晚上，教宗在阿维尼翁的代表及军需官安东尼奥・蒙特伦蒂奥惊讶地看着加斯帕罗・布吕尼和蓬佩奥・卡蒂利纳带领550名筋疲力尽的士兵进入阿维尼翁城。他们走了超过35英里。大约80人在途中失踪，包括其中一位军官卡米洛・德拉・彭纳，他恐怕被胡格诺派捉去了；他们大部分装备留在了军舰上，所以550名士兵只有100支火绳枪。"他们人困马乏且没有装备，看着令人唏嘘。"蒙特伦蒂奥写道。不过他们总算到了，加斯帕罗・布吕尼在阿维尼翁飞地的新生活开始了。[9]

教廷军队的统帅马克安东尼奥・马丁嫩戈将这些士兵尽可能妥当地分散到地区各处。他从德拉・彭纳的原部队中留下100人驻扎在阿维尼翁城，这座城市也有一些瑞士军队和当地的法国征召兵；蓬佩奥・卡蒂利纳麾下202人分散到多个城市和村庄，最大的单位驻扎在卡瓦永城；加斯帕罗・布吕尼的麾下共有190人，分散部署到沃奈桑伯爵领的不同定居点，其中97人驻扎在卡庞特拉。布吕尼本人驻扎在此，作为这个城市的军事长官。他的首要职责是保证卡庞特拉的安全，使它免受攻击。但他也待命参与沃奈桑伯爵领其他地区的军事行动。在1574年3月中旬，胡格诺派夺取了位于奥兰治东北部不远处的小城塞里尼昂迪孔塔，马丁嫩戈命令布吕尼带他的士兵推进到距其一英里的位置；到达位置后，他发现新教徒已经迅速弃守塞里尼昂的要塞，所以他在那里留驻了一支20人的卫戍部队。没过多久，他受命加入一支更大规模的军队，前往攻击奥兰治城；和平协议在最后关头签订，加斯帕罗在给科莫枢机主教的信中说，教廷军队"所有士兵带着失去这样一次打击叛军的良机的极度不满"撤退了。在接下来的一个月，加斯帕罗・布吕尼不得不去位于卡庞特拉正北的博姆－德沃尼斯镇，这里的情报显示一些当地法国士兵正计划将堡垒交给胡格诺派以换取金钱；那些士兵在他到达时逃走了，他留下一小队意大利士兵守卫这里。法国军队似乎更不可靠：他们几乎没有军事经验，他们在当地的亲缘和友谊使得胡格诺派易于接近并收买他们。1574 年 7 月，卡庞特拉主教雅各布 · 萨克拉蒂写信给罗马说，他对城中法国士兵的信任程度不及意大利士兵，“尤其是骑士布鲁诺大人，我知道在此事上他精神可嘉且勇气充沛”。[10]

虽然加斯帕罗 · 布吕尼没有任何重大的军事行动要应对，但他的生活远非无忧。他指挥的小部队渐渐流失，除了伤亡外，还出现了逃兵；条件不够吸引人，生活花费还高。加斯帕罗自己的报酬也不尽如人意。如他在 1574 年 2 月写给科莫枢机主教的信中所说：“我不幸失去了财产以及故乡，而这点可怜的薪水现在维系不了长官职位的职衔和所需，这让我非常痛苦；因而我恳求最杰出的大人您大发慈悲，当有机会取得一份辖区时，请您帮我向我们的主人教宗说说情。”9 月份，他抱怨说军需官蒙特伦蒂奥对他的账目有异议，拒绝接受布吕尼已将在罗马预支的款项用于支薪的证据；科莫息事宁人，向布吕尼保证没人质疑他的诚实，蒙特伦蒂奥只是公事公办。到了 1575 年春，布吕尼又有了新的委屈，这位军需官也牵连其中。蓬佩奥 · 卡蒂利纳自告奋勇前往皮埃蒙特寻找 300 名步兵；他回来后，经过马丁嫩戈将军和蒙特伦蒂奥批准，蓬佩奥晋升为上校，指挥三支部队共计 500 名士兵。加斯帕罗 · 布吕尼（他的部队已经减员到仅 135 人）伤心地抱怨自己相对降级，说这违反了当初罗马的命令；他在 4 月 14 日提醒科莫枢机主教他“连续五年”为教廷服务。他说，这件事“全然侵蚀了我的名声”。两周后他又写了封信，声称蓬佩奥的进展背后是他与蒙特伦蒂奥的个人友情作祟，并再次请求枢机主教维护他的“名声”。6 月初，他得知科莫已经发布命令，蓬佩奥 · 卡蒂利纳招募的一半人手要分配给他；但这并未被执行。士兵移交终于在 1575 年 8 月兑现，但又出现了不受欢迎的意外：他被要求支付 200 杜卡特，以补偿蓬佩奥那些士兵从皮埃蒙特到阿维尼翁的差旅费。加斯帕罗再次愤怒地向科莫枢机主教抱怨：申诉无门，他已经付了 380 杜卡特到罗马，为此还不得不从朋友那里借贷。不论如何，皮埃蒙特地区招募来的许多新兵已经跑了，带走了武器和预支的薪水。（一年多以后，他只剩下50名皮埃蒙特裔士兵，而蓬佩奥还剩下70名——但蓬佩奥仍保留上校军衔。）整个事件透露出这种指挥的尴尬，他正处在中世纪雇佣兵承包商向类似现代部队军官转变的混乱过渡阶段。[11]

1574年到1575年冬季，新继任的法国国王亨利三世访问了阿维尼翁数周。作为查理九世的弟弟，他于1573年被选为波兰国王——受到奥斯曼人的支持，如我们所见，至少部分上是所罗门·阿什肯纳兹促成的——并于1574年2月在波兰加冕。* 但不到四个月后，当他得知查理的死讯时，他秘密地离开克拉科夫王室城堡，回到法国，继承法国王位。他的访问志在取得附近普罗旺斯和朗格多克的支持，与新教领袖谈判。在太后和包括枢机主教德·波旁以及军事指挥官阿尔伯特·德·贡迪（未来的德·雷斯元帅）在内的很多权贵陪同国王现身时，阿维尼翁一度是法兰西的中心。当他在12月份和1月份旅经飞地时，由三队骑兵和400名火绳枪兵簇拥；这些士兵中的一些人可能受加斯帕罗·布吕尼指挥。1575年1月阿维尼翁军事会议讨论了梅内尔布的问题；德·贡迪和其他人都相信它会屈服于火炮轰击，认为新教徒不会占据它超过六周。然而，他们估计围攻需要建立两座堡垒，部署2500步兵和700骑兵：这样的人力当时无法实现，且成本会达到25 000杜卡特每月——这个数目教廷无法或不愿支付。所以梅内尔布的问题继续存在。[12]

国王和其他权贵刚一离开，阿维尼翁就又恢复到先前的紧张和恐惧状态。1575年1月下旬，市政府官员写信给教宗说，既然很多再归信者（从新教悔悟的“再天主教化”的人）已进入阿维尼翁，他们设下了圈套来抓捕他们；他们任命了一位官员在城市街道和酒馆中盘查所有陌生人，并在夜间特别设置卫士守卫武器店。几周后，市议会决定要求教宗再增加至少200名意大利士兵，以在“其所处

---

*　关于所罗门的角色，如他所述，参见248—249页。

的巨大危殆中”保护该城。格里高利十三世同意派遣300名意大利士兵代替当地士兵；他不是害怕新教徒会夺取城市，而是怕有人阴谋将它交给法国，因为一些市民认为在法国治下和平与繁荣的机会更大。[13]

阿维尼翁没有发生叛乱，飞地其他地方的局势也依旧如故。同时，也有一些零星的军事部署和反部署的复杂游戏。例如，6月份卡庞特拉主教派加斯帕罗前往沃纳斯克附近的村庄，情报称梅内尔布胡格诺派正打算攻取它；他向马丁嫩戈提议设伏等候他们，但将军一开始批准了这一设想，接着又取消了它。（加斯帕罗疲倦地写给科莫枢机主教：“我的计划就这样被放弃了，这对我们所有人来说都是巨大的刺激。我的上级可以为所欲为，我只得做一些取悦他们的事情。”）1575年底，在巴黎达成了六个月的休战协定；尽管阿维尼翁飞地被列入协定，那里的战斗却仍在持续。1576年夏天，名义上的休战协定失效了，为达成新协定，需要一些更坚实的努力。格里高利十三世发布教宗训谕，命令将新教徒的地产物归原主，只要他们接受天主教长官的管辖，9月份，一份和平协定确实在阿维尼翁签署了。然而，一些地方的胡格诺派指挥官直接拒绝承认它，也不愿放弃他们的据点；一个胡格诺派指挥官发起进攻，试图夺取临近圣莱热的军事阵地，但很快就被加斯帕罗指挥的一队400人武装赶了出去。阿维尼翁的一位匿名线人在1576年12月写信给科莫枢机主教说，现在的局势和以前一样糟糕；两个月之后，局势严重恶化，指挥昂特勒绍城堡（卡庞特拉东北方十九英里）防御的当地法国军官把城堡拱手送给了新教徒。马丁嫩戈将军从卡庞特拉率军立即开始围攻城堡，但胡格诺派军队突破了围城部队，带来食物和弹药，因此围攻在1577年3月末取消了。就在该月28日，加斯帕罗·布吕尼写了封最为消极郁闷的信给科莫枢机主教。“我知道”，他写道，“出现了这么多情况，我却没办法为我们的主人教宗做些什么，或是去施惠于这个贫瘠的地区，更别提获得任何荣誉——相反，却要沉重地失去它。”所以，他谦卑地请求他的保护人:“如果我能在其他一些地方为您效劳,请将我从这里调走。”[14]

然而,情况即将发生改变。1577年春,阿维尼翁当局最终决定由达马尼亚克率军对梅内尔布城堡发动全面围攻,并得到教宗和法国国王的同意。亨利三世答应从普罗旺斯派遣士兵和火炮。格里高利十三世任命著名军事专家温琴佐·马泰乌奇指挥飞地军队,马丁嫩戈去了罗马,虽然他的调离一开始是暂时性的,但后来再未归来。马泰乌奇曾长期服务于威尼斯、法国、教廷,最近则为杜布罗夫尼克效力。在杜布罗夫尼克,他一直是规模极小的拉古萨军队的统帅。几乎在同一时间,格里高利派遣了备受尊敬的军事组织者多梅尼科·格里马尔迪出任沃奈桑伯爵领(辖区包括梅内尔布)的教区长。多梅尼科·格里马尔迪是个来自著名热那亚家族的教士,他曾在1571年和1572年的海上战役中担任教宗特使。在勒班陀战役中,这位神职战士穿上胸甲,挥舞大剑,冲入战阵;战斗结束时,他正在水中,手上还攥着个俘虏,如果他不是个游泳健将的话,早就淹死了。尽管他不在教宗旗舰上,但格里马尔迪的官方职务意味着他肯定同加斯帕罗·布吕尼打过很多交道。因而,于1577年4月27日到达阿维尼翁后,第二天他径直去了卡庞特拉,老熟人能碰上一面。马泰乌奇则迟了一些,在5月中旬到达。经过几个月的准备,法国承诺的军队在8月份从普罗旺斯开拔到阿维尼翁领地,9月1日加入了梅内尔布城外飞地自身的军队。他们总共有12 000步兵,1200骑兵和22门火炮;总司令是法兰西大修道长,国王同父异母的兄弟亨利·德·瓦卢瓦。因为相信要塞中的胡格诺派守城者没有火炮,德·瓦卢瓦和他的同僚指挥官们断定梅内尔布会很快沦陷。这个错误判断代价不菲。[15]

1577年8月1日,此时大致的围城准备已在进行,普罗旺斯的部队还没有到来,加斯帕罗·布吕尼写了封信给科莫枢机主教。写信时他在昂特勒绍;在支付了一大笔好处费后,新教徒在6月份撤出了这个位置，他被部署在此负责指挥这个新的驻防区。

> 阁下非常了解我是被奥斯曼人赶出故乡的，那些奥斯曼人是纯正基督教信仰的敌人，我的许多祖先在不同时期为了信仰流血牺牲；我的侄甥和家族中其他可怜遗存——他们在同一种灵中同住——散落四处，其中有我唯一的儿子，他已经在日耳曼学院待了六年；我希望将他们聚在一起，合理安排一下我的事务（它们急需打理），所以我恳请最杰出的阁下从我们的主人（教宗）那里取得许可，一旦过了葡萄和谷物收获的时节，我可以去（罗马）待上一阵，然后再返回，所有事都在两个月之内完成。我会把部队交给我的副官,他是个勇敢、勤奋和忠诚的人，然后去罗马，把我的事务安顿好，因为它们的现状非常糟糕。

“散落”的侄甥和其他“遗存”很难确定指的是谁，不过可能包括他兄弟塞拉菲诺幸存的儿子马泰奥 · 布吕尼，他在罗马待了一段时间；否则的话，大多数布鲁蒂家外甥这时已经在科佩尔团聚了。加斯帕罗还在同一封信中报告说,在最近将胡格诺派赶出莱皮伊堡垒的进攻中，“一个英勇的年轻人，我的一位亲戚”爬上城墙，在胸口挨了一枪，在一周后死了。此人的身份未能查实。阿维尼翁部队中确实有个从科佩尔来的步兵队长保罗 · 埃米利奥 · 卡雷里奥；他也许是德莫斯泰内 · 卡雷里奥的兄弟，而德莫斯泰内 · 卡雷里奥娶了加斯帕罗的外甥女伊拉列塔 · 布鲁蒂。尽管保罗 · 卡雷里奥确实死于在阿维尼翁飞地服务期间，但不是在 1577 年：十一年后他将在此指挥一个连队。[16]

这不是加斯帕罗第一次请求离开。两年前，他写过一封信说他想在收获季节到来时，“去罗马，并安排我的一些琐事”，同样也是要在那里最多待上两个月。尚不清楚他之后为什么没去；但是现在他想访问罗马的理由，可能与他儿子安东尼奥正要从耶稣会神学院（被加斯帕罗误称为日耳曼学院）毕业有关。科莫枢机主教说，教宗不希望加斯帕罗离开飞地，“现在你的工作也许比以往更有用和更为必要”，但经过考虑之后，教宗同意允许他在10月中旬到圣诞之间离开两个月。但是，加斯帕罗收到这一答复时，他必须作为一名陆军军官全力参与围攻梅内尔布。10月13日布吕尼在围城营帐中给科莫回信感谢这一决定，但解释说“尽管我迫切需要离开，但梅内尔布围城战已经开始，我想参与到最后”。接着他谨慎但不吉利地补充说：“除了向上帝祈祷事情最终好转外，到目前为止，对围攻采用的方法和所取得的进展，我什么也不想说。”[17]

围城战已经持续了六周，进展得并不顺利。火炮轰击密集，每天几乎达到1000发。尽管城墙很多地方已布满洞眼，包括很多技艺熟练的火绳枪兵在内的守军仍然重创围攻者，把他们赶走。用一位早期历史学家的话来说：“当第一道缺口出现后，伴随着最彪悍的士兵，尤其是意大利连队士兵的牺牲，进攻开始了；那些在城堡中自卫的人抱着坚定的决心：一个倒下，另一个人顶上来，那些被砖石建筑碎片击伤的人把沾满自己鲜血的石头扔回去。”那些火绳枪兵一直保持警觉：一天晚上，蓬佩奥·卡蒂利纳带领一队人马在井中下毒，火绳枪兵成功射中了蓬佩奥·卡蒂利纳的肩膀。胡格诺派指挥官费里尔上尉拒绝了所有的投降喊话，直到9月下旬，炽热的炮弹造成了城堡内部发生严重火灾。当月23日，他同意撤出梅内尔布；妇女和儿童被允许立即离开，正式移交确定在27日进行。来自阿维尼翁的商人迅速涌向城堡，买下新教徒多年抢掠洗劫的所有贵重物品。但一些胡格诺派士兵不想投降；听说此事，来自多菲内的一位新教徒军事领袖——圣欧邦领主雅克·帕普在夜里溜进城堡，逮捕了费里尔，抓了城堡墙内的商人（和一些围攻部队成员）。炮击于9月28日恢复。第二天围城部队对被称为“小城堡”的筑防房屋进行大规模攻击，这栋房屋俯瞰城堡；如果围攻者控制它，在守军前往取水的时候，他们就可以向其开火。这次进攻由两个扛着耶稣受难像的方济会托钵僧领导，他们被击退，损失惨重。接下来的10月份，两次夺取“小城堡”的企图也失败了，每次损失300人；第四次成功了，但被派去占领它的士兵在第二天晚上被赶了出来。亨利·德·瓦卢瓦几天之后试图对城堡发动总攻，也失败了。[18]

10月份，法国国王亨利三世和纳瓦拉国王最近签署和平协定的消息传来。作为胡格诺派在法国的领导人，纳瓦拉国王给梅内尔布守军捎了信，命他们投降，但雅克·帕普无视了它。1577年11月3日，亨利·德·瓦卢瓦公开发布了和平协定，以此为借口在第二天撤回了所有法国军队，只留下四门火炮。在折损了1500人后，他无功而返。现在留下的只有教廷的军队；所以马泰乌奇和随军教士多梅尼科·格里马尔迪（他是沃奈桑伯爵领的教区长，威望更高一些）被留下负责。格里马尔迪明白此次作战关乎教廷国际声望，决心把这项工作做好。他的第一个任务是切断守军的补给：在围攻期间，成群的胡格诺派在夜晚进出城堡，似乎有些不像话。到了12月中旬，格里马尔迪在梅内尔布周围建造了四座炮台；在接下来的几个月里，又建造了更多炮台。到了1578年5月上旬，他已经建成了连接所有堡垒的大壕沟，用以保护堡垒间的通道免受敌人的火力攻击。（但保护并不是全方位的：在检查壕沟时，格里马尔迪本人被一名火绳枪兵射中了嘴巴。幸运的是子弹穿过他的一侧面颊，从另一侧穿出来，他很快就恢复了。）[19]

就在这段时间，加斯帕罗·布吕尼终于对意大利进行了拖延甚久的访问。他在1577年11月的最后一天离开，带着马泰乌奇将军和军需官蒙特伦蒂奥的信，并在12月下半月到达罗马，拜访科莫枢机主教，觐见教宗并简要汇报了飞地的形势。之后他返回了阿维尼翁飞地，但在2月下旬再度计划去罗马；行程推迟了，因为他得在梅内尔布效力。然而，4月份科莫枢机主教写信敦促他回来，因为教廷当局正在招募新的军队，他希望把一些新兵交由加斯帕罗指挥。眼见终于迎来提高自己等级和地位的机会，加斯帕罗尽可能快地前往罗马。5月份，他在那里待了一阵，带着给马泰乌奇的指示返回。指示要求马泰乌奇将1至2支新部队交给加斯帕罗指挥，将他升为上校。加斯帕罗对“名声”问题的怨愤积攒了三年多，终于得偿所愿；而且，出于补偿，他还带来让蒙特伦蒂奥支付总计45斯库多（37.5杜卡特）给他的命令，这笔钱军需官在他第一次到达时搪塞了他。但加斯帕罗·布吕尼并不顺利。他的回归之旅因为一起“不幸”事件推迟了，到7月初才到达阿维尼翁；蒙特伦蒂奥仍拒不付款；在月末，加斯帕罗最后不得不通知科莫枢机主教，将其他部队调给他指挥的命令无法施行，因为马泰乌奇病重了。他请求科莫向格里马尔迪和达马尼亚克再发一道命令；与此同时，他已经在返回参加梅内尔布围攻的路上，他被要求在那里掌管一座新的堡垒。温琴佐·马泰乌奇在两天之后就死于阿维尼翁。[20]

围攻持续了几个月。10月，新指挥官蒙塔库托·蒙塔库蒂率领500名意大利新兵到来，加强了攻势。然而，结束这场围城战的是外交，而非战争。由雅克·帕普在11月初签署，由国王亨利三世在当月晚些时候批准的和平协定中，宣布进行大赦，被驱逐的新教徒获准返回沃奈桑伯爵领，没收的财产也将被返还。帕普让他的人在1578年12月10日撤出梅内尔布；达马尼亚克在一周之后报告，许多目睹他们离开的人都感到惊讶，132个全副武装的士兵，显然还剩9到10个月的给养，放弃了这样一座坚不可摧的堡垒。不过，围攻结束了；堡垒被拆除，壕沟被填平，蒙塔库蒂回到意大利（将由博洛尼亚裔指挥官皮洛·马尔维奇取代他，勒班陀战役中皮洛·马尔维奇在教宗旗舰上服役），多梅尼科·格里马尔迪被沃奈桑伯爵领感激的代表馈赠了一条黄金项链。几个月后，当达马尼亚克被法国国王派去平息普罗旺斯的混乱时，教宗就让格里马尔迪扮演了联合使节的角色；他就这样极不寻常地掌控了阿维尼翁飞地两部分领地的政府权力。[21]

他治下的人民现在一定渴望一段和平繁荣的时期。但他们的祷告没有得到应许。暴力仍在持续，奥兰治的胡格诺派时不时前来劫掠，惨淡的收成推高了粮食价格。1580年1月，所有意大利步兵军官向罗马寄出一封抗议信，说考虑到食品和其他必需品的价格，士兵靠得到的报酬已经无法生活。两个月后，格里马尔迪本人差一点就被一伙武装人员杀害，这些人是他得罪过的一个地方贵族的随从。遇袭时，他正骑在马上，和他的兄弟、一些同伴旅行；他设法用剑击退攻击者，但他的兄弟被杀。受这段经历的刺激，格里马尔迪于 1580 年 5 月前往罗马提交辞呈。但教宗要求他返回，又派了一位军事指挥官比亚焦 · 卡皮祖基与他一起支援马尔维奇。（比亚焦是琴西奥 · 卡皮祖基的堂兄弟，而琴西奥 · 卡皮祖基正是被加斯帕罗 · 布吕尼取代了教廷旗舰舰长的那位；比亚焦、琴西奥和比亚焦的兄弟卡米洛都在勒班陀的军舰上担任过步兵军官。）不久之后，格里马尔迪也许会想要是当初拒绝返回就好了。他不在期间，皮洛 · 马尔维奇不得不在阿维尼翁应对叛乱的威胁，有人密谋将这个城市移交给信奉新教的纳瓦拉国王，对驻扎当地的意大利士兵的敌意也更加普遍了。然后，1580 年 9 月，瘟疫降临飞地，这是人们记忆中最严重的一次爆发，持续不到一年。在头两个月里，阿维尼翁城的死亡率已经上升到每天 100 人。一份由原始报告汇编而成的瘟疫日志读来令人震惊；当局不得不狠下心肠采取任何看似必要的措施来控制疾病的蔓延。举一个例子：有个女人被发现隐瞒孩子已死亡三天，她被脱光衣服、鞭打，赤身裸体地穿过城市，带着孩子的尸体前往墓地。1581 年 7 月，该城代表向罗马报告说，一半人口已经死亡，有 1500 人极度虚弱，必须用公共财政养活，而城市金库已经完全耗尽。[22]

1582 年 1 月，又一个不幸冲击了飞地的行政，军需官安东尼奥 · 蒙特伦蒂奥在此时自杀了：他在房间里花了好几天写信，然后锁上门，服下毒药，躺在床上用火绳枪朝肚子开了一枪。一封写给科莫枢机主教的潦草自杀遗书指责皮洛 · 马尔维奇未经授权的开支毁了他，但更可能的解释是，蒙特伦蒂奥犯了贪污罪，东窗事发。这一事件后不久，在写给科莫的信中，加斯帕罗 · 布吕尼指出，他已经两个月没有从蒙特伦蒂奥处收到工资了。“听到蒙特伦蒂奥的悲惨故事，我很遗憾，我祈祷上帝怜悯他的灵魂”；但此人一直是加斯帕罗身旁的一根刺，他的真实感情可能总体上并不那么大度。[23]

围城结束以来，加斯帕罗的生活没有任何重大改善。1579 年夏天，他再次抱怨收入，指出其他队长收到的更多，每月有 35 杜卡特，因为他们的士兵更多；这不公平，因为他的部下一直在梅内尔布效力，“我的许多士兵死在这里，一些死于战斗，另一些死于疾病”。他恳求科莫对这种“侮辱”他名声的事做点什么。（记录表明，在他抱怨之际，他麾下只有 105 人；这个数字在第二年春天上升到 152 人，在 1582 年底跃升至近 200 人。）这一时期的大部分时间里，加斯帕罗驻扎在位于沃奈桑伯爵领北方远处的小城镇瓦尔雷，这个小镇特别容易受到胡格诺派攻击；1581 年初，他称其为“被敌人包围的地区”。1582 年 5 月，新任教廷统帅乔瓦尼 · 温琴佐 · 维泰利报告了那里的一起事件，称其为有 700 户人家、70 名士兵驻守、充斥极其恶毒之人的城镇。这一事件起于一些意大利士兵之间的争执，三人在争执中死亡；四名罪犯逃往方济会修道院。当加斯帕罗 · 布吕尼和一些手下追踪他们到此时，他们撤到了钟楼。他们拒绝投降，加斯帕罗准备用武力制服他们——于是他们用钟拉响警报。“听到声音，全城人都出来了，有些人手持武器，有些人没有；骑士布吕尼不得不对他们好言相劝，他做得非常好，人们都回家了，因为他在那个地方深受敬爱。否则，他们很容易把大多数——甚至可能是全部——驻军撕成碎片。”在此之后，加斯帕罗再次呼吁四名士兵投降；他们又鸣响了钟，这一情节一再重复。“骑士布吕尼用了最大努力，凭借耐心和谨慎”挽救了局势；他把他们围在钟楼里，派遣一名送信人给将军，将军在第二天派了他的卫队队长到这里。[24]

1583 年春，加斯帕罗 · 布吕尼奉命把他的人带到梅内尔布；那个夏天，这里散播着叛乱的流言，加斯帕罗在城堡围墙上额外增设了哨兵。10 月，一个当地卫兵遭到了一个意大利士兵的毒打，阿维尼翁的紧张局势更加恶化，加斯帕罗受命将部队带到阿维尼翁要塞。

在就这一移防写给科莫枢机主教的信中，他可能真诚而非自嘲地说："我希望我注定一直前往混乱四起的地方，先是瓦尔雷阿斯，近来是梅内尔布。"但1584年春季期间，加斯帕罗的情况有明显改观。4月，他从阿维尼翁致信科莫，感谢他为教育自己的儿子安东尼奥继续提供补贴。直到那时，安东尼奥在意大利接受教育；但现在，他解释说："他到这里来看我，我不想现在就让他回意大利，而是和我待在这个城市，如果有机会的话，可以服务于教廷，为了这个机会，他得先学习。"安东尼奥·布吕尼注册进入阿维尼翁大学，加斯帕罗现在有了让自己留在这个城市的坚实理由，这是他这么多年以来第一次有机会长时间陪在儿子身边。1584年7月，他焦急地写信给科莫枢机主教说，当局想将他调回乡村，以便给蓬佩奥·卡蒂利纳让路，尽管卡蒂利纳已经在阿维尼翁享受了六年舒适的时光。两个月后，加斯帕罗恳求不要把他送回梅内尔布，允许他继续留在阿维尼翁，"要是不能再待一年，那么至少过了这个冬天，这样就没有人认为我是因为过失而被赶出城市的"。命运再一次对加斯帕罗·布吕尼微笑。教宗在飞地的军队指挥官巴尔达萨雷·博斯凯蒂病死了；调防命令得不到确认，所以加斯帕罗能够拒不让步，直到11月末教宗提名博斯凯蒂的继任者——多梅尼科·格里马尔迪。看来，布吕尼受惠于勒班陀的老战友，一直在阿维尼翁度过了整个冬季。[25]

1585年发生了一些重大变化。教宗格里高利十三世在4月去世；他的仇人枢机主教蒙塔尔托继任，圣名叫西克斯图斯五世。加斯帕罗的雇主和保护人科莫枢机主教是格里高利的忠实支持者，经常和蒙塔尔托发生冲突，现在辞任了教廷国务卿。5月，在写信给科莫的继任者枢机主教鲁斯蒂库奇时，多梅尼科·格里马尔迪解释说，布吕尼和卡蒂利纳各自在阿维尼翁有200人；他称赞他们和另一个步兵上尉卢多维科·马纳里是"教宗的好仆人"。三个月后，格里马尔迪写道，他听来自罗马的报告说，教宗派来新的军事指挥官奥多阿尔多上尉，以代替这三人；他说这个消息会造成令人不安的影响，如果军官被解职的话，许多士兵可能离开。在接下来一连串书信中，他恳求鲁斯蒂库奇保留那三人的职位。奥多阿尔多在 11 月终于到达时究竟宣布了什么尚不清楚。在接下来六个月的某个时间点，加斯帕罗去了罗马；他在 1586 年 5 月回到阿维尼翁，捎了一封鲁斯蒂库奇给格里马尔迪的信。那是他最后一次出现在这个城市。之后的证据表明，尽管其他两个上尉卡蒂利纳和马纳里保住了位子，加斯帕罗·布吕尼的职位却转给了他的亲戚保罗·埃米利奥·卡雷里奥，他在 1586 年 9 月正在指挥部队，而且可能在几个月之前便是如此。很难相信加斯帕罗的服务被认为比两个同事价值更低；1587 年，多梅尼科·格里马尔迪若有所思地说："这个时期我在这个行政机构中感受到了从未有过的安心，有三位经验丰富的老指挥官，布鲁诺骑士、卢多维科·马纳里上校和蓬佩奥·卡蒂利纳上校。"最有可能的是加斯帕罗自己决定该在 1585 年底或 1586 年初离开。此时他可能 65 岁左右。他的儿子安东尼奥刚刚在大学完成学业，正要回科佩尔；加斯帕罗可能和他一起走了。我们现在必须转而探讨安东尼奥·布吕尼，他是加斯帕罗所有幸存亲人中最亲近的一位。[26]

第十六章

安东尼奥·布吕尼与耶稣会士

安东尼奥·布吕尼第一次出现在文献记录中是在 1572 年 5 月，当时他进入了罗马著名的耶稣会学校。通常的入学年龄是 14 岁，虽然 13 岁甚至 12 岁上学也有可能；所以他最有可能出生在 1557 到 1558 年，或者是一两年后。关于他的母亲没有留下任何信息，除了她不是加斯帕罗·布吕尼的正妻外——马耳他骑士团绝对禁止已婚男性加入。由于没有关于加斯帕罗在 1567 年成为骑士前这段时间活动的明确信息，除了假设他可能在乌尔齐尼度过了一段童年时光外，很难推测安东尼奥的早期养育。加斯帕罗可能是个疏远的父亲，在 1567 年之前忙于商业或其他事务，此后受教宗雇用；但他肯定在 1571 年之后成了个更体贴的人，对他来说，安东尼奥此时已成为支离破碎的家庭中最珍贵的遗存了。[1]

加斯帕罗·布吕尼至少接受了基础教育。他的信件虽然夹杂着不合规范的拼写，但书写还算流利，赢得了广泛的尊重。显然，他受过的教育对他这样的实干家来说已经足够了。然而，他对儿子的期待要更高，他把儿子送进了罗马乃至意大利最好的教育机构。那里不仅在学术上卓越，而且在国际范围招生，包括许多社会地位高的年轻人，这给那里的毕业生带来了额外的威望。加斯帕罗似乎尤其对自己的地位和声誉敏感；作为死水般稳定的小社会（它本身已被席卷而去）中的“贵族”，他可能特别希望他的儿子能够像意大利以及其他地方的贵族一样，守住贵族身份。但实际上，选择这所学校也许更多地取决于加斯帕罗在16世纪70年代早期受雇的性质。安东尼奥凭借一封来自教宗的推荐信进入这所学校。我们将会看到，耶稣会在罗马的教育活动和马克安东尼奥·科隆纳之间的特殊关系也可能很关键。

无论如何，这位骑士将他的儿子送到一所精英化的耶稣会学校，这是一种令人满意的补偿。从广义上看，无论是对外还是对内，反宗教改革都是用暴力手段和精神说服来进行的。在西欧之外，涉及反对异教徒的斗争（如加斯帕罗在1570至1572年做的那样），投射超越现存天主教世界范围的未来天主教新地缘政治秩序，并往世上遥远的地方派遣传教士。在西欧内部，它包括反对新教神学的斗争，既包括用剑（如加斯帕罗在1573年之后做的那样），也包括用笔以“论争神学”——即驳斥异端的神学——的形式进行的斗争。在天主教世界内，它还包括一个在所有事情中最根本的主要项目：内部福传，深化并加强信徒间的天主教信仰实践，将天主教价值观和明确的天主教议程塞进社会和政治当中。为实现最后一个目的，教会积极参与教育必不可少。所需要的不仅仅是向一般人群普及教育的传统实践、向神职人员提供基本训练，而且是一种代表了人文主义文化最高标准的新教学方法，它将吸引学生，并在引起他们注意之后，向他们的心灵灌输正确的宗教价值观念。这就是耶稣会的成就。再加上它还产生了许多最为活跃的传教士和论争神学家，这有助于解释为什么耶稣会比其他任何教团更能代表反宗教改革的精神。

从1540年正式成立的那一刻，耶稣会就把教育纳入首要目标中。1548年，他们在墨西拿建立了一所学院，声名鹊起；1551年，罗马学院建立，第二年日耳曼学院开设，这两所学校都在罗马。一所耶稣会“学院”既可以是普通学校，也可以包含大学。大多数“学院”

像墨西拿这所一样，提供扎实的中等教育，但罗马学院包括大学阶段的教学和高等神学课程（在17世纪之前，很多“论争神学”在这里被像罗伯·白敏这样的杰出思想家提出），它作为快速学习中心的名声一度盖过了罗马大学。总而言之，这些神学院取得了非凡成就——就像耶稣会本身一样。耶稣会创始人依纳爵·罗耀拉于1556年去世之时，意大利有18所神学院；到了1600年，这个数字达到49所。在其他地方建立了187所此类神学院，耶稣会总人数从938人上升到8272人。与意大利传统教育方法不同，耶稣会教育体制有很多特点；一些教育方法实际上是从巴黎大学（罗耀拉和耶稣会其他创始人学习过的地方）借鉴来的，但它们在耶稣会手中得到了巧妙的继承和发展。其中包括按照能力层次细分学生，划入不同班级；根据贡献确定座次；只能通过书面和口语考试晋升；严格的纪律；详细规范的课程，用各种功课充实每一天的学习；对拉丁语口语流利程度的重视；经常性的测试、论辩和公开的文学演出，如拉丁诗写作和戏剧表演；鼓励个体或群体学生间彼此效仿；频繁颁奖；而且随着时间的推移，越来越重视对礼仪、修养和优雅行为的教育。[2]

一般来说，这些神学院向那些继续从事世俗职业的年轻人提供教育，但也明确地为神职培养学生，包括各类神职，不限于耶稣会。创立罗马的日耳曼学院是为了训练从神圣罗马帝国领土来的打算成为教士的男孩；通常来说，每年会招收6到7人。1563年夏，特伦托会议颁布法令：每个教区都应该设立一所“神学院”——seminary一词借自园艺学，意思是苗圃——来为神职部门培养12岁及以上的男孩。为了直接响应这一法令，在卡洛·博罗梅奥和教宗（他答应照顾耶稣会的财政状况）的鼓励下，耶稣会于1565年成立了罗马神学院。这里的学生被分为两类：接受资助的免费教育生和付费寄宿生。前者致力于成为神职人员；而后者在早期也有望走上这条道路，尽管在实践中，没有任何东西可以阻止他们离开并从此追求世俗生涯。在日耳曼学院也进行相似的划分，但发展出一种不同的方式。迭戈·

莱内斯在罗耀拉去世后接掌耶稣会的领导权，鼓励富有和显赫的家庭送他们的儿子付费入学：他认为这是一种提高受资助男孩的教育经费的方法，还意识到这也使耶稣会和有影响力的贵族之间形成长期联系。他们并不期望这些付费生从事神职，从欧洲的任何地方招收学生，不限于神圣罗马帝国。许多枢机主教派他们的侄甥到那里，点名册中包括一些意大利最著名的家族：奥尔西尼、多里亚、贡萨加、卡拉法等等。日耳曼学院由于这一社会成就而转型；同时它继续每年招收六或七名多为穷人的说德语的受资助男孩（他们受到贵族学生严重歧视），每年进入学校的付费生为 80 或 100 人。罗马著名贵族马克安东尼奥 · 科隆纳对这所神学院有特殊兴趣，在 1570 年底，它成了科隆纳宫的一部分。勒班陀战役之后，当他在罗马参加“凯旋”仪式时，学生们在墙上贴满庆祝的标识、诗歌和格言。[3]

然而，在 16 世纪 70 年代，上级决定日耳曼学院的贵族学生要转学到罗马神学院。这一变化有两个原因。用一份早期文献的话说，原因之一是：“长期观察和体验证实，通过让他们生活在一起来团结德意志人和意大利人，并没有产生好的结果；据说，受资助的德意志学生受到意大利学生（他们占付费生名额的大多数）的腐蚀，更加不容易管理了。”于是，学院的一大批意大利贵族学生在 1571 年底和 1572 年搬到了——无视学生父母的抗议——神学院，申请学院的新一届付费生自动转入了后者。另外一个原因是对德意志领土上新教势力日益增强的担忧。1573 年，上级决定，在日耳曼学院需要开展更加紧张的神职训练项目，涉及至少 100 名受资助的说德语的学生。（这是教廷更宏大的为特定国家和地区培养教士的策略的一部分：在 1577 至 1584 年间，罗马设立了一所希腊学院、一所英格兰学院、一所匈牙利学院，还有一所针对阿拉伯基督徒的学院。）教廷划拨专门经费，不再需要付费生来平衡收支；学院的一栋新建筑也建立起来。1573 年 10 月 17 日，日耳曼学院留在科隆纳宫的最后一天举行了一场盛大的典礼。神学院学生行进至此，加入了学院的弥撒和宴会；整个下午和晚上都是歌曲和文艺演出，包括学院的唱诗班指挥、伟大的西班牙作曲家托马斯·路易斯·德·维多利亚为《诗篇》第一百三十七篇“在巴比伦河畔”创作的乐曲；晚祷过后，最后一批贵族付费生开始离去。这么多来自有权势家族的男孩和年轻人的出现，会改变这个机构，把它由一座有些开局不利的小型理论性神学院转变为非常成功的日耳曼学院的近似摹本。[4]

安东尼奥·布吕尼非常有可能被日耳曼学院接收，但在他实际在那一机构占有一席之前，他就转学到了罗马神学院。这能够解释两件事情：一是他父亲错误地将他描述为日耳曼学院的学生；二是他未提及神学院另一条严格的制度，它的学生必须是婚生子（而这一制度在日耳曼学院并不存在）。他在1572年5月12日进入神学院。那一年入学的学生包括卡拉法家族的两人，还有个苏格兰人，威廉·奇泽姆，他是苏格兰国王詹姆斯四世的外孙。威廉·奇泽姆随后接替他的叔叔，成了阿维尼翁飞地的韦松主教。下一年招收的学生包括琴奇家族（罗马贵族，该家族的女眷贝亚特里切将会处于16世纪90年代耸人听闻的谋杀案中心*）的三人，还有一个皮科洛米尼家族（因出产军事指挥官而闻名的锡耶纳家族）成员。在安东尼奥到校前，那些从学院迁到神学院去的学生，有一位叫亚历山大·西顿。他日后成了苏格兰大法官和邓弗姆林伯爵。这一时期的其他同学来自西班牙、法兰西、德意志、波兰、杜布罗夫尼克、塞浦路斯、克里特。但来自意大利本土的最多。等到所有日耳曼学院付费生于1573年转到神学院后，约有120名付费寄宿生和60名将要从事神职的受资助学生。这些付费生被划入“分庭”，10至15人为一个分庭；这些不仅仅是宿舍，也是他们洗漱、吃饭、学习、玩耍（至少在坏天气时如此）和祷告的地方。每个分庭都有一位监督，通常来说是20多岁的年轻教士。

---

* 1599年，贝亚特里切·琴奇因与家人共谋杀害虐待自己的父亲，被当局判处斩首。此事件被许多知名作家（如雪莱、司汤达等）改编为文学或戏剧作品。——编译注

监督引导祈祷者起床、睡觉，维持纪律；未经监督许可，学生不允许进入另一分庭。分庭以圣徒名字命名，每个分庭用独特的庆典庆祝自己的圣日，创作颂歌、举行演说。[5]

16 世纪晚期的一份文献列举了学生进入神学院时需自带的物品。这对较近年代那些念寄宿学校的学生来说耳熟能详：衬衫、毛巾、鞋子、手帕、两张床单（还有床垫）、墨水、笔、纸（还有一张蜡纸，在上面可以反复书写和擦除）——再加上装所有这些东西的箱子，放在每个学生的床脚边。制服是教士风格的，由神学院提供，神学院有专职裁缝：享受资助的男生穿紫色，这是教宗宅邸的色彩，缴费生都穿黑色布料——然而它的质量要比紫色的好，并且会用飞边和蕾丝加以装饰。饮食尽管可能比较单调，但却属上层阶级。每个男孩每天都有一磅肉，这之前是汤，之后则是水果或奶酪；面包是最好的那种，和供应给枢机主教和高级教士的一样，另外还有优质葡萄酒。在午餐和晚餐期间，有人诵读经文、布道词和圣徒事迹；每顿饭之后有一小时的休息时间，学生们需要互相谈论“有助于增进道德修养的事情”。有份报告抱怨说，在雨天或在炎热的夏日，他们会坐在室内听“煽动性的文章”或者“纵情欢乐，声动天地”——还有更糟的，用大笔的钱赌博。看来，在这所神学院里，准修道院的形式和贵族气派的内容之间有某种不可避免的张力。除了普通纪律被严格执行外，还有另一种更重要的方式来规范学生的举止：在神学院生活中注入强烈的虔诚。学生们每天都参加弥撒，每月忏悔一次并领一次圣餐。他们每天背诵《圣母时祷书》(*Hours of the Virgin*)，在每周五和周日背诵七篇悔罪诗。最有势力的是两个玛利亚“会堂”，这是一种类似学生社团的机构，所有学生都隶属于它：他们鼓励学生额外进行祈祷、增进虔诚，把大量心力放在为四大玛利亚节日（天使报喜节、圣母往见节、圣诞节和耶稣受割礼节）的筹备当中。这是自 1563 年起在罗马学院开始的现象；到 1576 年，这些会堂已经传播到几乎所有耶稣会学校，收获至少 30 000 名成员。[6]

安东尼奥·布吕尼待在神学院刚超过五年，所以他接受的似乎是基础的学校课程，从语法开始，接着学习“人文学科”，即古典文学研究和修辞学。更高程度的大学阶段课程是哲学和神学，主要对象是那些准备成为教士的学生。所有这些课在罗马学院都会教，但神学院有它自己的学督负责监督男生的功课，有复习导师负责让他们温习学过的知识。在标准的五年课程期间，主要侧重点是获得雄辩、优雅的拉丁文写作技能：如一位官员在1576年的考察总结所说，“他们练习写作拉丁文演讲辞、拉丁文与希腊文诗歌”。通过参与戏剧表演，他们展示自身、感动观众的能力得到加强。在耶稣会学校，教职工怀抱热情投身于这类专长。（有些人会觉得太富于热情了：1578年，为应对一份考察报告的辛辣批评，一项内部法令决定，以后“教士不要参与喜剧或悲剧演出，至少，不应打扮成士兵或妇女，或其他与自身地位不相称的角色”。）1574年，神学院上演了斯特凡诺·图奇的宗教悲剧《审判者基督》（*Christus iudex*）；五年前，它第一次在墨西拿演出，继而取得了国际性的成功，被翻译成意大利语和波兰语。罗马神学院的演出，被观众看作是同枢机主教、高级教士，以及马克安东尼奥·科隆纳打交道的重要社交场合；但科隆纳是否对他军舰的前舰长之子给予了任何特别关注，这无从知晓。神学院也认真研习音乐：有四个合唱指挥和一个领唱人，在安东尼奥·布吕尼到校不久前，领唱人一度是作曲家乔瓦尼·皮耶路易吉·达·帕莱斯特里纳。然而，音乐训练非常关注那些预备成为神职人员的学生的需求，可能对收费生学习影响不大。[7]

这是个非常封闭的社区。男孩们被禁止外出到罗马街头，或在神学院外的任何地方吃饭，除了在“极少数”情况下和亲属一起之外。安东尼奥无家可归，可能一直住在神学院，除非他这一时期在教宗宫廷任职的堂兄弟马泰奥·布吕尼有间居所，这样他就可以在假期待在那里。每个付费寄宿生都有一位罗马的担保人，为他承担法律责任，一周去探访他一次。不知道是谁担当了此任务；但如果不是马泰奥，就可能是奥雷里奥·因杰涅里，我们将看到，就教宗资助安东尼奥大学教育事宜，加斯帕罗在1583年写信给这位教廷国务卿。安东尼奥在神学院时，可能也接受某种教廷奖学金。如果是这样的话，似乎当局在处理这件事情上不那么高效，因为在1575年12月列出的欠费学生名单中包括“安东尼奥·布鲁诺”,欠款18斯库多（15杜卡特），也就是三个月的费用。不过，他不是唯一的欠费生，欠费名单中还包括一个姓奥尔西尼的，一个姓琴奇的以及一个姓卡拉法的。那一时期的一份官方备忘录指出——对于神学院来说，这是个面临严重财政压力的时期——让付费生补交欠款非常困难。1576年的考察报告也指出，外国付费生在患病时也引出难题：他们通常会让神学院购买昂贵的药物，但从不付钱。在一些耶稣会士眼中，接收这些付费生弊大于利。1580年，一名神学院工作人员写信给耶稣会总会长说，这一实践让我们树敌于那些孩子不被接收的家庭，而且它也破坏教团的名声，因为很多人指责耶稣会如此卖力，主要是为了挣钱。更糟糕的是，这一实践逐步引入“某种自由放荡的世俗化和政治精神，这终归与宗教戒律和仪式相违背”。但也有备忘录在争论相反的情况。其中一份备忘录列举了支持维持这一做法的19个理由，包括“把如此众多的民族联合起来，统一加以训练的机会”。这在耶稣会——致力于重振整个天主教世界信心和实践的国际性教团——眼中是件不小的事情。[8]

安东尼奥·布吕尼在1577年8月28日离开罗马神学院。就在当月初，加斯帕罗写信给科莫枢机主教，请求允许他访问罗马，以便处理家庭事务；但正如我们所见，他直到几个月后才成行，在12月下半月到达。* 此时安东尼奥是否还在罗马不得而知。下一次关于他的记录是在1581年1月，加斯帕罗写信给科莫说：“我已经获悉，我的儿子安东尼奥因为发生在佩鲁贾的一些争斗，已经撤到威尼斯；由

* 参见315—316页。

于我希望避免之后的所有麻烦，我想让他在帕多瓦继续学业。但只有我们的主人（教宗）仁慈地答应支持他，我才能办到这点。”所以他请科莫主教求教宗继续资助安东尼奥在帕多瓦大学的学业，“这样他迄今为止所学的知识就不会白费”。枢机主教的回复提到付款从1580年1月就已开始，每月10斯库多（8.3杜卡特），所以这一日期也可能是安东尼奥到达佩鲁贾大学的时间。[9]

鉴于五年之后他获得了法学博士学位，安东尼奥在佩鲁贾大学似乎最有可能也读这个专业，可能是在他快速取得基础的文科学位之后；他在耶稣会接受的高质量教育让他领先于大多数文科专业大学生。法学当然也是那所大学的强势学科。佩鲁贾大学的法律系有特别的教育方法：每节课结束后，都会对下一节课做摘要性的介绍，列出阅读书目。这样学生在听到要讨论这个话题时，就已经做了充分准备。那里有四位杰出的法学教授，其中最出名的是里纳尔多·里多尔菲，他是一位沉浸在文学研究中的人文主义学者；诗人托尔夸托·塔索为他写了一首十四行诗，里多尔菲最杰出的弟子法学家阿尔贝里科·真蒂利（后来牛津的民法教授），不仅称赞“他精彩的教学方法”，还称赞“他（拉丁语）演讲的纯粹几乎为所有意大利人未有”。关于安东尼奥离开佩鲁贾大学的原因上文已经提到，是由于1581年的“一些争斗”，加斯帕罗后来指出是“一些突发事件”和“一些争斗”。安东尼奥可能像他父亲一样，对荣誉和地位有些敏感（也许要更敏感，因为他是个私生子），卷入了当时很新潮的决斗之中。16世纪，决斗正在席卷意大利社会。在1563年12月，特伦托会议发出严厉法令，反对“可憎的决斗做法”，所有决斗者、他们的助手和他们的见证人一律逐出教会。安东尼奥的伯伯乔瓦尼出席了这次会议。[10]

安东尼奥是否确实转入帕多瓦大学——威尼斯本国的大学，也是一所以其法律学校闻名的机构——尚不清楚；这一时期详细的入学记录没有留存下来。1583年7月，加斯帕罗·布吕尼仍在请求教廷国务卿因杰涅里为安东尼奥的教育支付新的费用，请求把钱送给威尼斯的布商尼科洛·德·米基耶利，由他照管。下一次提到安东尼奥是 1584 年 4 月，此时，正如我们在上一章结尾所见，加斯帕罗感谢科莫枢机主教确保了付款的连续，并解释说他儿子已经到阿维尼翁学习。这一年 11 月在写信给阿斯卡尼奥·科隆纳的时候，他再次提到安东尼奥（说他正在阿维尼翁“进行学习”)。阿斯卡尼奥·科隆纳的父亲马克安东尼奥此前刚刚去世。虽然信件措辞是一封慰问信，但在同时也开口请求赞助：“因为我没能实现愿望再度忠诚地为他（马克安东尼奥）效力，像在对抗奥斯曼的舰队中为他当了三年舰长那样，我向最杰出的阁下献上同样的愿望，请求您接受我和我儿子安东尼奥做您永远的仆人。”目前所知，这一请求将对加斯帕罗的职业生涯，而不是对他儿子的未来，产生非常积极的影响。[11]

安东尼奥再次就读于一所以法律师资闻名的大学。阿维尼翁大学由教廷建立，起源于 14 世纪早期，在最初的约 200 年时间里，市政当局对它并不感兴趣；例如，1477 年，当局断然拒绝出资支付教授们的薪水。但在 16 世纪初，他们意识到出色的法律学科将增加城市声望并带来更多国际学生，因而改变了主意。这所大学从未有过非常活跃的人文学科，在这一领域非常有限的教学在 1565 年变得充足起来，此时耶稣会在阿维尼翁建立了一所学院，负责人是活力充沛的年轻教区长安东尼奥·波塞维诺（《基督教战士》的作者，书中提出虔诚但不切实际的建议：军人应花时间阅读比德和奥罗修斯的作品)。* 但有约 500 名学生的耶稣会学院确实为阿维尼翁大学创造了受过良好教育的生源，该大学现在试图加强其在法律和医学领域的实力。简而言之，在 1570 年，它聘请了那个世纪最杰出的法兰西法律学者雅各·屈雅斯为讲师，雅各·屈雅斯娶了位阿维尼翁女人；但妻子过世后，他就去了别处。1581 年，这个城市向教宗请求每年拨款 1000 斯库多（833 杜卡特）用于支付“一位极为有名的教师”从意

---

* 关于这本专著，参见第 132 页。

大利来法学院任教的薪酬；不幸的是，教廷财政已经因飞地的安全需求而透支，无法答应这点。所以，大学转而聘请了当地最为饱学的名士路易斯·博，他不久前在那儿取得了博士学位；他从 1581 年开始担任教会法教授，直到约五十年后去世，关于他法律观点的一卷文献在他死后于 1635 年出版。[12]

安东尼奥可能没有最有名的老师，但也相当迅速地完成了学业，在 1585 年取得民法和教会法博士学位。当年 10 月 30 日，乌尔齐尼教区的安东尼奥·布吕尼在路易斯·博和其他三位教授面前被授予博士学位。学位授予仪式煞费苦心。候选人需邀请教廷使节或联合使节以及大主教和所有常驻的法律博士，参加在方济会教堂举行的仪式。在副校长面前，安东尼奥需就特定的法律做演讲，并且要面对两位持有异议的学士捍卫自己的论点；接着副校长讲话夸赞他，出席的博士们也同意授予博士学位。之后，安东尼奥再做第二次演讲，引用法律文本润饰。再然后他就被授予各种象征性的“博士标志”：一本书，一把椅，一顶四角帽（教士风格的方帽），一个吻和祝福。整个仪式耗资不菲；他必须向所有参与者提供仪式性礼帽，为每名博士支付 1 杜卡特，向副校长支付 15 杜卡特，还要向给予他博士标志的人付 25 杜卡特，此外还需操办带有音乐和表演的宴席。总花费可能超过他每年从教宗那里获得的补贴。可能他骄傲的父亲——当然此时也在场——加斯帕罗狠狠地掏了一回腰包。[13]

在未来两年的某个时候，安东尼奥·布吕尼前往科佩尔居住。并不清楚他是在那儿还是在威尼斯找到了法律工作。他在这个伊斯特里亚城市逗留的证据来自帕拉迪亚学园成员创作的一卷文集，帕拉迪亚学园是科佩尔的文学社团和宴饮俱乐部。学园主要人物之一是吉罗拉莫·维达，他在 1590 年出版了自己的作品短辑，当时他 27 岁；书的结尾附上了一份他加注的清单：“关于爱的论据”。他在下一年死去，但这些曾在学园作为文学练习的讨论，其中一些文本在三十多年后出现在一个集子中。首先吉罗拉莫·维达详细提出问题——比如：

何者之美在爱里有着最大的力量：理性之美，声音之美，或者身体之美？——接着他指定一位学园成员为各个选项辩护。（三者之美的问题，被分配支持身体之美的是里扎多·韦尔奇，安东尼奥表姐妹卡特琳娜·布鲁蒂的丈夫。）对于受过耶稣会教育的安东尼奥·布吕尼来说，为任何给定主题进行优雅的证明并非难事。所以他对这本集子有所贡献不足为奇。[14]

而这次提出的问题是：哪种颜色的服饰最能增加女性之美：紫色、绿色、蓝色、黄色、黑色、多色，或者白色？安东尼奥被分配到黄色。用得体华丽的意大利语，他的演说从一个论点流向另一个，包括将其他每种颜色从竞争中排除的原因；征引纹章学和拉丁诗歌，引用维吉尔和普罗佩提乌斯；援引罗马妇女在婚礼上戴的黄色面纱，罗马皇帝和皇后的黄金斗篷；用微妙的田园风格意大利语九行诗做结。（在这次辩论的结尾，学园主席桑托里奥·桑托里奥医师允许维达就所有这些颜色发言；这个事件最晚发生在1587年，因为桑托里奥在那一年离开了科佩尔。）安东尼奥·布吕尼另一篇发表的作品也与他加入这一群体有关：一首拉丁语六行诗，而科佩尔人就说拉丁语。在这首诗中，他骄傲地宣称，科佩尔由女神帕拉斯·雅典娜（Pallas Athene，这也是帕拉迪亚学园名称的由来）和皇帝查士丁尼共同建立。安东尼奥不仅有朋友们相伴，比如他表姐妹卡特琳娜的丈夫；还同那些与他有着相似文化和文学背景的年轻男子打成一片。他们中的一些人，比如马克安东尼奥·瓦尔德拉、奥托内洛·德·贝罗和切萨雷·巴尔巴比安卡后来成了作家，均有作品出版。这个所谓的“学术团体”在很大程度上是年轻人的俱乐部：1587年，安东尼奥·布吕尼不到30岁，桑托里奥25岁，维达23岁，巴尔巴比安卡仅17岁。[15]

安东尼奥生活中的另一段故事可能也属于这个时期。1603年，一位阿尔巴尼亚主教尼科洛·迈卡耶什给罗马写了封气愤的信件，谴责同事莱什主教、拉古萨本笃会修士因诺琴提乌斯·斯托伊努斯。

指控很多且五花八门：他很少做弥撒，不遵守斋戒，出售修道院财产，否认教宗或主教们对修士的权力，众所周知的不贞洁，传闻说他“生于所多玛城和蛾摩拉城”。迈卡耶什还写道：“当有人发现他身着普通人的衣服，出入威尼斯的妓院和剧院时，在该省引起丑闻。他被治安官逮捕并投入监狱，在那里被关押了几天，但后来他越狱逃走，这个变节者去了罗马；在来自乌尔齐尼的阿尔巴尼亚人安东尼奥·布吕尼先生的支持下，他逃脱了被送上舰船做苦役的惩罚。”尚不清楚这个插曲的具体时间，但据推测它发生在斯托伊努斯的青年时代，距1596年他被任命为莱什主教还有很长一段时间。也许安东尼奥通过威尼斯的一圈朋友结识了他，其中一些人也是剧院和城里其他非神职消遣的常客。或者他们之间有家族联系；但我们对斯托伊努斯所知甚少，无法找到确切的关联。* 另外并不清楚安东尼奥的帮助仅仅是利用他在罗马的人脉穿针引线，还是更正式地介入司法程序——尽管目前还没有迹象表明他在这一时期将法学训练运用到实际当中。不过，法学博士不仅仅被当作从事法律职业的资格；由阿维尼翁大学颁发的博士学位证书明确表示，持有人可以“和君主、各国最谨慎的官员和管理者”一起工作，“帮助他们管理、统治好他们的国家”。安东尼奥职业生涯的下一阶段涉及为他的表兄弟巴托洛梅奥工作，帮助他管理和统治摩尔达维亚。[16]

与此同时，加斯帕罗·布吕尼正在寻找新工作。得益于他与马克安东尼奥·科隆纳之子阿斯卡尼奥的良好关系，他终于找到了。在西班牙研究哲学、神学和法律之后，阿斯卡尼奥·科隆纳在1586年被教宗西克斯图斯五世任命为枢机主教；1589年3月下旬，教宗任命他为马耳他骑士团的威尼斯修道长。仅仅七周之后，5月13日，

---

* 我们知道他来自杜布罗夫尼克。加斯帕罗曾驻扎于此为教廷服务。“斯托伊努斯”也许来自 Stojičić 或者 Stojković，后者本身是 Stay 的斯拉夫化拼法；斯泰（Stay）家族最初来自巴尔，已知的是，这个家族某个成员曾在发罗拉经商。

加斯帕罗·布吕尼从威尼斯给阿斯卡尼奥（他居住在罗马）写了封感情充沛的信，感谢他屈尊记得加斯帕罗之前为他父亲服务过，宣称他本人对他的慷慨“无限感激”，承诺“我将永远全心全意地为最杰出的阁下的修道区做我认为有益的事务”。阿斯卡尼奥刚刚任命他为征税人，负责征收威尼斯修道区的所有收入。[17]

这在理论上是个非常重要的职位，加斯帕罗似乎在这个职位上至少待了三年时间。有一段时间，他显然与另一位联合征税人分享权力：1591年，一份官方视察威尼斯修道区建筑的记载中提到乔瓦尼·孔塔里尼，修道区副将和征税人，以及“加斯帕罗·布吕尼兄弟，骑士，同一修道区的征税人”。加斯帕罗的工作使他与一些威尼斯头面家族的成员建立了联系：除了一位孔塔里尼家族成员外，还有两位朱斯蒂尼亚尼家族成员和一位莫罗西尼家族成员。但骑士团和威尼斯政府之间的关系一点都不好；他们的关系在16世纪80年代早期就已严重恶化，在此后一直很糟糕。1583年，杰出的西班牙骑士、卡斯蒂利亚区大修道长俘获了三艘奥斯曼商船，其中一艘正运载大量粮食前往威尼斯领土克里特；大修道长自己的船（改装的英格兰大帆船）接着遭到了威尼斯舰队的攻击，他和船员戴上镣铐被带下船。同年另一起事件中，骑士团两艘桨帆船被威尼斯的克里特分舰队劫持，首先带往克里特，接着带往科孚。船员在科孚做了长达四个月俘虏，死于饥饿和疾病；这一事件也在骑士团引起极度愤怒。出于报复，次年一艘威尼斯商船在马耳他被扣押：船员被关押，货物被掳走，船被凿沉。作为回应，威尼斯没收了境内所有骑士团财产，解聘所有在威尼斯政府服务的骑士，禁止同马耳他的所有贸易和往来，宣称骑士团从此被视为敌对的海盗——对此马耳他回应说，将夺取发现的每一条威尼斯船只。在一定程度上，教宗西克斯图斯五世调解了双方的矛盾，他在1586年命令骑士们不得干扰基督教港口和奥斯曼港口之间的一切合法贸易；下一年，禁止他们掠夺黎凡特（指奥斯曼）犹太人的货物或人员，这些犹太人不仅活跃于威尼斯，还活跃于教宗本人在安科纳的港口。稍作抗议之后，大团长和他的议会接受了这些命令。但威尼斯境内骑士团辖区收入仍被冻结，枢机主教阿斯卡尼奥·科隆纳在1593年还在要求解除冻结，哪怕解除一部分也好。在这样的处境下，“征税人”的主要任务可能只是汇总收入，并将它们交给威尼斯政府。[18]

1592年春，加斯帕罗·布吕尼被召到罗马，阿斯卡尼奥在那里给他指示，并让他亲自带信到马耳他。在墨西拿等了很久骑士团桨帆船后，他在6月上旬抵达马耳他岛。他的任务之一就是查明阿斯卡尼奥·科隆纳作为修道长是否有权将修道区主要辖区中的一份划归自己名下；阿斯卡尼奥似乎热衷于从这个体制中谋求好处，在接下来的几年里，他竭力争得许可——违背骑士团的惯例——用他的修道区交换了另一个更富裕的。1592年11月加斯帕罗仍在马耳他，此时大团长奖励给他每年100斯库多（83杜卡特）的津贴，这笔钱是大行政辖区收入的一部分。我们并不清楚接下来他是否回到了威尼斯。但似乎在他到达马耳他之后的某个阶段，他作为阿斯卡尼奥·科隆纳代表的职责结束了；新的“征税人”莱奥尼达·洛斯基骑士在1594年下半年被从马耳他派来，教宗谕令在后一年确认了这点。加斯帕罗将在新城瓦莱塔度过五年中的大多数或全部时间，骑士团现在已将总部设在了那里。[19]

加斯帕罗曾经在1567年短暂到过瓦莱塔，当时它还是个十分基础但雄心勃勃的建筑工地，而现在加斯帕罗一定为业已取得的进展感到惊讶。作家乔瓦尼·巴蒂斯塔·莱昂尼在1583年访问过马耳他，城市陆地一侧构筑的大规模防御工事给他留下了深刻印象。这些工事用以防卫城市所在半岛的咽喉；计划的一部分是在坚硬的岩石下挖出深沟，最后在深沟中注满海水。（按规定，城中的房屋必须由这次开挖出的石头建造；上千吨的石材被开采，但这道沟渠始终不够深，无法形成海壕。）莱昂尼观察到约2000处房屋已经完工。按照通常的规则，骑士团会在每一位骑士死亡时拿走他地产的五分之四，鉴于这一规则不适用于新城，很多骑士便掏钱购置了房屋。他注意到街道和广场已全部建成，包括壮观的医院（为纪念脱胎于医院骑士团，骑士们在那里看护病人，用银盘供应食物），两个可以装备 6000 名战士的武器商店，施洗者圣约翰教堂——二十五年后，恩典骑士、艺术家卡拉瓦乔以圣约翰被斩首为题材为这个教堂创作了令人心惊的油画。当 1588 年德意志探险家米夏埃尔 · 黑贝雷尔访问瓦莱塔时——他曾在 1585 年加入过灾难性的马耳他劫掠远征，然后做了三年奥斯曼俘虏——也被“许多优美的建筑物”所震撼；这些建筑物包括医院和大团长宫，宫中有个栽满花卉与果树的庭院。他还注意到一位法国骑士为窗户进口了玻璃，这种新颖的时尚取代了以前使用的半透明亚麻布，很快就流行起来。在新建筑中有不同语言区的“会馆”，那里为成员提供用餐服务；莱昂尼称它们为“极为华美的宫殿”。在各个时期，都约有 600 名骑士待在马耳他；在 16 世纪 90 年代中期，这些人中有超过 200 位骑士来自意大利语区。每个语言区也仅有少数成员待在会馆中；那些盖了房子的骑士自然倾向于待在自己的安乐窝里。但加斯帕罗 · 布吕尼与这些资金雄厚的贵族相比是个穷人，我们也可以猜测他成了意大利语区会馆中的居民，也是它餐桌上的常客。[20]

加斯帕罗在这一时期的主要活动似乎是在骑士团内谋求晋升——而他长期热望的奖励是一份辖区，这将给他的晚年带来不错的收入。基本要求之一是资历，传统上按骑士在马耳他度过的年数来计算。根据骑士团章程，任何一位骑士被认定有资格取得一份辖区前，都必须至少连续定居五年以上。不过，幸运的是加斯帕罗作为征税人在任意修道区的时间也被计算在内。1594 年 5 月，就在他被任命为威尼斯征税人整整五年后，教宗签署了确认资历的谕令给他（尽管有竞争者反对）。来自法国南部的大团长于格 · 卢本 · 德 · 弗尔达尔对他表示了一些支持；1595 年 4 月，他把加斯帕罗的津贴从每年 100 斯库多提高到 200 斯库多。一年之后，下一任大团长，来自阿拉贡的马丁·德·加尔泽给了他另一份50杜卡特的退休金。加斯帕罗无疑给人留下了好印象。因而在1595年12月，他决定搏一搏也很合理：他是申请科森扎辖区的三名骑士之一，这是一处坐落在卡拉布里亚同名城市中相对较小的地产，而这附近碰巧有一些阿尔巴尼亚人村落。[21]

随之而来的是一连串令人厌烦的过程：声索、反声索和质疑——当然，对那些试图理清它的历史学家来说令人疲乏，毫无疑问也让加斯帕罗·布吕尼深感沮丧，他不得不忍耐一年多。这里涉及的一般问题是骑士通过交换，或者用一份辖区换另一份辖区，以争取更高收入；具体来说则是两个骑士米凯莱·卡达莫斯托和贝尔纳多·卡佩切为这种安排争论不休。大团长要求卡达莫斯托放弃拉莫塔辖区，以取得另一个辖区拉科尼斯；他接着受到教宗的阻挠，教宗在拉莫塔被授予贝尔纳多·卡佩切之后将拉科尼斯许给了别人；所以卡达莫斯托要求得到科森扎，以代替拉科尼斯，同时还抗议卡佩切对拉莫塔的声索。还有别的骑士也提出了对这些辖区的声索。这些纷争，除了向大团长和议会进行法律陈述以外，有些则涉及更加卑鄙的手段；例如，1596年，卡佩切写信给罗马一位有影响力的枢机主教，指出并非贵族的卡达莫斯托通过特殊渠道成了骑士，因为他的父亲是骑士团的医师——他轻蔑地说：如此，他"从窗口而不是门进来的"。1596年6月21日，大团长和议会下达了一份判决：卡佩切持有拉莫塔，卡达莫斯托将得到一份不同的辖区切里，科森扎将提供给另一位骑士费兰特·阿韦罗尔多，附带条款是如果阿韦罗尔多拒绝，加斯帕罗·布吕尼将得到科森札。卡达莫斯托及时提出上诉；目前正持有切里辖区的骑士也表示反对；加斯帕罗·布吕尼也反对，6月28日他亲自在议会陈辩。更多调查和争论紧随其后。1597年1月，当局维持了先前的判决；但两个月之后，费兰特·阿韦罗尔多竟然宣布要放弃对科森扎的声索。所以一番折腾之后，1597年3月27日，一份正式的谕令签署了，那份辖区被分配给布吕尼（然而，其他三名骑士继续申诉；又吵了八个月之后，一个特别法庭将为他们制定出折中解决的方案。）加斯帕罗·布吕尼最终成了一位“辖区长”。[22]

这是个既能带来荣誉，也能带来收入的职位。就加斯帕罗的情况而言，荣誉显然要高于收入。这处辖区包括科森扎城周围很多零星分散的小块土地，骑士团在那里维持着一座施洗者圣约翰小教堂。每年总收入在 300 到 360 杜卡特之间，但约半数总收入用于支付骑士团税收和地方税收。当辖区有大量地产要管理（并且从中得到的收入达数千杜卡特时），骑士也许会到该地生活，但加斯帕罗·布吕尼没有理由定居科森扎。如果他这么做的话，他没准会摊上更多难题，因为当地家族的多位骑士居住在附近，他们似乎很不好惹。（骑士毛里奇奥·巴拉科 1594 年被地方当局囚禁；另一位骑士彼得罗·安东尼奥·帕里西奥在 1595 年被控谋杀另一位骑士。）最可能的情形是加斯帕罗现在退休回到了科佩尔，与他的儿子安东尼奥生活在一起。他在阿维尼翁任职时，曾抱怨每月薪资不超过 35 杜卡特，而他现在的收入，即便加上另外两份退休金——假定他仍被允许保留它们，也不能让他过上令他感觉符合自己身份的生活。无论如何，他似乎时日无多了。一项对科森扎辖区的研究表明，在 1598 年，这份辖区被交给了卡拉布里亚当地家族的成员皮耶尔·路易吉·帕里西奥骑士。如果这一记录准确，这说明加斯帕罗·布吕尼一定已经死亡，因为在这个阶段找不到任何他在马耳他进一步争取辖区的迹象。我们至少可以设想：这位骑士，一场臭名昭著的围城战中的一员老兵，以及 16 世纪最著名海战的杰出参与者，最终在床榻之上安然逝去。[23]

第十七章

摩尔达维亚、鞑靼人与哥萨克人

当巴托洛梅奥·布鲁蒂在1580年春从伊斯坦布尔旅行至摩尔达维亚时，他并未离开奥斯曼帝国，而是进入了一个与帝国直接管辖的心脏地带迥然不同的地区。奥斯曼人的许多历史很大程度上集中在心脏地带，因为它是根据典型“奥斯曼制度”统治的安纳托利亚和巴尔干核心领土，由西帕希骑兵辖制军事封建庄园，当地卡迪掌管司法，桑贾克贝伊管理大区，总督则统治一组桑贾克。但与此同时，奥斯曼的帝国统治系统，在广义上还包括许多并不直接管理的其他类型的政治实体。杜布罗夫尼克的例子已经讨论过了；三个罗马尼亚公国——特兰西瓦尼亚、瓦拉几亚和摩尔达维亚，也是自治的；克里米亚鞑靼人的汗国由自己的可汗统治，尽管在某种程度上承认奥斯曼帝国的宗主权；北非的海盗国家基本上是自治领地，统治者由伊斯坦布尔委任；麦加的谢里夫家族继续管理汉志；在也门，奥斯曼统治往往只是名义上的；在安纳托利亚东部地区，土库曼和库尔德部落人口占多数，那里由传统的统治家族世袭桑贾克；16世纪奥斯曼获得大片格鲁吉亚地区后，他们通常留下当地王公作为纳贡的附庸。总而言之，奥斯曼帝国根本就不是铁板一块；其大幅快速扩张的秘密，事实上不仅归功于其军事力量，还在于它在夺取的诸领地上对当地

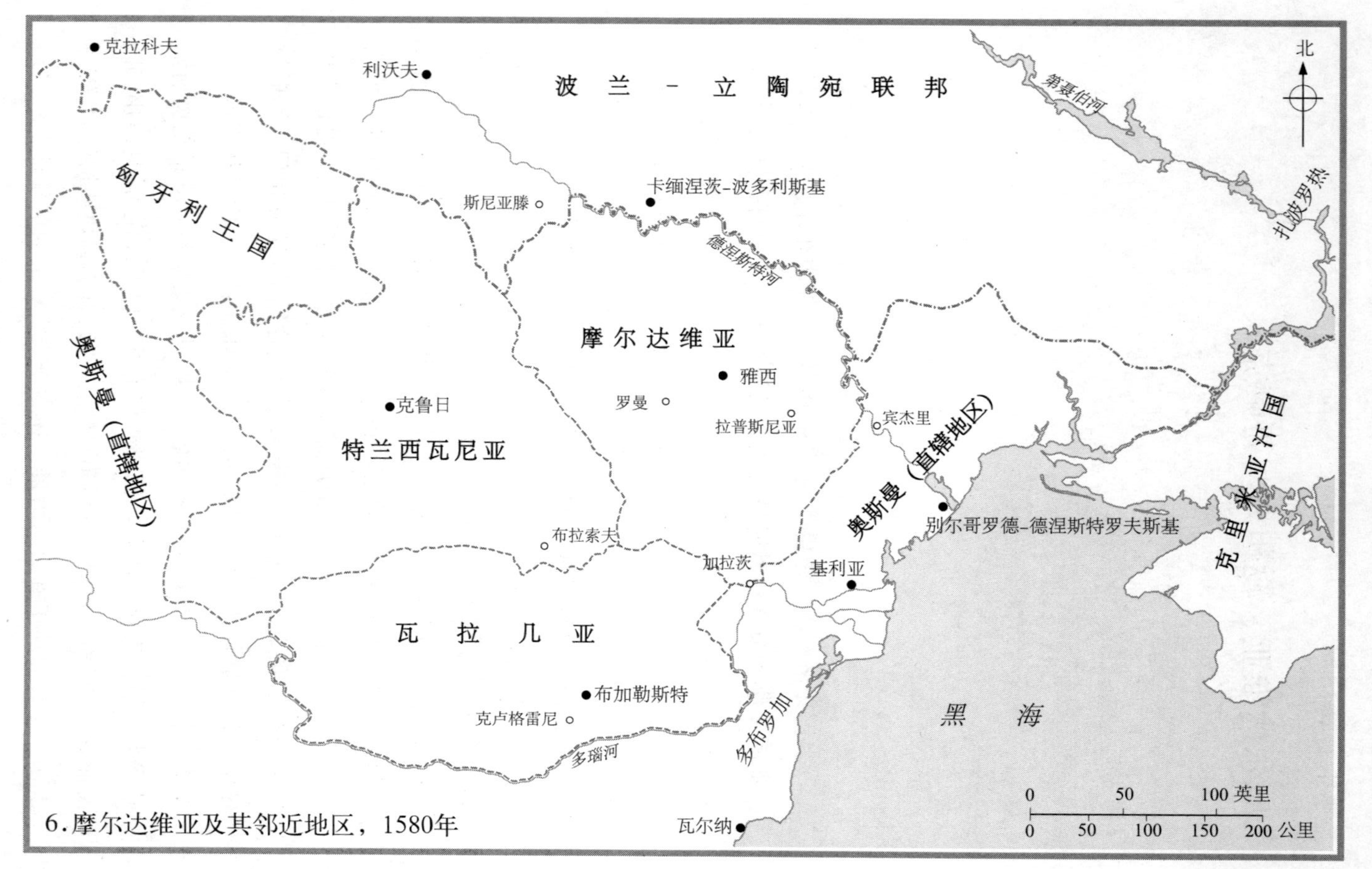

6.摩尔达维亚及其邻近地区，1580年

条件和传统的适应能力。一位现代历史学家强调，在忙于征服的几个世纪中,奥斯曼官方文件中最常见的一些规范短语是“惯例”和“诸王统治时期的处事方式”。[1]

摩尔达维亚——包括现代国家摩尔多瓦大部以及同名的罗马尼亚东北部地区在内的领土——被吸收进奥斯曼帝国的过程非常漫长。自从1455年到1456年起，摩尔达维亚大公已向苏丹缴纳贡赋，它在黑海岸边的两个最重要港口基利亚和别尔哥罗德－德涅斯特罗夫斯基在1484年被奥斯曼夺取。1526年匈牙利军队在莫哈奇之战中惨败之后,奥斯曼征服了匈牙利大部,改变了这一地区的整体战略平衡,苏丹对这个罗马尼亚公国的支配得以加强。1538年，雄心勃勃且特立独行的摩尔达维亚大公彼得鲁·拉莱士违拗了苏莱曼大帝，奥斯曼军队压境，彼得鲁被迫逃亡。这是摩尔达维亚历史的转折点：苏丹带来了新的大公，并按奥斯曼仪式上任。在同一场战役中，苏莱曼大帝夺取了宾杰里（德涅斯特河畔的重要关税口岸），把摩尔达维亚的整个沿海地带,包括之前夺取的两个港口,并入直接统治的桑贾克。莫哈奇之战后，奥斯曼的态度变得强硬：最初，摩尔达维亚支付的贡赋是一种换取临时和平的赎金，但现在它被视作臣服的象征，就像核心领土内的非穆斯林臣民要缴纳的人头税一样。尽管1538年的军事入侵有时被用来暗示它只是另一块被征服的领土，摩尔达维亚的合法政治地位在相当长时间里仍不明朗。在三种不同理念的交错下，整个问题必然是含糊的：摩尔达维亚人自己的观念（他们依拜占庭风格谈论向一位皇帝“鞠躬”或“叩头”)、奥斯曼人的伊斯兰教法理论(在他们遵循的传统里，敌对“战争世界”和“伊斯兰世界”里的国家间有着明显的区别——像摩尔达维亚这样的领土很明显不属于任何一方）以及西欧封建（按附庸关系）或现代（承认“主权”）国家观念。我们可以说，从16世纪60年代中期起，伊斯坦布尔把摩尔达维亚和瓦拉几亚视为帝国的组成部分，这是个明确的转变。帝国官方称之为“受到良好保护的领域”。值得注意的是，1572年，塞利姆苏丹命摩尔达维亚大公铸造奥斯曼钱币在内部流通。1574年摩尔达维亚大公“恐怖的”伊万起兵反叛奥斯曼，奥斯曼军队进行了惩罚性镇压，自此螺丝拧得更紧了。波兰新近加冕的国王法国瓦卢瓦家族的亨利潜逃那一年，波兰未来的不确定性也让伊斯坦布尔急于加强对与波兰相邻的摩尔达维亚的控制。在这之前，大公都出自摩尔达维亚本地贵族和大公家族，或至少据称是他们的后代。现在奥斯曼人推上台的是瓦拉几亚统治家族成员“瘸子”彼得鲁，大部分时间他都在伊斯坦布尔；摩尔达维亚立刻表示不欢迎，因为他跟这个国家没有任何渊源。[2]

在这个阶段，摩尔达维亚和瓦拉几亚享有的自治程度如下：他们有自己的政府、教会和军队。大公由苏丹任命，可以被他罢免，但通常来说选定的基本条件是具有合适的血统。他掌管司法，与自己的行政会议共同统治——在摩尔达维亚，行政会议由主要贵族和都主教等八人组成，都主教是摩尔达维亚东正教会的领袖。摩尔达维亚没有清真寺，也没有明显的穆斯林存在，在任何时候，这里只有少量的穆斯林商人；除了从伊斯坦布尔调来的一些“书记员”或官员外，在“瘸子”彼得鲁第一个不得人心的任期内，还非常例外地派来一小队禁卫军协助他。（1577年，苏丹的法令规定，穆斯林不应在摩尔达维亚和瓦拉几亚定居；他们被禁止同那里的异教徒结婚，做完生意后应该离开。）另一方面，摩尔达维亚商人被允许在奥斯曼帝国自由贸易。摩尔达维亚大公的主要职责首先是每年纳贡：到16世纪70年代，贡品需等价于35 000杜卡特。但此后也有一些波动，即将上任的大公会承诺缴纳或者被勒索更多贡赋，贡赋也会因奥斯曼货币贬值而意外减少。另一项任务是在被征召时提供部队——这一时期的报告提到10 000骑兵——不过仅用于在该地区的战役；自然地，伊斯坦布尔还期望大公在任何时候都能击退入侵领土的任何敌对势力。他还被要求向伊斯坦布尔提供包括政治和军事在内的情报。（1566年1月，苏丹给大公的一道命令说：“我们已经收到你的信件，并知悉了在德意志的间谍传回的有关德意志军队集结的情报；此时不要掉以轻心，要为敌人的进攻做好必要准备。”）大公被禁止推行自己的外交政策——尽管绝大多数大公都与他们重要的非奥斯曼邻国保持直接的关系——未经许可，也不可以娶外国人。[3]

向伊斯坦布尔供应货物和补给的责任并不明确，但在16世纪这项责任越来越重大。战时，摩尔达维亚和瓦拉几亚通常会被勒令为奥斯曼军队提供军粮；例如，在1552年匈牙利战役中，摩尔达维亚大公奉命送来30 000只羊，瓦拉几亚则是3000头牛。但由于伊斯坦布尔在那个世纪人口从16世纪50年代的50万增至1580年的约70万，对来自这些富饶地区的食品需求不断增加。1566年，苏丹下令摩尔达维亚大公每月必须送1000只羊和1000头牛到帝国首都。要求供应大量谷物和木材的官方命令也出炉了。这些产品一般都是有偿的；奥斯曼国家指定的承包商体系远及摩尔达维亚，他们在当地买羊，然后送到伊斯坦布尔。1591年，仅仅从摩尔达维亚下辖的一个地区就买了24 500只羊。（16世纪80年代末，一位观察者估计，每年有10万只摩尔达维亚羊运到伊斯坦布尔。）在16世纪70年代末，苏丹试图推出固定最高价格的奥斯曼通用价目表，但很快就放弃了。但奥斯曼确实在某种意义上试图操纵市场，禁止羊、牛和其他各种商品出口到非奥斯曼领土——有时候假称它们有军事价值。新任命的大公伊万库·萨苏尔（巴托洛梅奥·布鲁蒂支持的候选人）刚刚抵达摩尔达维亚首都雅西，就从苏丹那里收到一份严厉的法令，抱怨摩尔达维亚人不顾禁令，仍在贩羊和牛给匈牙利和波兰——除此之外，伊万库本人刚刚还把欠伊斯坦布尔债权人的24 000头牛运到了奥地利。实际上大量牲畜是通过波兰出售的，它们被带到威尼斯，那里的肉价比其他任何地方都要高昂。摩尔达维亚所有“波雅尔”（贵族）都买卖自家庄园里的牲畜，而大公是最大的地主和卖家。[4]

这些公国的财富首先得益于它们自身极为多产。斯特凡·格拉赫记下1575年一位驻伊斯坦布尔大使的评论：“今天，我仁慈的主人说现今摩尔达维亚和瓦拉几亚就是苏丹和帕夏们的牧场；自称为大公的领主是他们的挤奶工。”摩尔达维亚不仅出口与牧场有关的肉类、奶酪和牛油，还出口谷物、蜂蜜、蜡、毛皮、葡萄酒、啤酒和大量的鱼：16 世纪 80 年代一位耶稣会旅行者惊讶地发现，仅用 1 斯库多就可以买到一些像人那么大的干鱼或者一桶鱼子酱。摩尔达维亚繁荣的另一个原因是它位于从安纳托利亚和伊斯坦布尔到波兰的重要贸易路线上。从伊斯坦布尔来的商品要么经过陆路到加拉茨，要么乘船到基利亚，然后经过雅西被运往重要的波兰边境小镇卡缅涅茨－波多利斯基。从那里去利沃夫（今乌克兰境内，像卡缅涅茨－波多利斯基，那时是个波兰－立陶宛城市），或者去克拉科夫，以便进一步中转到达波兰南部、奥地利和捷克；或到波兹南，以便进入德意志；或到格但斯克，以便到波罗的海地区；向北也可到布列斯特，从那里或去维尔纽斯，或甚至去往莫斯科。在 16 世纪的很长时间里，这种贸易的重要组成部分是香料，来自南亚经由波斯至此。* 其他来自东方的高价值贸易品包括珍珠、宝石以及丝绸、马海毛和羽纱之类的奢侈织物。[5]

穆斯林商人将这些货物大批运到波兰。从那里他们最远行至俄国，将收益用于购置皮草，奥斯曼人对此钟情不已。波兰是唯一被穆斯林商人完全渗透的基督教国家；虽然他们有时被怀疑从事间谍活动，但他们的存在多半还是被接受的。但也有其他民族和宗教参与这种东西方贸易：亚美尼亚人、犹太人、拉古萨人和希腊人。在摩尔达维亚首都雅西，有个颇具规模的亚美尼亚人聚居区。犹太人和亚美尼亚人在利沃夫是杰出的商人，利沃夫从 16 世纪下半叶开始，还有与伊斯坦布尔犹太商人家庭有密切联系的西班牙犹太人定居。16 世纪 80 年代，波兰宰相组织了一些西班牙和葡萄牙犹太人从伊斯坦

---

* 在上世纪末，葡萄牙商人绕过非洲开发了一条航路，一开始这让那些也在黎凡特购买东南亚香料的威尼斯商人极度恐慌。但这条航路很久之后才瓦解了陆路贸易。几十年来，经由摩尔达维亚带到克拉科夫的香料仍比那些通过海运从果阿经里斯本到格但斯克接着再由陆路穿越波兰的香料便宜得多。

布尔搬到扎莫希奇镇——这是他新建的城镇——以便促进当地贸易。无处不在的拉古萨人也涉足这一贸易，特别是在雅西和黑海沿岸。来自加拉塔、希俄斯岛（从1566年起为奥斯曼领土）、塞浦路斯（从1570年到1571年起为奥斯曼领土），以及威尼斯属克里特的希腊人控制着地中海烈酒和甜红葡萄酒的贸易；这些商品在欧洲中部的寒冷冬天更受重视，大多通过摩尔达维亚运来。此地也有少量阿尔巴尼亚商人；还有一些来自波戈尼的“希腊人”，可能来自今天的阿尔巴尼亚境内，他们的母语是瓦拉几亚语——与罗马尼亚语相近。[6]

学界有很多关于这一时期所谓的“封锁”黑海的讨论。这个短语仅仅指阻止或者禁止非奥斯曼商人——在克里米亚的重要港口由热那亚统治的更早时期，他们是常客。这个过程似乎是循序渐进的，始于16世纪50年代或60年代，直到在世纪末正式成形。伊斯坦布尔越来越渴望得到罗马尼亚地区的产品——以及鞑靼汗国的产品——是主要原因；而这意味着外国商人可以购买的商品越来越少。在摩尔达维亚正式禁止在西北边境出售各种商品给非奥斯曼人的同时，允许非奥斯曼商人前来东部边境购买就不太合逻辑。尽管如此，一些外国商人仍然活跃于此。克里特人把葡萄酒带来，再带回兽皮和鱼子酱等货物；在那个世纪下半叶，法国船只有时会进入黑海；一些威尼斯商人在那里使用奥斯曼船只或通过商业伙伴进行贸易；在保加利亚黑海沿岸有处重要前哨的拉古萨人，经常把他们取得的货物运到安科纳和其他意大利港口。如果说外国商人在16世纪90年代撤离这一地区，那么对安全的顾虑（从1593年起的又一场奥斯曼-哈布斯堡战争，以及愈加频繁的乌克兰哥萨克人劫掠）和任何禁令的影响都不相上下。无论如何，必须强调黑海的“封锁”并不意味着停滞。相反，到16世纪90年代的几十年间，经过摩尔达维亚的贸易经历了积极迅猛的发展。[7]

由于税收、关税以及作为生产商和贸易商的收益，大公拥有巨额收入，16世纪80年代估计在50万到100万塔勒之间（333 000到

666 000 杜卡特）。除了交给伊斯坦布尔的贡赋，军事和其他政府开支也从中拨出，但摩尔达维亚和瓦拉几亚的统治者仍然十分富裕；威尼斯的珠宝商像黄蜂聚在果酱瓶周围一样围在他们身边，这并不奇怪。高收入，外加奥斯曼宫廷对现金日益增长的欲望，解释了商人和其他投机者出资谋求废立大公的举动——巴托洛梅奥·布鲁蒂也参与其中，并大获成功：只要新任者连续执政几年，投资者便可自信大方地收回本钱。但这也引发疑问：为什么这些对苏丹具有经济和战略重要性的领土未被直接接管和统治呢？将它们转化为行省的威胁时不时出现，甚至在 1595 年战争期间的危急时刻也短暂地实行过；但通常的奥斯曼政策坚定地支持间接统治。其中一个重要原因一定是在这样的领土驻扎禁卫军的成本；例如，在世纪中叶奥斯曼帝国统治的匈牙利至少有 20 000 名占领军，他们所有人都领军饷。帝国驻伊斯坦布尔大使大卫·安纳德于 1578 年 1 月留下一则有趣的评论：在听说了前蒂米什瓦拉帕夏将被任命为摩尔达维亚总督的传闻后，他写道“那样的话，波兰就很有可能逐步成为奥斯曼帝国领土；但在我看来这根本不可信，因为摩尔达维亚是伊斯坦布尔肉类、猪油和其他食品的主要供应者，如果摩尔达维亚被奥斯曼控制的话，这里的人口将部分或大量短缺这些食物”——因为这意味着奥斯曼行政机构将消耗更多的本地产物，这可能降低农业效率。他评论中提到的波兰或许更为重要。波兰极度反对将该公国完全奥斯曼化：军事上，它要求摩尔达维亚作为缓冲国；而在政治上，波兰人想要一个他们可以持续影响和操控的独立邻居。[8]

有关奥斯曼帝国这段时期的现代历史作品大部分由西欧学者撰写，很少关注波兰。造成这种情况的原因是多方面的：西欧史料和二手文献占主要地位是原因之一，波兰从 1533 年就同奥斯曼和平共处则是另一个。但波兰对于奥斯曼苏丹们来说意义匪浅；同波兰保持和平关系本身就是证据。1569 年卢布林联合将波兰王国和立陶宛大公国合并为单一的“联邦”，在这之后，波兰囊括了从波罗的海沿岸到克里米亚汗国边境的大片欧洲，包括今天波兰大部、拉脱维亚、立陶宛和白俄罗斯全境以及乌克兰西部。由于它的宪法，经由选举产生的君主，以及贵族急躁、滥加否决的议会，它不能，也没有经历正在一些西欧国家发生的完整集权化过程；但在强大的地方领主的支持下，波兰能够动员大批军事力量，这些力量在这一时期主要针对东部的对手俄国。波兰对奥斯曼帝国地缘政治战略的重要性不仅仅在于它的规模，也在于它位于两个潜在或事实上的反奥斯曼国家——俄罗斯和神圣罗马帝国——之间。如果它征服了俄罗斯，或是被哈布斯堡家族接管，或与任何一方建立任何其他合并或紧密联盟，将对奥斯曼帝国的安全构成巨大威胁。乔瓦尼·巴雷利在1575年从伊斯坦布尔寄出的情报报告中说，奥斯曼人认为波兰是“相当分裂的”，能够在战争中打败波兰人。但他们担心，这会迫使波兰人选举俄国沙皇为国王，这将“极大增强他们（奥斯曼人）主要敌人的力量”。[9]

因此，每当波兰国王选举临近时，伊斯坦布尔都会十分关切。1573年，考虑到法国－奥斯曼的长期同盟以及法国对哈布斯堡家族的敌意，苏丹乐于支持亨利·德·瓦卢瓦。然而，亨利在次年进入波兰王国后不久就突然离开，此时奥斯曼人切实感到担忧，神圣罗马帝国皇帝马克西米利安二世可能会摘得波兰王冠。波兰议会上院确曾投票支持他，但下院选择了信天主教的匈牙利人，特兰西瓦尼亚大公斯特凡·巴托里，他答应娶已故国王52岁的妹妹，从而巩固了这笔交易。斯特凡于1576年初就任波兰国王；许多贵族投票给他的原因之一是希望避免与奥斯曼帝国的战争（既然俄罗斯仍是主要敌人，这一战略在逻辑上就很必要）。苏丹对这次选举非常满意。斯特凡在特兰西瓦尼亚是忠实仆从；奥斯曼对他知根知底，而他登上波兰王位在特兰西瓦尼亚与波兰间组建了共主联邦——尽管他将特兰西瓦尼亚交由兄长克里斯多夫治理——这给了伊斯坦布尔对波兰施加更多影响的借口。他的当选对欧洲中部反宗教改革的推进也有负面后果；尽管他是个真诚的天主教徒，斯特凡·巴托里在加冕礼上承诺尊重华沙同盟，这个在波兰－立陶宛联邦中新近缔结的誓约，要求所有主要基督教派——天主教、新教和东正教——相互包容。教廷被斯特凡的继位弄得手忙脚乱，尤其是因为教廷曾公开支持哈布斯堡候选人。在一段时间的磨合之后，教廷现在致力于促进波兰和俄罗斯之间的和平，以便为反奥斯曼联盟创造条件。渐渐地，教廷萌生出一个想法，如果波兰参加对苏丹的战争，摩尔达维亚将会成为教廷的战利品。[10]

在这一时期，险些将波兰和奥斯曼帝国拖入武装冲突的不是国王、苏丹或教宗的审慎政策，而是另外两个敌对势力难以预测的行动：鞑靼人和哥萨克人。克里米亚鞑靼人至少在名义上臣服于苏丹。虽然鞑靼可汗自己征税，铸造钱币，但他们确实承认伊斯坦布尔的更高权威；在克里米亚，新可汗会从执政的格来王朝中选定，但选举要提交苏丹批准，奥斯曼有时也会废黜不合作的可汗，再换上一个更听话的。因为军事和劫掠活动，鞑靼人在俄罗斯和欧洲中部获得了"野蛮的亚洲游牧民"的骂名。16 世纪 80 年代英国驻伊斯坦布尔大使郑重地报告说："他们出生时目盲，眼睛到第三天才睁开；还有件事也为他们所独有，这个野蛮的民族，露天住在盖着牛皮的篷车里"；他说，所有的成年男人都是"盗贼和强盗"。尽管鞑靼牧人确实在夏季几个月中乘篷车同畜群一起迁徙，但鞑靼领土的核心地带是有农业地产（大多由他们俘虏的奴隶劳作）的定居社会。统治家族和贵族中也有学识渊博的人：可汗加齐·格来二世在 1588 年由苏丹册立，他是个通晓阿拉伯语和波斯语的诗人，可汗宫中还有藏书丰富的图书馆。但鞑靼轻骑兵（通常来说是一支由可汗率领的 20 000 至 30 000 人的军队）在奥斯曼的欧洲战争中是令人生畏的辅助要素，在其他时间里大队鞑靼人会在波兰和俄国领土上掠取奴隶和其他战利品。*[11]

在波兰东南部对付他们的是一支约3000人的正式守备部队，分散部署在超过600英里的地域。它们本身力量非常有限，但受到不那么正式的战斗族群——扎波罗热哥萨克人——的支持。这些哥萨克人扎根在基辅东南部第聂伯河的沼泽地区（“扎波罗热”从表示“湍流之下”的词而来）。像他们在南俄罗斯草原的同类顿河哥萨克人一样，这些人发展出一套社会政治制度，足以至少构成松散的军事组织，但不足以成为类似于国家的实体。他们享受着该地区一些强大领主的庇护和赞助，在正常情况下，他们乐于同国王的正式军队进行广泛的防务战略合作。但他们“追剿”鞑靼劫掠者的行为经常演变成他们自己的劫掠行动，这得到分享战利品的当地贵族和行政官员的公开支持。20世纪将他们的战斗描绘成反封建或民族解放事业的做法并不可取；劫掠主要是一种经济活动，而且所有阶层都能分上一杯羹。鞑靼马队不仅为战利品向可汗纳税，而且在某些情况下，还有投机的商人预先为他们提供马匹，约定事后分得一份战利品。在波兰方面，国王的士兵有时会挑唆鞑靼人劫掠，接着当他们满载货物返回时，在返程路上拦截他们（这些货物接下来可能被据为己有，或者送回原主人那里换取报酬）。但无论是出于设计还是计划之外，更大规模的哥萨克侵扰包含政治层面的因素，当地的保护者借它们对波兰政府展示自身力量。[12]

在现代人眼中，这种劫掠，甚至是大规模的劫掠，看起来是种令人遗憾的次要现象，被当作对正常体制的侵犯，而非体制的组成部分。但如果看看这一时期基督教世界和奥斯曼世界的所有边境地区，北至第聂伯河沼泽，南抵地中海海上准边境，就会开始明白这

---

* 约翰·史密斯船长（因1607年至1609年间在弗吉尼亚的工作以及传说中与波卡洪塔斯的关系而闻名）曾在鞑靼领地沦为奴隶。他后来写的关于鞑靼人生活方式的叙述，是现代早期英国人最详细的目击描述。可以理解这是个非常负面的记述；他发现他们“一般来说肮脏、懒散，自然也很可悲，在战争中，与其说他们是战士，不如说是盗贼”。

是制度的重要组成部分。在漫长的奥斯曼－哈布斯堡边境两侧，地方辅助力量成长起来，对他们来说劫掠是军事和经济生活不变的特征。在亚得里亚海东北隅，一支规模小但高度活跃的族群乌斯科克人——一群斯拉夫难民和冒险家——在理论上扮演了哈布斯堡王朝边境部队的角色，他们的海盗和劫掠活动对奥斯曼贸易利益造成了实质损害——对威尼斯－奥斯曼关系也有很大危害。阿尔巴尼亚海岸的海盗，刚开始以发罗拉和都拉斯为基地，后来也以乌尔齐尼为基地，掠夺大量基督教船只。而且在地中海地区，北非海盗还要对抗另一群人——马耳他骑士，而骑士团的主业也是劫掠。在所有这些情况下，战利品不仅仅对经济来说必不可少，而且（以马耳他为例）也是进攻行动的重要动力；这本身就意味着这些团体嵌在更大的经济利益格局之中，他们常常依靠从外地来的商人购买他们掠夺的货物。* 当然，这类有组织的掠夺行为并不仅仅是边境特有的现象。至少部分基于劫掠或附带勒索的劫掠而组建的团体，既可以针对国内目标，也可以针对国外目标；在阿尔巴尼亚北部山区，好战的凯尔门迪率领的部落集团发展出新做法，其他好战族群比如希马拉人和马尼人有时也完全不分青红皂白地选择劫掠对象。但是，边境的优势之一在于它为所有这类活动提供了现成的合法性，只要它们是针对另一侧的；当边境位于两大宗教中间时，甚至有更多的合法性可以利用。[13]

一系列此类劫掠团伙就这样存在着，从国家和类似国家的实体（阿尔及尔、突尼斯、的黎波里、马耳他、克里米亚鞑靼汗国）到广大的地区性势力（哥萨克人，哈布斯堡－奥斯曼边境两侧的边民群体）以及像塞尼的乌斯科克人和与他们旗鼓相当的阿尔巴尼亚对手

---

* 这件事是如何发生的正被好奇地研究。我们知道，杜布罗夫尼克有时被指控充当了奥斯曼海盗战利品的交易所，而当里窝那在世纪末发展为一个“自由港”时，西欧商人也会从北非海盗那里购买货物，然后在那里就地卖掉。但是，学者们发表过的关于海盗和海盗船长篇累牍的作品中，几乎没有一个章节是关于这方面的，尽管销售货物对整个事情来说是关键所在。

这类小型海盗集团。同时代人觉得他们之间有些相似之处；例如，研究奥斯曼事务的德意志作家约翰内斯·伦克拉维乌斯说，哥萨克人既像乌斯科克人，也像莫拉几亚人（在哈布斯堡－奥斯曼边境两侧都被利用的瓦拉几亚与斯拉夫战士），奥斯曼人称鞑靼人和北非海盗是苏丹的双“翼”。现代历史学家很少将所有这些劫掠主体放在一起考虑，也许是因为它们不符合国际历史的标准模型，这种模型基于各政权单元之间的直接相互作用，当前状态自然地归因于过去。不过，它们理应被视为这幅图景中的重要因素，可以把它们视为“非常规势力”，在复杂的诸势力关系整体中与常规政权连成一体。他们不仅给敌人，也给他们的赞助人造成严重的麻烦。为什么后者仍会容忍他们呢？答案的某些方面是清楚的：他们提供了相对廉价的长期边境防卫方案；战时他们是有价值的辅助力量；和平时期劫掠活动则锻炼了大批人员的军事技能；他们对敌人（或潜在的敌人）进行持续的侦查以暴露对方的弱点，赞助人还能以某种程度的“不知情”作为掩饰；他们的袭击行动所造成的伤害可被利用，因为对方可能会答应各种让步，以让他们取消进攻。以上每一点均是成立的，但将这些观点罗列出来，会给人一种印象，让人认为非常规势力仅仅像工具那样运行，是他们赞助人常规强权政治的用具。这就忽视了他们常常怀有自身利益和政策的事实，他们的保护势力有时也非常不情愿地被迫适应这一事实。[14]

鞑靼人和哥萨克人的活动折磨着波兰和奥斯曼帝国间的关系，有时还给摩尔达维亚政权的核心地区带来战争和叛乱。1575 年，然后是 1577 年，波兰领土遭遇了大量鞑靼人为报复哥萨克人攻击而进行的劫掠。这个时候摩尔达维亚大公是“瘸子”彼得鲁，这位来自瓦拉几亚的大公由苏丹在 1574 年册立，以取代反叛的“恐怖的”伊万。1577 年底，自称约翰兄弟的“马蹄铁”约翰（据说他徒手掰开了马蹄铁）招募了一支哥萨克军队，侵略摩尔达维亚，夺取了首都雅西；接着他回到波兰领土，波兰当局逮捕并处决了他，但接下来一年还发生了其他人率领的两次哥萨克入侵。1578年，苏丹警告斯特凡·巴托里，如果哥萨克人不加节制的话，他将入侵波兰。斯特凡组建了一支小型哥萨克正规军，向它下达不得攻击摩尔达维亚或任何奥斯曼领土的严厉指示，以应对奥斯曼的挑战，这种措施在很大程度上是象征性的；这招避开了威胁，但并未让他真正地控制这些战士。1579年底，当地波兰贵族组织哥萨克人袭击了奥斯曼要塞阿克尔曼（即别尔哥罗德－德涅斯特罗夫斯基）。这构成了苏丹决定废黜“瘸子”彼得鲁的直接背景；因为彼得鲁被认为是亲波兰的，因此不是巩固针对波兰人强硬路线政策的合适人选。而且，因为他是个来自瓦拉几亚的外地人，摩尔达维亚的波雅尔们在伊斯坦布尔请求让伊万库·萨苏尔取代他；这些波雅尔事实上代表着反波兰派，接受请求将会巩固他们的地位。所以，是这样的政治环境，同时也是巴托洛梅奥·布鲁蒂安排的巨额贿赂，将伊万库送上了宝座。[15]

伊万库被普遍认为是大公彼得鲁·拉莱士的私生子，后者曾被苏莱曼大帝在1538年赶走（但后来又复位了）；而且，他被唤作“萨苏尔”，意思是“日耳曼人”，因为他母亲是布拉索夫城一个日耳曼皮革匠的妻子。因为这一时期摩尔达维亚政府的行政管理档案没有留存下来，找不到关于他统治的任何详细客观的记载。不过，摩尔达维亚编年史家格里戈雷·乌雷凯后来的记述刻画了他的形象，当他在17世纪40年代写作时，对伊万库·萨苏尔没说什么好话。根据乌雷凯的说法，他对全国所有的牛征收了闻所未闻的什一税，这引发东部省份拉普斯尼亚的大叛乱，随后叛乱被摩尔达维亚军队镇压。伊万库是个“不爱基督宗教”的邪恶之人；他强奸波雅尔们的妻子，一些主要贵族因此流亡国外。这个说法似乎过于简单化了。我们知道伊万库实行过一些宗教虔诚的常规举措，比如，捐赠一定数量的吉卜赛劳工给东正教修道院——尽管（如果这是真的的话）他在去世之前改宗了天主教，这可能损坏了他在摩尔达维亚人眼中的形象。一些主要贵族和神职人员逃往波兰确有其事，但他们可能主要出于政治考量，因为他们代表亲波兰集团，遭到伊万库反对。但是，伊万库还有一项政策，如果让奥斯曼人知道的话，会更令他们气愤：从一开始，他就秘密地通过哈布斯堡家族派驻匈牙利的上层军事指挥官同哈布斯堡家族接触。他在摩尔达维亚相当短暂的统治结束之际，明显试图在哈布斯堡领土内取得一处地产，作为躲避奥斯曼帝国下一轮放逐的避难所；但他培养这些关系可能有更大的战略意义。当波兰人在1582年发现之后，他们迅速通知了伊斯坦布尔。[16]

斯特凡·巴托里努力游说废黜伊万库；1582年夏天，他派出特使前往伊斯坦布尔参加苏丹儿子的盛大割礼庆典，他送给苏丹两个俘获的鞑靼首领作为礼物。这种大度的姿态，加上私下给锡南帕夏的巨额贿赂，取得了预期效果。当年夏天晚些时候，伊万库突然得到即将被召回的消息，这位大公聚敛了摩尔达维亚国库中所有现金储备，准备逃往哈布斯堡领地避难。不幸的是，他的路线不得不首先经过波兰。他在那里被捕，短暂拘留之后，在9月下旬被国王下令处决，奥斯曼信使没来得及赶到并将他带回伊斯坦布尔。斯特凡·巴托里为此提供多重辩护：在密使经过摩尔达维亚时，伊万库打开过波兰国王给苏丹的信件，并在信里加上伪造的段落；他焚毁了波兰领土内的村庄；求他主持正义的波兰人受到殴打和囚禁。（在波兰的教宗特使，也许只是重复别人的话，写道：伊万库受到自己人的“完全仇视”，因为他侵犯了他们的女人。）斯特凡对数额巨大的现金只字未提——传言在40万到100万杜卡特之间——这些钱被他没收了。苏丹对此也没有大做文章；奥斯曼－波兰关系的重新定位刚刚开始，奥斯曼借此展示了对“瘸子”彼得鲁的和解意愿，他将再度出任摩尔达维亚大公。[17]

巴托洛梅奥·布鲁蒂在摩尔达维亚这些年的生活，我们所知不多。正如前面所见，1580年一位法国大使的报告说他被授予一位波雅尔的地产，从港口海关税收中拨出3000杜卡特作为他的收入——据推测这个港口是加拉茨，唯一留给摩尔达维亚的重要港口，位于多瑙河北岸。* 这份报告声称他还被任命为军队统帅，鉴于巴托洛梅奥总体上缺乏军事经验，这似乎说不太通；然而，1582 年 1 月，在粉碎拉普斯尼亚叛乱的主要战斗中，他的确作为摩尔达维亚军队的联合指挥官，与波雅尔孔德雷亚 · 布丘木并肩作战。巴托洛梅奥的官方职位是总管或宫廷大臣，而布丘木是大督察或下摩尔达维亚行宫伯爵；两人均非统帅，但看起来巴托洛梅奥实际上是外部事务的高级长官，而布丘木则负责内政事务。作为总管，巴托洛梅奥也掌管都城雅西所在的辖区，对市民行使司法权。这些荣誉——这首先依赖于一个事实：他是伊万库和锡南帕夏之间的私人联系——表明，从前些年低薪的实习译员和受忽视的地下特工到现在，他的命运发生了非凡的转变。[18]

巴托洛梅奥一定觉得新环境很陌生，但同时也令人振奋。他现在处于一个东正教占压倒性优势的国家，也需要一些时间来学习罗马尼亚语，尽管他对意大利语的了解给了他良好的开端。这是个很传统的社会，他很熟悉亚得里亚海岸的威尼斯化城市团体及其法规和市政权利，但这个社会与之相去甚远；摩尔达维亚城镇和周围村庄被视为大公的私人财产，法律是不成文的习惯。同时，大公和朝臣的服饰部分是奥斯曼风格的，带有装饰华丽如卡夫坦 ** 的披风，等级制度和仪式则源自拜占庭传统。1574 年，一位法国旅行者评论雅西的宫廷生活时写道："他们就像尊重上帝一样尊重他们的大公，嗜酒如命"——不过几年后，斯特凡 · 格拉赫向一位朋友保证说，摩尔达维亚人至少比瓦拉几亚人更文明。16 世纪 80 年代晚期，一位耶稣会士写道，摩尔达维亚"这里文学创作不受尊重，也没人教"；

---

* 参见第 302 页。

** 卡夫坦是流行于奥斯曼的服装，带有色彩、图案、缎带和纽扣装饰，彰显穿戴者所代表的阶层。——编译注但他补充说，“民众优秀多才，精明而不蠢笨”。此地的人口组成相当复杂，尤其是在城市里；如前所述，商人群体包括了亚美尼亚人和希腊人（他们中的一些人，尤其是那些来自希俄斯岛的人，是罗马天主教徒），拉古萨人则是活跃的包税人。这里有德意志新教徒、匈牙利人和胡斯派；虽然1579年犹太人在基督徒商人的坚持之下被驱逐，有些犹太人似乎又在伊万库·萨苏尔统治下返回了。这里也有阿尔巴尼亚人——村民、商人等等。1584年，耶稣会士安东尼奥·波塞维诺从波兰报告说“摩尔达维亚大公的卫队包括400名匈牙利护卫和生活方式像穆斯林的50名阿尔巴尼亚和希腊戟兵”。因此巴托洛梅奥·布鲁蒂可以找到一些用母语交谈的对象。无论如何，他并不孤独。至少在最初一段时间，他的妻子玛丽亚同他在一起。他们可能在到摩尔达维亚一年内生了个儿子，让他在卡缅涅茨－波多利斯基受洗，卡缅涅茨－波多利斯基是最近一处有天主教主教的城市。这个男孩被命名为安东尼奥·斯塔尼斯劳——名字是为了纪念巴托洛梅奥的父亲，姓氏可能是向一位有权势的波兰教父致敬。[19]

1582年，巴托洛梅奥·布鲁蒂作为大公特使前往伊斯坦布尔参加未来的穆罕默德三世的割礼庆典。此类事件和引见新苏丹子嗣的公共庆祝活动并不少见，但这是有史以来最复杂、最奢侈的一次，从6月初到7月下旬，持续超过50天；为了组织这次庆典，拨出了50万阿克切（超过8000杜卡特）的费用，邀请函被送至摩洛哥和乌兹别克斯坦这样遥远地方的统治者手上，筹备了几个月时间。不难猜到举办盛会款待伊斯坦布尔众多人口的根本原因。始于1578年的波斯战争十分棘手、代价高昂，而且越来越不得人心；急需大幅提振士气，转移注意力，以及展示外国势力的顺从姿态。当然没有什么比这场庆典更盛大或更转移注意的事了。在庆祝活动的早期阶段，高级帕夏、穆斯林及基督教统治者的大使们奉上奢华的礼物。对于众维齐尔和总督来说，这是奥斯曼全部献礼仪式中规格最高的案例。

锡南帕夏向苏丹献上了骏马、大量的豪华布料、黄金装饰的《古兰经》以及镶嵌着红宝石和绿松石的金碗，同时为苏丹的儿子献上了饰以珠宝的金剑、6名男性奴隶、3匹马和4本装饰精美的书。一些外国的礼物不及这般奢华。波兰国王送来了大量备受青睐的俄罗斯貂皮；威尼斯特使贾科莫·索兰佐带来了价值8000杜卡特的黄金、白银和丝绸；伊万库·萨苏尔的礼物包括一座银质喷泉和其他银器，价值3000杜卡特。[20]

庆祝活动在赛马场举行，赛马场专门为这个场合装修过，带有为贵宾提供的三层木质看台。基督徒，如拉古萨特使和巴托洛梅奥，被安排在底层。最初的几周，正式的赠礼穿插娱乐项目，参与者包括运动员、猛兽（一头野猪和三只狮子之间的战斗差点让野猪赢了）、走钢丝的、音乐家等等；疲惫的法国观察者让·帕莱内发现音乐“优美到能让猴子起舞”。还有糖制动物雕像巡游，包括等身大小的大象和骆驼，到了晚上众人享用免费的食物，观看奢侈的烟火表演。之后则是军事表演（帕莱内说是锡南让演的，他想“被视作伟大的军阀”），展现逼真的战争场面，还搭建了仿制的城堡；基督徒的城堡被得意洋洋地蹂躏，城堡里的猪发出尖叫。6月第二周，伊斯坦布尔行业协会巡游开始，伴随着精致的展出——有时在大马车或者彩车上——演示或象征他们的工作。超过200个行业协会参加，包括打钉的、卖桶的、制标枪的、卖腌菜的、制作长袍的、纺丝的、烘焙果馅饼的和耍蛇的。在哈尔瓦酥糖商人的马车上，有人在一口大锅里制作哈尔瓦；在理发师马车上，一位理发师倒立着给顾客修面；犹太火药商的花车上有个磨粉机，有个人不断地在他裸露的皮肤上点燃少量的火药。（哈尔瓦制作者还试图用烟花炸飞一只活兔子以逗乐观众。）制镜匠身着用镜子碎片粘成的衣服，而彩纸制造商让130个学徒身披彩纸。当他们到达苏丹面前时，行会便奉上礼物，既有象征性的（巨大的鞋子、像树一样高的纸郁金香），也有真家伙：捕鸟行会郑重地献上2只秃鹫、10只鹧鸪和100只麻雀。作为回报，苏丹赐予主要行会大笔现金，给他们的学徒扔一大把钱币。之后有更多的军事性娱乐，比如阿尔巴尼亚骑兵的骑枪表演；这不仅仅是演戏，因为有几匹马在这个过程中受伤致死。来自哈布斯堡边境的真正基督徒俘虏的游行，以及奥斯曼基督徒臣民，尤其是希腊人和阿尔巴尼亚人，自愿皈依伊斯兰教的大量情景，让现场气氛高涨起来，却令西方观察者感到沮丧。从奥斯曼帝国的角度来看一切都很顺利，直到庆典的最后几天，苏丹的一些士兵之间爆发了激烈打斗。一些年轻的西帕希骑兵挑起事端，他们在妓院中被伊斯坦布尔治安官率领的禁卫军巡逻队发现。当骑兵对围上来的妓女们动手时，暴力开始了，迅速演变成大量西帕希和禁卫军之间的公开斗殴。西帕希中两人被杀。锡南帕夏怪罪禁卫军阿迦费尔哈德帕夏，免了他的职；费尔哈德从那以后成了锡南的强力对手。[21]

巴托洛梅奥大概会享受庆典，也会享受和几年前对他不屑一顾的西欧权贵勾肩搭背的经历。但是，这次访问最重要的是同他的亲戚锡南帕夏会面，以讨论摩尔达维亚大公的未来。七年之后，教宗在波兰的特使写道，根据巴托洛梅奥告诉他的，“因为伊万库没有遵守承诺的条件，并未缴纳他答应给锡南帕夏的贡赋，而他正是通过锡南的渠道被任命为大公的。在伊斯坦布尔的布鲁蒂安排罢免伊万库，任命目前的这位大公彼得鲁”。伊万库未能向锡南献上个人贡赋是个容易想到的原因，但巴托洛梅奥说“安排”这次免职，听起来像是自我吹嘘；很难相信巴托洛梅奥会偏偏提出让“瘸子”彼得鲁复职，彼得鲁有理由因之前被免职的经历而对巴托洛梅奥抱有深切的不满。复职决定肯定是锡南做的，他要求彼得鲁保留巴托洛梅奥的职位。“瘸子”彼得鲁的授职仪式于1582年8月28日在伊斯坦布尔举行，几周后他携巴托洛梅奥前往摩尔达维亚。威尼斯大使报告说，彼得鲁由伊斯坦布尔离去时，场面盛大，有1000多名骑兵护送。他还写道——肯定也是以巴托洛梅奥所说内容为基础——彼得鲁复职，得益于巴托洛梅奥的斡旋；值得注意的是，他补充说巴托洛梅奥随他同去，“受到大维齐尔热情推荐，他将得到最为重要、最有价值的职位，大维齐尔告诉彼得鲁，他能否久在其位，取决于他给布鲁蒂何种优渥待遇”。[22]

第十八章

掌权的巴托洛梅奥·布鲁蒂

编年史家为大公“瘸子”彼得鲁刻画了非常有魅力的肖像：“国家保卫者，同情穷人；受所有人尊敬和爱戴。”彼得鲁面对东正教会时表现得格外虔诚和慷慨：他为帕特莫斯岛上的圣约翰修道院设立了一项捐赠基金（巴托洛梅奥亲眼所见），将一座摩尔达维亚村庄赐给耶路撒冷的圣萨瓦修道院，为伊斯坦布尔的普世牧首送去各种礼品，充当利沃夫东正教会的保护者。在希腊正教编年史中关于他的记载，不仅强调他对教士和修道院的资助，还强调他“最为同情奴隶和穷人”。编年史中还记载他精通罗马尼亚语、希腊语和土耳其语，并补充说，他“在判案时非常公正，而且精通每一门艺术以及文学”，对天文学特别感兴趣。对待奴隶这点被波兰外交官确认过，他后来证明彼得鲁曾经挽救了许多基督徒，使他们免于沦为奥斯曼的奴隶。然而，其他史料却让人怀疑，这种相当温和的心灵是否适应于他所处的恶劣地缘政治环境。1582年，斯特凡·巴托里评论道，“他宜人随和的倾向屈服于诸种暴力”，第二年有报告称波兰国王沾沾自喜地讲道，彼得鲁“不是个有勇气的人，但心地善良，而且相当依赖他”。[1]

1583年，由于“瘸子”彼得鲁的复职，波兰－奥斯曼得以修复的关系不久就被哥萨克人再次破坏了。在伙同另一个觊觎摩尔达维亚统治权的人入侵该地区的企图失败后，哥萨克人转向宾杰里周围奥斯曼统治的领土，攻击位于那个城镇北部一处新近建成的堡垒，接着是城郊和宾杰里城堡本身。由于这个城堡位于波兰国王主张的领土上，人们普遍认为这是一次官方支持的攻击。7 月 7 日，巴托洛梅奥写信给他在伊斯坦布尔的弟弟克里斯托福罗，说他和大公刚刚离开雅西，率一支 15 000 人的军队援助宾杰里的桑贾克贝伊；他提到敌军是 10 000 名“哥萨克人和波兰国王的其他士兵”，并总结道，“在这里，在这条边境线上，波兰和苏丹之间的和平已经毁了”。奥斯曼当局对这次袭击感到愤怒；不久后，他们逮捕了一名波兰特使，又谋杀了另一名。但实际上斯特凡 · 巴托里并未下令进军，现在他极力避免同奥斯曼开战，并追捕哥萨克头目，并在利沃夫当着奥斯曼信使的面，将其中的 30 人斩首。因此，当巴托洛梅奥带着士兵到宾杰里时，他实际上并没有为奥斯曼帝国攻击基督教国家。尽管如此，作为奥斯曼附庸国的大臣，他还是为奥斯曼帝国的利益而斗争。[2]

由于缺乏这一时期摩尔达维亚国家内部运作的详细证据，因而关于巴托洛梅奥的活动也鲜有材料。很明显他此时的事业蒸蒸日上：1584 年夏，耶稣会士安东尼奥 · 波塞维诺报告说：“在雅西城，有个威尼斯人巴托洛梅奥 · 布鲁托，他是天主教徒，大公的宠臣；他是大公的顾问和军事指挥官，前不久他给在威尼斯的家族寄了 6000 匈牙利杜卡特。”很可能是在 1583 年，巴托洛梅奥和妻子玛利亚有了第二个儿子亚历山德罗；从波塞维诺的评论来看，似乎她已经去了“威尼斯”——事实上，是去了科佩尔，她此后生活于此——抚育孩子们并将巴托洛梅奥挣到的大笔收入存入银行。（据报告，他的收入之后增长到每年 12 000 杜卡特的巨额数目。）耶稣会士朱利奥 · 曼奇内利在 1585 年访问雅西，称巴托洛梅奥“备受尊崇，同大公非常亲近”。法国旅行家弗朗索瓦 · 德 · 帕维耶 · 德 · 富尔科沃也得出了相似印象，他在次年初到达雅西：他“在布鲁蒂大人，一位阿尔巴尼亚绅士，大公的大宠臣的帮助和陪同下"吻了"瘸子"彼得鲁的手。(德·富尔科沃还见证了彼得鲁在府邸前的广场上主持正义:两侧站着他的主要大臣和几百名装备弯刀和斧头的匈牙利士兵,他听取每个跪在他前面喊冤的子民陈情,然后立即下达判决。)这些评论显示大公特别关照巴托洛梅奥,但这不能被仅仅解释为彼得鲁违背自己的意志以屈从于锡南帕夏的指令。因为1582年12月锡南被革去了大维齐尔之职;他仍然有权势,不过不再能在伊斯坦布尔发号施令了,直到这个十年快结束时他又重掌大权。所以看上去巴托洛梅奥真的用个人品格和能力给彼得鲁留下了深刻印象,已成为他不可或缺的得力助手。1587年的一份文件证实两人间的关系很好,彼得鲁提到,他将村庄基尔德什蒂赐给巴托洛梅奥,以感激"他对我们真诚的服务"。[3]

由于他的恩惠,巴托洛梅奥继续保持总管的高位,并为他家族的几个成员谋得职位或地产。他的兄弟贝内德托成了"斟酒人"——大公宫廷中的荣誉头衔,并在摩尔达维亚获得地产;1589年,彼得鲁以20 000阿克切(约166杜卡特)的价格卖给他一座村庄。他们的弟弟克里斯托福罗在1588年到1589年间在那里待了一段时间,1590年被授予斟酒人的头衔,并进入彼得鲁的行政会议。另一个兄弟贝尔纳多也在那儿获得了地产,1589年他参与了摩尔达维亚的一次外交任务。他们的外甥贝尔纳多或贝尔纳迪诺·波利希,彼得罗·波利希和亚科玛·布鲁蒂的儿子,到1587年也在雅西站稳了脚跟,他此时作为翻译在"瘸子"彼得鲁的宫廷中工作;他正是爱冒险的英国旅行家亨利·卡文迪什(哈德威克的贝斯之子,第一代德文伯爵的兄弟)两年之后经过雅西时,为他当翻译的贝尔纳迪诺·巴里斯科。并且,我们还会看到,他的另一个表亲在16世纪80年代末也将在彼得鲁的宫廷中度过一段时光:安东尼奥·布吕尼。[4]

巴托洛梅奥肯定热衷于提升家族地位;他们的财富毁于乌尔齐尼陷落之后,要让布鲁蒂家族重获富足与权势,这是个不可错过的机会。但他想借机赞助和支持的远比这要多,他将支持和促进摩尔达维亚的天主教事业作为特殊使命。第一个明显迹象出现在他于1584年夏给一位老朋友托马索·纳达利（一位拉古萨医生，在伊斯坦布尔工作过一些年，治愈了穆拉德苏丹的哮喘，此后迁居波兰，成了克拉科夫大教堂的一名教士）的回信中。“在此事上我从未失职，”巴托洛梅奥相当正经地写道，“不仅在奥斯曼（即由奥斯曼直接统治的领土），也在这个国家，以各种方式帮助人们树立典范的生活和良好的教义，铲除异端的祸根——如果我能，我愿将它们从整个世界铲除，而不只是在这些地区”。作为证据，他提到当他在摩尔达维亚发现一位异端的“伪主教”时，他迫使其在教堂公开悔悟，接着把他送到卡缅涅茨－波多利斯基主教面前悔过。他还提到“在解放奴隶和其他问题上，我长期为神圣的教会服务”；他还要求派一名教士到他那儿去，支援雅西的天主教事业。[5]

巴托洛梅奥所回复的纳达利的来信不只是来自朋友的寻常便笺；这个拉古萨人加入了一项计划，这项计划是在中欧和东欧推进反宗教改革运动的更大战略的一部分。其根本目标是让东正教会服从罗马。对一些观察家来说，这似乎是乌托邦式的空想；就俄国教会而言，它当然是妄想，教宗特使波塞维诺（阿维尼翁耶稣会学院前教长）在1581年访问莫斯科时明白了这点。但东正教世界中其他的潜在突破看起来相当可行。鲁塞尼亚教会——立陶宛大公国的乌克兰和其他地区的大量东正教人口属于这个教会——在立陶宛同波兰联合之后更是成了目标；维尔纽斯耶稣会学院教长在16世纪70年代曾大力推动东正教徒的改宗，耶稣会帮助在立陶宛领土上新建了数所神学院。[6]

希腊教会是另一个潜在奖品。罗马确信——尽管有像塞浦路斯这样的反例——相较于被穆斯林统治，东正教希腊人更倾向于接受西欧人。无论如何，1439年佛罗伦萨会议上，君士坦丁堡普世牧首实际上签订了东正教并入罗马教会的协定；这不仅被视为先例，在一定程度上也得到了强制执行，如我们所见的威尼斯领地。*（定居在意大利南部和西西里岛信东正教的阿尔巴尼亚人和希腊人也被要求遵守协定，他们被允许保留自己的祭司和礼仪，但需要承认罗马的首座权。）教宗格里高利十三世对赢得东正教世界有强烈兴趣：他于1573年成立了"希腊"（即东正教）事务部，1575年向君士坦丁堡普世牧首派出使团，1577年在罗马建立希腊学院。当贾科莫·索兰佐在1582年作为威尼斯代表前往伊斯坦布尔参加割礼庆典时，他身边带着教廷代理人利维奥·切利尼，他数次同普世牧首磋商；尽管普世牧首的一些高级顾问支持合并，但最近由格里高利十三世实施的历法改革——未同东正教会商量——造成了极大的冒犯，所以谈判没有取得实质性的进展。然而，罗马确实有理由指望收到普世牧首耶利米亚二世的积极回应。几年前，当西方欧洲新教徒联系耶利米亚，希望从他那里获得反教宗的声明时，他写了个文件坚决拒绝新教的观点。经巴托洛梅奥的朋友托马索·纳达利斡旋，这个文件由克拉科夫的一位波兰籍天主教教士从伊斯坦布尔获得，并在1582年发表了它，引起天主教世界大加赞誉。造访耶利米亚的后续教廷使团在1583年和1584年动身，但在这些使团与他会面之前，耶利米亚就被苏丹流放并驱逐到了罗德岛。他被指控的罪名之一是暗中与教宗勾结。[7]

正是在这种情况下，格里高利十三世及其国务卿科莫枢机主教，决定在1583年提出新的计划，旨在争取对任何反奥斯曼长线计划具有明显战略重要性的两个东正教国家：瓦拉几亚和摩尔达维亚。教宗相信"瘸子"彼得鲁很倾向天主教，知道瓦拉几亚的年轻大公米赫内亚（彼得鲁的侄子）祖上有天主教徒，就写信给两位大公和他们的四位大臣，其中就包括巴托洛梅奥·布鲁蒂。原计划是现驻扎在维也纳的波塞维诺把信带给他们；但出了各种各样的延迟和问题（这

* 参见第28页。

个耶稣会士担心他教宗特使的身份已被奥斯曼人知悉，他在莫斯科时，奥斯曼也有位信使在那里)，加上1583年夏季米赫内亚遭到废黜，取代他的竞争者叫“耳环”彼得鲁（这么叫是因为他在法国宫廷逗留之后，接受了这个奇怪的西方时尚)。最后纳达利带信去了瓦拉几亚——他似乎没有亲自远行至摩尔达维亚——并在1584年底带回了巴托洛梅奥鼓舞人心的答复。[8]

在接下来的几年里，还有更多的联系。1585年，耶稣会士朱利奥·曼奇内利在从伊斯坦布尔到波兰的途中经过雅西，由巴托洛梅奥照料。(曼奇内利1575年在罗马神学院时，是一位学督，以及一个玛利亚会堂的负责人；得知巴托洛梅奥是来自乌尔齐尼和科佩尔的阿尔巴尼亚人时，不知他是否将他同以前的学生安东尼奥·布吕尼联系起来。）他震惊地发现，由于缺少天主教教士，那里很多罗马天主教徒只能上东正教教堂，他们在雅西的教会“被经常来到这里服务工匠的路德派牧师所玷污，这些工匠几乎全是路德派的日耳曼人或者匈牙利人”。巴托洛梅奥劝他留下来，说彼得鲁会任命他为摩尔达维亚主教；但他觉得没有得到上级授权，不能接受这样一份提议。次年，教宗派到巴尔干的特别使节亚历山大·科慕洛维奇同一位拉古萨耶稣会士一起到达，进行了进一步的讨论；在他的请求和巴托洛梅奥的鼓励下，彼得鲁驱逐了这个国家的所有路德派牧师。但两个问题仍然存在。一个实际的问题是如何为摩尔达维亚的少量天主教人口提供教士。而且，更为根本性的问题在于，如何说服摩尔达维亚整个东正教会接受罗马的首座权。巴托洛梅奥·布鲁蒂将在这些方面发挥积极作用。[9]

两位天主教高层人物在这个故事中起着重要作用。一位是扬·迪米特·索利克斯基，波兰的人文主义学者，原王室大臣，于1583年成为利沃夫大主教。另一位是出身贵族的那不勒斯大主教安尼巴莱·迪·卡普阿，泰尔莫利公爵之子，作为教宗特使在1586年前往波兰增进神职人员对特伦托会议法令的服从，常驻华沙或克拉科夫。

1587 年 5 月，索利克斯基写信给迪 · 卡普阿，就“瘸子”彼得鲁和巴托洛梅奥 · 布鲁蒂为天主教所做的工作，做了热情的汇报；他收到两人的信件，巴托洛梅奥的一封信中包括一个请求，希望教宗授予他的幼子安东尼奥一份圣职俸禄作为奖励——他在后来的信中多次重复这一请求。特使将消息转给罗马，同时给雅西的巴托洛梅奥寄了一封勉励信。巴托洛梅奥在回复中代表摩尔达维亚所有天主教徒（他估计总数在 15 000 人）感谢他，并自豪地宣称自从新教牧师被驱逐出去之后，他们现在全“遵照最神圣的特伦托会议的最神圣的法令”生活。他说他们需要一批通晓德语和匈牙利语的耶稣会士，这两种语言是天主教徒和前新教徒人口的主要用语：大公将把科特纳镇授予他们，这个镇大多数居民是日耳曼人和匈牙利人，有 3 个旧天主教堂，巴托洛梅奥将提供“所需的一切”，希望他们在那里建立一所神学院。巴托洛梅奥就此宣布了他对全面反宗教改革计划的支持。[10]

同时，教宗西克斯图斯五世给彼得鲁写了封感谢信；同时，他的侄子——国务卿蒙塔尔托枢机主教——写信授予巴托洛梅奥个人荣誉，因他驱逐新教牧师并“将一大批人带回天主教”，还说为他儿子请求的“教会收入”将被批准。这些信似乎花了很长时间才到达摩尔达维亚；在 1588 年 1 月初，巴托洛梅奥写信给教宗说，当给彼得鲁的信抵达，他读过后将它翻译成罗马尼亚语呈送大公，大公亲吻信件并把它虔诚地放在头顶。（这是个奥斯曼风俗：摩洛哥大使在 1581 年前往伊斯坦布尔时观察到，如果给人送礼，对方会“屈膝，用双手接受，把它放在头上，以示对礼物以及馈赠者的尊重”。）在回信中，巴托洛梅奥代表他在科佩尔的儿子重复了请求，还为自己讨要一份好处：他想被授予“反对异端的罗马教会守护者和保护人”的尊称。在随后一封给蒙塔尔托枢机主教的信中，他说在他的敦促之下，一些措施已被采取：大公已经告知摩尔达维亚的方济会他们有权逮捕并囚禁异端，还归还了所有原属于天主教教会的收入。同时巴托洛梅奥写信给教廷特使，要求他派 4 名耶稣会士和 6 名方济会修士前来，要会说德语和匈牙利语。安尼巴莱把所有这些请求传递到罗马，恳求当局支持巴托洛梅奥的两项个人请求，“因为我看到他以何种热情服务于神圣的上帝”。他报告了索利克斯基给他的消息，大公正希望“在他王国的事务安定之时，派大使向圣座（教宗）表达顺从”。这样，1588 年春季，所有的关键主题都已浮出水面，它们将在雅西、利沃夫、华沙和罗马之间的往来中一再出现：摩尔达维亚对耶稣会士及其他教士的需要；“瘸子”彼得鲁派遣官方大使正式宣誓服从罗马的承诺；巴托洛梅奥 · 布鲁蒂再三强调的两项个人诉求。[11]

从现代人的角度看，对圣职俸禄和头衔近乎着迷的兴趣自然引起对巴托洛梅奥动机的怀疑——天主教当局此时的看法也是如此。巴托洛梅奥知道，有些人可能诟病他对如此好听的头衔的欲望；在一封信中（头衔更加浮夸：“摩尔达维亚和奥斯曼帝国的天主教保护者统帅”），他宣称这个头衔并不是出于“野心”，而是因为有了它之后，就可以在反对各种异端上，甚至在奥斯曼统治的土地上具有更大权威。在另一封信中，他用相似的说辞说，希望给他儿子的圣职俸禄“并非无足轻重”，这样每个人，包括异端都会看到他的工作是多么有价值，很多人会受到鼓舞，从而用更大的热情服务教会。这种说辞当然不可尽信；毕竟，各种动机能混杂在一起，个人利益常常构成其中一部分。虽然我们可以自然地认为这里有些以自我为中心的动机，但很难相信这些动机构成了巴托洛梅奥热情参与这项事业的首要原因——特别是，如他强调的，他在参与过程中花的是自己的钱。（在耶稣会士到达摩尔达维亚时，他确实把自己的两个村庄赠予了他们。）索利克斯基在 1589 年 1 月见了他，在几个月后证明说，巴托洛梅奥是真诚的，“我诚实地说，我在这些事情上没有察觉出任何欺诈”。如果他是被个人利益驱使的话，巴托洛梅奥 · 布鲁蒂在他的亲戚是大维齐尔时，肯定已经改宗伊斯兰教了，在改宗之后他将迅速成为某个桑贾克的长官，接着是行省长官；他对自己宗教的依恋因而可以看作是真实的。也许他此时间接地替奥斯曼帝国工作，实际上以一种代偿的方式加强了他为基督教事业服务的愿望。因而当他在1591年写信给教宗时，他想“牺牲自己为神圣的教会服务，如同我的父亲和我的舅舅——被异教徒杀死的最尊敬的巴尔大主教”，他也许不只是在用丧亲之痛抬高资历以谋私利。当索利克斯基在1588年底见到他时，他不仅惊讶于巴托洛梅奥的“罕见虔诚、热烈渴望和令人难以置信的热情”，还震惊于他似乎心怀更远大的目标：“不仅将神圣教会植入摩尔达维亚的土壤中，还要植入奥斯曼权力控制之下的很多其他省份，立即使教会得自由，拓展它们的势力。”[12]

“瘸子”彼得鲁自己的动机是什么呢？令人惊讶的不是他愿意迫使说德语和匈牙利语的新教徒回归天主教（统治者容易被说服去镇压任何对抗权威的行为），而是他将自己的东正教会置于教宗控制之下的想法。当然，罗马对他有所怀疑。1589年初，蒙塔尔托枢机主教写信给驻波兰特使：“我们得知这位大公见风使舵，他表示愿意成为天主教徒，更多的是出于苏丹将他从位置上赶跑的恐惧，而不是真心的倾向，你要知道这一点并仔细留心发生的一切。”但为了评估大公的意图，也有必要理解摩尔达维亚教会在这一时期的性质。自从君士坦丁堡陷落之后，在不由普世牧首任免的独立牧首的领导下，它差不多是独立的（自治的）。16世纪的某个时期，它被正式置于奥赫里德总主教区之下，而奥赫里德总主教区是东正教会在马其顿的传统席位；这似乎让摩尔达维亚人满意，他们此后继续维护同奥赫里德的联系，借此脱离普世牧首的控制。有位高级耶稣会士在1588年访问了雅西，报告说，当地人容易被引导承认罗马的首座权，因为“他们不认同君士坦丁堡的牧首”。他还描述了他目睹的大公与“某个东正教僧侣”之间的讨论。彼得鲁问了这个僧侣两个问题：基督把教会的钥匙给了谁（答案：圣彼得）；圣彼得死时，把他的头放在哪里（答案：罗马）。接着，大公说——听上去好像巴托洛梅奥悉心教导过他一样——圣彼得正是打算将未来教会的头放在罗马。1589年4月，索利克斯基汇总耶稣会使团告诉他的，彼得鲁愿意接受教宗的首座地位，以及罗马天主教信仰条款（在诸如圣灵是否来自圣父和圣子——著名的“和子说”这种有争议的问题上），但他希望保留东正教的仪式。因此他感觉走向教会合并的方式，类似于罗马和鲁塞尼亚东正教会将在1596年达成一致的那种，后者首次创建了一系列保持原本仪式的“归一”教会。归一教会一直是数个东欧国家政治和教会图景的重要组成，延续至今。[13]

有时彼得鲁支持联合的政策被视为单纯的政治策略，事实上，在斯特凡·巴托里于1586年12月死后，彼得鲁热衷于被选为波兰国王——教宗的支持对此极有价值。但在瑞典王子西吉斯蒙德·瓦萨在1587年8月当选波兰国王并在当年12月加冕后，这就难以解释为何这一政策还在持续。如果说彼得鲁的归一倾向有政治背景的话，更多是由于部分支持他的摩尔达维亚贵族长期保持亲波兰态度——尤其是有权势的莫维勒家族。该家族最显赫的两名成员耶雷米耶和格奥尔基在伊万库·萨苏尔当政时，已经双双逃往波兰。格奥尔基于1587年12月成了摩尔达维亚教会的都主教，同罗马敦睦友好的条件更加有利了。（事实上，在教会占据高位的波雅尔并不常见；通常东正教的各等级由社会地位低、没有政治影响力的人——除了都主教在大公的会议上有正式席位之外——组成。）都主教和他的兄弟耶雷米耶在亲教宗政策上发挥了积极作用；在蒙塔尔托枢机主教于1589年1月写信给索利克斯基时，“大公、都主教们（准确来说只有一位）自己，以及贵族们，当然还有全部人民”均有归一罗马的愿望，他可能夸大其词了，但他所夸大的概念来自他刚刚从“瘸子”彼得鲁、巴托洛梅奥·布鲁蒂、耶雷米耶·莫维勒和格奥尔基·莫维勒那里收到的信中。[14]

巴托洛梅奥推动的两个关键政策——引进更多的天主教教士到摩尔达维亚，摩尔达维亚教会正式服从罗马——仅仅前者被成功实施，至少短暂成功过。1588年8月底，三个耶稣会士和一个平信徒助理，由卢布林的耶稣会学院教长斯坦尼斯瓦夫·瓦舍维奇领头，向摩尔达维亚进发。他们在9月1日到达雅西，“布鲁蒂先生的一个兄弟在那里见了我们，把我们带到他府中”；他们一到那儿，“布鲁蒂先生的一个外甥就乘马车到了，第二天将他们载往营地”——瘟疫肆虐，彼得鲁在露天军营设立了行宫。第二天晚上他们到达营地，被领去见巴托洛梅奥，“在提供了晚餐之后，他把他的帐篷供给我们住；帐篷地面照奥斯曼人的方式铺有地毯”。这个营房由1000多名战士环绕，他们演奏“奥斯曼和匈牙利的鼓和小号”，一日三次，震耳欲聋，瓦舍维奇同“瘸子”彼得鲁及其都主教与高级神职人员进行了交谈。建立神学院的计划是所谈事项之一，不过彼得鲁本人表示无法资助它，他不得不向伊斯坦布尔支付的大笔金钱让他囊中羞涩。同时，两名低级耶稣会士被安顿在罗曼镇，那里有可观的德语人口；巴托洛梅奥把他名下两个匈牙利居民定居村庄赠予他们，为他们提供收入。[15]

几个月之后，1588年12月，特兰西瓦尼亚当局宣布从该国驱逐耶稣会士（他们九年前在特兰西瓦尼亚中部城镇克鲁日建立了一所学院）；其中一些人接着到了摩尔达维亚。他们受到大公的欢迎，大公颁布法令，让所有天主教臣民服从耶稣会士。2月下旬，巴托洛梅奥感到是时候写信给波兰的耶稣会领袖了：“即便我们失去了特兰西瓦尼亚，上帝给了我们摩尔达维亚这个新领地，利用这个省份，我们也许将重返特兰西瓦尼亚。”一年后，巴托洛梅奥写信给他，也可能是给罗马的耶稣会总会长，提到摩尔达维亚的耶稣会士取得伟大成就，让很多人改宗并受洗。他现在想让教宗出钱为他们在雅西建造一座宏伟的教堂，以打动非天主教徒，教堂应用石头建造，而不像当地现存的所有教堂那样。（在亨利·卡文迪什和他的仆人访问雅西时，他们观察到，它“不过是个木屋小镇，大公的宫殿也是木制的，上面盖着木板”。）他承诺捐赠另一座村庄，从大公那里再获得两个村庄，再加上400名苦力建造教堂。他也迫切请求任命一名主教，因为从克鲁日耶稣会学院来的很多匈牙利学生已经到了摩尔达维亚，将他们任命为教士的机会正在消失。最后，他以一种既恭敬又高傲的姿态解释说，他附上了一件卡夫坦作为礼物，“用奥斯曼锦缎制成，奥斯曼帝国贵族所穿的那种”；他写道，请收下它，“因为奥斯曼的领主们为了讨好我给了我不止一件，而是很多像这样的”。[16]

而摩尔达维亚东正教会将正式服从罗马的计划似乎遇到了一系列的灾难。上文提到，最初“瘸子”彼得鲁承诺将“在他的王国事务安定之时”派大使到罗马完成此事；但1588年10月，瓦舍维奇从摩尔达维亚返回之后，彼得鲁写信给安尼巴莱·迪·卡普阿说，因为“奥斯曼和鞑靼人的干扰”，此事无望实现。所以他现在正命令即将前去波兰国王处执行外交使命的巴托洛梅奥·布鲁蒂和耶雷米耶·莫维勒拜访当地的教宗使节，并以彼得鲁的名义举行归顺罗马天主教会的仪式。但当他们到达克拉科夫时，发现国王已经向北旅行至布列斯特，因而不得不追着他到了那里；另一方面教宗使节伊波利托·阿尔多布兰迪尼已出发前往布拉格。巴托洛梅奥这样就错失了面见阿尔多布兰迪尼的机会——这位佛罗伦萨法学家仅仅三年后就成了教宗克雷芒八世；退而求其次，巴托洛梅奥在12月初从布列斯特给他寄了封信，恳求他好好考虑“我所冒的风险和我为了荣耀神所做的努力，更别提巨大的花费了”。他携带的大公和都主教的信件转寄到了罗马，但归顺的正式仪式没有完成。将近一年之后，巴托洛梅奥写信给迪·卡普阿，再次承诺派大使到罗马，解释说近来波兰和奥斯曼帝国之间严重的紧张关系（这的确已使摩尔达维亚处于危机四伏的状态）妨碍了此事。这一年8月，他写信给蒙塔尔托枢机主教解释他的时间被“持续不断的麻烦”和“漫长的旅程”占满了，就在“我认为我能够以最杰出的摩尔达维亚大公之名，前往罗马亲吻我的主人（教宗）那最神圣的双脚时”，一触即发的波兰-奥斯曼冲突却要求他必须留下来。这一切均属实，波兰-奥斯曼事务让他忙得不可开交，直到1591年——“瘸子”彼得鲁的大公生涯在这一年终结。不过巴托洛梅奥当然不是唯一可以完成出使罗马使命的人；所以存在这样的可能性，即彼得鲁最终变卦，或者在这个问题上犹豫不决。即便他完成了正式的归顺，其实际效力——如果确实得以实行的话——也不会比“瘸子”彼得鲁自己的统治持续更长时间。[17]

在早期阶段，1588 年 5 月，蒙塔尔托枢机主教承诺，在摩尔达维亚大使到罗马时，巴托洛梅奥将得到他梦寐以求的荣誉以及他儿子的圣职俸禄。第二年年初，他多次承诺许给巴托洛梅奥之子俸禄，但教宗对他请求的头衔犹豫不决，因为“这样的东西通常只授予伟大的王公或者强大的民族和国家”。索利克斯基和迪·卡普阿代表巴托洛梅奥艰难地游说，1590 年初，蒙塔尔托写信给他们二人，原则上同意授予这个头衔——尽管这个承诺从未兑现。与此同时，教廷要求上报巴托洛梅奥儿子的更多信息，从确切年龄开始，因为任何接受圣职俸禄的人必须至少年满 10 岁。1590 年 6 月，迪·卡普阿准确地认定那个男孩在 10 岁以下，因此符合条件的仅仅只有一项普通的“津贴”。那年 9 月，巴托洛梅奥相当厚颜地将对儿子年龄的估计提高到“大约 12 岁”。看起来最终不仅没有得到圣职俸禄，也没有任何津贴。[18]

诸种细节中的一部分表明，“瘸子”彼得鲁统治的最后时期受到很多问题困扰，包括瘟疫、奥斯曼压力和鞑靼人的行动。但最为根本的问题还是钱。1582 年复位时，正式贡赋提高了，他在最后一刻被迫额外拿出 20 万杜卡特（他以 60% 的利息借的），并承诺在两年之后再拿出 20 万。他还被要求偿还伊万库·萨苏尔留下的 6 万杜卡特债务。1587 年，他抱怨说，他不得不每年支付 10 万杜卡特“秘密贡赋”，奥斯曼宫廷经常给他派信使，这些人无事可做，只是要求他交出更多的孝敬礼物。他一直在借钱，要么直接从摩尔达维亚商人那里，要么通过他在伊斯坦布尔的代理人（他们从富有的禁卫军以及其他人那里筹集了大量贷款）。摩尔达维亚和瓦拉几亚的大公不断受到在伊斯坦布尔出价更高的潜在竞争对手的威胁；法国大使馆书记官在1585年评论说，“他们不得不将超过三分之一的年收入花在此地的主要大臣身上，因为他们新提出的压榨要求以竞争者的年度报价为基准”。奥斯曼当局想方设法从这些金矿身上榨取金钱，表现出惊人的想象力。在1589年底，彼得鲁在理论上遭废黜，由他6岁的儿子继位，次年2月他在摩尔达维亚举行了盛大的加冕仪式；彼得鲁的统治还在继续，但名义上新大公的就职意味着再给伊斯坦布尔支付10万杜卡特。威尼斯大使评论说，这个特色赚钱方法是“非常可笑的发明”。[19]

除去财政问题，“瘸子”彼得鲁还被16世纪80年代后半期波兰－奥斯曼紧张关系的严重影响所困扰。随着斯特凡·巴托里在1586年12月去世，波兰进入了候选人为角逐王位相互争斗的漫长空位期。马克西米利安大公——皇帝马克西米利安二世之子——竭力让他自己当选，但在空位期监国的宰相扬·扎莫伊斯基是坚定的反哈布斯堡分子，最终他的策略获胜了：波兰人选了信天主教的瑞典王子西吉斯蒙德·瓦萨，他的母亲来自波兰的雅盖隆家族。马克西米利安对选举提出异议，在1587年底带了一支军队到波兰围攻克拉科夫，直到他和支持者（包括波兰贵族中的一支关键派系）在1588年1月的战斗中被击败。马克西米利安被俘；因而教宗特使伊波利托·阿尔多布兰迪尼的使命便是谋求释放他，在国王西吉斯蒙德和哈布斯堡王朝之间谈判达成一份长期协议。同时，这些事件对波兰－奥斯曼关系带来两个破坏性后果：既给了哥萨克更多的劫掠机会，也使伊斯坦布尔对波兰国家的长远未来更为紧张。1587年到1588年哥萨克人对摩尔达维亚进行了数次严重攻击，可能受到哈布斯堡王朝的挑唆，1589年2月，苏丹就劫掠阿克尔曼和宾杰里的要塞向波兰提出严厉控诉。波兰事实上正尽力试图让伊斯坦布尔消除对他们意图的疑虑，在1588年5月派遣特使重申他们同奥斯曼所谓的“古老和平协定”。然而，随着波兰－哈布斯堡协议和马克西米利安的释放，阿尔多布兰迪尼的外交终于在1589年3月得到回报时，奥斯曼愈加怀疑西吉斯蒙德的意图。虽然他并没有向苏丹宣战，但还是有充分的理由起疑心：西吉斯蒙德充满反宗教改革精神，受过耶稣会士教育，他在 1589 年实际上秘密跟哈布斯堡家族谈判，企图将波兰王位转给另一位哈布斯堡大公欧内斯特，这样他就可以自由地谋求瑞典王位。奥斯曼当局觉得他们对哥萨克的抗议没有起到效果，就命令鞑靼可汗在 1589 年 7 月攻击波兰领土，还派了一支由鲁米利亚（巴尔干中部和南部的奥斯曼省份，横跨保加利亚、马其顿、阿尔巴尼亚和部分希腊）总督率领的军队到摩尔达维亚北部，越境劫掠。其中的第一个行动是摧毁波兰城镇斯尼亚滕——抱着近乎疯狂的满不在乎的态度，商人刚刚聚到此地，参加年度集市。[20]

这些事件将摩尔达维亚置于非常艰难的处境。一方面，“瘸子”彼得鲁有他作为奥斯曼奴仆的职责要履行；包括提供情报（例如在 1587 年，他将在波兰的代表寄来的详细政治新闻转寄给了伊斯坦布尔），也可以包括提供武装部队。另一方，他一直持亲波兰立场，他同扎莫伊斯基关系很好。巴托洛梅奥·布鲁蒂同样如此。（1588 年 9 月，扎莫伊斯基给巴托洛梅奥寄了封私人信件，感谢他送来 50 头公牛，并就自己的私人需求，请他协助安排从大公那里来的 400 头牲畜的运送；他以“我将自己托付于您高尚的友谊”作结。）1588 年 4 月，在鞑靼人首次开始威胁波兰时，彼得鲁试图在波兰和伊斯坦布尔当局之间斡旋。当年 10 月，他派巴托洛梅奥和耶雷米耶·莫维勒出使国王西吉斯蒙德；这正是他们不得不随他北行到布列斯特的时间。使团的官方借口仅仅是祝贺他执掌大权，另外如巴托洛梅奥在给蒙塔尔托枢机主教的信中所说，还要“确认波兰王国和摩尔达维亚之间的联盟”；但地区安全问题一定笼罩着他们与国王及宰相的会晤。摩尔达维亚大公处在不断升级的波兰－奥斯曼危机的夹缝中，有充足理由试图促进和平。[21]

对大公来说，1589 年 4 月幸运地发生了一个重要变化：巴托洛梅奥的亲戚锡南帕夏被重新任命为大维齐尔。这意味着巴托洛梅奥本人可以更密切地参与同伊斯坦布尔的谈判。他在5月前往伊斯坦布尔祝贺锡南，给出必要的财务承诺以保证“瘸子”彼得鲁统治的延续。（在伊斯坦布尔时，他每天访问威尼斯大使，分享消息；大使对他印象深刻，称他“对最尊贵的威尼斯共和国的忠诚，不亚于他的审慎和精明”。）一个见证巴托洛梅奥胜利回归雅西的意大利人告诉安尼巴莱·迪·卡普阿说：“布鲁蒂有巨大的权威，因为现在被任命为大维齐尔的这个锡南帕夏是他的表亲。6月20日他刚从伊斯坦布尔回来时，该省的所有贵族都前去接他，大公自己也把宫廷里所有人都派了出去，送上很多礼物，担心这个有大维齐尔支持的布鲁蒂可能会取而代之。”[22]

把非罗马尼亚人——或甚至是个无论怎么伪造也没有罗马尼亚王朝背景的非罗马尼亚人——比如巴托洛梅奥·布鲁蒂扶上位的想法超越了这个时代；一代人之后，一位非常相似的人物得以统治摩尔达维亚将近两年——加斯帕雷·格拉齐亚尼，在伊斯坦布尔充当译员、奴隶赎买者和珠宝商人的达尔马提亚人。但巴托洛梅奥仍然忠于“瘸子”彼得鲁，事实上也忠于彼得鲁的家族。六天后，他返回伊斯坦布尔，运用他的影响力——加上许诺一大笔钱——阻止了“耳环”彼得鲁重掌权力的企图，1585年他在“瘸子”彼得鲁的侄子米赫内亚的支持下被逐出瓦拉几亚。在这次访问中，他还释放了两个基督徒奴隶，一个是意大利人，另一个是西班牙人，他把他们带到雅西，接着送到波兰的教宗特使那里。巴托洛梅奥的个人和政治信用持续走高；8月，他甚至能够说服锡南废除一道要求摩尔达维亚贡献军队对付波兰的命令。因此，当1589年11月初锡南决定同波兰开启谈判，他毫不奇怪地告诉“瘸子”彼得鲁派巴托洛梅奥，以大公的私人使节身份出使波兰。巴托洛梅奥波兰之行的目的，如驻伊斯坦布尔的帝国大使在下个月记载的那样，是向波兰人传达派使节前往奥斯曼政府的要求。[23]

锡南愿意谈判的原因之一是波兰进行了出乎意料的激烈抵抗。

尽管国王西吉斯蒙德不在国内而是在瑞典，扬·扎莫伊斯基投入了很大的精力来招募一支军队。起初他写信（通过“瘸子”彼得鲁）给鲁米利亚总督，建议进行外交谈判；但到了10月，扎莫伊斯基麾下已经有25 000至30 000人，他更倾向于交战，向波兰的议员们建议，如果总督没有立即重申波兰－奥斯曼和平协定，他们应计划在1590年发动进攻性战争，包括全面占领摩尔达维亚以及入侵鞑靼领土。与此同时，鞑靼人的攻击已经被哥萨克打垮，可汗自己也负伤了。冬季，奥斯曼军队驻扎在黑海沿岸，扎莫伊斯基确实派了一位大使，先去访问总督，接着去伊斯坦布尔，但他在从波兰来的路上摔断了腿，患上了严重的并发症。显然途中他在雅西待了一段时间，巴托洛梅奥·布鲁蒂在那里给了他建议和帮助。让人好奇的是，波兰国家档案馆一份19世纪存档中有一个条目概述了1590年1月10日巴托洛梅奥在雅西写给扬·扎莫伊斯基的一封信，但这封信已经丢失了。根据概述，在这封信中巴托洛梅奥“报告了他为波兰大使所做的一番打点，既涉及总督帕夏，也包括伊斯坦布尔位高权重、至关重要的人物；他要宰相为他在战争期间以及和平时期的良好帮助及持续服务的愿望嘉奖他；最后他警告宰相不要完全信任奥斯曼人”。几天后，在1月中旬，波兰大使到达了奥斯曼帝国首都。当局软禁了他，八天之内他就因病去世了。在他死前，奥斯曼人的基本要求变得清晰：波兰必须限制其哥萨克人，并支付苏丹一笔贡赋。2月，大使的两名随从带着一份表明上述条件的最后通牒回到波兰，如果波兰人在60天内不答应要求，奥斯曼将发动战争。[24]

宰相决定再派一名年轻的特使——他的一个堂兄弟，也叫扬·扎莫伊斯基——拖延一点时间；由于巴托洛梅奥·布鲁蒂刚来波兰同他商量，他请巴托洛梅奥陪同这位扬·扎莫伊斯基到伊斯坦布尔，帮他上下打点。他们一起在3月14日经过雅西。他们似乎对伊斯坦布尔做了一次快速而又相当秘密的访问，在4月5日返回了波兰；因为在这一天，波兰当局向巴托洛梅奥表达了感激——毫无疑问，同样是试图增强他对波兰的忠诚——使他成了一名波兰贵族。在授予他这一地位的夸张文件中（其中称他“由最尊贵的阿尔巴尼亚王国中最尊贵的父母所生”——莫非他是第一个成为波兰贵族的阿尔巴尼亚人？），国王特别指出他“一直为我们、我们的王国和我们的臣民提供最有价值的服务”，尤其是通过“引介”大使前往伊斯坦布尔，“在最重要的问题上”提供“建议”。这份文件还特别授权他在纹章上使用戴有波兰冠冕的白鹰；他的确这么做了，直到今天，在科佩尔一个雕刻版布鲁蒂家族纹章上还能见到。[25]

巴托洛梅奥似乎正在参与一场“穿梭外交”；有证据表明，他在5月上半月回到伊斯坦布尔，英国大使从那里报告说，16日一位信使被打发去和摩尔达维亚大公的“总管”（cheife gouerno[r]，他在别处用来称巴托洛梅奥的词语）“订立和平协定”。与此同时，年轻的扎莫伊斯基再次向伊斯坦布尔进发，在5月19日见了总督。他随身携带一封来自宰相的判断失当的信，这封信警告说，如果奥斯曼发动入侵，法兰西、德意志和很多其他国家的统治者将紧急援助波兰。总督用令人难忘的羞辱言辞答复说：“我们知道谁是我们的朋友，谁是我们的敌人。那些国王的大使不断出现在最崇高灿烂的宫廷，如往常一样带来贡赋和礼物，没有丝毫延误；毫无疑问，他们的大使会让我们知道会不会有这种忧虑。”同时，宰相扎莫伊斯基正通过“瘸子”彼得鲁间接地和锡南帕夏通信，毫无疑问是在巴托洛梅奥的帮助下进行的。宰相原则上拒绝支付贡赋，锡南愿意调整要求，只要支付一笔战争赔款并送上一份大礼就好。正式谈判最终开始了。年轻的那位扎莫伊斯基在1590年5月29日进入伊斯坦布尔，巴托洛梅奥·布鲁蒂要么同他一起入城，要么在随后不久加入了他。[26]

扎莫伊斯基到达伊斯坦布尔不久后，前往看望英国代理大使爱德华·巴顿。他给了巴顿一封信，如巴顿后来所说，在这封信中波兰宰相恳求他“在权力的最大限度内”提供帮助。这并非巴顿所受总体指示中涉及的事项，但他很快断定，避免波兰–奥斯曼战争将损害哈布斯堡利益，从而帮助法国（此时伊丽莎白女王的政策是亲法国的），而且如果他能扮演既突出又成功的角色，将提升国家的荣誉。可能还有别的原因：鉴于英国的部分军事物资需从波兰获取，女王不想让波兰陷入一场对抗奥斯曼的大型战争。爱德华·巴顿现在投身于和平协定的谈判任务中。[27]

英国人在伊斯坦布尔是个相对较新的国际势力。一小群有进取心的商人，在威廉·哈伯恩的带领下，扮演了开拓者的角色；哈伯恩曾在1583年取得大使地位，年轻但经验老到的商人爱德华·巴顿做过他的秘书，并在1588年接任。英国在亲奥斯曼的立场上同法国一样，可能更甚，出于对抗哈布斯堡的考虑，伊丽莎白付出巨大努力引导奥斯曼军事力量对付西班牙。16世纪80年代初，人们甚至怀疑女王正计划用英国水手夺取马耳他，然后把它交给奥斯曼，作为发动新进攻性战役的前沿基地。威廉·哈伯恩致力于打乱西班牙1585年之后续订海军停战协定的企图；他成功地使西班牙支付一大笔补贴换取一项更为临时性的安排，甚至让一位西班牙特使吃了闭门羹。作为新教徒，英国人可以在某些方面比法国人更公开地支持奥斯曼。例如，他们可以忽视教宗在销售战争原料给异教徒方面的禁令：为奥斯曼大炮制造厂运来的大批英国锡在伊斯坦布尔特别受欢迎，英国也带来其他种类的武器。哈伯恩并不反对利用一些新教和伊斯兰教之间明显的相似之处，在与苏丹交谈时谴责教宗和西班牙国王是“偶像崇拜者”。但最终敲定女王和苏丹之间若隐若现的特殊关系的，是西班牙无敌舰队在1588年的惨败。正如威尼斯大使在1590年写的那样：“他们以前对英国女王评价并不高，因为她是个女人，不过是半个岛的统治者，但现在他们给予她高度评价，因为他们看到她有勇气对西班牙国王发动进攻性战争，他们从四面八方听到了许多关于她的海军力量的消息。”爱德华·巴顿在奥斯曼政府中有很好的人脉，对西方外交官来说尤为不同寻常的是，他能说流利的土耳其语，并持续积极提升新近形成的英语的重要性。因而波兰宰相寻求他的帮助，算是选对人了。[28]

到6月中旬，一项协定出炉了。苏丹将撤军，作为回报，国王西吉斯蒙德将承诺压制哥萨克人。之前要求的贡赋现在降低为波兰送给苏丹100捆貂皮；不可避免地，还得付给大维齐尔一大笔钱。巴顿、布鲁蒂和扎莫伊斯基之间的具体分工是什么难以判断，但我们可以断定，巴托洛梅奥在同锡南帕夏直接打交道的过程中扮演了至关重要的角色。6月14日，爱德华·巴顿就这些谈判写信给伦敦，其中包含对巴托洛梅奥的记述，他写道，这位波兰特使的“助理”“在上述服务中表现得非常明智。言行举止维护着他君主（即波兰国王）的荣耀和信誉”。他继续道：“这位布鲁托既是摩尔达维亚大公治下的总管，近来又因其出色的服务跻身波兰贵族，他对前往宫廷谒见陛下（伊丽莎白女王）期盼已久。因我在此处的帮助，波兰国王或许会差遣他向陛下递送答谢信函。”因而他请求说，如果巴托洛梅奥去英国的话，应该用“尊崇的礼节”对待他。[29]

碰巧有其他证据表明，巴托洛梅奥对造访英国“期盼已久”。1587年6月，他从雅西给伊丽莎白写了封辞藻相当华丽的信，承诺献上大公“最忠诚而永恒的友谊”以及他本人“最忠诚的效劳”；这封信以公开的反西班牙辞藻作结：“为您的伟大和敌人的混乱”向上帝祷告。巴托洛梅奥显然已经见过一些经由摩尔达维亚来往伊斯坦布尔的英国商人，他可能在1588年8月参与为他们制定了一项贸易“特权”，给英国人仅仅百分之三的摩尔达维亚关税税率。但访问英国的特别兴趣——这么做的想法，如巴顿描述的，显然来自巴托洛梅奥·布鲁蒂，而不是来自波兰国王——相当神秘。两个月之后，巴托洛梅奥在华沙给女王寄了另一封信，用华丽的辞藻赞美她，向她献上服务，将伊斯坦布尔和平协定称作由“您的大使的权威和我的勤奋”带来的“胜利”。10月2日从温莎寄来伊丽莎白的回复，感谢之情不相上下，并总结说“我们非常希望有机会向大人和您的君主示好”。巴托洛梅奥在这一时期显然乐于保持及取得各种政治赞助。

通过定期向威尼斯大使通报消息的方式，他已经于 1589 年同威尼斯重建了友好关系。但他同英国建立关系的愿望可能并不那么坦率。有令人惊讶的证据表明，至少到 1586 年年中，西班牙政府仍在通过驻威尼斯大使馆向他支付预付金。尽管他同波兰宰相关系密切，但（我们将看到）他很快就把触角伸向了帝国当局，转而抱有为哈布斯堡服务的明显期待。几个月内，他也会向哈布斯堡家族提供有关盎格鲁 - 奥斯曼事务的敏感信息。他渴望访问伊丽莎白女王宫廷的最可能的解释是，他打算在那里充当某个或多个欧洲主要天主教势力的间谍。[30]

巴托洛梅奥在此时可能参与的另一桩国际事务案例引起了另一个难题。1590 年夏天，杜布罗夫尼克和奥斯曼政府之间的关系突然紧张起来，拉古萨人怀疑巴托洛梅奥精心策划了针对他们的敌对活动。这一事件被称为“伊纳罕危机”，它始于 1588 年，奥斯曼高官声称他们发现杜布罗夫尼克海岸地带的很大一部分实际上已经在 15 世纪被移交给了奥斯曼。贝尔格莱德的纳齐尔（监督），一个叫伊纳罕的有野心的官员挑起了争端；1590 年初，在锡南帕夏的帮助下，苏丹任命他为这个新发现的桑贾克的桑贾克贝伊，他还要求杜布罗夫尼克支付理论上积欠的贡赋，总计 15 万杜卡特。拉古萨外交系统，包括正式的和非正式的，超速运转起来。他们在伊斯坦布尔大肆送礼，寻求各方帮助，有影响力的代理人，比如拉比 · 阿比亚塔，苏丹首席财政官的私人医生也行动起来。不久，有三位维齐尔，两个重要的总督和一些著名的卡迪站在了杜布罗夫尼克这边。但伊纳罕拒绝让步，6 月中旬，在锡南的支持下，他率领 200 到 300 名武装人员出现在拉古萨领土的边界上；前去同他谈话的两位杜布罗夫尼克代表被囚禁、殴打。就在他向拉古萨领土的进一步推进受到一小股敌对部队的阻拦时，杜布罗夫尼克派出了两名特使迅速赶往伊斯坦布尔。7 月 12 日，拉古萨政府给他们写信说：“我们注意到正在摩尔达维亚和大公在一起的布鲁蒂，是伊纳罕给我们制造的麻烦的始作俑者，至少是他的赞助人，伊纳罕从锡南帕夏对布鲁蒂的支持中获益。”它要求他们调查这是否属实。若是真的，他们应该亲自找到巴托洛梅奥，“与他交谈，请他不要对我们做这种有害的事，而是要反对伊纳罕，因为布鲁蒂家族一直用伟大的友谊对待我们，他的父亲多次从我们这里得到许多良好的服务”。[31]

事实上，在这件事情解决之前的几周和几个月时间里，没有再提到巴托洛梅奥牵涉其中，表明有关他的说法未被证实。鉴于此次危机的长期酝酿，缺乏任何其他来源的证据，而巴托洛梅奥的精力一直高度集中在波兰和平谈判上的事实，这似乎是最有可能的结论。当然，可能有人听到他说过一些反拉古萨的言论；他不可能忘记十一年前杜布罗夫尼克是怎么追捕他，并把他囚禁在莱什的——倒是拉古萨人假装已经忘了这回事。但锡南的态度也可能有别的解释。最明显的解释是钱，因为这种危机催生出大量和解赔款。杜布罗夫尼克 10 月份给特使的指令中陈述了另一个更有趣的原因：重要的是要给锡南奢侈的礼物，据说他由于未受到与“说我们语言的”前任大维齐尔同样的礼遇而震怒。再一次，某种基于民族 - 语言的团结出现了——或者说，在眼下这个情况中，则是基于民族 - 语言的怨恨。杜布罗夫尼克对一系列讲塞尔维亚 - 克罗地亚语的维齐尔毕恭毕敬，最明显的是索库鲁 · 穆罕默德；如果锡南有反拉古萨倾向，可能部分原因是作为阿尔巴尼亚人，他感到大体上被伊斯坦布尔享有特权的南斯拉夫人圈子——既有基督徒，也有穆斯林——看轻了。[32]

1590 年 7 月初，巴托洛梅奥带着波兰国王和苏丹之间的和平协定文书前往波兰，与他同行的是托马斯 · 威尔科克斯，传递巴顿的报告以及苏丹与锡南帕夏给女王的信件到伦敦的英国商人。快到月底时，他们在利沃夫见到了宰相扬 · 扎莫伊斯基。他也给伊丽莎白写了封信，为英格兰大使的帮助感谢她，微妙地反复用着反哈布斯堡的（甚或是反 - 反宗教改革的）语调：他们的努力成功了，尽管遭到“我们的一些邻居”反对，这些邻居渴望压制一般的自由，为天主教制造战争。到8月初，旅行者抵达华沙，此时国王和贵族正在讨论这次协定的条款。威尔科克斯在当月底仍在路上（带着巴托洛梅奥给女王的信），但巴托洛梅奥不得不留在华沙，等待进一步的动向；这一时期，他同教宗特使安尼巴莱·迪·卡普阿进行了数次非常积极的会见。到11月，托马斯·威尔科克斯回到华沙，把女王的致谢信交给巴托洛梅奥；但关于和平条款还没有任何结论，因为波兰议会刚要召开。从11月底到1月初，议会讨论了和平协定，最终决定签约，尽管（用威尔科克斯的话来说）"有很大困难"，因为"太多人向着奥地利、西班牙和罗马的利益"。威尔科克斯接着与一名奥斯曼信使到了伊斯坦布尔，但巴托洛梅奥却被要求与此时正在准备中的正式波兰大使同行。在2月中旬，迪·卡普阿报告说："本月10日，巴托洛梅奥·布鲁蒂先生离开华沙前往利沃夫，他在那里等待正要携貂皮前往伊斯坦布尔确认和平协定的波兰大使。"但在3月中旬，巴托洛梅奥仍在利沃夫，他在那里写信给宰相，概述了最新的消息，其中一则令人忧心，仅仅两年之前他在锡南帕夏那里为之斡旋的瓦拉几亚大公米赫内亚被废黜了。[33]

就在他定居波兰的这许多个月里——自从他于1576年到1577年待在意大利和西班牙那段时间以来，他第一次长时间待在奥斯曼帝国之外——巴托洛梅奥开始探索转变职业生涯的可能性。1591年1月，在与驻波兰的两位哈布斯堡特使之一谈话时，他主动提出在伊斯坦布尔为皇帝做事。* 这个外交官总结说："他在威尼斯属伊斯特里亚有财产，他的儿子们也在那里；他想要迁居奥地利属伊斯特里亚，并在不久后离开摩尔达维亚。"另一位哈布斯堡特使记录说，巴托洛梅奥十分热衷于为神圣罗马帝国皇帝服务，即使没有报酬，他也乐意。

* 在这次谈话中，当外交官说他们怀疑奥斯曼是否曾经郑重地计划侵略波兰时，巴托洛梅奥坚持说他们确实计划过；他在奥斯曼军营里待过一些天，睡在总督的帐篷里，军队刚刚要越过德涅斯特河，那时他说服了总督别再前进，直到从伊斯坦布尔得到明确指令。

他敦促皇帝接受这一提议，说他看过英国女王写给巴托洛梅奥的一封信件的原件，强调这是一条大鱼；我们早就领教过巴托洛梅奥那从不缺席的让人对其重要性产生深刻印象的技能。两个月之后，安尼巴莱·迪·卡普阿写信给一位匿名的通讯员：

> 这个巴托洛梅奥·布鲁蒂，热情地提出当被需要时，愿在伊斯坦布尔效力，不仅为皇帝陛下，还为我们的主人国王（可能指西班牙国王——迪·卡普阿是那不勒斯大主教）服务。他同大维齐尔锡南帕夏有非常密切的关系，因为这个原因，伊斯坦布尔的英国大使与他十分亲近，并试图利用他。巴托洛梅奥·布鲁蒂提议，向我们王国大臣指定的人，提供伪英国女王（标准的天主教用词，1570 年，教宗下诏伊丽莎白的臣民没有义务服从她）同苏丹谈判的一切消息；我相信，他会全力执行任务，以显示他自己是个好天主教徒，并渴望为那些最尊贵的王公效力。[34]

作为回应，哈布斯堡当局在 1591 年 6 月派了一名代理人前往科佩尔联系巴托洛梅奥的家人。亚科莫·布鲁蒂告诉他，巴托洛梅奥“极为渴望为皇帝做些事情，想要将他从奥斯曼的仆从状态中解放出来”；他建议通过他的姻兄弟德莫斯泰内·卡雷里奥同他打交道，他曾经与巴托洛梅奥共事，现在正从伊斯坦布尔返回科佩尔。下个月，另一名哈布斯堡代理人试图在波兰的贵族和神职人员中建立对马克西米利安大公的支持。他报告说，亲哈布斯堡的格涅兹诺大主教建议利用巴托洛梅奥·布鲁蒂，“他知道很多宰相的秘密事务，他手上有一些宰相亲手所写的原始文件”，这样就可以逐渐破坏扎莫伊斯基的声誉，进而铲除哈布斯堡在波兰利益的最大障碍。8 月底，这位代理人前去同大主教待在一起，他说巴托洛梅奥给他“展示了令人惊诧的东西”。而且他建议说：“皇帝可以更容易地招募布鲁蒂，因为他无论如何都想摆脱他现在的主子，一旦他在别处得以安顿，受到庇护，就会离开现在所托身的地方（即摩尔达维亚）。”[35]

巴托洛梅奥不是唯一想要离开的人。“瘸子”彼得鲁萎靡不振，不仅因为他在瓦拉几亚的侄子米赫内亚被废黜，还因为米赫内亚后来受到伊斯坦布尔惩罚的威胁时，通过改宗伊斯兰教获得了释放（因此他在罗马尼亚史上被称为“叛教者”）。1591 年夏，在一位摩尔达维亚大公位置觊觎者的带领下，哥萨克再度进攻奥斯曼领土，摩尔达维亚又一次面临哥萨克人入侵的威胁。除此之外，彼得鲁一直苦于无法摆脱不断增加的财政负担。而且最糟糕的是，1591 年 8 月 1 日锡南帕夏——通过巴托洛梅奥这个中间人，他是“瘸子”彼得鲁的终极保护者——被免去了大维齐尔之职，他的竞争对手费尔哈德帕夏取而代之。“瘸子”彼得鲁取出存款，遣散仆人，处理债务；8 月 15 日午夜，他携年幼的儿子和一大群忠实的波雅尔和家臣，离开前往波兰。威尼斯大使在两周之后报告说，他在一个盒子中给苏丹送回了仪式用奥斯曼旗帜和大公顶戴（连同它的鹭羽），并附上一封信，说他再也不能承受强加在他身上的财政要求了。据大使说，他的真实动机是出于对他儿子斯特凡的担忧，害怕他会被强迫成为穆斯林；据说他随身携带“大量黄金”，计划以此为斯特凡在西方基督教世界购买一些适宜的地产或职位。[36]

突然，巴托洛梅奥陷入孤立无援的处境：他同样失去了在伊斯坦布尔的有力保护者，他现在将面临一位新大公，而自己在他的任命中没有扮演任何角色。彼得鲁的继任者叫阿龙，某位前任大公的儿子，他在 11 月中旬离开伊斯坦布尔，在 12 月底被安顿在摩尔达维亚。他承诺增加贡赋，以及额外的大量金钱——据说是 40 万杜卡特，有一半是预先支付的。为了协助筹集这笔款项，他在伊斯坦布尔也有支持者。他们中最著名的是爱德华·巴顿和他的助手保罗·马里亚尼，保罗·马里亚尼是个威尼斯商人，曾在埃及担任法国领事并参与很多事务；托马斯·威尔科克斯在给伦敦的报告中解释说，巴顿组建了一个由“希腊商人”和“其他商人，既有奥斯曼基督徒，也有犹太人，以及巴顿先生的朋友们”组成的财团。可能巴顿的参与对巴托洛梅奥的位置作了一些保证；无论如何，他没有被逐出雅西。但另一方面，这种将英国权力凌驾于摩尔达维亚事务之上的新做法，意味着巴托洛梅奥整个亲天主教政策的迅速瓦解：1592 年驻伊斯坦布尔的英国大使馆记载说“托马斯·威尔科克斯同理查德·巴宾顿进入了波哥达尼亚（摩尔达维亚的别称）。在波哥达尼亚，一群胡斯派教徒恢复了教堂，一些耶稣会士被从那里赶了出来，这是摩尔达维亚大公阿龙吩咐的”。[37]

第一批有关阿龙作为大公的行动报告并不鼓舞人心：仅仅“出于怀疑”便处死了一名“瘸子”彼得鲁的官员，下令阉割了一个被控勾引别人妻子的人。回顾他的职业生涯，编年史家乌雷凯对阿龙没说什么好话。据称他的主要爱好是“掠夺，纵欲，赌博和风笛手”。据乌雷凯的说法，他聘用匈牙利雇佣军，处死显赫的波雅尔（包括巴托洛梅奥的老战友布丘木），派出由奥斯曼官员陪同的收税员，不顾一切地下令从每个摩尔达维亚人那里抓走一头奶牛。到 1592 年 6 月，全国各地都爆发了抗税叛乱。巴托洛梅奥·布鲁蒂在几个月之前就已下定决心，是时候离开摩尔达维亚了。仿效“瘸子”彼得鲁，他率领一小群人（包括政府的财政官在内）在 3 月下旬或 4 月上旬逃往波兰边界。阿龙派卫兵跟踪他，在他刚要渡河时逮捕了他。巴托洛梅奥被投入监狱，关了 7 周；他设法送了一封信到伊斯坦布尔，伊斯坦布尔迅速派出一名信使，要求将他移交过来。但在 1592 年 5 月的某个时候，就在信使到达前不久，巴托洛梅奥被“不体面地”杀害了：鼻子被割，然后被勒死。当时的一位波兰编年史家陈述说，阿龙把他“溺死在德涅斯特河里”；但看起来他的尸体是死后被扔进河里的。这是他一生的悲惨结局，也是一个仓促的结局。他只有 34 或 35 岁。巴托洛梅奥·布鲁蒂非常不走运；他失去权势的亲戚锡南帕夏将在次年 1 月再度担任大维齐尔，而阿龙本人也马上将被废黜。伴随 1592 年 4 月大维齐尔的更替，在 4 月底或者 5 月初一项命令召回了阿龙，他的侄子取代了他的位置。（此次事件中，阿龙的废黜在伊斯坦布尔引起骚动，因为禁卫军和穆斯林虔诚的基金会都借给过他大笔金钱，他们抱怨说，如果不给他时间偿付的话，这一大笔钱一定是被吞进了苏丹的国库；他最终得以复职。）[38]

巴托洛梅奥的处决，似乎没有官方原因。但伊斯坦布尔夏季流传的一份报告说，他的敌人伪造了一封他写给波兰国王的信件，在信中他似乎密谋让“瘸子”彼得鲁返国。一些现代历史学者接受了那是他的真正目标，或者他参与了摩尔达维亚的某些反抗阿龙的叛乱。但正如我们所知，他打算摆脱与那个国家的联系已经有一年多了，我们可以质疑这些理论。我们也知道，到了1592年3月2日，他在科佩尔的家族正期待他“在几天内”到达那里；下个月，当他无力地困于牢狱时，不知情的教宗克雷芒八世写信给他，说他正期待在罗马迎接他；很显然从摩尔达维亚的长线逃亡计划早已定下。当时流传的一个说法最简单地解释了阿龙的行为：如帝国大使报告所说，4月16日他第一次听到巴托洛梅奥被扣押的消息时，阿龙欠巴托洛梅奥30 000斯库多（25 000杜卡特）。大使后来写道，阿龙从巴托洛梅奥那里拿走了超过30 000杜卡特的现金和借据。波兰国王的大臣赖因霍尔德·海登斯坦曾为扬·扎莫伊斯基工作过，可能认识布鲁蒂，他写道，他被处决“不是为了别的缘故，而是为了不偿还他贷款给那位大公时造成的债务”。对财富的渴望是巴托洛梅奥生命的驱动力之一，在某种程度上是钱害死了他。他的另一个主要动力是他对宗教的献身——不仅针对天主教本身，而且还针对天主教重新收复失地的反宗教改革计划；他为这个计划倾注了心力，但他取得的一切在他去世时已经瓦解。第三个动力——自然地同第一个动力有关——是他对家族的奉献。至少，这个故事到这里还没有完结。布鲁蒂和布吕尼家族在他死后继续存在，而且他们的生活还在某些方面被巴托洛梅奥的职业生涯塑造着。[39]

第十九章

克里斯托福罗·布鲁蒂与译员家族

巴托洛梅奥·布鲁蒂花了一年的时间（1573 年到 1574 年）受训成为土耳其语译员，然后断定这种生活不适合他。但是，他为家族开创了先例。1579 年，他的弟弟克里斯托福罗来到伊斯坦布尔开始相同的学习，他随后成了译员，余生断断续续地从事着这一事业。到达伊斯坦布尔时，他大概 16 岁。训练的第一年经历了一些中断，他的哥哥被囚禁，他与一名信使远行至莱什救他，不过他的进展似乎不错。克里斯托福罗在威尼斯大使秘书的宅邸中栖身，收到标准报酬：每年 50 杜卡特；1580 年，大使保罗·孔塔里尼评价他"是个勤奋好学的年轻人，用不了多久，他就会从学习中获益。"[1]

次年春天，大使似乎更为热心，在他报告中的密文部分，他展示了重视这个年轻人的特殊原因。"通过住在这里学习土耳其语的克里斯托福罗·布鲁蒂，我得到许多有关波斯事务的重要信息，因为他与锡南帕夏的外甥以及帕夏府邸中的其他要人过从甚密。我也希望，当锡南进入宫廷后，他会更加有用，因为他和他的兄长有出入帕夏府邸的便利渠道。"（锡南目前负责对波斯的战争，他的外甥可能是亲威尼斯的穆罕默德贝伊，如我们所见，亚历山德罗·朱比扎在 1575 年同他的关系非常要好。根据大使这种说法，我们可以猜想索库鲁·穆罕默德对巴托洛梅奥的指控有些真实根据，他声称巴托洛梅奥·布鲁蒂在1579年正在向那不勒斯寄出有关波斯战争的情报。）* 在他最后的报告中，孔塔里尼更加慷慨地对克里斯托福罗大加赞赏。他写道，克里斯托福罗精通阿尔巴尼亚语（他的母语）和斯拉夫语，也精通希腊语和土耳其语；他再次强调“他同伊斯坦布尔大人物的友谊”的价值以及他已经获取的重要情报。这不是普通的青年译员，一定是基于对这些特殊服务的认可，威尼斯总督命令将他的薪水提高到每年200杜卡特。[2]

1582年9月“瘸子”彼得鲁和巴托洛梅奥·布鲁蒂启程前往摩尔达维亚时，保罗·孔塔里尼补充道，大公也希望带上克里斯托福罗同往。但克里斯托福罗“从尊贵的大维齐尔那里所获的支持和亲近依然未减”，就决定继续在伊斯坦布尔为威尼斯效力。不久后，克里斯托福罗短暂外出，要么去了威尼斯，要么去了科佩尔，也有可能都去了，大概随孔塔里尼一道，后者在11月离开伊斯坦布尔。12月，新任大使乔瓦尼·弗朗西斯科·莫罗西尼写信敦促政府尽快送回克里斯托福罗；不同寻常的是，他还附上了锡南帕夏府上官员的一封信，这位官员同样赞扬了克里斯托福罗并要求他返回。大使写道，威尼斯当局应该慷慨地对待他，“因为除了他在土耳其语上很有进步外，他还有非常好的判断力，忠于职守，对他的忠心、真诚和勤勉大可放心；除此之外，如果锡南大人复职（他刚刚被解任大维齐尔），这个年轻人将是为最尊贵的总督提供高效卓越服务的极为适合的手段”。

克里斯托福罗于1583年2月初再次出现在伊斯坦布尔，此时莫罗西尼对锡南帕夏进行了一次礼节性拜访，他知道怎么取悦锡南，献上了3000杜卡特作为礼物。克里斯托福罗坐在锡南脚边，点数钱币，

---

* 关于穆罕默德贝伊和朱比扎，参见287—288页；关于索库鲁·穆罕默德的指控，参见第294页。

将钱装进6个袋子，每袋500枚。提到这个场景时，大使再次赞扬了他的年轻译员："在我必须同受帕夏宠信的人交涉的所有事务上，布鲁蒂令我十分满意，同时于国有利，因为他深受他们喜爱。他对土耳其语已有相当不错的把握，因而我们能期望他很快会在土耳其语说写方面臻于完美。"察觉到这个家族的历史，他补充说："然而，他十分困顿，他的父亲以及所有财产已在为最尊贵的国家服务时逝去了，良心驱使我怀着极大的喜爱向阁下推荐他。"[3]

即便不享有这种与有权势的帕夏之间的特殊联系带来的好处，在工作上表现出一切语言以及其他方面的正确技巧和能力的见习译员也是宝贵的。因为译员在大使府邸的工作中扮演至关重要的角色，威尼斯花了好一阵才开发出一套培训和聘用译员的可靠体系。直到16世纪中期，威尼斯大使还大多依赖当地译员，他们通常是来自佩罗特社区精通意大利语、希腊语和土耳其语的天主教徒。多年来其中一些人提供了许多有价值的服务；但人们总是怀疑使用这类人是否明智。译员是机密讨论的中间人，有机会接触敏感文件，所以常常令人担心他们可能同时在幕后与伊斯坦布尔的基督教竞争对手打交道。(前面已经举了个例子，不过此事对威尼斯有利：巴托洛梅奥的朋友安布罗西奥·格里洛是托斯卡纳特使的译员，他给威尼斯人寄送托斯卡纳机密文件的副本。)[*]另一个主要的顾虑，是他们缺乏充足热情以维护威尼斯的利益，作为苏丹的臣民，他们害怕触怒他，甚至不会准确翻译措辞强硬的威尼斯抗议。如大使保罗·孔塔里尼所说，"由自己的市民来服务，总是更为有利"，因为"他们直言不讳，而奥斯曼人则害怕如此"。所以1551年威尼斯下令，两名文秘署的公证员，或者两位威尼斯公民的孩子，应送往大使府中居住并学习土耳其语。根据设想，他们跟着一位教师学习五年。教师通常是一名母语为土耳其语的人，也充当大使的抄写员，编写土耳其语文件；他

---

*　参见第294页。

的工作职责仅限于教学和写作，在缺少合适的译员时，他才会被用作面对面的口译人员。一旦掌握了必要技能，这些年轻人就能在伊斯坦布尔或威尼斯领事管理的其他黎凡特港口充当译员。大使府内的土耳其语学生在任何时候都至少有两名，有时是四名或更多。[4]

这就是青年译员的培养体系。这个设想大体上不错；杜布罗夫尼克很快有样学样，在1558年决定资助一位年轻人在伊斯坦布尔接受教育，波兰也加以效仿，由王室文秘署出钱，派出一些年轻人到伊斯坦布尔学习土耳其语。1568年，驻伊斯坦布尔帝国大使在强调依赖奥斯曼臣民的危险性时，同样敦促维也纳当局派出一名德意志学生以及一名克罗地亚学生。（这个建议最终被采纳。到达伊斯坦布尔五年之后，斯特凡·格拉赫记录说，帝国大使有四名译员：两名佩罗特人——其中一个叫马泰奥·德·法罗，巴托洛梅奥·布鲁蒂将娶他的外甥女——两个改宗伊斯兰教的，其中一个来自巴伐利亚，另一个是来自特兰西瓦尼亚的匈牙利人。他当然不知道德·法罗还是领西班牙国王薪水的特工。）法国在一个世纪之后派出年轻人学习土耳其语，后来被姗姗来迟的英国人效仿。[5]

但在实践中，威尼斯的制度并非没有问题。语言天赋是个因人而异的变量，而且正如某位大使所观察到的，对一些学生来说五年时间还不够长。1558年，大使马林·卡瓦利认为，整个计划浪费金钱，因为这些学员不想把新近学到的技能投入琐碎的任务中，其中最主要的任务是和奥斯曼政府谈判，“我确信帕夏们看到他们不会开心，甚至可能不会允许他们存在”。还有更严重的问题：比如吉罗拉莫·科隆比纳，他在1562年和一名威尼斯老译员打了一架，为逃避惩罚改宗了伊斯兰教，接着效力于奥斯曼，这一事件敲响了警钟。三十年之后，前大使洛伦佐·贝尔纳多抱怨说，最初打算派出年轻的文秘署文员，但威尼斯仅仅派出穷困市民的孩子，“好像这是个用公共开支教育贫穷男孩的学校或学院似的”；父母送出问题孩子，想让他们到伊斯坦布尔接受严厉的教育，但情况恰恰相反。“奥斯曼生活的自由，这些奥斯曼女人的奢靡，再加上叛教者的腐化作风，能把圣人变成魔鬼。”威尼斯年轻人需要提防的对象可不止奥斯曼女人。这就是青年译员的年纪要相对较大的原因（尽管这一时期唯一清楚的此类不正当性关系的案例是一位译员与同样居住在大使府的威尼斯理发师有染）。1575 年，然后是 1577 年，大使建议派一名教师到威尼斯教导男孩子；这样做的优势是学生可以更年轻一些，以便更好地习得一门复杂的语言。事实上，在对这些年轻人施以道德约束的愿望和尽快提高其土耳其语水平的期望之间存在一些冲突。1575 年，大使还提出青年译员应该出去和“一些奥斯曼译员”做搭档，这样他们就可以完全沉浸在这门语言中。[6]

马林·卡瓦利担心奥斯曼人不会接受这些年轻的威尼斯译员并没有根据。但他们的人手一直不足，难以满足大使府的全部需求。1568 年，一名译员去世了，另一名译员患病返回威尼斯，第三名译员在塞浦路斯战争期间被杀。在战后的相当长一段时期，1574 年到 1575 年间，大使主要依靠卢卡的叛教者许雷姆贝伊，他同时是苏丹本人的译员之一。威尼斯从未停止聘用佩罗特家族；1592 年，洛伦佐·贝尔纳多抱怨说，这些人的孩子是苏丹的臣民，现在被接纳为青年译员。在需要的时候，数量不详的外人也被招来工作；1558 年，大使府聘请了米凯莱·切尔诺维奇，他在伊斯坦布尔长大，有部分斯拉夫血统。他协助教学，被迅速提升为“大译员”，在苏丹宫廷中替大使操办最重要的事务。1562 年一份威尼斯报告称他“完全忠诚”；但事实上他用密文向维也纳的帝国政府寄送威尼斯与奥斯曼来往的详细情报。1563 年他的间谍身份暴露时，威尼斯政府命令大使叫治安官逮捕他并解送到威尼斯——要是无法做到的话，就把他杀了。但他仍作为居民继续在伊斯坦布尔待了 8 年，以赎买奴隶为生，并给帝国政府寄去新的情报。[7]

切尔诺维奇案自然加深了威尼斯的安全顾虑。1591 年大使写道，至少要有一位称职的译员是威尼斯人；如果这个人不在，“我就失去了安全忠诚的中间人，而在大使府中，安全与忠诚常常是必需品”。一年后，他的继任者评论说威尼斯政府施行的严格保密政策尤为古怪，政府给大使的指示由密文书写，而具体事项则可能要交给身为奥斯曼臣民的译员来实施。最终，这种担忧在任职时间最长的一位译员马特卡·萨尔瓦哥身上应验了，他来自祖籍热那亚的佩罗特家族；1592 年 6 月，大使被命令借故打发他到克里特，要不然就在大使府毒死他，次年 9 月，当局指令下一任大使在他从杜布罗夫尼克到伊斯坦布尔的路上谋杀他，还补充说，在“冰冷条件下”的冬季旅程中这么做应该很容易。他犯了何种过错尚不明确，但那个月即将离任的大使在报告中的加密段落确实提到“他在奥斯曼宫廷中的事务上的密切参与，以及那些粗心且带有恶意的话语，不可置之不理”。但是，在读这种评论时，有必要了解大使自己的保密意识也远远达不到现代外交官被要求具备的程度。1580 年，所罗门·阿什肯纳兹直接写信给威尼斯政府说，他每天私底下同大使谈完话之后，大使接着就在吃午饭时，“和译员、叛教者同桌，复述我告诉他的所有事”——这对所罗门十分不利。[8]

安全顾虑尤其体现在大使同奥斯曼政府谈判所涉的敏感问题上。而这种谈判仅仅是译员工作的其中一部分。从 16 世纪 40 年代以来，威尼斯大使府邸有三种类别的岗位。“大译员”在奥斯曼宫廷进行官方交涉；“小译员”或“港口译员”主要服务威尼斯商人，帮助应付海关和卡迪面前的纠纷；“随行译员”在短途旅行中陪伴大使，包括往返威尼斯的旅程，除此之外的大多数时间要处理释放奴隶的事务。大使府邸内也有很多较基础的实用翻译工作要做。16 世纪 80 年代英国使馆有三名译员，其中一名高级译员——“首席译员穆斯塔法”，是个奥斯曼信使——会陪同大使前往苏丹的宫廷，而其他两人是佩罗特基督徒，有各种任务要做。有趣的是，在威尼斯人抱怨佩罗特人作为奥斯曼臣民会害怕把直接的不满翻译给奥斯曼当局时，英国人则把那项任务交给佩罗特人而不是穆斯林首席译员，这位首席译员明显更为束手束脚："第二译员需一字不差地向维齐尔（即大维齐尔）转达，如有差错，我们会指出或表示反对，而译员（即那位信使）则不会这样做，他担心丢掉自己在城里的地产（*timar*，军事性的封建地产）或年金。"除此之外第二译员的职责还包括设法取得"我们日常所需的干草、木材和大麦"，在大使外出时陪同他，而第三译员"偶尔与管家一道为府邸添置物品"并"向府邸中的下人或随从等人交代事务"。[9]

对威尼斯人和英国人来说，日常工作的很多内容与他们的商人有关——商人赞助了威尼斯译员的半数开支，承担了英国使馆的所有花销。以威尼斯为例，港口译员还从他照顾过生意的每位商人那里得到一笔佣金。译员自己也被允许从事贸易活动，这是那些威尼斯出身的译员没有在大使府的深墙内形成独立封闭的官僚阶层的主要原因；相反，他们立即沉浸在加拉塔的商业世界里。这一点，连同他们与佩罗特译员的密切工作关系，以及这一时期职业的家族化和世袭化趋势，有助于解释为何来来去去的佩罗特译员没有完全被威尼斯人所取代，这两种人转而相当快速地融为一体，产生出新的、混合的、日益盘根错节的译员家族群体。[10]

不知道克里斯托福罗的青年译员训练持续了多久；但清楚的是，鉴于大使府邸工作的复杂环境，他不仅在那里学习，还从早期开始就作为译员在那里工作——有些情况下可能是翻译阿尔巴尼亚语或斯拉夫语，而不是土耳其语。孔塔里尼在1582年底离任，他说"尤其在听取日常事件的汇报，以及听那些对我在宫廷中的事务有所助益的人讲话时"，克里斯托福罗能派上用场。他也被用于商业事务：1584年，他代表威尼斯布商尼科洛·德·米基耶利在伊斯坦布尔的利益。* 在 1585 年的某个时候，大使洛伦佐·贝尔纳多解聘了大译员佩罗特人安布罗西奥·格里洛，让克里斯托福罗暂代，直到威尼斯任命了一名在奥斯曼宫廷谈判方面更有经验的人。1586 年，克里斯托福罗执行了大使在伊斯坦布尔的一项主要象征性任务——将扎金索斯岛每年的贡赋交到奥斯曼国库。[11]

在那一年他被卷入了一桩纠纷，这一事件显示，当涉及译员的工作时，公共和私人身份之间的边界相当模糊。一个叫马里尼奥·斯卡沃里的奥斯曼希腊人，其父亲是伯罗奔尼撒桑贾克贝伊的首席包税人，他有一批非常贵重的橡椀（一种用于羊毛染色和鞣制皮革的橡子）在 1580 年被一群威尼斯商人夺去了。这群商人由贾科莫·拉加佐尼率领，在 1570 年到 1573 年战争期间，他曾受派遣同奥斯曼开启谈判；他们夺走橡椀的目的是抵扣斯卡沃里父亲未支付的债务。马里尼奥·斯卡沃里在威尼斯的法院控告了这一掠夺，但判决对他不利；1583 年，他派出两名代表奥马尔和易卜拉欣上诉，再度失败。1586 年，他又在奥斯曼的法院提起诉讼，控告大使应在法律上为威尼斯商人的行为负责。斯卡沃里这回成功得多：首先，他扣押了一艘威尼斯船只，接着他从大使那里取得承诺，偿还橡椀的价值以换取释放这艘船。承诺由克里斯托福罗·布鲁蒂向奥斯曼法官做出，他在法庭文件中被称作“大使的译员和代理”。由于某些原因，承诺的付款延期了，斯卡沃里由此取得命令，将克里斯托福罗囚禁了起来。大使承诺全数付款，并游说苏丹和大维齐尔席亚乌斯帕夏（通过他的秘密顾问，在意大利学医的犹太医生本维尼斯特搭上话）之后，克里斯托福罗被释放了；他在奥斯曼监狱待了多久尚不清楚。但他被关押的原因在于他被当作单纯的商业代理人，而非大使府中的公职

---

* 当加斯帕罗·布吕尼在 1583 年 7 月要求把资助他儿子大学教育的钱转给一名威尼斯商人时，他说的就是这个人。参见 333—334 页。从这里可以微微瞥见一张更大的人脉网络，包括布吕尼和布鲁蒂家族以及他们在威尼斯的各种朋友和盟友。

人员。威尼斯政府向伊斯坦布尔发出了一份正式投诉，苏丹给大使的谕令中说，克里斯托福罗被监禁违反了奥斯曼同威尼斯的和平协定条款，日后他不会再受到“骚扰”。1587年5月，苏丹甚至就此事向威尼斯总督发出一封正式函件，对克里斯托福罗被错误对待表示遗憾，并向总督保证斯卡沃里已被下狱。[12]

在锡南帕夏下野的这段时期（从1582年底到1589年春），克里斯托福罗在进入维齐尔和帕夏们圈子方面的重要性有些折损。但他仍然有一些有价值的高层人脉。其中一位是“威尼斯人”哈桑帕夏，这个威尼斯水手在年轻时被抓，改宗伊斯兰教，在克里奇·阿里帕夏的庇护下权力迅速膨胀。他担任了两任（1577年到1580年，1582年到1587年）阿尔及尔总督；米格尔·德·塞万提斯从1575年到1580年正是那里的俘虏，他进行了数次无望的逃亡，多亏哈桑对他网开一面，才保住性命，塞万提斯后来将在作品中多次提到他。1587年，哈桑在赴任的黎波里总督前，在伊斯坦布尔待了一段时间。尽管他个人已经同克里奇·阿里帕夏（1587年夏天去世）闹翻了，但仍然非常赞同他的战略观点：反对在波斯进行陆上战争，支持对西班牙的海战。[13]

这使得哈桑帕夏成了英国人的天然盟友，因为菲利普二世全方位入侵英国的计划变得愈发清晰，英国人正在不断敦促奥斯曼人派出海军对付西班牙人。这一时期伊丽莎白战略中的关键部分包括利用葡萄牙王位宣称者唐·安东尼奥在当地给西班牙制造麻烦。在鲁莽且无子的塞巴斯蒂安国王战死之后，葡萄牙王位传给了塞巴斯蒂安的叔祖父，一位没有任何直接继承人的老年枢机主教。*1580年他去世时，菲利普二世迅速行动，确立了自己的宣称权。唐·安东尼奥在继承序列上处于更靠前的位置，他是枢机主教的侄子，在父系一脉还是某任前国王的孙子；他被当成贵族抚育成人，进入了马耳他

---

* 关于塞巴斯蒂安阵亡，请见第281页。

骑士团，得到骑士团最高的葡萄牙职位克拉图修道长。但他有两大劣势：他是名私生子，而且他没有匹敌西班牙王室的巨额财富，西班牙王室很快就贿赂了核心的葡萄牙贵族成员。就在唐·安东尼奥于 1580 年 6 月在里斯本被公开宣布为国王后不久，菲利普就以死亡、恶名以及没收所有财产等手段威胁他的所有支持者。唐·安东尼奥首先逃亡到法国，然后去了英国，在英国被伊丽莎白的反西班牙计划所利用。他的支持者之一是富裕的葡萄牙籍犹太商人阿尔瓦罗·门德斯，1585 年从法国迁居奥斯曼领土，并公开恢复了犹太教信仰，改名所罗门·阿本亚斯；顺带一提，他也是伊丽莎白女王私人医生的姻兄弟。他同威廉·哈伯恩建立了良好关系，威廉·哈伯恩报告说，所罗门·阿本亚斯通过进献各种奇珍异宝成功打动了苏丹，正在催促他推行更加激进的反西班牙政策。[14]

在写于 1587 年 11 月 11 日的报告中，（离任和赴任的）两位大使指出，哈桑帕夏和哈伯恩经常与所罗门·阿本亚斯一起去视察伊斯坦布尔的军舰。他们写道，一位英国代理人已经秘密前来讨论关于唐·安东尼奥在奥斯曼和英国帮助下掌控葡萄牙的计划，条件是像特兰西瓦尼亚一样，将其作为奥斯曼帝国的纳贡附庸国。（如同早些时候将阿尔及尔变为法国保护国的计划，这个想法是这一历史时期更加令人好奇的反事实可能性。）* 他们还描述了克里斯托福罗·布鲁蒂同哈桑帕夏就这些问题进行的长时间私人谈话，哈桑在谈话里既讨论了他支持的派奥斯曼海军加入奥斯曼－英国对西班牙的联合作战，还谈到替代方案，就是支持唐·安东尼奥取得葡萄牙在亚洲利益的控制权。哈桑把菲利普取得葡萄牙视为长期威胁，因为葡萄牙带给菲利普额外的财富；不幸的是，哈桑说，维齐尔们是一群无知的傻瓜和骗子，并不理解事态，他们的唯一目的就是“赚钱，用钱换取苏丹的青睐”。布鲁蒂并不是作为翻译，而是作为受他信任的人与

---

* 参见第 205 页。

他交谈（自然，谈话是用意大利语进行的）；哈桑在交谈中无所顾忌，表明这个年轻但人脉通达的译员能够取得奥斯曼高级帕夏和官员的信任。[15]

一个月之后，克里斯托福罗和离任大使一起回到威尼斯，他可能从那里去科佩尔看望了家人。他的下一个任务表明译员的工作内容有多么花样繁多。1588 年 5 月中旬，他受命沿海岸到科托尔湾协助了结针对威尼斯船只的海盗行径，这些海盗行径由“很多奥斯曼臣民”所为，受到显赫的巴尔西帕希“卡桑”（即哈桑）的赞助。在最近一起事件中，一艘在新海尔采格躲避风暴的威尼斯船被掳获，货物被偷，所有船员被杀，船上仅剩两个男孩沦为了奴隶。科托尔的长官向苏丹提交了新海尔采格的禁卫军队长和杜卡吉尼桑贾克贝伊手下一位官员的请愿书，请求惩罚恶徒。作为回应，奥斯曼政府派出一名信使携带指令前往科托尔会见克里斯托福罗·布鲁蒂，与他一同去找黑塞哥维那桑贾克贝伊，他接着不得不前往新海尔采格，抓捕罪犯。就这样，克里斯托福罗不是作为译员，而是作为外交代表，参与了一次奥斯曼的惩戒行动。到 5 月中旬，他确认罪犯中的十人，包括两名头目，已在新海尔采格落网；但在他启程后不久，那个地方的另一份报告说，他们已被释放，因而威尼斯将他们绳之以法的一切努力不得不从头再来。[16]

克里斯托福罗·布鲁蒂在 1588 年 3 月中旬从总督和元老院收到正式指令，大使正要求他返回伊斯坦布尔；不过指令授权他，一旦完成在新海尔采格的事务，可首先前往“摩尔达维亚，与你的兄长团聚”。然后指令提到，如果大使需要并且没有被斯卡沃里进一步骚扰的危险的话，他可以从那里相当快地前往伊斯坦布尔（威尼斯还慷慨地给了一笔总计 100 杜卡特的差旅费用）。显然克里斯托福罗为了拜访兄弟请了一些假。在到达雅西时，他是否已经计划放弃为威尼斯效力，或者他是否听从了他兄弟的花言巧语，无法得知；但接下来，他的职业生涯，先是迎来一段奥斯曼插曲，接着是摩尔达维亚。[17]

首先，当克里斯托福罗·布鲁蒂从雅西返回伊斯坦布尔时，他开始为鲁米利亚总督多安吉·穆罕默德帕夏效力。此人是亚美尼亚人，是苏丹穆拉德年轻时打猎的同伴，现在是苏丹最喜爱的大臣；在穆拉德即位后，他迅速由首席饲鹰人升至首席训鹰者，接着是禁卫军统领，然后是总督。他似乎同锡南帕夏结成政治同盟；在索库鲁生命行将结束之际，他曾是反索库鲁派系的一员。1589 年，为平息由使用劣制钱币发薪引发的西帕希骚乱，多安吉·穆罕默德掉了脑袋。不得不下令处死老友令苏丹不悦，他怀疑大维齐尔教唆了这场骚乱，于是罢黜了他，将锡南提拔到他的位置上。（历史学家穆斯塔法·阿里仰慕索库鲁，厌恶锡南，评论多安吉·穆罕默德时，不以为然地说："他无知且毫无资历……宫廷猎人这种职位对那个蠢货来说也是过高的荣誉。"）因而，可能是总督和锡南之间的私人关系在聘请克里斯托福罗时起了作用。仅仅只有两条证据可以证明这一聘任；但它们足够清楚地表明，毫无疑问，至少在短时间内，布鲁蒂家族的一到两名成员不只是为奥斯曼附庸服务，还直接替奥斯曼政府的高级官员工作——甚至，如其中一份文档所暗示的，为苏丹本人工作。[18]

大使的一份报告说，1588 年 6 月伊斯坦布尔一个威尼斯商人，帕斯夸利诺·莱昂尼，在市场上被一名禁卫军和几个禁卫军学员殴打，他要求逮捕袭击他的人。调查显示，这名禁卫军被某个叫弗朗西斯科·达·费尔特的人雇用；而他是克里斯托福罗·布鲁蒂的雇员，后者现在正为鲁米利亚总督效力。这名禁卫军还承认，一年前克里斯托福罗就曾直接雇他做打手，如果他再干一票的话，达·费尔特答应给他一件深红色斗篷。达·费尔特被投入加拉塔监狱后，克里斯托福罗去找总督，请求放了他，总督随即答应；但加拉塔的卡迪拒绝放人。达·费尔特接着被带往威尼斯大使府接受讯问，一名禁卫军在那里帮他逃走，之后躲在总督府中。这起事件非常恶劣，因为莱昂尼是位显赫的商人，1592 年一份苏丹敕令称他已在埃及、阿勒颇和伊斯坦布尔做了 20 年生意；他之后同苏丹的宫廷建立了密切联系。虽然克里斯托福罗与之作对的起因完全未知，不过他采取的手段相当常见；八年后，1596 年约翰·桑德森在英国大使馆担任爱德华·巴顿的临时代表，在对付伊斯坦布尔一位不服约束的英国商人时，他倾向于“找禁卫军教训他，要是花钱能办的话”。另一条证据是一份有关威尼斯政府的土耳其语文件，总督在这份文件中推荐了送信人克里斯托福罗·布鲁蒂以及他的兄弟巴多（可能是贝内德托），称他们是威尼斯前雇员，现在效力于苏丹。这份文件没有标明确切的时间，但可能在莱昂尼事件之后的某个时候，在 1588 年夏末或初秋，兄弟俩为了总督的事务——也有可能是苏丹的事务——出差到威尼斯。[19]

从威尼斯或科佩尔，克里斯托福罗和他的兄弟返回了奥斯曼帝国。他们的表兄弟安东尼奥·布吕尼非常可能同他们在一起，他自己生活中的摩尔达维亚插曲开始了。他们可能在伊斯坦布尔待了一段时间；如果是这样的话，1589 年 4 月总督的凶死结束了克里斯托福罗的聘期，这给了他迁居摩尔达维亚的理由。除了别的事务之外，他与巴托洛梅奥成了贡赋的联合征收者；他可能也有别的任职，1590 年 1 月获得“瘸子”彼得鲁的“斟酒人”荣誉头衔。他可能参与了彼得鲁幼子的教育；一份日期为 1590 年 5 月 5 日的文件显示，彼得鲁在这天为了小公爵斯特凡的缘故，授权给克里斯托福罗付款。[20]

但那一年 11 月底，克里斯托福罗·布鲁蒂回到了伊斯坦布尔，替大使吉罗拉莫·利波马诺工作。他在奥斯曼法庭上代表大使作证，有一艘奥斯曼船只先被马耳他舰队掳获，后被威尼斯释放。一些天后，他翻译了一份利波马诺获得的土耳其语文件，这是苏丹给皇帝鲁道夫二世的谕旨，只要皇帝答应某些条件，就同意续订他们之间的和约。但克里斯托福罗此时似乎是个自由职业者，并没有再次正式效力威尼斯。六个月之后，1591 年 6 月中旬，前大使洛伦佐·贝尔纳多——他之前曾经高度赞扬克里斯托福罗作为青年译员的工作——突然出现在伊斯坦布尔；因怀疑吉罗拉莫·利波马诺将国家秘密转交给西班牙，洛伦佐被派去逮捕他，6月25日，洛伦佐将他押上威尼斯舰船，随即返航。(当这艘船可以看到威尼斯的利多岛时，利波马诺跳入或被推入海中，溺水而亡。) 1592年，洛伦佐·贝尔纳多写了份有关伊斯坦布尔的报告，简短回顾1591年6月此事的经过。在列举大使府中各译员时，他如此评论克里斯托福罗·布鲁蒂："他是个28或30岁的年轻人；现在没有特定工作，因此亲身经营珠宝、小麦等生意。但如果他把那些生意搁在一边时，全身心投入到公共服务中，他会极为有用，非常适合在大使府邸工作，因为他精通土耳其语、希腊语、意大利语、斯拉夫语、罗马尼亚语和阿尔巴尼亚语。"但是，在贝尔纳多写下这些话时，克里斯托福罗·布鲁蒂可能已经死了；他去世的确切时间无从得知，死因也不清楚（不过我们确实知道伊斯坦布尔在1592年爆发了瘟疫），但大使写于8月中旬的一份报告中谈到了他去世之后的事。大使清查了克里斯托福罗的财产，交给克里斯托福罗的姐夫德莫斯泰内·卡雷里奥，他刚刚从摩尔达维亚来到伊斯坦布尔。克里斯托福罗的兄弟贝内德托和亚科莫是他的继承人；克里斯托福罗比他的兄弟巴托洛梅奥最多多活了三个月。[21]

克里斯托福罗·布鲁蒂的去世并没有结束布鲁蒂家族同伊斯坦布尔大使府的联系。在写到大使生涯（1585年到1587年）时，洛伦佐·贝尔纳多赞扬了克里斯托福罗，然后补充说："他有个外甥前来这个城市陪伴我；他就像了解自己的母语那样通晓土耳其语、阿尔巴尼亚语、斯拉夫语和意大利语，还掌握初级的希腊语，正在学习土耳其语读写。总督阁下可对该臣民的服务寄予很大希望。"此人就是马克安东尼奥·波利希，亚科玛·布鲁蒂和彼得罗·波利希的儿子之一。显然他确实取得了良好成绩；到1590年，他就在奥斯曼法庭的卡迪面前代表大使了。在有关1591年简短访问的报告中，洛伦佐·贝尔纳多再次提到他，这一次带上了名字，称赞他在谈判中的出色表现、他的智慧和技巧；他说，尽管他年龄在20到22岁之间，但他有着40岁的人方有的谨慎。他还评论说，马克安东尼奥没有财产，必须依赖青年译员每年50杜卡特的薪俸，这都不够他买鞋帽的；作为回应，总督在1592年将这个年轻人的俸禄加倍。马克安东尼奥在他漫长的职业生涯中继续服务威尼斯。1600年大使称赞他通晓罗马尼亚语、希腊语、波斯语和一些阿拉伯语，他说土耳其语时十分优雅，帕夏们听他说话时都感到愉悦（尽管一位现代学者发现他的书面翻译比较普通），1603年他被升为大译员。马克安东尼奥第一任妻子来自最为显赫的天主教佩罗特家族——皮龙家族；此后一些皮龙家族成员也成了青年译员。第二任妻子是他第一任妻子的表亲，卡特琳娜·奥利维里，法国大使馆一位佩罗特译员之女。马克安东尼奥的职业生涯十分出众，不过威尼斯怀疑他向西班牙传递情报，这让他深受其扰；不过最终要了他命的却是奥斯曼政府，1620年，因为他曾经说过大不敬的话，受穿刺之刑而死。在生命接近尾声之际，他同达尔马提亚冒险家加斯帕雷·格拉齐亚尼有过一次联系，加斯帕雷·格拉齐亚尼在1619年成了摩尔达维亚大公。格拉齐亚尼为了娶马克安东尼奥的一个女儿，交涉了好一番。据说马克安东尼奥的死讯导致他在1620年发动反奥斯曼叛乱。[22]

马克安东尼奥·波利希不是克里斯托福罗生命结束之际唯一在奥斯曼领土工作的布鲁蒂外甥。上文提到过，贝尔纳多·波利希在1587年到1589年间充当“瘸子”彼得鲁的翻译。*16世纪90年代，他将在科佩尔度过一段时间，担任当地500名民兵的队长，但1602年，他被允许前往伊斯坦布尔处理家庭事务，他余生的很多时间在罗马尼亚地区度过。1613年到1618年间，他在瓦拉几亚和摩尔达维亚占据高位；1619年，格拉齐亚尼让他担任军队统领，正是这层关系致使格拉齐亚尼向贝尔纳多的侄女求婚。波利希家族和瓦拉几亚的联系早在1588年就已通过另一位兄弟马里诺建立起来，马里诺代表伊斯坦布尔的一位威尼斯商人到那儿出差，将贵重的珠宝卖给大公米

---

*　参见第365页。

赫内亚。1590 年，他再次前往那里，要求他的舅舅巴托洛梅奥 · 布鲁蒂帮助他收回账款，次年年初，贝尔纳多 · 波利希陪同马里诺到特兰西瓦尼亚，再度踏上收账之旅。[23]

鉴于洛伦佐·贝尔纳多说克里斯托福罗“经营珠宝、小麦等货物”，波利希兄弟们涉足珠宝买卖也许说明了他们同克里斯托福罗 · 布鲁蒂有所联系。但这个共同的因素只是译员特有的一种可以用于商业用途的社会资本：他们同非常重要的人物有密切往来，知道如何同他们交谈，知道如何取得他们的支持。珠宝深受奥斯曼帝国的富贵之人钟爱，有两个原因：一方面是它的便携性，这对那些可能迅速失去权位的人来说十分重要，另一方面是它容易出手——权贵们需要这种有派头的礼物笼络或讨好那些权力更大的人。所有到伊斯坦布尔的游客都评论过室内集市琳琅满目的黄金、珠宝和镶嵌稀有宝石的物件。拉比摩西 · 阿尔莫斯尼诺曾写文章描述他在 16 世纪 60 年代伊斯坦布尔的生活，说这些珠宝的主要购买者是寻求重获苏丹宫廷青睐的“非常大的领主”；他说，由于这个原因，取决于需求的紧迫性，价格可能会剧烈波动，因而珠宝商人也可能在富有和贫困之间浮浮沉沉。米赫内亚被解职，在那些为他提供这类商品的珠宝商人间引起了一些恐慌，因为一大笔款项还未支付；但债务和投资的流动是双向的，1592 年另一个兄弟弗朗西斯科 · 波利希被记下欠米赫内亚（在皈依伊斯兰教后被称为穆罕默德贝伊）4500 杜卡特。无论如何，在米赫内亚和布鲁蒂 – 波利希家族之间有一种特殊纽带。他在 1591 年初被逐出权力核心并改宗伊斯兰教时，把 5 岁大的儿子托付给巴托洛梅奥或者克里斯托福罗 · 布鲁蒂，并送到科佩尔让亚科莫 · 布鲁蒂妥善保护；据推测主要目的是让这个叫拉杜的男孩避免被作为穆斯林养大，否则日后就没有资格做瓦拉几亚大公。1592 年初，威尼斯政府介入，命令将他迁往威尼斯；他被安置在“贝尔纳多先生”（可能是前大使和特使洛伦佐 · 贝尔纳多）的宅邸中，米赫内亚次年将他从那里接走。拉杜将在 1601 到 1623 年间的不同时期统治瓦拉几亚，一些布鲁蒂－波利希家族成员将从他的庇护中获益。[24]

渐渐地，从亚科玛·波利希的孩子到她兄弟亚科莫·布鲁蒂的那些孩子，译员职业网络以及构筑译员家族的婚姻延伸到了下一代。亚科莫的一个儿子贝尔纳多·布鲁蒂（按威尼斯人的叫法，也称“巴尔纳巴”）在 1602 年成为青年译员，在大使府邸服务了 20 多年；1619 年，像他的祖父安东尼奥一样，他获封“圣马可骑士”。在他到达伊斯坦布尔三年之后，他的堂兄弟克里斯托福罗·布鲁蒂，贝内德托之子，在那里开始了青年译员的职业生涯；七年之后，贝尔纳多的兄弟巴托洛梅奥到来，担任了同样的职务。因而，1612 年大使就让马克安东尼奥·波利希做了大译员，让贝尔纳多·布鲁蒂担任另一名工作译员，让两个更年轻的布鲁蒂家族成员学习土耳其语。同时大使府邸还有两个纳翁家族成员，他们来自一个长久服务威尼斯的佩罗特译员家族。马克安东尼奥·波利希的一个女儿嫁给了纳翁家族成员，他们的儿子也成了威尼斯的译员。[25]

亚科莫的一个女儿安吉拉·布鲁蒂嫁给了来自伊斯特里亚古老贵族塔尔西亚家族的成员；她的儿子克里斯托福罗·塔尔西亚在 1618 年起成为青年译员，继而升任大译员，职业生涯很成功；而她的女儿布拉达曼特嫁入了另一个科佩尔贵族卡里家族，他们此后也开始出产译员。这些当地有名但相当贫困的贵族，收入大多来自伊斯特里亚的低劣田产，显然只能通过为政府效力并进入威尼斯－奥斯曼商业世界获利。塔尔西亚家族尤为善于利用这个职业，在 17 世纪下半叶成了威尼斯译员阶层中的统治家族。他们十分成功，并为他们工作带来的社会地位感到尤为骄傲，因而托人制作了一系列他们身着奥斯曼装束的精美肖像画，这是已知的第一批有关译员个人的画作，现在可以在贝尔格拉莫尼－塔茨科宫，即科佩尔地方博物馆的宏伟台阶一侧看到。佩罗特译员家族们的家族联系时时更新，但这些相互通婚的家族一直保持着在伊斯特里亚的基地。这些布鲁蒂、波利希和塔尔西亚家族的儿子们、侄甥们，乃至孙辈们，将从事这一职业长达一个多世纪，将科佩尔这个斯拉夫和奥斯曼世界边界上的小威尼斯领地，变为一大批具备在威尼斯和伊斯坦布尔之间斡旋能力的人的故乡。所有这一切遗产，都源自于巴托洛梅奥·布鲁蒂在1573年到1574年间进入译员世界的短暂冒险，以及他兄弟克里斯托福罗对此道的坚持。[26]

第二十章

流亡大公与他的顾问

1591 年 9 月 24 日，在流亡了一个多月后，“瘸子”彼得鲁来到靠近波兰－匈牙利边境的帝国自由市萨图马雷。他从那里写了封信给奥地利的欧内斯特大公——隐居的鲁道夫二世皇帝的弟弟，请求准许他定居在帝国内的匈牙利或其他地方。他向哈布斯堡保证他的出现不会带来麻烦，但如果他们不这么想，他想得到去罗马拜访教宗的通行证。不幸的是，哈布斯堡和奥斯曼帝国之间的关系正处在非常微妙的阶段，他们正就和平条约进行谈判；奥斯曼人有诸般不满——尤其是哈布斯堡治下的乌斯科克人对他们的袭击和劫掠——而给予彼得鲁庇护可能被视为挑衅。（几个月后，大维齐尔确实指责帝国组织了彼得鲁从摩尔达维亚的逃亡。）所以一开始鲁道夫就拒绝让彼得鲁在他的领地定居，只愿意安全护送他通过。在冬季的几个月，彼得鲁在邻近维也纳的图尔恩待了一段时间，他在那里为皇帝献上礼物：镶有钻石、翡翠和红宝石的马刀，十峰骆驼，两匹骏马等等。最终，到 1592 年 4 月，前大公成功说服了欧内斯特大公让他留在南蒂罗尔；欧内斯特大公的叔叔斐迪南大公勉强同意，南蒂罗尔是他的领地。在巴伐利亚度过一段夏日时光后，彼得鲁搬到了因斯布鲁克附近的哈尔（他的出现在这里引起了一些误会：一位当地的编年史家，被他的类东方服饰所误导，记载说“一位奥斯曼帕夏率100名奥斯曼人”到来)，接着在9月底去了博尔扎诺。这是个相当不起眼的小地方；当米歇尔·德·蒙田在十一年前穿过它时，发现它与他见过的德意志和奥地利城镇相比，显得丑陋，“街道狭窄，没有像样的公共广场”——不过他也评论此地面包品质优良，葡萄酒供应充足。彼得鲁住在市政厅，连同提供给随从的四幢私人住宅。这几幢住宅中有一处是当地行政官员斐迪南·冯·屈巴赫的宅邸；他明面上受命关照彼得鲁的需要，私底下则被要求密切关注其活动和联络。[1]

“瘸子”彼得鲁计划在哈布斯堡变卦前继续前往罗马，他写了封信给新任教宗克雷芒八世——前驻波兰教宗使节伊波利托·阿尔多布兰迪尼，他在1592年1月当选教宗。克雷芒回信的日期是1592年4月20日，信件幸运地保留了下来。它的开头写道：“您将给我的信件以及您的嘱托交予我的爱子安东尼奥·布吕尼，从您的信，以及从与安东尼奥的谈话中，我已得知您有多么渴望以及为什么想来见我，这一切都令我极为欢欣。”教宗接着往下说，总的来讲，他鼓励彼得鲁进行访问。几个月后，罗马对这位前大公的态度似乎变得冷淡。7月，新任教廷国务卿米努乔·米努奇写信给驻格拉茨的教廷大使说：“至于被逐出摩尔达维亚的大公的请求，不清楚会给出什么答案；要来罗马的话，他不需要任何前往意大利的通行证。”然而，米努奇对教宗是否能够以及是否应该卷入彼得鲁的事务抱有怀疑，“因为他是分离教会成员，并没有和神圣的教会结盟”。但两个月后彼得鲁觉得可以再给斐迪南大公写一封信：“我过去与神圣的教宗有良好的友善关系；我手下有个名叫布鲁蒂的人，我常常派他从我的宫中去教宗那里。最近，在秋天，我收到了教宗的来信，现在正在我手上。当时机成熟时，他要求我在阁下的恩惠下被允许往返罗马。”这段话中的名字尽管被清楚地拼作“布鲁蒂”，但有充分的理由认为指的就是安东尼奥·布吕尼；毫无疑问，彼得鲁把他当作曾经为他服务的巴托洛梅奥·布鲁蒂的亲属之一。安东尼奥·布吕尼不仅替他把信交给克雷芒八世，他也是所有涉足摩尔达维亚事务的巴托洛梅奥家族成员中，在罗马最为可能有良好人脉的人。[2]

从他很快将作为彼得鲁流亡蒂罗尔期间的翻译来看，很明显，安东尼奥·布吕尼在摩尔达维亚花了足够时间让自己熟练掌握罗马尼亚语。如我们之前所见，他在1585年之后，也许直到1587年或稍晚一点，一直生活在科佩尔。而1591年8月（那时彼得鲁正准备放弃大公之位），安东尼奥连同他的堂兄弟马泰奥·布吕尼一起，被选为科佩尔市政粮仓的督察。所以他住在摩尔达维亚的大致时间是1587年至1591之间。1588年到1589年，在他们从威尼斯或者科佩尔出发到伊斯坦布尔，接着从那里到雅西时，安东尼奥·布吕尼可能和他的表兄弟克里斯托福罗还有克里斯托福罗的兄弟（贝内德托或者贝尔纳多）同行。* 在安东尼奥后来写的有关鲁米利亚行省的小论文中，显示出他对阿尔巴尼亚港口发罗拉、保加利亚黑海沿岸有些独到的了解；他很可能去过这些地方——可能不止一次，如果他确实"常常"从雅西到罗马去的话。而且在同一文本中，他还表现出对摩尔达维亚事务的详尽掌握，比如，他评论说"那些鞑靼人通常生活在摩尔达维亚一角，在德涅斯特河和多瑙河之间，直到黑海，组成宾杰里和阿克尔曼桑贾克"，他还同时用罗马尼亚语和波兰语给出了宾杰里和阿克尔曼的别名。安东尼奥在雅西靠什么生活无从得知，但可能他的表兄弟给他在当地谋了份差事，也许是财政部门。威尼斯作家拉萨罗·索兰佐和安东尼奥私交甚笃，不仅读过他的论文手稿，而且非常可能亲自从他那里获取信息；所以在关于奥斯曼帝国的书中讨论罗马尼亚公国的财政问题时，索兰佐给出了贡赋的具体数字，补充说："这些信息是我从曾经看过摩尔达维亚和瓦拉几亚人账目的人那里取得的。"[3]

接着在1592年初某个时候，"瘸子"彼得鲁可能联络了在科佩

---

* 参见第403页。

尔的安东尼奥，寄给他一封给教宗的信，请他亲自转呈。教宗的回复在 4 月份寄回后，安东尼奥似乎有大约一年时间没有涉足彼得鲁的事务。但 1593 年 5 月，他旅行到博尔扎诺。彼得鲁在那里用罗马尼亚语（用非常不规范的西里尔字母书写）签署了一份正式文件，说："我已授权安东尼奥 · 布吕尼先生，在这一次同拉古萨人齐瓦的司法诉讼中，于教宗和尊贵的神圣罗马帝国皇帝、尊贵的斐迪南大公以及其他任何基督教君主之前，在任何必要之处，按他认为最得宜的方式说、写、做出安排以及行动。"安东尼奥扮演了前大公事务中至关重要的角色，作为他的参谋、临时翻译和首席法律顾问。[4]

"拉古萨人齐瓦"是拉古萨商人乔瓦尼 · 德 · 马里尼 · 波利（齐瓦是乔瓦尼的克罗地亚语缩写），他从 1583 年开始在罗马尼亚地区谋生。"瘸子"彼得鲁找来的证人说，他从索菲亚逃到瓦拉几亚以躲避债主，用诱骗的手段混进了大公的宫廷，接着又在摩尔达维亚故技重施；但这些人是彼得鲁能够找到的最具敌意的证人。乔瓦尼当时一定给人留下了好印象。在瓦拉几亚时，他娶了米赫内亚大公的表姐妹，其间改宗了东正教，在他迁居雅西时，他迅速和巴托洛梅奥 · 布鲁蒂交上朋友。多亏巴托洛梅奥，他获得了摩尔达维亚牛羊包税人的肥缺。财政年度是从当年 8 月中旬到次年 8 月中旬；就在彼得鲁准备出逃时，他和两个搭档刚刚完成了第一年的合同，而且——关键的是——已经支付了彼得鲁下一年的大笔开销。即将离任的大公确实发出一道指令给他的继任者，请他尊重这一安排，但阿龙对此毫不顾忌，把包税权给了别的申请者。乔瓦尼 · 德 · 马里尼 · 波利和他的伙伴资金严重匮乏，于是向逃亡中的彼得鲁追讨共计将近 17 000 塔勒（11 333 杜卡特），他个人声称其中的三分之一归他所有。1593 年初，两边都在收集材料和证词，准备对簿公堂。在安东尼奥 · 布吕尼于 5 月份受命负责这个案子时，这项工作的很多内容已经以彼得鲁的名义做好了。听证会在 6 月下旬开始，8 月，上奥地利州高等法院签署了一项对德 · 马里尼 · 波利不利的判决；他随后上诉，但 1593 年 11 月的终审仍对他不利。

他和他的兄弟帕斯夸莱此后再三尝试重启此案。乔瓦尼 · 德 · 马里尼·波利抱怨说，出面为彼得鲁作证的人基本上是前大公之前的仆人，他们中的一位，假装偶然路过奥地利，事实上是被彼得鲁团队唤来还一个大人情的：他的兄弟曾经在波兰犯了谋杀，由于巴托洛梅奥 · 布鲁蒂的介入，免于死刑。安东尼奥 · 布吕尼并没有亲自作为律师出现在法庭上（他雇了两个执业律师，一个奥地利人和一个意大利人），但他似乎不择手段地将此事安排得很妥当。[5]

作为彼得鲁的心腹顾问，安东尼奥 · 布吕尼很自然地介入到其他事务的管理中。对他们产生影响的最重要变化是锡南帕夏在 1593 年 1 月重新被任命为大维齐尔：受此激励，且苦于流亡生活，“瘸子”彼得鲁开始萌生再度统治摩尔达维亚的想法。可能是在 1593 年初，一位朋友或代理人从伊斯坦布尔寄给彼得鲁一封信说，他和他的同事一直在游说锡南和苏丹让彼得鲁返回领地。这封用希腊语写的信，用基督教术语作为有趣而又简单的密文，把大维齐尔称作堂会理事，把摩尔达维亚称作修道院地产，等等。作为回应，彼得鲁用相似的词语给锡南寄出一封信，为隐退流亡道歉（他说，在锡南被免职时，这很必要，因为彼得鲁的敌人那时太过强大），并恳求他向苏丹请求原谅，这样彼得鲁就可以再次占有他的修道院地产。1593 年 6 月锡南帕夏的一封回信说，他的过错已被原谅，他复职的细节问题正在运作中，他应尽快到希俄斯岛，并在那里等待。[6]

这些操作没有逃过哈布斯堡的注意，此时他们正不情愿地滑入 1593 夏天对奥斯曼帝国的战争，他们对任何与伊斯坦布尔联系的人都愈发怀疑。* 帝国驻伊斯坦布尔大使，弗里德里希 · 冯 · 克雷克维兹与贝内德托 · 布鲁蒂有密切联系，贝内德托 · 布鲁蒂相当随意地对他说起这场让彼得鲁复位的活动——由于他与锡南的联系，贝内德托本人正在协助组织这一事项。6 月 1 日，冯·克雷克维兹报告说，

---

* 关于战争的隐现，参见 423—428 页。

贝内德托已经承诺给苏丹30 000杜卡特，给锡南20 000杜卡特，给锡南的儿子鲁米利亚总督8300杜卡特；当天晚上，因为贝内德托支付了6000杜卡特，他正在获取帮助彼得鲁重返奥斯曼土地的安全通行证。几周后，大使记下流言说“瘸子”彼得鲁正乘坐一艘桨帆船到杜布罗夫尼克。7月3日，斐迪南大公写信给皇帝说，他从冯·克雷克维兹的报告中得知，彼得鲁“正通过一个叫布鲁蒂的人在奥斯曼宫廷艰难谈判”，补充说：“而且，一个叫安东尼奥·布鲁蒂（即安东尼奥·布吕尼）的人最近来这里见大公；我想，他是个难对付的狡猾奸诈之徒，是大公秘密和机密事务中的助手和翻译。据说他是伊斯坦布尔那位布鲁蒂的表亲和至亲。”（在这个阶段，斐迪南没有见过彼得鲁或安东尼奥；他对后者的评论一定只是基于传闻和怀疑。）一个月之后，彼得鲁前往斐迪南大公的所在——因斯布鲁克山上的安布拉斯城堡，第一次面见他。斐迪南询问彼得鲁对重掌摩尔达维亚的兴趣，并在第二天报告给皇帝说他“通过他的译员布鲁蒂（即布吕尼）”作了答复，“他的确无法否认他没有这样的想法，但他并不完全信任苏丹”。（这并不是彼得鲁和安东尼奥谈论的唯一话题。在他的文章手稿中，安东尼奥·布吕尼还提到，他们讨论了如何在战场上击败奥斯曼人，彼得鲁坚持少量基督教军队就能打败大批奥斯曼人，“首先，凭借神的帮助，其次，凭借武器和纪律上的优势”。）不到两周之后，斐迪南就收到了他在威尼斯的特工贝尔纳迪诺·罗西的来信，说两个人，一个希腊人、一个西班牙人，正准备领“瘸子”彼得鲁到伊斯坦布尔。[7]

所有此类计划，无论是实际的还是想象的，很快都将被突发事件打乱。到1593年8月中旬，神圣罗马帝国和奥斯曼帝国正式开战。锡南有了比替换大公更重要的事情要考虑；在接下来的几个月里，彼得鲁的继任者阿龙开始向哈布斯堡积极示好，为自己下注，这使得他们更加警惕彼得鲁复位的任何可能。（次年年初，帝国政府就决定派出秘密特使到阿龙那里，选的不是别人，正是乔瓦尼·德·马里尼·波利。）在战争爆发后不久，一群波雅尔从摩尔达维亚逃亡到波兰，鼓励西吉斯蒙德邀请彼得鲁到波兰。1593 年 12 月，彼得鲁写信给斐迪南大公，说他希望最终定居波兰，但请求允许他首先到罗马看望教宗。正是安东尼奥·布吕尼向罗马再次发出了他的访问请求。安东尼奥动用的人脉是拉萨罗·索兰佐，他在教宗府邸供职；索兰佐后来写道，彼得鲁希望亲吻教宗的双脚，“我便在他的请求之下，通过一位阿尔巴尼亚绅士安东尼奥·布吕尼的努力，在圣座面前安排此事”。克雷芒八世对这个想法很受用，在 1594 年 2 月，他给鲁道夫皇帝和斐迪南大公分别写了信，请他们允许彼得鲁前来，他解释说：他正想从他那里获取一些可能有助于击败奥斯曼人的信息。但哈布斯堡依旧故我，彼得鲁从不曾离开蒂罗尔。[8]

安东尼奥·布吕尼则享有更多自由，于 1593 年 11 月了结法院案件之后，他回到了威尼斯领土。（证据是他在当月 17 日寄给斐迪南一封信，请求得到证词，说明他待在奥地利的七个月是因为彼得鲁的法律事务的缘故；最有可能的是他担心返回威尼斯后受到当局的怀疑，因为威尼斯在战争中保持严格中立，正在搜查哈布斯堡代理人。）1594 年 3 月，他在科佩尔，次月，斐迪南允许彼得鲁送礼物——一些盔甲和一个时钟——“给意大利的安东尼奥·布吕尼”。可能这些是为安东尼奥的服务支付的拖欠已久的报酬或遣散费。如果是这样的话，这是他最后一次从彼得鲁那里收到东西了；他再也见不到“瘸子”彼得鲁了。[9]

1594 年 5 月，彼得鲁用希腊语起草了一份遗嘱，把所有财产留给儿子斯特凡。这份文件的大部分内容是对彼得鲁的女儿及其丈夫，还有他的侄子格奥尔基（他曾经享有过统帅的头衔）的谴责，因为他们未经他许可就抛弃了他；他撤销了一份早先的文件，那份文件让他的侄子在他死后充当斯特凡及其财产的保护人。同时，他再次请求斐迪南，允许他前往罗马；因而，似乎他此时并非严重衰弱。斐迪南·冯·屈巴赫曾经受命记录他的活动，此时俨然成了他真正的朋友，他后来记载，6 月的高温造成彼得鲁的健康突然恶化。冯 · 屈巴赫把他带往他在两英里外的一处房屋，它位于山脚下更凉爽的位置。因为身体愈加虚弱，彼得鲁将照顾其子的事托付给了冯 · 屈巴赫和斐迪南大公，说斯特凡是“他眼下经历的逃亡和苦难的唯一目的，只有这样做，才能把他从奥斯曼的暴政中抢夺出来”。行将就木之时，他召唤都主教格奥尔基 · 莫维勒（他和彼得鲁一同流亡）；冯 · 屈巴赫骑行数个小时去接都主教，但在他返回时彼得鲁已经说不出话了。“遵照东正教仪式”，“瘸子”彼得鲁从莫维勒那里领受了圣餐。第二天彼得鲁恢复了一些，他告诉冯 · 屈巴赫他有多么感激他的一切帮助；之后他便死了。他在 7 月 3 日葬在博尔扎诺。[10]

现在出现了两个问题。第一个问题涉及彼得鲁儿子的未来，他此时 10 岁。斐迪南大公决定，他应在蒂罗尔被抚育长大，并且任命冯 · 屈巴赫和另外两人充当他的保护人。后来波兰国王西吉斯蒙德请求把他送到波兰宫廷，但遭到拒绝。如果年轻的小公爵要被放在罗马尼亚王朝政治的棋盘上，他必须完全符合哈布斯堡的价值观和利益——他同时还得是个罗马天主教徒。这最后一点事实上并没有违背他父亲的意愿：1592 年，在他于博尔扎诺定居前不久，彼得鲁曾写信给斐迪南说，他想为自己建造一座小小的东正教堂的同时，也希望他的儿子成为天主教徒。所以斯特凡将被送往因斯布鲁克的耶稣会学院，没过多久他在那里就成了玛利亚会堂的学长。在他还是那里的学生时，病死于 1602 年，他把遗产留给了城里的穷人，葬在了教区的教堂里。[11]

另一个问题在彼得鲁死亡之后马上出现。冯 · 屈巴赫立即前往彼得鲁在博尔扎诺的住所，下令封锁通往彼得鲁房屋的道路；但接着他不得不返回他在山脚下的家中，他刚一转身，彼得鲁家中的“野蛮暴民”就开始搜寻贵重物品。在这些肆无忌惮的搜刮者中，为首的是彼得鲁的女婿佐图 · 齐加拉，但还有别人牵涉其中，包括彼得鲁的情妇，一个叫拉达的切尔克斯奴隶，还有指挥官格奥尔基、护卫科斯特亚，甚至大主教格奥尔基·莫维勒本人。大量金币、珠宝和其他轻便物品被偷运出房子，然后盗贼们接着出发前往威尼斯瓜分战利品。在那里，他们彼此之间很快爆发了争吵。正是听说此事的安东尼奥·布吕尼联系了斐迪南大公在威尼斯的代理人，让他警告奥地利当局。8 月 29 日，贝尔纳迪诺·罗西报告说安东尼奥已经迫使罪犯们正式把他们携带的货物寄存起来，并承诺将它们还给斯特凡；但他们的话并不可信。9 月 2 日罗西写道，大多数赃物在佐图·齐加拉位于威尼斯的家中，因为佐图正要返回博尔扎诺接他的妻子，应该在他到达时抓住他并羁押在那里，直到贵重物品被归还，8 天后他又提及此事。他写道，所有这方面的信息都来自安东尼奥·布吕尼；但他同时附上了一则关于他的警示，说“虽然大公活着时，没有告诉我他是他的代理人，也没说他此前曾在伊斯坦布尔；他是个阿尔巴尼亚人，最初来自乌尔齐尼，到目前为止，我知道他与锡南有关”。然而他补充说，“我并不是想轻率地评判他，或者让他看起来可疑，不过我看他极为渴望寻找并获取大公之子的财物”。在 10 月初，罗西对安东尼奥在这件事情上的忠诚更加确信，说他“相当善良”，他的动机是想看到财物被找回；但他也补充说，安东尼奥和佐图·齐加拉之间关系不和，佐图·齐加拉对彼得鲁留给安东尼奥 500 杜卡特的主张表示质疑；另一个复杂难题也出现了：显然，“巴托洛梅奥·布鲁蒂的妻子还被欠着 7000 杜卡特，她丈夫生前借了这笔钱给大公”。[12]

彼得鲁盗贼般的亲属托庇于这个事实：彼得鲁曾给他们一份文件，让他的外甥指挥官格奥尔基在他死后负责照看斯特凡和他的田产。按彼得鲁的遗嘱，这个文件已被撤销，文件的副本还可以找到；奥地利当局仅仅需要得到这份遗嘱和相关文件的可靠译本，希腊语和罗马尼亚语的译本都要有。一个可能的译者当然是安东尼奥·布吕尼；但冯·屈巴赫反对用他，写信给斐迪南说：“我担心其中存在前大公指定布吕尼为他儿子的全权保护人以照看他的人身和财产的文字：这正是他要捞取的。”然而，从安东尼奥本人对这些问题的评论来看，他没有丝毫不可告人的动机。10 月 20 日，他从科佩尔写信给罗西，提议采用一个比较复杂的程序：罗马尼亚西里尔文字将由斯特凡改写为拉丁文字，接着由双方各派一人独立翻译成希腊语，这两份希腊语版本由其他人翻译成意大利语，这样任何试图篡改文本内容的尝试都会清晰可见。他还建议在因斯布鲁克举行一次刑事审判，帕斯夸莱·德·马里尼·波利可以当场翻译土耳其语和罗马尼亚语版本的遗嘱。他从未推荐自己——尽管两周之后，罗西决定到科佩尔拜访他，并取得一份从罗马尼亚语翻译为意大利语的文件。[13]

最终，大部分赃物被追回；一份现代研究认为，硬币、珠宝和“瘸子”彼得鲁的地产等物价值超过 20 000 杜卡特。然而，彼得鲁死亡两年后，地产法律纠纷还未结束，罗西写给冯·屈巴赫说，有“其他债权人，其中包括布鲁蒂的遗孀”。（玛利亚·布鲁蒂的声索最终在 1600 年得到处理，她的法定代表人同意接受来自冯·屈巴赫的区区 300 杜卡特。）安东尼奥·布吕尼对小公爵的事务保持着兴趣。1596 年，因为哈布斯堡－奥斯曼战争仍在肆虐，他向奥地利当局提交了一份备忘录，提出一些地缘政治战略，“只需借用他的（即斯特凡的）名义，在此事上做必要保密，在摩尔达维亚和其他地方，陛下能以最不寻常的方式用上他”。1597 年 5 月，他在信中再次提到这个建议，洋溢着反宗教改革的热情，安东尼奥说“渴望天主教信仰广为传播，以及其敌人的根绝，是一位好基督徒的职责”。在那一年结束之际，安东尼奥再次写信请求允许科斯特亚去因斯布鲁克拜访斯特凡；当局咨询了冯·屈巴赫，他说如果他承诺不参与任何“秘密交易”，他可以来，并建议安东尼奥与他一同前来。[14]

看来冯·屈巴赫对安东尼奥·布吕尼挥之不去的猜疑最终烟消云散。有证据表明冯·屈巴赫现在开始聘请他（可能同他身为斯特凡的保护人有关），因为一条带有安东尼奥的条目出现在一本账目笔记中，冯·屈巴赫在这个笔记本中总结他付过的款项。历史学家尼古拉·约尔加在19世纪90年代晚期研究了他的笔记；他用德语抄写了一些原始条目，但有关1598年夏天的特定段落，他以极为简短的形式用罗马尼亚语加以呈现：“布吕尼的行程，他于7月底死在的里雅斯特。”不幸的是，约尔加读到这个片段的因斯布鲁克档案馆，后来改变了文件分类，却没有记录下旧索引所对应的新条目，即便集中搜寻了一遍以后，也未能定位到这个笔记。的里雅斯特这一时期的葬礼记录也未能幸存，因而也没有关于安东尼奥的死亡时间或原因等其他信息。1598年10月4日，在“了解到距我们极近的弗留利乡间和格拉茨城中，恶魔正在取得令人哀恸的进展”后，科佩尔市政当局决定采取预防措施抵御瘟疫。也许正是这一疾病夺去了安东尼奥·布吕尼的生命。[15]

这样的话，安东尼奥可能与他的父亲加斯帕罗死于同一年。目前在世的布吕尼家族成员只剩下一位：加斯帕罗的侄子马泰奥，从16世纪80年代晚期开始，他在科佩尔历任一系列公职，他的市政生涯前面已经提到过。* 马泰奥的第一任妻子卡米拉·韦尔奇在1602年留下遗嘱，提到两个侄女和一个侄子，但没有提到她自己的孩子。在她死后，马泰奥娶了詹内塔，亚历山德罗·波拉的姐妹；波拉家族是另一个根基深厚的科佩尔家族，于1431年被列入城市贵族名册。马泰奥的遗嘱幸运地保留在科佩尔档案馆——但同时又相当吊人胃口，只有一部分保留了下来：这些书页被横着切成了两半，只有底下半部分留了下来，提供了一系列内容翔实的细节。遗嘱上的日期遗失了，但因为我们知道1623年马泰奥作为“一位非常博学和令人尊重的老人”生活在科佩尔，这个遗嘱可以归到17世纪20年代早期。这份遗嘱也没有提到尚在世的孩子。马泰奥指定“他的外甥，尤为杰出的巴尔纳巴·布鲁蒂骑士，他的表兄弟——尤为杰出的亚科莫·布鲁蒂上尉——之子”作为继承人。他就是曾在1619年受封圣马可

---

*　参见221—222页。

骑士的译员贝尔纳多。* 马泰奥要求威尼斯共和国保护贝尔纳多对抗任何可能挑战这份遗嘱的人，并称威尼斯有义务这样做，因为“他（马泰奥）的祖先们一直恪尽职守，还因为在将他本族的领土乌尔齐尼置于威尼斯的手中时，他们的祖先所提供的服务”——后面这条可能指的是马泰奥祖母所属的德·尼科家族曾在15世纪最初几十年协助将乌尔齐尼移交威尼斯的谈判。但除了这些崇高的历史声明外，遗嘱还包含一些家事内容：比如说，要求继承人“尽快拿回波利希家族控制之下的橄榄油坊，拿回之后，他们再也不要把它以任何理由出让给他们，因为房屋和油坊紧密相连”。[16]

也许马泰奥遗嘱中最重要的指示是他要求将墓地建在科佩尔的圣多梅尼科教堂，并在墓地刻上布吕尼家族纹章。他的遗体，连同“他的叔叔、最卓越的骑士和督察加斯帕罗·布吕尼的遗体；他的堂兄弟，最杰出的安东尼奥·布吕尼；他在的里雅斯特的儿子乔瓦尼·斯蒂法诺先生；以及加斯帕罗·布吕尼先生的遗体”葬在这里；在墓地上方，要用黄金字母组成的徽章纪念他的叔叔：加斯帕罗督察以及巴尔大主教、塞尔维亚主教长乔瓦尼。遗嘱中的措辞表明乔瓦尼·斯蒂法诺是马泰奥的儿子，可能他曾和安东尼奥一起旅行，二人在的里雅斯特死于同样的原因；第二个加斯帕罗·布吕尼是否是另外的儿子则不太清楚。无论如何，圣多梅尼科教堂，这个城市曾经最宏伟的教堂，今天已不复存在，因此这片墓地也找不到了。加斯帕罗和安东尼奥·布吕尼有生之年漫游如此之广，最后还是失去了安息之所。[17]

---

* 参见第407页。

第二十一章

哈布斯堡－奥斯曼战争与巴尔干叛乱

1593 年哈布斯堡和奥斯曼之间的战争正式爆发，在德意志则以“漫长的奥斯曼战争”为人所知，并且理由充分：它持续了 13 年。人们也许会预计这样一场大规模战争有根深蒂固的原因，导致各方无情地走向全面冲突。然而，如果仅仅观察战前两到三年的情况，可以说有一些战争爆发的条件，但却没有使之必然爆发的长远因素。最重要的条件是奥斯曼帝国在 1590 年结束了同波斯的战争。据西方观察者所说，苏丹在这场冲突中每年损失八至十万人；对一些国家来说，再次投入战争会有很大的阻力，但另一方面，一个能够承受每年这样巨大损失的帝国也能沉着考虑在欧洲发动一场新的战争。另一个重要背景条件是被持续边境劫掠所激化的愤怒。哈布斯堡治下的克罗地亚湾小港口塞尼的乌斯科克人，在亚得里亚海非常活跃，攻击奥斯曼商人，沿着达尔马提亚海岸劫掠奥斯曼领土。1589 年，哈布斯堡当局节制乌斯科克人的三心二意的尝试宣告失败，威尼斯担心他们的海盗行径致使奥斯曼海军常驻亚德里亚海，但没有哈布斯堡的支持，威尼斯人无法制服乌斯科克人。1590 年 12 月，穆拉德苏丹写信给鲁道夫皇帝，主动提出两国签订从 1592 年起为期八年的和平协定，他提出三个条件：帝国必须停止在边境的敌对活动，赔偿给奥斯曼领土造成的损失，将乌斯科克人永久迁出塞尼。这些是真实的顾虑——就像在另一侧，奥斯曼势力的跨境劫掠也让哈布斯堡头痛不已。[1]

即便苏丹的条件没有得到满足，爆发一场大规模战争的理由也尚不明确。巴托洛梅奥 · 布鲁蒂在 1590 年牵线谈判波兰 – 奥斯曼和平协定，波兰在 1591 年初正式同意，1592 年双方最终签署。从奥斯曼的视角看，这意味着波兰完全恢复了其传统角色，即保护摩尔达维亚和特兰西瓦尼亚等易受攻击的领土的安全缓冲地带。当然，如果苏丹已经在计划一场针对神圣罗马帝国的进攻性战争，取得波兰的默许是值得采取的预防措施；但没有证据表明确实存在这种意图。相反，1590 年到 1591 年奥斯曼战略计划似乎将注意力集中在一场针对西班牙的新战争上。偶然发现从整个帝国的总督和桑贾克贝伊身上榨取财富的新方法，再加上海军司令“威尼斯人”哈桑帕夏的鼓动，苏丹和大维齐尔（锡南帕夏）决定大规模重建奥斯曼舰队。1590 年 12 月，苏丹穆拉德给法国国王亨利四世和伊丽莎白女王（就在他给鲁道夫二世开出和平条件的同时）寄出的信承诺同英法进行军事合作，在次年对付西班牙。亨利急需帮助；他在 1589 年继承了法国王位，这个新教统治者被强硬的天主教联盟武力赶出了王国北部，而这个天主教联盟受到西班牙的公开支持。在奥斯曼帝国最基础的地缘政治利益中，不应允许西班牙统治或占领法国。而伊丽莎白已经花了多年时间，通过她在伊斯坦布尔的大使们向苏丹请求对西班牙展开海军行动。她利用葡萄牙王位宣称者唐·安东尼奥的计划遇上了麻烦，为了取得摩洛哥人的帮助，她允许唐 · 安东尼奥的儿子作为摩洛哥的人质，但这次她打错了算盘；非斯苏丹拒绝将他送回，无视伊斯坦布尔的要求。一支大型奥斯曼舰队进驻西地中海，也许会引起摩洛哥的顾虑。[2]

这些计划全都搁浅，单纯因为无力筹措一支新的、更大规模的海军所需的金钱和物料。奥斯曼没有或认为自己没有面对类似于

1571 年到 1572 年间那种事关存亡的威胁；勒班陀战役之后发生的变戏法一般的惊人后勤壮举，不会再现。无论如何，亨利四世的军事地位在一系列胜利之后趋于稳定，在政治上也得到了巩固，被天主教联盟推为国王的人于 1590 年去世，没有明确的继任者。这并不意味着苏丹自动转变主意，计划向神圣罗马帝国发起一场进攻性的战争；没有特别的理由让他这么做。至迟到 1592 年的最后几个月，他的主要焦点似乎在计划一场应对新的神圣同盟的防御战争上。当年 11 月或 12 月，他向波斯尼亚的总督哈桑帕夏寄了封信，说他被告知，西班牙、神圣罗马帝国和教宗正在组成"不洁同盟"以攻击奥斯曼领土。这封信的结尾以第三人称提到哈桑帕夏："如果这一切是真的，为什么他到现在还没有报告此事呢？"并不清楚苏丹从哪里听说了这个想法（可能是基于教宗对这一方向上的努力的夸大解释），但这个总督根本不是扑灭这一想法的可能人选，因为挑起地区争端对他有利。三个月后，他派出特使前往威尼斯，抱怨威尼斯正在加入反对奥斯曼帝国的同盟。再没有比这更离谱的事了。[3]

事实上，1593 年战争爆发的单一最重要起因就是这个波斯尼亚总督，这位从黑塞哥维那来的塞尔维亚人或瓦拉几人，原名尼科拉·普雷多耶维奇。他作为血贡被带走，更名哈桑，成了好战的反基督教分子；作为波斯尼亚边境地区长官，他接受了沿着西北边境生活的劫掠者和非正规士兵的思维方式和利益，把奥斯曼的一个省份变成了他控制之下的"非常规势力"。这无疑也是哈桑争取个人发达的策略。1591 年到达波斯尼亚后不久，他就漠视官方命令，发动了对哈布斯堡境内的大规模袭击。（规模如此之大，以至于匈牙利历史学家把战争的开始时间定在 1591 年，尽管直到两年之后才正式宣战。）此前，得益于要塞和栅栏堡垒构筑的复杂系统，久而久之，边界稳定下来。在各自要塞的中间区域，两方都进行着非正规的地面劫掠，奥地利人称之为"小型战争"。但这种劫掠有自己的惯例：不攻击主要堡垒；不长期占领敌方领土；不使用火炮，因为那是全面战争的标志。哈桑帕夏——也以“疯子哈桑”为人所知——破坏了所有这些规则，率大批军队越境，反复威胁锡萨克要塞，在1592年攻占了比哈奇要塞（让哈布斯堡王朝不满的是他使用了火炮）。他明显没有他的绰号说的那么疯狂：1592年底，他送回大量被俘士兵和火炮，精明地操纵了伊斯坦布尔的舆论，这提升了他在执政圈子里的形象和欢迎度。当年早些时候，大维齐尔费尔哈德帕夏召他到首都加以训斥；但在哈桑给苏丹留下奥斯曼帝国坚定捍卫者的印象后，费尔哈德的策略丝毫未奏效。[4]

一些现代解释将哈桑视为锡南帕夏的门生，把锡南在1593年1月重掌大维齐尔权力视为走向全面战争的转折点。但奥斯曼编年史家帕切维记载说，锡南是哈桑的私敌，几年前哈桑拒绝将自己在伊斯坦布尔拥有的一处美宅卖给他。而锡南之子穆罕默德是布达的总督，同哈布斯堡王朝经常往来，显然也不是哈桑的支持者；在比哈奇陷落之后，他支持欧内斯特大公向苏丹抗议哈桑针对该事件所说的谎言，甚至承诺会寄一封信为他作证。而正中哈桑下怀，让战争愈发可能的实际上是哈布斯堡方面寻求在两方面进行报复：他们鼓励地方指挥官在匈牙利和波斯尼亚进行更多的袭击，并试图通过扣留每年送给苏丹的贡赋来向苏丹施加压力。1568年哈布斯堡－奥斯曼和平条约的条件之一是30 000杜卡特的贡赋，哈布斯堡王朝委婉地称之为“礼物”；从实际意义上讲，这可能不过是为了确保持续和平而施行的贿赂，但在象征意义上，它对苏丹非常重要，因为他认为这意味着某种程度的屈服。哈布斯堡有时试图以延期支付作为筹码，不过通常由此招致更多的愤怒而非让步；1593年初这份“礼物”逾期六个多月，这意味着那年夏天需支付双倍贡赋。1593年3月，锡南帕夏写信给鲁道夫二世抱怨说，他儿子布达总督基于从维也纳收到的保证，承诺这份迟到的礼物将被送达，而波斯尼亚的哈桑帕夏则告知伊斯坦布尔，哈布斯堡正在撒谎；承诺未被兑现，因而哈桑在苏丹的支持下得以升迁，而锡南之子被解职。同时，哈桑还说哈布斯堡那一方的劫掠行动并未停止。锡南警告鲁道夫，如果六十天之内他没有送来两年的礼物，并同时归还两名被俘的显赫的奥斯曼贝伊，战争就会随之而来。几乎在同时，鲁道夫写信给他在伊斯坦布尔的大使说，虽然战争阴云似乎已临近，但哈布斯堡的军队尚未做好准备；所以他必须拖延时间，并承诺说至少一份“礼物”会在那个夏天送达。[5]

1593 年春季和初夏的局势紧张如此。锡南之子穆罕默德重获苏丹的支持，被任命为鲁米利亚总督，他的第一个任务就是动员那个大省的武装力量备战。这并不意味着已经决定开战；这是一种预防措施，以施加心理压力。其他形式的压力也被采用：封锁冯 · 克雷克维兹在伊斯坦布尔的住处，囚禁他的译员马泰奥 · 德 · 法罗。对冯 · 克雷克维兹来说，幸运的是他刚刚结识了一位既能给他做译员，也能做必不可少的顾问的人。这就是贝内德托 · 布鲁蒂，他此前在摩尔达维亚取得土地并充当“瘸子”彼得鲁的“斟酒人”，很可能在他的兄弟巴托洛梅奥被杀之后立即离开了那个国家。6 月初，冯 · 克雷克维兹给锡南帕夏写了封正式信函，开头写道：“依照此前经过这位贝内德托 · 布鲁蒂先生告知阁下的……”在这封信中，只要苏丹命令他的士兵保持和平，他承诺皇帝会节制他的军队，并在三个月内送来两年的“礼物”；他要求他的住所恢复到先前的状态，释放他的译员。他后来报告说，6 月 3 日晚上，贝内德托将这封信给了锡南，锡南同他的儿子穆罕默德在一起：锡南“在这件事上相当温和，并明确表示，他已经全权委托他的儿子处理这件事；他会满足于他儿子可能谈成并同意的任何事”。过后，穆罕默德回到自己的宅中，“他带着布鲁蒂一道，与他讨论了很久。大约午夜时分，穆罕默德将他送回我这里，命他告诉我一切都会好起来。译员将在第二天从监狱中被释放并送回我处，接着我会被直接带去会见大维齐尔，之后我将立即寄快信给皇帝陛下”。[6]

第二天，这个协议遭遇了一些反对。译员首先被带往穆罕默德的府邸，他在那里目睹了穆罕默德同两位高级军事法官（冯·克雷克维兹确定，他们被哈桑帕夏的伊斯坦布尔代理人收买）之间的争论。他们要求知道为什么穆罕默德违背他父亲的意图，试图阻止战争。“总督回答说”，冯·克雷克维兹写道，“在这个问题上，他没有违背他父亲的意志；他父亲知晓并认同他所做的一切。苏丹不想要战争，他想要这两份礼物，因为我已经给过明确承诺，我就必须受到尊重。”法官们说冯·克雷克维兹的承诺仅仅是假象，他们从哈桑帕夏那里听到消息称，哈布斯堡已经在克罗地亚部署了40 000人的军队；今年不会有礼物送来，就像去年一样。穆罕默德回答“因为波斯尼亚的帕夏对皇帝陛下的领土造成的破坏过于巨大，前一年的礼物不可能送来”——值得注意，这是站在哈布斯堡立场的辩护。在此事之后，贝内德托·布鲁蒂被派往冯·克雷克维兹处，穆罕默德暗示冯·克雷克维兹向他支付一笔大额个人报酬，以示诚意；冯·克雷克维兹给他送回2000塔勒，但布鲁蒂带回穆罕默德索要6000塔勒的消息返回，冯·克雷克维兹不得不解释说大使馆仅仅有4000塔勒。用现代眼光看，这让穆罕默德的决策显得腐败；但这不过是做事的正常方式，而他这一做法早已在他从布达与哈布斯堡通信时讲明了。[7]

冯·克雷克维兹和穆罕默德在接下来几周里继续进行类似的往来。在6月14日的急件中，大使写道：

> 贝内德托·布鲁蒂以最为稳定和有用的方式为我所用；在我处于被所有人抛弃的极度危险中，我的译员也在牢狱之中时，这个人——我此前从未见过他，对他依旧知之甚少，只知道他同译员相熟——不仅仅主动提供这些危险的服务，还立即着手工作，到处打听，收集信息，多方试探并提出建议。

他在同锡南帕夏以及他的儿子的往来中扮演了至关重要的角色，“锡南长期允许他出入府邸”，锡南之子也给予他相同的便利，“有几次都是在晚上”。冯·克雷克维兹建议，贝内德托不仅仅应当受赏，还需“在他效力期间（他暗示过他想移居基督教世界）”定期向他发放300或400塔勒的津贴。他继续说：

> 尽管事实上他的土耳其语并不完美，但作为阿尔巴尼亚人，他同奥斯曼宫廷中最为显赫的人（他们几乎所有人都来自那个地方）和这片领土上的其他许多要人相熟，同他们都打过交道，或者有渠道接近他们；对一个基督徒来说，他在他们面前有相当的信用，他能很快获取任何重要事务的情报，谈判、办事，比任何人做得都要好。他没有义务在此为任何人服务，他在此只是想为他的兄弟报仇。

（最后一句话也说明了为什么贝内德托愿意帮助冯·克雷克维兹避免哈布斯堡－奥斯曼战争：此前我们已经看到，他的策略包括让“瘸子”彼得鲁在摩尔达维亚复位，而这场冲突的爆发会让任何类似计划搁置。）大使认为，如果事情变得更糟，他冯·克雷克维兹被关进了监狱的话——因为锡南帕夏之前曾如此威胁过——没有比贝内德托更适合秘密地向皇帝传达消息和新闻的人了。[8]

所以，到了6月中旬，多亏贝内德托·布鲁蒂的帮助，以及穆罕默德帕夏的同情态度和锡南帕夏的忍让，战争威胁似乎得以避免。在奥斯曼宫廷中所有支持者眼中，哈桑帕夏不过是个地区长官，而穆罕默德是总督中位置最高的，锡南是维齐尔中最有权力的。只有一件事能让事态翻转——然而它发生了。1593年6月22日，哈桑在库帕河的哈布斯堡一侧围困重要堡垒锡萨克（位于萨格勒布东南35英里处），克罗地亚和斯洛文尼亚的救援部队攻其不备，把奥斯曼人赶过河去，并重创了他们。哈桑从桥上摔下，溺水而死；同时被杀的还有一些显赫的贝伊，以及总数约有8000人的奥斯曼士兵。幸运地将主要的麻烦制造者消灭，哈布斯堡天真地认为这将有助于重建正常关系。7 月 4 日，马蒂亚斯大公向布达的帕夏寄了封信，提议交换囚犯（明确提出以巴托洛梅奥 · 布鲁蒂于 1575 年在杜布罗夫尼克参与过的那次囚犯交换为模板），并轻蔑地补充说哈桑帕夏因违逆他的主君而被上帝溺毙。六天之后，鲁道夫二世写给冯 · 克雷克维兹说，礼物已经上路；一份幸存下来的支付清单开头是给苏丹 90 000 塔勒（60 000 杜卡特），还有给大维齐尔 18 000 塔勒，给其他最重要的帕夏们每人 1000 塔勒，额外再给费尔哈德帕夏 1000 塔勒以防他被再次任命为大维齐尔，等等，总计 144 040 塔勒。但在哈布斯堡当局愉快地传递这些消息时，伊斯坦布尔的形势骤变。用一份报告的话来说，锡萨克战败的消息于 7 月 3 日传到这个城市时，“苏丹和他的妻子眼泪迷离；大维齐尔主动请缨担任复仇指挥官，披上红色袍服以明志”。穆罕默德帕夏立即前往克罗地亚，书记员立即奉命撰写诏令集结战士。如他所担心的那样，冯 · 克雷克维兹与全部府邸人员被一齐逮捕下狱。奥斯曼在 7 月正式宣战，哈布斯堡则在 8 月。漫长的奥斯曼战争开始了。[9]

木已成舟，锡南帕夏立即转变为他的惯常角色——战争领导者。苏丹接受了他的请缨，因而他在 73 或 74 岁的年纪赶赴前线。9 月初，他率军抵达贝尔格莱德。月底，针对匈牙利哈布斯堡领地的作战行动开始，此时常规的战争季节只剩下 4 周。奥斯曼取得了一些小的进展；但非比寻常的是，锡南接下来没有遵从传统做法将军队撤回埃迪尔内和伊斯坦布尔，而是将大量军队驻扎在布达和贝尔格莱德越冬。春季，哈布斯堡军队在边界一些点上侵入奥斯曼领土，5 月他们开始围攻在 1543 年被苏莱曼大帝攻占的匈牙利北部城市艾斯特根。（匈牙利最伟大的文艺复兴诗人鲍洛希 · 巴林特在此次围攻中被一枚炮弹杀死。）但锡南帕夏得到了伊斯坦布尔的增援，禁卫军指挥官率军驱散了围攻者；锡南接着移军攻击战略要塞杰尔，它位于匈牙利北部哈布斯堡领土的带状地区。历史学家穆斯塔法 · 阿里指出，在这个节骨眼上，锡南解除了禁卫军指挥官的职位，让耶米什奇 · 哈桑

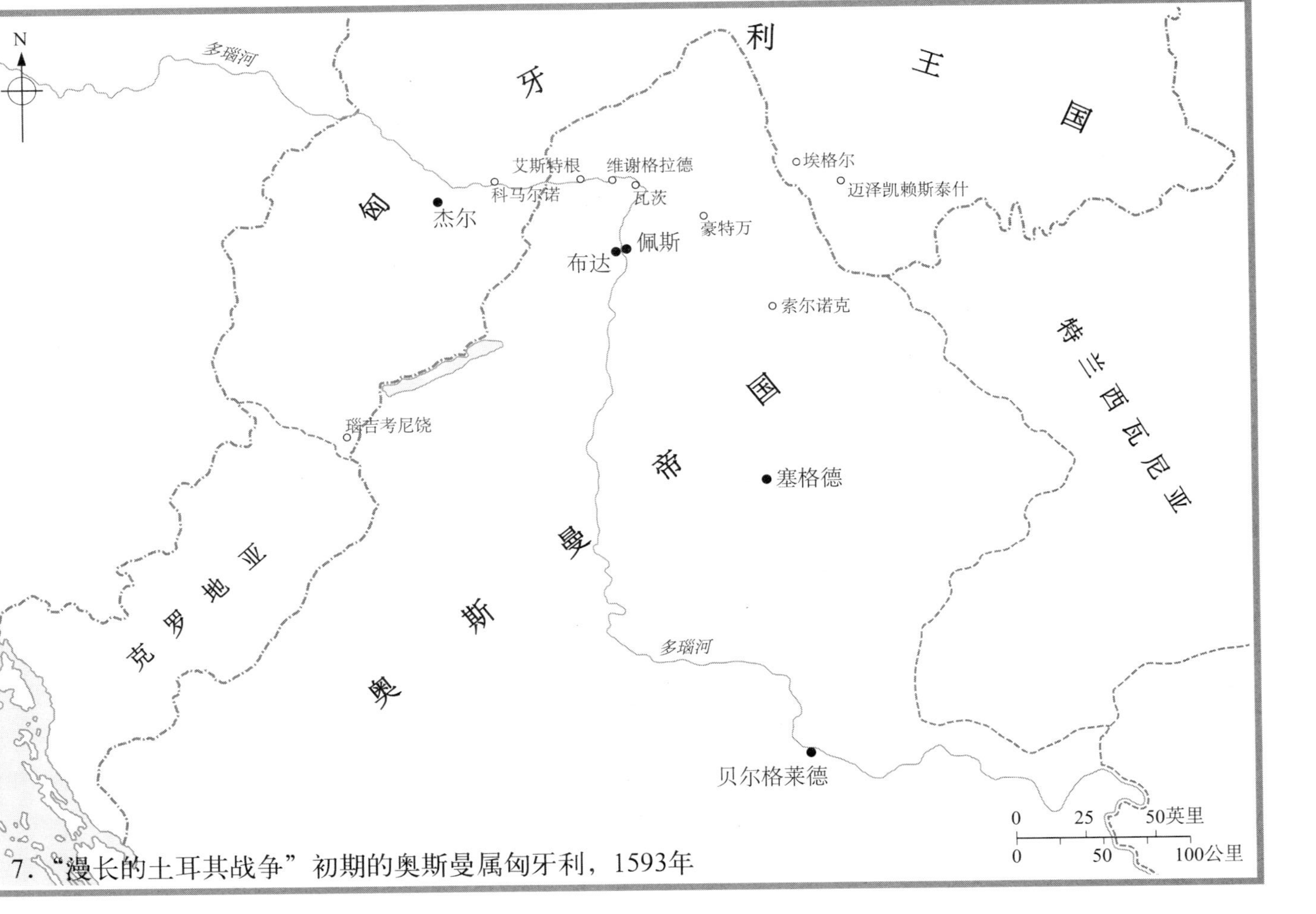

7. “漫长的土耳其战争”初期的奥斯曼属匈牙利，1593年

帕夏代替他——据称，仅仅因为耶米什奇·哈桑是个阿尔巴尼亚人。*8月初，一支从克里米亚来的，由 30 000 到 40 000 名鞑靼人组成的军队加入了锡南；他们共同扫除了杰尔面前的帝国军队，在一个月的围攻之后，他们在 9 月末接受了要塞的投降。防卫者有充足的补给，但明显被围攻军队的庞大规模吓怕了；哈布斯堡指挥官后来因叛国罪被处死。鞑靼劫掠者现在游弋到远至距维也纳不足 70 英里远的郊外。杰尔的陷落对哈布斯堡士气来说是个沉重打击，其影响达至更远的地方：10 月下旬在罗马的威尼斯特使报告说，教宗克雷芒八世为这个消息深感沮丧，甚至想劝皇帝求和。[10]

然而，在奥斯曼领地的其他地方，局势正发生逆转，教宗在促成这一过程中起了重要作用。克雷芒八世继承了 16 世纪晚期这批教宗的所有十字军传统，近年来也没有减弱；他的前任格里高利十四世在 1591 年甚至派出教廷军队帮助哈布斯堡抵抗哈桑 · 普雷多耶维奇帕夏。从 1592 年初当选教宗的那一刻起，克雷芒就对奥斯曼事务非常感兴趣。当年夏天，他就向皇帝发放津贴以支持他的军队。但他的努力远不止于此。像庇护四世、庇护五世和格里高利十三世一样，他设法创建了一个囊括欧洲各国及其他地方的庞大反奥斯曼联盟；他努力使波斯沙阿阿巴斯加入这个大联盟，甚至派遣使者到也门以激起反奥斯曼叛乱。在同一些天主教势力打交道时，他毫无进展，令人沮丧。西班牙大费周章同苏丹达成海军停战协定，非常不愿意卷入任何反奥斯曼行动；西班牙在镇压荷兰叛军、防范英国海军袭击以及支持法国天主教联盟方面的困难已经够多了。在教宗的压力之下，菲利普同意给他的堂兄弟鲁道夫二世提供大量资金支持；他愿意做的

---

* 1594 年春季另一起事件也令人质疑其动机。听说塞尔维亚牧首正同哈布斯堡接触，建议利用对圣萨瓦——中世纪塞尔维亚圣王——的崇拜召集反奥斯曼抵抗力量，锡南于是命令黑塞哥维那桑贾克贝伊将圣徒遗骨从存放它的修道院移出并带给他；接着他把遗骨烧了，骨灰扬在风中。这一修道院正是米列赛瓦修道院，索库鲁 · 穆罕默德幼时曾在此侍奉和学习，所以这起事件中的隐秘动机可能涉及私人以及族群因素。

就只有这么多。[11]

威尼斯更固执地反对教宗的请求，坚持认为其达尔马提亚地区是基督教世界的前哨，它将迅速在新的战争中遭到蹂躏，而且奥斯曼人甚至会派一支15万人的军队进入靠近威尼斯东北部的弗留利地区。毫无疑问，商业利益也发挥了作用，但这些安全顾虑引导了公共讨论。驻罗马的威尼斯大使保罗·帕鲁塔在1593年底告诉教宗说，威尼斯不会加入神圣同盟，因为这样的同盟通常既分裂又脆弱；他说，皇帝已经被人怀疑向苏丹求和了，如果奥斯曼把军队转而针对威尼斯的话，皇帝更有可能这么做。当教宗征求帕鲁塔的建议时，他说，最重要的事情是修补基督教世界内部西班牙和法国之间危害日深的隔阂。他的意思是——这是威尼斯政策的基本目标之一，无论对奥斯曼帝国的战事如何——教宗应该接受亨利四世的正统性。亨利作为新教徒长大，但最初他受洗为罗马天主教徒，刚刚重新皈依了天主教，据称他说“为了巴黎，做一场弥撒是值得的”。克雷芒八世坚持教会法的原则，成为异端并向教会开战的人，永远不能同他和好。但另一方面，他能看到解决法国与西班牙之间冲突的实际好处：这不仅能解放出西班牙的资源参加反奥斯曼作战，他甚至也可以从亨利那里换取加入作战的承诺以作为原谅他的代价。教宗在这个问题上纠结了数月，直到1595年9月他终于允许教会法被政治必要性压倒。然而，即便如此，法国传统的奥斯曼帝国政策依然未变。1595年到1596年，亨利试图说服苏丹参加奥斯曼-法国对那不勒斯王国的联合进攻，以瓜分这片领土。[12]

克雷芒八世的激励活动确实起到一些真正且相当迅速的作用的地方，是奥斯曼帝国的罗马尼亚领土。1593年11月，他派达尔马提亚教士亚历山大·科慕洛维奇作为机密特使前往这些国家。科慕洛维奇不仅对东南欧了如指掌（他曾经作为巴尔干的教宗使节，穿过摩尔达维亚，会见巴托洛梅奥·布鲁蒂）；他还充满反宗教改革精神，在当年早些时候申请加入耶稣会。他的使命是将特兰西瓦尼亚统治者拉入反奥斯曼联盟，探询瓦拉几亚、摩尔达维亚、波兰和哥萨克人是否也能被拉入这个联盟；三个月后，他收到了进一步指令，让他将俄国列入名单。他的关键目标是特兰西瓦尼亚的22岁天主教统治者西吉斯蒙德·巴托里，斯特凡·巴托里的侄子，他有望接受教宗的影响，一位西班牙耶稣会士是他的忏悔神父。[13]

1594年2月，科慕洛维奇到达了特兰西瓦尼亚宫廷，收到西吉斯蒙德谨慎的积极响应，大公也在与他的瓦拉几亚和摩尔达维亚同行联络。科慕洛维奇接着在3月短暂路过雅西，同阿龙进行了秘密会晤；大公"处于希望和恐惧之间"，但在出示了邀请他加入基督教王公同盟的正式教宗诏谕时，阿龙立即同意了。科慕洛维奇曾被教廷国务卿米努乔·米努奇警告过，"在东正教徒充分显示出兴趣和激情之前，信任分裂分子（即东正教徒）并不安全"；然而，米努奇认为确实有可能策反摩尔达维亚和瓦拉几亚的大公们，因为他们在苏丹统治下位置并不稳固，他们一定渴望根本的变革。亚历山大·科慕洛维奇接着在波兰待了一段时间，既试图影响政府的政策，也试图挑动哥萨克人；但宰相扬·扎莫伊斯基对他抱有明显的敌意，据称他散布谣言说科慕洛维奇是奥斯曼间谍或密探；这么做并不能起作用，因为科慕洛维奇联系并在随后资助的哥萨克人是扎莫伊斯基的死敌。经过一些妥协之后，摩尔达维亚大公的确同意同鞑靼人作战，但不愿意同哥萨克人一道，所以科慕洛维奇说服了后者攻击处于奥斯曼直接统治之下的港口基利亚。接着哥萨克转而攻击阿龙，要么他们认为他依然支持奥斯曼，要么他们想在他被苏丹免职——这估计会很快——之前，掠夺他的财富。他被逐出雅西，不得不在特兰西瓦尼亚避难。[14]

尽管事件的进展有诸多混乱，但教宗的核心策略成功了。特兰西瓦尼亚大公西吉斯蒙德的确在1594年7月承诺他将站在帝国一边，无视了一些匈牙利贵族的反对。在8月份，阿龙也这么做了，至少在理论上；他在接下来几个月与哥萨克人有关的遭遇，以及他对西吉斯蒙德的依赖，阴差阳错地让理论变成了现实。而比这两人更为重要的，则是瓦拉几亚大公米哈伊的角色，他在1594年11月5日同西吉斯蒙德签订了协议。此人在罗马尼亚历史上以“勇敢者”米哈伊著称，在9月份刚被立为大公；他经历了筹集巨额资金贿买这一任命的常规过程，反叛奥斯曼的首要行动之一就是在布加勒斯特屠杀了所有穆斯林，其中一些是曾向他放款的商人。消息11月18日到达伊斯坦布尔，苏丹对瓦拉几亚宣战——或者至少是一次惩罚性战役。罗马一位为首的枢机主教在一个月之后评论说，皇帝在那个冬季控制特兰西瓦尼亚或者摩尔达维亚和瓦拉几亚尤为重要，“不是因为那些人民作为战士很有用处，而是由于补给”；没有他们出产的粮食，奥斯曼军队就会挨饿。他很正确地评价了这些国家的经济重要性，但却没有公正对待他们的战士。米哈伊大公是个技艺高超、精力充沛的军事领导人，在接下来的几个月里，他不断四处袭扰奥斯曼人，包括一些在黑海岸边的堡垒。[15]

1595年1月，穆拉德三世去世，其子穆罕默德三世继位。新苏丹启用锡南的对手费尔哈德，宣布支持伊万库·萨苏尔的一个儿子，罢免米哈伊，命令费尔哈德召集一支军队入侵瓦拉几亚。米哈伊率军跨过多瑙河，击败奥斯曼军队并杀死其指挥官；伊万库之子逃跑了，据说他为免遭羞辱，改宗了伊斯兰教。苏丹宣布摩尔达维亚和瓦拉几亚成为奥斯曼行省，任命阿尔巴尼亚人萨提齐·穆罕默德帕夏为瓦拉几亚总督。苏丹还恢复了锡南帕夏的大维齐尔职位，派他率领一支超过40 000人的军队攻打米哈伊。瓦拉几亚统帅手下仅有16 000人，他等待锡南的军队跨过多瑙河，抵达邻近克卢格雷尼的沼泽地；1595年8月23日，在那里爆发的一场重要战斗中，他给奥斯曼造成了巨大损失，杀死了一些显赫的总督，并将萨提齐·穆罕默德打成重伤。锡南帕夏本人险些被杀，多亏一名普通士兵将他从乱军中救了出来。（萨提齐·穆罕默德和锡南帕夏都是阿尔巴尼亚人，但值得注意的是，同样有阿尔巴尼亚人在“勇敢者”米哈伊麾下战斗。

他的高级指挥官中有个叫莱卡的阿尔巴尼亚人，而从保加利亚一座阿尔巴尼亚村庄来的志愿兵也将为瓦拉几亚军队效力。）[16]

克卢格雷尼战役被广泛赞誉为伟大的胜利，它当然有着巨大的心理和象征意义：一支苏丹的基督教臣民组成的军队杀死了大量的苏丹军队，并夺取了他们的战旗。但军事方面的现实是，奥斯曼帝国军队依旧势不可当。米哈伊不得不撤退到特兰西瓦尼亚边境，瓦拉几亚在几个月之后成为奥斯曼的一个行省。10 月，从特兰西瓦尼亚和帝国来的新军队加强了防守工事，加上 100 名意大利士兵（托斯卡纳大公派到匈牙利的 3000 多人的军队的残余，他们的战友大多数死在杰尔），米哈伊与西吉斯蒙德将奥斯曼人赶回到多瑙河畔。当月最后几天，锡南的全部军队被逼入河流渡口的狭窄瓶颈处，当奥斯曼官僚开始站在桥上收集所有战利品的五分之一给苏丹的时候，拥挤的交通愈加放缓。罗马尼亚军队在托斯卡纳盟友的帮助下，集中向桥头堡倾泻毁灭性的火力，奥斯曼军的撤退变成溃败和屠杀。锡南的声誉严重受损，他在 11 月返回伊斯坦布尔时被革职。取代他的是拉拉 · 穆罕默德帕夏，穆罕默德三世以前的导师或顾问；但拉拉·穆罕默德九天之后就死了，退而求其次，锡南再次出任大维齐尔。1596 年 1 月，他再次派人征讨瓦拉几亚，但被赶了回来；这是他最后的军事介入了。3 月下半月，锡南卧病在床。4 月 3 日，在一场持续 16 天的疾病后，他去世了。他前所未有地五度出任奥斯曼帝国大维齐尔。怨憎锡南帕夏的批评者，历史学家穆斯塔法 · 阿里说诗人们对锡南的去世感到欣喜，这一说法难以验证。（瓦茨拉夫 · 弗拉蒂斯拉夫当时被囚禁在伊斯坦布尔，他后来回忆“人们为他的死感到极为悲痛；他们……创作了关于他英勇事迹的挽歌，唱道勇气和英雄之光已熄灭”。）但不多久苏丹便感到一丝欣喜。爱德华·巴顿报告说：4 月 16 日，“苏丹在锡南帕夏的金库中发现了价值七百万的黄金、钱币和珠宝，并将它们据为己有”。[17]

1595 年罗马尼亚叛乱导致战争的天平戏剧性地倾向哈布斯堡（在

这一年里，特兰西瓦尼亚大公西吉斯蒙德迎娶了一位哈布斯堡公主，也象征了这点），但并非一切都很顺利。摩尔达维亚的阿龙被怀疑与伊斯坦布尔暗通款曲，被他的指挥官在4月份废黜，并移交给西吉斯蒙德，西吉斯蒙德将他投入监狱；两年后他死在了那里。但那个夏天，波兰人决定控制摩尔达维亚以实现他们的长期政策目标；他们入侵了这个国家，赶跑了指挥官，把耶雷米耶·莫维勒——亲波兰的波雅尔和巴托洛梅奥·布鲁蒂的前同事推上大公位置。宰相扎莫伊斯基对外声称这是阻挡鞑靼人的策略；但真相是他同鞑靼可汗签订了一项友好协定（基于限制哥萨克人的承诺），在伊斯坦布尔支持下，波兰在摩尔达维亚设立共同纳贡保护国。不过波兰国王西吉斯蒙德对这项政策感到不大舒服，尤其是当他从堂兄弟特兰西瓦尼亚大公西吉斯蒙德那里收到一封有关此事的措辞极为严厉的信时，但中欧地缘政治的基本规则现在成了优先考虑的对象。波兰可以容忍罗马尼亚公国作为受奥斯曼统治的缓冲区；但不能接受自身成为哈布斯堡王朝的附庸或傀儡，它会采取任何必要措施避免这样的结果。[18]

1595年的另一主要进展是哈布斯堡在匈牙利境内军事气运的复苏。一场激烈的围攻从7月持续到9月上旬，锡南之子穆罕默德帕夏率领的救援部队未能击溃他们，帝国军队占领了重要据点艾斯特根；然后夺取了附近的城堡维谢格拉德。教宗克雷芒八世有理由去庆祝这些胜利，因为这支军队的重要组成由他提供。教宗领地在春季开始征兵，目标是14 000名步兵（尽管最后总共少了大约2000人）；驻罗马的威尼斯大使相当讽刺地写道，这些人既粗鲁又缺乏经验，“更适合洗劫友方的地盘，而不是攻打敌方占据的地方”。这支军队最为专业的组成部分是阿尔巴尼亚轻骑兵，他们通常被用于在教宗国境内平息匪乱。他们的报酬少得可怜；其中一些人在去年潜逃到米兰，需要被追查并带回罗马。尽管这样，这次远征总共招募了596名轻骑兵。教宗的军队经由博尔扎诺到维也纳，在8月22日抵达艾斯特根，恰好及时赶上这次围攻的最后阶段。（阿尔巴尼亚人再一次与同胞交战。例如，在匈牙利的奥斯曼军队包括一支斯库台桑贾克贝伊率领的大规模分遣队，而发罗拉桑贾克贝伊参加了锡南的瓦拉几亚战役。）教宗军队在艾斯特根、维谢格拉德均表现良好，教宗的统帅在维谢格拉德受命负责整个作战行动；但秋季的疾病让教宗的军队严重减员。[19]

财政支持、外交干涉和军事帮助，教宗克雷芒凭借这些作为，在这场冲突中比他的前任庇护五世在1570年到1572年战役中扮演的角色更加积极。他相信，在欧洲极大逆转奥斯曼力量是可能的，并热衷于探索各种可能带来重大逆转的方式。因此，他的想法自然转向了多瑙河以南的巴尔干土地。从16世纪70年代早期以来，教宗身边的人从未停止计划或梦想奥斯曼统治垮台的景象，其中包括巴尔干基督徒的叛乱。例如，1586年，为罗马一位枢机主教工作的政治理论家吉罗拉莫·弗拉谢塔，写了一篇鼓吹新战争的小论文；他说，如果西方军队在伯罗奔尼撒登陆，希腊人将纷纷起事，很多禁卫军将拒绝攻打他们的基督徒父老。在于1584年到1586年参访巴尔干后的某个时间，亚历山大·科慕洛维奇准备了一份报告呈送给教宗，说阿尔巴尼亚天主教徒可以招募4万名战士，阿尔巴尼亚和马其顿东正教民可以招募10万名战士；他的计划是让俄国沙皇攻击摩尔达维亚，随后30万到40万名巴尔干基督徒将揭竿而起，加入对伊斯坦布尔的攻击。这是一厢情愿的想法，但很常见。吉罗拉莫·弗拉谢塔大约写于1594年底的另一项提议中重提了这个主题，他鼓吹两支军队——一支哈布斯堡军队，一支特兰西瓦尼亚和瓦拉几亚军队——发起攻击，坚持认为这将鼓励那些对苏丹的统治不满的臣民——“他们肯定在这些臣民中占大多数，因为大多数人是基督徒”——“起事并拿起武器反对他”。在下一年，著名的政治作家希皮奥内·阿米拉托（他是佛罗伦萨美第奇家族的门生，尤其热衷于发动这场战争）给威尼斯政府送上一封“说贴”，争辩说如果威尼斯同帝国、特兰西瓦尼亚以及波兰一起加入，他们的联合军队就可以长驱直入奥斯曼帝国的心脏地带。他问，此事如果成了，你们难道不认为“即便只用石头和双手，希腊人、阿尔巴尼亚人和马其顿人等如此之多的民族也会试图利用这样一个绝佳的机会起义吗？”[20]

另一个接受这一理由的主要知识分子是弗朗西斯科·帕特里齐，16 世纪意大利最杰出的哲学家。他对巴尔干特别有兴趣，因为他自己来自达尔马提亚岛屿茨雷斯，并把他的家族追溯——他可能姓彼得里舍维奇——到中世纪的波斯尼亚国王。他甚至亲历过反奥斯曼战事；还是个孩子的时候，他就在他叔叔的军舰上参加过 1538 年的普雷韦扎战役，此后不久还目睹了新海尔采格的陷落。1592 年他被克雷芒八世请到罗马教授柏拉图哲学，同克雷芒的外甥、有权势的枢机主教琴齐奥·阿尔多布兰迪尼暂住在一起。（阿尔多布兰迪尼是他通常使用的名字，尽管严格说来他姓佩尔索内尼，是克雷芒一个姊妹的儿子。）帕特里齐参加了琴齐奥的知识分子沙龙，这个沙龙以其“学园”著称，囊括了教廷中的重要人物。例如，1595 年，教廷国务卿米努乔·米努奇对中立问题发表了“演说”，强烈批评那些认为他们能够置身当前战争之外的基督教统治者；在一次演说中，他提到帕特里齐对同一群人所作的演说，这位哲学家列举了 21 位统治者因为没有加入对奥斯曼的共同作战而失去了他们的国家。1595 年，帕特里齐发表了军事方面的鸿篇巨制《兵事对照》（*Paralleli militari*）的第二部分，提议一支 30 000 人的意大利军队入侵巴尔干。他提出三个选项，达尔马提亚、阿尔巴尼亚和希腊，说在每种情况下，当地人都会立即反抗奥斯曼。“如果我们登陆阿尔巴尼亚”，他说，“所有阿尔巴尼亚人都会站到我们这边；他们是个勇敢的民族，奥斯曼人十分畏惧他们，不仅因为对斯坎德培率领下他们取得的荣耀的古老记忆，而且因为他们现下所感到的强烈仇恨。”在这些叛军的支持下，基督教军队接着将直接进军伊斯坦布尔。一如既往，在行动的速度和简单程度上，有着极大的一厢情愿。但帕特里齐并不只是个异想天开的知识分子；他与决策者很亲近，而且，我们将看到，他有获取阿尔巴尼亚详细情报的渠道。[21]

这些年来，巴尔干人民做了一些实质努力以组织反叛活动。1593年夏季，就在战争正式爆发前夕，阿尔巴尼亚北部的一群领袖给教宗寄了封信，说如果一支基督教军队来到当地的话，他们愿意起事。作为回应，科慕洛维奇于当年11月离开罗马，教宗指示他在到达威尼斯时，"查清楚阿尔巴尼亚人的事如何了"，并给他们带去消息，让他们派一名可靠的代表到罗马。不幸的是，科慕洛维奇离开威尼斯时，把一些有关阿尔巴尼亚可能叛乱的文件忘在他下榻房间的床垫下了。它们被发现然后交给了威尼斯当局，而威尼斯政府倾向于阻止自己的臣民卷入任何此类反奥斯曼活动，立即写信给科托尔和布德瓦，让那里的行政长官进入警戒状态。威尼斯情报机构掌握了科慕洛维奇和一名阿尔巴尼亚轻骑兵队长托马索·佩莱萨有联系，托马索·佩莱萨长期为威尼斯服务，在1572年受封圣马可骑士。从现在开始，威尼斯将试图密切监视佩莱萨的活动——他们有很好的理由这么做。[22]

1594年下半年，两起单独行动在阿尔巴尼亚地区展开。9月，希马拉的两个代表到达罗马，要求提供武器和弹药；教宗总体上表示支持（似乎最终给了少量武器）。11月，阿尔巴尼亚北部马蒂一所方济会修道院举行了一场集会，马蒂地方、罗顿半岛、杜卡吉尼高地、克鲁亚和爱尔巴桑地区的领袖牵涉其中，还有两位天主教主教。他们任命托马索·佩莱萨为他们派到教宗处的"大使"，3月底，他携带一份列举他们提议的文件来到罗马。他们说，阿尔巴尼亚北部可以招募40000名战士，但需要大量各类武器和弹药——加上15000名受过训练的火绳枪兵。如果他们得到这些，就能够夺取巴尔、乌尔齐尼和克鲁亚；接着就可以包围斯库台的巨大要塞并切断其补给，很快就能使其投降。这些潜在的叛乱分子正在制订大计划；他们说："已经派人到发罗拉、希马拉和远至伯罗奔尼撒去查明他们的想法，因为在上一次的战争中（1570年到1573年那次），他们全都决定拿起武器反抗奥斯曼人。”他们还企图引发一些更大规模的战略结果。他们说，第一个目标就是迫使苏丹要么撤下匈牙利的战事，要么把军队一分为二；第二个目标就是改变威尼斯的政策，如果它看到“西班牙国王和一些其他基督教统治者的军队”占领了巴尔干海岸线，将担心失去对达尔马提亚和亚得里亚海的控制，会不得不加入对苏丹的战争。[23]

罗马当局对这一切的可行性持怀疑态度（尤其是计划为匈牙利招募军队耗费了教宗大量的财力——他不可能再为巴尔干招募15 000人）。但罗马不想让阿尔巴尼亚人灰心；因而枢机主教琴齐奥写信给科尔丘拉主教阿戈斯蒂诺·金西奥，要求他找出更多人来。9月和10月，主教在布德瓦秘密会见佩莱萨以及其他领袖，而他本人要进入奥斯曼阿尔巴尼亚属地做两次秘密旅行；在第二次旅行中，他见了斯库台堡垒的长官，他主动提出将堡垒献给基督教军队。佩莱萨的姻兄弟，来自乌尔齐尼的马尔科·吉尼也被同时招募到这个项目中；他是个轻骑兵队长，曾在阿维尼翁服务，最近担任一支威尼斯反乌斯科克军队的指挥官，这支军队有6艘船、300名阿尔巴尼亚战士。他在1595年10月携带金西奥的信前往罗马，确认佩莱萨之前报告的真实性。他的可靠性受到一些质疑（他前不久还在为威尼斯服务），但这些质疑受到认为他很正直的弗朗西斯科·帕特里齐的强烈反对。帕特里齐被要求评断大约此时到的两份文件，一份文件认为斯库台堡垒可以轻松拿下，另一份文件则相反；在收集了很多关于阿尔巴尼亚北部条件的情报后，他支持第一份文件，认为第二份是惹事的人或奥斯曼特工所作。[24]

帕特里齐的情报来源也给了他一些不利的信息：金西奥主教草率且公开地在扎达尔、科尔丘拉、杜布罗夫尼克（帕特里齐的定期通信者在那里听到他谈论它们）和布德瓦讨论他的计划。威尼斯当局对他那一群人的活动了如指掌，尤其是因为其中一个由佩莱萨在布德瓦招募的人，他发誓保密，但把每个细节都告诉了当地长官。那人向长官陈述的一则评论值得一提，他说：在 1595 年 10 月，“他最近听说有桨帆船，即西班牙桨帆船，在亚得里亚海出没，我们认为随他们前来的是生活在马耳他的布吕尼骑士，因为他是个阿尔巴尼亚人；我们认为他正在前往他的故乡，以把它从异教徒手中解放出来”。即便在马耳他准退休期间，加斯帕罗·布吕尼似乎仍然在前威尼斯属阿尔巴尼亚人中有相当大的声望。但他并不是这个故事的一部分，无论如何，这个故事马上就会结束。听说马尔科·吉尼已前往那不勒斯，威尼斯当局命令在那里的特工组织暗杀他。（但失败了。）他们还在 1596 年 5 月发布命令抓捕佩莱萨，处理掉麻烦的科尔丘拉主教，要么把他驱逐出威尼斯领土，要么把他逮起来带到威尼斯。三个月内，佩莱萨入狱，主教逃到罗马，有去无回。任凭枢机主教琴齐奥强烈抗议也没用。在威尼斯眼中，被拖进不必要的反奥斯曼战争的危险胜过一切其他顾虑。[25]

佩莱萨和主教金西奥在 1595 年秋实施他们的计划时，叛乱的另一潜在组织者卷了进来：弗朗西斯科·安东尼奥·贝尔图奇。此人是达尔马提亚人，祖籍赫瓦尔岛，来自布尔蒂切维奇家族。他是马耳他骑士，在被雇用铲除教宗国内一个制造麻烦的强盗头子时，给教宗留下了印象。他在让重要人物印象深刻上面倾注了巨大努力，他对此有些天赋；他有着不错的个人魅力而非判断力，觉得命中注定他要在基督教世界和奥斯曼帝国之间的冲突中扮演历史性角色。1594 年到 1595 年间，贝尔图奇用信件和备忘录对皇帝进行“连番轰炸”，提出一系列措施，包括组建新的基督教国家联盟，解放阿尔巴尼亚、波斯尼亚和达尔马提亚。他在 1595 年夏初访问了阿尔巴尼亚，联系那里的潜在叛军领袖，对他们夸下海口；他接着经陆路穿过马其顿，之后于 9 月在杜布罗夫尼克见了佩莱萨和金西奥主教。一个月后，他出现在布拉格的帝国宫廷，劝说鲁道夫二世支持他的计划，夺取奥斯曼堡垒克利斯。这座城堡十分显眼，坐落在威尼斯统治的斯普利特城东北方向五英里处的山坡上，控制着从达尔马提亚海岸到波斯尼亚腹地的一条陆上要道，具有实际战略重要性。两年来，贝尔图奇一直鼓动皇帝以及教宗对它采取行动。他说他并非虚张声势，已经定下同一群乌斯科克人以及一批斯普利特反奥斯曼活跃分子夺取它的计划。1596 年 4 月初，当贝尔图奇还在奥地利安排部队采取行动时，一小群同谋者先行出发占领了城堡。他们立即遭到一支庞大的奥斯曼军队围攻；贝尔图奇和奥地利人，再加上一些乌斯科克人，快速行军支援，但在到达时被击败，克利斯再次落入奥斯曼手中。在未失守时，夺取克利斯在布拉格和罗马引起一片欢腾。所以当威尼斯当局阻挠帝国军队，并协助为奥斯曼军队提供补给的消息传来时，教廷大为震动。第二年，当地威尼斯指挥官将另一个夺取城堡的计划向奥斯曼通风报信，要是教宗知道的话，必定会更为气恼。威尼斯下定狠心，不被拖入一场巴尔干战争。[26]

因此，当下一位重要的反奥斯曼活动家阿塔纳西奥斯 · 里塞亚斯在 1596 年 1 月到科孚要求那里的威尼斯长官支持一场巴尔干叛乱时，他打错了算盘。阿塔纳西奥斯是奥赫里德总主教，而奥赫里德历史上是东正教在西马其顿的中心，管理着巴尔干中部大片地区的教会。如之前所见，此地同罗马尼亚地区有一些特别的联系。他解释说，正是“勇敢者”米哈伊在克卢格雷尼的胜利鼓舞他策划一次大叛乱；但他同时也察觉到那不勒斯的西班牙总督派了一些特工在他的地盘上活动；无论是因为宗教原因还是因为更加普遍的政治顾虑，相较于西班牙人可能会在此地施加的统治，他更倾向于选择威尼斯对东正教徒相对宽松的管理，所以他首先将他的主张告知了威尼斯人。（他原籍是墨西拿的希腊社区，对西班牙统治下的情况有真实了解。）场面相当尴尬，那些威尼斯人试图用好听的话搪塞他，却并不表态。不久之后，他们开始调查奉教宗命令从那不勒斯运往希马拉的小批量武器。尽管西班牙当局不情愿直接卷入皇帝在中欧的战争，但他们明显愿意在苏丹的巴尔干地区制造适度规模的麻烦。（威尼斯在那不勒斯的特工彼得罗斯 · 兰扎斯报告说，从科孚来的威尼斯前军官得到授权，通过他向希马拉人送武器，他们接着把武器卖给了奥斯曼人，然后给他回扣；这一声明是否准确无从判断。）*阿塔纳西奥斯显然厌倦了威尼斯的拖延，在3月底到了那不勒斯，他在那里得到了一些鼓励，接着去了罗马，教廷承诺提供更多帮助。返回希马拉后，叛乱在7月下半月开始了。消息在月末到达威尼斯，称阿塔纳西奥斯身着红衣，率领一支临时拼凑的10 000人军队，试图夺取发罗拉。发罗拉没有陷落，报告明显夸大了；总主教本人后来说他只有500人。8月10日，他的军队攻击了海岸上一座刚刚建造的奥斯曼要塞；这次据说他有1300人，其中200人有火器。要塞一度被攻克，但在奥斯曼人反击时，绝大多数希马拉人同他们的领袖总主教一起逃到小山上。阿塔纳西奥斯试图继续努力，但他从那不勒斯王国得到进一步援助的请求并不成功，加入军队的人开始指责他和西班牙欺骗了他们。1597年，他开始了一系列远行以寻找境外资助，先后到了布拉格、图宾根和佛兰德，但最终无功而返。[27]

1596年夏，米努乔·米努奇刚被任命为扎达尔大主教，便向威尼斯议会发表演说，敦促他们加入战争。他尤其强调阿尔巴尼亚人以及前威尼斯希腊领地上人们对威尼斯传统上的忠诚，宣称“只要叛乱在阿尔巴尼亚开始，伯罗奔尼撒、优卑亚就会立即效仿，岛屿和大陆一道”；阿塔纳西奥斯努力的夭折证伪了这一论点。他还提到西班牙将夺取发罗拉的担忧，而这“将大大限制威尼斯航运活动”：这一说法点明这些巴尔干事件如何导向更大的目标，但在西班牙明显按兵不动的情况下，这个论点也就显得无力了。米努奇最基本的论据是，不论奥斯曼打败奥地利还是被它打败，他们接下来的进攻对象是威尼斯；他为这个说法给出了一些很好的理由，但也许在无意间，这点也突出了米努奇并不能判断苏丹会赢还是会输。[28]

驻威尼斯的教廷特使在同一年试图诱使威尼斯政府进入战争时，

---

* 关于兰扎斯，参见第260页。

采取了非常不同的策略。他告诉他们，苏丹“极深地陷入了怠惰的沉睡中；政府充满分歧；在战争中他们缺乏有勇气或至少有名望的指挥官。他们的士兵纪律已经败坏甚至完全崩溃，不服从和暴乱混入军中。人民处于混乱的状态，怀念自己的反叛意志”。这些主张中至少有一些得到证据支持。奥斯曼军队发生过士气低落的事件：例如，在1595年有个骑兵连队杀死了军官并拒绝发动攻击，而维谢格拉德的陷落据说由一名禁卫军的背叛造成（此人后来成了一名基督教教士）。在这一年，伊斯坦布尔的骑兵军团两次因政治原因发生骚乱；第一次是由锡南帕夏导演的，以抗拒新苏丹穆罕默德三世将他革职。1589年发生了禁卫军大叛乱，他们侵入苏丹宫殿并威胁推翻他，自此之后，伊斯坦布尔和其他地方发生过多次禁卫军叛乱（1591年在布达，因对延迟支付薪水感到愤怒，他们杀死总督并掠夺了府库）；与此同时，另一方面，调动禁卫军平息伊斯坦布尔的骑兵骚乱，也使得奥斯曼军队中的氛围进一步恶化。据报告称，当费尔哈德帕夏为1595年初的瓦拉几亚战争，试图在保加利亚北部召集军队时，收到命令的40 000到50 000人中仅有4000到5000人响应。[29]

这些苦难引发了这个时期所谓的奥斯曼帝国“衰落”的更大问题。传统历史文献，大多在威尼斯报告以及其他西方作家的记载的基础上撰写，强调诸如统治阶层中的腐败和奢侈、苏丹后宫日渐增长的政治影响力、苏丹越来越远离臣民甚至政府之类的事。这些观点并不是当代观察家凭空发明的；但需要谨慎对待它们，因为它们同源自诸如苏维托尼乌斯那样的经典作家的腐败和专制的西方范式如此一致，整齐划一。例如，像穆拉德三世这样的苏丹在表面上的“退出”并不意味着为了后宫生活的乐趣抛弃政府；相反，他正成为更亲力亲为的统治者，让此前易被大维齐尔渗透的决策，更难为大维齐尔触及。这与其说是“衰落”，不如说是一种新的专制主义变体同崛起的维齐尔家族政治阶层间斗争的显露。更普遍的是，历史学家往往会迷恋上从征服者穆罕默德到苏莱曼大帝的奥斯曼“经典体制”的黄金时代；

任何背离它的行为都可能被描述为衰落，尽管没人会想到用这种方法讨论 1450 年到 1550 年间的英国或同一时期的法国。举个例子：一个以封建骑士带着侍从上战场为基础的军事系统，在应对战争的新发展（尤其是枪支的使用）时，可能需要在某些方面做出改变，这并不会让我们感到惊讶。[30]

不过，在给出上述注意事项和限制性因素后，事实仍旧不可回避：奥斯曼体制从 16 世纪 80 年代以来就陷入麻烦之中，有些事情无疑越来越糟。最基本的变化发生在财政方面：1581 年，预算出现了 100 万杜卡特的赤字，在那个十年的后半段，赤字一直存在。波斯战争的巨大花费是这一现象的主要原因，也导致了 1584 年到 1589 年间铸币的灾难性贬值；而历史学家极为重视的从新大陆涌进的西班牙银币，现在不被视为决定性因素。由于财政和货币状况恶化，其他问题迅速蔓延。军事封建和财政制度开始在一些方面瓦解：作为税收单位的封地变质，政府越来越倾向采用包税制，对乡村人口大加征税。许多持有封地的西帕希骑兵，开始忽视征召令，甚至放弃田产。高级官职的买卖加速，精英政治的原则被腐蚀，这对成长于痴迷世袭地位的社会中的西方人来说似乎过于离奇。许多奥斯曼人主要从道德层面解释这些变化，16 世纪晚期成长起来的全部文学都在痛悼正义和公平的衰退。根据历史学家穆斯塔法 · 阿里的说法，16 世纪 80 年代奥斯曼帝国的核心领地“从正义与公平……变成了暴政与压迫的土地”。在某种程度上，西方观察家——尤其是像威尼斯大使那样长期待在一个地方并同苏丹的很多臣民交谈过的人——似乎也在附和奥斯曼思想家的担忧。但是，奥斯曼这一侧捶胸顿足、充满道德说教的批判，在基督教一侧，却变成了整个奥斯曼帝国行将崩溃的痴人说梦。这场梦实现不了。[31]

第二十二章

帕斯夸莱·“布鲁蒂”与他的和平使命

尽管存在诸多灾祸以及越发凸显的结构性问题，奥斯曼帝国依旧是个十分强大的实体，并且有能力组织极大规模的战争。1596 年的匈牙利战争足以证明这一点。它也证明，苏丹远没有躲在充满哑巴、侏儒和宦官的秘密宫廷世界，反而下决心将行政大权握在自己手中：苏丹宣布御驾亲征。这是自 1566 年苏莱曼大帝远征匈牙利以后，苏丹第一次亲征。穆罕默德三世还要求爱德华·巴顿随他出征（这多少让他有点吃惊）。对奥斯曼人来说，带外国使节作为观察者已不是新鲜事：例如，1548 年苏莱曼大帝征战波斯时，法国大使与他同行，并就火炮部署提供建议。1569 年，波兰特使被邀请观摩对抗俄国的奥斯曼－鞑靼战争。和巴顿一起被邀请的，还有法国大使弗朗索瓦·萨瓦里·德·布雷韦，不过他以财务困难为借口推辞了。与此同时威尼斯大使因未被邀请深感沮丧。苏丹随军队在 6 月 20 日离开伊斯坦布尔。巴顿则一直等着自己的日常供给的命令下达（这份文件保留了下来，要求行程中每个暂驻点的奥斯曼官员为他的团队提供面包、5 只羊、20 只鸡、大量蜂蜜和糖，还有喂马的大麦和干草）；他于 1596 年 7 月 12 日启程。在 6 月末发往伦敦的公文中，他将参与的理由解释如下：

> 我个人亲历这场可怕的战争，或许于整个基督教世界最为有利，同时于英国女王以及国家而言是光荣的，因为我对土耳其语和拉丁语的了解一样多，在这个帝国没人像我这样通晓这两种语言，我可以充当两方代表的书记员，而当事态于基督教世界有害时，我或许是唯一的“调解”手段。[1]

巴顿所提及的“调解”见证了英国政策的重要转变。在他作为代理大使的第一年，大力坚持哈伯恩试图使苏丹对抗西班牙的政策。尽管菲利普二世是首要目标，但奥斯曼与他的奥地利堂兄弟爆发一场战争的前景同样备受欢迎，因为菲利普或许会为支持奥地利而被拉入此类冲突。巴顿个人认为，任何对抗这两个主要天主教势力之一的战争都是件好事。迟至 1596 年 1 月，他写道“依我愚见，让上帝的一个敌人对付另一个敌人，让异教徒对抗偶像崇拜者，直到他们扭打在一起，上帝的子民将得以喘息并增长力量，这并非对上帝不敬”。然而，伊丽莎白女王在 1593 年改变了针对神圣罗马帝国的看法。这一转变由德意志北部重要的“汉萨同盟”贸易城镇中日渐增强的反英情绪促成。伊丽莎白女王担心汉萨同盟会说服帝国采取不利于英国贸易的措施，于是她对鲁道夫二世展开魅力攻势。皇帝的主要要求是伊丽莎白女王停止鼓动伊斯坦布尔攻击他的国土，女王立即照办，向巴顿发出命令，让他阻止战争。巴顿收到命令的时间点很尴尬，恰逢锡南发动他在那年夏天的第一次征伐。[2]

一位意大利观察者在 1594 年评论道，巴顿在奥斯曼人那里“已经在很大程度上丧失了名誉”，他们只是把他当作获取基督教世界事务情报的间谍。但实际上，他争取和平的努力对奥斯曼人来说是有价值的，部分是因为他全心投入，劝说反叛的罗马尼亚公国接受与苏丹的和解。1595 年，他给特兰西瓦尼亚的西吉斯蒙德·巴托里写信，劝他浪子回头。1597 年，巴顿再次向他致信要求停火，又致信“勇敢者”米哈伊称赞奥斯曼的和平计划。(1596年,维也纳大使抱怨说,虽然巴顿只是被女王要求促使波兰与苏丹保持和平,但他做过了头,鼓励波兰人与奥斯曼人、鞑靼人结盟,共同对付罗马尼亚叛军。)巴顿的努力在伊斯坦布尔受到重视的另一个原因,是决策层重要组成人员乐见战争尽快结束,包括锡南帕夏本人——这与当时西方观察者和现代历史学家的观点不同。就在大维齐尔出征瓦拉几亚前,巴顿在1595年7月与他谈话,并告知他“英国女王对与德意志达成和平的渴望”。锡南欣然回应,他认为占领杰尔已经满足了苏丹的荣耀,并说如果女王想要和平,他会乐于以“比德意志皇帝所能设想的更体面和便利的条件”来达成和平,“索要……不超过平常的贡品,同时,德意志皇帝不能阻挠他惩罚波哥达尼亚(摩尔达维亚)、瓦拉几亚和特兰西瓦尼亚的反叛大公”。锡南去世后,巴顿注意到依然有重要人物渴望和平,包括苏丹的母亲(阿尔巴尼亚人萨菲耶,她曾和锡南帕夏关系紧密)。但他现在有点受阻:1596年1月,伊丽莎白女王来信要求他停止影响奥斯曼帝国的政策。(不过英国的政策并未转而反对苏丹:就在这个月,一艘英国船只抵达伊斯坦布尔,满载武器和金属,包括“锡与(铁)丝”。没有这些,奥斯曼人就不能按照苏丹的命令浇筑大炮。)就这样,爱德华·巴顿带着一丝忧虑,与西方外交使团一道,陪同苏丹前往匈牙利前线。[3]

在离开伊斯坦布尔之前,巴顿就释放帝国大使弗里德里希·冯·克雷克维兹府邸一干人等进行了交涉。他被允许带着这些人去前线,并在安全保护下送他们去维也纳。这使他在战争中的角色带有人道主义色彩,与此同时送囚徒到另一方将为可能的和平谈判带来新机会。在战争早期阶段,锡南帕夏亲自带领冯·克雷克维兹和他府邸中的五人前往贝尔格莱德,然后到布达,试图利用他们进行公开谈判。1595年2月,驻守布达的锡南之子穆罕默德送其中一人带着和平条件去见皇帝。条件要求皇帝放弃大量堡垒,停止协助罗马尼亚叛乱,并且每年缴纳贡赋。(布拉格的回复不仅毫不妥协,而且傲慢无礼:

要求苏丹允许摩尔达维亚、瓦拉几亚和特兰西瓦尼亚联合在匈牙利王国之下，并承认皇帝对该王国的主权。）冯·克雷克维兹府邸中留在伊斯坦布尔的 23 人，大多时间在鲁米利亚希萨里要塞臭名昭著的“黑塔”中度过，处境极其骇人。之所以叫黑塔，是因为白天也进不了一点光。他们被迫忍受虱子、营养不良、痢疾和其他疾病的侵扰。两人死在狱中，因此还剩 21 人将被释放。他们被带到新任大维齐尔达马德·易卜拉欣帕夏处，通过爱德华·巴顿的译员接受讯问。年轻的波西米亚贵族瓦茨拉夫·弗拉蒂斯拉夫回忆道，易卜拉欣告知他们，“伟大的苏丹，出于天生的仁慈，将我们从严酷的监禁中释放出来，并要求我们用感激作为回报，再也不与他作对”。最终他们被带到巴顿的住处。巴顿安排他们洗漱（他们两年来头一次），又在花园里支起帐篷供他们休息。为了巴顿一行的远行，苏丹不仅送来 36 峰满载帐篷、毯子、床垫、厨具和各种补给品的骆驼，还送来马车以便这些出狱者乘坐。帝国使馆的前药剂师弗里德里希·赛德尔写道，他们启程时排场很大，前面是小号手，跟着是巴顿和他 12 个身穿波兰式服装的随从，之后是马车，再往后是骆驼，“四人一驾马车，由两匹马拉着，车上还有红色布帘，就像奥斯曼小姐们乘坐的那种”。马泰奥·德·法罗，帝国使馆长期聘用的译员也一起随行（他还是巴托洛梅奥·布鲁蒂妻子的舅舅）。在巴顿的随从中，他的译员有两个特殊任务：引导这些人穿过前线到达哈布斯堡一侧；与鲁道夫秘密达成可能的和平协定。[4]

巴顿的译员被大多数人称作帕斯夸莱·布鲁蒂。他事实上名为帕斯夸莱·达布里，是马尔科·达布里和卢切塔·布鲁蒂之子。卢切塔·布鲁蒂是巴托洛梅奥、亚科莫、克里斯托福罗等人的姊妹。在一些文件里，他被称作达布里，但似乎在伊斯坦布尔以及译员间，人们用他舅舅更为知名的姓氏来称呼这个年轻的小伙子。这与枢机主教琴齐奥随他舅舅姓不同。达布里是乌尔齐尼历史悠久的贵族家庭，其历史可追溯到 14 世纪。15 世纪 80 年代到 16 世纪初，一位名为帕斯夸莱·达布里的人是城中的领袖人物（他把女儿嫁给了著名阿尔巴尼亚人文学者马林·贝奇凯米，那人后来成了布达的修辞学教授）；一个叫尼科洛·达布里的人是乌尔齐尼的咏祷司铎，在16世纪10年代成了莱什主教。因此，帕斯夸莱就像他的波利希表亲，而不像其他有科佩尔父母的表亲那样，他从小就被父母以母语阿尔巴尼亚语和斯拉夫语教养长大。[5]

对帕斯夸莱·达布里最初的记录来自瓦拉几亚大公米赫内亚的姨妈马里瓦拉·阿多诺的一封信。马里瓦拉是个来自加拉塔的天主教徒，嫁给了一个热那亚商人，搬到了威尼斯，在穆拉诺岛上定居。16世纪70年代她的丈夫去世后，她常住在当地的一座女修道院里，但和她的罗马尼亚亲戚保持着密切联系。1590年她写信到布加勒斯特推荐帕斯夸莱，请求大公米赫内亚提拔他。很显然米赫内亚和巴托洛梅奥·布鲁蒂早有联系，并且他的波利希外甥已经让米赫内亚对帕斯夸莱产生了兴趣。不知1591年初大公被废黜前，帕斯夸莱是否在他宫中待过。如果确实如此，他可能之后搬去了伊斯坦布尔，在舅舅克里斯托福罗·布鲁蒂的监护下生活。1592年1月来自雅西的报告指出帕斯夸莱·达布里刚刚被他的舅舅克里斯托福罗送到摩尔达维亚首都，迎娶贝内德托·布鲁蒂（也可能是巴托洛梅奥·布鲁蒂）宅邸中的年轻女子。当年稍后，帕斯夸莱又回到伊斯坦布尔担任译员，在他舅舅克里斯托福罗去世后接替他的部分工作。有一段时间，他的兄长马林·达布里在加拉塔安顿下来，很可能在那儿经商，帕斯夸莱大概参与了他的商业活动。当1600年马林去世时，据马泰奥·德·法罗所说，帕斯夸莱已深受威尼斯大使喜爱。但帕斯夸莱本人却和威尼斯人有过一些争执：正当爱德华·巴顿于1596年7月离开伊斯坦布尔前往匈牙利时，威尼斯大使在报告中隐晦地提出“他的随从中有一位我们的人，帕斯夸莱·达布里。因实在应当受到严厉惩罚的缘由，我不得不开除他”。让他恼怒的原因不得而知。[6]

爱德华·巴顿由马匹、马车和骆驼组成的旅队于7月的热浪中离开伊斯坦布尔。他们每日行进缓慢。根据弗里德里希·赛德尔的回忆，巴顿留心寻找河岸作为过夜的停驻点，他们在那里以音乐、球类游戏和钓鱼放松身心。但是天气很热，尤其在保加利亚，从索菲亚到塞尔维亚城镇尼什沿途随地都是发臭的牛、马和骆驼尸体。旅行者们路过两具基督徒尸体，他们因为杀死奥斯曼士兵而被穿刺（木桩由臀部插入，穿过身体，从脖子处穿出）。还有两具因越狱而遭受同样刑罚的特兰西瓦尼亚人尸体，以及三百个塞满稻草的波斯尼亚叛军脑袋，锡南之子在3月镇压了他们的叛乱。[7]

他们最终抵达贝尔格莱德城外的奥斯曼营地，并于8月17日和大维齐尔达马德·易卜拉欣帕夏会谈。这是一次友好的会见，巴顿直接用土耳其语与易卜拉欣对话。大维齐尔宣称他将把所有帝国大使的眷属送往帝国，之后他们一个接一个地亲吻易卜拉欣的双脚以示感激。然后他们被领着参观军营，这样当他们到达维也纳和布拉格时，就可以如其所料地给出一份奥斯曼军队规模的骇人报告。瓦茨拉夫·弗拉蒂斯拉夫估计军中大约有30万人，尽管此数目包括“一些乌合之众、毫无价值的暴民、骡夫、赶驴和骆驼的人”。9月初，正当他们随军前往匈牙利南部城市塞格德时，他们的处境受到了威胁，因为彼时哈布斯堡军队夺取了奥斯曼的豪特万要塞，并且“毫无怜悯，极为残酷地斩杀了所有居民”，包括孕妇和婴儿。顿时奥斯曼军营中燃起了复仇的渴望。然而易卜拉欣遵守了诺言，将这些帝国囚犯送往奥斯曼的匈牙利城镇索尔诺克，并命令城镇的长官派一支武装护卫送他们前往布达。[8]

他们和英国大使就此分别。巴顿被要求与正在向北进军的奥斯曼军队同行，他们的主要目标是哈布斯堡的埃格尔要塞。巴顿雇了四辆农用双轮马车以便这些出狱者乘坐，送给他们100杜卡特，又派一位禁卫军和帕斯夸莱·达布里与他们同行。他们两人骑着马走在前面，保护其他人不受任何一边来的劫掠队伍伤害。有几次他们遇上鞑靼人，但禁卫军出示了藏在帽子里的大维齐尔保护他们安全的信件，并严正警告鞑靼人不要骚扰他们。他和达布里成功逮住几匹走丢的马，这样队伍中的其他人也可以骑乘。他们第一夜留宿在一座匈牙利大村庄，它已被一支鞑靼分遣队占领。他们悄悄溜进教堂，那里的教士给他们提供面包和奶酪，但不久鞑靼人就发现了他们，并威胁要杀死或奴役他们。幸运的是一场猛烈的暴风雨不期而至，鞑靼人前去照看马匹。在一片混乱中，众人得以逃脱，并带上当地向导，不过不久向导也在一片漆黑和瓢泼大雨中迷了路。又前行一天，在遇上一支前往埃格尔的规模庞大的奥斯曼骑兵队伍之后，他们终于到达了佩斯，通过基督教社区的审查后，他们在那里借住。第二天早上，他们见到了奥斯曼布达地区的地方长官，读过大维齐尔的信之后，长官立即释放了其他五个从战争早期就待在这座城市里的冯·克雷克维兹眷属。（冯·克雷克维兹本人患病去世了。）又过了一天，他安排船只，让马尔托罗人（当地的基督徒辅助士兵）当纤夫，送他们沿多瑙河去往上游最近的哈布斯堡防御工事瓦茨。这支队伍中只有一个成员决定不跟他们走，那就是马泰奥·德·法罗，这位年长的译员“在加拉塔结了婚，并不想离开”。或许他会通过某种方式回到伊斯坦布尔。[9]

就这样，旅途的最后一段始于1596年9月23日。达布里和那名禁卫军沿着河岸骑马前行。当他们就要接近要塞时，达布里让禁卫军返回，并给他10杜卡特作为路费。他们都以为提前从陆路派出的那些从匈牙利村庄就开始与他们同行的农民向导会向要塞中的官员通报他们的到来，然而事实上那些向导早已被鞑靼人俘获并杀害。因此，他们反而受到炮击，差点儿打中他们的船。他们疯狂地挥舞着帽子（西方头饰，而非穆斯林头巾）、用德语和匈牙利语大喊他们是基督徒。炮兵军官下令停火，并派出两艘武装船只去核查他们的身份。他们被允许进入要塞，在那里他们跪倒、哭泣，庆祝三年多的囚禁生涯终于结束。应他们的要求，达布里也被迎进要塞。第二天，他们被沿河带到艾斯特根，在那里，前囚徒觐见了马克西米利安大公。

大公问了他们几个关于苏丹军队的问题，包括他们是否正向埃格尔方向前进。弗拉蒂斯拉夫之后写道："大公对此一无所知，我们惊讶于基督徒的情报竟如此匮乏。"马克西米利安对他们提供的信息感到十分震惊，立即发出命令要求加固埃格尔城——尽管事实上它已被围困。最终，在艾斯特根停留三天后，帕斯夸莱和被释放的囚徒前往维也纳。[10]

早至10月2日，在鲁道夫二世布拉格宫廷中的威尼斯大使，弗朗西斯科·文德拉明，就报告了被释放的囚徒安全抵达哈布斯堡境内的消息。他说囚徒释放由巴顿安排，而巴顿唯一的目标就是促成苏丹与皇帝的和平，以便奥斯曼海军动身攻击西班牙。这个行动的政治本质毋庸置疑，并且英国政策被认为具有浓厚的亲奥斯曼、反天主教色彩，而这不能被鲁道夫的顾问们接纳。一周后，文德拉明写道，冯·克雷克维兹眷属中的一部分刚刚抵达布拉格，然而达布里和其他两人在维也纳受阻，因为皇帝怀疑他们是奥斯曼帝国的间谍。最终，直到11月13日，帕斯夸莱才被允许前往布拉格，提出爱德华·巴顿的建议。不过此时，皇帝的顾问们情绪相当惨淡。在短暂围困之后，埃格尔的城堡于10月12日失陷。作为对豪特万屠杀的报复，城堡内所有人被屠戮。十二天之后，马克西米利安大公的军队到来，奥斯曼人应敌，两军在埃格尔东南15英里的迈泽凯赖斯泰什平原交战。战斗持续了两天，到第二天晚间，哈布斯堡军队眼看就要获胜。他们突入奥斯曼军营中心，夺取了囤放在那里的金币宝箱以及大量苏丹宫廷用品。然而，这正是他们的败因。作为目击者，爱德华·巴顿说道："骑兵下马，步兵丢掉长矛和火绳枪，以便更有效率地掠夺"——正当此时，他们遭受了两波风卷残云般的反击：一波来自鞑靼轻骑兵，另一波来自奥斯曼指挥官吉加拉扎德·优素福·锡南帕夏（原名希皮奥内·吉加拉，热那亚贵族之子，1560年在杰尔巴战役中被俘时还是个少年，之后在奥斯曼军中迅速升迁）。哈布斯堡士兵后撤，随即演变为一场大溃败。[11]

11月13日，文德拉明在汇报与帕斯夸莱·布鲁蒂的长谈时写道，帕斯夸莱坚持苏丹已经准备好通过谈判取得和平。尤其是因为那个夏天他在组织军队方面遇到了巨大困难，逃避兵役依旧是个严峻的问题。帕斯夸莱还说巴顿提出的“诚恳条件”将会使双方满意。但现在，在埃格尔和迈泽凯赖斯泰什两战之后，“局势已被这些重要的胜利改变，因而我们也不可能在以前那样的基础上谈判”。在一周后的另一次会面中，帕斯夸莱讨论了奥斯曼军队的实力，他指出，全体兵员数量达20万，还强调他们有800门大炮。他又说，奥斯曼军最初意在特兰西瓦尼亚，后来因豪特万的暴行才转移至匈牙利北部前线。至于和平谈判，经过了许久拖延，他最终被允许与帝国的议会成员商讨，然而他们漫不经心地告诉他，如果苏丹愿意归还埃格尔或杰尔，皇帝就愿意达成和解。帕斯夸莱说苏丹永远不会同意这项意见，相反哈布斯堡应当放弃艾斯特根或瓦茨。如果他们照做，并奉上大笔钱财，奥斯曼人才会同意讲和。11月18日，他亲自觐见皇帝，并禀明上述条件。然而，文德拉明写道：“因为这里的所有决策都奇慢无比，帕斯夸莱认定这件事不会有任何结果。”因此他只是在候着两份慷慨的礼物，一份给他，另一份给巴顿。这是在离开布拉格之前几天约定好的。他计划前往布达，之后“换上奥斯曼人的装束”前往贝尔格莱德，希望在那里找到等候他的巴顿。[12]

11月27日帕斯夸莱前去与文德拉明道别。他收到了礼物：给巴顿的是价值2500杜卡特的珠宝，给他的是价值200泰勒（133杜卡特）的金链和800弗罗林（略少于800杜卡特）现金。他随身带着给大维齐尔的信函，以及鲁道夫致巴顿的亲笔感谢信。但是，正如他担心的那样，他谋求和平的谈判遭到拒绝。哈布斯堡方面最多愿意交出艾斯特根和瓦茨，但建立在归还埃格尔和杰尔的条件之上。布拉格的一位大臣告诉帕斯夸莱，他们有望将波兰作为同盟拉入战争，因为奥斯曼进军匈牙利北部实际上对波兰的安全产生了威胁。帕斯夸莱反驳说这是个错误的念头，因为宰相扎莫伊斯基“完全站在苏丹这一边”。总体而言，帕斯夸莱给文德拉明留下了良好印象，他认为帕斯夸莱有成熟的判断力（尽管他“非常年轻”）。他称他十分忠于威尼斯，并十分急切地希望结束巴顿的任务，以便转而为威尼斯效力。[13]

但事情并不如他所设想的那样发展。返程途中，帕斯夸莱在12月下旬远行至贝尔格莱德。但在那里他没有找到爱德华·巴顿，因为大部分奥斯曼军队已经返回伊斯坦布尔，英国大使与他们同行。1597年2月21日，巴顿在奥斯曼首都写道："我的译员……自在贝尔格莱德给我送来皇帝的信件，告知已接收上述提到的他的臣民并献上慷慨的感激，已经两月未归了。”他只收到了帕斯夸莱一封非常简短的信件说明情况，因此，他不知道鲁道夫对他提议的条款作何反应。他知道的是“边境统领哈桑帕夏扣留了帕斯夸莱，不许他到这里来”。哈桑帕夏是被留下管理边界地区的鲁米利亚新任总督。4月，巴顿写道，大维齐尔怀疑哈桑杀死了帕斯夸莱，但让他“保持耐心，直到贝尔格莱德方面传来准确的消息”。直到4月17日，他仍然未收到任何消息，除了一封迟迟未到的帕斯夸莱的信件。这封信写于1月，刚刚到达伊斯坦布尔。上面仅仅写了囚徒的释放让皇帝大为欢欣，他不仅写了封亲笔感谢信，并且还有“我希望您能喜欢的东西，但我目前恭敬地对之保持沉默，直到我见到您，并向您报告我此行的成果”。这是帕斯夸莱最后留下的话。提及鲁道夫给巴顿礼物的微妙表达或许会让我们想到，某些人会产生谋害帕斯夸莱的动机，即使他假装为了安全目的扣押这名年轻的译员。无论是珠宝、金链还是现金，都再无记载。6月初，巴顿写信给巴托洛梅乌斯·佩岑（布拉格的高级顾问，曾任帝国驻伊斯坦布尔大使）："我们对帕斯夸莱的处境感到十分绝望，从许多信息来看，哈桑帕夏杀死了他。”这个月底，一位伊斯坦布尔的意大利“顾问”宣称这是事实。10月，爱德华·巴顿正式向苏丹提出请求，要求为帕斯夸莱的谋杀案惩罚哈桑帕夏。但据记载，一个月后，哈桑对这个指控大加奚落，还暗示巴顿指使帕斯夸莱藏在加拉塔。因此这桩罪行永远未被公开，当然哈桑也未受惩罚。爱德华·巴顿患上痢疾，于1598年1月病逝，年仅35岁。[14]

布鲁蒂家族成员在两个场合尽全力协助阻止此次哈布斯堡和奥斯曼的主要冲突：贝内德托在1593年夏天；他的外甥帕斯夸莱则在1596年冬天。前者的尝试可以说几近成功，而后者的努力有着在任何情况下都不切实际的目标，还严重地受到军事行动影响。布鲁蒂家族在这些重大事件中扮演的角色已经结束（不过他们的亲戚马泰奥·德·法罗在接下来几年中继续将消息与情报送给他在维也纳和布拉格的主子）。战争本身却冷酷无情地继续下去。哈布斯堡军队在1598年重新占领杰尔，但奥斯曼人在达马德·易卜拉欣帕夏的带领下，两年后攻克了瑙吉考尼饶，匈牙利南部一座有着同样重要价值的城市。易卜拉欣第二年去世之后，接替他的是耶米什奇·哈桑帕夏，阿尔巴尼亚人，可能是锡南的外甥。在这个阶段，哈布斯堡方面的主将也是个阿尔巴尼亚人，德梅特里奥之子乔治·巴斯塔，南意大利的巴尔干骑兵军官。作为一名善于创新的骑兵战略家，乔治有着光辉的职业生涯。他在佛兰德和法国为西班牙人服务，并且证明自己是鲁道夫旗下最高效的指挥官。[15]

世纪之交的许多战事集中于特兰西瓦尼亚。1598年西吉斯蒙德·巴托里交出权力，又多次尝试夺回它。在鲁道夫的同意之下，“勇敢者”米哈伊以夺取特兰西瓦尼亚为回应，之后为了巩固他在这里和瓦拉几亚的统治，与苏丹讲和。1600年他又攻取摩尔达维亚，由此在罗马尼亚历史上占据了独特的位置：短暂地将三个公国置于同一个统治者之下。1601年，米哈伊和乔治·巴斯塔联合起来挫败了西吉斯蒙德重新夺回领地的企图。但巴斯塔对米哈伊与伊斯坦布尔的来往有所猜疑，不久之后就杀了他。在经历又一次与西吉斯蒙德的战斗之后，乔治·巴斯塔自1602年起全面掌控了特兰西瓦尼亚。他以极大的决心实行了鲁道夫严格的反宗教改革政策，在特兰西瓦尼亚全境重新强制推行天主教——而这片土地以天主教徒、路德派、加尔文派甚至一位论派依照权宜之计彼此接纳而闻名。（罗马尼亚农民信仰的东正教也同样被包容，尽管未受到官方认可。）这个新的强硬政策——短命且极大地背离了鲁道夫通常的宗教温和——引发了一场在加尔文派贵族伊斯特凡·博奇考伊领导下的大叛乱，使这个地区直到 1606 年都动荡不安。与此同时，1605 年奥斯曼帝国通过一场重要反击重新夺取了艾斯特根、维谢格拉德，以及其他一些据点。因此，当 1606 年双方最终进行和平谈判时，苏丹占据着优势，不过从 1603 年起，一场新的波斯入侵威胁了帝国的东翼，迫使他急于结束这场战争。最终的吉托瓦托洛克和约让多数事务一如战前：杰尔留在哈布斯堡手中，艾斯特根仍归苏丹。唯一重大的收获是后者保留了埃格尔和瑙吉考尼饶。任何有理智的人都不会认为这两个据点值得十三年的激战。但是，和约大概产生了一个积极结果。双方斩获甚少的事实，或许是他们在往后五十七年中保持和平的原因。[16]

许多关于奥斯曼帝国这一时期的资料给人一种印象，认为奥斯曼不仅是个主动且无节制的好战力量，而且它的行动受意识形态驱使。这种意识形态强烈要求不断发动对基督徒的战争。因为伊斯兰教的法律理论视一切不属于伊斯兰世界的事物属于战争世界。到苏莱曼大帝的统治时期为止，奥斯曼在欧洲都是一股扩张性势力，而且入侵南意大利的可能性依旧会得到重视。但是本书讨论的两场重要战争，1570 到 1573 年以及 1593 到 1606 年的战争，都与此不相符合。前一场对抗威尼斯和神圣联盟的战争，或许被视作对塞浦路斯的侵略，但它是出于地中海东部的长期安全而进行的，而不单纯出于好战之心或宗教狂热。奥斯曼人意外跌入“漫长的战争”，而非处心积虑的结果。在前三年里，他们愿意基于合理的条件结束战争，但被皇帝回绝。在此之后，哈布斯堡对特兰西瓦尼亚的干涉让奥斯曼人不愿罢休。对苏丹来说，罗马尼亚公国兼有经济和战略意义，因此当在那些地方地位不稳时，他不会放心走向谈判桌。

总的来说，在这一时期推动奥斯曼政策的是通常的地缘政治力量计算，而非宗教或法律理论，尽管后者在为正当性辩解时很有用。很显然，这对大多数与奥斯曼帝国打交道的西方势力也同样适用。威尼斯、波兰、法国和英国都在打自己的算盘，并且十分务实地行动。正如前文所指出的，一个环环相扣、横跨欧洲的权力政治机制促使反哈布斯堡势力对抗哈布斯堡，因而也要求前者以各种方式支持奥斯曼帝国。这个机制向东方扩展得更远，直达波斯。如果这一时期奥斯曼帝国有一个高于一切的政策决定因素，那么它就是与东边邻居争夺统治权的斗争。如我们所见，索库鲁·穆罕默德的地缘政治考量与亚洲紧密相关。这些考量或许是攻占塞浦路斯的深层原因。正是他那投入与波斯的大规模领土战争的意图，使他成了推动16世纪70年代奥斯曼与西班牙海军停战的合伙发起人。那场结束于1590年历时十二载的波斯战争造成的资源短缺，很可能是好战的锡南帕夏1593年不愿发动一场欧洲战争的原因。奥斯曼与波斯——它的穆斯林敌手，而非基督徒——的关系间接但深远地影响了此一时期欧洲的地缘政治图景。

作为政治行为的基本动机，宗教在这个故事中确实扮演着重要角色——只不过是在基督徒这一边。当然，在一些习惯性援引宗教动机的角色那里，宗教动机本身却在很大程度上不受重视。马耳他骑士有充足的经济动力开展海盗活动，而这些活动无论如何也不会放过苏丹的基督教臣民。出于两个主要原因，由宗教引发战斗的思想观念几乎是骑士团的生存必需：其一，骑士团内部存在着不同国族群体之间的紧张关系，有些骑士的国家之间常常处于战争之中（例如，法国骑士和西班牙骑士之间），为了克服这种紧张，有必要聚焦于一个共同的敌人；其二，唯一使来自整个天主教欧洲封地流入马耳他的大量收入合法化的办法，就是在明面上加入更崇高的事业。但是，当我们转向此时期致力于十字军事业的教廷，直接的宗教动机在此扮演的角色就显而易见了。自然也能见到其他动机。教宗出于制度和政治原因，渴望加强他们的领导地位，尤其是在君主越来越将权力紧握在自己手中的时候。并且，与任何政客一样，当符合自己利益时，教宗也会让步：穆斯林商人在安科纳的教廷港口受到亲切欢迎就是例证。然而，只有我们认识到庇护五世和克雷芒八世真心相信他们所鼓吹的内容，才能理解16世纪70年代早期庇护五世促成神圣同盟以及16世纪90年代克雷芒八世支持帝国的努力（他不仅派出了军队，还迫使西班牙捐出资金并最终派遣士兵）。他们的计划是圣战。如果不是因为一个基本的不同点，人们或许可称之为基督教吉哈德：他们攻击异教徒，不单单是因为他们是异教徒，而且因为他们统治着基督教人口。这个不同点对他们的计划也有影响。他们执迷于这样一个美好设想：西方军队入侵时，巴尔干大规模叛乱会分毫不差地爆发。然而，在付出巨大代价之后，巴尔干半岛的叛军就会意识到，他们的计划有多不切实际。

就其最广泛的含义来说，反宗教改革或许是这一时期欧洲历史上最重要的发展变化。多亏耶稣会士和其他人耐心的工作，天主教欧洲的文化和宗教生活被潜移默化但坚定不移地改变。通过统治者和精英们的激进行为，欧洲大部分地区在未来几个世纪复兴的基础已经打下（虽然通常通过残酷的方式实现）。半个世纪以来，本书揭示的反宗教改革教廷在加强反奥斯曼帝国政策方面所扮演的角色，不应被轻视。如果没有庇护五世的工作，勒班陀战役将永远不会发生。但是，在这个世纪的结尾，反宗教改革运动却阻碍了另一起可能成为基督教重要胜利的事件的发生。如果哈布斯堡政权在特兰西瓦尼亚尊重当地的宗教组织以及社会与政治的平衡，那么，该国将可能成为西方力量的新堡垒，阻挡鞑靼人的主要通路，严重削弱苏丹对匈牙利地区的控制。巨大的历史讽刺在于，天主教的必胜信念，断送了真正的胜利前景。

然而，正如布鲁蒂与布吕尼家族成员的故事所体现的，反宗教改革的措施多种多样。对于他们来说，宗教构成了忠诚的最强的决定因素，甚至超出他们对威尼斯的归属感（巴托洛梅奥在事业开始后不久，就从政治上舍弃了这种归属，并在去世前也准备好从物理上舍弃它）。他们的贡献包括在特伦托促成反宗教改革运动，在勒班陀为基督教世界战斗，以及谋划将阿尔及尔转至西班牙国王手中。与此同时，他们清楚地认识到，奥斯曼帝国并非完全陌生、纯然敌对，也不是任何意义上的单一实体。它是个复杂的世界，在各种层面上与他们自己的世界交织在一起。为了他们基督教世界的利益，不论他们对此如何看待，但就像要与奥斯曼人对抗一样，也得与他们开展合作——正如安东尼奥·布鲁蒂的谷物贸易和地方交往，或者巴托洛梅奥作为奥斯曼附庸国大臣进行的政治和外交活动。宗教发挥着深层次的作用，它可以解释为什么这些人中没有一人改宗伊斯兰教。但是，大多数时候，宗教并不完全引导他们的生活，也不会阻止他们和有伊斯兰信仰的权贵亲戚搞好关系。他们是基督教世界边缘区域的天主教徒，这种处境或许让他们产生更深的宗教归属感；与此同时，他们是阿尔巴尼亚人，通过语言、血缘和历史，与奥斯曼臣民以及奥斯曼领地联系在一起，这使他们看待问题时能够更加接近奥斯曼视角。尽管教宗和国王们制订了更多不切实际的计划，以打败苏丹，使基督教世界取胜，但事实上，与奥斯曼世界日复一日的往来事务，还得要依靠他们这样的人。

尾声

遗产：安东尼奥·布吕尼的论著

这本书所讲述的布吕尼与布鲁蒂家族的故事，在 16 世纪 90 年代末结束了。在勒班陀战役前后的第一波死亡浪潮之后，第二波出现了：巴托洛梅奥和克里斯托福罗·布鲁蒂死于 1592 年，帕斯夸莱·达布里死于 1597 年，加斯帕罗和安东尼奥·布吕尼均死于 1598 年。正如我们所见，孩子和侄甥们作为译员，继续着活跃的生涯，并产生属于他们的家族；但他们的生活已是另一个故事了。在这本书中登场的角色中，一些人继续活了很多年：1618 年贝内德托·布鲁蒂在米赫内亚之子拉杜——瓦拉几亚大公的宫廷中任要职；亚科莫·布鲁蒂在那一年去世，时年 76 岁；马泰奥·布吕尼到 1623 年时仍然健在，很可能活了八九十岁。不清楚巴托洛梅奥的遗孀玛利亚比她的丈夫多活了多少年；她生平的最后踪迹是 1600 年的法律文件，在科佩尔的家中签署，以表明她接收了来自“瘸子”彼得鲁庄园的少量付款。她在文件中被称为安东尼奥与亚历山德罗的母亲，那时亚历山德罗 16 岁。安东尼奥的生涯细节没有流传下来，所以他可能不太长寿。亚历山德罗似乎继续待在科佩尔；他写了首拉丁短诗，发表在一位科佩尔作者出版于 1611 年的书中，那一年，威尼斯当局授予他 200 块盐田的收入，以嘉奖布鲁蒂家族的忠实服务。布鲁蒂家族——至少亚科莫那一支——将在那个伊斯特里亚城市长期繁荣，他们18世纪的家族宅邸有着典雅的白色石灰岩外壁，就坐落在大教堂后面，今天是科佩尔市的图书馆。[1]

但还有另一份遗产尤为值得注意：一篇关于奥斯曼帝国在欧洲的小论文——或者，准确来说，是关于鲁米利亚行省的，包括了那个地区的大部，不包括波斯尼亚、匈牙利和罗马尼亚地区——由安东尼奥·布吕尼于1596年所写。这个作品在现代完全无人知晓，但在当时有着重大影响。幸存至今的有两个早期抄本，一份在梵蒂冈图书馆，另一份在威尼斯科雷尔博物馆的图书馆。（不过，因为这一文本以手抄本形式流通，非常可能存在其他副本有待发现。）这篇论文是一份不同寻常的有趣作品，与通常带有政府官员、军事力量等清单的西方报告相比有所不同。它见证了安东尼奥之前在奥斯曼帝国境内的经历，以及在漫长战争初期阶段的独特环境，这个文本就写于这个阶段。[2]

在这个文本中的一处，布吕尼提到“二十五年前”奥斯曼征服巴尔，说明它写于1596年。另一个段落将它的日期更具体地定位在1596年下半年，此时阿塔纳西奥斯·里塞亚斯领导的希马拉人叛乱正在进行，尚未以明显的失败告终。“希马拉高地人现在起事了，”布吕尼写道，“被一些人说服，尤其在奥赫里德大主教阿塔纳西奥斯的努力之下，他借口视察（奥赫里德大约距离希马拉四天路程），让他们认为他同皇帝有协议，西班牙国王将很快派人手前来。但如果没有外部帮助的话，他们这次叛乱不会持续太久。”[3]

安东尼奥给安杰洛·因杰涅里的一封信里，提供了更加确切的日期，也为文本的来源给出了更为清晰的解释。我们前面简短地邂逅过安杰洛·因杰涅里：他是科佩尔主教的侄子，计划到这个伊斯特里亚城市，以便在他叔叔的帮助下写一篇有关塔索的评论。*他

---

* 参见223—224页。

同科佩尔的联系本身也许有助于解释他如何结识安东尼奥·布吕尼。还有另一种可能，安杰洛是教廷国务卿奥雷西奥·因杰涅里的儿子或侄子，加斯帕罗在 1583 年为安排资助安东尼奥的教育给奥雷西奥·因杰涅里写过信；可能因杰涅里家族在安东尼奥求学于罗马期间扮演过部分监护人的角色。*1592 年，安杰洛担任琴齐奥·阿尔多布兰迪尼的文学助理。琴齐奥因安杰洛与塔索的友谊而选择了他，想让他准备出版诗人塔索的《被征服的耶路撒冷》(*Gerusalemme conquistata*)——其作品《被解放的耶路撒冷》的彻底改写版本，塔索将此书题献给琴齐奥；它按时在 1593 年出版。但安吉洛也做了些更一般的文书工作，1594 年，他出版了一本关于好秘书的职责和要求的小指南，同样献给枢机主教琴齐奥。其中一个章节名为“论关于世界的新闻报告”，说秘书需要知道“平常世界新闻报告中包含的日常信息，因为它构成了当下活生生的历史”；所以秘书应该收集“所有在世王公的利益和意图，他们的军队、国家性质、民族风俗等全面信息”等等。“对这种研究来说，阅读目之所及的以手稿呈现的作品，比如大使们的报告，给教宗特使的指令，以及无数此类文件”非常有用。这提供了一种安东尼奥论文(至少其最终形式)创作的背景感，安杰洛·因杰涅里似乎在论文背后扮演了活跃的角色。[4]

塔索在 1595 年 4 月去世后，安杰洛·因杰涅里不再为枢机主教琴齐奥服务。他似乎很快就和琴齐奥闹翻了，他印刷诗人的一部遗著的企图被琴齐奥紧急叫停，琴齐奥想独占这部手稿。然而，1596 年安杰洛应琴齐奥的请求去了他的家乡威尼斯，安东尼奥·布吕尼的一封信件表明，他仍然在一定程度上为枢机主教服务。10 月 17 日，安东尼奥从威尼斯写信，感谢安吉洛致信，并对他上次访问期间未能会面感到抱歉。他继续说：

---

*　参见 333—334 页。

> 现在，你说罗马方面知会你，那样写成的情报会受到你最尊贵的赞助人的欢迎，我开始觉得你把它描绘得比它实际上重要得多。因此我不知该如何满足这份期待——而这个错误是你造成的，而不是我。如果你的主人感到高兴，我会认为你帮了我一个大忙。我不认为最尊贵的大人他会不屑于回应以使我感到荣幸。所以，我最终决定，接受你最明智和善意的忠告，以便枢机主教知道我将通过你——我最特殊的赞助人，将文本寄给他。

由此，在精巧恭敬的客套话之外，我们得知安吉洛听说了安东尼奥刚刚写了，或者正在写，或者能够写一份文本，并请求送上一版给他的主人。因为枢机主教琴齐奥当时的圈子包括哲学家弗朗西斯科·帕特里齐，而他正积极探索在阿尔巴尼亚等地发动反奥斯曼叛乱的可能性，看起来此处谈及的文本非常有可能是安东尼奥关于鲁米利亚行省的论文。[5]

这篇短小的作品——刚超过4000字，一份手稿13页，另一份手稿27页——题为“论鲁米利亚行省”。它首先从所涉领土的简单地理阐释入手，但随后很快就将注意力转移到生活在其中的民族上；布吕尼未提及的一个不言而喻的问题是，该省的基督徒人口是否愿意或能够起事。警告一开始就被送上：“就像这里有不同的宗教信仰，你也会发现这里有不同的语言，这导致人们一定程度上并不团结，而这扩大了通常由宗教差异带来的分歧。”他给出的记载细致入微。例如，他写道大多数说希腊语的人是东正教徒，但一些佩罗特人或者希腊岛屿上的一些居民是天主教徒；相似的是，大多数塞尔维亚人和保加利亚人是东正教徒，但临近斯科普里也有天主教斯拉夫人村庄，并且偶尔出现的天主教家庭一直延伸到多瑙河；他也记载了保加利亚的保罗派村庄的存在——保罗派是个早期教派的残余，逐渐在天主教传教士的影响下同化于罗马教会，他以很好的理由将他们比作摩尼教徒。按照当时的标准，这是一件不同寻常的博学作品。布吕尼还对这些基督徒群体间存在的紧张局势发表评论。他观察到，“希腊人保留着祖先的骄傲和对天主教徒的憎恨”。讨论阿尔巴尼亚北部高地以及邻近的黑山地区的阿尔巴尼亚－斯拉夫人口融合时，他说：“斯拉夫人，遵从东正教生活的人，比他们国家的其他民族更加分裂；他们憎恶天主教教派，天主教通常受到佩奇牧首（即塞尔维亚东正教牧首）的迫害，他打压天主教高级教士，以便使他们认可他的权威。”[6]

文中也描述了穆斯林人口。布吕尼写道，奥斯曼人都信同一种宗教，说同一种语言，“除了尤鲁克人，非常精细的毛毡制作者，他们曾经是游牧牧羊人，但现在已经定居；他们的祖先是那些跟随波斯人泽赫勒一党和教派的亚洲人，并不清楚泽赫勒是谁，他们在心中信仰阿里更甚于穆罕默德。他们有自己的领袖，主要生活在多布罗加，而非保加利亚的其他地方”。这段话在当时也是令人瞩目的。在这一时期的西欧著作中难以发现这个鲜为人知的尤鲁克人，一个由奥斯曼人徙居巴尔干的起源于亚洲的半游牧人群。很多人在15世纪来到此地，他们确实明显集中在保加利亚的黑海沿岸，他们在此定居并以制作毛毡闻名。提到的“泽赫勒”追随者也引人注目。这个魅力非凡的反叛者名叫沙库鲁，在1511年领导了安纳托利亚南部的泰凯地区的一次重大叛乱。（布吕尼的“泽赫勒”，如果用威尼斯的软音“Zh”来拼读，可能是沙库鲁的变体；更可能的是它取自泰凯利，泰凯的形容词形式。）沙库鲁的追随者是什叶派，被称为奇兹尔巴什（*kızılbaş*，“红头”，源自他们的头饰），他们有着强烈的亲波斯意向。很多人在不到十年之前才被驱逐到巴尔干，在叛乱被镇压后还有很多人追随他们，如布吕尼正确指出的那样，他们是激进的什叶派，敬拜阿里。他们对沙库鲁的尊敬有增无减；1543年保加利亚黑海沿岸瓦尔纳地区的一本登记簿，列举了叫沙库鲁的尤鲁克人——醒目地证实了安东尼奥·布吕尼记载的准确性，他的文本无疑以他在雅西与伊斯坦布尔间旅行时经过那一地区的个人经历为基础。[7]

但是，安东尼奥这篇文章的主要关切不是民族志的描述，而是对相对力量和军事潜力的评估。他指出，巴尔干的“土耳其人”已经失去了他们原有的军事精神并转向农业、贸易和商业，尤其是借贷上。（在这一点上，他似乎是指民族意义上的土耳其人，或者至少是说土耳其语的人，称他们是原先的征服者；但他之后用这个术语来泛指穆斯林。）在保加利亚、塞尔维亚和阿尔巴尼亚，普通穆斯林“害怕任何叛乱；他们按照传统的方式，用弓箭和弯刀武装起来，尽管沿海的穆斯林有一些火绳枪”。而关于带着马匹和军事仆从响应征召的封建西帕希，他写道，这个制度已大为腐朽。大多西帕希花钱买下地产，而非因良好的服务获封；他们装备很差，他们和手下都不习惯军旅生活的严酷。“他们不想冒生命危险参加战争，所以很多人要么卖掉他们的财产，要么派他们的仆从顶替。”* 很多西帕希深陷严重的财务困境，因为他们用附带利息的借款购置田产，而战争已经榨干了他们所有的收入；其他附带利息借钱给士兵的人自己也破了产。西帕希的总数要比传闻的数目小；布吕尼对鲁米利亚所有桑贾克做了快速评估，估计它们可以供应西帕希的数目。他接着转向辅助部队，详细介绍了非常备游骑兵和克里米亚鞑靼人。他指出，后者是奥斯曼人的昂贵盟友：“那个贪婪的民族通常不愿离家，除非他们预先得到出发后给家庭的补给，以及给他们的武器、装束——一直到靴子。”[8]

文章的最后部分如此开始：“我仍然需要补充一些关于阿尔巴尼亚的事情。”这显然是安东尼奥·布吕尼被要求履行的特殊任务，因为枢机主教琴齐奥圈子中的战略思想家对阿尔巴尼亚叛乱的可能性尤为感兴趣。对现代读者来说，关于阿尔巴尼亚的评论——无论是在这一节，还是在前面几段——都格外令人感兴趣，因为这是现存已知的第一篇由可以辨认出的阿尔巴尼亚人所写的，对阿尔巴尼亚

---

* 他在此处引述了“瘸子”彼得鲁对斐迪南大公说的纪律严明的基督徒战士能够打败数量更多的奥斯曼军队：参见第 414 页。

地区及其居民进行了总体性描述的文本。存在一些更早的已知是由阿尔巴尼亚人所写的，有关这个国家的一些特定情况的评论，比如托马索·佩莱萨带到罗马的文件；并且，正如我们所见，1570 年有一份重要的关于阿尔巴尼亚的总体调查，其匿名作者几乎可以肯定来自乌尔齐尼，很可能是安东尼奥·布鲁蒂。* 但只有这篇文章，可以明确地说是由一位阿尔巴尼亚作者对阿尔巴尼亚作了总体性描述。[9]

在文章前面的部分介绍阿尔巴尼亚人时，安东尼奥·布吕尼注意到那些接近达尔马提亚的阿尔巴尼亚人是罗马天主教徒，而那些来自都拉斯以南的阿尔巴尼亚人是希腊正教徒。他们的语言“非常不同于斯拉夫语和希腊语”；根据他对罗马晚期历史的知识，他推测，这种语言可能源自阿兰人或者哥特人，由阿拉里克带入这个地区，但接着补充说，他们说的更可能是“马其顿的古代语言”。他还记述说：“阿尔巴尼亚民族分布得比它的领土要广得多：阿尔巴尼亚西起乌尔齐尼和斯库台湖，东至科孚对面的巴斯蒂亚，但阿尔巴尼亚人不仅生活在那些地方，还生活在伯罗奔尼撒和希腊的很多地方，他们在战争中到那里避难，或者被拜占庭皇帝徙居那里，皇帝们用这种方式应对他们的叛乱。”在对这个国家的主要讨论中，他写道，这个国家的东正教部分被分为三个桑贾克：达尔维那、发罗拉和爱尔巴桑。“在达尔维那桑贾克，他们几乎所有人都通晓希腊语；在发罗拉桑贾克中，多数人通晓希腊语。在那里还有很多保加利亚人村庄，他们开采沥青。发罗拉是所有阿尔巴尼亚地区中唯一有源自亚洲的外来奥斯曼人定居的地方，就是那些跟随泽赫勒的人。”** 布吕尼还谈到了希马拉人，表达自己的担忧，如前所述，他们将被迫再次臣服奥斯曼。

---

* 参见 145—146 页（匿名作者），第 438 页（佩莱萨）。

** 发罗拉最初的穆斯林人口包括被驱逐的奇兹尔巴什，这一点在任何其他史料中都没有记载。但它能够帮助解释爱维亚·瑟勒比（Evliya Çelebi）游记中一条费解的评论，他在 1670 年访问了这座城市，注意到发罗拉的年轻人习惯引用阿里的话，并且“敬拜先知的家族”——这是个带有强烈什叶派倾向的代名词。

他补充说，这样的命运已经降临到他们北方的邻居身上了，杜卡特人的叛乱已经被粉碎；他们的人数减少到几百人，被迫从山村移居到靠近海岸的低地。而阿尔巴尼亚北部的天主教徒，他们是“奥斯曼帝国武装最好，也最虔诚的基督徒”。当局因他们频繁的叛乱而畏惧他们，“因为他们为了很小的原因叛乱，平原上和山上的人都是如此”。不过，桑贾克贝伊常常故意挑起叛乱，“要么为了掠夺，要么为了报复，要么为了有理由不去参加遥远的战争；为这个缘故，杜卡吉尼桑贾克贝伊从不离开，就像安盖洛卡斯特罗（即卡利埃里，一个包括普雷韦扎在内的希腊西北部桑贾克）的桑贾克贝伊一样，他以捍卫领地免受武装基督徒侵扰为由，一直待在境内”。[10]

这些信息中的大部分内容将激励罗马那些乐观的纸上谈兵的战略家，他们正考虑挑起阿尔巴尼亚境内的一次新叛乱。但布吕尼又补充了一则严肃的警告：

> 在面对亚得里亚海的一侧，阿尔巴尼亚被高高的山脉所环绕；平原被常流的大河漫灌，阻止步行的人聚在一起。基督徒没有骑兵，也没办法建造桥梁。要塞由奥斯曼占领，尽管不是所有要塞都有驻军或守卫。至少，最主要的要塞足够安全，不能偷偷被基督徒夺取。我想指出这一点，是因为有人对当地人有些想法，认为他们可以在没有外国人帮助的情况下凭自身取得很多成就，认为仅靠意大利和西班牙提供帮助的流言，再升起一面旗帜，就足以让他们起事。我祈求上帝不要让这些不幸的人陷入危险，以及那些公然同他们进行的来往不要完全摧毁在未来取得一些成就的机会。[11]

布吕尼意识到他的话将被一位有权势的枢机主教阅读，他恳求为奥斯曼属阿尔巴尼亚的天主教会提供更好的支持。他指出，实际上只有两名主教住在当地。不像他们，莱什主教托病居住在故乡杜布罗夫尼克："因为他的缺席，因为他不能说这门语言（即阿尔巴尼亚语），他的作为有限。"这里提到的是安东尼奥的老朋友因诺琴提乌斯·斯托伊努斯，他曾因行为不检面临惩罚，安东尼奥把他救了出来；关于阿尔巴尼亚被忽视的观点，事实上是因诺琴提乌斯的对头尼科洛·迈卡耶什对他的批评之一，他写道，主教"来自其他民族，不了解语言和风俗，除了制造混乱之外，一无所长"。* 至于迈卡耶什本人，布吕尼写道："因为他卷入利用名叫尼达尔·马纳西的穆斯林劫匪出其不意地夺取克鲁亚的计划（能否成功还不清楚），他已经躲了起来，因为奥斯曼人已经发觉了这个计划，我认为他们正把这事当作笑话。"另一位常驻主教尼科洛·比安基做了他能做的，但他有庞大的区域要牧养；那个冬季，他视察了塞尔维亚的天主教徒（塞尔维亚是此时包括科索沃地区的地理名词）。主教应该生活在自己的教区，这是至关重要的，但为了这么做，他们必须有足够的收入雇佣仆人，否则他们就会被穆斯林和基督徒所鄙视。"因而主教的尊严折损，教堂沦为废墟，并不是因为奥斯曼人的统治，而是因为神职人员的贫困。"最后，回到战略形势上，布吕尼写道，他不会试图描述进入鲁米利亚行省的各种通道，部分是因为他未能全部见到，部分是因为有些人已经分析了该地区的长期军事史，对此能写得更好。最后在一条注释里，他既肯定了他所写内容的有效性，又表达了应有的顺从。"我很乐意简单而真实地描述穆斯林和基督徒的现状。正如任何人都被允许讲述他所看到和听到的，同时，不是任何人都被允许试图说服统治者应该做什么或能做什么。"[12]

这篇非凡的文章不仅让我们了解了安东尼奥·布吕尼此前在奥斯曼帝国内部旅行的经历，还让我们了解了他对当前事态发展的兴趣，尤其是阿尔巴尼亚地区。威尼斯当然在收集关于这一地区的报告中有优势；例如，关于阿塔纳西奥斯·里塞亚斯叛乱的消息，也

* 关于斯托伊努斯和迈卡耶什，参见 336—337 页。

许通常在那里可以打听到。但看起来安东尼奥有更特殊的信息来源。他给出的关于杜卡特最近被镇压叛乱的细节没有出现在这一时期的标准记载中。他知道主教迈卡耶什参与了夺取克鲁亚的阴谋，说明他可能同阿尔巴尼亚北部至少一位天主教线人有直接联系。或许在科佩尔的布鲁蒂大家族的其他成员在这个地区有消息来源，他也可以从中受益。所以，在寻求有关这一地区的信息时，安东尼奥当然是值得一问的专家。

确实向他咨询过的人是拉萨罗·索兰佐，他正在写一本关于奥斯曼帝国的大作。正如我们所见，这两个人已非常熟悉；1594 年，安东尼奥·布吕尼正是通过拉萨罗·索兰佐转达了“瘸子”彼得鲁访问教宗的请求。* 他们怎样、何时进行第一次会面，无从知道。也许是通过拉萨罗的叔叔贾科莫进行联系的。贾科莫是个威尼斯人，从事外交任务，曾到伊斯坦布尔参加 1582 年的割礼庆典，与他同行的是即将同东正教普世牧首耶利米亚谈判的教廷代理人利维奥·切利尼。**1584 年 7 月，威尼斯当局判定贾科莫·索兰佐有罪，他向切利尼泄露了国家机密，威尼斯当局称切利尼为通告作者；而真实的顾虑或许是切利尼正（像以前一样）为教宗工作，而传闻称索兰佐正觊觎枢机主教的职位。他被判处流放科佩尔，在那里生活了仅仅两年，当局就赦免了他。科佩尔的布吕尼和布鲁蒂家族——在安东尼奥·布吕尼于 1585 年底在阿维尼翁完成学业之后，有时也包括他——有充分的机会认识他；实际上，贾科莫·索兰佐肯定早已认识安东尼奥的父亲，因为贾科莫在 1572 年是伯罗奔尼撒海岸边同克里奇·阿里舰队战斗的联合舰队中的一名威尼斯指挥官。拉萨罗也许在他流放伊斯特里亚期间（在写于贾科莫死后的一本称赞他的回忆录中，拉萨罗将科佩尔称作“那个小而可爱的城市”）拜访了他的叔叔，也结

---

*　参见第 414 页。

**　参见第 367 页。

识了安东尼奥·布吕尼。[13]

这是一次相似心灵的会面。两人都是海军指挥官的儿子；拉萨罗的父亲贝内德托在勒班陀战役中是位英勇的威尼斯船长，当奥斯曼士兵登上桨帆船时，他炸毁了船只，或者至少随船殉难。* 两人均是私生子，这对拉萨罗来说更为不利，因为私生子身份将他排除在高贵的索兰佐家族成员可能享受到的所有公职和荣誉之外。两人都得到了全面的人文教育：1578 年，为了纪念他的另一位叔叔乔瓦尼·索兰佐（作为前往罗马的威尼斯特使，他在 1570 年到 1571 年协助谈判组建神圣同盟），他发表了一首长达五页的拉丁语六音步诗歌，展示了他的才能。古典学者朱利奥·萨利内里奥也感谢拉萨罗对校勘塔西佗著作的评论。两人都将从事与秘书或顾问角色有关的职业。在安东尼奥为"瘸子"彼得鲁提供建议时，拉萨罗是克雷芒八世的一名"荣誉管领"。这种荣誉侍从的官方职责大多是礼仪性的，但拉萨罗的特殊任务似乎是担任捍卫教宗政策的政论家。他用这方面的能力写了第一篇"对话"，为克雷芒拒绝接受亨利四世重返天主教会辩护。然后，在克雷芒改变主意后不久，他写了一篇"致辞"颂扬这个决定。后一作品应克雷芒的要求而写，写给亨利并转到法国，其译本在法国广泛流传。这篇文章意味深长地在结尾处呼吁法国国王效仿派军队到巴勒斯坦收复圣墓的虔诚的中世纪先辈："将你的武器和勇气运用在此般神圣和可嘉的事业上，除此之外还有更好的地方吗？"[14]

拉萨罗·索兰佐同他的主人一样，是个热衷对奥斯曼发动战争的狂热分子。正是他对奥斯曼帝国的特殊兴趣，最终在 1596 年将他和安东尼奥·布吕尼拉到一起，此时拉萨罗正在草写将使他扬名的著作。拉萨罗在奥斯曼领土内待了一段时间，也许是为他的叔叔服务。有一些威尼斯大使会将家族成员纳入随从队伍中，贾科莫·索

* 参见 181—182 页。

兰佐不仅是1566年到1568年（此时拉萨罗可能是个青少年）的大使，还在1575年到1576年间担任处理战后边界协定的特别使节，之后又在1582年担任同样的职位。在他书中的序言里，拉萨罗写道，他搜寻有关奥斯曼帝国当前状况的信息，“最主要通过同最近从那些地方返回的经验丰富又有判断力的人交谈而来，而不是信任从前我曾见到并认真思考过的事务”；但书中的一些信息的确来自他早期的个人经历。他还博览群书，为了捍卫刚出版不久的作品，他宣称：“我没有谈到任何编造出来的新鲜事，那些事都是从作品已出版且受认可的作者那里得来，以及被威尼斯和罗马的公众阅读的作品（即手稿）。”而其结果，是文艺复兴时期的欧洲出版的有关奥斯曼帝国最渊博的研究之一。在拉萨罗的信息来源中，安东尼奥·布吕尼可能最为重要——既通过他的作品，也在交谈中为拉萨罗提供情报。[15]

1596年，拉萨罗·索兰佐一边在伊斯基亚岛泡温泉，一边开始撰写他的著作。接着他“为了家庭事务”迁到威尼斯，在那里他能够利用许多关于奥斯曼帝国的情报来源。一种可能的情形是，在与他的朋友安东尼奥·布吕尼交谈后，他要求安东尼奥记下一些他说过的东西，正是索兰佐向安杰洛·因杰涅里（他可能因为后者为枢机主教琴齐奥工作而结识了他）介绍了布吕尼的作品——要么那时已被写下，要么有待完成。然而，安东尼奥文本最终采用的形式似乎为枢机主教琴齐奥量身定制；最终，索兰佐在写书的过程中，引用的也是这一版本。他的《奥斯曼人》（*L'Ottomanno*）初稿写于1596年的最后几个月。在1597年1月底，一个手稿版本由索兰佐寄给了计划进行军事远征支持匈牙利帝国军队的曼托瓦公爵温琴佐·贡萨加。其他手稿副本开始迅速流传开来。（1598年7月为这部作品辩护时，索兰佐会说“它已经以手稿本的形式在威尼斯和整个意大利传阅两年了”——似乎大概是18个月。）米兰的安布罗斯图书馆有一份抄本流传至今，日期署在1597年6月。最后，1598年5月，索兰佐决定将书出版；两个月后它在费拉拉问世，该城刚刚在一场庆祝合并的胜利仪式后成了教宗国的一部分。[16]

尽管他涉猎广泛，但索兰佐在他的书中并未给出多少参考文献。在他致谢的少数作品中，有一些是以手稿本流传的作品——比如地理学家吉罗拉莫·巴尔迪，或军人、旅行者和政治作家菲利波·皮加费塔（他汇编了杰尔陷落的记载）等人的著作。在这一类作品中，他还提到了布吕尼的文章，这似乎对他来说比其他任何材料都更有价值。他第一次提到“安东尼奥·布吕尼，在他关于鲁米利亚行省的论文中”，是为了提出一个总体的政策观点：他警告说，煽动叛乱是错误的，除非有足够力量来保证成功，否则这只会起到向敌人报警并武装敌人的效果。后来他将安东尼奥专门作为一位研究阿尔巴尼亚的作者提及：“在天主教阿尔巴尼亚人中，这位布吕尼正是他们的同胞，在上述的论文中写道，他们武装得最好，同时他们也是奥斯曼帝国最虔诚的基督徒……”之后是一段从安东尼奥文章中几乎逐字逐句摘引的段落。这并不是唯一一处借用。其他的实质性段落也直接取自同一来源——关于奥斯曼军队的糟糕状态，关于血贡，关于辅助人员，关于拒绝接受战争带来的不适的西帕希，关于“瘸子”彼得鲁给斐迪南的建议，关于阿尔巴尼亚－黑山高地的部落，关于阿塔纳西奥斯、希马拉人和杜卡特。[17]

这些可能不是拉萨罗·索兰佐从他的阿尔巴尼亚－威尼斯朋友那里获取的唯一细节内容。他说过他同“曾经看过摩尔达维亚和瓦拉几亚人账目的人”交谈过，他给出了支付给苏丹贡赋的细节，这一陈述上文曾有所提及。* 在他的书中，关于摩尔达维亚的其他信息也许同样来自同安东尼奥·布吕尼的谈话：索兰佐讨论了大公给鞑靼人的贡品，牲畜带来的丰厚税收，大公和波兰的关系，以及摩尔达维亚和瓦拉几亚使用的不同地理名词。他还写到阿尔巴尼亚以及阿尔巴尼亚人的诸多细节，其中一些可能来自布吕尼：关于杜卡吉尼高

---

*　参见第411页。

地的木材从德林河顺流而下到莱什，发罗拉的脆饼制作，从都拉斯到萨兰达的阿尔巴尼亚港口，“勇敢者”米哈伊部队中的阿尔巴尼亚人，夺取乌尔齐尼、斯库台和都拉斯的可行性。他必定是从安东尼奥那里获知了锡南帕夏的祖籍，准确地指出他来自托波亚尼的村庄，他还从安东尼奥那里知晓了勒班陀战役之前加斯帕罗·布吕尼应召为教宗服务。总的来说，索兰佐的书中有多得多的信息必定或很可能来自安东尼奥·布吕尼，而不是任何其他已知的信息来源。[18]

当提到安东尼奥的论文时，拉萨罗·索兰佐似乎认为如果读者花精力的话，可以找到其抄本。有些副本确实流传开来，但这是如何发生的却不清楚。今天已知的两份手稿，一份日期是 1598 年或 1599 年 2 月，另一份没有日期，肯定是在 1598 年或后来抄写的；它们都留下了抄写上的错误，把“瘸子”彼得鲁的死亡时间写成 1597 年（而不是 1594 年）。这两个文本都有其他错误，从中可以清楚地看出它们是从不同版本抄写而来的，它们都并非原版。16 世纪 90 年代末，曾在 1595 年给锡南撤退中的军队造成损失的托斯卡纳部队成员菲利波·皮加费塔，生活在威尼斯地区，源源不断地把“报告”寄给美第奇宫廷中的一位朋友，而这位朋友把它们呈给大公。1599 年 1 月中旬，他从帕多瓦写信说，他正在抄写他最近遇到的三份手稿：一份乔治·巴斯塔关于 1597 年战役的记载，一份关于费拉拉的报告，“一份关于鲁米利亚行省以及生活在其中的民族的论文，有关其领土、它通往匈牙利的隘口以及其他令人着迷的信息”。在当月底，他写道：“我正在寄一份有关奥斯曼帝国在欧洲的状况的报告，由一位经验丰富的阿尔巴尼亚人所写，他在那些地方长期生活过。”毫无疑问，这是安东尼奥·布吕尼的文本（尽管事实上，安东尼奥只是提到进入鲁米利亚的通道，但并不打算描述它们——在他写下那个评论时，皮加费塔可能听信了他的信息来源向他推销时说的话）。如此这般，有一些抄本得以流传，并被人们饶有兴趣地阅读。不过，与索兰佐印刷出版的著作相比，布吕尼文本的这种发行显得无足轻重。[19]

《奥斯曼人》有很多读者。对作者而言，不幸的是读者也包括威尼斯政府成员，它一出版就遭到蛮横反对。1598 年 7 月 21 日，威尼斯政府写信给驻罗马大使，要求他组织绑架拉萨罗·索兰佐（他们授权为此支付 2000 杜卡特给绑架他的人），以便将他绳之以法。他们解释说，索兰佐在一些篇章中就为何奥斯曼也许想要进攻威尼斯领土这一问题给出的理由犯有过错。其中之一是篇总论，指出如果苏丹同皇帝缔结和约，奥斯曼很可能不会攻击波斯、摩洛哥、马耳他、西班牙、波兰、鞑靼或俄国，而是攻击威尼斯，甚至整个意大利。他的基本论点并不新颖；米努乔·米努奇（另一个为教宗服务的威尼斯人）也提过相似的说法，1596 年他告诉威尼斯议会，如果苏丹赢得战争，他接下来会攻击威尼斯。大多数读者肯定不会认为索兰佐书中这一段具有煽动性，或在事实上反威尼斯，因为它温和地提到威尼斯“公正而长期的中立”，热情洋溢地描述了威尼斯军队的实力，并坚持认为，所有其他基督教势力都愿意为其提供援助。不过，更令人不安的是书中讨论了据传由吉加拉扎德·优素福·锡南帕夏和别的帕夏们提出的论据，涉及夺取一处或多处威尼斯领地，包括扎达尔、伊斯特里亚的普拉港，而最诱人的则是整个克里特岛。威尼斯当局写信给他们的大使说，这些“都是极为重要的国家大事，应该完全保持沉默，基督徒和威尼斯人尤甚”。[20]

不出五日，拉萨罗·索兰佐就听说了这个充满敌意的反应；他从罗马给威尼斯当局写信，乞求宽恕，否认自己有任何恶意，主动表示在下一版中更改，并说他愿意在他们的法庭上为自己辩护。但驻威尼斯的教宗特使在 8 月中旬的一份报告，也许对其处境的严重性给了更好的解释。特使说，当地政府已经禁止销售甚或持有这本书，如果它的作者去威尼斯，将被判处终身监禁；如果他没去威尼斯，他的财产会被没收，会被禁止进入意大利领土。当月底，威尼斯的十人委员会正式宣布流放索兰佐，为他设置了悬赏金，付给在威尼斯领土上发现他并把他带回的人，不论死活。唯一的限定是，如果他在两周内自首，就判处他在境内流放，到科佩尔待 20 年。特使写道，这句话“相当温和，不那么让人担心”。索兰佐没有接受流放科佩尔的选项；但三年后，在教宗热情游说之下，威尼斯同意为他发放进入威尼斯领土的安全通行证，有效期三年。所以也许他能在 1602 年 4 月去世之前，再度拜访威尼斯的一些朋友和亲人。[21]

与此同时，《奥斯曼人》在出版界收获了巨大的成功。它在威尼斯的臭名昭著很可能促成了这一点，并且看起来禁令在威尼斯领土内生效还需要一些时日：1598 年 10 月，当局写信给维罗纳的长官，命令他们没收书商仍在出售的副本。这本书的最初出版商维托里奥 · 巴尔迪尼此时正在生产一大批有关奥斯曼以及反对奥斯曼的作品，1599 年，巴尔迪尼在教宗国的费拉拉发行了这本书的另一个版本。同一年，一位竞争出版商在米兰把它买走；其第 4 版出现在 1600 年的那不勒斯，巴尔迪尼在 1607 年再度发行了这部作品。初次出版两年后，很大一部分文字被译为法语，并进入了一本奥斯曼帝国史著作。其译者以及这本历史书的作者是雅各 · 埃斯普林沙尔，一位来自拉罗谢尔商人家庭的胡格诺教徒，他在莱顿大学学过法律，然后在 1597 年到 1598 年在欧洲进行冒险旅行；他的旅程远至匈牙利边界，在那里他看到了奥斯曼俘虏正在重建艾斯特根的工地上劳作，这些俘虏同时也在等候被赎买。他的书取得了一些成功，1609 年在巴黎重印。与此同时，一个德语译本出版于 1601 年，1603 年索兰佐著作的英译本出现了，由亚伯拉罕 · 哈特韦尔翻译。这位剑桥毕业生，之前翻译过关于最近奥斯曼 – 波斯战争的流行意大利史书，他是坎特伯雷大主教约翰 · 惠特吉夫特的秘书，并在 16 世纪 90 年代两度当选议员。在他给大主教的书信中，他说，他的译本躺了两年仍未出版，直到惠特吉夫特问他奥斯曼宫廷如何选定大维齐尔，他受这个问题鼓舞出版了它。尽管他被迫承认索兰佐“非常沉迷于天主教”，他还是让他的赞助人相信，这本书包含了对奥斯曼“所有设计和目标非常深入和彻底的思考”。[22]

法语在欧洲大陆相当广泛地被阅读；意大利语甚至更广；而英语基本没有。有教养的人通用的语言是拉丁语，只有当一本书以这门语言面世，它才能真正赢得欧洲范围的读者。《奥斯曼人》的拉丁语译本出现在1600年，与阿基莱·塔尔杜奇一部积极乐观的反奥斯曼作品《苏丹可以被打败》（*Il Turco vincibile*）的拉丁语译本——巴尔迪尼在1597年首次出版这本书——一道，于1601年再度印行。译者是雅各布·格伊德·冯·黑罗尔茨贝格，一位纽伦堡市民，他在斯特拉斯堡学过法律，随后在上普法尔茨的安贝格（距离纽伦堡不远）任法律顾问；雅各·埃斯普林沙尔在他的欧洲旅行中认识了格伊德，所以有可能是这位胡格诺教徒首先激起他对索兰佐作品的兴趣。随着1663年奥斯曼入侵奥地利，格伊德的拉丁文译本相当适时地出现在由著名德意志学者赫尔曼·康林编辑的一卷书中，与这个主题的一些其他经典作品一道再度印行。人们也许会想，索兰佐的文本到这一时期看起来相当过时；但在1686年，下一场巨大的哈布斯堡－奥斯曼冲突期间，东方学者希奥布·卢多尔夫出版自己论述与奥斯曼人作战的书时，他特意赞扬《奥斯曼人》是“包含许多值得了解的事情”的作品。现代学者真心实意地同意他的说法。[23]

因此，虽然安东尼奥·布吕尼的原始文本完全消失在视线之外，但它所包含的大部分内容，以及来自他的其他信息，都进入了当时关于奥斯曼帝国最广泛传播的著作之一。欧洲通过安东尼奥·布吕尼了解奥斯曼人和阿尔巴尼亚人，尽管他们对此一无所知。最终，正是从索兰佐的作品中，本书作者知晓了安东尼奥·布吕尼的存在，并开始搜寻他所撰写的文本，而在找到这个文本之后，被它引向了16世纪地中海世界一段复杂而又几乎完全被遗忘的阿尔巴尼亚家族往事。

术语表

以下为书中反复出现的术语。奥斯曼术语用斜体表示。

ağa 阿迦，高级军官和一些宫廷官员的头衔；禁卫军阿迦是整个禁卫军部队的指挥官。

akçe 阿克切，奥斯曼银币和货币单位。在16世纪80年代中期之前，1杜卡特相当于60阿克切；此后相当于120阿克切（之后进一步贬值）。

arquebus 火绳枪，前膛装填长枪（步枪的前身），发射半盎司子弹，可近距离穿透盔甲。

auberge 会馆，归属马耳他岛各语言区的建筑，为语言区成员提供食宿。

aviso 通报，新闻信件。

bailate 大使府邸，威尼斯大使的宅邸和办公区。

bailo（威尼斯）大使，威尼斯在伊斯坦布尔的常驻代表，同时负责管理威尼斯商人团体。

bey 贝伊，指挥官或长官，这一时期主要用于指代桑贾克贝伊。

beylerbeyi 总督，行省长官。

beylerbeylik 行省，奥斯曼帝国的军事行政大省，通常包含两个或两个以上的桑贾克。

biscotto 脆饼，由面包二次烘烤制成，一种保质期长的船上劣质食品，是桨帆船船员的主要食物。

boyar 波雅尔，摩尔达维亚的贵族和地主。

brigantine 双桅船，小型桨帆式舰船，较弗斯特船小，比三帆快速桨帆船大。

camlet 羽纱，一种奢华面料，由丝绸和羊绒制成。

Capodistrian 科佩尔的。

çavuş 苏丹的官方信使。

commenda 辖区，奖励马耳他骑士的收益性地产。

corsair 私掠者，一些政治实体（地方或国家）之下无差别攻击和劫掠船只的个体。

Cozza，coza 教师，（土耳其语：*hoca*）青年译员的土耳其语教师。

defterdar 财政大臣，奥斯曼政府高级财政官员。

devşirme 征募，定期物色主要来自巴尔干基督徒家庭（和波斯尼亚穆斯林家庭）的男孩（约 12 至 18 岁），用于役使并训练为侍卫、宫廷仆人和官员。又被称为血贡。

divan 行政会议，尤指苏丹的帝国议会；该词也用于指摩尔达维亚大公的议会。

dragoman 译员（主要在伊斯坦布尔从事土耳其语与其他语言的转译）。

ducat 杜卡特，威尼斯金币和货币单位；这一时期，意大利的非熟练劳工每年可挣得 10 到 20 杜卡特。

emin 艾敏，督察（如负责港口的关税征收），支领薪水的官员。

foist 弗斯特船，小型桨帆式船舶，较小型快速桨帆船小，较双桅船大。

frigate 三帆快速桨帆船，较双桅船小。

galiot 小型快速桨帆船，较桨帆船小，较弗斯特船大。

galleass 加莱赛战船，大型桨帆船，较桨帆船大，有 3 根桅杆，在划桨手上方有甲板。

giovane di lingua 青年译员，字面意义为“语言青年”，即见习译员，威尼斯派出并资助在伊斯坦布尔学习土耳其语的青少年。

Grand Vizier 大维齐尔，最高品阶的维齐尔。

haraç 哈拉吉，杜布罗夫尼克和摩尔达维亚等地区缴纳的贡赋；更广泛地说，由奥斯曼帝国的非穆斯林臣民缴纳的税收。

hatman 统帅，摩尔达维亚大公的武装部队指挥官。

hüküm 许可，（意大利语：cochiumo）得到苏丹授权的文件（通常为了购买粮食用于出口）。

Imperial 与神圣罗马帝国相关。

janissary 土耳其禁卫军，领薪的步兵军团成员（主要通过血贡招募）。

kadi 卡迪，法官。

Kapudan Paşa 海军司令，奥斯曼海军指挥官。

kızılbaaş 奇兹尔巴什，字面意思是“红头”，安纳托利亚（和库尔德斯坦）的什叶派民兵。

langue 语言区，字面意思是“方言”或“语言”，指马耳他骑士团按照地理或语言划分的八大准国家分部。

levend 私掠者或海盗（也指陆上的强盗）；*harami levend* 一词专指海盗。

martolos 马尔托罗人，巴尔干基督徒辅助雇佣兵，基督教国家有时也用以指代自己的同类型战士。

Metropolitan 东正教会都主教，位阶在总主教之上、牧首之下。

narh 粮食最高市价。

nazır 督察，例如在港口征收关税的领薪官员。

pasha 帕夏，是维齐尔、总督和海军司令的尊称。

Porte 奥斯曼宫廷，奥斯曼政府的传统名称，来自土耳其语 *kapı*

(门)，最初指的是苏丹宫门前的行政和司法机关。

postelnic 总管，摩尔达维亚大公宫廷的高级职位。

presidio 要塞，一个专门用于指代北非海岸的西班牙防御前哨的语词。

Priory 修道区，马耳他骑士团语区的行政－地理分区。

Ragusan 拉古萨的，指与杜布罗夫尼克相关。

relazione 书面报告。一般是对外国当前情况和最近事件的陈述；特指由大使在返回国内后向威尼斯政府提交的正式报告（一种正式保密的文件，但实际上被广泛抄写并分发）。

ricevitore 征税人。

Rumeli 鲁米利亚行省（有时也称为“希腊”），是奥斯曼帝国除波斯尼亚、匈牙利和罗马尼亚公国之外的大部分欧洲领土中最大的省份。

sancak 桑贾克，奥斯曼帝国的大军事行政区。

sancakbeyi 桑贾克贝伊，桑贾克的长官。

scudo 斯库多，意大利货币单位，值 5/6 杜卡特；法国的埃居（écu）比意大利斯库多价值略高。

Serenissima“最尊贵的”，威尼斯共和国的传统尊称。

spahi 西帕希骑兵，军事封建庄园的拥有者或中央骑兵军团的领薪骑兵。

staro 斯塔罗，容积度量单位。以小麦为例，威尼斯斯塔罗可容 62 公斤小麦；拉古萨斯塔罗可容 74 公斤小麦。

Stato da Mar 海洋领地，威尼斯统治的海外领地统称（包括伊斯特里亚）。

stradiot 巴尔干轻骑兵，主要从希腊和阿尔巴尼亚地区招募而来。

subaşı 苏帕希，担任某地警卫首长的军官。

Terraferma 大陆，威尼斯在意大利陆地上的领土统称。

thaler 塔勒，奥地利、德国和荷兰的硬币和货币单位，价值 2/3

杜卡特。

Uskoks 乌斯科克人，主要为斯拉夫战士，以塞尼（克罗地亚北部海岸）为中心，被哈布斯堡用作边防部队，同时也是猖獗的奥斯曼领土劫掠者和亚得里亚海海盗。

Venetian Albania 威尼斯属阿尔巴尼亚。至 1571 年威尼斯人统治的沿海领土，北至科托尔湾，南至乌尔齐尼下方的奥斯曼边界。

vizier 维齐尔，苏丹的高级臣僚，行政会议成员；1577 年以前，计有 6 名严格按照资历排序的维齐尔，此后调整为 7 名。

voivod 大公，摩尔达维亚、瓦拉几亚或特兰西瓦尼亚的统治者头衔。

voyvoda 地方长官，通常是税吏，但这个词也被用来形容奥斯曼大地产的管理者，他们以这一身份征收租税。

注释

第一章　乌尔齐尼、阿尔巴尼亚与两大帝国

[1] Scholem, *Sabbatai*, 882–3, 917; Zirojević, *Ulcinj*, 1–44 (early history); Bošković, Mijović and Kovačević, *Ulcinj 1*, 6–11 (early history); Ushaku, *Ulqini në gjurmët*, 9–21 (early history); Malović-Djukić, 'Privredne veze', 58–65 (trade, Dubrovnik); Pertusi, 'Per la storia', 213–19 (mint). The origins of the Balšić or Balsha family may have been Albanian or Vlach; but by this stage they seem to have had a predominantly Slav (and Orthodox) culture. [2] Ljubić, ed., *Commissiones*, ii, 225–31 (226: 'i nobili e cittadini cavano il nervo delle loro intrade'; 227: customs, taxes), iii, 5 (territory, grain etc.), 116 (sailors; defence spending; soldier's salary). The first 1553 report has been misdated to 1571 (Sirdani, 'Per historín', 227; Zamputi, ed., *Dokumente*, i, 303); the 1558 report has been misdated to 1500 (Iorga, *Notes*, v, 272). [3] Ljubić, ed., *Commissiones*, ii, 228 (forces; 'uomini ferocissimi'), iii, 4 ('non fortificata'); BL, MS Add. 8262, fo. 379r ('muraglie alte, et uecchie', 'parte della muraglia minaccia rouina' (Ljubić, ed., *Commissiones*, iii, 115)); Čoralić and Karbić, *Pisma*, 99 (complaint), 102 ('algune artellarie et schioppi totalmente inutili'). [4] Ljubić, ed., *Commissiones*, ii, 227 ('Hanno questi Albanesi costumi barbari; parlano lingua albanese tutta differente dalla Dalmatina, ma sono degni di comendazione in questo, che sono fedelissimi al suo prencipe. Fra loro non vivono estreme persecuzioni et odii intestini, ma sono però prestissimi di colera, et gariscono volentieri nella piazza con parole, ma anco presto si risolve questa lor natural grinta'); Bošković, Mijović and Kovačević, *Ulcinj 1*, 37 (carving); Ushaku, *Ulqini në përmasa*, 30 (carving). [5] Čoralić, 'Iz prošlosti istočnoga', 51–2 (Slav minority); Bošković, Mijović and Kovačević, *Ulcinj 1*, 10 (other churches), 65–71 (city hall), 109–24 (cathedral); von Šufflay, 'Die Kirchenzustände', 235–6 (Orthodox); Pertusi, *Martino Segono* (Segono; 16(n.): Orthodox); Čoralić, 'Iz prošlosti istočnoga', and 'Od Ulcinja' (émigrés). [6] Ljubić, ed., *Commissiones*, ii, 231 (both languages), 234 (2,500), 237 (exports); Čoralić, 'Izbjeglištvo', 119 (emigrants in Venice), 137–8 (Albanian minority). [7] Ljubić, ed., *Commissiones*, ii, 231 (end-point); Sferra *et al.*, *L'Albania* (Venetian); Katib Çelebi, *History*, 5–6 (Ottoman); Ljubić, 'Marijana Bolice', 193 (Ulcinj); Rosaccio, *Viaggio*, fo. 25v (Drin). [8] Ljubić, ed., *Commissiones*, ii, 231 (stradiots), 234 ('sono grintosi et naturalmente nemici dei forestieri, et appena amano se stessi, maledici e fastidiosissimi', 'guerra', 'cani

pieni di rabbia'), 235 (Ratac), iii, 6 (farms), 7 (origin of hostility, intermarriage), 118 (denounced men); Lala, 'Violence', 49–50 (priests); Marković, 'Benediktinska', 210–11 (Ratac); Schmitt, *Das venezianische*, 470–1 (Mrkojevići coopted); Milošević, *Boka Kotorska*, 124–5 (Mrkojevići). **[9]** Ljubić, ed., *Commissiones*, ii, 238–9 (800, 200, conversion, 'di costumi barbari, et vivono sordidamente a guisa di cingani, stando in una stanza medesima con suoi animali, come fanno quasi tutti gli Albanesi, il che procede dall'estrema povertà, ch'è in quella provincia'), 239 (related, 'fedelissimi'), iii, 119 (vineyards, 1,200, 'quasi come fanno li Svizzeri'); Milošević, *Boka Kotorska*, 129–31 (advantages); Pederin, *Mletačka uprava*, 135 (advantages). See also Šerović, 'Paštrovići'. **[10]** Stanojević, *Jugoslovenske zemlje*, 72 (population); Ljubić, ed., *Commissiones*, ii, 246–7 (trade (300,000), territory, 'Vicinano tutti questi Cattarini et suoi sudditi con Turchi benissimo'), iii, 114 (appeals); Milošević, *Boka Kotorska*, 166–9 (trade); BLY, MS 381, fo. 4r–v (appeals). **[11]** On the general conditions see İnalcık, *Ottoman Empire*, 70–118; on migrations to Ottoman territory see Mutafčieva, *Agrarian Relations*, 140. **[12]** On Skanderbeg and his campaigns see Gegaj, *L'Albanie*, and Schmitt, *Skanderbeg*. **[13]** Armao, *Vende*, and Cantelli, *Albania* (maps: Lezhë, Drin). **[14]** Schmitt, *Das venezianische*, 230–8 (1390s transfers); Barleti, *Siege* (siege of Shkodër). **[15]** Duka, 'Coast', 265–6 (Shkodër population, using ×5 household multiplier); Bartl, 'Religion', 312 (Muslim majority, giving statistics); Ljubić, ed., *Commissiones*, ii, 230 (goods on Bunë, grain at Lezhë); Karaiskaj, *Die spätantiken*, 211 (Lezhë); Simon, 'Les Dépêches', i, 325 (Persian silk). **[16]** Duka, 'Coast', 264–5 (Durrës garrison); Yerasimos, *Les Voyageurs*, 26 (in ruins); Tenenti, *Cristoforo*, 164, 185(n.) (Durrës corsairs); Simon, 'Contribution', 110 (1559 bombardment). Note, however, that 15th-century visitors to Durrës had also described it as a ruined place (e.g. da Sanseverino, *Viaggio*, 46); it seems that the physical effects of the massive earthquake of 1267 (on which see Elsie, *Early Albania*, 12–13) remained permanently visible. **[17]** Ducellier, *La Façade* (pre-Ottoman period); Veinstein, 'Une communauté', and 'Avlonya' (Jews) (cf. Duka, 'Coast', 262–3); Botero, *Relationi*, i, fo. 50r (wine, salt); Vinaver, 'Dubrovačko-albanski', 208 (pitch); DAD, LCL, 33, fos. 73r, 106r (Ragusan purchases of pitch, wine, 1577); cf. Evliya Çelebi, *Evliya*, 129, 143 (pitch, salt). **[18]** Veinstein, 'Une communauté', 795 (Abraham, Sinan); Luetić, 'Lundruesit', 118 (Mustafa, Ioannis); Ljubić, ed., *Commissiones*, ii, 231 (Rodon); Ducellier, *La Façade*, 481–2 (14th century); Pedani, *Dalla frontiera*, 32 (1479 orders). **[19]** von Šufflay, *Qytetet*, 117–35 (municipal rights); Thëngjilli, *Shqiptarët*, 36 (Berat, Elbasan figures); cf. Prifti *et al.*, eds., *Historia*, i, 548–9 (early Ottoman towns; but note that the urban network in Kosovo was more dense). The mass exodus from Shkodër was orderly, however, under a Venetian–Ottoman agreement: see Schmitt, *Südosteuropa*, 397–8. **[20]** Moretti, 'Gli albanesi', 9 (Shkodër refugees in Venice); Schmitt, *Das venezianische*, 560–2 (waves of emigration); Fine, *Late Medieval*, 602 (later waves); Petta, *Despoti*, 16–17 (sceptical of popular tradition; cf. Mazziotti, *Immigrazioni*, 77–80); Petta, *Stradioti*, 17–18 (Avetrana), 132 (Flanders); Tallett, *War*, 90 (Boulogne, French Wars); Poullet, ed., *Correspondance*, iv, 607 (Brussels). **[21]** Kiel, *Ottoman*

Architecture, 21–2 (peace, population growth, towns). **[22]** Morris, *Venetian Empire*, 54 (donkey). For good summaries see Arbel, 'Colonie', 947–51, and O'Connell, *Men of Empire*, 17–38; for a vivid general account see Crowley, *City*. **[23]** Capponi, *Lepanto*, 189 (replenishment: water every 2–3 days); Hanlon, *Twilight*, 9–10 (1 metre); Pederin, *Mletačka uprava*, 224 (navigational argument). **[24]** Crowley, *City*, 124 (Koroni–Methoni requirement); Ljubić, ed., *Commissiones*, ii, 226 (information), 231 (Rodon signals); Gertwagen, 'Venetian Colonies', 354–67 (information). **[25]** BCP, MS C.M. 139/1, fos. 83v–84r (1562 fusta); Molino, *Barzeletta*; *I fatti*; *Manoli Blessi*; *Il vero successo* (stradiot poems). **[26]** Arbel, 'Greek Magnates' (Cyprus mixed élite); McKee, *Uncommon Dominion*, 5 (Crete); O'Connell, *Men of Empire*, 77–81 (Koroni–Methoni, civil law, qualifying the claim (e.g. McKee, *Uncommon Dominion*, 28) that Venetian civil law ruled in Crete); Arbel, 'Colonie', 975 (Orthodox); Šimunković, 'La politica' (no Italianization). **[27]** Doumerc, *Venise*, 73–6 (salt); Raukar, 'La Dalmazia', 74–5, 86 (salt); Vrandečić, 'La Dalmazia', 153 (ship-building rule); Hocquet, *Le Sel*, ii, 594(n.) (Ulcinj); Schmitt, *Südosteuropa*, 33, 52–4 (Adriatic requirement ignored); Greene, 'Trading Identities', 130, 134 (rule abandoned). **[28]** Arbel, 'Colonie', 954 (constitution); Ventura, *Nobiltà*, 40–3 (dedition); Karapidakis, *Civis*, 48–52 (dedition); Raukar, 'La Dalmazia', 67 (change of workings); O'Connell, *Men of Empire*, 115 (Ulcinj villages); Yotopoulou Sicilianou, 'Alcune considerazioni' (embassies, adulatory). **[29]** da Mosto, *L'Archivio*, ii, 4, 18 (officials); Pederin, *Mletačka uprava*, 24–5 (officials); Setton, *Papacy*, iv, 927 (criticism); Queller, *Venetian Patriciate*, 172–211 (corruption); O'Connell, *Men of Empire*, 119–39 (corruption, Syndics). **[30]** BLY, MS 381, fos. 2v–6r.

第二章　三个家族

[1] Ljubić, ed., *Commissiones*, ii, 227 ('Oltra le tre sorti d'abitanti sono ridotte in questa città alcune reliquie d'onorate famiglie delle città vicine, ora signoreggiate da Turchi, come da Scutari, d'Allessio, di Durazzo et d'altri luoghi, fra i quali è principalmente quella dei Bruni, Pamaltotti, et Brutti, della quale è solo misser Marc'Antonio gentiluomo virtuosissimo e fedelissimo alla republica, il quale discende dall'ilustre famiglia dei Brutti Romani ... Quelli delle famiglie forestiere attendono per la maggior parte ai trafichi, et praticando le scale della Turchia vivono assai comodamente'). **[2]** Barbarano, *Historia*, iv, 103–4, 150 (genealogy; 150: 'e d'altri castelli'), 152 ('un Vecchio molto dotto, e venerando'); von Šufflay, *Qytetet*, 48–9 (Medun); Armao, *Vende*, 125 (Tuscena; another source (Venturini, 'La famiglia', 351) says the Brunis were lords of 'Trassano' and 'Giubano': 'Trassano' might be another distortion of 'Tuscena'; Giubano might be Zhupan, a village near Velipojë: see Cordignano, ed., *Catasto*, ii, 159). **[3]** Farlati, *Illyrici*, 102 (1551), 105 (Nicolò 29; in the 'Mediterranean Marriage Pattern', the average age of marriage might be in the range 28–33 for grooms, and 18–19 for brides: see Rheubottom, *Age*, 87–8, 107). That Giovanni was the eldest son is suggested by the fact that he was given his grandfather's name; the same argument applies to Matteo. **[4]** Barbarano, *Historia*, iv, 150 ('Lucia del Nico, nobilissima Dama'); Schmitt, *Das venezianische*, 468 (de Nicho negotiations). **[5]** Xhufi, 'La Population', 153–5 (names); cf. Zamputi, ed., *Dokumente*, i, 304 (noting 'Keqi', 'bad', as a nickname). **[6]** Venturini, 'La famiglia', 350–1 (account of family, 'signor di Durazzo'), and family tree (marriages) (cf. Fine, *Late Medieval*, 239, 248–9 on actual rulers of Durrës); Schmitt, *Das venezianische*, (index, s.v. Dukagjin, Span, Kastriota); Valentini, ed., *Acta*, xiii, 206, xiv, 190, xvi, 57–61 (58: 'fidelissimus et praticus ad similia'). Venturini, 'La famiglia', 350, writes that Bartolomeo, son of Giacomo, married Laura Dukagjin and became vice-governor, but gives his date of birth as 1413, which must be wrong. Valentini notes also (*Acta*, xvii, 86) a Bartolomeo Bruti whose father, Antonio, was a notary and citizen of Durrës in 1427; the different father's name and lower status suggest this was a different man. **[7]** Venturini, 'La famiglia', 351–2 (move to Ulcinj, Maria, 'un'ingente fortuna'), family tree (Lucia, 'Stefano', other sisters). **[8]** Cordignano, *Onomasticon*, 47 (Greek: 'Pamaliotēs'); Zamputi, ed., *Dokumente*, i, 304 ('Pal Maloku, Maleta, Mileta'); Valentini, ed., *Acta*, ix, 78 (Albanian origin: 'Pa-Maloki'), xi, 211, 261 (help 1423), xii, 17–19 (grants), 94 (complaints 1424; cf. Pertusi, 'Per la storia', 240–1), xviii, 19, 159–60 (recruited 1443–4), xix, 77 (confiscation), 124 (reward 1445); von Šufflay, 'Povijest', 200 (mistakenly identifying them with the Mrkojevići; his evidence does not support this, as it locates them 'in Saboiana', i.e. along the Bunë); Schmitt, *Das venezianische*, 206, 209–10 (Vlachs in Shkodër region); Fine, *Late Medieval*, 517 (role against Serbs); Valentini, 'L'elemento', 271, 274, identifies the Pamaliotis as Vlach. **[9]** Ljubić, ed., *Commissiones*, ii, 228 ('che da Scutari et circumvicini luoghi sono venuti, et per benemeriti loro possedano case e possessioni dategli dalla serenissima signoria, della quale sono stati anco esentati dai datii, et hanno altri particolari privileggi'); Valentini, ed., *Acta*, xii, 7–8 (Nika leader), 17–19 (1424); Čoralić and Karbić, *Pisma*, 95 (1505), 111 (1545). Valentini suggests that the name came from 'Roman', and notes a Vlach village near Shkodër called 'Rëmani' ('L'elemento', 271, 274). An even closer derivation would be from the Vlach word for 'Vlach': 'Aromân'. **[10]** O'Connell, *Men of Empire*, 132 (Medono); Polić Bobić, *Medju križom*, 205 ('capitan de vnos Albaneses que se rebelaron contra el Turco y se vinieron a la deuocion de Ven.os'). **[11]** Polić Bobić, *Medju križom*, 205 ('Con quien trato esto es clerigo noble de Albania que era como Vn obispo, y tenia diez o doze cassares y su hermano era señor de todos aquellos Albaneses que al tiempo de la liga la S.a de Venecia hizo que se rebelassen contra el Turco y quando Vino la Armada en este Golfo se metio en dulcigno este hermano del clerigo con 400 hombres donde fue muerto, con todos los suyos llamaua se don Andrea Aramani el que Viue se llama Jorge Aramani y sus Villas estauan baxo de scutari'). **[12]** Ibid., 205 ('son personas de Importancia'); Luetić, 'Lundruesit', 124 ('Arman Albanac', 1580), 135 (1584); Farlati, *Illyrici*, vii, 324 (Duca); Rački, 'Izvještaj', 74 (Thoma). Cf. the 'Duche Armenia' of 1424 (above, 28). **[13]** Schmitt, 'Storie', 92 (Korčula); Pederin, 'Die venezianische', 107 (pro-Hungarian); Vrandečić, 'La Dalmazia', 157 (pro-Hungarian); Ventura, *Nobiltà*, 151 (rich non-nobles); Krekić, 'Developed

Autonomy', 193–4 (poor nobles); Raukar *et al.*, *Zadar*, 264 (1528). **[14]** Praga, *Storia*, 163–4, Ventura, *Nobiltà*, 151–62, and O'Connell, *Men of Empire*, 142–9 (Hvar etc., 1510–12). **[15]** Milošević, *Boka Kotorska*, 122 (Bar, 1507), 123–4 (Bar, 1512); Sanuto, *I diarii*, xv, cols. 419 (20 Dec.), 469–73 (desperate letter; col. 470: 'cum ischiopeti, saete et arme diverse'); Ventura, *Nobiltà*, 163 (Bar, 1512); Ljubić, ed., *Commissiones*, ii, 233 (Bar: two councils), 235 ('antico et inestinguabile'), 245 (Kotor), iii, 117 (ciborium). On the tensions in Bar see also Čoralić, 'Staleški raskol'. **[16]** Ljubić, ed., *Commissiones*, ii, 226–7 (Ulcinj), 238 (Budva); Čoralić, 'Iz prošlosti ulcinjske', 67(n.) (1505, Dabre), 70 (1544); Venturini, 'La famiglia', 358 (1562 decree). On the Dabre (Dabri) connection see below, 418. **[17]** Krekić, 'Latino-Slavic' (Old Ragusan, Slav influx, Italian); Schmitt, *Das venezianische*, 125–6 ('Latini', 'Sclavi', Black Death); Ljubić, ed., *Commissiones*, ii, 215 (Split); Dursteler, 'Speaking', 70 (Dubrovnik). On the Bruti arriages in the Istrian town of Koper see below, 198–9. Some of the men the Brutis married may have had some knowledge of the Slav language spoken in the nearby Istrian villages, and the Bruti women probably knew some Serbo-Croatian; but social life among the élite families of Koper was conducted in Italian. **[18]** e.g. Apostolescu, 'Un aventurier', 567 ('un albanez italienizat'); Stoicescu, *Dicţionar*, 295 ('albanez italienizat').

第三章 为威尼斯效力的安东尼奥 · 布鲁蒂

[1] ASVen, CCD, Suppliche, filza 1 (1478–1594) (file); Venturini, 'La famiglia', 351–7. **[2]** Baiocchi, 'Contarini' (incident); Shaw and Shaw, *History*, i, 98–9 (shift to Corfu); Ljubić, ed., *Commissiones*, ii, 121 (Bar, Ulcinj); Mallet and Hale, *Military Organization*, 227–33 (war, Preveza); Pujeau, 'La Préveza'; Poumarède, *Pour en finir*, 223–6 (League, Preveza). **[3]** Venturini, 'La famiglia', 352–3. **[4]** On the importance of news see Sardella, *Nouvelles*. **[5]** Tenenti, *Cristoforo*, 9–10 (da Canal's tenure as Provveditore, 1555–62); Venturini, 'La famiglia', 354 ('nova Sorte di Zifra'); ASVen, Senato, Deliberazioni, Secreti, registri, no. 71 (1558–9), fo. 16r ('per esser auisato delli progressi de ditta armata', 'possate esser auisati de ogni successo'). **[6]** Venturini, 'La famiglia', 356 (Corfu–Venice), 359 ('più facil modo di trattenersi in Amicitia con li Ministri del Sereniss.mo Sig.r Turco a quei Confini, et acquistarne de novi per valersene nelli servitij del Stato nostro'). **[7]** Ibid., 353–4 (Vendramin's ship, Durrës, Vlorë), 362 (June, 1563); BCP, MS C.M. 139/1, fo. 87r ('gionto à Dolcigno leuai sopra la mia galera il K.[r] Bruti persona pratica nelle marine dell'Albania, et nelli maneggi con Turchi, et . . . me ne andai à Durazzo, et alla Valona per ricuperare le doi marciliane di Mauro-cini prese dalle fuste sopra Ostuni cariche di ogli', 'à diuersi del paese', 'hauendo egli le man in pasta (come si suol dire) con li Corsari mi dolsi grandem.[te] della sua ingiust.[a] et mi parti da lui'). **[8]** Vratislav, *Adventures*, 43 (traveller's complaint); Davis, *Gift*, 143 (France: quotation); Čoralić and Karbić, *Pisma*, 93–4 ('ben conuicinar cum sanzachi et uayuodi'); Ljubić, ed., *Commissiones*, ii, 237 ('sotto nome di negoziatori publici', Shkodër, 'tacito tributo'), iii, 3 (30,000 ducats, inflated prices), 40 (horses). **[9]** DAD, Acta Consilii Rogatorum, 58, fos. 68r, 211v, 262r, and 59, fos. 74v, 75r. Cf. Šundrica, *Tajna kutija*, i, 133–44, emphasizing the two-way nature of Ragusan gift-giving. **[10]** Pedani, *Dalla frontiera*, 72 (1550); Stefani, ed., 'Viaggio', 22 (1591); ASM, Archivio Gonzaga, busta 1259, fos. 126r–127v, 605r–606v (605v: 'Hoggi . . . è uenuto un mio parente Turco homo d'autorità, et in humanis ueram.[te] homo da bene'). **[11]** Venturini, 'La famiglia', 356–7 (Antonio's contacts, friends); Polić Bobić, *Medju križom*, 138 ('un hombre honorade pratico para que fuese a negociar con el sanjaque con nombre de embax.or', 'en cierto lugar deshonesto'). **[12]** Ljubić, ed., *Commissiones*, ii, 229 (Giustinian); Venturini, 'La famiglia', 353 ('il Territorio di Dolcigno, con la Villa del Gierano'), 363–5 (Doge's instructions, successful negotiations); Farlati, *Illyrici*, vii, 103, 259 (1553 lease). Gerami/Gerano later ceased to exist, so no modern Albanian or Slav name for it can be given; it is 'Gerana' in Marin Bolizza's account of 1614 (Ljubić, 'Marijana Bolice', 173), and 'Gerama' in the map by Coronelli (1687–8) reproduced in Armao, *Vende*. **[13]** Ljubić, ed., *Commissiones*, ii, 227, 231 (Giustinian, horses), iii, 5 (horses, grain); Venturini, 'La famiglia', 355 (nephew); Luetić, 'Lundruesit', 120 (1577); Popović, ed., *Pisma*, 204–5 (Rizvan). **[14]** Borghesi, *Il Mediterraneo*, 17 (calories); Aymard, *Venise*, 17 (staro, consumption); Braudel, *Mediterranean*, i, 576–8 (cities), 596 (arguing that Venetian imports exceeded Terraferma production until the 1580s); Sardella, *Nouvelles*, 10 (158,000); Lane, *Venetian Ships*, 257, and Simon, 'Contribution', 978–80 (1558–60 list); Ljubić, ed., *Commissiones*, iii, 31 (Giustinian); Greene, 'Ruling', 197–8 (Crete); Veinstein, 'Un achat', 16 (500,000). Murphey, 'Provisioning Istanbul', suggests 205 tons, on the basis of a record for 1717 when the population was 310,000 (which confirms the per capita rate); but his estimates of the population in the 16th century seem low, based on a multiplier of only 3 per household. Cf. the higher estimates in Mavroeidē, *O Ellēnismos*, 27–8. **[15]** Murphey, 'Provisioning Istanbul', 229–31 (Istanbul); d'Atri, '"Adi 2"', 574–6 (Rupe); Martinat, 'L'Annone' (Rome); Judde de Larivière, *Naviguer*, 248 (non-noble, foreign); ASVen, Provveditori alle biave, busta 4, vol. 1, fos. 39r ('quei m[er]cada[n]ti Turchi, che han[n]o uenduti li loro fro.[ti] all Ill[mo] D[o]mi[n]io'), 86v, 87r (Faruk); Mavroeidē, *Aspetti*, 49, 51, 60–2 (Greeks). **[16]** Krivošić, *Stanovništvo*, 51 (Dubrovnik population 6,000 or less); Anselmi, 'Motivazioni', 35 (Dubrovnik population 6–7,000); Parker, *Global Crisis*, 19–20 (gearing effect); Hrabak, *Izvoz*, 258 (1548–50, Apulia 1555 and Ottoman ban, Sicily 1560 and Ottoman ban, crisis 1568–9); Raukar *et al.*, *Zadar*, 248 (Zadar 1551); Cassar, *Society*, 46 (Palermo, Malta, crises 1568–9, 1573–5, 1588–90); McGowan, *Economic Life*, 35 (Ottoman ban); d'Atri, '*Per conservare*', 80–2 (Dubrovnik, special measures), 84–5 (interception 1560); Braudel, *Mediterranean*, i, 575 (interception 1560); Aymard, *Venise*, 137 (crisis 1568–9). On the broader background to the grain problems of the period 1550–1600 see also Tabak, *Waning*, 125–32. **[17]** Brummett, *Ottoman Seapower*, 103 (1505; and cf. 135); Braudel, *Mediterranean*, i, 583 (1528); Hrabak, *Izvoz*, 259 (Varna early 1550s); Simon, 'Contribution', 979 (Egypt, Syria late 1550s). **[18]** Miović, *Dubrovačka republika*, 106 (condition, sometimes broken); Veinstein, 'Un achat', 17–24 (*narh*, noting that, officially, outside buyers paid a supplement); White, *Climate*, 23–4 (*narh*), 96–7 (1563 report); Vrandečić, 'Islam', 300–1 (differential, devaluation); Hrabak, *Izvoz*, 264 (1560–90). On the *narh* system see also Kütükoğlu, 'Narkh'. **[19]** BCP, MS C.M. 139/1, fos. 83v (Barletta), 94r (Budva); Hrabak, *Izvoz*, 265 (1565–6); BAR, MS 1479, fo. 25r (Knights of Malta); DAD, LCP, 1, fos. 150r–154v (Ragusan seizure; 150v: 'uniuersale carestia per tutto il mondo, et spetialmente per la Dalmatia'), 2, fos. 20v ('scostandoui totalmente da tutti li altri luoghi della S.ria di Venetia, et da i legni armati di quella'), 32r ('ui potesse fare qualche fauore contra le Galere Venetiane'), 39v (Venetian seizure Sept.), 52r–v (Venetian seizure Nov.), 58r–60v (Ragusan seizure); Ljubić, 'Poslanice', 3–4 (Venetian seizure Aug.). On Venice's grain blockade of Dubrovnik, 1569–70, see Popović, *Turska*, 254–5. **[20]** d'Atri, '*Per conservare*', 86 (Ragusan purchases from early 1560s); Hrabak, *Izvoz*, 314–17 (Ragusan purchases 1560s, '70s); DAD, Acta Consilii Rogatorum, 59, fo. 170v (*Kapudan Paşa*); DAD, LCP, 2, fos. 31v–33v (fo. 32v: 'ancor che non haueuamo tanto bisogno'); Binark, ed., *5 Numaralı*, ii, 21, no. 106 (sultanic order 1565); DAD, LCL, 33, fos. 43r–v, 46v, 190r–191r, 217r–218v (letters to Coduto about corsairs 1576–9). **[21]** Schmitt, *Das venezianische*, 477–8 (Jonima family); DAD, LCP, 2, fos. 28v–29r ('col nome di Dio et della Vergine maria, uene anderete nelle dette parti di Albania, in quei lochi che a uoi pareranno piu à proposito, et quiui attenderete con la uostra solita diligentia di comprar per conto nostro tanti formenti quanto qual si uoglia altra sorte di Biaue che parera a uoi et a quel minor preggio che si potra'), 38v (Gionima's purchases; the tonnage given here is calculated for the Ragusan staro, which was roughly 1.2 Venetian stari), 48r (to Gionima in Lezhë), 67r (E. Suina: oil, couriers); DAD, Acta Consilii Minoris, 48, fo. 276r (L. Suina: forwarding to Vlorë); Venturini, 'La famiglia', family tree ('Lavio' Suina, an error for Lauro). **[22]** DAD, LCL, 34, fos. 218v–220r (fo. 219r: 'un gran numero di Turchi di Durazzo'), 35, fos. 1r–2r, 6v (death of Gionima), 7r ('insolenti', Vlorë); DAD, Acta Sanctae Mariae Maioris, 16th cent., item 451, no. 4 ('el comesso di Vri Sig:nri Ill:mi é statto in gran parte caggione, che le biaue in queste parti siano molto accresciutte di prezzo, p[er] il che questo populo . . . è reddutto a estrema misseria'). **[23]** Ljubić, ed., *Commissiones*, ii, 231 (150,000), iii, 116 ('Appresso si trarria gran quantità di formento dall'Albania, a la qual opera non mancheriano m. Antonio Brutti et compagni'); Venturini, 'La famiglia', 354 (Corfu), 355 (2 years, 'grandissimi pericoli e fatiche', Ragusan ships at Lezhë); Simon, 'Contribution', 1016 (despatch); ASVen, Provveditori alle biave, busta 4, vol. 1, fos. 50r (3,000), 68r, 73r (6,000). **[24]** Pazzi, *I cavalieri*, 14–18 (anomalous, three kinds); ASVen, Senato, Deliberazioni, Secreti, registri, no. 71, fo. 103r ('Si ha ueduto in diuerse occasioni . . . qua[n]to seruitio et beneficio alle cose n[ost]re . . . ha fatto il fidel.mo nro Dns Antonio Bruti da Dulcigno, appresso li agenti Turcheschi a quei confini, hauendo con alcuni di loro pratica, et familiarita grande, et apresso tutto molta reputatione, et credito . . . nelle cose che di giorno in giorno occorreno non solam:te p[er] liberatione de Nauilij, sudditi n[ost]ri, et robbe loro, et tratte di biaue, ma p[er] altri maneggi anchora importanti'). **[25]** Pazzi, *I cavalieri*, 19–20 (ceremony, costs), 27 (600 g), 408 (totals); ASVen, Senato,

Deliberazioni, Secreti, registri, no. 71, fo. 103r (100 scudi); Venturini, 'La famiglia', 358(n.) ('nullum unquam Onus decretaverit, nulli Labori, aut expensae peperit, nullum non Vitae periculum obierit'). The Order is strangely neglected by historians; Pazzi's unique study is excellent, but hard to find, being published by a monastery in Montenegro. **[26]** Venturini, 'La famiglia', 357 (1569 request). **[27]** Aymard, *Venise*, 145 (continued buying, for up to 10,000 ducats p.a.); Venturini, 'La famiglia', 361 (instruction to bribe), 366–7 (offer for navy, official letter, sons); Zamputi, ed., *Dokumente*, i, 262 ('estremissima necessitta', 'in questi tempi di guerra, Pestilentie et fame' (Čoralić and Karbić, *Pisma*, misdate the letter he enclosed (133–4) from the commune of Budva); ASVen, Provveditori alle biave, busta 4, vol. 1, fos. 156v–157r (the explicit order, threatening immediate deprivation of the governorship); ASVen, Annali, 3, fo. 323r (Antonio, letter to Venice, 1 Nov. 1570, saying he returned at the infantry commander's request, leaving 10 archers on flagship); BMC, MS Provenienze diverse, 581. c. misc., fo. 22r (Antonio, letter to Girolamo Zane, 13 Dec. 1570, saying he left Corfu on 28 July for Ulcinj). Venturini, 'La famiglia', 381, cites a much later document by Jacomo, saying that he and Marco were volunteers on Zane's flagship, but at the same time saying that they fought heroically at Lepanto, when the flagship was under a different commander, Venier.

第四章 为上帝效力的乔瓦尼 · 布吕尼

[1] Merkle *et al.*, ed., *Concilium*, ix, 802 (Trent, citing Aquinas, *Quaestiones de quodlibet*, 9, art. 15); Farlati, *Illyrici*, vii, 102 (canon), 259 (Dalmas virtuous); Čoralić, 'Izbjeglištvo', 98–9 (Dalmas family), and 'Iz prošlosti ulcinjske', 67(n.) (Dalmas dates, noting he was administrator of the see from 1532), 70 ('confussione et scisma'); ASVen, Savi all'eresia (Santo Ufficio) busta 8, fasc. 4, fo. [1r] ('heretici lutherani', 'grande scandalo et co[n]fusio[n]ne'). **[2]** Barbarano, *Historia*, iv, 99–100 (Chieregatto); Čoralić, 'Iz prošlosti ulcinjske', 68(n.) (Chieregatto); Merkle *et al.*, eds., *Concilium*, x, 835–6(n.) (resignation, letter to Pope), 886 (subsidy); Farlati, *Illyrici*, vii, 102 (appointment of Bruni). Chieregatto is commonly referred to as 'Chieregati'; I adopt the spelling by which he signed his name in his letter to the Inquisition. **[3]** ASVat, Congr. Concilii, Relat. Dioec. 56, fasc. 1 (Marin Bizzi visitation, 1618), fos. [2r] (pre-1571 churches in Bar diocese), [4r] (purple, 70 sees); Čoralić, 'Duhovne' (Bar priests in Venice); Barbarano, *Historia*, iv, 150 (9 suffragans); Ritig, 'Primacijalni', 93–4 (title, Split–Bar). **[4]** Ljubić, ed., *Commissiones*, ii, 231 ('incontrati dal reverendissimo arcivescovo e dal magnifico podestà, et salutati con gran suoni di campane e con grandissimo sbarar di artilerie'); Farlati, *Illyrici*, vii, 259 (papal letter about land); Cordignano and Valentini, *Saggio*, 71 (Laç); Pllumi, 'Pak histori' (Laç, destruction); Merkle *et al.*, eds., *Concilium*, ii, 655 ('por el disimulado, porque no podia andar de otra manera por estar en poder de Turcos', story). **[5]** Draganović, 'Massenübertritte', 197(n.) ('per causa che non hanno delli buoni pastori'); de Gubernatis and de Turre, *Orbis*, 444 ('propter mysteriorum Fidei ignorantiam, et defectum eorum qui eadem edisserent'). Cf. Malcolm, *Kosovo*, 125–31, and the series of Propaganda Fide reports edited by Bartl, *Albania sacra*. **[6]** Giannelli, 'Documenti', 54 (Kosovo letter); Cordignano, 'Geografia', 234 ('li popoli di Seruia et Macedonia', 'tutti li Christiani, che sono nel paese Turchesco, quali sono della fede, et riti di S. Chiesa Romana, non solo quelli del Regno di Seruia, ma etiam tutti quelli di Macedonia, et li Vescoui stessi nelle loro occorrenze ricorreuano da lui, et lui ancora in persona li uisitaua, et alli Popoli lontani mandaua Vescoui prouedendogli di Predicatori, et Confessori') (cited also by Farlati, *Illyrici*, vii, 105); ASVat, Congr. Concilii, Relat. Dioec. 56, fasc. 1, fo. [4r] ('presertim Joannis Bruni'). **[7]** Setton, *Papacy*, iii–iv, and Housley, *Later Crusades*, are exceptions, fully accepting the term. But cf. more recently Housley, *Crusading*, 1, 15, which seems to imply that crusading ended in 1504–5. **[8]** Zlatar, *Our Kingdom*, 198–9 (envoys to Moscow; on Leo's crusade plans see also Setton, *Papacy*, iii, 150, 172–93); Fischer-Galaţi, *Ottoman Imperialism* (Diets), Ursu, *La Politique*, and Isom-Verhaaren, *Allies* (Franco-Ottoman alliance). **[9]** Merkle *et al.*, eds., *Concilium*, iv, 3 (Paul's 3 aims), 226 ('tutam atque munitam ab infidelium armis atque insidiis rempublicam optaremus', 'a plurimis impendentibus periculis', 'conceptum et meditatum contra Italiam contraque Austriam et Illyricum terra marique bellum, cum impius et immitis hostis noster Turca nullo tempore requiesceret, nostrorumque inter se odia et dissensiones suam bene gerendae rei occasionem duceret'), 227 ('saevus et perpetuus hostis noster Turca'); Setton, *Papacy*, iii, 413–15 (Paul's plan for Mantua). **[10]** On the Council see Jedin, *Geschichte* (the classic modern history), Bäumer, ed., *Concilium*, and O'Malley, *Trent*. **[11]** Masiá, ed., *Cartas*, 39–41, 118–24. **[12]** Setton, *Papacy*, iv, 769 ('depressionem Christiani nominis hostis Turcae'); Šusta, ed., *Die römische*, i, 281–2 (Shah, Prester John, Ivan, 'accommodandosi le cose di christianità contra i Turchi piacendo a Dio per la ricuperatione di Constantinopoli et del santissimo sepolchro et per estirpar la setta Mahomettana', 'mettere ogni suo studio et ogni suo potere et non perdonare a spesa alcuna'); Weczerka, *Das mittelalterliche*, 192 (Moldavia). **[13]** Šusta, ed., *Die römische*, ii, 133 ('il Turco non può viver molto, essendo hydropico et molto travagliato di mente et di corpo ... cerchiamo, Monsignori, di finir presto et fruttuosamente questo concilio et unir bene tutta la christianità et voltar li armi contra infideli, heretici et schismatici, chè questo è il fine al quale dovemo star intenti'), iv, 17 (Bova; the Pope's reply was that he should be given permission to leave if he were likely to vote on anti-papal lines); Merkle *et al.*, eds., *Concilium*, ii, 867 (Oran), viii, 338 (Castellana), 351 (Pécs), 395–6 (Esztergom); Rangoni Machiavelli, 'L'Ordine', 375 (Malta: 'illud haud dubie gravissimum toti reipublicae Christianae, ac forsitan insanabile vulnus accideret'). **[14]** Merkle *et al.*, eds., *Concilium*, viii, 300 (roll-call), 320 (10 Feb.); Šusta, ed., *Die römische*, i, 162 ('cominciando dal dì che arriverà costà'); Farlati, *Illyrici*, vii, 103 ('Carolo Borromaeo maxime acceptus'; but misdating this meeting to 1551); Trisco, 'Carlo Borromeo'; Fois, 'Carlo Borromeo'; Wojtyska, 'Carlo Borromeo'. **[15]** Merkle *et al.*, eds., *Concilium*, iii(1), 172 (subsidies), iii(2), pp. xxv (20–25 scudi), 223 (Zadar etc.), 274–95 (grain purchases); Languet, *Epistolae*, ii, 253 ('vix sufficient alendo asino & famulo');

Ehses, 'Bericht', 62 (list of 6, 'nihil habent'); Gorfer, *Trento*, 27 (8,000); Jedin, *Kirche*, ii, 336 (numbers in March), 337–41 (entourages), 345 (secretary, cook, stablehand); Barbarano, *Historia*, iv, 152 (Koper); Cucchetti, *Storia*, 151 (merchants, cattle); Šusta, ed., *Die römische*, i, 155 (instructions, 'sumptuosa convivia'). **[16]** Šusta, ed., *Die römische*, i, 125 (Borromeo letter, 'conventicule secrete'); O'Malley, *Trent*, 6 (list of nations); Merkle *et al.*, eds., *Concilium*, ii, 358 (Ciurleia), iii(1), 216 (Ciurleia spoke with his usual 'hilarità'; cf. also 640), vii, 364 ('Graecus'), ix, 634 ('Graecus'). **[17]** Merkle *et al.*, eds., *Concilium*, viii, 320, 330, 349 (Index), 378 ('nonnisi iustis, honestis, necessariis et ecclesiae catholicae utilibus de causis'), 402(n.) (Easter recess); Jedin, *Geschichte*, iv(1), 113–14 (80 in Rome, reformists' fears); O'Malley, *Trent*, 179–80 (residence and divine law). **[18]** Merkle *et al.*, eds., *Concilium*, viii, 403 ('neque nunc declarandum est, quo iure residere tenemur, sed ineunda est ratio, quomodo episcopi residere debeant'; eliminating problems), 464 (20 Apr.); 466 (reforms), 678, 692 (supervisory authority), ix, 247 ('Ipseque, cum diocesim in dominio Turcarum habeat et expositus sit continuo periculo mortis, et pensione gravissima oneratus sit, tamen residere non recusat'). Chieregatto would die in 1573, aged 91, having outlived Bruni. **[19]** Ibid., viii, 652 (canons), 656 (Patriarch: 'ne Graeci comprehenduntur', 'dummodo privilegia Graecorum non tollantur'), 657 (Bruni agrees), 826 (Bruni on Bohemians). **[20]** Ibid., ix, 686 (ambassadors), 690 (Bruni agrees); Bressan, *Il canone*, 138–40 (legal not theological). **[21]** Merkle *et al.*, eds., *Concilium*, ix, 644 (clandestine marriage), 696 (dispensation), 781 (4th degree); Durham, *Some Tribal*, 15–16 (taboo), and *High Albania*, 21–2 (12th degree). **[22]** Merkle *et al.*, eds., *Concilium*, ii, 832, 867 (committee on ordination), iv(2), 33 (committee on ordination), ix, 801 (visitations; cf. 750–1 for text of canon), 990 ('bonis et antiquis archiepiscoporum iuribus', 'paene tota hierarchia ista ecclesiastica destruatur'). **[23]** O'Malley, *Trent*, 218–19 (residence compromise), 247 (quotation). **[24]** BAM, MS F 104 inf., fos. 539r (chapter and clergy of Bar to Borromeo: Fra Silvestro aged 70, travelled with Bruni, preached in Serbo-Croat ['lingua illirica']), 540r (Commissary General Luigi dal Pozzo to Fra Silvestro: 'qui tum in Antiberina ciuitate, tum etiam in quocu[n]q[ue] loco suae diocesis sicut ipsi R.mo Archiep[isco]po uidebitur oportunem praedicationibus, ac lectionibus subditas eius oues Instruere possit'). **[25]** Farlati, *Illyrici*, vii, 103 (Ratac dispute, secretary's letter) (also in Poggiani, *Epistolae*, i, 351–2); Marković, 'Benediktinska', 211–12 (Ratac dispute, Pisani). **[26]** Farlati, *Illyrici*, vii, 103 (administrator of Ulcinj, Budva), 259–60 (Giubizza, dispute). **[27]** BAM, MSS F 94 inf., fos. 214r (Bruni to Borromeo: 'sempre mi son forciato conseruar questi pouer popoli . . . nela fede catholica . . . tutto cio che questa pouer prouincia sia oppressa da scismatici et mahometani'), 215r (Franciscan authorities to Marco Pasquali), F 104 inf., fo. 539r (chapter and clergy of Bar to Borromeo: 'ha tranquilissimam.te retto et gouernato il suo grege, Il qual no[n] solo ha dato saggio da buon pastore, ma di padre et fratello uniuersale'). On the Pasquali family see Čoralić, 'Staleški raskol', 64, 66, 80, 82. **[28]** ASVat, Sec. Brev. Reg. 11, fo. 132v ('diligentiam et pietatem', 'Infidelium faucibus', 'ex populis illis quaecunque superstitionum semina penitus euellantur, horrendumque et immani illud feritatis exemplum, quod ante in defunctorum corporibus factitare consueuerant, prorsus ab illis tollatur, et omnino aboleatur'). **[29]** BAM, MS F 94 inf., fo. 48r (Bruni to Borromeo: 'li ho caricati sop.[a] un nauilio p[er] condurli in Ancona con Mathio mio nepote qual co[n] questa occassione [*sic*] mando in vece mia p[er] basciarli s.[mi] Piedi di sua Beat.[ne] et le sacratiss.[me] mani di v.s. Ill[ma]', 'insieme col sudetto mio Fr[at]ello, et parenti'); Caracciolo, *La gloria*, 309 ('gagliardi'); Binark, ed., *5 Numaralı*, ii, 181, no. 1106 ('düşman kalelerinde kafirlere'); Barbarano, *Historia*, iv, 152 ('servito lungamente nella Corte di Roma, nella quale havrà havuto carichi honorevoli, conforme alli suoi degni meriti'). For a 1560s Ottoman list of forbidden exports see İnalcık, 'Question', 77–8(n.); on the ban on horses see also Pedani, *Dalla frontiera*, 112.

第五章 加斯帕罗 · 布吕尼与马耳他骑士团

[1] For Antonio's date of birth see 299. **[2]** Sire, *Knights*, 3–24 (early history); Vatin, *L'Ordre* (Rhodes period). **[3]** Cassar, *Society*, 30 (grain from Sicily). **[4]** Hess, *Forgotten Frontier*, 36–84; on Hayreddin see Fisher, *Barbary Legend*, 41–80. **[5]** Brogini, *Malte*, 111–16 (Tripoli), 121 ('la professione nostra sia principalmente contra infideli e cacciare li corsari da limiti e mari de cristiani'), 123–4 (analysis). **[6]** Mafrici, *Mezzogiorno*, 21–2 ('pirate' mostly later); Laiou, 'Levends', 232–6 ('levend' from 'levantino', 'korsan', 'harami levend'); Villain-Gandossi, 'Notes' ('levend' from Persian, 'korsan'); Brookes, ed. and tr., *Ottoman Gentleman*, 33–7 (Ottoman on pirates); cf. the entry 'corsaro' in Kahane *et al.*, *Lingua franca*, 193–6. Only in French was 'pirate' more common; the traveller Pierre Belon explained the meaning of 'corsaire' to his readers, but did so only by assimilating it to 'pirate', describing raiders of the indiscriminate kind: *Voyage*, 249–51. **[7]** García Martínez, *Bandolers*, 83 (Valencian corsairs); López Nadal, 'El corsarismo', 267–8 (authorization, legal controls); Earle, *Corsairs*, 123–9 (private Maltese corsairs' tithe and distribution); Fisher, *Barbary Legend* (Barbary corsairs' codes of conduct); Manca, *Il modello*, 59–64 (Barbary corsairs' tithe and distribution). For the old view see, e.g., Bradford, *Shield*, 133 ('basically concerned with stabilising the trade routes in the central Mediterranean, and with imposing some form of law and order upon a sea that had become utterly lawless'). Fontenay, 'Corsaires', 363–4, criticizes the old view but underestimates the 'predatory' element in this period. **[8]** NLM, AOM, MS 447, fos. 279v–280r ('Sion figlio di samuele di saffet huomo di piccola statura et barba negra di circa trenta anni d'età hebreo n[ost]ro schiauo'); Wettinger, *Slavery*, 40–1, 200–2 (Jewish slaves); Greene, *Catholic Pirates*, 66 (Greek Orthodox, Dubrovnik); de Leva, ed., *La legazione*, i, 169(n.) (torture allegation; 'cavalieri ladri'); Mallia-Malines, *Venice*, 18–19 (sequestro), 28–9 (attitude to Rhodes siege), and *passim* (confrontations). **[9]** Testa, *Romegas*, 69–70 (Romegas's seizures); Cassola, ed., *1565*, 97 (quotation). **[10]** Guilmartin, *Gunpowder*, 191–2 (military historian); Granucci, *L'eremita*, fo. 102r (313 dead; the figure may come from an early pamphlet (reproduced in Cassola, ed., *1565*, 111), but note that

Granucci's main informant, Pardini, was a soldier at the siege); Mori Ubaldini, *La marina*, 243 (210 dead, 79 missing); BAR, MS 1479, fo. 11v (total 1,000 Knights, early 1580s); de Vertot, *Histoire*, v, 119–20 (founding of Valletta); de Giorgio, *A City* (building of Valletta). **[11]** BAR, MS 1479, fos. 30v–31r (figures for income); on the structure see the valuable summary by Freller, *German Langue*, 69–73. **[12]** van Beresteyn, *Geschiedenis*, 9 (quarters); Waldstein-Wartenberg, *Rechtsgeschichte*, 149–50 (exclusion of Jews, Muslims, illegitimate, bourgeois); Bosio, *Gli statuti*, 11 (exclusion of trade). **[13]** Waldstein-Wartenberg, *Rechtsgeschichte*, 153–4 (servienti, chaplains); BAR, MS 1479, fo. 34v (commende only for Knights of Justice); BL, MS Add. 8277, fo. 81r–v ('uinto dalla importunità de Cardinali, et altri concede le Commende à chi gli piace ... in gran pregiudicio delli poueri Caualieri', 'fà anche di questi Caualieri ... senza proue alcune de nobiltà, et senza altra ceremonia. Ma questa accade solo nella pouera lingua d'Italia'). **[14]** Waldstein-Wartenberg, *Rechtsgeschichte*, 149–51 (applying to Priory, exclusions, two Knights); BL, MS Add. 8277, fo. 79r (three primary witnesses, three secondary, entry-fee, langue). **[15]** NLM, AOM, MS 92, fo. 38v ('In causa receptionis in Ven.[da] Lingua Italiae sub gradu D[omi]nor[um] Fr[atr]um Militum D[omi]ni Gasparis Bruni', 'contradicentes', 'super ipsa c[aus]a pr[in]cipali receptionis et non in praetensa gratia partes audiant, scripturas uisitent, Testes si opus fuit examinent'). **[16]** dal Pozzo and Solaro, *Ruolo*, 86–7, 92–3 (Avogadro, Cataneo), 110–11 (Morizzo); NLM, AOM, MS 2125, fo. 13r ('fu fatta gratia spetiale co[n] scrutino di ballotte nemine discrepa[n]te al s:[r] Gasparo bruno p[er] qua[n]to era fuori de limiti Tantum e s'intende cosi co[n]tentandosi lui accettato dal giorno d'oggi'); Bosio, *Gli statuti*, 14 (statute on borders), 16 (probationary year (statute of de Verdalle)), 210–11 (Italian borders). **[17]** NLM, AOM, MS 2125, fo. 13r ('furono passate p[er] bone le p[ro]ue di Nobiltà del s.[r] gasparro bruno nemine discrepa[n]te et accettato p[er] fra cauaglier conforme ut supra'), 92, fo. 43r (1 Nov. plea), 431, fos. 129r–v (Ferretti enquiry), 134r (Lucarini enquiry); dal Pozzo and Solaro, *Ruolo*, 114–15 (Lucarini excluded). **[18]** NLM, AOM, MS 431, fo. 268v (31 Oct.); Bosio, *Gli statuti*, 6–8, and *Li privilegii*, sigs. N1v–N4r (ceremony); BL, MS Add. 8277, fos. 82r–86v (ceremony). **[19]** Chetta-Schirò, *I Castriota*, 55(n.) (admission 1561); Bosio, *Dell'istoria*, iii, 551–2 (Sant'Elmo). Chetta-Schirò, who mistakenly claims direct descent for Costantino from Skanderbeg's son, has a few pages (89–93) on Gasparo Bruni, derived almost entirely from Bosio; he is the only modern author to have written about him. **[20]** Padiglione, *Di Giorgio Castriota*, 17–23 (Granai family); Petta, *Despoti*, 61–83 (Granai, Branai family; father, uncle, grandmother, stradiots, spy network); Floristán Imízcoz, 'Los contactos', vols. 11–12, 133 ('capitanio de la Cimarra et de l'Albania'); Masiá, ed., *Cartas*, 140 ('Dimitro Massi, fiollo di Andrea Massi, fo parente de la bona memoria di signor marchese da Tripalda'; I take 'Veduni' to be a mistranscription of 'Redoni'). **[21]** Petta, *Despoti*, 87–90 (Arianiti, literary work, claim of non-awareness), 180–1 (Arianiti); Chetta-Schirò, *I Castriota*, 58–9, 65 (Musacchi consulted); Bosio, *Dell'istoria*, iii, 777 (fined, 'capriccioso'); NLM, AOM, MS 2125, fo. 102v (1569); dal Pozzo, *Historia*, i, 211 (1581). On his literary works see Pastore,

'Castriota'; see also his treatise 'De Republica', BPCG, MS M256. On Arianiti see also Babinger, *Das Ende*, 85–6. **[22]** Testa, *Romegas*, 103–4 (decrees); de Vertot, *Histoire*, v, 122–3 (Spanish Knights); Hanlon, *Twilight*, 87 (Venetian discouragement). **[23]** Soranzo, *L'Ottomanno*, 122 ('Pio V. che chiamò da Dulcigno Frà Gasparo Bruni Commendator Gierosolimitano per seruirsi di lui, e nell'armata contra il Turco, & in altre cose di momento appartenenti a quella guerra'). Soranzo need not be taken to imply that Gasparo was already a Knight when he was summoned from Ulcinj; he merely uses his full later title, including the much later 'commendatore'. **[24]** Bosio, *Dell'istoria*, iii, 803–4 ('amici', biscotto, recruiters, ambassadors); Setton, *Papacy*, iv, 925 (Venetian intelligence); NLM, AOM, MS 431, fos. 132v ('ex l[ite]ris multorum, et nuntijs, exploratoribus n[ost]ris'), 207r ('l[iter]ae quotidie afferuntur Selinum ... classem multo validiorem, et exercitum numerosiorem ad hanc Insulam inuadendam ... comparare'); Paoli, *Codice*, 233–4 (papal letters to Spanish, French kings). **[25]** Bosio, *Dell'istoria*, iii, 804 ('mandato fù anco dal G. Maestro à far residenza nella Città di Ragugia il Caualier Fra Gaspare Bruni Albanese, per riceuere le lettere de gli Amici di Costantinopoli; i quali scriuendo ordinariamente al Gran Maestro in cifra'). **[26]** ASVat, Sec. Brev. Reg. 7, fo. 411r ('Dilecti filij salutemus. Mittimus ad istas partes dilectum filium Gasparem Brunum, qui has nostras literas ad vos afferet pro nonnullis nostris, et apostolicae Sedis negotijs, eique mandauimus, ut si opus fuerit vostrum auxilium, et fauorem nostro nomine à vobis petat. Quare etsi non dubitamus vos pro singulari, solitaque erga nos, et eamdem apostolicam Sedem reuerentia, ac deuotione ipsi Gaspari promptè, ac benigne praesto futuros tamen vobis certum exploratumque esse uolumus, quidquid studij, et adiumenti in eum consulentis nobis sane fore gratissimum; vestrumque ... obsequium, si quando se se dederit occasio, libenter compensabimus'). **[27]** e.g. DAD, Secreta Rogatorum, 2, fos. 159r–160r, gives the text of a breve of 5 Aug. **[28]** Bojović, *Raguse*, 190–4 (1442 decree); Harris, *Dubrovnik*, 80–7, 92–6 (rise of *haraç*); Biegman, *Turco-Ragusan*, 29–43 (status in Ottoman eyes); Kunčević, 'Janus-Faced' and 'Discourses' (status in Ottoman eyes and self-presentation). **[29]** BNM, MS It. VII. 213 (8836), fo. 368v ('non è ogni cosa del S.re?'); Miović, *Dubrovačka republika*, 47–51 (supplying intelligence), 51–5 (prisoner exchanges), 55–9 (transportation, grain, pitch), 169 (order to celebrate victory). **[30]** Biegman, 'Ragusan Spying', 242–4 (Süleyman quotations), 246–7 (news of fleet, 1570, 1571); DAD, Secreta Rogatorum, 2, fos. 168r (Huguenots, referring to the Peace of Longjumeau of 23 Mar. 1568), 178r ('in seruiano'); Gürkan, 'Espionage', 403 (Habsburg agent quotation, adapted); BNM, MS It. VII. 213 (8836), fo. 403r (Sept. 1568); Lesure, *Lépante*, 239–40 (Don John); DAD, LCL, 37, fos. 90v–91r ('paghiamo dua [*sic*] Tributi, et non vno solo p[er] le grandi, e Continue spese che facciamo nel tenere huomini in ogni parte del Mondo, p[er] sapere quello, che si fà, et si tratta, e poi p[er] notificarlo alla fel: porta', 'il Gran Sig.re non hà bisognio del u[ost]ro Tributo, perche sete poueri, ma hà bisognio d'esser da voi giornalmente auisato delle Cose del Mondo, dunque attendete di s[er]uirlo'). On the intelligence sent in 1570–2 see also Žontar, *Obveščevalna služba*, 28–9, and Kumrular, 'Ragusa', 153–4. **[31]** Harris, *Dubrovnik*, 111 (1530s),

114 (news to Rome); Žontar, *Obveščevalna služba*, 24 (military intelligence to Naples); Tadić, *Španja*, 145–6 (news to Naples); Preto, 'La diplomazia', 160 (Venetian network), and *I servizi*, 236 (excluding Venetians). **[32]** Tadić, *Španja*, 145–7 (news to Naples, 1566 crisis, decree, exile, protest); DAD, Secreta Rogatorum, 2, fos. 157v–158r ('hauesse ardire, et presumesse qui nella Città et D[omi]nio n[ost]ro significar le dette nuoue ad alcun principe, ò uero alli suoi ministri, ò ad altri priuati, ò che riceuesse ò dasse recapito alle dette lettere', 'senza saputa et espressa licenza del Mag.co S.r R. et del suo Cons.o'). **[33]** BNM, MS It. VII. 213 (8836), fo. 368v (fears of Ottoman fleet); ASVat, Sec. Brev. Reg. 11, fo. 33r (papal offer); Bosio, *Dell'istoria*, iii, 804 ('Belforte', 'Hebbe carico il detto Caualier Bruni, di spedir Fregate à posta, quando era necessario, e di dar ricapito alle Spie, & all'intelligenze, che da Costantinopoli veniuano, & andauano, senza sparagnar in ciò nè spesa, nè fatica alcuna'); Canosa and Colonnello, *Spionaggio*, 165(n.), and Gürkan, 'Espionage', 236–7 (Malaga brothers). **[34]** Carr, *Blood*, 150 (decree), 155–8 (rebel preparations, intercepted letter); Hess, 'Moriscos', 12(n.) (Uluç Ali appointment); Williams, *Empire*, 162–5 (fear of Ottoman expedition); Caro Baroja, *Los moriscos*, 169 (genuine fear). **[35]** Bosio, *Dell'istoria*, iii, 804 (Philip's thanks to Grand Master), 817 ('secretamente auisato con lettere in cifra dalle sue Spie, ch'ordinariamente stipendiate teneua in Costantinopoli, le quali penetrarono, e seppero le negotiationi, che'l Rè d'Algeri, & altri Capi de' Mori di Barbaria faceuano alla Porta, sollecitando, e facendo instanza al Turco, che mandasse l'Armata sua nelle Marine di Spagna, che verso l'Africa riguardano, per fare spalla, e dar aiuto, e calore a' Granatini'); Chasiōtēs, *Oi Ellēnes*, 49–54 (Barelli and family); Mavroeidē, *Aspetti*, 29, 59, 66 (Varelēs family); Karapidakis, *Civis*, 281 (Varelēs family); dal Pozzo and Solaro, *Ruolo*, 110–11 ('di Costantinop.'); Arce, 'Espionaje', 265 ('con dos turcos prinçipales (a cuyo cargo está el gouierno y mando de todo lo del Ataraçanal) de quemar toda la armada del Turco').

第六章　桨帆战舰与地缘政治

[1] Setton, *Papacy*, iv, 953–4 (Kubad's arrival (correcting the date given in other accounts), Zane); Pedani, *In nome*, 29 (Membré) and *Venezia*, 27, 146 (Kubad's visits); Pedani and Bombaci, *I 'documenti'*, 201–2 (ultimatum); Barbero, *La Bataille*, 76–81 (Barbaro, with much valuable detail); Yriarte, *La vie*, 152 (Senate vote); ASVen, CCD, Dispacci (Lettere) di Ambasciatori, busta 4, item 16 (irritation). **[2]** Pedani and Bombaci, *I 'documenti'*, 201–2, and Pedani, 'Some Remarks', 23 (grievances); Barbero, *La Bataille*, 43–5 (Nasi), 77 (mosques argument); Grunebaum-Ballin, *Joseph Naci*, esp. 134–5 (theories about Nasi), 156 (wine imports). The mosques argument was also discussed in Venice: see Charrière, ed., *Négociations*, iv, 759(n.). The reference was probably to a brief period of Arab domination in the mid-7th century, though more recently, in 1424–6, Cyprus had been subjugated by the forces of the Mamluk sultan of Egypt. **[3]** Murphey, *Ottoman Warfare*, 50 (Egypt, finances). **[4]** Casale, *Ottoman*

Age, 14–131 (Indian Ocean), 135–7 (canals), 137–8 (Sokollu's reluctance); Kortepeter, *Ottoman Imperialism*, 28 (Astrakhan, Don–Volga canal); Davies, *Warfare*, 12–13 (Astrakhan campaign); Allen, *Problems*, 22–8 (Don–Volga canal, Hajj); Ágoston, 'Where Environmental', 60 (Don–Volga canal not even begun). Pedani, 'Some Remarks', 25–6, and Capponi, *Lepanto*, 116–17, integrate the Cyprus campaign into the geopolitical strategy. **[5]** Capponi, *Lepanto*, 96–8 (Chios (with harm), Naxos, Andros, Kea, Siphnos); Setton, *Papacy*, iv, 936 (Knights' liquidation), 943–5 (Arsenal fire, harm to Chios). **[6]** Kafadar, 'Death', 198 (trade boom); Albèri, ed., *Relazioni*, ser. 3, i, 283–4 (trade, boycott argument), 286 ('bisogna procedere con gran destrezza e prudenza fra quelle due vie di fargli e non fargli la guerra. Bisogna certissimamente non farla, ma non però perchè credano che non si possa fare'). Some merchants were anti-war for commercial reasons in Mar. 1570, but only a minority: see Stella, 'Lepanto', 217. **[7]** Setton, *Papacy*, iv, 933 (information about Spanish fleet), 946, 954 (policy towards Spain, Jan., Mar.), 955 (fears of North African involvement); Vatin, 'L'Empire', 376–7 (Ponentini in Ottoman waters, *c.*1559); Pagkratēs, *Oi ektheseis*, 177–9 (Ponentini causing trouble for Venice, 1570s); Braudel, *Mediterranean*, ii, 879 (Sicilian corsairs). **[8]** Serrano, ed., *Correspondencia*, iii, 304–5 ('vi è assai poca amarevolezza verso li SS.ri Venetiani per non haversi voluto mai movere in aiuto d'altri, et molto manco confidenza che ogni volta che potessero uscire de la guerra non lo faccino volentieri, lassando l'impresa sopra altri et mirando solo all'interesse proprio'); Hess, *Forgotten Frontier*, 76–8 (Tripoli, Bougie, Oran); Anderson, *Naval Wars*, 8–13 (Djerba); Braudel, *Mediterranean*, ii, 973–85 (Djerba); Setton, *Papacy*, iv, 758–65 (Djerba; 763: Venetian policy). **[9]** Mafrici, *Mezzogiorno*, 190–200, and Fenicia, *Il regno*, 173–5 (Naples fleet); Braudel, *Mediterranean*, ii, 1008–12 (ship-building, taxes); Parker and Thompson, 'Battle', 15–16 (ecclesiastical taxes, tensions); Setton, *Papacy*, iv, 887 (Pius V, subsidio). **[10]** del Moral, *El virrey*, 63–73 (Atripalda reports, Albanians, Mustafa (but misidentifying Atripalda as a Lomellini)); Sola, 'La frontera', 299–303 (Atripalda reports, successor); Coniglio, *Il viceregno*, ii, 346–53 (347: 'credo che in essa se includa la Velona'; 351: 'tutto il regno e provincia di Albania'); Charles I of Naples was indeed proclaimed King of Albania in 1272, 6 years after his defeat of a previous ruler of Albania, Manfred of Sicily. **[11]** Setton, *Papacy*, iv, 956–8 (papal envoy), 959–60 (taxes), 961 (key condition); Braudel, *Mediterranean*, ii, 1081 (report of Ottoman fleet against Spain, from Istanbul, 22 Jan. (Braudel suspects Venetian misinformation, but Sokollu's misdirection was still operating then), taxes); Barbero, *La Bataille*, 125 (confidential assurance). **[12]** Fichtner, *Emperor*, 173–6, 189 (Maximilian); Halecki, *From Florence*, 174–9 (Ivan); Charrière, ed., *Négociations*, iv, 760(n.) (de Foix, letter to Catherine, Mar. 1570). **[13]** BAP, MS 4769, fo. 46r ('Discours' of Dax to Charles IX, Apr. 1572: 'pour contrepeser l[']excessiue grandeur de la maison d'Autriche'); BIC, MS 1777, fo. 7v ('Mesmes durant que nous auons este en guerre auec luy et qu'il a fomenté auec ses forces et moyens noz diuisions ciuilles estant certain qu'il eut faict tout auttre progrez sur nous sans le soign et les despenses qu'il a esté obligé d'employer pour la conseruation de ses Costes maritimes tant du costé d'Italie que d'espagne', 'luy sont tellement necessaires et Importans que par le moyen d'Iceulx Il pourroit en toute seurete et plaine Liberté passer d'espagne en Italye . . . et par consequent auroit beaucoup plus de moyen de se rendre M.[e] de toute l'Italye'). De Brèves was ambassador in Istanbul from 1591 to 1605. **[14]** Capponi, *Lepanto*, 108–11, 143–4 (Siena, Cosimo, title); Guarnieri, *Cavalieri* (Santo Stefano); Aglietti, 'La partecipazione', 60–96 (Cosimo's relations with Philip and Pope); Levin, *Agents*, 89–93 (title, Philip); Fichtner, *Emperor*, 173–4 (title, Maximilian). **[15]** Barbero, *La Bataille*, 184–6 (24–12 galleys, cardinals, distinct fleet); Lane, *Venice*, 362 (1560s fleet and reserve); Pezzolo, *L'oro*, 135 (1560s fleet). **[16]** Bazzano, *Marco Antonio*, 47–125 (Colonna family, early life, Spanish connection); Capponi, *Lepanto*, 124 (Venetian worries); Barbero, *La Bataille*, 186–7 (Venetian worries); BSS, AC, II CF 3, fos. 3v–6r (payments for galley-crew, 1565), 176r–177v (sale), and AC, II CF 5 (Borromeo galleys); Hanlon, *Twilight*, 30 (7 galleys). **[17]** Barbero, *La Bataille*, 187 (ceremony), 572 (quinquereme); Setton, *Papacy*, iv, 964 (ceremony, Colonna's commission); BSS, AC, II CF 1, fos. 6r (list of captains), 8v (Capizucchi commission); Petrucci, 'Pompeo Colonna' (career); Brunelli, *Soldati*, 75 (Capizucchi pro-Colonna); Guglielmotti, *Storia*, vi, 17–21 (commissions of captains), 24–7 (Ancona, Venice, flagship); Stella, 'Lepanto', 220–1 (in Venice; 220(n.): 'grandissima sollecitudine'); Lane, *Venetian Ships*, 65–8 (quinquereme, architect). **[18]** BSS, AC, Corrispondenza Marcantonio il Grande, busta 44, nos. 4490 ('Questa matina ariuai qui Co[n] una fregata armata Co[n] 36 huomenj et 3. officiali', 'hò uoluto Co[n] la p[rese]nte reueren.[te] darle noticia, dicendole et[iamdi]o questo che io di gia hò dato ordine in venetia ad un mio Nepote figliuolo del S[or] Caual[ier] Bruti che douesse procurar di trouarmi li officiali, et però le scriuo che debba ancor lui far saper V. E. che sorte di officiali hauera trouato'), 4450 ('di officiali non hauendo fatto mio Nepote prouisione'). **[19]** BSS, AC, Corrispondenza Marcantonio il Grande, busta 44, nos. 4490 ('Gouernator di Galera di N. S.'), 4450 ('Gouernator di galera di Sua San.[ta]'). An alternative account of Gasparo's career might posit that he had been a captain of one of the Borromeo galleys (following a recommendation from his brother Giovanni) and had come to Colonna's attention in that way. But the timing is tight (given Giovanni's first meeting with Borromeo in 1562); the existing documentation of those galleys does not mention him; and Soranzo's account gives the key role to the Pope (see above, 90). **[20]** BSS, AC, II CF 1, fos. 49r ('Il Caualiere Fra Gaspar Bruno vi dirà in nome n[ost]ro l'ordine che hauete da tener p[er] el Caricamento di alcune vettouaglie necessarie no[n] mancate cosi esseguirlo'), 50v ('Perche conuiene al seruitio di S. S.[tà] et à l'honor et sodisfattion n[ost]ra di hauer p[er]sona di esperienza et ualore al gouerno della n[ost]ra Galera Cap.[a] et sapendo esser queste parte nel magnifico et molto honorato Sig.[re] Fra Gaspar Bruno Caualiere Hierosolimitano per la relatione che tenemo degno di fede della vertù et meriti suoi lo hauemo eletto come per la p[rese]nte lo eleggemo et deputamo Gouer:[re] et Cap.[no] di detta n[ost]ra Galera con tutta l'auttorità facultà honori pesi prerogatiue et emolumentj solitj: Comandamo però espressamente che da tuttj gli huominj del seruicio di detta Galera, sia ubedito rispettato et riuerito come la p[er]sona mia'). **[21]** Monga, ed. and tr.,

Journal, 10–12 (galley details, 41 × 5.5 m); Cerezo Martínez, *Años cruciales*, 34 (galley details, 43 × 6 m; speed); Guilmartin, 'Tactics', 46–8 (galley details, 41.5 × 5.2–5.8 m; on lantern galleys, distinguishing from 'capitana' (flagship) galleys; but cf. Pantera, *L'armata*, 148, saying a capitana was larger than a normal galley). **[22]** Lutrell, 'Late-Medieval Oarsmen', 93 (Venetian shift to forzati); Tucci, 'Marinai', 683 (Venetian shift to forzati); Williams, *Empire*, 111 (Naples, 60%); Fenicia, *Il regno*, 175 (Naples, 11%–21%); Crescentio, *Nautica*, 95 ('i Mori pigliati sù le loro Fuste sono megliori, che quei che in terra si pigliano . . . Bonauoglie sono gente vagabonda, a chi la fame, ò gioco forzò a vendersi, ò giocarsi in Galea'); BSS, AC, II CF 5, fos. 22v, 31v, 32r ('Ussain embram de Durazzo', 'Ussain de Mastafa de Velona', 'Peruena de Casson da durazzo', 'Assan de alli de bossona'; the list also includes two men with Spanish Christian names, who were probably Moriscos); Languet, *Epistolae*, i, 159 (Maltese galleys captured). **[23]** Imber, 'Navy', 265–7 (Ottoman rowers); Vratislav, *Adventures*, 138–9 (description of agony); Lubenau, *Beschreibung*, i, 219 ('So viel ich . . . gesehen und erfahren, haben die Gefangenen auf den turkischen Galleen viel besser als auf der Christen oder hispanischen Galleen; den da ich von Neapolis in Siciliam auf der Galleen gefahren, bin ich selber erschrocken, wie tirannisch und greulich man da mit den Gefangenen umgingk'). **[24]** BSS, AC, II CF 1, fos. 14r (listing of galley complement), 61r ('Francesco da Corsola'). For a detailed and slightly fuller list of galley officers and sailors, see Crescentio, *Nautica*, 88–95; cf. also Pantera, *L'armata*, 115–29. **[25]** Pantera, *L'armata*, 115–16 ('nobili in poppa'); ASVat, Misc., Arm. II, 110, fos. 393r ('in galera par che sia dismenticato il modo che si suole bestemmiare in terra, ma tengano un modo nuouo, che l'inferno si stupisce'), 394v ('si mettano la maschera, che si fa per essercitarlj: et a[n]co che sono lor parenti: et è uero che s'essercitano al modo di satanasso et che sono loro moglie, non che parenti'); Barbero, *La Bataille*, 188 (distribution of Possevino); Possevino, *Il soldato*, 20–1 (blasphemy, duels), 26 ('le detrattioni, la menzogna, la Lussuria, la Gola, il giuoco, & le pompe'); BSS, AC, Corrispondenza Marcantonio il Grande, busta 67, no. 3900, fo. 1v (accounts in Ancona). **[26]** Capponi, *Lepanto*, 125 (agreement on overall command, Philip's order to Doria), 135 (Philip's letter to Colonna); Barbero, *La Bataille*, 220–4 (Philip's order to Doria, Doria's attitude, council of war, Souda). **[27]** Barbero, *La Bataille*, 156–7 (Zadar), 167–72 (Corfu); Mallett and Hale, *Military Organzation*, 235 (over 20,000). **[28]** Barbero, *La Bataille*, 226–9, 253–7 (discussions, review); Setton, *Papacy*, iv, 978–84 (discussions, review); ASVen, Senato, Deliberazioni, Secreti, registri, no. 76, fo. 141r ('qualche loco d'importa[n]tia'); BL, MS Add. 8314, fo. 298r ('dato ordine à un suo Cau.re Bruno', 'mandò il Cau.re Bruno à notificare à ciascuno il suo luogo nel marciare'). Colonna's retrospective account is DHI, MS Minuccio Minucci, 7, fos. 324r–329v; Doria's is BL, MS Add. 8279, fos. 188r–195v. **[29]** Setton, *Papacy*, iv, 982 (final total); BL, MS Add. 8279, fos. 202v–203r (Euboea, Vlorë, etc.); BNF, MS Italien 723, fos. 110r–111v (descriptions of Colonna–Doria quarrel by Sforza Pallavicino and Giacomo Celsi); Barbero, *La Bataille*, 261 (return to Crete, galleys lost), 271 (de' Massimi's galley). **[30]** Setton, *Papacy*, iv, 985–7 (allies on Crete); BSS, AC, Corrispondenza

Marcantonio il Grande, busta 44, no. 4451 ('feci reuerentia a nome di V. E. al S.[or] generale il qual à mal dormito questa notte et sente ancora di dolor Colici'). **[31]** Crescentio, *Nautica*, 287 ('dà 24 di Settembre per fino à 22. di Nouembre, il Nauigare non è in tutto sicuro, ne in tutto pericoloso; & in questo tempo i prudenti Prencipi . . . retirano le sue armate in porto'); 288 ('pericolosissima'); Bosio, *Dell'istoria*, iii, 869 (disease, Cephalonia), 870 ('essendosi nondimeno saluate tutte le Genti, gli Stendardi, e tutte le cose di valore, per opera, e diligenza di Fra Gaspare Bruni . . . il quale nondimeno corse in quell'occasione pericolo grandissimo di rimaner nel fuoco, o nell'acqua estinto. Percioche mentre si trateneua egli nella Galera, per saluar, e dar ordine alle più importanti cose, fù dalle fiamme sforzato à gettarsi in Mare'); Barbero, *La Bataille*, 272 (decommissioned); Guglielmotti, *Storia*, vi, 102–6 (Kassiopi, Kotor, Dubrovnik); Setton, *Papacy*, iv, 988 (Kassiopi, Kotor, Dubrovnik, Ancona); BSS, AC, II CF 2, fo. 384v (laudatory narrative). **[32]** BSS, AC, II CF 2, fo. 288r (wreck, mill-house, Dubrovnik); de Torres, *Chronica*, fo. 26v ('negaron que no sabian dellos teniendolos escondidos'); Voinovich, 'Depeschen', 551–2, 556, 558 (Gondola); DAD, LCP, 1, fo. 234r (Sept.), 3, fos. 7v (equipment), 108v (1,011 scudi, reminder in 1578); Serrano, ed., *Correspondencia*, iv, 98 (Nov.); BSS, AC, II CF 4, fo. 1r (money spent); Guglielmotti, *Storia*, vi, 106 (Ancona, Rome). **[33]** Bazzano, *Marco Antonio*, 134 (9 galleys lost; Granvelle), 377 ('no [es] mucha cosa dezir que el Rey puede confiar de Marco Antonio, pues tambien mejor puede confiar Su Mag.[d] en su hermana y por esto no le daria cargo de guerra').

第七章 反叛与奥斯曼的征服

[1] Barbero, *La Bataille*, 84 (raids, Dalmatia, esp. Zadar), 107 (1,000 men); Setton, *Papacy*, iv, 953 (raids, Dalmatia, Albania). **[2]** On Cypriots welcoming Ottoman rule see Barbero, *La Bataille*, 239–40, 247–8; this interpretation is contested by Costantini, *Il sultano*, 62–4, but cf. Barbero's listing of contemporary sources (593, n. 16). On pro-Ottoman revolts in Crete in 1571 see Barbero, 355–6. **[3]** On the development of the clans in the north see Kaser, *Hirten*, 107–11; Pulaha, 'Formation'; Thëngjilli, *Renta*, 43–5; on Himarë see Floristán Imízcoz, 'Los contactos' (quasi-clans, revolts); Duka, 'Aspekte' (population growth). **[4]** Masiá, ed., *Cartas*, 140 ('fina el paese de Duchagini', bishop; I take 'Fiomara' here as a mistranscription of 'Himara' or 'Chimara'). **[5]** Floristán Imízcoz, 'Los contactos', vol.13, 53–4 (taxation, revolt, gunpowder; the further request was brought by 'Gioni Alexi Zaccani', identified by Floristán Imízcoz as 'Zaccaria', but surely 'Zahne', a leading Himariot); Setton, *Papacy*, iv, 903 (Piyale force, 8,000 men); Marmora, *Della historia*, 338 (Piyale force, 10,000 men); Chasiōtēs, *Oi Ellēnes*, 153–4 (Tsountsaros, 'arvanitovlachos'); Charrière, ed., *Négociations*, iv, 762 ('escorte': Apr. 1570). For Ciucciaro's frequent attempts to stimulate Western support for Albania see Magdaleno, ed., *Papeles*, 86, 107, 115, 116, 122, 215. **[6]** Floristán Imízcoz, 'Los contactos', vol. 13, 53–4 (Sopot), 74 (2 palms thick); Karaiskaj, *Die spätantiken*, 247–50 (Sopot); Hysi, *Southern Albanian*,

152–4 (Sopot); Zamputi, 'Disa fletë', 22 (Mormori, noting that he was described as very experienced in this territory; he was from Nafplio in the Peloponnese, so perhaps from the Albanian population there (on which see Raça, *Shtegtimet*, 163–4)); Chasiōtēs, *Oi Ellēnes*, 150–1 (Margariti). **[7]** BNM, MS It. VII. 213, fo. 334r (200 enslaved); Barbero, *La Bataille*, 162–3 (29–30 June); Manoussacas, 'Lepanto', 227–8, 235–6 (Mani revolt); Lesure, *Lépante*, 67 (Malaxas); Chasiōtēs, *Oi Ellēnes*, 59–65 (Barelli), 129–33 (agent from Chios); Canosa and Colonnello, *Spionaggio*, 84–90 (Barelli). On Albanians in the Peloponnese see Raça, *Shtegtimet*. **[8]** Pulaha, *Qëndresa*, 60–75 (Dukagjin revolts); Gürkan, 'Espionage', 226 (1571 collaboration); Barbero, *La Bataille*, 160 (Ulcinj, Bar attack); Zamputi, ed., *Dokumente*, i, 266 (Ulcinj attack, reported in Venice 14 June: 700 men, stradiots; I take 'Devino' to be a mistranscription of 'Ducaino'); Ljubić, 'Marijana Bolice', 199–200 (larger incursion, grain exhausted). **[9]** Ljubić, 'Marijana Bolice', 193–200 ('Relazione dell'Albania e sue città, fiumi, monti, laghi, piani, confini etc.'), 196–8 (grain, pitch, 'io ho veduto vendersi tre o quattro libre grosse al soldo' (the libra grossa was 12 oz; the author also gives the price of mineral pitch at Vlorë), Elbasan, Berat), 200 (written in harvest-time, 'li Dulcignani potranno andar alli Reddoni, dove sono aspettati da quei Albanesi con grand'amorevollezza non ostante la guerra Turchesca, perchè essi non danno piena obbedienza alli Turchi, e questi potranno estrazer dalli Reddoni ogni sorte di biave in gran copia a beneficio non solamente dei Dulcignani ma per sostentamento della città d'Antivari, la qual è come assediata, per non esser a marina, e per sostentamento di Budua, Cattaro e Dalmatia, conciosiacosachè al tempo di pace si cavava dal golfo del Drino fino a 50.000 stara d'ogni sorte di biave per la città di Venezia'). The text is reprinted in Zamputi, ed., *Dokumente*, i, 273–88, and translated in Elsie, *Early Albania*, 59–66. **[10]** Ljubić, 'Marijana Bolice', 194–5 (Durrës, Shkodër), 196–7 ('della Medoa', 'Sacca'), 198–9 ('per il mio gusto', *sancakbeyis*, 'pericolosissimo', 'inespugnabile', previous war); BMC, MS Provenienze diverse, 581. c. misc., fo. 22r–v (Antonio, letters to Girolamo Zane and Sforza Pallavicino, 13 Dec. 1570; Pallavicino, letter to Antonio, 19 Dec. 1570). The surviving MS of the anonymous text is a copy made in the early 18th century by Antonio Bisanti, a scholar from Kotor who spent much time in Venice and gathered materials there. **[11]** Čoralić and Kardić, *Pisma*, 85–6 ('l'altre, che sono molte: le quali per essere la sicurezza della Fortezza di Scutari sono di grandissima importanza', 'Con le solleuationi, et ribellioni di questi huomini bellicosi . . . et con la noua in questi giorni venuta della Vittoria (la Iddio gratia) dell'armata della Vostra Serenità contra il suo nemico tutta questa Prouincia è talmente alterata, che non desiderano, che vedere una mezza ombra di stendardo di misser San Marco per prender l'armi in seruitio di lei', 'Et io . . . quando hauessi hauuto li soldati, che tante uolte le ho ricercato hauerei fatto tal dimostratione del desiderio che io ho di seruire alla Patria mia, che la Vostra Serenità non mi riputerebbe indegno cittadino suo'); Conti, *Delle historie*, ii, 128–9 (other tactics). **[12]** Conti, *Delle historie*, ii, 129 (Bunë to Shkodër); ASVen, Annali, 3, fos. 269v (Donato, 4 Oct.: baptism, instruction); 302r–v (Venier, 14 Oct.: 'i primarij de i villagi dell'Albania di quà del Drino', 28 villages), 321r (Venier, 30 Oct.: list of 37 villages). **[13]** ASVen, Annali, 3, fos. 269v–270r (Donato report, 6 Oct.: letter from Briska, 'alcuni uechij', visit, message, diamond), 270r–v (letter from Briska in Italian), 270v (Bruni report on Briska visit: Shkodër situation, Mustafa Bey willing to surrender; Bruni letter to Mustafa: 'A uoi Mustaffa beg parente mio car.[mo] salute nel S.[re]', 'Cristo S.[or] n[ost]ro ui illumini à riconoscer la uera, et piu secura strada'), 340r (Donato report, 10 Nov.: return of *sancakbeyi*), 366v–367r (Bruni, report on river-port meeting); Barbero, *La Bataille*, 159 (Venier's doubts); Zamputi, ed., *Dokumente*, i, 307 (nocturnal visit); Novak, ed., *Commissiones*, 95–6 (Contarini). Mustafa's precise relation to Bruni is not known; nor is the rest of his career. He was evidently not the Mustafa Bey who was *sancakbeyi* of Dukagjin at this time (see Pulaha, *Qëndresa*, 51). **[14]** BMC, MS Provenienze diverse, 581. c. misc., fos. 22r (returned 14 Aug., 'ben disponere, et confermar gl'Animi di questi nostri Albanesi nella fede uerso il Ser.[mo] Dominio'), 22v ('un Cap.[o] Valoroso, et esperto ad espugnar lochi così con artelaria, come con scale, et con mine di fuochi', 'la conquista d'Albania'); ASVen, Annali, 3, fo. 323r ('ho talmente disposto gl'animi de i nostri Albanesi, che niente altro manca ad effettuar il negocio et che l'Albania retorni sotto il stendardo della Sta v. eccetto le galee, et un cap.[o] con qualche n.[o] de soldati', 'perche . . . l'Albania è mia patria, et molto credono alle promesse mie, le qual sono che V. Sta non è per abbandonarli mai, ma li conseruara per sudditi, et grati seruitori, pero talmente sono infiamati contra li Turchi, che magior difficultà è di retenerli che non faciano auanti tempo furioso impeto, che di eccitarli à prender l'armi contra di loro . . . alla Sta v. prometto gl'animi dagl'Albanesi resoluti di uenir sotto l'obedienza sua, et gli offerisco la mia uita, con li mei figlioli, et robba in seruitio et honor suo'). The reply from Sforza Pallavicino, the infantry commander, sent from Budva on 19 Dec., politely promised to pass on the request to the authorities in Venice when he got there: BMC, MS Provenienze diverse, 581. c. misc., fo. 22v. **[15]** ASVen, Annali, 3, fos. 410v–411r (Bruti report, 15 Dec.: urging by Dukagjin, Bruti's advice, 'oue li n[ost]ri subito si impatronirono d[e]l borgo, et li Turchi fugirono, et si serorno nel castello, et alli 9, il Sanzacco de Ducagin ue[n]ne co[n] 200 lanze per soccorrerli, ma fu da noi rotto, et fugato, Et perche queste n[ostr]e genti non sono esperti, et il tempo si fece cattiuo, h[aue]ndo i n[ost]ri sachegiato, et abbrugiato il borgo, se ne tornassero à casa', 'mandar soldati, arme, et galee, accio ch[e] possiamo prender non solo il castello di Alessio, ma anco la fortezza di Scutari, et l'altre Terre nemiche'), 424v–425r (Venier report, 4 Jan.: Mat revolt); Barbero, *La Bataille*, 159 (Lezhë); Zamputi, ed., *Dokumente*, i, 306 (other account, referring mistakenly to Shkodër); Marmora, *Della historia*, 342 (Margariti). **[16]** Pulaha, *Qëndresa*, 51 (Dec. 1570); Binark, ed., *12 Numaralı*, ii, 51–2 (Shkodër, mid-Feb.), 132–3 (13 Mar.: 'Bar ve Ülgün nâm harbî kal'alar keferesi Arnavud âsîlerin ıdlâl idüp'), 154–5 (eyes and ears), 165–6 (4 Mar.). **[17]** Chasiōtēs, *Oi Ellēnes*, 157–9 (Dukagjin request); Morosini, *Historia*, 396 (Margariti), 397 (Barbarigo, captain); ASVen, Annali, 4, fo. 30v (Donato report, 21 Mar. 1571: 'impatronirsi di tutta l'Albania, Seruia, Chercegouina, et molti altri, non essendosi altra fortezza fino à Const.[li]'). **[18]** BNM, MS It. VII. 11, fos. 251r–v (Margariti), 252r (Nivica, 'grosso num[o] de Albanesi'); Molmenti, *Sebastiano*, 289 (Kardhiq plan, hostages, corsair, wind), 290 (Durrës, failure at Kardhiq); Karaiskaj, *Die spätantiken*, 201–2 (Kardhiq described); Morosini, *Historia*, 396 (Durrës, artillery). **[19]** Vargas-Hidalgo, *La batalla*, 214–15 (30,000, 4 Apr. report); BSS, AC, Corrispondenza Marcantonio il Grande, busta 67, no. 3890 (early Mar. report); BSS, AC, II CF 2, fo. 443r (mid-Apr.); ASVen, CCD, Dispacci (Lettere) di Ambasciatori, busta 4, item 16 ('par che la più ferma opinione sia ch'egli uada per Dalmatia'); Lesure, *Lépante*, 66 (Transylvania). **[20]** Setton, *Papacy*, iv, 1002(n.) (9 Apr.); Novak, ed., *Commissiones*, 99 (2,500); Passerini, 'Malatesta' (biography); Mallett and Hale, *Military Organization*, 314–23 (condottieri, sources of troops, Priuli). On the date of arrival in Kotor: Barbero says after 15 Apr. (*La Bataille*, 326); Morosini says the end of May (*Historia*, 397), but the report of Malatesta's capture is from 31 May (see below, n. 22). **[21]** Novak, ed., *Commissiones*, 99–100 (meetings, 'quei principali della Bogiana'); Morosini, *Historia*, 397 (Lezhë–Shkodër plan); Gentilezza, 'L'Albania', 67 ('per confermar in fede gli Albanesi, fatti non [*sic*, for 'nuovi'] sudditi di Venetiani', 'Drugnini' [*sic*, for 'Ducagini'], Lezhë–Shkodër plan). **[22]** Novak, ed., *Commissiones*, 100 (2,000 more); Gentilezza, 'L'Albania', 67 (Lezhë–Shkodër plan, hostages), 68–9 (expedition of 200 + 500, capture); BAV, MS Urb. Lat. 1042, fo. 70v (expedition of 200, 100 casualties); ASVen, Annali, 4, fo. 119v (Donato report, 4 June 1571: 'disperatione grandiss.[a]'). Morosini's account (*Historia*, 398) suggests the more elaborate expedition; the governor of Kotor's (Novak, ed., 100) suggests the simpler one, attacking Orahovac, just north of Kotor. **[23]** Guerrini, *Una celebre famiglia*, 416–19, 430–2 (Martinengo biography); Barbero, *La Bataille*, 290 (ban lifted); Mallett and Hale, *Military Organization*, 347 (Brescia forbidden); BAV, MS Urb. Lat. 1042, fo. 81r (Chioggia fight, noting they killed some of their own men too); Charrière, ed., *Négociations*, iii, 262–3(n.) (Chioggia fight, dating it to before Easter, i.e. 15 Apr.); Novak, ed., *Commissiones*, 104 (like plague). **[24]** Novak, ed., *Commissiones*, 100 (spies, request for Sveti Srdj); ASVen, Annali, 4, fos. 146v–147v (Suriano report, from Budva, 9 July; 146v: 'in compagnia d'Albanesi'). The river-port was named after the nearby abbey of SS. Sergius and Bacchus. 'Shirgj'/'Sergio' was often mistaken by Italians for 'Giorgio'; the place is called Sveti Djordje (St George) today. **[25]** Barbero, *La Bataille*, 320 (Zadar plan), 353–61 (raids, Crete to Corfu), 365 (Sopot); Doglioni, *Historia*, 849–50 (account of Sopot). Contarini, *Della veneta*, ii, 133–4, gives a heroically defiant speech to Mormori, and describes a large nocturnal attack; one early report says that after resisting the initial attack, most defenders fled in the night (Gentilezza, 'L'Albania', 70); Doglioni's account partly reconciles the two; but Fedele Fedeli describes a prolonged assault, from which only a few defenders escaped with the Himariots' help: BNM, MS It. VII. 11, fos. 265v–266r. **[26]** Morosini, *Historia*, 405 (15,000); Doglioni, *Historia*, 850 (70,000); Contarini, *Della veneta*, ii, 134 (70,000); Gentilezza, 'L'Albania', 70 (80,000), 71 (artillery); ASVen, Annali, 4, fos. 147v (Suriano: 30,000), 154v–155r (Venier report, 18 July), 155r (Venier report, 20 July: 'prendono i fagoti, et s'ascondono'), 155r (reply by Contarini, governor of Kotor), 168v (Martinengo: 80,000); Ljubić, ed., *Commissiones*, iii, 260 (Feb. report). **[27]** ASVen, Annali, 4, fos. 167v (Suriano report, 1 Aug.:

bombardment 29 July, Martinengo went to Ulcinj that day, injured same day); Gentilezza, 'L'Albania', 71 (artillery bastion, masonry); Novak, ed., *Commissiones*, 101 (contemplated flight, Martinengo went to Ulcinj); BAV, MS Urb. Lat. 1042, fo. 358r (food and water, bell, 'portato uia come morto', deputy); Ljubić, 'Marijana Bolice', 199 ('pericolosissimo'). **[28]** ASVen, Annali, 4, fos. 168v (Venier report, 14 Aug.; Martinengo report: 'impauriti'), 169r ('essendo la citta debole con mancamento di vettaglie, et munitioni, et di materia da far repari'); Gentilezza, 'L'Albania', 71–2 (Ragusan report, claims about ammunition); BAV, MS Urb. Lat. 1042, fo. 358r (lack of water); BNM, MS It. VII. 11, fo. 266r–v (Fedeli). **[29]** Albèri, ed., *Relazioni*, ser. 3, iii, 188 (Pertev Albanian); von Saurau, *Orttenliche Beschreybung*, 109 (Pertev Albanian, aged *c.*60 in 1567); Radonić, ed., *Dubrovačka akta*, ii(2), 330 (Ahmed a Slav from Hercegovina); Gentilezza, 'L'Albania', 70 (Ahmed an Orthodox Serb from Herceg Novi); Morosini, *Historia*, 405 ('Orembeius' from Lucca, 'Antonius Brutus Olchiniensis eques, qui egregiam Reipublicae operam in Epyro nauauerat, deditionem impugnauerat, Acmatisque conatibus obstiterat, summam aduersus se gentis inuidiam veritus, Liburnica conscensa, cùm in Apuliam transiturus in altum se eiecisset, à Turcica triremi interceptus, captiuus ad Halim Bassam est perductus'); BAV, MS Urb. Lat. 1042, fo. 358v (3 assaults). **[30]** Venturini, 'La famiglia', 367 (family tradition). Cf. also the statement by his son Bartolomeo that he was executed by the Ottomans: below, 264. **[31]** BAV, MS Urb. Lat. 1042, fo. 358v (entrato q[ue]l da Terra fece tagliar à pezzi tutti q[ue]lli, che erano restati, et dare il fuogo ad alquante case che erano piene de donne & putti'); Anon., *Gli avisi ultimi*, [fo. 4r] (resentment); Sereno, *Commentari*, 129 (resentment); Gentilezza, 'L'Albania', 73 ('loro ritiratisi in alcune case si difesero con gran valore, alle quali fu dato fuoco, onde una parte di essi fu abrugiata et l'altra fu ammazzata non senza grande uccisione di Turchi'; the version of this report in the Ragusan archive has a slightly different wording, adding that they fought for six hours: Radonić, ed., *Dubrovačka akta*, ii(2), 278). **[32]** Morosini, *Historia*, 404 (Mrkojevići); Novak, ed., *Commissiones*, 101 ('Antiueri poi fornido di vituaglie, Di Munitionij, di soldati, et altra gente valorosa da combatere, senza chel campo li fosse uenuto sotto senza che l'armata hauesse fatto segno di sbarcare uilisiuamente [*sic*, for uilisimamente] si rese o fu reso a turchi'); BAV, MS Urb. Lat. 1042, fo. 358v ('Il Podesta di quel luogo senza uoler aspettare pur una botta d'archebuso si rese, al ca.° di mare. Non ostante, che i soldati, per quanto si dice, uolessero combattere & aspettare al manco uno o doi assalti'). **[33]** BAV, MS Urb. Lat. 1042, fo. 142v (Donato punishment); Conti, *Delle historie*, 128 ('vna parte de i cittadini incominciò à tumultuare, dicendo, non volere in si estremo disagio di tutte le cose necessarie sperimentare la fortuna della guerra'); Morosini, *Historia*, 405 ('Ioannes Brunus Antibaris Antistes Antonij Bruti affinis summa in religionem pietate, magna in Venetos fide ad hostium impetum fortiter sustinendum, nèque per metum, atque ignauiam hosti se deditionem facerent, vehementi dicendi ardore incitauerat', Hürrem Bey); Kesterčanek, 'Pad grada', 569–72 (Vidaccioni; 571: 'debbole'). **[34]** BAV, MS Urb. Lat. 1042, fo. 358v ('Quelli del paese restornò tutti nelle sue case'); Kesterčanek, 'Pad grada', 570–2 (affidavits);

Gentilezza, 'L'Albania', 73 ('subito molte famiglie della seconda Classe rinegorno Christo, per potersi con si scelerata occasione vendicare delle Antiche inimicitie, che havevano con li nobili'). Milošević, 'Boka Kotorska', 22, says that quarrels between nobles and townsmen played a role in the fall of Ulcinj, but I have seen no evidence of this. I discount, as obviously fictitious, the story that Donato and the entire garrison left secretly, and that Bruni was celebrating Mass in the cathedral when Ottoman soldiers unexpectedly entered and killed him (Kesterčanek, 'Pad grada', 567). **[35]** Gentilezza, 'L'Albania', 72 (hostility to Gascons), 73 (Budvans and Kotor); Novak, ed., *Commissiones*, 102 (reoccupied); Barbero, *La Bataille*, 368 (lost again), 502 (women freed); ASVen, Annali, 4, fos. 168r (11 Aug. report), 169r (dozen); BSS, AC, II CF 3, fo. 60r (list of Christian women and children freed at Lepanto); BAV, MS Urb. Lat. 1042, fo. 359r (naked). **[36]** İnalcık, 'Lepanto', 187 (20 corsair galleys), 188 (jubilation); Gentilezza, 'L'Albania', 73 (garrisons); Bartl, 'Die Dulcignoten', 19 (corsair claim); Zirojević, *Ulcinj*, 55 (corsair claim); Villain-Gandossi, 'Contribution', vol. 28, 36 (1592); Ljubić, 'Marijana Bolice', 173, 191 (local inhabitants' piracy 1614); Miović, *Dubrovačka republika*, 124 (sporadic till 1630s); Pedani, *Dalla frontiera*, 34 (sporadic till 1670s). **[37]** İnalcık, 'Lepanto', 188 (deserted); BNF, MS Français 16,142, fo. 113v ('si contagieuse et chaulde, quil ny demeure presque rien, de sorte que les Villes de Dulcine Antiuary et Boudoua ... Castelnouo durazzo et Infinies autres sont presque habandonnees tant des habitans dicelles que des soldatz'); Biegman, *Turco-Ragusan*, 114 (olive-groves 1582); DAD, LCL, 34, fos. 201v–202r, 211r (Ragusan oil purchases from Bar 1583); Rački, 'Izvještaj', 65 (Bar 1610: Muslim minority, cathedral, residence); ASVat, Congr. Concilii, Relat. Dioec. 56, fasc. 1, fos. 1v–2v (Bar 1618: Muslim majority, churches).

第八章　勒班陀战役

[1] Barbero, *La Bataille*, 294–5 (Zane); Mallett and Hale, *Military Organization*, 306 (Zane, Pallavicino); Bazzano, *Marco Antonio*, 136 (cardinal's lobbying); Aglietti, 'La partecipazione', 93 (son of Cosimo). **[2]** Capponi, *Lepanto*, 142 (Spanish difficulties); Serrano, ed., *Correspondencia*, iv, 175–82, 185–7 (Philip's instructions); Levin, *Agents*, 98–9 (envoys' policy). **[3]** Capponi, *Lepanto*, 147–9 (Ragazzoni mission); Stella, 'Lepanto', 230 (admitted later); Bosio, *Dell'istoria*, iii, 871 (Maltese intelligence); ASVen, CCD, Dispacci (Lettere) di Ambasciatori, busta 4, item 16 ('per ciò era p[er] fargli gran guerra, et che le piglierebbe et candia, et corfú', 'il suo s:re haueua forze da resister à tutti, et da guerreggiar in molti luochi in un tempo medesmo, oltra che'l sapeua benissimo quanto pocho si potesse fidare la ser. v. delli Principi christ.i'). **[4]** Yriarte, *La vie*, 159–60 (early May message (dated '4', but actually 7, May)); BNF, MS Italien 723, fos. 101r–102v (14 Apr. speech), 103r–105r (requests, demands, replies to them); Stella, 'Lepanto', 231 (6 May, 'giovane desideroso di gloria'); Rivero Rodríguez, *La batalla*, 128–9 (mutual distrust overcome). As a result of the new Venetian optimism Ragazzoni and Barbaro became over-confident, at one point even demanding that the Sultan give Venice Vlorë, Durrës and Herceg Novi in exchange for Famagusta (see Barbero, *La Bataille*, 313). **[5]** Jačov, *L'Europa*, 166–84 (articles of League). Guglielmotti, *Storia*, vi, 125–6, gives a slightly different version of the text. **[6]** Anon., *Il bellissimo*, sigs. [2r]–[3r] ('non vi dico poi il rumore, le allegrezze che si fece di campane, di arteglierie, e gridi del popolo; subito che fu letta la Lega, e publicata, quasi tutti piangeuano, e rideuano tutt'a vn tempo di allegrezza'). **[7]** Aglietti, 'La partecipazione', 88 (investigating possibility, Spanish opposition), 90 (Genoa alternative), 106(n.) (Colonna dissuading), 107 (sticking-point, reduction). Some accounts ascribe all 12 galleys to the Order of Santo Stefano, but only 5 were in fact drawn from it (see Aglietti, 130, 133(n.)). **[8]** Ibid., 112–13 (contract; 112: 'concerto di trombetti et ogni altra cosa solita portarsi da l'altre galere Capitane'); Capponi, *Lepanto*, 174 (figures for 1570); Salimei, *Gli italiani*, 73–4 (appointments), 75 (correctly giving Bruni as captain), 76(n.) (historians' suppositions). The contract is also given in Theiner, ed., *Annales*, i, 464–5. **[9]** Guglielmotti, *Storia*, vi, 153–7 (Civitavecchia, Serbelloni); Barbero, *La Bataille*, 347 (Pope's order); Zapperi, 'Bonelli' (biography, scheming); Salimei, 'La nobiltà', 14–15 (Ghislieri, Capizucchis, Orsini); Foglietta, *Istoria*, 359 (Carafa); Promis, 'Biografie', 208–22 (Serbelloni); dal Pozzo, *Historia*, i, 13 (Romegas, Bruni). **[10]** Guglielmotti, *Storia*, vi, 157–8 (Naples, Messina); Barbero, *La Bataille*, 373–6 (Naples, strategic uncertainties, Granvelle), 377 (Venier); de Torres, *Chronica*, fo. 36r–v (fight); Capponi, *Lepanto*, 191 (viceregal palace), 199 (Korčula, Hvar); Molmenti, *Sebastiano*, 84(n.) (Hvar), 296 (Venier); Foretić, 'Korčula' (Korčula). **[11]** Guglielmotti, *Storia*, vi, 166–72 (Don John, discussions), 177 (Cretan squadron), 179 (review), 181–3 (council, departure); Serrano, *La liga*, i, 116–17 (Spanish report); Barbero, *La Bataille*, 429–31 (Doria, Santa Cruz); Civale, *Guerrieri*, 78 (fasts, Masses, procession, 'infiniti cavalieri'), 114 (quayside); Brunelli, *Soldati*, 16 (chaplains). **[12]** Guglielmotti, *Storia*, vi, 186–7 (arrival, news of enemy fleet), 197–8 (spies into mainland); Barbero, *La Bataille*, 438–9 (renewed attack), 477 (landing party members); Monga, ed. and tr., *Journal*, 133 (Albanian spy). **[13]** Barbero, *La Bataille*, 456 (Karaca Ali), 476–7 (Kara Hoca, Ottoman underestimate of Christian fleet), 652 (Germans); BSS, AC, II CF 2, fo. 132r ('malissimo ad ordine di gente cosi da combatter; come da remo; p[er]che quest'anno hanno hauuto malissimo modo di armar, per mancamento di gente'); Carinci, ed., *Lettere*, 58–9 (early Aug. report); BAV, MS Urb. Lat. 1042, fo. 327r (later Aug. slave report); Fernández Navarrete *et al.*, eds., *Correspondencia*, 192 (other informant); BL, MS Add. 8314, fo. 301r–v ('e gli Tedeschi sono poco utili in mare, et hanno pocco archibugiara', 'io non credo che li nemici possano hauer gente molto buona, ne miglior della n[ost]ra', 'Quanto poi al numero, e qualità de legni dell'Armata Turchesca, son tanto differenti gli auuisi, che io non sò molto ben giudicare s'ella è inferiore, ò superiore alla n[ost]ra'). I follow here the analysis of the Ottoman fleet in Barbero, 484–5; Bicheno, *Crescent*, 300, and Capponi, *Lepanto*, 274–5, give larger estimates. **[14]** Capponi, *Lepanto*, 210 (4 Oct.); Setton, *Papacy*, iv, 1037–42 (fall of Famagusta); Barbero, *La Bataille* , 413–22 (fall of Famagusta); BL, MS Add. 8279, fos. 238v–239r (treatment of Bragadin). **[15]** de Cervantes, *Don*

Quixote, 344 (part 1, ch. 38). This brief summary draws on: Guilmartin, *Gunpowder*, 149–63 (firearms, artillery); Capponi, *Lepanto*, 165–9 (artillery); Cerezo Martínez, *Años cruciales*, 38–43 (artillery); Bicheno, *Crescent*, 77–85 (firearms, artillery); Rodgers, *Naval Warfare*, 187 (fire-balls). More generally, one military handbook said crossbows were better than arquebuses because they worked in the rain and did not give away the user's position at night (Palazzuolo, *Il soldato*, 64). **[16]** My account draws on the three best modern works, Barbero, *La Bataille*, Capponi, *Lepanto*, and Bicheno, *Crescent*, as well as Cerezo Martínez, *Años cruciales*, Rivero Rodríguez, *La batalla*, and Muscat, 'Lepanto'; I give references here only for specific points not generally treated there. Rodgers, *Naval Warfare*, 178 (four miles); Bicheno, *Crescent*, 247 (map of islands, modern coastline). **[17]** Groto, ed., *Trofeo*, sigs. †7v–†8r (second shock); dal Pozzo, *Historia*, i, 24 (engaged by sons of Ali); Sereno, *Commentari*, 208 (great-nephew, majordomo). **[18]** Manoussacas, 'Lepanto', 228–9 (Greek crews); Conti, *Delle historie*, ii, 150–1 (4, 5 galleys, scrivano); Sereno, *Commentari*, 201 (Soranzo); Caracciolo, *I commentarii*, 39 (death of Ali). **[19]** Caracciolo, *I commentarii*, 45 ('la credenza c'hebbero i nimici del terreno'); Cerezo Martínez, *Años cruciales*, 182–4; Guilmartin, *Gunpowder*, 246–50; Barbero, *La Bataille*, 513–24 (523: 'inévitable'), 650 (half new recruits). On Ottoman desertions see also Lesure, *Lépante*, 93, and Williams, *Empire*, 70–1. Williams also stresses the depletion of the Ottoman rowing crews; but their strength was not a critical factor once the galleys were engaged in close combat. **[20]** Peçevi, *Historija*, i, 405 (argument); Barbero, *La Bataille*, 477–8 (argument: Western sources); BNF, MS Supplément turc 926 (translation of Zirek's text by the student dragoman Antoine Fonton in 1743). On the later Ottoman historiography see Yıldırım, 'Battle'. On Zirek (not mentioned by Yıldırım) see Babinger, *Geschichtsschreiber*, 113–14; Schmidt, *Catalogue*, iii, 74–5; on the translation see Berthier, 'Turquerie', esp. 314. **[21]** BNF, MS Supplément turc 926, 4 ('les soldats non contents de se saisir du bien des habitants, enlevoient les femmes, et les filles, les jeunes, et les vieillards'), 8–10 (25,000, Kara Hoca), 19 (blames Ali), 20 (40–50), 24 ('de tous cotéz des coups de canons semblables a un tonnerre, la noble flotte etoit entourrée d'une fumée epaise qui couvroit le Ciel'), 25 ('les hommes succomboient sous la grêle des bales de fusil'), 26 (inaccurate), 36–8 ('A cette nouvelle l'armée Ottomane devint comme un potager ruiné par la Grêle, ou une ville assiezgée; les forces manquerent aux soldats, on abandonna les vaissaux qu'on avoit pris sur l'ennemi, et chacun chercha dans la fuite son salut ... Les Infidels qui s'étoient dispersés comme des chiens enragéz ... reprirent courage, et devinrent plus furieux qu'un dragon a sept testes'); Yıldırım, 'Battle', 534 (Katib). **[22]** Caracciolo, *I commentarii*, 42 ('il mare era pieno d'huomini morti, di tauole, di vesti[,] d'alcuni Turchi, che fuggiuano à nuoto, d'altri che affogauano, di molti fracassi di vascelli, che ardeuano, & altri che andauano à fondo'); Sereno, *Commentari*, 210–11 ('piena di giubbe, di turbanti, di carcassi, di frecce, di archi, di tamburri', 'colpi di archibugiate e di zagagliate'); Foglietta, *Istoria*, 369 (hands). Sereno was an eyewitness, but this description seems to have adapted de Torres, *Chronica*, fo. 74r; cf. also the 'anonymous' text edited by Pagès (in fact a version of de Torres), *La*

Bataille, 153. **[23]** Caracciolo, *I commentarii*, 44 (12,000); Capponi, *Lepanto*, 244 (12–15,000); de Torres, *Chronica*, fo. 73v ('como oyeron dezir victoria, victoria, rompiendo las cadenas, con las armas de los Turcos que hauia derramadas hizieron grande estrago y mortandad, vengandose de las muchas injurias y crueldades que dellos hauian rescibido'); Barbero, *La Bataille*, 510 (flag); Caracciolo, *I commentarii*, 44. **[24]** Giacomo Foscari, cited in Barbarano, *Historia*, iv, 151 ('ammazzati per mano de Turchi'); Farlati, *Illyrici*, vii, 105 (Jesuit account); Jačov, *Spisi*, 133 ('nel primo assalto'); Viscovich, *Storia*, 256 ('al momento in cui la galera fu presa'). See also Milošević, 'Boka Kotorska', 23(n.). **[25]** ASVat, Misc., Arm. II, 110, fo. 384r–v ('molti soldati spagnolj . . . uestiti di tutt'arme, ammazzorno molti pouerj schiaui Christiani per spogliarlj et toglier loro quella poca preda, che Dio haueua loro concessa, et tra gl'altrj uccisero il pouero Arciuescouo d'Antiuarj, fatto cattiuo dall'armata Turchesca, l'Agosto passato, quando fu presa detta Città, il quale con tutto che gridasse son Vescouo, son Christiano, non li uolsero credere, ma l'ammazzorno, et dagagliorno [*sic* – for 'zagagliorno'], et manco male se fusse stato nel combattere, ma fu molto doppo'). **[26]** Barbarano, *Historia*, iv, 151 ('prigioni del Bassà', 'schiavi del Bassà'); Barbero, *La Bataille*, 504–5 (battle), 650 (*tercio*); Capponi, *Lepanto*, 232–3 (Pertev's galley); Bicheno, *Crescent*, 250 (Cardona). **[27]** Barbarano, *Historia*, iv, 151 ('è stato di grandissimo servizio, e ajuto nostro in cose d'importanza per farli quella vittoriosa giornata, nella quale anco è stato malamente ferito', 'degno di compassione'). **[28]** Barbero, *La Bataille*, 527–8 (8,000); BIC, MS 587, fo. 409r ('molti in Constantinopoli si misero in punto per fuggirsene in Natolia et molti si raccommandauano à Christiani, et à Rinegati aspettando di giorno in giorno l'armate Christiane'); Mantran, 'L'Écho', 248–9 (chronicler's account, Uluç Ali); Lesure, *Lépante*, 180–6 (orders); İnalcık, 'Lepanto', 192 (orders); Panzac, *La Marine*, (28 Oct. order). **[29]** Patrizi, *Paralleli*, ii, 87; Carinci, ed., *Lettere*, 82 ('credo ci troveremo tanti feriti che non andremo avanti verso Costantinopoli, come si pensava di fare, non avendo vittuaglia, se non per un mese, nè potendo svernar fuori. Credo che ne torneremo in Golfo a pigliar la Velona, Durazzo e Castelnovo'); Lesure, *Lépante*, 165–6 (Margariti, Sopot); Molmenti, 'Sebastiano', 13–14 (Lefkas), 15, 59, 68–9 (Margariti, Sopot); Caracciolo, *I commentarii*, 49–50 (Lefkas). **[30]** BSS, AC, II CF 3, fos. 51r–60v ('Merinde de dulcigno Xriano reneg[to] A 40' (cf. fo. 55r: 'Marin di dulcigno'), 'Martino calabrese reneg[to] A 30', 'Ossain albanese reneg[to] soldato 30', 'Ciafer rinegato Todesco', 'Jusuf . . . Arnaut: Buonauoglia', 'Zingaro mutolo di costantinopoli', 'Giorgio di Manoli Cipriotto rinneg.[to] Ragazzo'); Fernández Navarrete *et al.*, eds., *Correspondencia*, 232 (gift of slaves); March, *La batalla*, 55–6 (tenth); Barbero, *La Bataille*, 533, 536–7 (Venier, division, 100 ducats); Carinci, ed., *Lettere*, 93–4 (Messina, Naples). **[31]** Borino *et al.*, *Il trionfo*, 11–12 (triumph, Spaniards offended). **[32]** Fenlon, *Ceremonial City*, 177–83 (Venice festivities); Voltaire, *Collection*, xiii, 280 (commenting on Venice's total lack of territorial gains, and the subsequent Spanish defeat at Tunis); Braudel, *Mediterranean*, ii, 1088 ('spell'). Braudel also argues that the Christians received 'a tremendous crop of prisoners to man the oars, enough to bolster their strength for many years to come'. The official total was 3,486 (Fernández Navarrete *et al.*, eds., *Correspondencia*, 229), which, if they were all still able-bodied, would man roughly 16 galleys. The real total was probably higher; but the strategic advantage would still seem relatively slight. **[33]** Iorga, *Byzance*, 138 (letter to Wallachia); Pippidi, 'Les Pays', 314 (letter to Wallachia); Fleet, 'Ottoman Expansion', 146 (Otranto 1480–1), 162–3 (1550s); Marmora, *Della historia*, 338 (1566); Charrière, ed., *Négociations*, iii, 59 (1569); Lesure, *Lépante*, 223 ('ont été construits précédemment dans ces régions pour le siège de Corfou'); Floristán Imízcoz, 'Los prolegómenos', 41 (1573); AGS, Estado, leg. 488, item [112] (Spanish agents); ASVen, CCD, Dispacci (Lettere) di Ambasciatori, busta 5, item 7 (bailo report, 27 May 1576); Niederkorn, *Die europäischen Mächte*, 147 (Henri IV). **[34]** Languet, *Epistolae*, i, 184 ('Si forte Turcae occupauerint oppidum aliquod maritimum Apuliae, vel veteris Calabriae, & validas copias eo inuexerint, quod ipsis non erit difficile, ob breuem traiectum ex Macedonia & Epiro, ego non dubito, quin plerique incolae Regni Neapolitani pertaesi [*sic*] Tyrannidis Hispanicae, quae est acerbissima, ad ipsos deficiant'); Malcolm, 'Crescent' (Campanella); Masiá, ed., *Cartas*, 156 (Salerno plot, 15–20,000, 1553); Hernando Sánchez, *Castilla*, 330–4 (Salerno plot, 1551–2, Trani); Maffei, *Degli annali*, i, 99 (Ancona conspiracy). On the circumstances of the Prince of Salerno's exile and anti-Habsburg activities see Coniglio, *Il regno*, 256–61.

第九章 战争、和平与奥斯曼卷土重来

[1] Panzac, *La Marine*, 20–4 (galleass-maker, 200 ships, 22 sites, orders, janissaries); Ágoston, *Guns*, 44–5 (Christian workers); Dursteler, *Venetians*, 84 (Cretans). **[2]** Peçevi, *Historija*, i, 406–7 ('Ova država je takva da ako želi sva sidra može napraviti od srebra, debelu užad od svile, a jedra od atlasa, i to bez ikakvih problema'); White, *Climate*, 16(n.) (estimate of acres), 28–31 (timber supplies); Imber, 'Navy', 231–5 (cloth, pitch, tallow); BNF, MS Français 16,142, fo. 113v ('l'extreme faulte . . . de bronze p[ou]r faire de lartilherie pour les gallees et de fer pour les ancres'); Panzac, *La Marine*, 28–30 (metallurgy centres, problems); Capponi, *Lepanto*, 77, 98 (Chios). See also Lesure, *Lépante*, 229, and Imber, 'Reconstruction'. **[3]** Charrière, ed., *Négociations*, iii, 271–2 (Malatesta detained); Stella, 'Lepanto', 243 (244 galleys); Panzac, *La Marine*, 50 (225 and 5). **[4]** Stella, 'Lepanto', 241 (green timber, artillery shortage); Albèri, ed., *Relazioni*, ser. 3, iii, 152 (1558 report); Polić Bobić, *Medju križom*, 138 (request to Dubrovnik), 149 (report from Dubrovnik); Pedani, ed., *Relazioni*, 184 (bombardiers), 187 ('lavorati da rinegati, hebrei et da Turchi'); Panzac, *La Marine*, 33–45 (mariners, rowers, soldiers, more arquebusiers); Imber, 'Reconstruction', 96 (janissaries, spahis, volunteers); BNF, MS Français 16,142, fo. 113v ('presque despeuples et deshabites'); Lesure, *Lépante*, 230 (mariners); Charrière, ed., *Négociations*, iii, 362(n.) ('une armée composée de vaisseaux neufs, bastis de bois vert, vogués de chiourmes qui n'avoient jamais tenu rame en main, garniz d'artillerie dont la fonte avoit esté hastée, et en plusieurs pièces meslée de matière aigre et corrompue, guides et mariniers apprentifs, et armez d'hommes encore estonnez du dernier combat, et qui faisoient ce voyage à coups de baston'). **[5]** Lesure, *Lépante*, 88–90 (1571: Patras etc., Ahmed). **[6]** Ibid., 89 (Elbasan, Ohrid), 194 (Salonica, Wallachia), 197–200 (Greek mainland, archipelago), 203 (Mani); Matkovski, 'Kryengritje', 56, 180 (Ottoman concern, Jan. 1572); García Hernán, 'Price', 243 (Mani); Yıldırım, 'Battle', 538 (Wallachia, Poland, Russia); Kolias, 'Epistolē' (triple strategy). **[7]** Molmenti, 'Sebastiano', 102 (Venier report: 'richissimi', 'solevano esser delli primarii apresso il Signor della Valacchia'); Stoicescu, *Dicţionar*, 60, 77, 312 (personal links); Beduli, *Kishë*, 64, 68, 107 (cultural links); Molmenti, *Sebastiano*, 327 ('Pano Stolico'); Pippidi, 'Les Pays', 304 (the Stolnic); BSS, AC, II CF 3, fo. 76r ('se non uorranno dar niente aiuto a noi Xriani tutti saremo presi schiaui'). **[8]** García Hernán, 'Price', 233 (network), 236 (30,000 scudi; but cf. Manca, *Il modello*, 83(n.), giving up to 9,000 as the normal monthly figure), 245 (king of Greece proposal); Chasiōtēs, *Makarios*, 34–5 (de Stay mission); BSB, MS Cod. Ital. 6, fo. 433v ('inuitando l'A. V. à uenir à liberarli, et promettendo di prendere l'armi, scacciar i Turchi, e darsi à V. A.'). De Stay is commonly described as from the island of Kythera (Ital.: Cerigo), perhaps on the basis of documents which merely say that he travelled to the Mani from that island; the name suggests that he belonged to the di Stai family of Dubrovnik (also called Stoiković), which was originally from Bar (see Appendini, *Notizie*, ii, 75). **[9]** Jačov, *L'Europa*, 212–16 (text of agreement); Brunetti and Vitale, eds., *La corrispondenza*, ii, 767–8 ('centro', 'circonferentia', 'vanamente s'espetteriano li movimenti et le sollevationi de popoli greci et albanesi et de altri christiani quando, in luoco di essere assicurati con le forze della lega, vedessero li nostri capitani impiegati in Barberia'); Levin, *Agents*, 101 (Spanish diplomats in Rome); Lesure, *Lépante*, 161 (Philip on Preveza etc.); Serrano, ed., *Correspondencia*, iv, 620 (Requesens point). **[10]** Braudel, *Mediterranean*, ii, 1115–16 (Don John shuttling, Philip's message 20 May); Manfroni, 'La lega', 367 (papal flagship); Aglietti, 'La partecipazione', 141(n.) (Tuscan agreement); Levin, *Agents*, 102 (instructing ministers). **[11]** Manfroni, 'La lega', 366 (appointment confirmed), 376–7 (Naples, Messina, Mani representatives), 380–2 (papal troops, targets, proclamation), 410–12 (ultimatum, numbers); BSS, AC, II CF 1, fos. 223r ('V.S. farà pagare al sig:[or] Caualier Bruno Capitano della nostra galera Capitana la sua prouisione conforme à come li è stata pagata l'anno passato, cioè quel che deue hauere del' decorso dal p:[o] di Decembre pross:[o] passato per tutto Maggio, et farseli continuar di pagarseli per l'auuenire nel medesimo modo, facendone pigliar riceuuta da lui'), 283r (Capizucchi); Braudel, *Mediterranean*, ii, 1116–17 (Philip, pretext). **[12]** Guerrini, *Una celebre famiglia*, 434–6 (Herceg Novi plan, failure); Molmenti, 'Sebastiano', 22–4, 102–20 (Herceg Novi, overconfidence); Polić Bobić, *Medju križom*, 145 (Ottoman intelligence); Theiner, ed., *Annales*, i, 473–5 (Igoumenitsa, fleet numbers); Caracciolo, *I commentarii*, 72 (soldiers captured, slave: 'maggior commodità à nimici di hauer certo auuiso di Christiani'). **[13]** Manfroni, 'La lega', 422–3 (Philip's decision), 429 (Cretan squadron), 431 (chronology); Braudel, *Mediterranean*, ii, 1118–19 (Philip's decision, Don John's instruction); Grimaldi, *Copia*, sigs. A2r–v (battle array, Kythera,

150 galleys, 'mal a ordine di Ciurma però piene di huomini a combattere fra le quali vi sono gran Malatie', 10 Aug.), A3v (numbers); Theiner, ed., *Annales*, i, 476 (12 miles, 140 galleys). Braudel's account of the chronology and his estimate of the superior quality of the Ottoman fleet (1120–1) are hard to reconcile with the available evidence. **[14]** Theiner, ed., *Annales*, i, 476 ('quasi tutta la Morea, perchè i Christiani stanno in arme et aspettano il fine di questo negotio'), 482–3 (hesitations, error, 'al General del Papa parse stranio col stendardo di Santa Chiesa andar solo'); Manfroni, 'La lega', 437–45 (Don John and Colonna); Caracciolo, *I commentarii*, 83 ('auuisò per lo Caualier Bruno à Don Gio: che i nimici erano partiti quella notte'). **[15]** Manfroni, 'La lega', 37–42 (aborted attempts), 52–3 (Corfu, loss); Caracciolo, *I commentarii*, 90–5 (skirmishes, aborted attempts); Theiner, ed., *Annales*, i, 485 ('molti Spagnoli et Dalmatini se ne sono passati all'inimico, et fattosi, se forsi non eran prima, Turchi'), 487 (Corfu, loss). **[16]** Manfroni, 'La lega', 53 (Lefkas); Molmenti, 'Sebastiano', 129 (Bar plan); ASVat, Fondo Borghese III 128, fasc. 1, fos. [9v] (fraudster, alchemist), [10r] ('non viue di altro che di astutie, e di ribalderie'); Šopova, ed. and tr., *Makedonija*, 34–5 (Ohrid revolt). **[17]** Stella, 'Lepanto', 232 (250,000), 246 (nuncio's report); Capponi, *Lepanto*, 124–5 (10 m.); *CSP Ven.*, vii, 521 (14 m.); Pezzolo, *L'oro*, 121 (total income); du Fresne-Canaye, *Le Voyage*, 16 (Ragusan boom); Freidenberg, *Dubrovnik*, 131–2 (Ragusan boom); Lesure, *Lépante*, 244–5 (ambassador and nuncio's reports); Charrière, ed., *Négociations*, iii, 278–80 (Sokollu's suggestion), 291–2(n.) (Algiers), 310–11(n.) (Venetian envoy to France). **[18]** Charrière, ed., *Négociations*, iii, 312, 348(n.), 355 (Dax movements), 368 ('les villes prinses par ceulx-cy en l'Albanye', 50,000 ducats, comment); Gattoni, 'La spada', 619–20 (1540 terms); Predelli *et al.*, eds., *I libri*, vii, 6 (formal text, Italian); Theunissen, 'Ottoman–Venetian', 471–6 (formal text, Turkish; 475: 'Arnavudlukda ve Bosna vilayetinde'); Caracciolo, *I commentarii*, 104 (Mani, publication); Pedani, *In nome*, 165 (secret); Zamputi, ed., *Dokumente*, i, 319–20 (bailo's son, secret). **[19]** Stella, 'Lepanto', 249–50 (Pope's reaction, 'tutta accensa'); Levin, *Agents*, 104–5 (Nov.–Feb.); BAV, MS Vat. Lat. 12,199, fos. 92r–94v, '1573 Per l'Impresa contro Il Turco, dil S. P. C.' (92v: 'per quanto me uien detto'; 93r–v: Rodon, Krujë, etc., 'quelli Populi delle montagne de Ducaghini'); Bartl, *Der Westbalkan*, 221 (Samuele text). **[20]** Braudel, *Mediterranean*, ii, 1128–9 (Ottoman fleet movements), 1132–3 (Don John's fleet (107), Tunis, Bizerte); Hess, *Forgotten Frontier*, 89 (Ottoman conquest of Tunis); Anderson, *Naval Wars*, 56 (Don John's fleet (104), Bizerte); Poullet, ed., *Correspondance*, iv, 585 (Granvelle). **[21]** Villani, ed., *Nunziature*, i, 278 ('gagliarde provisioni', 'benissimo munite'); Braudel, *Mediterranean*, ii, 1134–6 (starved of resources), 1137 (40,000); Coniglio, *Il viceregno*, ii, 372 (late-May assurance); Poullet, ed., *Correspondance*, v, 152 ('le bruict commun'); Šopova, ed. and tr., *Makedonija*, 40–1 (orders to *sancakbeyis*); Hess, *Forgotten Frontier*, 94–5 (agents to Dutch). **[22]** Promis, 'Biografie', 231 (moat incomplete), 232 (Margliani), 233–6 (fall of La Goletta and Tunis fort), 242 (Giovanpaolo); Braudel, *Mediterranean*, ii, 1138–9 (Don John efforts); BNF, MS Supplément turc 926, 79–110 (110: 'il ny eut que cent personnes qui eschapperent, le reste ayant eté la Victoire

des Sabres des Musulmans'). On the siege see also the original reports in de la Primaudaie, 'Documents'. **[23]** Guilmartin, *Gunpowder*, 18–19; Brummett, 'Ottomans', 15 (regular tasks). For examples of phrases about lordship of the sea, etc., see Barbero, *La Bataille*, 238, O'Connell, *Men of Empire*, 38, and Williams, *Empire*, 205; cf. also Tamaro, *Storia*, ii, 81–2, on the Venetian–Imperial debate of 1563 about Venice's rights over the Adriatic. As Williams notes (*Empire*, 233–7), both Spain and the Ottoman Empire did maintain quite substantial fleets in the decades after Lepanto; but the uses to which they were put had little or no geopolitical impact. **[24]** Murphey, *Ottoman Warfare*, 17–18 (high cost of Ottoman navy).

第十章 布鲁蒂与布吕尼家族在伊斯特里亚

[1] ASVat, Segr. Stato, Malta, 1, fo. 5r ('li fr[ate]lli, parenti, et quanto haueua'); Barbarano, *Historia*, iv, 151 ('essendo morti molti honorati suoi parenti nella Città di Dulcigno per mano de Turchi'); above, 53 (nine sons; cf. the family tree in Venturini, 'La famiglia', where I discount the erroneous inclusion of an Antonio Bruti, Archbishop of Ulcinj). **[2]** Venturini, 'La famiglia', 369 ('eletta da loro dopo la perdita della Patria per ferma loro habitazione'), family tree (Jacomo b. 1542; Benedetto, son of Ilarieta Bruti and Demostene Carerio, 1572). **[3]** Žitko, *Koper*, 21–5 (early history); O'Connell, *Men of Empire*, 32 (own statutes); Quarantotti Gambini, 'I nobili', vol. 82, 75–6 ('più veneto che istriano, più burocratico che aristocratico'). Istria was sometimes treated as part of the Terraferma in the 15th century, but thereafter it was normally seen as part of the Stato da Mar: see Arbel, 'Colonie', 954–5. **[4]** Manzuoli, *Nova descrittione*, i, 70 (court from 1584); Ljubić, ed., *Commissiones*, ii, 191 ('devotissimo', 'Tutti gli abitanti così nobili come popolari sono ornati di bellissimi costumi; gli abiti loro sono all'italiana, e vi sono molti dottori e letterati, ma il territorio tutto abitato e coltivato da gente slava'); Luciani, 'Relazioni', vol. 6, 70–2 (3,600 (applying a multiplier of 4 to the 900 fighting men, as implied by the figures given for the territory)), 75 (2,300; 'in maggior calamità per le continue carestie, tempeste et farsi pochi sali'), 384 (1583: 4,800), 439 ('poco habitata, ha molte case rovinate', 'per la povertà loro parte attendono all'agricoltura, altri al pescar, altri al navegar. In questa Nobeltà vi è quasi in tutti povertà grandissima per non si applicar a mercantia, nè ad essercicio alcuno'); Manzuoli, ed., *Rime*, 126 ('crassissime, & puzzolentissime palude'); Anon., 'Senato Mare', vol. 11, 68–9, 72 (drainage). **[5]** Luciani, 'Relazioni', vol. 6, 70 (1560: 6,000), 77 ('molto più belle et comode sono le stale di terraferma, dove stan li animali bruti, che in questo territorio dove habitan li huomini con piccoli tugurij quasi tutti di paglia'), vol. 7, 97 (1596: 5,000), 106 (1598 report); Ljubić, ed., *Commissiones*, ii, 191 (Giustinian); ASVen, Collegio (Secreta), Relazioni, busta 54, item 3, fos. 77v (1591 report: 'Alemagna'), 78v–79r (salt sold for grain); Bonin, *Solne poti*, 97 (destinations of salt); Anon., 'Regesti', 76–8 (news of salt-works, order to destroy); Tamaro, *Storia*, ii, 83 (salt-works outside jurisdiction). Cf. also Manzuoli, *Nova descrittione*, i, 9 (wine, oil, salt sold via Venice to 'Alemagna'). **[6]** Darovec, *Breve storia*, 86 (state property), 97 (50–70,000), 113 (Greeks, Albanians adapting); Lane, *Venetian Ships*, 224–5 (timber); Cella, 'Documenti', 229 (timber, also for firewood); ASVen, Collegio (Secreta), Relazioni, busta 54, item 2, fo. 21v ('non è ne habitato ne coltivato, come si conuerrebbe parte per lo pocho numero delle persone, parte per una negligentia naturale che uiue in loro, donde auuiene che non raccolgono quasi la metà di quello che si potria raccorre'); Vrandečić, 'Islam', 291 (1540); Ivetić, *La popolazione*, 89 (total 53,000), 89–91 (15%); Bertoša, *Mletačka Istra*, i, 67 (Cyprus refugees), 88–128 (Bologna programme); Puşcariu, *Studii*, ii, 32 (Vlachs etc.); Anon., 'Senato Mare', vol. 11, 52–8 (Cyprus and other Greek refugees). On the immigration see also Stanojević, 'Naseljavanje', 429–34. **[7]** Cherini and Grio, *Le famiglie*, 39 (Albanese), 81 (Brati), 223 (Verzi from Giorgi); AST, AMC, MS 549, fos. 59v–60r (reel 687, frame 201) (Giacomo, Paolo and Pomponio Ducain); Manzuoli, *Nova descrittione*, i, 80 (Ducain family noble, but extinct by 1609); Radossi and Žitko, *Monumenta*, 420 (Verzi most powerful); Stancovich, *Biografia*, 403 (Verzo Verzi holder of many feoffs, 1254); Venturini, 'La famiglia', family tree (marriages of Jacomo, Caterina, Ilarieta, Laura, Jacoma; unlike Venturini I give the name as 'Jacoma', by analogy with her brother, who signed his name as 'Jacomo'); Schutte, *Pier Paolo*, 156 (noting a Francesco Carerio, son of Demetrio, in 1541 (perhaps uncle of this Demostene), who was a nephew of Alvise Verzi); Valentini, ed., *Acta*, xx, 174 ('fuisset causa dandi castrum Antibarj in manus nostri dominij'; cf. also xix, 75–6); Luciani, 'Notizie', 1304 ('li trasse parimenti ad habitar questa Città per la perdita ch'essi ancora fecero d'Antivari patria loro'); Marković, 'Barski patricijski rod', 81 (Bernardo Borisi, 1590). On Rizzardo Verzi's career see Anon., 'Senato Mare', vol. 12, 94. Marković's article is the fullest study of the Borisi family. Venturini writes (368) that Pietro Borisi was already resident in Koper when Jacoma married him; but the 1575 decree specified that two sisters had married there, which must refer to Caterina and Ilarieta. **[8]** Venturini, 'La famiglia', 369 ('Si è dimostrata in tutti i tempi così fedele, et affezionata al Stato Nostro la Famiglia de Bruti, et particolarmente il fedelissimo et honorato Kavalier D.no Antonio Bruti di buona memoria hà prestato in tutto il corso de sua vita così diligente, e fruttuoso Servizio . . .'); AST, AMC, MS 548, fos. 82v–83r (reel 687, frame 33) ('per questo hauendo parso à m.r Iacomo Brutti da Dolcigno, et fratelli di per altra uia tentar di esser fattj di questo conseglio'). **[9]** Venturini, 'La famiglia', 381 (poverty); AST, AMC, MSS 549, fo. 89 bis, recto (reel 687, frame 236) ('egreggius D.nus Iacobus Bruti'), 550, fos. 6r, 8r (reel 688, frames 96, 98) (Fonteca: Demostene, Jacomo (and fo. 11r (frame 101), a statement signed in this capacity by 'Jacomo Bruti')), 32r, 33v (frames 122, 124) (appointed judge, selected by 'Collegio delle Biaue'); Manzuoli, ed., *Rime*, 128 ('solo, & vnico sostegno delli poueri'). **[10]** AST, AMC, MS 550, fos. 34r (reel 688, frame 124) ('il miserimo stato nel qual si ritroua questo pouero popolo, et terretorio intiero, rispetto à quelli dui banchi d' hebrei, i quali già 70 anni si ritrouano in quella Città, et con il fenero à 12[½]. per cento, hanno reduto in estrema miseria ogni stato, et condittion di persona', Monte di Pietà proposal), 34v (frame 125) ('il commercio, e traffico de' sali, che ha questa Città di Capod:[a] con sudditi Arciducali, è il solo sustentam:[to] de tutti i poueri Cittadini, et il mantenimento insieme de' datij dà sua Ser.[tà] poiche in questo modo uengono espediti i nostri sali, et in luoco loro uien à noi portato formenti, lane, formazi, biaue d'ogni sorte'), 40r (frame 130) ('stante questi calamitosi tempi la pouertà di questo fideliss.o popolo, et l'estrema inopia nella quale al pre.nte si ritroua in modo tale, che non habbi pane per otto giorni con pericolo manifestiss.o di solleuatione di popolo et di total ruina di questa Città'); Manzuoli, ed., *Rime*, 128 (1579–80 bail-out); Majer, 'Gli ebrei', 173–6 (Jews resisted); Vatova, *La colonna*, 126 (Venice's response). In fact 12½% was the maximum formally permitted by the city: see Anon., 'Senato Mare', vol. 11, 94. **[11]** AST, AMC, MSS 550, fo. 102v (reel 688, frame 194) (grain store 1593), 551, fo. 32r (reel 689, frame 39) (giustizieri); Venturini, 'La famiglia', 379 (Captain, Sept. 1593); Anon., 'Senato Mare', vol. 12, 68–9 (Captain, Sept. 1593), 443 (death of Jacomo, 1618); Bonin, ed., *Vodnik*, 47–8 (role of Captain); ASVen, Collegio (Secreta), Relazioni, busta 54, item 2, fo. 22r ('una sorte di gente mescolata d'Istriani e Morlacchi'); Luciani, 'Relazioni', vol. 6, 403, 410 (400 to 500), vol. 7, 107 ('sono tutti questi chiamati sotto nome di schiavi, et hanno un capitano gentiluomo della città per privilegio de' cittadini, il quale in occasione di Vacantia viene elletto da rapresentanti suoi ... Ha questo carico di protegerli diffenderli, et procurar che non li venghi fatto qualche estorsione, et ha di provvisione dalla camera fiscal duc[ti] 156, all'anno, et al presente si ritrova capitano il Sig.[r] Giacomo Bruti, qual essercita il carico suo con universal sodisfatione'). On the origins and meaning of 'Morlach' see Malcolm, *Bosnia*, 74–5, 79. **[12]** AST, AMC, MSS 77, fo. 180r–v (reel 115, frames 81–2) (Camilla's will), 549, fo. 184v (reel 688, frame 86) (health inspector), 550, fos. 27r (reel 688, frame 117) (overseer, 1589), 58v (frame 149) (overseer, 1591), 69v, 70r (frame 160) (cathedral overseer and judge, 1592), 102v (frame 194) (advocate, 1593); Lavrić, *Vizitacijsko poročilo*, 31 (endowment); Majer, 'Gli ebrei', 179 (Tiepolo case); Manzuoli, *Nova descrittione*, i, 79 (Brunis noble); Cherini and Grio, *Le famiglie*, 83 (Brunis noble). **[13]** Schutte, *Pier Paolo* (Vergerio); Muzio, *Selva* (polemics); Luglio, *L'antico vescovado*, 145–6 (vindictive); Tacchella and Tacchella, *Il Cardinale Agostino Valier*, 54–5 (12 tried); Lavrić, *Vizitacijsko poročilo*, 31–3 (revenues, canons, not preaching), 34 (no printers, 'Nescit certo quod in hac urbe sint haeretici, sed de nonnullis suspicatur'), 37 (seminary), 52–3 (request for Jesuit college); above, 69 (500 ducats minimum). **[14]** Ziliotto, *Capodistria*, 53 (procession, 'bellissimo mottetto', paintings); Ludwig and Molmenti, *Vittore Carpaccio*, 42–5 (family connection, arguing against birth there); Naldini, *Corografia*, 174–5 (Titians; I am very grateful to Prof. Charles Hope for his comments on this); Manzuoli, *Nova descrittione*, i, 72–3 (monasteries, churches, 'bellissima'), 89 (Cristoforo Verzi); Luglio, *L'antico vescovado*, 148 (Ingegneri); Ingegneri, *Fisionomia*; Tasso, *Gerusalemme*, sig. †5v ('vniuersal eruditione'); Grmek, *Santorio*; Santorio, *La medicina*, 5–16; Ziliotto, *Accademie*, 16–33 (academy; 23, 33: Valdera); Valdera, *Epistole*. For Antonio's work see 310. **[15]** Cella, 'Documenti', 238 (Durazzo), 250 (secretary (Carlo Berengo); he was later allowed to stay in Padua, because of illness).

第十一章　巴托洛梅奥 · 布鲁蒂与战俘交换

[1] Venturini, 'La famiglia', 376 (petition; 'Persona tanto benemerita del Stato Nostro', 'per la prontezza, et facilità d'ingegno, che dimostra[,] potrà in breve tempo farsi molto atto à servire la Signoria Nostra, quando possederà la Lingua, et Idioma Turchesco'), family tree (Bartolomeo b. 1557). On the 'giovani di lingua' and dragomans, see below, 364–8. **[2]** Luca, *Dacoromano-Italica*, 107 (dismissal, payment); ASVen, Dispacci, Costantinopoli, filza 7, fo. 430r (Serbelloni moved to Grand Vizier); AsVen, CCD, Dispacci (Lettere) di Ambasciatori, busta 4, items 159 ('questo è quello che non mi seppe dire il Bruti quando me lo mandò a dire p[er] lui'), 271 (resumption Jan. 1576), busta 5, item 11 ('che fuori d'attender à Imparare questa lingua, secondo che fu designato, che non le è Inclinato mente, nel resto l'ho conosciuto sempre di buo[n] uolere, et pieno di desiderio di s[er]uire a q[ue]sto Illmo Dominio'). **[3]** Bono, *Schiavi*, 35 (Italy); Stella, *Histoires*, 78–9 (Spain); Davis, *Christian Slaves*, 14–15 (35,000); Martínez Torres, 'Corso', 84 (38,500); Davies, *Warfare*, 14 (Tatar trade); Vatin, 'Une Affaire', 162 (17,500); Pedani, ed., *Relazioni*, 280 (Soranzo); Seng, 'Liminal State', 28 (roughly 40%). On Western slaves in the Ottoman Empire see also Müller, *Franken*, 368–94. **[4]** Martínez Torres, *Prisioneros*, 63 (better treated); Mafrici, *Mezzogiorno*, 105 (typical ransom price); Wild, *Reysbeschreibung*, 49 (30 ducats); Dursteler, *Renegade Women*, 8 (unskilled earnings: 16 to 20 ducats). Prices varied according to individual circumstances, age, etc.; one bombardier captured at Famagusta was redeemed in 1580 for only 63½ ducats (ASVen, CCD, Dispacci (Lettere) di Ambasciatori, busta 5, items 179–80). **[5]** Tenenti, *Piracy*, 23 (white flag); Vratislav, *Adventures*, 126 (punishment); Brogini, 'Intermédiaires', 48 (Malta 1544–80); Rudt de Collenberg, *Esclavage*, 23 (hostage); Sugar, 'Ottoman "Professional Prisoner"', 84–6. **[6]** Bono, *Schiavi*, 438–9 (Sicilian woman); ASVen, Dispacci, Costantinopoli, filza 12, fos. 305v–310r (306r: 'dopò passato vn mese credendo hauer detto suo figliuolo per cambio da detto Pietro gli fù detto da quei sig:^{ri}, che se'l uolea suo figliuolo egli douesse dar un' altro christiano ancora'). 'Son of Abdullah' was a formula commonly used for converts to Islam. **[7]** Dursteler, *Venetians*, 75 (Jews); Wettinger, *Slavery*, 208–24 (Malta); Manca, *Il modello*, 101 (Barbary merchants); Bono, *Schiavi*, 395 (speculative practice); DAD, Acta Consilii Rogatorum, 58, fo. 213v (payment to janissary); DAD, Acta Consilii Minoris, 48, fo. 234r (payment to janissary, specifying that the father must pay one third); DAD, LCL, 33, fo. 235r (*emins*: they had in fact been captured by the *emins*' own men). **[8]** Kaiser, 'Négocier', 504–7 (Marseille, Provence); DAD, Acta Consilii Rogatorum, 59, fo. 33v (Dubrovnik); Villani and Veneruso, eds., *Nunziature*, ii, 238 (Naples: 'riscatto generale'), 245–6; Manca, *Il modello*, 96 (horses etc.); Martínez Torres, *Prisioneros*, 80–2 (confraternities, orders), 99–112 (ceremonial progresses); ASVen, CCD, Dispacci (Lettere) di Ambasciatori, busta 5, item 174 (Pérez); Sola, *Uchalí*, 318–20 (Pérez). **[9]** Bono, *Schiavi*, 457 (freeing Ottomans); Predelli *et al.*, eds., *I libri*, vii, 52 (freeing

39 Muslims from a Spanish ship); Seneca, *Il Doge*, 223 (legalistic); ASVen, CCD, Dispacci (Lettere) di Ambasciatori, busta 4, item 17 (1,000 ducats); Dursteler, *Venetians*, 74 (1586 system); ASVen, Dispacci, Costantinopoli, filza 26, fo. 317r ('Qui si troua gran numero di Schiaui, parte presi in seruitio della Ser:[tà] Vra in diuersi luochi in tempo di guerra, et molti in tempo di pace'). **[10]** Charrière, ed., *Négociations*, iii, 266(n.) (Dax); ASVen, Dispacci, Costantinopoli, filza 7, fos. 49r–v (1574 demand), 497v, 540r–v (Jan.–Feb. 1575), CCD, Dispacci (Lettere) di Ambasciatori, busta 4, item 168 (1575 bribe, petition); Albèri, ed., *Relazioni*, ser. 3, ii, 156 (Ahmed's help). **[11]** Džaja *et al*., eds., *Austro-turcica*, 427 (1550); Polić Bobić, *Medju križom*, 141 (1572); Sola, *Uchalí*, 310–11 (1581); Gerlach, *Tage-Buch*, 153 (1576 group caught), 382 (description of agents' methods: 'Spionen'), 412 (by sea every year); ASVen, CCD, Dispacci (Lettere) di Ambasciatori, busta 4, items 258–9 (Albanian couriers). Presumably they dressed as Albanians or Bulgarians because those were humble manual workers who came and went without attracting attention. On the flight of slaves see also Müller, *Franken*, 397–405. **[12]** Sola, *Uchalí*, 215 (betrayal, 1574). **[13]** BSB, MS Cod. Ital. 6, fos. 430r–434r (Barelli report); Floristán Imízcoz, 'Felipe II', 186 ('io ho acquistato gran fama apreso i turchi per rispecto di haver nome che faccio loro servizio in fare riscatare turchi schiavi'); Gürkan, 'Espionage', 173–4 (Franchis); Floristán Imízcoz, ed., *Fuentes*, ii, 600 (Renzo); García Hernán and García Hernán, *Lepanto*, 151 (Tripoli, 1572); Lamansky, *Secrets*, 90, 95–6 (Mustafa); Preto, *I servizi*, 105 (Mustafa, poison); Pedani, *In nome*, 194 (Mustafa, Koper). Barelli's 1575 report is not signed, but the description of its author as a Knight of Malta sent to Istanbul by Don John makes him the only obvious candidate. Other copies are in BAM, MS Q 116 sup, fos. 136r–146v, and ASVen, Miscellanea di atti diversi manoscritti, filza 34, item 11. **[14]** Miović, *Dubrovačka republika*, 52 (returned slaves); DAD, LCP, 1, fo. 68r (letter to Kara Hoca), Secreta rogatorum, 2, fo. 174v (4 at 50 ducats); Popović, *Turska*, 288–9 (merchants, military captives, prominent Ottomans); DAD, Acta Sanctae Mariae Maioris, 16th cent., item 354 (Grand Master); DAD, LCL, 33, fo. 111r ('Siamo stati ricercati da persona, alla quale desideriamo far seruitio'). **[15]** Floristán Imízcoz, 'Felipe II', 173(n.) (Vhelmi and other Albanians, Mormori, Costanzo); Conti, *Delle historie*, ii, 127 (Costanzo captured); BAV, MS Vat. Lat. 12,199, fos. 177–8 (Costanzo); Barbero, *La Bataille*, 540 (Venier); Molmenti, 'Sebastiano', 33 (order to Venier); Stella, 'Lepanto', 237 (Doge); Theiner, ed., *Annales*, i, 462–4 (son of Ali, Bregante, 40 sent to Rome; 462: 'mediocris staturae, barbae castaneae rarae, oculorum nonnihil straborum'); Predelli et al., eds., *I libri*, vi, 328–30 (40 sent to Rome); Floristán Imízcoz, ed., *Fuentes*, ii, 587–9, 602–4, 613 (Bregante); Rudt de Collenberg, *Esclavage*, 39 (20,000 scudi). **[16]** Lamansky, *Secrets*, 88–9 (Venetian requests); Floristán Imízcoz, 'Felipe II', 163 (Barelli), 169–70 (Spanish pressure); Anon., ed., *Correspondencia*, 46–7, 179 (Barelli, Peloponnese); Villani, ed., *Nunziature*, i, 268, 276 (Barelli, Salonica, ransom). **[17]** Charrière, ed., *Négociations*, iii, 267 (demand for Zadar etc.); DAD, Acta Sanctae Mariae Maioris, 16th cent., item 341 (Urbino to Dubrovnik), 17th cent., item 2014 (Urbino to Dubrovnik); Brunetti and Vitale, eds., *La corrispondenza*, ii, 471 (Urbino to Philip); BNF, MSS Dupuy 937,

fos. 150r–151v (King's letters to Sultan and Grand Vizier about Malatesta), Français 16,142, fos. 89r (freed at King's request), 196r (arrived Venice 26 Aug.); BL, MS Add. 8279, fo. 240v (Ercole at Famagusta); BAV, MS Vat. Lat. 12,199, fo. 149r–v (memorandum for Pope); Rosi, 'Alcuni documenti', 159–61 (Pope agreed), 166 (Philip). **[18]** ASVen, CCD, Dispacci (Lettere) di Ambasciatori, busta 4, item 168 (bailo report on negotiation); Floristán Imízcoz, 'Felipe II', 172 (ambassador's surmise); Rosi, 'Alcuni documenti', 167–8 ('Bartolomeo Bruti, latore della lettera imperiale, condurrà da Roma i prigionieri turchi'); Apostolescu, 'Un aventurier', 567 (employee claim); ASVen, Dispacci, Costantinopoli, filza 7, fos. 524v ('Et disidera il S. Gabrio il midesmo Bruti passi à Roma con le mie lettere'), 529r ('fù figliuolo del Cauallier Brutti da Dulcigno'); Pedani and Bombaci, *Inventory*, 58 (Serbelloni letter); *HD*, xi, 91 (4 Feb. departure); Polić Bobić, *Medju križom*, 222 (della Marra report: 'El hijo del cauallerio Bruto', 'da a Mehmet quanto gana por lo qual es muy fauorido'); Venturini, 'La famiglia', 375–6 (in Venice). **[19]** AGS, Estado, leg. 488, item [20] ('trouandosi in Constan:li l'anno del 1574, per affari della Sig.ria di Venetia, cioe, a instruire, et in caminare gli loro Bayli, et Ambasciatori, della manera [*sic*], et proceder, che si costuma, in quella Corte, a trattar gli negocij appartenenti a detta Republica', 'un giorno fra gli altri fui da lui ricercato con boni terminj, et con efficace raggioni, perche mi risoluesse di seruire a V.M.', 'il statto honesto, in che mi trouauo appresso dittj Sig.ri Venetianj', 'della setta Maumettana', 'vendicar in parte le offese che tutta la casa mia hanno riceuuto, da detta maledetta setta', 'mi lassai facilmente vincere dalle raggionj dette da esso Gio: Marigliani, et cosi sotto bon colore, et per seruicio di VM procuramo, che fossi inuiato a Roma per solicitar, con sua S.ta Il cambio delli priggioni'); Rosi, 'Nuovi documenti', 40–2 (other captives: Margliani, priests, women). **[20]** On the relationship with Sinan see below, 263–4. **[21]** Rosi, 'Nuovi documenti', 44 (12 Mar., 'Di Vostra Serenità Devotiss.o vassallo et servitor'), 44–5 (Mehmed's letter); Rosi, 'Alcuni documenti', 195 ('con molte parole destrissimamente aquietai gl'animi loro', Mehmed *Subaşı* problem), 204 ('il sig.r Bartolomeo Bruti non ha mai mancato dapoi che arrivammo a Fermo farli instansia per detta fede; ma è homo di dura cervice, et difficile da contentare et negotiar con esso lui'), 209–15 (murder, affidavits). **[22]** Rosi, 'Nuovi documenti', 45–6 (petition); Biegman, *Turco-Ragusan*, 145–6 (Sultan's order); Predelli *et al.*, eds., *I libri*, vii, 9 (Venetian galleys, 6 men); Razzi, *La storia*, 118 (exchange); Pedani and Bombaci, *Inventory*, 58 (22 July), 62 (Mehmed to Doge); DAD, LCL, 33, fo. 25r–v (letter to ambassadors); HHStA, Türkei I, Karton 81, 1st foliation, fos. 3v–4r (Matthias).

第十二章 伊斯坦布尔的间谍活动与蓄谋破坏

[1] Isom-Verhaaren, 'Ottoman Report' (Dhuka); Zamputi, ed., *Dokumente*, i, 233 (Bucchia); Echevarría Bacigalupe, 'El espionaje', 148–9 (Spanish merchants' privileges); ASVen, CCD, Dispacci (Lettere) di Ambasciatori, busta 4, item 248 ('per l'anno futuro si faria grandissima armata'). The rumoured naval expedition did not take place. **[2]** van der Does, *De itinere*, 35. On the *devşirme* see

Papoulia, *Ursprung*, Imber, *Ottoman Empire*, 121–30, and Ménage, 'Devshirme' (noting some intake from Anatolia too); on foreign-born Ottoman dragomans see Matuz, 'Die Pfortendolmetscher', Ács, 'Tarjumans', and Müller, *Franken*, 262–72. **[3]** Predelli *et al.*, eds., *I libri*, vii, 69 (1594 list); Albèri, ed., *Relazioni*, ser. 3, i, 406–7 ('La casa del bailo ordinariamente è frequentata da molti Turchi, li quali aspirano a donativi, e sono appunto come le api attorno il miele', 'altrimente la sua casa havria più avviamento di una bottega sopra il ponte di Rialto'). **[4]** Preto, *I servizi*, 100 (Passi warned of Cyprus); Levin, *Agents*, 172 (volunteered for Spain); Burdelez, 'Role', 193 (Passi peace negotiations, family); Özgen, 'Connected World', [10], at n. 38 (Passi family); Bodl., MS Tanner 78, fo. 40v (English Ambassador); Popović, *Turska*, 356 (Abeatar); ASVen, Dispacci, Costantinopoli, filza 7, fo. 183v (signature); Gerlach, *Tage-Buch*, 59 (Solomon's brother in Vienna), 155 ('bey dem Bassa in solchen Gnaden: als sein geheimer Rath in Französischen, Venedischen, Polnischen und Ungerischen Sachen'), 323 (Solomon helped Empire, Spain, France); ASVen, CCD, Suppliche, filza 1, item of 14 Jan. 1574[/5] (Solomon request to Venice for sons), CCD, Dispacci (Lettere) di Ambasciatori, busta 6, item 55 (further request for sons, 1582); Pedani and Bombaci, *Inventory*, 74 (Venetian pension); BNF, MS Français 16,143, fo. 45r ('fidelissimo seruitor', 'massime in la electione che V. M.[ta] fò electo per Rè De polonia che io fu causa De tutto quelo se operò qui si be' credo che mo[n]sior De acx auerà tirato il tuto a ssè'). On Solomon see Arbel, *Trading Nations*, 77–86, and Lucchetta, 'Il medico', 13–16; see also above, 187. **[5]** Soranzo, *L'Ottomanno*, 66–7 ('tengono fin dentro Constantinopoli molte spie pagate, stipendiando etiandio Hebrei, e Turchi de' più confidenti, & intimi de' primieri Bassà'); Pedani, ed., *Relazioni*, 388–9 ('accarezzato e gratificato molti capi et altri huomini da mare'); ASVen, CCD, Dispacci (Lettere) di Ambasciatori, busta 5, item 103 (1579); ASVen, Dispacci, Costantinopoli, filza 28, fos. 186r–187v (1588, Tripoli), 202r–v (1588, Persia); *HD*, iv(2), 212 (1596, Poland). **[6]** Gerlach, *Tage-Buch*, 137 ('Venedischen, Polnischen, Sibenbürgischen, Frantzösischen, Spanischen, Ungarischen Sachen, durch lauter Türcken', Pest agent, janissary, spahi), 158 ('d[er] führet auch unwissend, meines Herrn Brieff, dann der Agent hat ihn in den seinen eingeschlossen, und seinen Freunden zu Ofen zugeschrieben, dass sie das inliegende Schreiben gleich dem Herrn Kielman nach Gomorren überschicken sollen'); Vratislav, *Adventures*, 102 (1593, quotation). **[7]** Poliakov, *Jewish Bankers*, 185 (Sixtus, Lopez, doctors); Soranzo, *L'Ottomanno*, 66 ('Di Giouanni Lopes . . . si sà certo, che communicò ad Amorato molti secreti di Papa Sisto V. i quali egli spiò, mentre dimorò in Roma'); Arbel, *Trading Nations*, 59 (Nasi myth); Preto, *I servizi*, 101 (Nasi myth); Albèri, ed., *Relazioni*, ser. 3, iii, 316 (1585: 'minutissimi avvisi di quanto passa', 'falso'). **[8]** García Hernán, 'Price', 235 (1572 Spanish warning); ASVen, CCD, Dispacci (Lettere) di Ambasciatori, busta 4, items 156 ('di 40. anni in circa di conueniente statura, di carne piu bianca, che bruna, di barba tonda et negra . . . non mi contentano questi segni p[er]che molti si troueranno di questa sorte'), 165 (Benkner mission); HHStA, Türkei I, Karton 38, 2nd foliation, fo. 373v ('Mahmut Abdallah Frenck'); Müller, *Franken*, 273–9 (spies; 277: Mehmed Abdullah Frenk, *né* Ferdinand Bollus, from

Antwerp); Barbero, *La Bataille*, 163 (30 in 1570); Gürkan, 'Espionage', 134 (1559 suggestion), 376–7 (1574 engineers); Ciorănescu, ed., *Documente*, 69 (Benkner mission, translator for Spain); AGS, Estado, leg. 488, item [109] (Benkner mission, cipher); Graf, '"I am Still Yours"', 212–17 (Benkner mission, terminated). Benkner is best known as the companion of Adam Neuser, a German anti-Trinitarian convert to Islam. **[9]** Hess, 'Moriscos', 17–18 (Moriscos), 19 (Netherlands); Sola, *Uchalí*, 229 (Netherlands); Chasiōtēs, *Oi Ellēnes*, 53–4, 59–65 (Barelli plan); Canosa and Colonnello, *Spionaggio*, 84–7 (assassination plan 1569); Lamansky, *Secrets*, 90 (reactivated 1571); Floristán Imízcoz, 'Felipe II', 174 (palace arson); Pedani, *Venezia*, 208 (Doge's Palace, offer, fire). **[10]** García Hernán, 'Price', 228 (1540s); Levin, *Agents*, 170–3 (1540s, 1550s, and later, but overstating Venice's later role); Floristán Imízcoz, ed., *Fuentes*, ii, 586–605 (Renzo network), 623(n.) (Santa Croce biography); Canosa and Colonnello, *Spionaggio*, 165(n.) (Murad Ağa, *né* Simon Barca; a letter from him to the Doge of Genoa in 1563 is in Pittioni, *Korrespondenz*, 200–3, but misidentified and mistranscribed); Sola and de la Peña, *Cervantes*, 84–5 (Santa Croce reports, role); Sola, *Los que van*, 225–6 ('Capo'). **[11]** Floristán Imízcoz, ed., *Fuentes*, ii, 613 ('palabrero y mentiroso'), 614 (Granvelle, 1571); Canosa and Colonnello, *Spionaggio*, 115 (Granvelle, 1571); Coniglio, *Il viceregno*, ii, 380 ('me traygan ... cosas viejas y generales y que por dezir que han acertado lo dizen todo y cosas contrarias por donde no puede ser que algo no succeda'); Villani, ed., *Nunziature*, i, 268 (Barelli's warning), 276 ('poco o nullo credito'). **[12]** AGS, Estado, leg. 488, item [20], fo. [1r–v] ('fui introdutto a bassiar le mani al Ser.^{mo} Sig.^{r} D Gio., Dal qual fui racolto benignam.^{te}, et con il qual trattai molte cose appartenenti al seruicio di V.M.', 'cosi pocodoppoi mi fu ordinato douesse rittornar in Constantinopoli, et mi fu datto da esso Gio Marigliani, il modo di tornar honoratam.^{te} con una instrucione fermata da Gio: di Sotto nella qual mi cometeua gli particolari, in che hauea di seruire V.M.'). **[13]** Gerlach, *Tage-Buch*, 32 (del Faro Orthodox, Galata resident), 155 (wedding, Santa Croce father-in-law, 'Hr. Bruli'), 156 ('Herr Bruli', 'Pronubus', ring); Lesure, 'Michel Černović', 145(n.) (del Faro from 1559); Carrasco, 'L'Espionnage', 216–17 (payroll 1571–5). Further details about del Faro are in Müller, *Prosopographie*, ii, 354–6, where, however, he is mistakenly described as Spanish. **[14]** Braudel, *Mediterranean*, ii, 1144–50 (citing Dax). **[15]** Sola and de la Peña, *Cervantes*, 86–9 (missions of early 1570s), 90 (Curenzi, explosion); BAP, MS 4769, fo. 46r (Dax report); Polić Bobić, *Medju križom*, 195 (40 captives); Gerlach, *Tage-Buch*, 37 (horses, gold, clothes, Ottomans astonished), 152 (slave of Piyale); Floristán Imízcoz, 'Los prolegómenos', 44 (Avellán recruited by Renzo); de Torres, *Chronica*, fo. 93v (Avellán slave, spoke Turkish); ASVen, CCD, Dispacci (Lettere) di Ambasciatori, busta 4, item 107 (Dax complaint); AGS, Estado, leg. 488, item [95] (Curenzi). **[16]** Sola, *Uchalí*, 219 (Losada and Uluç Ali), 220–31 (report; 222: 'la Puerta del Gran Señor era abierta, y que quien venía a ella no se iría descontento'); ASVen, CCD, Dispacci (Lettere) di Ambasciatori, busta 4, item 269 ('una piccola recognitione'); Floristán Imízcoz, 'Felipe II', 186 (Barelli report). Cf. also the report of May 1573, by a Spanish agent in Dubrovnik, that the Sultan had been persuaded by

Sokollu and Kılıç Ali to seek peace with Spain: Polić Bobić, *Medju križom*, 188. The only evidence of a Spanish peace initiative is a mention by Gerlach in 1577 of a 'Johann Peter Gusin', a Spaniard, who had approached Sokollu in 1575 (*Tage-Buch*, 322); but I have not found an equivalent name in any Spanish document. **[17]** Sola and de la Peña, *Cervantes*, 94 (volunteer, assassination); Floristán Imízcoz, 'Los prolegómenos', 43–4 (Avellán plan); Polić Bobić, *Medju križom*, 229 (Ragusan attempts); ASVen, CCD, Dispacci (Lettere) di Ambasciatori, busta 4, item 269 (ostensible mission, interview); AGS, Estado, leg. 488, item [27] (denunciation, Sokollu's threat). **[18]** AGS, Estado, leg. 488, item [20], fos. [1v] ('non hauerci altro rimedio, che il trattarne con me Bartolomeo Brutj, et uedere si poteano disponermi a incaricarmi di cosi grande, et difficil impresa', 'cognoscendolo ancora molto piu atto, ad alcunj seruicij, cosi per esser molto instrutto delle cose della christianità, come per la pocca sadosfacione, che tiene di suoi seruicij dal Gran Turco'), [2r] ('hora minaciandomi, hora consentendo'); ASVen, CCD, Dispacci (Lettere) di Ambasciatori, busta 5, item 11 (departure, release). The royal letter to Murad Ağa of June 1575, asking him to bring over Kılıç Ali too, is AGS, Estado, leg. 488, item [30]. **[19]** Floristán Imízcoz, 'Los prolegómenos', 47 (Avellán claim); AGS, Estado, leg. 488, items [21] ('di p[rese]nte ridutto alli suoj seruicij Bartol[o] Brutj Caual[ie]r Alban. che mantiene tutta uia il Credito di suoi antecessorj nella sua patria, et hà parenti d'importanza, in Constant[li]), [110] ('hauendo considerato molto bene, che era cosa giusta, et che potea seruire VM. cosi de soldato, come in cose oculte in la negociacione di leuante, per molta pratica, et amicitia, che ha in quelle parte, et per molti parentj persone di autorita che ha, et anco perche hauea gia datto ferma intentione a sua Al.[za] per mezzo di Gio. Marigliani di seruir VM. con la p:[rossi][ma] honorata occ.[ne] che si presentera, si ha messo al seruicio di VM'). **[20]** Sola, *Los que van*, 228 (arrival, Oct.); AGS, Estado, leg. 488, item [20], fo. [2r] (Sesa, Aurelio's letter); Carnicer and Marcos, *Espías*, 332–3 (Dulis, Bastia, Lantzas), 344 (Lantzas frigate); Floristán Imízcoz, ed., *Fuentes*, ii, 619 (*sancakbeyi*s), 682–8 (letter); AGS, Estado, leg. 1073, item 21 (Renzo recruited Dulis); Laskaris, 'Petros Lantzas' (biography), and 'Sumplērōmatika', 237–40 (Sopot). **[21]** AGS, Estado, leg. 488, item [110] (Bruti paper; fo. [1v]: 'di nacione schiauonj', 'di uiaggio in uiaggio'). On the Venetian courier system, used by merchants as well as officials, see De Zanche, *Tra Costantinopoli.* **[22]** AGS, Estado, leg. 488, item [20], fos. [2r] ('molto gli piaque'), [2v] ('Non saj ch'io sono el Re in questo regno'); Sola, *Uchalí*, 247 (Acuña slave of Murad Ağa); AGS, Estado, leg. 1073, item 22, fos. [1r] ('consignate alli capitani particolari'), [1v] ('gli schiauj del Gran Signore per dinari non si possono liberare, se non per cambj, et bisogna stare mesi à trattare la loro libertà con suppliche auanti del Gran Bassa', 'balle artificiose', 'Soliman Venetiano, quale io conosco, è giouane di pochi annj, et di poca esperientia'), [1v–2r] ('ro[m]pendo il disegno di molti huominj importantj, che han[n]o Incaminato, et stabilito molte cose per seruitio di Dio, et di Sua Mag[tà], et riputatione di Vra Ecc[tia]'). **[23]** AGS, Estado, leg. 488, items [20], fo. [3r] (advice, letters, guide, 'o, che tu mi dirai, che negocio e questo, o, che ti faro mettere infondi d'una torre, onde starai tanto che ti pessera [*sic*] la uitta', 'parole, et offerte amoreuoli'), [25] (auditor-general's letter: 'yo le conozco por muy de bien y verdadero, y q[ue] [e]s persona noble y q[ue] puede en su patria hazer mucho seruicio a la Xriandad . . . y en const[na], de donde ha venido, tiene grandes y verdaderas inteligencias, con q[ue] ha seruido y siruira a su M[d]'). **[24]** Ibid., item [87] (Mehmed Bey's plan, condition); Rodríguez Salgado, *Felipe II*, 49–50 (Council's consultations, approval). On the son of the former ruler of Tunis (Muley Hamida) see Alonso Acero, *Sultanes*, 144. **[25]** Floristán Imízcoz, 'Los prolegómenos', 56–7 (Acuña mission); Sola and de la Peña, *Cervantes*, 98–9 (Acuña mission); Sola, *Los que van*, 237 (Acuña mission, del Faro); Rodríguez Salgado, *Felipe II*, 51–3 (Acuña mission, Nasi letter); Gerlach, *Tage-Buch*, 319 ('der *Spanische Gesante* bey dem Bassen gewesen, und ihm die Credentz-Schreiben seines Königs überreichet'); HHStA, Türkei I, Karton 36, 1st foliation, fo. 256v (release of Albanian). **[26]** Parker, *Grand Strategy*, 144–5 (bankruptcy, need for savings); Floristán Imízcoz, 'Los prolegómenos', 52 (Margliani warning), 60–1 (Pérez paper, King's decision, choice of Margliani, Bruti); Rodríguez Salgado, *Felipe II*, 71–6 (debate; 72: Mondéjar warnings, 'reputaçion'); Sola, *Los que van*, 238 (Mondéjar warnings), 239 ('un pequeño monumento literario de expresividad, desequilibrio y frescura').

第十三章　秘密外交与大维齐尔

[1] AGS, Estado, leg. 1337, item 15, fo. [1r] ('in Corte di V.M. haueua preditto Al secretario Antonio Perez; che quello, che D. Martin Diceua di tregua secreta . . . non poteua esser vero, et affermai, che D. martin haueua alterato le translation delle littere, che Mehemet Bassa scriueua à V.M., et che al'ora non mi fù prestat' orecchie', 'gli Turchi non sanno, ne uogliano trattar Cosa alcuna secreta Con alcun Principe, et massimam.[te] con V.M.'), Estado, leg. 1074, item 190 ('porque por la buena relaçion q[ue] tenemos de su p[er]sona y de la platica & Intelligencia q[ue] tienne de las cosas de Leuante, le auemos mandado q[ue] vaya a residar a Costantinopla. Y que ste ally con la dissimulaçion q[ue] hasta a qui lo ha hecho para que tenga Cuydado de embiar los auisos y aduertimy[ent][os] q[ue] le paresçiere Convenir, de los andamy[ent][os] del Turco'; cf. the similar document printed in Coniglio, *Il viceregno*, ii, 542). **[2]** AGS, Estado, leg. 1073, item 157, fos. [1v] ('Il bruti fa sapere al detto aurelio come e venutto et egli Viene a vederlo et andorno a cenare Insieme'), [2r] ('Il quale erano molti ani che non haueua Visto', 'scoperto Il tutto'), [2v] (Mehmed Bey project). **[3]** Ibid., item 157, fos. [2r] ('mal hombre'), [3r] (safe-conduct), [3v] ('li contrasegni secreti'). **[4]** Ibid., item 157, fos. [4r] (revealed mission), [4v] ('non volere andare a la morte per alcuno'), [6r] (Aurelio's advice), Estado, leg. 1337, item 15, fo. [1r–v] (Aurelio's revelation, 'hor uedete, che quello io predissi in Corte, è reuscito il uero', Bartolomeo urges Margliani). **[5]** Rodríguez Salgado, *Felipe II*, 58–60 (Sokollu's mistrust, Aurelio's falsification, Philip's awareness); Gerlach, *Tage-Buch*, 370 ('dann sein Herr, der König, wolle gegen die Moren auff Fessa und Marocko gehen'); AGS, Estado, leg. 488, item [3] (Aurelio's forged letter to Hürrem). **[6]** HHStA, Türkei I, Karton 36, 1st foliation, fos. 75r ('spero con gran vittoria ritornar à Constantinopoli con la conclusione del negocio . . . che penso me [*sic*] sara raccommandato à me, per non li essere altri prattichi in Hispania per trattar tal negocio'), 82r ('dar maggior honor et reputatione alla Ambasceria'); AGS, Estado, leg. 488, item [2] (Sokollu letter to Philip of 2 Rabi' al-awal (= 2 June)); Floristán Imízcoz, 'Los prolegómenos', 65 (Aurelio to Spain by late Dec.); Sola, *Los que van*, 244–5 (Aurelio imprisoned). **[7]** Skilliter, 'Hispano-Ottoman', 508 (Stefano family); AGS, Estado, leg. 489, items 13, fo. [1r–v] (voyage from Brindisi), 47, fo. [16v] (Stefano alfiere in Tunis); Breuning, *Orientalische Reyss*, 12–13 (merchants pursued, 50 ducats); Carlier, *Voyage*, 36–8 (merchants pursued, 60 ducats), 38 ('estoient prins et faicts esclaves, ou bien mis a mort, s'ils estoient soubçonnez d'estre espions'), 39 (merchant vessel, 'y voit on amener journellement du butin'). **[8]** AGS, Estado, leg. 489, item 13, fos. [1v–2r] (arrival; fo. [2r]: 'smonto subito il S.r Bartl.o et mio alfere, et Insieme Andorno col salvo condutto Hauuto dal S.r Aurelio al Cadi'), [2v] ('a in ogni luogo Compadri da uisitare'), Estado, leg. 1337, item 15, fo. [1v] ('paricolouamo [*sic*], se non trouaua il Vice Re di quella prouintia parente mio, qual ci raccolse con molta cortesia, et ci libero dalla furia de leuenti, quali s'haueuano soleuati Contra di noi, per esser la Valona Nido de Corsari'); DAD, LCL, 33, fo. 76v (document of 11 Mar. 1577, referring to 'Mustaffa celebia Nasir in Valona'). **[9]** AGS, Estado, leg. 488, items [5] (letter to Hürrem: Berat, *sancakbeyi*, 'per risoluere la pratica pochi mesi auanti promosa col S.r Don Mar.o de Acuna'), [31], fo. [1r] (arrival in Istanbul), Estado, leg. 489, item 13, fo. [2r] (expecting Spanish ambassador, Tuscan fiction). **[10]** AGS, Estado, leg. 488, item [31], fos. [1r] ('Se fosse cristiano mi farei il segno della croce, doue ha sognato Don Mart.o tanta falsità; Il Basa aspetta embasatore, p[er]che cosi si è scritto p[er] Don Mart.o . . . Il Basa sentira gra[n]demente questa nouita, et uoglia Dio non se segua qualche danno inremediabile nelle persone loro'), [1r–2r] (Hürrem, Spinelli, Solomon); ASVen, CCD, Dispacci (Lettere) di Ambasciatori, busta 4, items 159, 228 (reports on Spinelli as giovane di lingua). **[11]** Samardžić, *Mehmed*, 14–15 (Sokollu origins); Radojčić, *Mileševa*, 47 (Mileševa); Albèri, ed., *Relazioni*, ser. 3, i, 319–20 ('solo provvede ed ordina tutte le cose, e massimamente le più importanti, ed in somma passano per mano sua tutte le cose civili, criminali e di stato, nelle quali altro consiglio non vi è che la sua sola testa . . . È religioso, sobrio, amico della pace, non vendicativo, nè rapace . . . È sano, di buona complessione, grave di presenza, grande, ben formato di corpo, e d'ottima memoria'), 364 (ambassador Badoero calling Sokollu good-willed towards Christianity), ii, 157 (taken at 18, 'Pare destrissimo, perchè ascoltando quietamente risponde poi senza alterarsi', 'potria stimarsi negoziare piuttosto con principe Cristiano, che con Turco'), 179 ('Quell'estremo desiderio poi che è in lui di accumular tesoro'); HHStA, Türkei I, Karton 38, 2nd foliation, fo. 160r ('wass man heut mit Ime tractiert, Er categoricè verspricht, zuesagt vnd abhandlet, das laugnet, widerspricht oder vndert Er das anderen, od[er] wol desselben tags wider'); Gerlach, *Tage-Buch*, 414 (bribe); Peçevi, *Historija*, ii, 20, 39 (viziers, *beylerbeyi*s; cf. Fleischer, *Bureaucrat*, 46; Tezcan, *Second Ottoman Empire*, 94); Freidenberg, *Dubrovnik*, 119–20 (Ragusan relations). **[12]** AGS, Estado, leg. 488, item [31], fos. [2v] ('mareuigliato, et affrontato'), [2v–7v] (reply, boast, meetings of 23, 28 Dec.);

HHStA, Türkei I, Karton 36, 2nd foliation, fo. 1r (list of states, 'Domanda ancora sua M.[ta] che da tal suspensione non segua comunicatione ò comertio alcuno, se non con Licenza ò saluacondotto de tutte due le parti'), Türkei I, Karton 37, 1st foliation, fo. 81r (black patch, complaint). **[13]** AGS, Estado, leg. 488, items [31], fos. [10v–11r] (consulting Solomon), [86] (Sokollu letter, last day of 'ziliade' (30 Dhu al-qa'da, = 8 Feb.)), Estado, leg. 489, item 40 (4 Feb. document); HHStA, Türkei I, Karton 36, 2nd foliation, fo. 60v (Orange proposal); Charrière, ed., *Négociations*, iii, 713–14 (departure 12 Feb., Orange proposal); Skilliter, 'Hispano-Ottoman', 498–9 (text of agreement; cf. Rodríguez Salgado, *Felipe II*, 89–90, and Floristán Imízcoz, 'Los prolegómenos', 65). **[14]** AGS, Estado, leg. 488, item [31], fo. [11r] ('non hauendo commodita di far fuoco, et anco non potendo far essercitio'), Estado, leg. 489, item 16 ('essendo statti sempre in una cameretta, doue ne conueniua, in un istesso loco parechiar il uitto, et dormire, cosa d'hauerne compasione, poiche per causa del fummo non poteamo lumar il fuoco et senza fuoco moriuamo di fredo'); HHStA, Türkei I, Karton 36, 1st foliation, fos. 256r–258r (Imperial report); Sola, *Uchalí*, 260–1 (bailo's report, anonymous report); Polić Bobić, *Medju križom*, 203 (1573 accusation); Charrière, ed., *Négociations*, iii, 705 (French report, 28 Dec.), 710 (French report, 22 Jan.), iv, 435(n.) (Aurelio working for Venice, 1585). Gilles de Noailles had replaced his brother in 1575. **[15]** AGS, Estado, leg. 489, item 47, fos. [16v] ('Il bruti e Il magior traditore, Il magiore vegliaco Il piu Insolente et da poco Corpo che viua . . . Non è q[ue]sta una delle maggior calamità dil mondo, hauer, à uiuere un Cauaglier di bona intencione gli anni interi, con uno huomo de cosi rea et mala condicione, et per non offendere al seruicio, nel qual si troua, hauere à cedere sempre, et hauer pacienza'), [16v–17r] ('Douendo mandare questo despacho, fu cosi insolente che mi disse in faccia, che tocaua a lui a portarlo, et che haueua tanta parte in q[ue]sto negocio como me, et che parleria di tal manera al Basa, che la porteria'); BL, MS Add. 28,415, fo. 1r (secret message, conspiracy); HHStA, Türkei I, Karton 36, 2nd foliation, fos. 58v (lemon juice), 59r ('nur auf betrug', 'allain die Zeit den Turkhen abgewinnen, vnd heurig Armada disturbieren wolle', 'Ainer genant Bartholomeo Brutj, so mit Im komen, solle gleichesfals dahin Practicieren, damit Er Brutj zu Ir Ku:[niglichen] W:[ürde] gefertigt werde, vnd Marigliano hie bleibe, daruber sey fast vnd also entzwait seien, das man maint, Bruti Participier auch mit dem Aurelio vnd dem Hurem Beg; daher dan Marigliano seine tractationes vor dem Bruti sehr gehaimb halten, vnd weil Bruti der Venediger Vnd[er]than ist, durchauss nit willigen solle, Ine Brutj zu Ir Ku:[niglichen] W:[ürde] abzufertigen'). **[16]** AGS, Estado, leg. 489, items 16, fo. [1v] ('patisco la persecucion delli sigg.[ri] venetianj, gli qualli non puono lassar di perseguitarmi dispiacendo loro, che habbia abandonato il loro seruicio'), 53, fo. [3v] (reform, finances); Charrière, ed., *Négociations*, iii, 862–3 (French request, Venetian answer). **[17]** AGS, Estado, leg. 1337, item 15, fos. [1v] ('palesato à molti', protest over galleys), [2r] ('poi ogni giorno Cresceuano gli suspetti dal canto suo, forse dubitando egli non scriuesse lo secretame[n]te V.M. quello si fa et faceua in queste parti; et uedend'io questa suspition sua, presi per espediente di partirmi dalla sua Compagnia', 'non hò zifra, et il Mariglianni mi hà negato quella che d'ordine di V.M. ci fù data commune'). **[18]** Sola, *Uchalí*, 262–6 (lobbying); Murphey, *Ottoman Warfare*, 138 (planning Persian war); Kortepeter, *Ottoman Imperialism*, 44–61 (Persian war). **[19]** de Queiroz Velloso, *D. Sebastião*, 309 (landing), 342–3(n.) (8,000 Portuguese, 1,600 Spaniards, 600 'Italians'), 337–420 (battle); Bovill, *Battle*, 83 (10,000 Portuguese, 2,000 Spaniards, 600 'Italians'), 92 (landing), 127–40 (battle); Holmes, 'Stucley' (700 English etc.); BL, MS Add. 28,415, fo. 2r ('stetti circa xv me[si] in due camere, ne hauendo altro transtullo, che uenire à una fin[estra.] quando il Re di portugalle passo in Africa, essendo comparso [io in] q[ue]lla finestra, mi fu lapidata la casa . . . Tutte le uolte che V M[ta] ha fatto armata, mi sono trouato in periculo, perche l'Amb[re] di Fran[a] persuadeua che si pensaua all'Impresa de Algeri'); AGS, Estado, leg. 489, item 53, fo. [3v] ('come escusara Giouanni questa andata dil Re di Portugale in barberia con Mehemet Bassa'). **[20]** AGS, Estado, leg. 489, items 25, fos. [2v] ('che gli era stato mandato giontamente con me da sua M.[ta] per tratare questa pace, che io lo haueua escluso dal negoçio per potere destruere questa platica, perche hauendo hauuto carico sopra l'armata desideraua che la pace non seguisse perche seguendo la pace sua M[ta] non teneria armata, et non tenedola veneria a restare priuo del mio carico'), [3r–v] (marriage to niece, avoiding Solomon), [4r] ('larga Informatione de la sua persona, et poco bona'), 53, fo. [4r] (planning to flee). **[21]** Rodríguez Salgado, *Felipe II*, 108–9 (choice of Rocafull, instructions); Cascales, *Discursos*, 465 (Lepanto); AGS, Estado, leg. 489, item 1 (Rocafull instructions), Estado, leg. 1337, item 15, fo. [2r] (Bartolomeo's later complaint); Charrière, ed., *Négociations*, iii, 777 (arrival of de Ferrari, 2 months); HHStA, Türkei I, Karton 38, 2nd foliation, fo. 80r (arrival of de Ferrari, *çavuş*), Türkei I, Karton 39, 3rd foliation, fo. 82r–v (Margliani asking Solomon); ASVen, Dispacci, Costantinopoli, filza 13, fos. 42v (Mar. news), 168v (May news), 184r ('un pocco indisposto'), 223r, 280v (rumours), 307v–308r (rumours dispelled, promise). **[22]** Glücklich, ed., *Václava Budovce*, 9 (4 Oct.); Rodríguez Salgado, *Felipe II*, 110 (Echevarría), 116–17 (papal reaction), 124–5 (credentials and instructions for Margliani); ASVen, Dispacci, Costantinopoli, filza 13, fo. 365r (Margliani accepted as ambassador, mid-Oct.), CCD, Dispacci (Lettere) di Ambasciatori, busta 5, item 93 (Echevarría); Parker, *Grand Strategy*, 27–45 (drowning in paperwork); Karttunen, *Grégoire XIII*, 33–4 (papal reaction); Fernández Collado, *Gregorio XIII*, 112–20 (papal reaction).

第十四章　锡南帕夏与摩尔达维亚冒险

[1] AGS, Estado, leg. 489, item 25, fo. [3r] ('presto'), Estado, leg. 490, item 36, fo. [1r] (Margliani accounts, loans); Venturini, 'La famiglia', family tree; Palerne, *D'Alexandrie*, 270 (fine dress, girls' hair, dye, 'certaines petites façons languissantes, avec un regard si doux, & attrayant, qu'il est bien difficile d'évader leurs pièges'); Cleray, 'Le Voyage', 42 (Lescalopier: 'Les femmes y paroissent plus qu'elles ne sont belles, pource qu'elles se fardent au possible et employent tout leur avoir à se vestir et parer avec forces anneaux aux doigtz et pierreries sur la teste, la plus part desquelles sont fauces'); Heberer, *Aegyptiaca servitus*, 370 (fine dress). **[2]** du Fresne-Canaye, *Le Voyage*, 261 (wedding description, 'Il splendore delle sue perle rubini et gioie m'abbagliava'); Palerne, *D'Alexandrie*, 269 ('suivant chascun sa Religion, comme icy une Huguenote avec un Catholique'; cf. de Nicolay, *Dans l'Empire*, 144); Gerlach, *Tage-Buch*, 156 ('Sie sah, als wann sie ein lebloses Bild wär, und kein Wort reden könte', ceremony, dinner), 157 (music, dumb-show), 357 (mixed marriages anathematized). **[3]** AGS, Estado, leg. 489, item 25, fo. [3r] ('per potere viuere piu quietam[te]'). **[4]** Theiner, ed., *Vetera monumenta*, iii, 143 (nuncio: 'cugino'; cf. a similar comment by a writer in 1588: Shmurlo, *Rossiia*, ii, 471); ASVen, CCD, Dispacci (Lettere) di Ambasciatori, busta 4, item 270 ('in corte di Sinan bassà, il quale è germano di mia madre p[er] esser di nation albanese', 'cosi tratenendomi in quella citta, et spesso essendo col nepote d[el] Sinan Mehemet bey, et col suo checaia al partir mio hauendo pressa con loro strettissima amicizia restassemo d'accordo, che douessero sempre che si haueua cosa al.[cun][a] contra questi SS:[ri], et spezialmte della città di catharo et quei confini, loro p[er] buono à posta à spese mie mi dessero auiso d[e]l tutto'); ASVat, Fondo Borghese III 128, 1st fasc., fo. 8v (Alessandro Giubizza, Pope, Spain); Čoralić and Karbić, *Pisma*, 112–13 (Marco Gliubizza); AGS, Estado, leg. 488, item [20], fo. [1r] (autobiographical memorandum: 'a mio padre et a dui [*sic*] mei tij carnali l'uno Arciuescouo d'Antiuari, et l'altro uescouo di Dolcigno hanno tagliato le teste tiranigiando la pouera patria mia'). The name 'Giubizza' or 'Gliubizza' may go back to the 'Lubici' or 'Lubisi' family recorded near Shkodër in 1417: Valentini, ed., *Acta*, viii, 199, 276. **[5]** Soranzo, *L'Ottomanno*, 56 ('Albanese da Topoiano villa del Sangiaccato di Preseremo'); Kaleshi, 'Veliki vezir', 111–12 (citing and dismissing Serb claims), 114 (father 'Ali *bey*'); Pulaha, 'Krahinat', 38–9 (Slav predominance, Topojan Albanian); Gentilezza, 'L'Albania', 70(n.) (Ragusan list: 'Albanese cattolico'); Stefani, ed., 'Viaggio', 41 (born 1519); Sahillioğlu, ed., *Koca Sinan*, xviii (born *c.*1520; but cf. Faroqhi, *Die Vorlagen*, 133); Hoxha, *Shqiptari*, 13(n.), 15 (legends); Dokle, *Sinan*, 24–6(n.) (legends); Albèri, ed., *Relazioni*, ser. 3, ii, 239 (Venetian writer's story, though with some inaccuracies); Bodl., MS Rawl. D 618, fo. 102v ('altri uengono posti in detti seragli per fauori, come tt[i] i grandi di questa Porta che hanno parenti Christ.[ni] li fanno fare Musulmanni, e gli mettono in questi seragli'); Michel, 'Les *waqf*-s', 270 (4 brothers); Vratislav, *Adventures*, 55 (kitchen); von Saurau, *Orttenliche Beschreybung*, 117 (*çaşnigir*s); Brookes, ed. and tr., *Ottoman Gentleman*, 20–1 (*çaşnigir*s, uniforms); Michel, 'Chronologie', 261 (governorships). Topojan seems to have been an Albanian Catholic village in a mostly Slav area: see Dokle, *Sinan*, 28, 32, 105. Some places in and around Topojan are popularly associated with Sinan today, though the authenticity of such traditions is difficult to assess. **[6]** Fleischer, *Bureaucrat*, 46(n.) (distant relative), 48–50 (rivalry, Sokollu's role); BNM, MS It. VII. 213, fo. 351r ('tutto fu fatto per opera di Mehemet per mostrar quanto sia il suo potere'); Smith, *Lightning*, 2–6 (rivalry, campaign), 188–90 (Hajj, Mecca); Panzac, *La Marine*, 17 (Mecca). **[7]** BSB, MS Cod. Ital. 6, fo. 431v (Gabrio story); Rosi, 'Alcuni documenti', 163 (Gabrio story); Charrière, ed., *Négociations*, iii, 473 ('homme fort austère, cruel et ennemy des chrestiens'); Albèri, ed., *Relazioni*, ser. 3, ii, 153–4 ('di natura rozza, arrogante e superba', 'minaccia senza rispetto la serenità vostra, l'imperatore, e tutto il mondo', 'inimicissimo a tutti li Cristiani'), iii, 421 ('nel governo ordinario della Porta dicono che valga molto, perchè nell'operare è indefesso e così nell'ascoltare, rimettendo le cause ai suoi giudici competenti, ed è acuratissimo in procurare l'abbondanza della città'); Gerlach, *Tage-Buch*, 109 ('Was bringst du mir an deme? du weist wol, dass ich keinen Wein trincke. Wann du mir etwas verehren wilt, so bringe mir Büchsen, Harnisch, Pantzer und andere Waffen, dass ich die eurigen damit bekriegen möge'; cf. Schweigger, *Reyssbeschreibung*, 66; Lubenau, *Beschreibung*, i, 199–200); Vratislav, *Adventures*, 44 (shepherd); Fleischer, *Bureaucrat*, 51(n.) (Peçevi dependent), 135, 164–5 (criticisms of Sinan, poets); Peçevi, *Historija*, ii, 56 (criticism of Sinan); Brookes, ed. and tr., *Ottoman Gentleman*, 41 (long words); Fetvacı, *Picturing History*, 218–20 (patronage, manuscripts, tomb library); Michel, 'Les *waqf*-s' (foundations); Meier, 'Charities' (foundations). On a fine illustrated manuscript given by Sinan to Sultan Mehmed III, see Uluç, 'Vezir-i Azam'. **[8]** Kortepeter, *Ottoman Imperialism*, 51 (rivalry, dismissal); Murphey, *Ottoman Warfare*, 138 (rivalry, dismissal); Albèri, ed., *Relazioni*, ser. 3, ii, 160 (Tiepolo), 240 (later report), 359 (Safiye Albanian, influential), iii, 293 (1585: 'grandemente amato'); Pedani, 'Safiye's Household', 11 (Safiye Albanian); Fleischer, *Bureaucrat*, 164–5 and n. (Mustafa Ali); Kunt, 'Ethnic-Regional Solidarity'. Fine, *When Ethnicity Did not Matter*, is a valuable corrective to anachronistic 'national' interpretations; but the evidence here suggests that ethnicity could matter in some ways. **[9]** Ciorănescu, ed., *Documente*, 74 ('se conosceva Bruti, se viveva in casa mia, et perchè non viveva in casa mia, essendo venuto meco'), 75 ('per haver la lingua albanese et per haver pratica di questa Porta', threat of arrest, execution by impalement, 'mala vita', Margliani's response). **[10]** Ibid., 76 ('di verdad dubitando che come questo huomo si trovasse in prigione, si facesse Turco', 'si veneva medemamente [*sic*] a destruere la pratica della inteligentia', 'certi Greci'), 77 ('alcuni Albanesi suoi compatrioti renegati'); AGS, Estado, leg. 490, item 36, fo. [1r] (loan of 44 scudi, 29 June), Estado, leg. 1337, item 15, fo. [2r] ('Con il fauor del sig.[r] sinan Bassa; et della Moglie del Gran Turcho, qual è di mia Nation et terra', 'con hauer io offerto al Gran Turcho per nome di detto Principe 80 m. cechini, oltra molt'altri p[rese]nti di Gran Valuta alla Moglie, et hauendo il tutto Concluso; peruenne a l'orecchie di Mehemet Bassa; qual ... subito mi fece prendere'); above, 259 (immunity); Luca, *Dacoromano-Italica*, 119 (Grillo); ASVen, CCD, Dispacci (Lettere) di Ambasciatori, busta 5, item 163 (copies of Tuscan documents). The deal involved gifts of 80,000 ducats to the Sultan and 20,000 each to the Sultan's mother and Sinan, plus 150 horses for Sinan: Ciurea, 'Relaţii', 35. **[11]** HHStA, Türkei I, Karton 39, 3rd foliation, fo. 187r (imprisonment, Persian intelligence, 'Meh: Bassa dem Sinan Vesier starckh zu gesprochen, weil diser Bruti als ain Albaneser sich gleichsamb bej dem Sinan Vesier anfreundten wöllen, was Er Sinan fur ainen freundt, der seines herrn und Kaisers Ertzverräter wäre'), 187v (Margliani suggests expulsion); AGS, Estado, leg. 490, items 34 (dates of imprisonment, Margliani efforts, instruction to Ragusan ambassadors), 36, fo. [1v] (money, cloth), 49

(24 Aug.: 'tanto sfazato et tristo'), Estado, leg. 1337, item 15, fo. 2r–v (imprisonment, Istanbul intelligence, Sinan's intercession); *HD*, xi, 638(n.) (sent to Dubrovnik, Sokollu's message); DAD, LCL, 33, fo. 234v (instructions to Ragusan ambassadors). **[12]** AGS, Estado, leg. 490, item 16 (Novi Pazar), Estado, leg. 1337, item 15, fos. [2v] (Dubrovnik, Echevarría, letter to Margliani, request refused), [3r] (Mljet, Korčula); DAD, LCL, 33, fo. 235r (boat to Barletta). **[13]** AGS, Estado, leg. 1337, item 15 (letter to Philip). **[14]** Ibid., item 15, fo. 3r ('alcuni gentil'huomeni, miei Amici', 'hauendo Inteso la sorella del sig.[r] Sinan Bassa la mia retention in Alessio espedite un suo figliolo Con una squadra di Vinti Cinq[ue] huomeni, tutti ben armati à Cauallo, mi leuorno d'Alessio per forza, et mi posero in mia libertà dandomi homeni et Commodità per accompagnarmi in Constantinopoli', Sinan's action, arrest of Ragusans, return to Istanbul); DAD, LCL, 33, fos. 234v (couriers' report), 235r ('habbiamo con molta diligenza mandato huomini aposta in Alesso per farlo prendere, et ritenerlo in forze'), 237v ('c[he] in modo alcuno no[n] comunichiate seco questo negotio ne che ue ne fidiate di lui in cosa alt.[a] ma che ue ne guardiate come dal fuoco'); Dokle, *Sinan*, 13 (sister); Hoxha, *Shqiptari*, 57 (sister). Both Dokle and Hoxha suggest that the sister was the mother of the future Yemişçi Hasan Pasha; so perhaps he was the son who rescued Bartolomeo. **[15]** Samardžić, *Mehmed*, 549–50 (assassination); Glücklich, ed., *Václava Budovce*, 9 (2 hours, incapable of speech); Charrière, ed., *Négociations*, iii, 834(n.) (fanatic, galley-slave); Schweigger, *Reyssbeschreibung*, 80 (*in flagrante*); Maxim, *L'Empire*, 120 (fanatic paid by rivals); Gentilezza, 'L'Albania', 70(n.) (Herceg Novi origin); Pedani, ed., *Relazioni*, 255 (mother-in-law). For a memorandum drawn up by Hürrem for Ahmed soon after the death of Sokollu, summarizing the state of play over the truce, see de La Veronne, 'Giovanni Margliani', 72–3. **[16]** AGS, Estado, leg. 490, items 4, fos. [1r] (news of 17 Nov.), [2r] ('un gran pezo', 'Se è cosi, che si faccia la uolunta del mio fratello, et che si mandi in puglia', official order), [2v] ('Che ha fatto costui, Ha ammazato alcuno, Che è il suo contrario, Chi l'accusa, Io ho da far Justicia, et non mirare alle passioni di alcuno'), 24, fo. [1v] (news of 5 Nov.). **[17]** Ibid., items 4, fo. [2v] (Christians, 'Viueuano l[']uno et l[']altro come christiani'), 23, fos. [1r] ('Sinam Bassa gli haueua dimandato se sapeua che l[']arnaut intendendo del Brutti era fugito che haueua resposto che non lo sapeua che egli haueua detto e fugito et dalui si sapera la verita di quello si sara tratato con Mehemet Bassa soggiongendo non potremo piu essere inganati, per che egli dira a me la Verita de ogni cosa'), [3r] (alteration, fear of exposure by Bruti), 27 (alteration after Rocafull instructions), 31, fos. [2v–3r] ('respose Sinan che dal Bruti il qual le diceua la Verita, haueua Inteso questo il contrario et a questo proposito mi dize il Chauz che disse tante cose le quali diceua di hauere intese da esso Brutti che restay espantatto'). **[18]** Charrière, ed., *Négociations*, iii, 886–8 (Mar. 1580); Rodríguez Salgado, *Felipe II*, 139 (Mar. 1580), 157–60 (Feb. 1581); Fernández Collado, *Gregorio XIII*, 130 (foot-dragging, impalement); Skilliter, 'Hispano-Ottoman', 492–6 (Feb. 1581), 504 (renewal 1584); Anon., ed., *Cartas*, 55–6 (Feb. 1581, permission to leave); Sola and de la Peña, *Cervantes*, 169–72 (Pérez, Naples); de Foix, *Les Lettres*, 36–7 (Rome, 'fort habile negociateur'); BL,

MS Add. 28,415, fos. 228r, 239r, 307v (de Ferrari activities, 1583–5); Zinkeisen, *Geschichte*, iii, 510–11 (renewals 1584, 1587); Bodl., MS Tanner 77, fo. 2r (expensive compromise); von Hammer, *Geschichte*, iv, 159 (renewal 1587); Niederkorn, *Die europäischen Mächte*, 189–92 (de Ferrari and Ruggiero). Skilliter expresses surprise (500–1) at the nature and format of the 1581 agreement; for an explanation see Kołodziejczyk, *Ottoman–Polish*, 47–8. **[19]** AGS, Estado, leg. 490, item 4, fo. [6r] ('Hanno data la bugdania à q[ue]llo, per il quale trataua il Brutti per una certa quantita de danari'); Mureşan, 'L'Émergence', 67–70, 121 (system, investiture, anointment); Pedani, 'Sultans', 198–200 (insignia, heron, *hüma*); Maxim, *Noi documente*, 214 (heron feather), 219 (21 Nov.); BNF, MS Français 16,143, fo. 8r (26 Nov., 8 Dec.). **[20]** AGS, Estado, leg. 1337, items 15, fos. [3r] (visited Margliani), [3v] ('il mio servir a V.M. non è fondato sopra il mio particolar interesse; ma mi glorio chiamarmi servitor del più Gran Re del mondo', 'Io sono chiamato dal Principe di Moldauia, et solicitato da Sinan Bassa, andarui, Con titolo di Generale di tutta la sua gente, qual grado io non hò riffiutato; ma non hò uoluto andarui, se prima non pigliaua licenza da V.M. hauendogli giurato fideltà, perche douunq[ue] ch'io sarò sempre mi chiamarò seruitor del Catolico Re'), 21 ('Certo ch'io tengo, che la pace non sarà, et tutto quello fin'hora il Mariglianni hà trattato con spese, per la reputation di V.M. sarà Annulato, perch'a me in Corte non hanno prestato orecchie'); de La Veronne, 'Giovanni Margliani', 74 ('no se ha pasado cosa ninguna de la pensión de Bruti, ni [*sic*] se pagará si no fuesse advirtiendo V. m., que era esto necessario para evitar las cosas que este traydor ha y querra intentar . . . Sólo se ha de contemporizar con el hasta que la persona de V. m. esté en salvo'). **[21]** BNF, MS Français 16,143, fo. 94r ('Le Brutti . . . ayant négotié en ceste Porte la restitution du Vayuode de la Bogdauie [*sic*] regnant a p[rése]nt, et l'estant allé trouuer puis peu de jours a esté largement recongneu [*sic*] de ses seruices par led[it] Vayuode, faict general de sa Cauallerie & fanterie, heu vne eschelle ou dace d'un port vallant trois mil ducats par an, & l'vsuffruict de la succession & hoirie d'un seigneur signalé executé par Justice').

第十五章　加斯帕罗·布吕尼与胡格诺战争

[1] ASVat, Segr. Stato, Malta, 1, fos. 5r ('Il Cau.ro f: Gasparo Bruni Albanese . . . ha seruito continuamente in questi tre anni di guerra contra il Turco p[er] cap.no de la galera g[e]n[er]ale di SS.ta nel qual tempo ha perso la patria, le faculta, li fr[ate]lli, parenti, et quanto haueua che tutto l'anno passato andò in preda de Turchi; et S Bne uolendo proueder in qualche modo al bisogno, et à la necessita del dto Cau.ro benemerito di questa s.ta sede, ricerca p[er] suo breue che VS Ill.ma lo proueda de la p.a Commenda di gratie che uacara'), 33r (Romegas from Malta, describing arrival in early Feb. and acceptance of Priory); Testa, *Romegas*, 134–6 (Turcopilier), 144 (Prior); NLM, AOM, MS 93, fos. 39v (resisting, Turcopilier), 105v–108r (accepting, Prior). **[2]** Galea, *Grand Master*, 66 (disputes); ASVat, Segr. Stato, Malta, 1, fo. 32r (breve, reply); Manfroni, 'La lega', 406–8 (Colonna,

Nuncio's threat, papal correspondence); NLM, AOM, MS 93, fo. 91v ('murmuratione et imprudenti loquatione aliquoru[m] Fratrum palam dicentium nolle proficisci ad expeditionem contra immanes Turcas unà et sub Ill.[m] D. Marcantonio Columna'). **[3]** ASVat, Segr. Stato, Malta, 1, fos. 3r ('perche conosce il merito, et la bonta del Cau.[ro] et il stato in che si troua spogliato da Turchi di quanto haueua al Mondo, non la pregaro à usar diligenza et amoreuolezza in questo negocio, poiche son certiss.[o] che da se è per farlo'), 34r ('e di piu abbocca li Narrai li seruizij che questo S:[r] brul hauea fatti alla SS:[ta]'), 35r ('non posso in alcuno modo obedire in cio à S. B.[ne] come cosa à me dal tutto impossibile'), Segr. Stato, Legaz. Avignone, 3, fo. 165r (Oct. 1573: reappears); below, 287 ('continuously'). **[4]** Perrin, *États*, 5–7, 31 (history of territories, 100,000), 33 (not covering costs); ASR, Soldatesche e galere, busta 646, unfoliated (town populations); Moulierac-Lamoureux, 'Le Comtat', 118–19 (Bourbon, d'Armagnac), 141–6 (legal rights); Achard and Duhamel, *Inventaire*, 102–4 (freedom from taxes, legal rights). **[5]** Perrin, *États*, 68–73 (Serbelloni, Mérindol, Orange); Chossat, *Les Jésuites*, 42 (confiscations). **[6]** Brunelli, *Soldati*, 12 (papal forces, Jesuits), 15 (battle standards); Jouanna, *La Saint-Barthélemy*, 99–200. Roughly 3,000 died in Paris; reliable figures for the rest of the country are not available. **[7]** Fornery, *Histoire*, ii, 159 (order to retire), 161 (Martinengo and Colonna), 167–8 (Ménerbes); Guerrini, *Una celebre famiglia*, 490–1 (Martinengo biography, Lepanto); Duhamel, *Inventaire-sommaire*, 106 (Martinengo plea to Rome); ASVat, Segr. Stato, Legaz. Avignone, 2, fos. 269r–270v (Martinengo plea to Rome); BMA, MS 2398, fo. 281v (de Valavoire, brother); Hurtubise, ed., *Correspondance*, i, 648 (5 Oct.), 656 (19 Oct.: 'et 600 fanti s'incamineranno di qui fra tre giorni'), 665 (in return for properties). Provence had joined the kingdom of France in 1486. **[8]** ASVat, Segr. Stato, Legaz. Avignone, 3, fos. 165r ('ogni giorno cresce il bisogno di cotesto presidio nel stato d'Auignone'), 172r (4 Nov.), 183r (reply to letter of 16 Nov.); Parrott, *Business*, 43 (condotta system); da Mosto, 'Ordinamenti', 82–5 (shift to new system); Brunelli, 'Poteri' (militia). **[9]** ASVat, Segr. Stato, Legaz. Avignone, 2, fos. 515r (arrival, refusal, drawing lots), 536r (governor and dignitaries, refusals), 610r ('questa notte haueemo fornito di sbarcharli tuttj, prego Dio che li conduchi saluam.[te]'), 620r–621v (Monterentio; 620v: 'è vna pieta vederli poueri et senza arme'); Hurtubise, ed., *Correspondance*, i, 684–7 (nuncio, promise, refusal). **[10]** ASVat, Segr. Stato, Legaz. Avignone, 3, fo. 224r (Bruni assigned to Carpentras), 4, fos. 123–4 (numbers, distribution of soldiers), 171r (Sérignan, Orange, 'con maliss.[a] satisfacione de tuti li soldati p[er] hauer perso cosi bella occasione contra li ribelj'), 255r (Beaumes), 404r ('e massimamente del sig.[r] Cauagliero Bruno Il quale per q[ues]to cognosco, è molto di buono animo, e di gran' ualore'; on Sacrati see Reinhard, *Die Reform*, 40–6). Historians of Carpentras have not apparently noticed that the city once had an Albanian governor. **[11]** ASVat, Segr. Stato, Legaz. Avignone, 3, fos. 405r (Como reply about Monterentio), 510r (Como reply about Pompeo), 4, fos. 95r ('Duol mi bene che hauendo perso p[er] mia disauentura le faculta con la patria, che hora non possa con questa misera paga mantener il grado, et condicion mia in questo Gouerno. et però supp.[co] V. S. Illma che si degni agiutarmj appresso N. S.re uenendo qualche occasione di comenda'), 640r (Bruni complaint about Monterentio), 5, fos. 274r–v (14 Apr.: 'la totale oscuratione della reputation mia', 'cinq[ue] anni continui'), 325r (28 Apr.: 'reputacion'), 404r (3 June), 637r (18 Aug.), 6, fo. 399v (50 and 70). On Catilina, who was from Rieti and had been in Venetian service, see Brunelli, *Soldati*, 77. **[12]** Fornery, *Histoire*, ii, 176–7 (royal visit); Theiner, ed., *Annales*, ii, 505 (cavalry, arquebusiers); Hurtubise, ed., *Correspondance*, ii, 154–6 (council of war proposals). **[13]** Theiner, ed., *Annales*, ii, 506–7 (fear of 'recatolezati', guard); AMA, MS BB19, 15, fo. 19r (request for 200); Hurtubise, ed., *Correspondance*, i, 116 (agreed 300, fear of French conspiracy). **[14]** Hurtubise, ed., *Correspondance*, i, 117–18 (bull of restitution, peace agreement); ASVat, Segr. Stato, Legaz. Avignone, 5, fo. 453r (Venasque, 'cosi fù rotto il disegno con gran dispiacer di tuti noi. I superiori possono fare quel che le pare, et io conuengo contentarmi di quel che piace a loro'), 6, fo. 469r (anonymous informant), 8, fos. 182r (Bruni report of betrayal of Entrechaux), 225r ('in molte occasioni che si sono apresentate conosco che non si à possuto far cosa che sia in seruicio di N. S.re ne beneficio di questo pouero paese, manco d'aquistar honor nessuno, ma ben di perder al' in grosso', 'se son buono seruirla in qualche altro locco che li piacia leuarmi de qui'); Fornery, *Histoire*, ii, 184 (fighting continued), 191 (commanders refused, Saint-Léger, 400 men), 193–4 (Entrechaux). **[15]** Fornery, *Histoire*, ii, 193–4 (decision, Matteucci, Grimaldi), 195–7 (army, 1 Sept., forces, de Valois, assumption); Anon., *La vita* (life of Matteucci); Valentianus, *Panegyricus* (life of Grimaldi); Guglielmotti, *Storia*, vi, 238 (Grimaldi at Lepanto). Some early accounts do refer to the defenders' use of artillery: e.g. BMA, MS 2562, fo. 304v. **[16]** Fornery, *Histoire*, ii, 194 (vacating of Entrechaux), 195 (Pilles); ASVat, Segr. Stato, Legaz. Avignone, 8, fo. 428r (1 Aug. 1577: 'sapendo ella beniss.o che essendo io cacciato dalla patria mia da Turchi nemici della uera fede di Cristo, p[er] la qual molti di mei maggiori in diuersi tempi hano sparso il sangue, et essendo rimasti alcuni mei Nepoti et altre misere reliquie di Casa mia tute disperse, che uiuono col medesimo animo, tra le quali ui è un mio unico fiolo che ormai sono sei anni che sta nel Collegio Germanico et desiderando di redurle insieme, et dar qualche ordine alle cose mie che hano grandiss.o bisogno, Vengo humilm.te suplicar V. S. Ill.ma . . . impetrarmi gratia da N. S.re che fatto il racolto del Vino, come si è fatto quel del Grano, possa p[er] dua mesi solam.te tra il uenir, star, et rettornar, Lassar la mia Comp.a al mio Alfiero persona ualorosa, diligente, et fedelle, et uenirmene à Roma, p[er] dar ordine alle cose mie che patiscono molto', 'un ualoroso giouane mio parente'), 18, fo. 30r (Paolo Emilio, 1588); Manzuoli, *Nova descrittione*, i, 87 (death of Paolo Emilio). Grimaldi noted in 1586 that Paolo Emilio was the nephew of Giacomo Verzi of Koper: BMA, MS 6431, fo. 107r. **[17]** ASVat, Segr. Stato, Legaz. Avignone, 5, fo. 404r (3 June 1575: 'uenir à dar ordine ad alcune mie cossete [*sic*] in Roma'), 7, fo. 326r ('horache l'operatione è forse piu utile et piu necessaria che mai'), 8, fo. 532r ('se ben il bisogno mi stimola di venirmi uia, essendosi cominciata già questa impresa di Minerba desidero uederli al fine', 'dil modo tenuto e di progressi fatti fin qui nella espugnatione non uoglio dir altro, senon prega dio che il fine sia buono'). **[18]** ASVat, Segr. Stato, Legaz. Avignone, 8, fos. 504v

(967 volleys in a day), 505r (Catilina wounded); Fantoni Castrucci, *Istoria*, i, 419 ('alle prime aperture si diedero assalti con perdita de' più forti soldati, massime delle compagnie d'Italia; difendendosi que' di dentro si arditamente, che al cader dell'vno suppliua l'altro . . . & i feriti dalle scheggie della muraglia, rimandauano i sassi tinti del proprio sangue'); Fornery, *Histoire*, ii, 197–203 (events of siege). Some early accounts regarded Ferrier's agreement to surrender as a ruse: BMA, MSS 2398, fo. 294v, and 2562, fo. 305r. **[19]** Fornery, *Histoire*, ii, 204–10 (peace treaty, withdrawal, forts, trench); ASVat, Segr. Stato, Legaz. Avignone, 9, fo. 252r (Grimaldi shot); Cottier, *Notes*, 215 (Grimaldi shot through cheeks). **[20]** ASVat, Segr. Stato, Legaz. Avignone, 7, fos. 385r, 386r (Bruni in Rome in late Dec., with letters dated 24, 25 Nov., met Como, Pope), 463r (Como to Bruni, Apr., referring to previous plan in Feb. to visit), 506r (Como to Matteucci, promoting Bruni to colonel), 9, fos. 370r (Monterentio to Como, 45 scudi, refusal), 404r (Bruni to Como, 31 July, 'disgratia'), 441r (death of Matteucci). **[21]** Fornery, *Histoire*, ii, 212 (Montacuti), 214–18 (peace agreement, forts rased, Malvezzi, gold chain, Grimaldi co-legate); Cloulas, ed., *Correspondance*, 259, 284 (surrender of Ménerbes); Theiner, ed., *Annales*, ii, 626 (d'Armagnac to Pope). **[22]** Fornery, *Histoire*, ii, 219–20 (raids, harvest), 222 (Grimaldi attacked), 227–8 (plague); ASVat, Segr. Stato, Legaz. Avignone, 11, fos. 58r (captains' protest), 694r (100 per day), 12, fo. 393r (half dead, 1,500 destitute); BMA, MS 2562, fos. 309r–315r (plague journal; fo. 310r: woman and child); Cottier, *Notes*, 219 (Grimaldi attacked); Theiner, ed., *Annales*, iii, 689 (Grimaldi attacked); Adami, *Elogii*, 95, 118 (Biagio); Salimei, 'La nobiltà', 14 (Capizucchis at Lepanto); Chossat, *Les Jésuites*, 62–4 (plague). **[23]** ASVat, Segr. Stato, Legaz. Avignone, 13, fos. 26r ('Hò inteso con mio dispiacere il miserabil caso de Monterentio, et prego Dio che habbia pieta del'anima sua'), 37r–v (suicide of Monterentio), 71r–72v (Monterentio note to Como); Fornery, *Histoire*, ii, 231 (embezzlements). **[24]** ASVat, Segr. Stato, Legaz. Avignone, 10, fos. 386r ('doue mi sono morti molti soldati parte in facione, et altri di maletia', 'affronto'), 623v, 624v (105 men), 11, fo. 273v (152 men), 12, fo. 47r ('questo quartiero circondato da nemici'), 13, fos. 253r ('piena di cattiuissimi humori'), 253v (killings, retreat to friary), 254r ('alla q.[a]le concorse con grand.[mo] furore tutti gli huomini di quella uilla chi con armi, et chi senza, con i q.[a]li fu necessario che il cau.[re] Bruni usasse buone parole, et operò tanto che li fece retirare sendo egli molto amato in quel luogo, che altrimenti era facil cosa che tagliassero a pezzi la maggior parte di quel presidio, et forse tutto', 'con grandissima difficultà con la patienza, et prudenza del Cau.[re] Bruni'), 733r (191 men); Pagnol, *Valréas*, 165–7 (Valréas). **[25]** ASVat, Segr. Stato, Legaz. Avignone, 14, fos. 193v (move to Ménerbes), 520r (rumours, sentries), 579r (tensions, 'uoglio sperar . . . che sono destinato di andare sempre doue nascono disordeni, come fu à Vorias . . . et vltimame.[te] à Minerba'), 15, fos. 191r ('il quale essendo uenuto qua p[er] uedermi, et desiderando io, che non ritorni p[er] adesso in Ittalia, [*sic*] ma che si fermi in questa città apresso di me p[er] la comodita che auera di studiare et nelle occasioni poter seruir la Sta Sede App.[ca]'), 307v (July 1584), 425r (Sept. 1584: 'senon un anno, al meno questo inverno in Avignone, accio che non entri nelli animi

degli huomeni oppinione che p[er] qualche mio mancamento, io sia stato cacciato da questa città'); ADV, Archives communales MS AA 44, item 35 (Como to Avignon, 20 Nov., nomination of Grimaldi). Boschetti had replaced Vitelli in 1582. **[26]** Brunelli, 'Gallio' (Como left); BMA, MS 6431, fos. 5r ('buoni s[ervi]t[o]r[i] del Papa'), 26v–27r (news of Odoardo, unsettling), 34v, 37v, 39v, 44r, 50r, 55r–v (urging to retain), 61r (Odoardo arrived, Nov.), 74v (letter, 1 May), 100v (Paolo Emilio captain, Sept.), 109v ('non mi son mai sentito più sollagiato in questo gouerno quanto nel tempo che ui erano tre cap.[nij] vecchi, et di sperienza che furno il Caualier Bruno, il Coll.° ludouico Manari, et il Coll.° Pompeo Catalina'); ASVat, Segr. Stato, Legaz. Avignone, 18, fo. 30r (4 companies in 1588, of which one had been brought by Odoardo and the other 3 were under Catilina, Manari and Carerio); on Carerio see above, 291. Manzuoli, who knew the Bruni family in Koper, wrote that Gasparo spent 13 years in Avignon (i.e. 1573–86): *Nova descrittione*, i, 87.

第十六章　安东尼奥·布吕尼与耶稣会士

[1] ACGH, MS Hist. 145, fo. 39r (entry for Antonio, 12 May 1572); Testa, *Fondazione*, 339, 341, 348 (14 normal, some 13, one 12). **[2]** Giard, 'Le Devoir', xiii (numbers of colleges, Jesuits), lix (classes, exercises, discipline, etc.); Lukács, 'Introductio generalis', 30*–33* (plays, subdivision, seating, etc.); Murphy, 'Jesuit Rome', 73 (number of colleges); Villoslada, *Storia*, 39–40 (outstripped Rome University); Codina, '"Modus"' (Parisian model); Farrell, *Jesuit Code*, 240–3 (declamations, prizes, promotion, etc.); Botteri, '"Buona vita"' (manners, civility). **[3]** Steinhuber, *Geschichte*, i, 45 (6 or 7), 46–7 (development under Laynez), 49–50 (cardinals, noble families), 61 (Palazzo Colonna), 62 (80 or 100, triumph), 94–5 (17 Oct.); Testa, 'Dalla fondazione', 16–24 (decree, origins of Seminario), 27 (boarders). **[4]** ACGH, MS Hist. 145, fos. 200v ('s'era molto ben osseruato e p[er] lungo tempo esperimentato che l'Vnione tra la Natione Alemanna, et Italiana con uiuere insieme non faceua buona lega'), 224v–225r (17 Oct.); Steinhuber, *Geschichte*, i, 88–9 (new German plan), 94–5 (17 Oct.); Testa, 'Dalla fondazione', 30–3 (shaky start, transformed); Schmidt, *Das Collegium*, 2 (other new colleges), 16 (new German plan). **[5]** Above, 291 (Gasparo's description); Lukács, ed., *Monumenta paedagogica*, ii, 347 (entry rules for Collegio), 388 (entry rules for Seminario); ACGH, MS Hist. 145, fos. 33v, 39r (Seton), 39r (Bruni), 39v–40r (Carafa, Chisholm, Cenci, Piccolomini), 252r–v (chambers, saints, festivities); Dilworth, 'Chisholm'; Lee, 'Seton'; Testa, *Fondazione*, 330 (numbers), 382–4 (chambers); ARSI, MS Rom. 51/1, fo. 13r–v (prefects). **[6]** ARSI, MSS Rom. 51/1, fo. 16r (confession, communion), Rom. 155/1, fos. 73r (dress), 133r (food, wine), 135r ('discorsi seditiosi', 'allegrie spropositate et fragorose'), 138r (list of clothes etc.); Testa, *Fondazione*, 362, 368–9 (dress), 415–22 (Marian congregations); Lukács, ed., *Monumenta paedagogica*, ii, 390 (Mass, Hours, psalms), 395 ('de his que [*sic*] ad honestam recreationem faciant'); Murphy, 'Jesuit Rome', 76 (30,000). **[7]** Testa, *Fondazione*, 93–8 (study prefects), 436–9 (lessons in

Collegio Romano), 539–52 (music, Palestrina), 555 (Tucci performance); ARSI, MS Rom. 51/1, fos. 16v ('si esercitano di co[m]poner or[atio]ni latine et componer uersi greci et latini'), 17r (study prefects, repetitori), 73r ('I preti non entraranno nelle comedie o tragedie almeno uestitj de soldati o donne, o altri personaggi indecenti al stato loro'). **[8]** ARSI, MSS Rom. 51/1, fo. 21v (medicines), Rom. 155/1, fos. 82r (difficult to get payment), 87r (owing 18 scudi, Orsini etc.), 104r (enmity, fees accusation), 104v ('certo spirito secolare, politico, di libertà, licentioso, et finalmte contrario alla disciplina et osseruanza religiosa'), 110r ('l'occasione di unir tanta uarietà di nationi in una disciplina'), 137r (procurator), 137v ('rarissime uolte'). **[9]** ACGH, MS Hist. 145, fo. 39r (28 Aug.); ASVat, Segr. Stato, Legaz. Avignone, 12, fo. 47r ('son auisato che mio figliolo Ant.° p[er] qualche Costione che gli è occorsa à Perosa si è retirato in Venetia, et p[er] che desidero schiuar tuti li desordini che puono nascer, et uorei che continuase le litere et che studiase à Padoa, ma non posso farlo senza l'agiuto che N. S[re] p[er] sua benignita li è piaciuto concedermi', 'che sara causa di non perder quello che fin hora hà imparato'), 14, fo. 431r (began Jan. 1580). **[10]** Gentili, *Laudes*, 11–12 (special method), 24 ('admirabilis docendi methodus'), 24–5 ('sermonis puritas, qua Itali penè omnes destituuntur'); Ermeni, *Storia*, 425–9 (4 professors: Lancellotti, Eugeni, Ridolfi, Alfani); ASVat, Segr. Stato, Legaz. Avignone, 14, fos. 430r ('alcuni accidenti'), 740r ('alcune costioni'); Setton, *Papacy*, iv, 822 (decree: 'detestabilis duellorum usus'). **[11]** ASVat, Segr. Stato, Legaz. Avignone, 14, fo. 430r (July 1583, de' Michieli); BSS, AC, Corrispondenza Ascanio Colonna, unnumbered, Bruni to Ascanio, 2 Nov. 1584 ('poi ch'io no[n] hò potuto adimpir il desiderio ch[e] haueua di seruirla unaltra uolta, cosi fedelmen.[te] come lhò seruita tre anni nel'Armata contra Turchi p[er] Capitanio della sua galera, Quel medesimo desiderio offerisco à V. S. Illma pregandola ch[e] uoglia accettare, a [me?], et Antonio mio figliolo p[er] seruitori perpetuj', 'al studio'). On the law school at Padua in this period see Woolfson, *Padua*, 41–5. **[12]** Venard, 'L'Université' (early history, 1477 refusal, change of mind, 1581 petition, 'un famosissimo dottore'); Marchand, *L'Université*, 5 (arts faculty inactive), 281 (effect of Jesuit college); Brémond *et al.*, *Le Collège*, 8–11 (Jesuit college, Possevino, 500 pupils); Cadecombe, *Speculum* [= ADV, D 41], 17 (Cujas); de Barjavel, *Dictionnaire*, 152–3 (Beau); Beau, *Consilia*. **[13]** ADV, MS D 36, fo. 105r ('Antonius Brunus dioces. Olciniensis'); de Teule, *Chronologie*, 42 (doctorate, showing that he was one of 9 in 1585, the others all being from Avignon and the south of France); Fournier, *Histoire*, iii, 682–4 (ceremony). **[14]** Vida, *Il Sileno*, 115–24 ('conclusioni amorose' list); Vida, *De' cento dubbi*, fo. 19r–v (kinds of beauty, Verzi). **[15]** Vida, *De' cento dubbi*, fos. 66v–68r (Antonio on yellow); Ziliotto, *Accademie*, 25, 30(n.) (Santorio, ages); Manzuoli, *Nova descrittione*, i, 97 (Latin poem; printed also in Stancovich, *Biografia*, 240). **[16]** ASVat, Fondo Borghese III 60h, fos. 69r–70v ('nato nelle Città di Sodoma, e Gomorra', 'li scandoli che ha fato nella prouincia di Venecia quando fu trouato vestito da secolare nelle Putane et Comedie in detta Città et preso dalli sbirri et messo in prigione doue è stato parechi giorni carcerato ma poi ha rotto la prigione et fugi apostata a roma et per fauor del sig[r] Antonio Bruni albanese da Dolcigno fu liberato del castigo delle galere'); Bartl, ed., *Albania* *sacra*, i, 18 (1596, Ragusan); Vekarić, *Pelješki rodovi*, ii, 255 (Stojičić); Popović, *Turska*, 252 (Stojković); Appendini, *Notizie*, ii, 75 (Stojković, Bar, Stay); DAD, LCP, 1, fo. 136; 2, fos. 25r, 41r–42v (Stay in Vlorë); ADV, MS D 155, fo. 1r ('apud Principes, prudentissimosque rerumpublicarum gubernatores & moderatores pro eorum assistentia, ad gubernandas beneq[ue] regendas respublicas'). **[17]** de Leva, ed., *La legazione*, i, 148(n.) (Ascanio appointments); BSS, AC, Corrispondenza Ascanio Colonna, 1 II CF 2059 ('infinitamente ... obligatiss.°', 'Ne mancaró mai di procurare con ogni affetto di cuore tutto quelle, che pensaró, che possa resultare in beneficio di questo Priorato di V. S. Ill.ma'). **[18]** GPLV, MS 578, 2nd item, 1st document ('frater Gaspar Brunus miles et in eodem Prioratu Receptor', Giustinianis, Morosini); Mallia-Milanes, *Venice*, 77–80 (Spanish Knight), 81–3 (2 galleys), 85–6 (retaliation, reaction, response), 90–7 (Sixtus V); Tenenti, *Piracy*, 37 (retaliation); de Leva, ed., *La legazione*, i, 148 (Colonna's request; cf. also i, 193(n.), 197, 237, 267). **[19]** BSS, AC, Corrispondenza Ascanio Colonna, 1 II CF 2149 (Bruni to Colonna from Malta, describing travel and task); NLM, AOM, MSS 98, fos. 153v, 155v (attempt to change Priory), 446, fo. 246v (pension of 100 scudi), 448, fo. 195v (Loschi confirmed); de Leva, ed., *La legazione*, ii, 299–300, 312–17, 347, 395 (attempt to change Priory), 508 (Loschi sent); dal Pozzo, *Historia*, i, 349–50 (attempt to change Priory). **[20]** BAR, MS 1479, fos. 6v–10r (Leoni description; 9r: 'bellissimi palazzi'), 31v (600 Knights); Heberer, *Aegyptiaca servitus*, 421–2 ('viel schöner Gebew [*sic*]', infirmary, palazzo), 434–5 (glass); ASVat, Segr. Stato, Malta, 6, fo. 86r (200 of langue of Italy). On the building of Valletta see de Giorgio, *A City* (esp. 152–6 on the auberge of Italy). **[21]** Bosio, *Gli statuti*, 202–4 (statutes); NLM, AOM, MSS 98, fos. 161v, 166v (bull of antianitas), 99, fo. 55r (applied for Cosenza), 449, fos. 111v–112r (pension, Apr. 1595), 128v (50 ducats). **[22]** NLM, AOM, MSS 99, fos. 57r (Cadamosto versus Capece), 89v (Pope granted Racconisi), 90v (21 June 1596 decision), 91r–92r (appeals), 143v (bull for Bruni), 100, fos. 38v–39v (special tribunal), 446, fo. 58v (Cadamosto to resign La Motta), 447, fo. 148r (Cadamosto to get Racconisi); ASVat, Segr. Stato, Malta, 6, fo. 109r–v ('entrato per la finestra non per la porta'). **[23]** Gattini, *I priorati*, 83–4 (income, dues); Borretti, *Il S. M. Ordine* (income, dues; p. [2]: Pier Luigi Parisio); Valente, *Il Sovrano Ordine*, 55 (imprisonment, murder charge). For the earlier history of the commenda, and its estates in the 16th century, see Salerno, *L'Ordine*.

第十七章 摩尔达维亚、鞑靼人与哥萨克人

[1] Murphey, 'Ottoman Imperial Identity', 86 ('ola-gelmiş', 'kırallar zamanında olduğu gibi'). On these issues see also Faroqhi, *Ottoman Empire*, 75–97, Ágoston, 'Flexible Empire', and Kármán and Kunčević, eds., *European Tributary States*. **[2]** Panaite, 'From Allegiance', vol. 48, 200 (tribute from 1455–6), 213 (prostration), vol. 49, 206 (viewed as conquered after 1538); Iorga, *Studiĭ*, 155–64 (ports seized), 185–7 (Bender, *sancak*); Gemil, *Românii*, 186–7 (1538 turning-point, Ottoman ceremony); Panaite, 'Voivodes', 65–6 (changing view of tribute); Panaite, 'Legal and Political Status', 21–5 (changing view of tribute); Hunt, 'Romanian Lands' (dichotomous legal tradition; 407: shift from 1565, Ottoman coins); Maxim, *L'Empire*, 13, 19 (shift from 1568), 113–16 (1574 tightening); Gorovei, 'Moldova' (1574 tightening); Ciobanu, *La cumpănă*, 30–1 (1574 tightening, Polish factor); David, *Petru Şchiopul*, 12–17 (Petru's origins), 78 (unpopularity); Andreescu, *Restitutio*, 164–6 (unpopularity). **[3]** Alzati, *Terra romena*, 192 (*divan*); ASVat, Segr. Stato, Germania, 95, fo. 165v ('scrivanj'); Gerlach, *Tage-Buch*, 310 (janissaries); Cantemir, *Descrierea*, 296 (Muslim merchants); Maxim, *L'Empire*, 12 (1577 decree), 18 (marrying foreigners); Panaite, 'The *re'ayas*', 98–104 (Moldavian merchants); Bodl., MS Rawl. D 618, fo. 107r (10,000, 1574); Albèri, ed., *Relazioni*, ser. 3, ii, 144 (10,000, 1576); Pedani, ed., *Relazioni*, 206 (10,000, 1576); Cristea, 'Friend', 261 (campaigns in region); Maxim, 'Haraciul' (tribute); Panaite, 'Voivodes', 76–8 (intelligence); Binark, ed., *5 Numaralı*, ii, 131 ('Nemçe'deki casusları, Nemçe askerlerinin toplanmakta olduğunu bildirdiklerine dair kendisinden gelen mektubun alındığı; bu durumda kendisinin de gaflette bulunmaması ve düşman saldırısına karşı gerekli hazırlıkları yapması'); Panaite, 'Legal and Political Status', 21–2 (foreign policy). **[4]** Veinstein, 'Some Views', 179 (1552 campaign); Mavroeidē, *O Ellēnismos*, 27 (population); Maxim, 'Les Pays', 99–100 (prohibiting exports, 1566 decree), 101 (stiff decree to Iancu); White, *Climate*, 30, 32 (timber, grain); Nistor, *Handel*, 44–7 (boyars, voivod trading), 159 (24,500 sheep); Filitti, *Din arhivele*, ii, 44 (100,000 sheep); Maxim, *L'Empire*, 24–5, 124 (fixed prices); Carter, *Trade*, 242–4 (cattle to Poland); Holban *et al.*, eds., *Călători*, ii, 381 (meat in Venice; cf. 641 on exports). On the *celep* system see Kiel, *Art*, 77–86. **[5]** Gerlach, *Tage-Buch*, 135 ('Heut sagt mein Gnädiger Herr: dass die Moldau und Walachey nunmehr nichts anders seyen, als dess Türckischen Käysers und der Bassen Meyerhöfe, und ihre Fürsten, wie sie sich nennen, ihre Meyer'); Nistor, *Handel*, 157–64 (grain, honey etc.); BNC, MS Gesuiti 7, fo. 89r (fish, caviar); Dziubiński, 'Drogi handlowe', 237–40 (routes to Polish border); Małecki, 'Die Wandlungen' 145–7 (routes from Polish border); Dziubiński, *Na szlakach*, 89 (routes to Vilnius, Moscow); Carter, *Trade*, 196 (overland spices cheaper); Veinstein, 'Marchands ottomans', 729 (pearls, silk etc.); Rybarski, *Handel*, i, 179–80 (textiles). **[6]** Dziubiński, *Na szlakach*, 89–93 (Muslim merchants, furs); Veinstein, 'Marchands ottomans' (Muslim merchants, furs); Dudek and Kowalewicz, 'Przyczynek' (suspected of espionage); Giurescu, *Tîrguri*, 246 (Armenians in Iaşi); Małecki, 'Die Wandlungen', 146–8 (Armenians, Jews in Lviv); Israel, *European Jewry*, 29 (Zamość); BNC, MS Gesuiti 7, fo. 89r (Ragusans); Mollat, 'Istanbul', 157 (Ragusans, Albanians); Barbulescu, 'Relations', 119–20 (Ragusans); Mavroeidē, *O Ellēnismos*, 118, 124, 133, 138 (Greeks); Iorga, *Relaţiile*, 49–53, 57, 73, 90 (Greeks), 63, 105 (Pogon); Hoszowski, *Les Prix*, 40 (wines); Shmurlo, *Rossiia*, ii, 443 (Albanians). On Pogon see above, 179. **[7]** İnalcık, 'Question', 108–9 (gradual process); Beldiceanu, 'La Moldavie', 158 (Istanbul); Luca, *Dacoromano-Italica*, 22, 73 (Cretan merchants), 22–4 (Venetians using Ottomans); Heberer, *Aegyptiaca servitus*, 371–2 (French ship, 1588); Cvetkova, 'Vie économique', 336–7 (Ragusans on Black Sea coast); Spissarevska, 'Alcuni problemi', 721–2

(Ragusans to Ancona); Luca, 'Associazionismo', 158 (war, Cossacks); Ostapchuk, 'Human Landscape', 39–40 (Cossacks). For a good summary of the 'closing' debate, see Popescu, 'La Mer Noire'. **[8]** Filitti, *Din arhivele*, ii, 45 (500,000); Iorga, *Acte*, i, 37 (million); Luca, 'Veneziani', 245–6 (jewels); Luca, *Ţările*, 278 (jewels); Decei, *Relaţii*, 225 (briefly made *beylerbeyliks*); Murphey, *Ottoman Warfare* (20,000 in Hungary); HHStA, Türkei I, Karton 36, 2nd foliation, fo. 48r ('Damit wär Poln schon guetes thails des Turken, aber es will vns fast vnglaublich furkhomen, weil Moldaw dise statt mit fleisch, schmalz vnd andere victualien zum maisten versicht, dessen hieige resident ganzlich od[er] maistns thails beraubt wurde, wo die Moldaw durch Turkhen solte geeignet'); Maxim, 'Les Pays', 94 (Polish attitude). Cf. the King of Poland's comment in 1582: the Sultan would not replace voivods with pashas, as the latter would consume most of the territories' revenues (Bolognetti, *Epistolae*, i [= v], 498). **[9]** BSB, MS Cod. Ital. 6, fo. 431v ('disuniti assai', 'agrandire eccesiua.[te] un suo capital nemico'). **[10]** Fichtner, *Emperor*, 204–5 (rival candidates for throne); Ciobanu, *La cumpănă*, 42 (pretext for more influence), 43 (insinuated idea); Kuntze, 'Les Rapports', 141–6 (Papacy wrong-footed, Warsaw Confederation), 160 (nobles wishing to avoid war). **[11]** Królikowska, 'Sovereignty' (status of Khans); Podhorodecki, *Chanat Krymski*, 160 (deposition of Khan, Gazi Giray II); Bodl., MS Tanner 79, fo. 219r (quotation); Ivanics, 'Military Co-operation', 281–4 (size of Tatar force), 294–5 (Gazi Giray II, library); Smith, *Generall Historie*, ii, 147–58 (153: quotation). **[12]** Davies, *Warfare*, 33–5 (official defence force); Golobutskii, *Zaporozhskoe kazachestvo*, 88–90, 97 (anti-feudal, for national liberation); Hrushevsky, *History*, vii, 45–8 (nature of raids, economic interests). **[13]** Rothenberg, *Austrian Military Border*; Bracewell, *Uskoks* (with, exceptionally, a good account of the economics: 110–17) ; Ljubić, 'Poslanice', 6–7 (Dubrovnik accused); Manca, *Il modello*, 76 (Livorno); Greene, *Catholic Pirates*, 92 (Livorno); Malcolm, 'Kelmendi', 156–7. **[14]** Leunclavius, ed., *Neuwe Chronica*, 110; Manca, *Il modello*, 14 ('ali'). **[15]** Hrushevsky, *History*, vii, 115–17 (Ioan Potcoavă, Cossack invasions, Tatar attacks), 118–20 (official Cossack army); Pippidi, 'Cazacii', 267–8 (Cossack invasions); Sękowski, ed., *Collectanea*, ii, 302–8 (Sultan's warning, Mar. 1578); HHStA, Türkei I, Karton 38, 2nd foliation, fos. 134r–135v (Sultan's warning, Nov. 1578); Ciobanu, *La cumpănă*, 35–7 (Şchiopul pro-Polish, granting wishes of boyars), 48 (Akkerman attack, response); Iorga, *Histoire*, v, 206 (boyars' petition); above, 269 (payments). **[16]** Papiu Ilarian, *Tesauru*, iii, 48 (German); Tudoran, *Domnii trecătoare*, 177 (German); Ureche, *Letopiseţul*, 199–200 (tithe, revolt, rapes, exile, 'legea creştinească nu o iubiia'); Anon., ed., *Documente, veacul XVI*, iii, 159–61 (donating Gypsies), 181–2 (nobles fled to Poland); Ciurea, 'Relaţii', 36 (converted); *HD*, xi, p. xlviii (secretly in touch); Apostolescu, 'Un aventurier', 568 (Poles informed Istanbul); Dopierała, *Stosunki*, 122 (Poles informed Istanbul). **[17]** Dopierała, *Stosunki*, 122 (gift of Tatar princes, payment to Sinan); Ciurea, 'Relaţii', 36 (arrest and execution); Iorga, *Relaţiile*, 54–5 (opened letters, burnt villages, beaten and imprisoned Poles); Bolognetti, *Epistolae*, i [= v], 488 (opened letters, 'odiosissimo'); Ciurea, 'Relaţii', 36 (rumoured cash). **[18]** Ureche, *Letopiseţul*, 199 (joint commander); Pippidi,

Tradiţia, 253 (postelnic); Stoicescu, *Dicţionar*, 296 (Bucium); *HD*, xi, l (external, internal); Cantemir, *Descrierea*, 200 (prefecture of Iaşi). **[19]** Goldenberg, 'Le Pouvoir', 41–2 (towns); Nicolescu, *Istoria*, 121–35 (caftans); Nistor, *Handel*, 59–60 (Jews), 95 (unwritten law); Cleray, 'Le Voyage', 48 ('Ilz . . . honorent comme Dieu leurs vaïvodatz, et . . . Ilz boivent excessivement'); Crusius, *Turcograeciae*, 248 (Gerlach's assurance); Benda, ed., *Moldvai Csángó-Magyar*, 94 ('Litterae ibi nullae vigent, neque docentur. Gens est egregia et ingeniosa, et magis callida quam simplex'), 853–4 (Hungarians, Hussites); Pippidi, *Tradiţia*, 253 (Chiots, Ragusans); Weczerka, *Das mittelalterliche*, 82–5 (Germans, Hungarians), 173 (Hussites); Shmurlo, *Rossiia*, ii, 443 (Albanian traders); ASVat, Segr. Stato, Germania, 95, fo. 165v ('La guardia del Moldauo è di 400 Drapanti che sono vngheri, et di 50 alabardieri Albanesi, et Greci che uiuono alla Turca'), Segr. Stato, Polonia, 26, fo. 419r (Antonio Stanislao, baptized by bishop (who was Marcin Białobrzeski); on the approximate date cf. below, 347). A differing account exists of the voivod's guard in 1587: 400 Hungarian arquebusiers and 150 Hungarian, Albanian, Greek and Slav cavalry (Filitti, *Din arhivele*, ii, 46). **[20]** Gürkan, 'Efficacy', 29(n.) (voivod's envoy); von Hammer, *Geschichte*, iv, 118 (budget, preparations, Morocco, Uzbekistan); Reindl-Kiel, 'Power', 43–4 (Sinan's gifts), 53 (Polish gift); Leunclavius, ed., *Neuwe Chronica*, 513–14 (Venetian and Moldavian gifts). **[21]** von Hammer, *Geschichte*, iv, 119 (wooden stand); Reusner, *Operis*, 29 (boar, lions, dismay at conversions, spahi–janissary fight); Palerne, *D'Alexandrie*, 280 ('assés mélodieuse pour faire danser les asnes'), 282 (sugar animals), 287 ('pour estre recognu quelque grand guerrier'), 289 (Christian captives); Peçevi, *Historija*, ii, 64 (prostitutes, spahi–janissary fight, Ferhad Pasha). All other details are from the eye-witness account in Leunclavius, ed., *Neuwe Chronica*, 468–514, and the poem by Intizami cited in Procházka-Eisl, 'Guild Parades'. **[22]** Theiner, ed., *Vetera monumenta*, iii, 142 ('quale non osservando le conditioni promesse esso Giacula, et non pagando il tributo promesso à Sinan Bassa, per mezzo del quale era stato promosso, l'istesso Bruto in Constantinopoli procurò che fusse deposto il Giacula, et promosse questo Principe Pietro che hora governa'); Maxim, *Noi documente*, 220 (investiture); Veress, ed., *Documente*, ii, 230 ('et haverà luogo principalissimo et di molto utile, essendo stato caldamente raccomandato dal Bassà con dirli che' l suo star longamente in quel stato dipenderà dalla bona compagnia che farà al Bruti').

第十八章 掌权的巴托洛梅奥 · 布鲁蒂

[1] Ureche, *Letopiseţul*, 204 ('Ţărîi era apărătoriu, spre săraci milostivu . . . de avea de la toţi nume bun şi dragoste'; cf. a similar account by the chronicler Azarie: Andreescu, *Restitutio*, 166); Năsturel, 'Petru Vodă' (Patmos; 122–3: St Sava); Anon., ed., *Documente, veacul XVI*, iii, 262 (Bartolomeo witness), iv, 75 (testimony on slaves); Alzati, *Terra romena*, 202–5 (St Sava, Istanbul); *HD*, Supplement, ii(1), 315–17 (Lviv); Crăciun, *Protestantism*, 183–4 (Lviv, protector); [pseudo-]Dorotheos, *Vivlion*, sig. 4F3v ('eleēmōn eis to akros, eis sklavous, eis ptōchous', 'dikaiotatos eis tas kriseis tou, kai . . . dokimōtatos eis pasin technēn, eis grammata'); Bolognetti, *Epistolae*, i [= v], 587 ('piacevole et facil natura sua in cedere ad ogni violenza'), ii [= vi], 412 ('non era huom' di valore . . . ma però persona da bene et dipendente assai da S. Mtà'). **[2]** Hrushevsky, *History*, vii, 128 (failed attempt, beheadings); Kuntze, 'Les Rapports', 186 (recent fort at Iagorlik, murder of envoy); *HD*, iv(2), 118 ('cosacchi, et altri soldati del Re di Polonia', 'qui a queste frontiere la pace tra Poloni et il Turcho è andata a monte'); Heidenstein, *Rerum polonicarum*, 213 (Ottoman rage, arrest). **[3]** ASVat, Segr. Stato, Germania, 95, fo. 156v ('nella detta città di Giasso è Bartolomeo Bruto Vinitiano, il quale è catolico, et fauorito del Principe, et è consigliere, et commanda . . . et non ha molto che ha mandato a suoi in Vinetia sei mila Ducati Vngheri'); AST, AMC, MS 84 (reel 124, frame 62) (Maria Bruti, document of Mar. 1600 in Koper, describing Alessandro as aged 16); *HD*, xi, p. lxii (12,000); BNC, MS Gesuiti 7, fo. 89v ('honoratissimo, et carissimo al Sig.re Principe'); Iorga, *Acte*, i, 37 ('avec la faveur et conduite du sieur Brutti, gentilhomme albanois, fort favori du Prince'), 37–8 (justice); Anon., ed., *Documente, veacul XVI*, iii, 360–1 ('pentru slujba sa dreaptă şi credincioasă, ce ne-a slujit'). **[4]** Anon., ed., *Documente, veacul XVI*, iii, 199 (postelnic), 441–2 (Benedetto 'ceaşnic' [= cup-bearer], 20,000 *akçes*); Anon., ed., *Documente, veacul XVII*, ii, 201–2 ('ceaşnic'); Venturini, 'La famiglia', 374 (Cristoforo in Moldavia from 1588); Pippidi, *Hommes*, 145 (Cristoforo member of council); Pippidi, *Tradiţia*, 253 (Cristoforo 'paharnic' [= ceaşnic], Bernardo Borisi interpreter 1587); Luca, *Dacoromano-Italica*, 110 (Bernardo, property); *HD*, xi, p. lxv (Bernardo, mission); Wood, ed., 'Mr. Harrie Cavendish', 19 ('Barrysco'). The suggestion (*HD*, xi, p. xlvii, and Caproşu, 'Creditul', 114–15) that Bernardo Bruti was the 'Bernat' who was governor of Neamţ under Iancu Sasul in 1580–1 (see Anon., ed., *Documente, veacul XVI*, iii, 133, 169) seems very doubtful, on grounds of age and chronology. **[5]** Tadić, *Dubrovački portreti*, 349–68 (Nadali); ASVat, Segr. Stato, Germania, 95, fo. 198r ('ch'io non hò mai mancato sì in Turchia come in questo paese di far ogni sorte di buon officio per introdur' persone di essemplar' uita et buona dottrina, et estirpar questa maledittione di heretici se per me se potesse dal mondo non che da queste parti', 'falso ep[iscop]o'), 198v ('la longa seruitù mia fatta à S. Chiesa si in liberar schiaui come in altre cose'). In 1578 Nadali had written to the Grand Duke of Tuscany from Istanbul, offering intelligence: Sola, *Uchalí*, 275. **[6]** Madonia, *La Compagnia*, 179–8 (Possevino, seminaries); Halecki, *From Florence*, 197–200 (Vilnius), 210–11 (Possevino in Moscow). **[7]** Hofmann, 'Griechische Patriarchen', 228–40 (Cellini's mission); Sokołowski, ed. and tr., *Censura* (Jeremias's document); Cichowski, *Ks. Stanisław*, 137–9, 140(n.) (Sokołowski–Nadali link); Halecki, *From Florence*, 196 (Gregory XIII), 215 (further missions to Jeremias, deposed). **[8]** Bolognetti, *Epistolae*, ii [= vi], 291–2 (initiative, Petru pro-Catholic, Mihnea's mother's family), 350 (letters, known in Moscow); Karalevskij, 'Relaţiunile' (1913), 184–6, 187–8 (texts of letters to voivods). **[9]** ACGH, MS Hist. 145, fos. 239v, 240v (Mancinelli at Seminario); BNC, MS Gesuiti 7, fos. 89v ('profanata da Ministri luterani, che spesso ueniuano in quel luoco per seruitio dell'artigiani, che sono quasi tutti Tedeschi, ouero Vngari luterani'), 90r (Lutheran ministers banned); Alzati, *Terra romena*, 273–4 (Komulović mission). On the growth of Protestantism in Moldavia see Weczerka, *Das mittelalterliche*, 176–91, Szakály, 'Grenzverletzer', 286–9, and Crăciun, *Protestantism*. **[10]** Kotarski and Kumor, 'Solikowski'; Woś, *Annibale*, 10 (family), 18 (mission as nuncio), 110–11 (details of Solikowski news of May 1587); Theiner, ed., *Vetera monumenta*, iii, 5 ('conforme gli santissimi decreti del santissimo Concilio Tridentino', 'tutte le cose necessarie'). **[11]** Shmurlo, *Rossiia*, ii, 428 (Pope to Petru); Veress, ed., *Documente*, iii, 108 ('ridotto molto numero di persone al culto de la fede cattolica', 'intrate ecclesiastiche'), 126 ('mandare suoi ambasciatori a dare obedienza a Sua S[tà] come le cose di questo regno fossero state quiete'); ASVat, Segr. Stato, Polonia, 26, fo. 52r ('uedendo io con quanto ardore s'adopra nel seruitio del s:[to] Dio'); Theiner, ed., *Vetera monumenta*, iii, 14 (request for son, 'deffensor et protetor della Chiesa Romana contra gli Eretici'), 15 (request to nuncio); et-Tamgrouti, *En-nafhat*, 65 ('se met à genoux, le reçoit des deux mains et le place sur sa tête, afin de montrer le cas qu'il fait du présent, ainsi que son respect pour le donateur'); Benda, ed., *Moldvai Csángó-Magyar*, 82 (Bruti to Montalto, Jan. 1588). **[12]** Theiner, ed., *Vetera monumenta*, iii, 50 ('eximia pietas, ardens studium et zelus . . . incredibilis', 'ut Sacrosanctam Catholicam Religionem non solum in terris Moldaviae, sed etiam in plerisque aliis Provinciis Turcarum potestati subiectis plantet, ac e vestigio in libertatem asserat et dilatet'), 94 ('protettore general delli Catolici in questi paesi et Turchia', 'ambicione'), 192 (spent own money, 'servir et sacrificarmi nel servitio della santa Chiesa, come hanno fatto mio padre et il R[everendissi]mo Arcivescovo d'Antivari mio zio, quali sono morti per mano d'infideli'); Shmurlo, *Rossiia*, ii, 462, 468 (2 villages), 479 ('Ingenue dico, me nullam hisce in rebus posse subolfacere fraudem'), 492 ('non . . . volgare'). **[13]** Shmurlo, *Rossiia*, ii, 471 ('Et perche veniamo informati, che quel principe si accomoda a i tempi, et mostra di volere essere catholico forse più per timore, che ha di essere cacciato di stato dal Turco, che per naturale inclinatione, V.S. ci vada avvertita, et osservi minutamente tutto quello che passa'); Völkl, *Das rumänische Fürstentum*, 30 (quasi-autocephalous); Maxim, *L'Empire*, 83–90 (period under Ohrid); Benda, ed., *Moldvai Csángó-Magyar*, 94 ('non agnoscunt patriarcham Constantinopolitanum'); Shmurlo, *Rossiia*, ii, 462–3 ('quodam monacho graeco'); Theiner, ed., *Vetera monumenta*, iii, 91 (Solikowski, Apr. 1589); Halecki, *From Florence*, 287–310 (Ruthenian Uniate agreement). **[14]** Weczerka, *Das mittelalterliche*, 192 (political ploy); Mesrobeanu, 'Rolul', 187–8 (Movilă family); Anon., ed., *Documente, veacul XVI*, iii, 181–2 (exile in Poland); Bulboacă, *Bartolomeo Brutti*, 40–1 (role of Gheorghe as Metropolitan); Zach, 'Bemerkungen', 42–5 (low status, influence); Karalevskij, 'Relaţiunile' (1913), 201 ('Palatinum et Metropolitas ipsos tum proceres atque adeo populum universum'). On Petru's Uniate tendency see also Bârlea, *De confessione*, 43–5, and Alzati, *Terra romena*, 209–10. **[15]** Benda, ed., *Moldvai Csángó-Magyar*, 92 ('Inventus est in ea frater D[ni] Bruti, qui nos ad domum ejus deduxit', 'supervenit nepos D[ni] Bruti cum curru, ut sequenti die in castra veniremus', 'qui nobis, postquam cibo refecti sumus, tentorium suum pro hospitio concessit, cum tapetibus in terra, more turcico', 'tympanis et tubis turcicis ac hungaricis'); Shmurlo,

Rossiia, ii, 442–3 (settled in Roman), 448, 462 (seminary), 468 (gave villages). The brother was probably Bernardo, and the nephew Bernardo Borisi. **[16]** György, 'A kolozsvári római katolikus', [ch. 1] (expulsion from Cluj); Lukács, ed., *Monumenta antiquae*, iii, 313 (Transylvanian Jesuits welcomed); Shmurlo, *Rossiia*, ii, 472–3 (Şchiopul decrees), 476 ('se habbiamo perso Transilvania Iddio ha dato l'acquisto di Moldavia, et con questa provincia forsi metteremo li piedi in Transilvania'), 488–91 (Bruti letter on Jesuit activities; 491: 'broccato turchesco de quelli che portano li grandi dell' imperio Ottomano', 'poichè a me dalli signori Ottomani non solo questo ma molti come questo mi hanno dato per [lisciarmi]'); Wood, ed., 'Mr. Harrie Cavendish', 19. **[17]** Theiner, ed., *Vetera monumenta*, iii, 13 ('molestias a Turcis et Tartaris'), 93–4 (Bruti to di Capua, 31 Oct. 1589), 176 ('disturbi continui', 'longhi viaggi', 'quando credevo metermi in camino per venir à Roma à basiar li santissimi piedi di N.S. per nome dell' Ill[ustrissi]mo Principe di Moldavia'); ASVat, Fondo Borghese III 72a, fo. 308v ('gli mei pericoli le mie gran fatiche per non nominare le gran spese fatte per gloria di Dio'). There is one report of Petru sending an Orthodox bishop to Rome at the end of 1588 to perform the submission, but nothing else is known of this: Czubek, ed., *Stanislai Rescii diarium*, 247. **[18]** Shmurlo, *Rossiia*, ii, 433 (Montalto promise, May 1588), 475 ('il quale non è solito di darsi, se non a principi grandi, o a popoli et nationi potenti'), 488 (Montalto to di Capua, agreeing); Karalevskij, 'Relaţiunile' (1913), 206 (Montalto to Solikowski, agreeing); ASVat, Segr. Stato, Polonia, 26, fo. 399v (established under 10); Theiner, ed., *Vetera monumenta*, iii, 177 ('di anni 12 in circa'). **[19]** Maxim, 'Haraciul' (increase); Filitti, *Din arhivele*, ii, 47 (extra payments, Iancu's debts, 'tributo secreto', *çavuş*es); Caproşu, 'Creditul', 108–10 (borrowing, janissaries; cf. Luca, *Dacoromano-Italica*, 20); BNF, MS Français 16,144, fo. 38v ('auoir a faire part ch[ac]un an a ces principaulx ministres de plus du tiers de leur reuenu & estat po[ur] les co[n]tinuelles nouuelles mangeryes sur les annuelz enchérissements de leurs competiteurs'); Mureşan, 'L'Émergence', 123 (coronation); *HD*, iv(2), 147 ('inventione ridicole'). **[20]** Macůrek, *Zápas*, p. iv (contested, defeated, Aldobrandini mission); Ciobanu, *La cumpănă*, 64 (Cossack raids, Habsburg role); Ureche, *Letopiseţul*, 204 (Cossack attack, Nov. 1587); Ciurea, 'Relaţii', 37–8 (Cossack raids, Sultan's complaint); Bodl., MS Tanner 79, fo. 76r ('vetustum . . . foedus'); Niederkorn, *Die europäischen Mächte*, 471 (Ottomans suspicious); Madonia, *La Compagnia*, 255–6 (Jesuit education), 257–8 (secret negotiation); *HD*, Supplement, ii(1), 296–7 (Snyatyn). **[21]** ASF, Miscellanea medicea, 101, 31 (intelligence from Poland: I am very grateful to Andrei Pippidi for letting me see his transcription of this document); Lepszy, ed., *Archiwum*, iv, 227 ('sie łaskawej przyjaźni WM. zalecam'); *HD*, Supplement, ii(1), 294–5 (mediation); Veress, ed., *Documente*, iii, 141–3 (mission); Shmurlo, *Rossiia*, ii, 467 ('affirmar le confederationi qualli sono tra questo regno di Polonia et Moldavia'). **[22]** *HD*, iv(2), 139–40 ('persona altratanto divota di quella Serenissima Republica quanto discretta et prudente'); Theiner, ed., *Vetera monumenta*, iii, 143 ('il Bruti è in molta autorità essendo suo cugino questo Sinan Bassa, che al presente è fatto primo Visire. Et quando ultimamente alli 20 di Giugno era tornato da Constantinopoli tutta la nobilità di quella Provincia l'era uscita all'incontro, et il Principe istesso l'havea mandata tutta la sua Corte et fattoli molti presenti, temendo che il Bruti col favore di questo primo Visire voglia esser lui Principe di Moldavia'). **[23]** Stoy, 'Das Wirken' (Graziani); Păun, 'Enemies', 220–3 (Graziani); *HD*, iv(2), 141 (blocked Cercel), 143 (rescinded order), 146 (method to open negotiations), xi, 734 (Imperial ambassador, referring mistakenly to 'Christophoro Bruti', but describing him in a way that clearly implies Bartolomeo); Theiner, ed., *Vetera monumenta*, iii, 93–4 (blocked Cercel, freed slaves). **[24]** *HD*, Supplement, i, 295–8 (suggesting negotiations), 299–302 (more belligerent); Leunclavius, ed., *Neuwe Chronica*, 146 (25–30,000, Tatars routed); Hrushevsky, *History*, vii, 131 (Tatars routed); AGAD, AZ, MS 8, 113 ('donosi o usługach iakie czynił Posłoui Polskiemie tak u Baszy Beglerbeka iako zaluaiąc ... będącym w Konstantynopolu znacznym i potrzebnym osobom – prosi aby ... iego przychilność i dalszą chęć do usług tak w woynie iako i w pokoju, Kanclerz Krolowi zaluił – namienia wreszcie aby Kanclerz Turkom nie zapełnie zauierzał'); TNA, SP 97/2, fos. 3(a)r (arrival), 6r (broken leg, house arrest), 7r–v (death, 2 sent back (*HD*, iv(2), 148 gives a different dating)), 11r (60 days). **[25]** Shmurlo, *Rossiia*, ii, 491–2, 498–9 (Bruti movements, Iaşi); ASVat, Segr. Stato, Polonia, 26, fo. 399r (Bruti movements); Venturini, 'La famiglia', 379(n.) ('in Nobilissimo Aepiri [= Epiri, from 'Epirus', the preferred humanist term for Albania] Regno, Nobilissimis Parentibus Natus', 'Nobis, Regno, hominibusq[ue] Nostris omnia summa officia semper praestit', 'interponendo'), 380(n.) ('maximis in rebus consilio', eagle); Pippidi, 'Tre antiche casate', 64 (arms in Koper). **[26]** TNA, SP 97/2, fos. 19v (report of 16 May), 21v (arrival in Istanbul 29 May); *HD*, Supplement, i, 295–8 (suggesting negotiations), 299–302 (more belligerent), 309–15 (corresponding via Petru); AGAD, AZ, MS 649, no. 28, 70 (19 May, 'Nos amicos n[ost]ros et inimicos n[ost]ros benè scimus. Regum illorum Legati in excelsissima et splendissima Porta continui adsunt et tributa muneraq[ue] consueta sine deffectu aliquo in tempore adferunt, sine dubio, si aliqui huiusmodi tumultus essent illorum Legati significarent'). **[27]** TNA, SP 97/2, fos. 25r (Polish request, reasons for accepting); Coulter, 'Examination', 64 (English supplies from Poland). **[28]** Vella, *Elizabethan–Ottoman* (Malta); de Foix, *Les Lettres*, 320 (Malta); Bodl., MSS Tanner 77, fos. 2r, 4r (disrupting), Tanner 79, fo. 93r (disrupting); Ágoston, '*Merces*', 183–6 (tin, weapons); Charrière, ed., *Négociations*, iv, 624–5 ('Idolatrae'); Pedani, ed., *Relazioni*, 371 ('se bene per avanti la regina d'Inghilterra era da loro poco stimata come donna e padrona di mezza un'isola solamente, niente di meno hora fanno molto conto d'essa, vedendo che ha havuto ardire di mover guerra offensiva al re Cattolico e perché da ogni parte intendono le sue molte forze per mare'). On Harborne see Rawlinson, 'Embassy', and Skilliter, *William Harborne*; on Barton see Podea, 'Contribution', and Skilliter, 'Turkish Documents'. **[29]** *HD*, iv(2), 152 (deal); Ciobanu, *La cumpănă*, 68 (deal); ASVat, Segr. Stato, Polonia, 26, fo. 409r (100 bundles); TNA, SP 97/2, fo. 25v (Barton report). **[30]** TNA, SP 97/2, fos. 39r (Bruti to Queen, 29 Aug.: 'l'auttorita del suo S[r] Ambassador et mia diligentia', 'triompho'), 43r (Queen to Bruti: 'sommamente desideramo che si offerisca l'oportunita et occasione di mo[n]stra[r] buona affettione verso di V. S. & Vostro Principe'); Tappe, ed., *Documents*, 50 ('fidellissima et perpetua amicitia', 'fidellissime servitù', 'per la sua grandezza et confussion delli sui inimici'); Iorga, 'Les Premières Relations', 562–7 (merchants via Moldavia); Demény and Cernovodeanu, *Relaţiile*, 21–2 (privilege); Carnicer and Marcos, *Espías*, 183 (Spanish retainer). **[31]** Popović, *Turska*, 351–61 (Ine Han crisis); Biegman, *Turco-Ragusan*, 61–3 (Ine Han crisis); DAD, LCL, 37, fo. 75r ('Ci è venuto à notitia, che il bruti, il quale staua in bogdania appresso quel principe, è stato autore delli garbugli, che ci hà mosso l'enecano, ò almeno suo fautore, et che l'enecano si è aiutato del suo fauore appresso il Sr Sinan bassa', 'parlategli, e pregatelo, che non voglia vsar questi termini di cattiui offitij contra di noi, ma più presto contra l'enecano, p[er]che la casa di bruti sempre si è trattenuta con noi in molta amicitia, et il suo padre hà riceuuto da noi molti s[er]uitij in molte occasioni'). **[32]** Radonić, ed., *Dubrovačka akta*, ii(2), 569 ('li quali sono stati della lingua nostra'). **[33]** *HD*, iv(2), 152 (departure from Istanbul); Talbot, ed., *Elementa*, 95 ('quorundarum vicinorum nostrorum'), 151 (Wilcocks report); ASVat, Segr. Stato, Polonia, 26, fos. 409r–v, 414r (di Capua), 467r ('Il S.^{re} Bartholomeo Bruti alli 10. di questo partiua da Varsouia per Leopoli, doue hauerebbe aspettato l'Ambasciador Polacco, che deue andare in Constantinopoli con li Zibellini per confermare la pace'); AGAD, AZ, MS 770 (Bruti to Zamoyski, 14 Mar. 1591). **[34]** *HD*, xi, 216 ('habet in Istria Venetorum bona, et ibi suos filios; cuperet se recipere in Istriam archiducalem et paulatim ex Moldavia subducere'), 217 (second envoy's report); ASVat, Segr. Stato, Polonia, 24, fo. 291v ('Quel Bartolomeo Bruti . . . che s'offeriua prontam.^{te} di ser.^{re} in Constantinopoli in ogni occa.^{ne}, et à S. M.^{ta} Ces.^{a}, et al Re n[ost]ro Sig.^{re} tiene m.[ol]^{ta} strettezza con Sinan Bassa p.^{o} Uisier et per q.^{to} rispetto l'Amb.^{re} d'Ingiltera, che resiede in Costantinopoli si stringe m.^{to} con esso Bruti cercando di ualerse di lui, et esso Bartolomeo Bruti s'offeriua in part.[icola]^{re} di dare aduertimento a chi hauessero ordinato li ministri di Re n[ost]ro Sig.^{re} di tutto quello, che trattaua la pretenza Regina d'Ingliterra appresso il Turco, et credo, che l'haurebbe fatto compitam.^{te} mostrandosi buon Catt.^{co}, et desideroso ser.^{re} a q.^{ti} Ser.^{mi} P.^{i}'). The first of the two envoys asked Bartolomeo if it was true that he was related to Sinan; 'he laughed and said, "so people say; each of us is an Albanian"' (*HD*, xi, 216: 'Risit: "Ita," inquit, "dicunt, uterque nostrum Epirotum esse"'). He was surely playing down his connection here, for fear that he might be suspected of being an Ottoman agent. **[35]** *HD*, xi, 231 ('è desiderosissimo di far qualche servitio a Sua Maestà Cesarea, et ch'hà desiderio di liberarsi dalla servitù turchesca'); Barwiński, ed., *Dyaryusze*, 5 ('der umb gar viel des Kanzlers geheime practicken wais und etzliche seiner aignen hand original documenta bey händen hat'); Macůrek, 'Diplomatické poslání', 100 ('wunderliche sachen offenbaret'), 101 ('Disen Brutus kan die Kay. M^{t} sovil leichter an sich bringen, weyl er ohne das von seinem herrn sich losmachen begert und sich des orts nit lenger vertrawt, wan er nur anderwo unterhalt und schutz haben kan'). **[36]** *HD*, xi, pp. lxxiv–lxxv (Mihnea, Cossacks, accounts, departure); Danişmend, *Osmanlı devlet* (Sinan dismissed 1 Aug.); Veress, ed., *Documente*, iii, 330 (15 Aug.); *HD*, iv(2), 156–7 (bailo's report; 157: 'grossa quantità d'oro'). **[37]** David, *Petru Şchiopul*, 148 (400,000); Păun, 'Enemies', 228–30 (Aron's backers); Dursteler, *Venetians*,

139–41 (Mariani); TNA, SP 97/2, fos. 188r (1592 note), 277r (Wilcocks report). The Hussites were proto-Protestants from the Czech and neighbouring lands; many had fled into Moldavia in the 15th century (see Weczerka, *Das mittelalterliche*, 173; Alzati, *Terra romena*, 249–51). **[38]** Luca, 'Veneziani', 258 ('per suspicione', castration); Ureche, *Letopisețul*, 205–6 ('prădarea ... sătura de curvie, de jocuri, de cimpoiaş', mercenaries, etc.); *HD*, iv(2), 161 (tax revolts), 162 ('con ignominia'); Apostolescu, 'Un aventurier', 573 (state treasurer); Bulboacă, *Bartolomeo Brutti*, 64(n.) (7 weeks, nose, strangled); Bielski, *Dalszy ciąg kroniki* ('dał utopić na Niestrze'); Guboglu and Mehmet, eds., *Cronici*, 364–5 (uproar). **[39]** Bulboacă, *Bartolomeo Brutti*, 86 (plotting for return), 87 (Pope's letter); *HD*, iv(2), 162 ('con ignominia', forged letter), 163 (30,000 ducats), xi, pp. lxxxi (involved in revolt), 253 (family expecting 'in dies'), 756 (30,000 scudi); Heidenstein, *Rerum polonicarum*, 296 ('non aliam ob causam tantum ob non exsolutionem debitorum, quae contraxit, dum Palatinum illum occuparet').

第十九章　克里斯托福罗 · 布鲁蒂与译员家族

[1] Luca, *Dacoromano-Italica*, 108 (giovane di lingua 1579); Albèri, ed., *Relazioni*, ser. 3, ii, 416–17 (50 ducats); Lucchetta, 'La scuola', 20 (50 ducats); ASVen, CCD, Dispacci (Lettere) di Ambasciatori, busta 5, item 156 (lodged with secretary, standard rate, 'questo è giouene studioso, che farà proffitto, et presto'). **[2]** ASVen, CCD, Dispacci (Lettere) di Ambasciatori, busta 6, item 1 ('col mezo de missier Cristoforo bruti che sta qui in casa ad imparar la lingua turca ho molti et importanti avisi delle cose de Persia praticando egli assai familiarmente col nepote de Sinan bassa et con altri grandi de casa et spero che venendo a questa porta Sinan mi sara anco de magior comodo havendo grandissime intrature suo fratello et lui in casa del bassa'); Albèri, ed., *Relazioni*, ser. 3, iii, 248 (Albanian etc., 'dell'amicizie che egli ha in Costantinopoli di grandi'); Luca, *Dacoromano-Italica*, 19 (200 ducats). The family tree in Venturini, 'La famiglia', gives Cristoforo's date of birth as 1568, but it is unlikely that he would have been accepted as a giovane di lingua at 11; Lorenzo Bernardo's report of 1592 said he was aged 28–30 (Albèri, ed., *Relazioni*, ser. 3, ii, 415), so perhaps Venturini's '1568' was an error for '1563'. **[3]** Veress, ed., *Documente*, ii, 230 ('ritrovandosi ancor lui nell'istessa gratia, et intratura col Mag[co] primo Visir'; in this report Cristoforo is mistakenly called Bartolomeo's son); ASVen, CCD, Dispacci (Lettere) di Ambasciatori, busta 6, items 51 ('perche oltre che è già molto innanzi nella lingua Turca, è anco di così buon giudicio, et tanto ardente nel suo seruitio, che si può prometter di lui ogni fedeltà, sincerità, et dilig.[a] oltre che se ritornasse il Mag.[co] Sinam nel suo primo luogo, saria questo giouane instrum.[to] attissimo di far nelle occasioni fruttuosi, et segnalati seruitij alla ser[tà] v[ost]ra'), 63 ('q[uest][o] bruti si adop[er]a co[n] molta satisfattione mia et b[e]n[e]ficio publico In tutti li negotij che mi occorreno trattar con questi fauoriti del bassa essendo da loro molto amato, et possedendo la lingua turchescha assai bene, onde si puo sp[er]ar che In breue tempo habbia ad esser p[er]fetto In parlar et scriuer turcho però essendo egli pouero, et hauendo perso il padre, et tutta la robba, et facoltà in seruitio de quel Ser.[mo] D[omi]nio per conscienza son sforzato di raccommandarlo, come faccio, con molto affetto à V. Ser[tà]'). **[4]** Albèri, ed., *Relazioni*, ser. 3, iii, 247 ('il servizio de' suoi proprii è più vantaggioso e con più dignità pubblica che quello de' sudditi turcheschi, perchè quelli non temendo li rispetti parlano con ardire, mentre li turchi temono farlo'); Lucchetta, 'La scuola', 19–20 (1551 decree, other ports); see also Palumbo Fossati Casa, 'L'École'. For examples of using the cozza as a dragoman see Albèri, ed., *Relazioni*, ser. 3, ii, 186 (1576); Seneca, *Il Doge*, 273 (1595). **[5]** Miović, *Dubrovačka diplomacija*, 109(n.) (Dubrovnik, 1558); Majda, 'L'École', 124 (Poland); von Hammer, *Geschichte*, iii, 776–7 (Imperial Ambassador, 1568); Gerlach, *Tage-Buch*, 32–3 (Imperial dragomans); Pippidi, 'Drogmans' (France); Séraphin-Vincent, 'Du drogman' (France); Wood, *History*, 226–7 (England). **[6]** Lucchetta, 'La scuola', 22 (1558 argument, 'credo cierto che li Bassà non li haveriano grati et forsi non li admetteriano'), 23 (5 years not enough), 24 (1577 suggestion to send cozza to Venice); Sola, *Uchalí*, 319 (Colombina); Albèri, ed., *Relazioni*, ser. 3, ii, 418 ('come se questo fusse un seminario o collegio per allevare poveri figliuoli a spese pubbliche', 'la libertà del vivere tuchesco, la lussuria di quelle donne turche, colli corrotti costumi delli rinegati, avriano forza di far di un santo un diavolo'); ASVen, CCD, Dispacci (Lettere) di Ambasciatori, busta 4, item 159 (1575 suggestion to send cozza to Venice, 'alcuni dragomani Turchi'), busta 6, items 99–104 (relationship with barber). **[7]** Lucchetta, 'La scuola', 22 (Cernovicchio), 23–4 (deaths, illness); ASVen, Dispacci, Costantinopoli, filza 7, fos. 111v, 513r–v (Hürrem Bey); Albèri, ed., *Relazioni*, ser. 3, ii, 419 (sons of Perots); Žontar, 'Michael Černović' (Cernovicchio biography); Lesure, 'Michel Černović' (Cernovicchio biography); Lamansky, *Secrets*, 70–3 (orders about Cernovicchio); Floristán Imízcoz, ed., *Fuentes*, ii, 596, 624 (Cernovicchio remained in Istanbul). On Cernovicchio (whom, in 1567–8, the Emperor planned to send as an envoy to Persia: von Palombini, *Bündniswerben*, 91–3), see also von Betzek, *Gesandtschaftsreise*, 29; Müller, *Prosopographie*, ii, 174–83. **[8]** ASVen, CCD, Dispacci (Lettere) di Ambasciatori, busta 6, items 127 ('resterei priuo di quel sicuro, et fedel incontro, ch'è necessario à hauer molte uolte in Casa'), 153 ('la sua stretta pratica In seraglio dalli qual non si può deuiarlo, et Il suo parlar Incauto, et maligioso'); Albèri, ed., *Relazioni*, ser. 3, ii, 420 (remark about secrecy); Lamansky, *Secrets*, 103–5 (orders about Salvego, 'in tempi di freddi et giacci'); ASVen, Dispacci, Costantinopoli, filza 13, fo. 468r ('estando a tauola con Dragumanni et renegati ragionaua tutto quelo io aueua ragionato secho'). The Salvego family had a particular hold on the baili, as the bailo's house in the leafy suburb of Pera belonged to them (Simon, 'Les Dépêches', i, 281). **[9]** Simon, 'Les Dépêches', i, 280–1 (3 dragomans); Albèri, ed., *Relazioni*, ser. 3, ii, 413, 415 (3 dragomans); Bodl., MS Tanner 79, fos. 150r (list of 3 English dragomans), 179r ('Mustafa a chaouce', quotations describing tasks of dragomans). **[10]** Simon, 'Les Dépêches', i, 281–2 (port dragoman's commission, tax on merchants paid half cost); Rothman, 'Interpreting',

779–80 (Venetian–Perot mixing). **[11]** Albèri, ed., *Relazioni*, ser. 3, iii, 248 ('massime nell'ascoltar quelli che m'avvisano le cose che occorrevano per giornata, e che favorivano li negozj che mi bisognava trattar a quella Porta'); Luca, *Dacoromano-Italica*, 19 (Michieli); Pedani, ed., *Relazioni*, 391 (temporary replacement); Pedani and Bombaci, *I 'documenti'*, 243 (paid tribute). **[12]** ASVen, Dispacci, Costantinopoli, filza 26, fos. 328v–329r, 362r, 369r–v, 370r (Scarvoli case; 328v: 'dragomano, et commesso del Bailo'; 370r: 'molestato'), Senato, Deliberazioni, Costantinopoli, registri, 7, fo. 76r–v (lobbying, Benveniste, official complaint); Pedani, *In nome*, 175 (Ömer, Ibrahim); Predelli *et al.*, eds., *I libri*, vii, 48–9 (Sultan's letter). On Scarvoli see also Pedani and Bombaci, *Inventory*, 95, 102–3, 113, 119, 125. **[13]** de Leva, ed., *La legazione*, i, 181–3(n.) (Hasan's family background); Fabris, 'Hasan' (Hasan's career); Asín, 'La hija', 281–5 (Cervantes and Hasan). **[14]** de Castro, *O Prior* (Don Antonio biography); de Queiroz Velloso, *O interregno*, 197–9 (acclamation, threat); Charrière, ed., *Négociations*, iv, 489(n.) (Mendes); Bodl., MS Tanner 78, fo. 40v (Harborne report). **[15]** ASVen, Dispacci, Costantinopoli, filza 26, fos. 194r–195r (Bruti conversation, 'cauare danari co' li quali potessero acquestarsi la gratia del Gran sig.r', visits to Arsenal), 202r–v (English agent, plan). **[16]** ASVen, Dispacci, Costantinopoli, filza 26, fos. 372r ('molti sudditi Turcheschi', Cassain, vessel seized), 402r (petitions), 402v, 403v (meeting in Kotor), 406r (*çavuş* and *sancakbeyi*), Senato, Deliberazioni, Costantinopoli, registri, 7, fos. 106r–107r (instruction to Cristoforo; 106r: vessel seized, 2 boys enslaved), 128r (Senate to bailo, 24 May: 10 arrested, released, need to apply to Sultan again). **[17]** Venturini, 'La famiglia', 373–4 (instruction, as from Doge (misdated '1583'; the Doge, Pasquale Cicogna, was elected in 1585), 'in [Bogdania] appresso tuo Fratello'); ASVen, Senato, Deliberazioni, Costantinopoli, registri, 7, fos. 106r–107r (same text, as from Senate; fo. 107r: 100 ducats). **[18]** Börekçi, 'Factions', 175–91 (Doğancı Mehmed's career), 193 (change of Grand Viziers); Boyar and Fleet, *Social History*, 91–2 (death of Doğancı Mehmed); Brookes, ed. and tr., *Ottoman Gentleman*, 26 (Mustafa Ali). For a dramatic description by an Albanian janissary of the killing of Doğancı Mehmed see Crescentio, *Nautica*, 478. **[19]** Brown, *Studies*, ii, 29–32 (Leoni affair); Villain-Gandossi, 'Contribution', vol. 28, 30–31 (decree); Dursteler, *Renegade Women*, 25 (links with household); Foster, *Travels*, 14 (Sanderson); Pedani and Bombaci, *I 'documenti'*, 227 (Turkish document, misdated A.H. 989 but surely 996 (from Mehmed, who became *beylerbeyi* in Oct. 1584 (A.H. 992))). On Leoni see also ASVen, CCD, Dispacci (Lettere) di Ambasciatori, busta 6, item 128 (Leoni's 2 ships taking grain to Corfu and Venice, 1592); Dursteler, 'Commerce', 117 (trading with Hamza *Çavuş*, 1599–1600). **[20]** *HD*, iv(2), 163 (tribute-collector); Pippidi, *Tradiţia*, 253 ('paharnic'); Iorga, *Ospiti*, plate facing 121 (5 May payment). A contemporary reference to Cristoforo going on a mission to invite the Poles to send an envoy to Istanbul in late 1589 is probably an error for Bartolomeo: see above, 509, n. 23. **[21]** Predelli *et al.*, eds., *I libri*, vii, 56 (Nov. in court, Dec. translation); Stefani, ed., 'Viaggio', 7, 13–14 (Bernardo mission, charge against Lippomano); Coco and Manzonetto, *Baili*, 53 (25 June 1591 departure, drowning); Albèri, ed., *Relazioni*, ser. 3, ii, 415 ('è giovane di ventotto in trenta anni, entrante, pratico della Porta, pronto, ardito, vivo, istruito per dragomanno grande in tempo mio; hora non ha carico particolare, onde si è applicato a qualche negozio di gioie, formenti ed altro; ma quando, lasciati (come si conviene) questi negozj, si applicherà tutto al servizio pubblico, potrà esser di molto beneficio, e darà molta satisfazione alli baili, perchè ha buonissima lingua turca, greca, italiana, schiava, bogdana e albanese'); Hrabak, 'Kuga', 33 (plague); *HD*, iv(2), 163 (bailo's report on death). **[22]** Pedani, ed., *Relazioni*, 392 ('Questo ha un suo nipote che è venuto ad accompagnarmi in questa città; sa la lingua turca, albanese, schiava e franca come sua naturale, ha principio della lingua greca et impara a legger e scriver turco et è soggetto del quale la Serenità Vostra può molto sperare in servitio suo'); Predelli *et al.*, eds., *I libri*, vii, 56 (acting in court); Albèri, ed., *Relazioni*, ser. 3, ii, 416 (Bernardo report on 1591 visit); Luca, *Dacoromano-Italica*, 114–15 (doubled salary, career); Pippidi, *Hommes*, 147–8 (1600 report, career); Villain-Gandossi, '*Giovani*', 37 (mediocre); Dursteler, *Venetians*, 147–8 (Pirons); Rothman, 'Between Venice', 256 (Olivieri); Luca, *Ţările*, 82 (suspicions, execution); Pedani, *Venezia*, 163 (suspicions, execution); Luca, 'Il patrizio', 87–9 (Graziani negotiation); Mesrobeanu, 'Nuovi contributi', 198 (revolt). **[23]** Luciani, 'Relazioni', vol. 7, 102 (captain); Anon., 'Senato Mare', 98 (permission 1602); Luca, *Ţările*, 84(n.) (Wallachian career); Stoicescu, *Dicţionar*, 352 (Wallachian career); Luca, 'Veneziani' (travels, commerce). **[24]** du Fresne-Canaye, *Le Voyage*, 252 (*bezistan*); Lubenau, *Beschreibung*, 177–9 (*bezistan*); Almosnino, *Extremos*, 18 ('grandissimos señores'), 19 (riches to poverty); Luca, 'Aspetti', 257, 264 (Francesco's debt); Iorga, 'Contribuţiuni', 100 (son entrusted to Brutis), 102(n.) (letter in Greek referring to 'Miser Pernardos'); *HD*, xi, 253 (moved to Venice). It is possible, but doubtful, that 'Pernardos' was Bernardo Bruti, brother of Bartolomeo; there is one reference to him coming from Venice in 1593 (*HD*, xi, 339), but that seems to be a confused reference to Antonio Bruni (see below, 515, n. 4). **[25]** Luca, *Dacoromano-Italica*, 110–12 (Bernardo, Bartolomeo, Cristoforo), 134 (Bernardo); Bertelè, *Il palazzo*, 415 (Bernardo/Barnaba); Pazzi, *I cavalieri*, 177 (Barnaba knighted); Luca, 'Venetian Merchants', 310–11 (Cristoforo); Barozzi and Berchet, eds., *Le relazioni*, 250–3 (Bartolomeo arrived 1612, list of dragomans, Navons); Rothman, 'Interpreting', 778 (Borisi–Navon marriage, son). **[26]** Pippidi, 'Tre antiche casate', 68–9 (Tarsia marriage, Cristoforo); Cherini and Grio, *Le famiglie*, 203 (Tarsia family); Gürçağlar, 'Patterns' (first portraits); Venturini, 'La famiglia', 385–419 (later Bruti family, esp. descendants of Bernardo). There are family trees in Venturini; Pippidi, *Hommes* (at 160–1); Luca, *Dacoromano-Italica*. The fullest genealogy is in Rothman, 'Between Venice', 464; but Rothman has misunderstood the arrangement of Venturini's tree, with the result that she makes Antonio Bruti's children appear twice, as his children and his siblings.

第二十章 流亡大公与他的顾问

[1] *HD*, xi, 237 (letter to Ernest), 238–9 (safe-conduct), 250–3 (Tulln, gifts), 255–62 (Südtirol, Ernest, Ferdinand); Loebl, *Zur Geschichte*, i, 93–6 (renegotiation, Uskoks, Grand Vizier); Hirn, 'Das Exil', 435–6 (Hall), 436(n.) ('ein türkischer Bassa mit etlich hundert Türken'), 437–9 (Bolzano, von Kühbach); de Montaigne, *Journal*, i, 183 ('les rues plus estroites, & point de belle place publicque'). **[2]** Theiner, ed., *Vetera monumenta*, iii, 209 ('Ex litteris tuis atque ex sermone dilecti filii Antonii [Bruni], cui eas litteras et mandata ad nos dederas, cognovimus, quam praestanti voluntate sis, quibusque de causis cupias ad nos venire. Fuerunt illa omnia nobis iucundissima'; Theiner mistranscribes 'Bruni' here as 'Bruti'; *HD*, iii(1), 163 does so as 'Bruti', while *HD*, iii(2), 387 does so as 'Shuni')); Rainer *et al.*, eds., *Nuntiatur*, 41 ('All'istanza fatta dal prencipe cacciato di Moldavia non si vede quasi che risposta si possa dare, se vuol venire a Roma non ha bisogno di passaporto alcuno per Italia', 'per essere egli schismatico et fuori dell'unione di questa chiesa santa'); TLA, MS O. Ö. Geheimer Rat, Selekt Ferdinandea, Pos. 86, fo. 85r ('Cum Sancto Papa habemus familiaritatem Bonam ... Et D[ominu]m quenda[m] ex aula n[ost]ra habebam, nomine Brutus, sepius nam [*sic*: for 'eum'?] ad Papam mittebam, His Preteritis authunis diebus etiam habuj l[ette]ras à Papa, quas nunc etiam teneo sed quando tempus postulat ex fauore M V. concedat mihi uenire romam et iterum redibo'; the Latin here is defective, presumably the work of a member of Petru's entourage). For a comparable case of a Bruti relative being referred to as 'Bruti' although that was not his surname, see the comment on Pasquale Dabri, below, 418. **[3]** AST, AMC, MS 550, fo. 58v (reel 688, frame 149) (overseer); BAV, MS Barb. Lat. 5361, fo. 205r ('quei Tartari, che ordinariamente stanno in quell'angolo della Moldauia, che tra li fiumi [Niestro], et Danubio sino al mare maggiore constituisce li sangiaccati di Bendero, et Achermano'); Soranzo, *L'Ottomanno*, 42 ('Tale è l'informatione, ch'io hò hauuto da quelli, c'hanno veduti i libri della Moldauia, e della Valacchia'). **[4]** Chivu *et al.*, eds., *Documente*, 178 ('i-am dat teriia a lui jupuni Anton Burăni se ghirăiascu, se sicheri, se tocmesche, se fache cumu ştii ma bine panturu časta pera cu Ğiva a Ragozei ... undu-i va tibui şi nainte sivintu pape şi nainte čistit parat cherăştinescu şi naintele čistit dom Herţec Ferdinaru şi nainte alt dom cherăştinescu'), 183 (copy of document, dated 28 May). That Antonio went in May is confirmed by his own letter to Ferdinand of Nov. 1593, saying he had been in the Tyrol for 7 months (*HD*, xi, 774; cf. ibid., 339, referring to Bernardo Bruti but surely meaning Antonio Bruni). **[5]** Anon., ed., *Documente, veacul XVI*, iv, 74–6 (Apr. 1593: hostile witness statements, converted; but cf. Holban *et al.*, eds., *Călători*, iii, 232–3, casting doubt on some claims); Ghinea, 'La Famille', 395 (cousin); David, *Petru Şchiopul*, 217–18 (tax-farm); Caproşu, 'Creditul', 113 (tax-farm); Veress, ed., *Documente*, iii, 331 (thalers), iv, 10–11 (late June, two practitioners), 18–25 (Aug., appeal; 23–4: complaints about witnesses), 37 (final judgment); Iorga, 'Contribuţiuni', 97 (further attempts). Giovanni had also lent 2,000 thalers to Bartolomeo Bruti, on Petru's orders, for buying sable furs for the Sultan; this debt was unpaid (Corfus, ed. and tr.,

Documente, 356). The 1593 litigation was an expensive business: see the listing of Petru's costs in Iorga, 'Documente', 441–2. **[6]** Anon., ed., *Documente, veacul XVI*, iv, 66–7 (letter to Petru), 68 (letter from Petru), 88 (letter from Sinan). **[7]** HHStA, Türkei I, Karton 80, 2nd foliation, fos. 118r–119r (report, 1 June), 227v (report of galley, 19 June); *HD*, xi, 346–7 ('durch ainen genant Bruti an denselben Porten starckh practicieren lasse', 'Sunsten, ist unlangst Ainer, seines Namens Anthonius Bruti, alher zu ermeltem Weyvoda khommen, der ist, mich bedunckht, ain abgefürter verschlagener listiger Khopff; denselben gebraucht er in seinen gehaimen und vertrawten Sachen fur ainen Beystand und Tolmetschen; der soll, wie man sagt, dess zu Constantinopl anwesenden Bruti Vetter und nachender Bluts Freünd sein'), 358 ('durch seinen Tolmetschen (den Brutum)', 'nun khönte ers zwar nit vernainen, dass er dartzue nit ungenaigt, aber doch trawet er den Turckhen nit allerdings'); BAV, MS Barb. Lat. 5361, fo. 204r ('per l' aiuto di Dio, secondariam.[te] per l'auantaggio dell' arme, e della disciplina'); TLA, Hofrat, Journale, Einkommende Schriften (R), 22, fo. 107v (Rossi information). **[8]** *HD*, xi, pp. lxxxiv–lxxxvii (boyars, Poland, Habsburg refusal), 376–7 (Petru's letter to Ferdinand), 418 (Habsburgs favouring Aron); BAM, MS S 102 sup., fo. 44v ('com' io trattai con sua S.[tà] d'ordine suo, et per opera di Antonio Bruni gentilhuomo Albanese'); Filitti, *Din arhivele*, ii, 52–3 (Clement to Rudolf and Ferdinand). **[9]** *HD*, xi, 433 ('Anthonio Bruno in Italien'); TLA, O. Ö. Kammer-Kopialbücher, 475, Gemeine Missiven (no. 103), fo. 425r–v (note of letter sent to Bruni in Koper, 19 Mar. 1594). On 3 Apr. 1594 Antonio was elected to another 'overseer' position in Koper: AST, AMC, MS 550, fo. 114r (reel 688, frame 206). **[10]** *HD*, xi, 437–40 (will), 443–5 (request to go to Rome); Nilles, *Symbolae*, ii, 996–7 ('der allain Ursach seiner yetzigen Pilgerschafft und seines öllends sey, damit Er den Aus der Türggen Tyranney gerissen habe', 'nach dem Kriechischen ritum'; extracts from this document are in *HD*, xi, 524–7); Hirn, 'Das Exil', 440 (burial). **[11]** Hirn, 'Das Exil', 440 (3 guardians, Sigismund's request), 441 (education, death); TLA, MS O. Ö. Geheimer Rat, Selekt Ferdinandea, Pos. 86, fo. 83r (Orthodox church, son to be Catholic); Nilles, *Symbolae*, ii, 1002–6 (education, death). **[12]** Nilles, *Symbolae*, ii, 997 ('das Warbarisch gesindl'); Căzan, 'Urmaşii', 261–3 (the thieves); TLA, MS O. Ö. Geheimer Rat, Selekt Ferdinandea, Pos. 86, fos. 356r (Rossi, 29 Aug.), 358r–359r (Rossi, 2 Sept.), 360r–361v (Rossi, 10 Sept.; fo. 361r: 'mentre uiueua il Vaiuoda non si scoprisse á me per suo Agente, sia altre uolte stato in Cost.[li] Albanese, deriuato da Dolcigno, et per quanto intendo al presente habbi parentela con Sinan', 'non intendo di farne giudicio temerario, ne renderlo suspetto, uedendolo ardentissimo nel desiderare, et procurare il beneficio del figliuolo del Vaiuoda'), 437r (Rossi, 1 Oct.: 'assai ben intentionato'), 440v (500 ducats), 443v ('la Moglie del Sig.[re] Bortolomio Brutti ua Creditrice di 7. m. ducati, prestati da suo Marito al sig.[re] Vaiuoda'). **[13]** TLA, MS O. Ö. Geheimer Rat, Selekt Ferdinandea, Pos. 86, fos. 483v ('Ich sorg . . . Es werden, schrifften Vorhande sein d[a]s d[er] alt[er] herr Sellig Ime Brunj seinen Sun zu Einen Völligen Curatorj Uber Leib vnd gudt statuier dennen fischt Er nach'), 519r–520v (Bruni to Rossi, 20 Oct.), 515r–518v (Rossi, 4 Nov., planning to go to Koper). **[14]** Căzan, 'Urmaşii', 263 (20,000 ducats), 265–6 (recovered); TLA, MSS O. Ö. Geheimer

Rat, Selekt Ferdinandea, Pos. 86, fo. 626v ('altri creditori, fra quali la Vedoua del Bruti'), O. Ö. Regierung-Kopialbücher, Parteibücher, 55, fo. 432r (von Kühbach, Dec. 1597: 'haimblichen Practicken'); AST, AMC, MS 84, reel 124, frame 62 (settlement for 300 ducats); *HD*, xi, 533 ('col nome suo solo et con la segretezza necessaria in tali maneggi, Sua Maestà Cesarea potria riceverne singularissimo servitio, et in Moldavia, et altrove', 'è obligo di buon' christiano di desiderare l'ampliatione dela fede cattolica, con l'esterminio degl'inimici d'essa'), 533(n.) (acting in prince's interests). **[15]** *HD*, xi, 477 ('Călătorii ale lui Bruni, mort la sfârşitul lui Iulie, la Triest'); AST, AMC, MS 551, fo. 58v (reel 689, frame 93) ('intendendosi che cosi nella patria del Friuli, come nella Città di Graz luochi troppo uicini detto male fà progresi lacrimeuoli'). To my own searches were added the painstaking efforts of Michaela Fahlenbock, of the Tiroler Landesarchiv, to whom I am very grateful. **[16]** Cherini and Grio, *Le famiglie*, 173 (Pola family); Barbarano, *Historia*, iv, 152 ('un Vecchio molto dotto, e venerando'); PAK, MS KP 6.1, item 91, item 4, 1st page, verso ('recuperino quanto p.[a] il Torchio da oglio, che possedono li SS.[ri] Borissi, et che recuperato, no[n] possino mai più p[er] qualsiuoglia causa reconcederglilo, essendo tanto congionti insieme la casa, et esso Torchio', 'm.[ol][to] ill[ust]re S. Caualiere Barnabà Bruti suo nepote, et figl.[lo] del m.[ol][to] Ill[ust]re Capitano Giac.[o] Bruti suo germano'), 2nd page, verso ('uechi sempre i[n] suo seruitio, et p[er] quelli seruitù, che essi suoi uechi gli p[re]starono, mentre gli fecero uenire i[n] mano la Città di Dulcegno sua Patria natiua'); above, 25 (de Nicho). The will is now divided into items 3 and 4; despite some variation in handwriting, these seem to be parts of a single will, not successive versions of it. **[17]** PAK, MS KP 6.1, item 91, item 3, 1st page, recto ('quelle dell' Ill.[mo] S. Caul.[ro] et Commendatore Gasp.[o] Bruni suo tio; quelle dell' Eccs:[mo] S. Ant.[o] Bruni suo cugino, et del S.[r] Gio. Stef.[o] suo fig.[lo], che sono di Trieste . . . et q[ue]lle del S. Gasp.[o] Bruni', epitaphs); Naldini, *Corografia*, 173–5 (description of San Domenico).

第二十一章 哈布斯堡－奥斯曼战争与巴尔干叛乱

[1] Fermendžin, ed., *Acta*, 338 (estimate of 100,000 p.a.); Albèri, ed., *Relazioni*, ser. 3, ii, 297 (estimate of 600,000 lost by 1586); Šmitran, *Gli uscocchi*, 62–3 (attempt in 1589, Venice unable); Predelli *et al.*, eds., *I libri*, vii, 56 (Sultan's offer). **[2]** Fodor, *In Quest*, 178–90 (plan for fleet, letters to Henri and Elizabeth); Maclean and Matar, *Britain*, 53–6 (Don Antonio's son); Skilliter, 'Turkish Documents', 40–2, 51–2 (Don Antonio's son and Istanbul). **[3]** Biegman, *Turco-Ragusan*, 143 (message); de Leva, ed., *La legazione*, i, 153–4(n.); Jaitner, ed., *Die Hauptinstruktionen*, i, 157 (Clement VIII's efforts); Niederkorn, *Die europäischen Mächte*, 193 (Clement's efforts). **[4]** Loebl, *Zur Geschichte*, i, 64–81 (raids), 101 (impressed Sultan), ii, 49–53 (raids), 62–71 (Bihać); Bayerle, *Ottoman Diplomacy*, 153 (complaint about artillery); Peçevi, *Historija*, ii, 108 (prisoners, artillery); de Leva, ed., *La legazione*, i, 113(n.) (prisoners, artillery).

On Hasan's role see also Fodor, 'Prelude'. **[5]** Peçevi, *Historija*, ii, 108 (Sinan's hatred); Bayerle, *Ottoman Diplomacy*, 153 (Mehmed to Ernest), 156 (Habsburg raids in Hungary); Reusner, *Operis*, 54–5 (Rudolf to von Kreckwitz), 55–6 (Sinan to Rudolf). **[6]** Selaniki, *Tarih*, i, 314 (Mehmed *beylerbeyi*); HHStA, Türkei I, Karton 80, 2nd foliation, fos. 127r–v ('der hat sich zimblich moderato darauf erwisen, vnd conclusiue gesagt, Er habe seinen Sohn dise sachen gantz vnd gar haimbgesteltt, was d[er] solle darinnen handlen vnnd beschliessen wordt, solle Ime auch gefallen', 'hat Er den Bruti mit sich genomben, vnd nach langem gespräch, vngeuahr vmb mitternacht, zu mir für das hauss geschückgt, vnnd anzuzaigen beuolhen, es seyen nunmehr alle sachen gantz vnnd gar richtig, volgenden morgen vor tags, solle d[er] Dragoman auss der gefangnis genomben, vnnd wid[er] inn diss hauss gebracht werden, alsdann Ich gleich ain audientz bey dem Obristen Vezir haben, vnnd hernach strackhs den Kurier zu der Khai: Ma[jestä]tt expedirn'), 139r–v (letter: 'in conformita di quanto gia altre uolte per mezo del presente Sig[r] Benedetto Brutti ho auisato V. S. M.[co]'). **[7]** HHStA, Türkei I, Karton 80, 2nd foliation, fos. 127v–128r ('Darauf d[er] Beglerbegh geandtwortet, Er thue disfalss nichts wid[er] sein Vattern, sond[er]n alles mit desselben vorwissen, vnnd erlaubnuss, begere auch Sulthanus khainen Khrieg, sond[er]n baide Presentten, weil Ich dann dieselben gwiss vnd aigentlich Versprich[en?], müesse man mich auch in acht habe'), 128r–v ('Es sei vnmüglich gewesen, die Presentt vor ainem Jaar hereinzuschücken, weil d[er] Bassa in Bossn in d[es] Khai. Matt s. Landt so grosse schaden gethan'), 133r (2,000 thalers), 134v (request for 6,000). **[8]** Ibid., 2nd foliation, fos. 200v ('hatt mir ... Benedetto Bruti wahrhafftig vill beständig vnd nuzlich gedient, dan alss ich in der aussersten Nottgefahr, vnd von aller Weltt verlassen gewesen, (et Dragomanno capto) ... hat Er sich, den ich doch zuuor mein lebtag nie gesehen, weniger gekhant, allain d[a]s Er mit dem dragoman khundtschafft gehabt, nit allain ultro zu disen gefährlichen diensten anerbotten, sondern auch alsbaldt die sach angegriffen, aller ortten erkhündiget informiert, tentirt vnd fuergebautt'), 200v–201r ('inns Hauss, zugehen lengst vergunnet', 'etlichmall in d[er] nacht'), 201v ('so lang Er noch hie sein wirdt (dann Er begierd erzaigt, sich gar in die Christenhait ... zu transferiren)'), 201v–202r ('Van ob Er zwar d[er] Turkische sprach nicht zum besten khundig, hat Er dannoch als ain Albaneser mit den fuernembsten Heubtenn bey diser Portten (so fast alle aus denselben ortten) vnnd vill anndern ansehenlichen Persohnen, inn disen Lannden, khuntschafft, Practica, zuetritt, vnnd ist fur ainen Christen in zimblichen credit bey Ihnen, vnd kan ain inde wichtige sach aller ortten wol so baldt Erkundigen, tracten vnd verrichten, als nimandts anderer, vnd ist nimandten alhier mit dienst[en] obligirt, sondern allein pro obtinenda uindicta necis fraternae'), 202r (conclusion). **[9]** Selaniki, *Tarih*, i, 320–1 (death of Hasan, other *beys*); Bayerle, *Ottoman Diplomacy*, 9–10 (8,000); HHStA, Türkei I, Karton 81, 1st foliation, fos. 3r–4v (Matthias letter), 29r–30v (Rudolf letter), 80r–v (list of payments), 107r (report: 'il Sultano et le Sultane habbino lacrimato, il Primo Vesir se fusse offerto Generale alla uendetta, in segno della quale se le hauesse posto una veste rossa indosso'); Isopescu,

'Alcuni documenti', 460 (Imperial declaration, Aug.). **[10]** Bayerle, *Ottoman Diplomacy*, 10 (arrival at Belgrade, actions); Woodhead, ed., *Ta'liki-zade's şehname*, 33 (season ended 26 Oct.), 35–6 (St Sava), 39(n.) (Yemişçi), 43 (Győr well supplied, commander executed), 44–6 (Tatars); Radojčić, *Mileševa*, 48 (St Sava); Finkel, 'Provisioning', 117–19 (stationed in winter); Kortepeter, *Ottoman Imperialism*, 136–7 (Habsburg inroads, Esztergom, Győr, 30–40,000 Tatars), 141–2 (Tatars, fall of Győr); Finkel, *Administration*, 102 (Tatar raids to Vienna); de Leva, ed., *La legazione*, ii, 465 (Pope depressed). It has been suggested that Yemişçi Hasan was Sinan's nephew: see Dokle, *Sinan*, 13, and Hoxha, *Shqiptari*, 57. **[11]** Loebl, *Zur Geschichte*, i, 67 (Gregory XIV); Niederkorn, *Die europäischen Mächte*, 71–2 (subsidies), 86–8 (Shah Abbas), 193–205 (Spanish policy, subsidies); von Palombini, *Bündniswerben*, 113–14 (Shah Abbas); Jaitner, ed., *Die Hauptinstruktionen*, i, 297(n.) (Yemen). On Clement's efforts see also Djuvara, *Cent projets*, 126–9; Bartl, '"Marciare"'. **[12]** Niederkorn, *Die europäischen Mächte*, 147 (plan for Ottoman–French campaign), 297–313 (Venetian refusal); de Leva, ed., *La legazione*, i, 215 (Friuli), 307 (canon law argument), 321 (Paruta's advice), ii, 103–4 (Paruta against league), 191 (outpost of Christendom). **[13]** Korade, 'Prijedlozi', 210 (applied to Jesuits); Jaitner, ed., *Die Hauptinstruktionen*, i, 186–204 (initial instructions); Theiner, ed., *Vetera monumenta*, iii, 210–11 (papal breves to rulers of Transylvania, Moldavia, etc.); Vanino, *Isusovci*, i, 67–8 (further instructions); Isopescu, 'Alcuni documenti', 461 (Spanish Jesuit). **[14]** Pierling and Rački, 'L. Komulovića izvještaj', 89 (Transylvania, Feb. 1594), 94 (Moldavia, 'inter spem et metum'), 100–1 (backsliding, Kiliya); Jaitner, ed., *Die Hauptinstruktionen*, i, 199 ('non è securo fidarsi di gente schismatica prima che si scoprino ben bene gl'interessi et le passioni che la predominano'); Pierling, 'Novi izvori', 232 (Zamoyski hostile); Halecki, *From Florence*, 265 (Cossack leader); Iorga, *Studiĭ*, 208 (Cossacks attack Aron); Niederkorn, *Die europäischen Mächte*, 478–9 (Cossacks against Aron as pro-Ottoman); Isopescu, 'Alcuni documenti', 461 (to seize his money). **[15]** Pernice, 'Un episodio', 258–9 (Sigismund, June 1594, opposition); Isopescu, 'Alcuni documenti', 461 (agreements, Aug., Nov. 1594); Decei, *Relaţii*, 224–5 (killed Muslims, declaration of war, harried Ottomans); Filitti, *Din arhivele*, ii, 59 ('non perchè possano con le loro armi apportare molto utilità, ma [per] conto delle vettovaglie'). **[16]** Decei, *Relaţii*, 225–7 (political and military developments, Călugăreni), 230 (Albanian volunteers); Iorga, *Geschichte*, iii, 311–12 (Călugăreni, Sinan); Randa, *Pro republica*, 110–14 (Călugăreni); Andreescu, 'Boierii', 78 (Leka). **[17]** Decei, *Relaţii*, 227 (Oct. campaign, Jan. expedition); Iorga, *Geschichte*, iii, 316–17 (bridgehead); Pernice, 'Un episodio', 265–72 (Oct. campaign, Tuscans, bridgehead); Hanlon, *Twilight*, 82 (Tuscans); Griswold, *Great Anatolian Rebellion*, 17 (bureaucrats); Danişmend, *Osmanlı devlet*, 25 (Lala Mehmed); Selaniki, *Tarih*, ii, 581–2 (illness, death); Fleischer, *Bureaucrat*, 164 (poets rejoiced); Vratislav, *Adventures*, 176 (quotation); BL, MS Cotton Nero B. xii, fo. 334v (Barton report). **[18]** Kortepeter, *Ottoman Imperialism*, 145–6 (Poles, Movilă, joint protectorate, King Sigismund). **[19]** Finkel, *Administration*,

55 (Esztergom, Mehmed); de Leva, ed., *La legazione*, iii, 153–4 ('più pronta al sacheggiare il luoghi degli amici che al combattere quelli de' nemici'), 169 (target 14,000); ASR, Soldatesche e galere, busta 90, unnumbered item (group absconded), busta 646, unfoliated (payments for 596 Albanian cavalry); da Mosto, 'Ordinamenti', 102 (via Bolzano); Bagi, 'Esztergom', 50 (22 Aug.); Selaniki, *Tarih*, i, 414 (Shkodër); Iorga, *Geschichte*, iii, 316 (Vlorë); Brunelli, *Soldati*, 106 (in charge at Visegrád); Hanlon, *Twilight*, 85 (disease). **[20]** BAM, MS D 484 inf., fos. 15v–16r (Frachetta, 1586); Pierling and Rački, 'L. Komulovića izvještaj', 86–7 (Komulović); BAV, MS Urb. Lat. 1492, fos. 56r (two armies), 61v ('li quali senza dubbio sono la maggior parte, poiche la maggior parte sono Christiani', 'solleuarsi et prendere li armi contro di lui'); de Mattei, 'Una "Orazione"', 104 ('Greci, Albanesi, Macedoni et tanti altri, ... se non altro co' sassi et con l'ignude lor braccia e mani non cercherebbono in si bella occasione di sollevarsi'). **[21]** Arcari, *Il pensiero*, 20–5 (Cres, Preveza); Patrizi, *Izabrani spisi*, 10(n.) (Petrisević); Patrizi, *Lettere*, 45–6 (kings, Preveza, Herceg Novi); Personeni, *Notizie*, 112–18 (members of Accademia); DHI, MS Minuccio Minucci, 9, fos. 263–78 (discourse; fos. 264r, 265r: Patrizi); Patrizi, *Paralleli*, ii, 87 ('se noi smontassimo in Albania, ci si accosteriano tutti gli Albanesi, gente valorosa, e da Turchi già tanto temuta, e per l'antica memoria della gloria loro sotto Scanderbego, e per l'odio fierissimo presente'), 92 (march on Istanbul). **[22]** Zamputi, ed., *Dokumente*, ii, 11–12 (summer 1593 message), 16–18 (papers found, Venetian response); Jaitner, ed., *Die Hauptinstruktionen*, i, 188 ('intenderete ciò che passi intorno alla prattica cominciata dagli Albanesi'); Pazzi, *I cavalieri*, 139 (Pelessa). **[23]** Krajcar, *Cardinal Giulio*, 117, 127 (Himarë request); Karalevskij, 'La missione', year 17, vol. 29, 193 (Pope's reply to Himarë); BAV, MS Chigi A VI 194, fos. 103r–104r (list of representatives), 106v–109r (Pelessa document; fos. 108v: 'Sono stati espediti huomini uerso la Valona la Cimara, et fino nella Morea per farli sapere li loro pensieri, perche la guerra passata haueano deliberato tutti di prender le arme contra Turchi'; 109r: 'l'esercitio di sua M.^{ta} Catt.^{ca} et di qualche altro Prencipe Christiano'); Zamputi, ed., *Dokumente*, ii, 36–8, 40–1 (Pelessa in Rome). **[24]** Bartl, *Der Westbalkan*, 84–7 (authorities sceptical, letter to Quinzio, meetings, undercover trips); ASVat, Fondo Borghese III 128, fos. [7v]–[8r] (Patrizi on Gini and his career), [9v]–[10v] (on the two documents). **[25]** ASVat, Fondo Borghese III 128, fo. [8r] (Quinzio indiscreet); Zamputi, ed., *Dokumente*, ii, 52 ('quando li di passati intendessimo che vi erano galee in Golfo, cioè spagnuole, ne credevimo che vi fusse con esse il cavalier Bruni che stà in Malta, per esser lui di natione Albanese, et per venir ... in patria et liberarla dalle mani de infideli'); Lamansky, 'L'Assassinat', 117 (order to Naples); Tomić, *Gradja*, 131–2 (order to seize Pelessa), 195–8 (Pelessa seized); Bartl, *Der Westbalkan*, 89 (Bishop, protests). **[26]** Bartl, *Der Westbalkan*, 99 (Brtučević), 100–1 (travels in 1595); Springer, 'Kaiser Rudolf', 80–1 (Knight, hunted bandit), 88–90 (memorandums, agitating over Klis); Noflatscher and Springer, 'Studien', 61–71 (memorandums); Zamputi, ed., *Dokumente*, ii, 45, 47 (involvement with Pelessa), 52 (large promises); Jaitner, ed., *Die Hauptinstruktionen*, i, 257 (agitating with Pope over Klis); Niederkorn, *Die europäischen Mächte*, 285–90

(rejoicing, Venetian actions). **[27]** Zamputi, ed., *Dokumente*, ii, 98–100 (in Corfu, preferred Venice to Spain), 102–3, 110–13 (arms to Himarë), 114–15 (Athanasios in Naples), 115–16 (Lantzas accusation); Floristán Imízcoz, ed., *Fuentes*, i, 430–40 (Riseas), 458(n.) (from Messina); Pippidi, *Byzantins*, 128 (inspired by Călugăreni), 130–3 (Vlorë, fortress, journeys); Bartl, *Der Westbalkan*, 126–7 (10 Aug. and aftermath); Snŭgarov, *Istorija*, 98–9 (journeys). **[28]** BAV, MS Urb. Lat. 1028, part 2, fos. 301r–304v (basic argument), 308r ('la Morea subbito seguiria l'essempio, et cosi Negroponte, l'Isole, et il continente'), 315v ('il che uerrebbe à rinchiudere dentro angusti termini la nauigatione de Vinetiani'). **[29]** Valentini, 'Perpjekje', 251 ('immerso in un profondissimo sonno dell'otio ... Il gouerno discorde ... La guerra senza capi di alcun ualore, ò almeno di alcuna reputatione. Ne i soldati corrotta, et già del tutto destrutta la disciplina, et introdotta la disobbedienza, et le seditioni. I Popoli commossi, ... ardiscono per se stessi di ribellarsi'); Griswold, *Great Anatolian Rebellion*, 16–17 (cavalry unit, Visegrád); Tezcan, *Second Ottoman Empire*, 183 (cavalry regiments, Sinan); Crescentio, *Nautica*, 478 (1589 uprising); Petrosyan, 'Janissary Corps', 751 (janisssary revolts, Buda); Murphey, *Ottoman Warfare*, 140 (janissaries quelling cavalry, call-up in 1595). **[30]** Fodor, *In Quest*, 215–22 (Sultan versus Grand Vizier); Tezcan, *Second Ottoman Empire*, 94–100 (change in political system). **[31]** Maxim, *L'Empire*, 120 (deficit 1581); Fodor, *In Quest*, 173 (permanent deficit); Pamuk, 'Re-assessment' (Spanish silver not decisive, *timar*s deteriorated); Özel, 'Reign', 185 (meritocracy eroded); Sariyannis, 'Ottoman Critics' (Ottoman 'decline' literature); Howard, 'Ottoman Historiography' (Ottoman 'decline' literature, influenced Western account); Boyar, 'Ottoman Expansion', 138 (Mustafa Ali).

第二十二章 帕斯夸莱·“布鲁蒂”与他的和平使命

[1] de Nicolay, *Dans l'Empire*, 13 (1548, advice); Kołodziejczyk, 'Inner Lake', 134 (1569); Cernovodeanu, 'English Diplomat', 432 (de Brèves, bailo); Skilliter, 'Ambassador's *ta'yin*', 156–7 (document, departure); BL, MS Cotton Nero B. xii, fo. 356r (Barton despatch). **[2]** BL, MS Cotton Nero B. xii, fo. 301r (Barton, Jan. 1596); Niederkorn, *Die europäischen Mächte*, 112–17 (Elizabeth's change of policy). **[3]** Bodl., MS Ital. c. 7, fo. 160r ('molto caduto di reputatione'), 160v ('seruendosene li Turchi come spia da intendere le cose de christiani'); Kruppa, 'Okmányok', 57–8 (Barton to Sigismund, 1595; cf. *HD*, xii, 49(n.), 54–5), 63 (Barton to Sigismund, 1597); Filitti, *Din arhivele*, ii, 71 (Barton to Mihai, 1597); *HD*, iv(2), 212 (bailo); BL, MS Cotton Nero B. xii, fos. 215r–216r (interview with Sinan, July 1595), 300v–301r (letter from Elizabeth), 303r (tin and wire), 335v (Safiye and others). **[4]** Reusner, *Operis*, 101–5 (Feb. 1595 exchange); Vratislav, *Adventures*, 153–92 (Black Tower; 183: English dragoman, quotation), 193 (baths); Seidel, *Denckwürdige Gesandtschafft*, 76–7 (English dragoman), 80 (tents in garden), 81 ('Zeltern, Teppichten, Polstern, Küchen Geräth, und allerley Victualien'), 82 ('vier und vier in einem rothen verhengten Wagen mit zwey Rossen, gleicher Gestalt wie man das Türckische Frauenzimmer zu führen pflegt');

Foster, *Travels*, 58 (del Faro). Barton's own 'relazione' referred to just 4 carriages: BNC, MS Vittorio Emanuele 1034, fo. 453r. **[5]** Venturini, 'La famiglia', family tree (parents); Jireček, 'Die Romanen' (ii), 18, (iii), 22 (Dabri family); Pertusi, *Martino Segono*, 21–2 (Pasquale's daughter and Beçikemi, 1480s); Čoralić and Karbić, *Pisma*, 94–5 (Pasquale, 1505–6); Bartl, ed., *Albania sacra*, i, 14 (Niccolò Dabri). Pasquale's date of birth is unknown; that given for his mother in Venturini, 'La famiglia', family tree (1564) must be an error, at least 10 years too late. **[6]** Ghinea, 'La Famille', 390–5 (Marioara Adorno); Iorga, *Ospiti*, 99 (recommending to Mihnea); Luca, 'Veneziani', 246, 247(n.) (Jan. 1592, saying 'Benedetto', but calling him the Postelnic); Kruppa, 'Pasquale Bruti', 29 ('Pasquale took the place of Bartolomeo's brother in 1592' ('Helyébe Bartholomeo testvére, Pasquale lépett 1592-ben')); *HD*, xi, 530(n.) (Marin in Istanbul, 1597), xii, 337 (Marin in Pera, 1598), 676 (died 1600, much loved); *CSPVen.*, ix, 222 (bailo, July 1596). Puzzlingly, Kruppa also cites a Venetian report of Dec. 1591 describing Pasquale as the son of the late Cristoforo Bruti: 'Pasquale Bruti', 28–9. **[7]** Seidel, *Denckwürdige Gesandtschafft*, 82–5 (journey); Purchas, *Pilgrimes*, ii, 1355 (impalement etc.: from the description by Barton's secretary, Thomas Glover). **[8]** Seidel, *Denckwürdige Gesandtschafft*, 87–8 (meeting with İbrahim), 67–90 (endangered by Hatvan), 91 (Szolnok); Vratislav, *Adventures*, 195–6 (tour of camp, 300,000), 198 (Hatvan, women and infants); Purchas, *Pilgrimes*, ii, 1358 (Hatvan quotation: from a letter by Barton, 5 Oct.). I adopt the chronology given in a later report: Klarwill, ed., *Fugger-Zeitungen*, 193–5. This was probably derived from Vratislav: it used his phrase about drivers of asses and camels and estimated that only 100,000 of the men were fighters. **[9]** Seidel, *Denckwürdige Gesandtschafft*, 91–2 (journey from Szolnok to Pest); Vratislav, *Adventures*, 200–6 (journey from Szolnok to Pest), 206–7 (governor of Buda, *martoloses*); TNA, SP 97/1, fo. 155v (quotation from Barton about del Faro). **[10]** Klarwill, ed., *Fugger-Zeitungen*, 195 (23 Sept.); Seidel, *Denckwürdige Gesandtschafft*, 93–4 (Dabri and janissary, arrival at fort, Esztergom, Vienna); Vratislav, *Adventures*, 207–10 (guides killed, arrival at fort, Esztergom, Vienna; 209: quotation). Seidel and the Fugger report both name the fort as 'Waizen' (Vác); Vratislav calls it 'Towaschow' (apparently a confusion with Tovačov, in Moravia). **[11]** *CSPVen.*, ix, 232–4 (Vendramin reports); Peçevi, *Historija*, ii, 163–5 (siege of Eger), 165–9 (Mezőkeresztes); BNC, MS Vittorio Emanuele 1034, fo. 460r ('i cauallieri smontati da cauallo, et i fanti buttate le picche, et gli archibugi, per meglio rubbare'), 460v (counter-attacks). On the campaign see Schmidt, 'Egri Campaign'. **[12]** Kruppa, 'Pasquale Bruti', 34 ('honeste conditioni', 'essendo alterata la conditione delle cose con questi importantissimi successi non si poteva trattar più di quella maniera, come si sarebbe trattato prima'), 36–7 (20 Nov. meeting; 37: 'mentre si fà qui tanto lentamente tutte le risoluzioni egli teneva per certo, che si ridurebbe il negozio a termini di nessuna conclusione', 'vestendosi in habito turchesco'). **[13]** Ibid., 37 (devoted to Venice, 'molto giovane'), 39 (gifts, letters), 40 (status quo idea, Poland, 'tutto del gran signore', eager to return). **[14]** TNA, SP 97/3, fos. 163v–164r (quotation, 21

Feb.), 180r (4 Apr.), 180v (17 Apr.: 'e di piu manda una altra cossa, qual spero lei sara grata, ma per buon rispetto la taceo, et quanto sara possibile, presto veniro in la a basciare le mani di V. S. Ill.ma et renderli conto di quel ho effetuato p[er] suo seruitio in questo mio viagio'); Kruppa, 'Okmányok', 78 ('Del Pascale dragomano restiamo desperati per le molte informationi che si vengono date, che Hassan bassa l'habbia fatto morire'); *HD*, xii, 1260 (avviso, 24 June); *CSP Ven.*, ix, 291 (petition), 299 (ridicule); Woodhead, 'Barton' (death of Barton). **[15]** *HD*, xii, 329–30 (del Faro), 497–9 (anonymous, but probably del Faro), 676 (del Faro); Randa, *Pro republica*, 153–4 (Basta biography); De Caro, 'Basta' (Basta biography). **[16]** Kortepeter, *Ottoman Imperialism*, 192–4 (Transylvanian events); Evans, *Rudolf II*, 26, 68–70 (divergence); Lefaivre, *Les Magyars*, i, 266–76 (Bocskai revolt). For a good summary of the course of the war see Finkel, *Administration*, 12–20. On the fighting in the Romanian lands see Randa, *Pro republica*, 181–310; on Zsitvatorok see Bayerle, 'Compromise'.

尾声 遗产：安东尼奥·布吕尼的论著

[1] Pippidi, 'Tre antiche casate', 64 (Benedetto); Anon., 'Senato Mare', vol. 12, 410 (salt-pans), 443 (Jacomo); Barbarano, *Historia*, iv, 152 (Matteo); AST, AMC, MS 84, reel 124, frame 62 (1600 document); Manzuoli, *Nova descrittione*, sig. A2r (Alessandro poem). **[2]** BAV, MS Barb. Lat. 5361, fos. 200r–207r; BMC, MS Wcovich Lazzari 25, busta 9. Both are scribal, containing errors of transcription. I cite primarily from the BAV MS. I found the Museo Correr MS during my research on Antonio Bruti, under whose name it is mistakenly catalogued. The full text will be published in the 2015 volume of *Revue des études sud-est européennes*. **[3]** BAV, MS Barb. Lat. 5361, fos. 205v ('li Cimarioti montanari ... sono adesso solleuati á persuatione d' alcuni, ma piú per opera di Atanasio Arciuesc.o d' Ocrida, che sotto spetie di uisita (che Ocrida é lontana dalla Cimerra intorno á quattro giornate) há fatto loro creder d'hauer intell.a con l'Im.re; et che tantosto sariano uenute genti del Ré di spagna ... ma questo moto loro puo durar poco se non é mantenuto da aiuti forastieri'), 207r ('da uinticinque anni in qua'). **[4]** Serassi, *La vita*, ii, 231–2 (employment by Cinzio); Ingegneri, *Del buon segretario*, 22–3 ('Degli auisi del Mondo', 'la notitia cotidiana de gli ordinari auisi del Mondo ... perche questi sono vn'historia presente, et viua', 'piena informatione de gl'interessi, & delle voglie di tutti i Principi viuenti, & così delle forze loro, delle qualità de i paesi, de i costumi delle nationi ... Per così fatto studio tornerà molto à proposito la lettione di diuerse scritture, che si veggono alla penna, cioè Relationi d'Ambasciatori, Instruttioni di Nuntij, & di simile natura cose infinite'). **[5]** Serassi, *La vita*, ii, 258(n.) (left service, falling out); Personeni, *Notizie*, 114 (Venice 1596); ASVat, Fondo Borghese IV 229, fo. 49r ('Hor poiche V. S. mi scriue, che da Roma li uiene acennato, che così fatta informatione al' Ill.mo suo Patrone non saria discara, uado entrando in openione [*sic*], che da lei sia stata rapresentata molto maggiore di qello, che è in effetti. nel che si come io riconosco la sua molta bontà, et amore uerso di me: così non sò come corrispondere all'espettatione. pur' la colpa sarà più sua, che mia. et se piacerà al suo Sig.[re] me lo reputarò à gran gratia. ne credo, che S. S. Illma sdegnarà d'honorarmi con una sua resposta. Che io a la fine mi risoluo d'appigliarmi al suo prudentiss.[mo] et amoreuoliss.[mo] conseglio, acciò el Sor Card.[le] sappia, che da me le sarà mandata la scrittura col mezo di V. S. mio singulariss.[mo] patrone'). **[6]** BAV, MS Barb. Lat. 5361, fos. 201r ('si come ci sono diuerse religioni, cosi ui si trouano ancora differenti lingue, che causano ne popoli una certa disunione, che fa maggiore la discordia, che ordinariam.[te] regna, per la diuersita della fede'), 201v (Greeks, Serbs, Bulgarians, Paulicians; on the Paulicians see Hupchick, *Bulgarians*, 77–82), 202v ('Conseruano li Greci la uanita de Maggiori, et l'odio uerso i cattolici'), 203r ('li Schiauoni, che fanno alla greca, piu scismatici de gl' altri della nation loro, abhoriscono il nome latino, perseguitato ordinariamente dall' Arciuescouo di Pegio, che ua opprimendo li Prelati cattolici, per la recognitione, che pretende da loro'). **[7]** BAV, MS Barb. Lat. 5361, fo. 203r ('ancorache le Iurucchi, maestri di finiss.[o] feltre, gia pastori uagabondi, hora stabili, progenie di quei Asiatici, che seguirono la fattione, et setta di Zecchelle Persiano, ó chi che fusse, egli, potria essere, che nell' intrinseco credessero piu ad Hali, che á Maometo: et questi sotto capo part.[icola][re] habitano piu in Dobrutia, che nel resto di Bulgaria'); Truhelka, 'Balkan-Yürüken' (Yürüks); Werner, 'Yürüken', 472–3 (16th-century Yürük influx); İnbaşı, 'Rumeli Yörükleri', 159, 163 (Yürüks in Varna district); İnalcık, *Middle East*, 25 (felt), 97–136 (Yürüks; 116: felt); Kayapınar, 'Dobruca yöresinde', 93 (Yürüks in Dobrudža); Uluçay, 'Yavuz Sultan Selim', 61–74 (Şahkulu revolt); Sohrweide, 'Der Sieg', 145–56 (Şahkulu revolt); Yıldırım, 'Turkomans', 318, 321–2, 375–6 (earlier deportations), 384–412 (Şahkulu revolt); Mikov, *Izkustvoto*, 22–3 (Şahkulu rebels deported); Gökbilgin, *Rumeli'de Yürükler*, 214–16 (Yürüks named 'Şahkulu', 1543). The influential Italian historian Paolo Giovio had called Şahkulu 'Techellis' (*Historiarum*, fo. 95r–v), a name borrowed (as 'Techelles') by Christopher Marlowe for a character in *Tamburlaine*. **[8]** BAV, MS Barb. Lat. 5361, fos. 203r–v (business, 'pauentano d'ogni moto, armati all' antica, d' arco, e scimitara, ma li maritimi hanno anco qualche arcobugio', 'non uogliono arrischiar la uita nelle guerre; anzi che molti ó gli riuendono, ó mandano li seruitori in uece loro'), 204r (*sancak*s), 205r ('quella ingorda nation per il piu non parte da Casa se non é prima prouista di uettouaglia per la famiglia, che lascia, et per se d'armi, et uestimenti sino à stiuali'). **[9]** Ibid., fo. 205v ('Restami á soggiongere dell' Albania'). **[10]** Ibid., fos. 202r ('molto differente dalla Schiauona, et greca', 'l'antica lingua de Macedoni', 'é la natione Albanese assai maggiore della sua prouincia, l' Albania cominciando á Ponente da Dolcigno, et dal lago di Scutari, finisce in leuante alla Bastia incontra Corfu: ma gli Albanesi peró habitano piu in lá in diuersi luoghi della Morea, et Grecia, et ricoueratisi per le guerre, o trasportati da gl'Imperatori Constantinopolitani, che cosi rimediorno alle solleuationi di questa gente'), 205v ('Nel sangiaccato di Deluino quasi tutti sano [*sic*] la lingua greca: in quello della Vallona la maggior parte. Sonoui ancora molte ville di Bulgari, che cauano la pece. et la Vallona sola fra tutte le terre d'Albania é habitata da Turchi forastieri d'origine

Asiatica, di quei, che seguitarono Zechelle' ['Zechelle' in BMC MS, p. 20, 'Zecholle' in BAV MS]), 205v–206r (Himariots, Dukat), 206r ('li meglio armati, cosi anco sono li piú fedeli Christiani dell' Im.° Turchesco tumultuando essi per ogni minima cagione, non meno quei del piano, che li montanari', 'ó per depredargli, ó per uendicarsene, ó per hauer scusa di non andar á guerra lontana et per tale effetto quello di Ducagini non parte mai, si come anco il sangiaccho di Angelo Castro, che sotto pretesto di difender il paese dall' armate Christiane, sempre sta á casa'); Evliya Çelebi, *Evliya*, 145 (Vlorë; cf. similar comments on Gjirokastër: 81, 85; on devotion to the family of the Prophet see Moosa, *Extremist Shiites*, 78–87). **[11]** BAV, MS Barb. Lat. 5361, fo. 206v ('L'Albania al mare Adriatico é circondata da altiss.ⁱ monti, piana, et irrigata da spessi, e grossi fiumi, che á pedoni prohibiscono la congiuntione tra di loro. et li Christiani non hanno cauallaria, ne modo di far ponti. li luochi serrati sono in poter de Turchi, ancorche ne presidiati, ne custoditi tutti. Li principali almeno sicuri, che da Christiani occultam.[te] non possono esser rubati. Il che hó uoluto accennare per l'opinione, che s'há di questi popoli, che da se possano far cosa buona senza gente forastiera, et che la fame sola de gl' aiuti d' Italia, e spagna, col mostrar loro qualche bandiera, basti á solleuargli: Volesselo Iddio. pur che non pericolino gl'infelici, et che con questi trattati tanto palesi non si perda affatto l'opportunita di far bene per l'auenire'). **[12]** Ibid., fos. 206v ('et per l' assenza, et perche non há la lingua poco frutto puo fare', 'per esser entrato in uoglia di sorprender Croia co'l mezzo d'un Nidar Manasi stradaruolo Turco (che puó e non puó succedere) si ua ascondendo, che li Turchi hanno di gia scoperto il trattato, et credo se ne burlano'), 207r ('Cosi la dignita episcopale é inuilita, et le chiese ruinano non tanto per la tirannia de Turchi, quanto per la miseria di curati', 'contentandomi di hauer semplice, e realmente rappresentata la conditione presente de Turchi, e christiani: che si come il narrare quello, che s'há uisto, e sentito, á ciascuno é permesso, cosi il uoler persuader á Principi quello, che debbono, ó possono fare, non é lecito á tutti'); ASVat, MS Fondo Borghese III 60h, fo. 93v ('d'altra nacione, non hauendo la lingua, et i costumi, non sono buoni se non da meter confusione'). **[13]** Lazari, ed., *Diario*, 7–13 (Giacomo Soranzo biography); Cella, 'Documenti', 242 (sentence of banishment); Preto, *I servizi*, 59 (avvisi, noting also that Cellini was sentenced to perpetual imprisonment); Panciera, '"Tagliare"', 239 (cardinal); BNM, MS It. XI. 8 (6769), fo. 288v ('quella piccola ma delitiosa città'). Another possible Soranzo connection was Alvise Soranzo, governor of Koper in 1591–2, who later acted as procurator for Maria Bruti in her legal action against the estate of Petru Şchiopul (AST, AMC, MS 84, reel 124, frame 62); but he was not a close relative, being Giacomo's third cousin (see the genealogy in ASVen, Miscellanea Codici, serie 1a, storia veneta, reg. 23, 43–50.) **[14]** Soranzo, *Carmen* (poem); Salinerio, *Annotationes*, 283–4 (Tacitus); Soranzo, *L'Ottomanno*, sig. 3†1r (cameriere d'onore); BNC, MS Vittorio Emanuele 1034, fos. 399r–410r ('Discorso'); Soranzo, *Oratione*, sig. π4r–v (circulated in France), fos. 30v ('doue meglio potete impiegar l'armi e'l valor vostro che in così sacrosanta e lodeuol impresa?'), 31r [misprinted '28'] (written at Clement's request). **[15]** Albèri, ed., *Relazioni*, ser. 3, iii, 17 (baili taking relatives); Soranzo, *L'Ottomanno*, sig. A2v ('ragionando sopratutto con persone di molta sperienza, e giuditio, le quali son venute nuouamente da quelle parti: non mi fidando ne anco di quelle cose, ch'io stesso hò già vedute, e molto ben considerate altre volte'); Sforza, 'Un libro', 211 ('non haver detto cose nove, e machinate da me, ma cavate da scrittori stampati et approbati, e da scritture che si leggono publicamente in Venetia et in Roma'). Soranzo had perhaps spent time in Dalmatia, as he showed a good knowledge of Serbo-Croatian: *L'Ottomanno*, 35, 52, 70, 79. Iorga suggests, on the basis of a Greek letter by Marioara Adorno of 1583, that he was secretary to a bailo ('Contribuţiuni', 54, 56); but he has misread the Greek. For high (and justified) praise of Soranzo's book see Pippidi, *Visions*, 91–3. **[16]** Soranzo, *L'Ottomanno*, sig. 3†1r (Ischia, 'per domestici affari'); Sforza, 'Un libro', 210 ('da due anni in qua si legge a penna in Venetia e per tutta Italia'); BAM, MS S 102 sup., fos. 410r–465r (Milan copy); Anon., *Lettera* (triumphal annexation). Soranzo sent the work to Mantua via Lelio Arrigoni, the Duke's ambassador in Rome (*L'Ottomanno*, sig. 3†1r); Arrigoni left Rome in Jan. 1597 (ASM, Archivio Gonzaga, busta 968, fos. 669–77). **[17]** Soranzo, *L'Ottomanno*, 13 (poor state), 19 (*devşirme*), 20 (auxiliaries), 21 (discomforts), 96 (Pigafetta), 98 (Petru Şchiopul), 112 (clans), 113 ('Antonio Bruni . . . nel suo Trattato del Bellerbegato di Grecia'), 113–14 (Athanasios etc.), 117 ('De gli Albanesi Latini scriue lo stesso Bruni lor co[m]patriota nel Trattato allegato di sopra; che si come sono li meglio armati, così anco sono li più fedeli Christiani dell'Imperio Ottomanno'), 119 (Bardi). **[18]** Ibid., 27 (tribute), 32 (taxes), 38 (timber), 40 (biscotto), 56 (Sinan), 58–9 (ports), 62 (Polish relations), 105 (terms), 120 (Ulcinj etc.), 122 (Gasparo). **[19]** BMC, MS Wcovich Lazzari 25, busta 9, pp. 13 ('1597'), 27 ('1598. À ii. di febraro'); BAV, MS Barb. Lat. 5361, fo. 204r ('1597'); Pozzi, *Filippo Pigafetta*, ii, 203 ('discorso del Beglierbei della Grecia delle genti che ha sotto sé, de' paesi e passi de' monti per andar un Ungaria e d'altre notizie esquisite'), 205 ('Mando . . . una relazione dello stato d'Europa del Gran Turco, fatta da un valent'uomo che lungo tempo, essendo natio albanese, dimorò in quelle contrade'). **[20]** Tomić, *Gradja*, 310 ('considerationi tutte importantissime di stato et da esser tenute sotto profondo silentio et massime nel petto d' un Christiano et nativo Venetiano'); Soranzo, *L'Ottomanno*, 55–60 (pashas' arguments, Zadar etc.), 83–91 (general section; 89: 'giusta, & antica neutralità'). **[21]** Sforza, 'Un libro', 211 (Soranzo, 26 July), 212 (sentence, 31 Aug., 2 Sept.); ASVat, Segr. Stato, Venezia, 33, fos. 108r–v (nuncio, 12 Aug.), 123r ('sentenza assai mite à quello, che se ne temeua'); Tomić, *Gradja*, 322–4 (safe-conduct); de Thou, *Historiarum*, vi, 127 (death). **[22]** Lamansky, *Secrets*, 111 (Verona); Balsamo, '*Il Turco*' (Baldini; 213: editions); Balsamo, '"Une parfaite intelligence"' (Baldini series); Gorris, 'Naviguer' (Baldini series); Gorris, '*Prudentia*', 249–51 (Baldini series, calling *L'Ottomanno* one of his greatest successes); Esprinchard, *Histoire* (I have used the Paris, 1609, edn; it refers to a Geneva, 1600, edn which I have been unable to locate); Chatenay, *Vie*, 33 (La Rochelle), 38 (Leiden), 40 (tour), 162 (Esztergom); Soranzo, *Ottomannus: von Zustand*; DeCoursey, 'Society' (Hartwell biography); Minadoi, *History* (Ottoman–Persian war); Soranzo, *The Ottoman*, sigs. ¶2v (2 years),

¶3r–v (quotations). **[23]** Soranzo, *Ottomannus, sive de rebus*; Soranzo *et al.*, *Turca nikētos*; Geuder, *Conclusiones* (Strasbourg); SAN, Rep. 2 Rst. Nürnberg, Losungsamt, Reverse, nos. 158 (Nuremberg), 187 (Amberg); Balsamo, '*Il Turco*', 213 (Esprinchard and Geuder); Conring, ed., *De bello* (1664); Ludolf, *De bello*, 52 ('qui multa scitu digna continet'). Achille Tarducci, of Corinaldo, had studied (as a scholarship boy) at the Seminario Romano from 1577 to 1581, overlapping there with Antonio Bruni by 5 months: ACGH, MS Hist. 145, fo. 5v. In his epistle to Whitgift, Hartwell wrote that he had also wanted to translate Tarducci's book: Soranzo, *The Ottoman*, sig. ¶4v.

手稿目录

This list is confined to works cited in the text or notes of this book. Where appropriate, general descriptions are given; in other cases, the description concerns the specific item or items cited.

ACGH: Archivio del Collegium Germanicum et Hungaricum, Rome

Hist. 145: Girolamo Nappi, 'Annali del Seminario Romano'.

ADV: Archives départementales de Vaucluse, Avignon

Archives communales, AA 44: correspondence of consuls of Avignon, 1582–90.
D 36: University of Avignon, 'Livre concernant les noms ... des primiciers, docteurs ... et gradués', 1430–1651.
D 41: [P. de Cadecombe,] *Speculum illustriorum iuris interpretum qui publicè per quatuor saecula professi, vel interpretati sunt in celebri, ac famosa Universitate Avenionensi* (Avignon, 1712).
D 155: University of Avignon, formulary of letters of doctorate.

AGAD: Archiwum Główne Akt Dawnych, Warsaw

Archiwum Zamoyski [abbreviated: 'AZ'], 8: inventory of Jan Zamoyski correspondence by M. Stworzyński.
AZ, 649: letter from Hayder Pasha, *beylerbeyi* of Rumeli, to Jan Zamoyski, 1590.
AZ, 770: Bartolomeo Bruti to Jan Zamoyski, 1591.

AGS: Archivo General de Simancas, Simancas

Estado, legajo 488: documents relating to Bartolomeo Bruti and Giovanni Margliani, 1576–8.
Estado, legajo 489: documents relating to Bartolomeo Bruti and Giovanni Margliani, 1577–8.
Estado, legajo 490: documents relating to Bartolomeo Bruti and Giovanni Margliani, 1578–9.
Estado, legajo 1073: documents relating to Naples and the Levant, 1576–7.
Estado, legajo 1074: documents relating to Naples and the Levant, 1577.
Estado, legajo 1337: reports from Venice, 1580, including letters received there from Bartolomeo Bruti.

AMA: Archives municipales, Avignon

BB19, Délibérations du Conseil de la Ville, vol. 15 (1574–83).

ARSI: Archivum Romanum Societatis Iesu, Rome

Rom. 51/1: visitation reports, 1576–83.
Rom. 155/1: documents relating to the Seminario Romano.

ASF: Archivio di Stato, Florence

Miscellanea medicea, 101, 31: Moldavian report from Poland, 1587.

ASM: Archivio di Stato, Mantua

Archivio Gonzaga, busta 968: reports from Rome, 1597.
Archivio Gonzaga, busta 1259: reports from Venice, 1597.

ASR: Archivio di Stato, Rome

Soldatesche e galere, busta 90: 'Del S^re^ Guido Magalotti Per il Viaggio Di Milano à Ricuperar l'Albanesi 1594'.
Soldatesche e galere, busta 646: notes on garrison towns in enclave of Avignon; payments for Albanian cavalry, 1595.

AST: Archivio di Stato, Trieste

Archivio Municipale di Capodistria [abbreviated: 'AMC'], 77 (microfilm reel 115): Camilla Bruni, will, 1602.
AMC, 84 (microfilm reel 124): Maria Bruti, legal document, 1600.
AMC, 548 (microfilm reel 687): Libro del Consiglio Q.
AMC, 549 (microfilm reel 687): Libro del Consiglio R.
AMC, 550 (microfilm reel 688): Libro del Consiglio S.
AMC, 551 (microfilm reel 689): Libro del Consiglio T.

ASVat: Archivio Segreto Vaticano, Vatican City

Congr. Concilii, Relat. Dioec. 56, fasc. 1: Marin Bizzi visitation, 1618.
Fondo Borghese III 60h: Niccolò Mechaisci, letter about Stoicinus, 1603.
Fondo Borghese III 72a: Legazione di Polonia, Ippolito Aldobrandini, letters, 1588–9.
Fondo Borghese III 128: 'Manoscritti di Fran.co Patricio sopra la Guerra di Albania'.
Fondo Borghese IV 229: Antonio Bruni, letter to Angelo Ingegneri, 1596.
Misc., Arm. II, vol. 110: papers on immorality of fleet; Bishop of Nardò on death of Giovanni Bruni.
Sec. Brev. Reg., vol. 7: breve of Pius V to Dubrovnik, 1567.
Sec. Brev. Reg., vol. 11: breves of Pius V to Giovanni Bruni, Dubrovnik, 1568.
Segr. Stato, Germania, vol. 95 (1584–5).
Segr. Stato, Legaz. Avignone, vol. 2 (letters from Avignon, 1573–4).

Segr. Stato, Legaz. Avignone, vol. 3 (letters to Avignon, 1572–5).
Segr. Stato, Legaz. Avignone, vol. 4 (letters from Avignon, 1574).
Segr. Stato, Legaz. Avignone, vol. 5 (letters from Avignon, 1575).
Segr. Stato, Legaz. Avignone, vol. 6 (letters from Avignon, 1576).
Segr. Stato, Legaz. Avignone, vol. 7 (letters to Avignon, 1576–8).
Segr. Stato, Legaz. Avignone, vol. 8 (letters from Avignon, 1577).
Segr. Stato, Legaz. Avignone, vol. 9 (letters from Avignon, 1578).
Segr. Stato, Legaz. Avignone, vol. 10 (letters from Avignon, 1579).
Segr. Stato, Legaz. Avignone, vol. 11 (letters from Avignon, 1580).
Segr. Stato, Legaz. Avignone, vol. 12 (letters from Avignon, 1581).
Segr. Stato, Legaz. Avignone, vol. 13 (letters from Avignon, 1582).
Segr. Stato, Legaz. Avignone, vol. 14 (letters from Avignon, 1583).
Segr. Stato, Legaz. Avignone, vol. 15 (letters from Avignon, 1584–5).
Segr. Stato, Legaz. Avignone, vol. 18 (letters from Avignon, 1587–).
Segr. Stato, Malta, vol. 1: correspondence between Rome and Malta, 1572–3.
Segr. Stato, Malta, vol. 6: letters of Knights to Rome, 1593–9.
Segr. Stato, Polonia, vol. 26 (1588–91).
Segr. Stato, Venezia, vol. 33 (1598–1603).

ASVen: Archivio di Stato, Venice

Annali, vol. 3 (1566–70).
Annali, vol. 4 (1571).
Capi del Consiglio dei Dieci [abbreviated: 'CCD'], Dispacci (Lettere) di Ambasciatori, busta 4 (Costantinopoli, 1571–5).
CCD, Dispacci (Lettere) di Ambasciatori, busta 5 (Costantinopoli, 1576–80).
CCD, Dispacci (Lettere) di Ambasciatori, busta 6 (Costantinopoli, 1581–99).
CCD, Suppliche, filza 1 (1478–1594).
Collegio (Secreta), Relazioni, busta 54: Syndics' reports on Istria, 1561, 1591.
Dispacci, Costantinopoli, filza 7 (1574–5).
Dispacci, Costantinopoli, filza 12 (1578).
Dispacci, Costantinopoli, filza 13 (1579).
Dispacci, Costantinopoli, filza 26 (1587–8).
Dispacci, Costantinopoli, filza 28 (1588–9).
Miscellanea Codici, serie 1a, storia veneta, reg. 23: Soranzo genealogy.
Miscellanea di atti diversi manoscritti, filza 34, item 11: [Giovanni Barelli,] 'Relazione', 1575.
Provveditori alle biave, busta 4 (registri 7–9).
Savi all'eresia (Santo Ufficio) busta 8, fasc. 4: Chieregatto, letter.
Senato, Deliberazioni, Costantinopoli, registri, no. 7 (1586–8).
Senato, Deliberazioni, Secreti, registri, no. 71 (1558–9).
Senato, Deliberazioni, Secreti, registri, no. 76 (1569–70).

BAM: Biblioteca Ambrosiana, Milan

D 484 inf.: Girolamo Frachetta, 'Discorso Alla Sta di N. S. Papa Sisto Quinto essortandolo à procurar la guerra contra il Turco'.

F 94 inf.: Franciscan authorities to Marco Pasquali, 1561, Giovanni Bruni to Borromeo, 1564, Giovanni Bruni to Borromeo, 1565.
F 104 inf.: chapter and clergy of Bar to Borromeo, 1564; dal Pozzo to Fra Silvestro, 1564.
Q 116 sup.: [Giovanni Barelli,] 'Relazione', 1575.
S 102 sup.: Lazaro Soranzo, 'Relatione della potenza del Turco et in spetie delle cose d'Vngaria' (a version of *L'Ottomanno*).

BAP: Bibliothèque de l'Arsenal, Paris

4769: 'Traictez et ambassades de Turquie', vol. 3.

BAR: Biblioteca Angelica, Rome

1479: Giovanni Battista Leoni, 'Relatione dell'Isola di Malta, et de suoi Cauaglieri'.

BAV: Biblioteca Apostolica Vaticana, Vatican City

Barb. Lat. 5361: Antonio Bruni, 'Del Bellerbegato della Romania'.
Chigi A VI 194: 'Copia della patente del sig.re cau.re Thomaso Pelessa', 1594; 'Espositione fatta dal caure Thomaso Pelessa d'Alessio Amb.re di Albania et Macedonia', 1595.
Urb. Lat. 1028, part 2: 'Parlamento di Mons.r Minucci . . . in Senato Veneto per la lega, et guerra contra il Turco l'Anno 1596'.
Urb. Lat. 1042: news reports, 1571.
Urb. Lat. 1492: Girolamo Frachetta, 'Discorso de modi, che si possono tenere al presente per guerreggiare contra il Turco per terra'.
Vat. Lat. 12,199: '1573 Per l'Impresa contro Il Turco, dil S. P. C.'; memorandum on Giovanni Tommaso Costanzo; Giacomo Malatesta, memorandum.

BCP: Biblioteca Civica, Padua

C.M. 139/1: 'Relatione del Cl:mo M. Filippo Bragadin Proueditore dell'armata'.

BIC: Bibliothèque Inguimbertine, Carpentras

587: 'Relationi di Constantinopoli'.
1777: Savary de Brèves, discourse.

BL: British Library, London

Add. 8262: Erizzo and Bon, 'Relazione di Dalmazia'.
Add. 8277: 'Informatione dell'Institutione, Priuilegij, et oblighj della Relig.e de Cau.ri de Rhodi hoggi di Malta'.
Add. 8279: Doria, 'Informatione del successo in queste armate'; 'Summario ragguaglio dell'assedio di Famagusta 1571'.
Add. 8314: Francesco Baglioni (papal commissary), 'Instruttione'; Ascanio della Corgna, paper for Don John.
Add. 28,415: Giovanni Margliani, letter to Philip II (undated); Giovanni Stefano di Ferrari, documents, 1583–5.

Cotton Nero B. xi: Edward Barton, reports, 1596.

BLY: Beinecke Library, Yale University, New Haven, CT

381: Instructions to governor of Ulcinj, 1513.

BMA: Bibliothèque municipale (Médiathèque Ceccano), Avignon

2398: Account of capture and siege of Ménerbes.
2562: J. Laurent Drapier, 'Journal historique et recherches pour servir à l'histoire d'Avignon'.
6431: Domenico Grimaldi, letters to Rome, 1585–9, 1592.

BMC: Biblioteca del Museo Correr, Venice

Provenienze diverse, 581. c. misc.: Antonio Bruti, letters to Girolamo Zane and Sforza Pallavicino, 1570; Pallavicino, letter to Antonio Bruti, 1570.
Wcovich Lazzari 25, busta 9: Antonio Bruni, 'Del Bellerbegato della Romania'.

BNC: Biblioteca Nazionale Centrale, Rome

Gesuiti 7: Giulio Mancinelli, 'Historia della Vocatione & Peregrinatione del N. P. della Compagnia di Giesù'.
Vittorio Emanuele 1034: Edward Barton, 'Relatione dell'Ambasciator d'Inghilterra delle cose più notabili successe nel Viaggio d'Vngheria col Gran Sultan Mehemet l'anno 1596'; Lazaro Soranzo, 'Discorso ... sopra la bend.ne che desideraua il Re di Nauarra'.

BNF: Bibliothèque nationale de France, Paris

Dupuy 937 (microfilm MF 11993): Correspondence of Henri II, Charles IX and Henri III.
Français 16,142 (microfilm MF 8270): Letters of French ambassadors in Istanbul, 1569–77.
Français 16,143 (microfilm MF 8271): Letters of French ambassadors in Istanbul, 1579–84.
Français 16,144 (microfilm MF 8272): Letters of French ambassadors in Istanbul, 1585–1603.
Italien 723: Marcantonio Colonna, speech, 1571; Venetian requests to Rome and replies, 1571; Sforza Pallavicino and Giacomo Celsi, 'testificationi'.
Supplément turc 926 (microfilm R 194): Mohammed ibn 'Abd Allah Zirek el-Hoseini, 'Siège de Goulette et de Tunis', tr. A. Fonton.

BNM: Biblioteca Nazionale Marciana, Venice

It. VII. 11 (8378): Fedele Fedeli, 'Historia della guerra de Turchi contro i Sri Venetiani per il Regno di Cipro'.
It. VII. 213 (8836): Giovanni Lippomano, 'Storia veneta dal 1551 al 1568'.
It. XI. 8 (6769): Lazaro Soranzo, 'Elogio del' Ill.mo Sig.re il Sig.re Giacomo Soranzo'.

Bodl.: Bodleian Library, Oxford

Ital. c. 7: 'Raguaglio dello stato nel quale si troua quest'anno MDXCIIIJ il gouerno dell' Imperio Turchesco'.
Rawl. D 618: 'Constantinopoli del 1584'.
Tanner 77: William Harborne, memorandum, 1588.
Tanner 78: William Harborne, reports, 1585.
Tanner 79: William Harborne, reports and related documents, 1582–8.

BPCG: Biblioteca Provinciale dei Cappuccini liguri, Genoa

M256: Costantino Castriota, 'De Republica'.

BSB: Bayerische Staatsbibliothek, Munich

Cod. Ital. 6: [Giovanni Barelli,] 'Relazione', 1575.

BSS: Biblioteca Santa Scolastica, Subiaco

Archivio Colonna [abbreviated: 'AC'], II CF 1: 'Scritture dell'armata navale', vol. 1.
AC, II CF 2: 'Scritture dell'armata navale', vol. 2.
AC, II CF 3: 'Scritture dell'armata navale', vol. 3.
AC, II CF 4: 'Scritture dell'armata navale', vol. 4.
AC, II CF 5: 'Libro delle galere'.
AC, Corrispondenza Ascanio Colonna, unnumbered: Gasparo Bruni, letter, 1584.
AC, Corrispondenza Ascanio Colonna, 1 II CF 2059: Gasparo Bruni, letter, 1589.
AC, Corrispondenza Ascanio Colonna, 1 II CF 2149: Gasparo Bruni, letter, 1592.
AC, Corrispondenza Marcantonio il Grande, busta 44, no. 4450: Gasparo Bruni, letter, 1570.
AC, Corrispondenza Marcantonio il Grande, busta 44, no. 4451: Gasparo Bruni, letter, 1570.
AC, Corrispondenza Marcantonio il Grande, busta 44, no. 4490: Gasparo Bruni, letter, 1570.
AC, Corrispondenza Marcantonio il Grande, busta 67, no. 3890: Ragusan newsletter, 1571.
AC, Corrispondenza Marcantonio il Grande, busta 67, no. 3900: Marcantonio Colonna, accounts.

DAD: Državni Arhiv, Dubrovnik

Acta Consilii Minoris, 48 (1567–8).
Acta Consilii Rogatorum, 58 (1566–8).
Acta Consilii Rogatorum, 59 (1568–70).
Acta Sanctae Mariae Maioris, 16th century, item 341: Duke of Urbino, letter (1571).
Acta Sanctae Mariae Maioris, 16th century, item 354: Grand Master, letter (1573).
Acta Sanctae Mariae Maioris, 16th century, item 451: Venier, letter (1570).

Acta Sanctae Mariae Maioris, 17th century [erroneously], item 2014: Duke of Urbino, letter (1572).
Lettere, e Commissioni di Levante [abbreviated: 'LCL'], 33 (1575–80).
LCL, 34 (1580–3).
LCL, 35 (1583–6).
LCL, 37 (1590–1).
Lettere, e Commissioni di Ponente [abbreviated: 'LCP'], 1 (1567–70).
LCP, 2 (1569–71).
LCP, 3 (1575–80).
Secreta Rogatorum, 2 (1567–9).

DHI: Deutsches Historisches Institut, Rome

Minuccio Minucci, 7: Marcantonio Colonna, 'Informatione ... di quanto è successo in queste Armate'.
Minuccio Minucci, 9: Minuccio Minucci, discourse on neutrality, 1595.

GPLV: Gran Priorato di Lombardia e Venezia, Venice

578: 'Commende: Priorato di Venezia, Camere Priorali, Visite'.

HHStA: Haus-, Hof- und Staatsarchiv, Vienna

Türkei I, Karton 36 (1577–8).
Türkei I, Karton 37 (1578).
Türkei I, Karton 38 (1578–9).
Türkei I, Karton 39 (1579).
Türkei I, Karton 80 (1593)
Türkei I, Karton 81 (1593–8).

NLM: National Library of Malta, Valletta

Archive of the Order of Malta [abbreviated: 'AOM'], 92: Liber conciliorum (1567–70).
AOM, 93: Liber conciliorum (1570–3).
AOM, 98: Liber conciliorum (1589–94).
AOM, 99: Liber conciliorum (1595–7).
AOM, 100: Liber conciliorum (1597–1603).
AOM, 431: Liber bullarum (1565–7).
AOM, 446: Liber bullarum (1592).
AOM, 447: Liber bullarum (1592–4).
AOM, 448: Liber bullarum (1594).
AOM, 449: Liber bullarum (1595–6).
AOM, 2125: Deliberations of the langue of Italy (1564–94).

PAK: Pokrajinski Arhiv, Koper

KP 6.1, item 91, 'Deli testamentov, 1548–1689': Matteo Bruni, will.

SAN: Staatsarchiv, Nuremberg

Rep. 2 Rst. Nürnberg, Losungsamt, Reverse, no. 158: Jakob Geuder, document, 1609.

Rep. 2 Rst. Nürnberg, Losungsamt, Reverse, no. 187: Jakob Geuder, document, 1614.

TLA: Tiroler Landesarchiv, Innsbruck

Hofrat, Journale, Einkommende Schriften (R), vol. 22: entry for Bernardino Rossi, letter, 1593.

O. Ö. Geheimer Rat, Selekt Ferdinandea, Pos. 86: correspondence and documents relating to Petru Şchiopul.

O. Ö. Kammer-Kopialbücher, vol. 475, Gemeine Missiven (no. 103): note of letter to Antonio Bruni, 1594.

O. Ö. Regierung-Kopialbücher, Parteibücher, vol. 55: von Kühbach, document, 1597.

TNA: The National Archives, Kew (London)

SP 97/1: Edward Barton, account of the 1596 Hungarian campaign.

SP 97/2: despatches from Istanbul, 1589–93; Bartolomeo Bruti to Queen Elizabeth, 1590; Queen Elizabeth to Bartolomeo Bruti, 1590.

SP 97/3: Edward Barton, despatches from Istanbul, 1596–7.

图书在版编目（CIP）数据

帝国代理人：16 世纪地中海世界的骑士、海盗、耶稣会士与间谍 /（英）诺埃尔·马尔科姆著；余福海译 . -- 上海：文汇出版社，2021.1
ISBN 978-7-5496-3378-4

Ⅰ . ①帝… Ⅱ . ①诺… ②余… Ⅲ . ①地中海区－中世纪史－16 世纪 Ⅳ . ① K131

中国版本图书馆 CIP 数据核字 (2020) 第 216786 号

版权登记图字 09-2020-1073
审图号：GS（2020）6177

帝国代理人：16 世纪地中海世界的骑士、海盗、耶稣会士与间谍

作　　者／〔英〕诺埃尔·马尔科姆
译　　者／余福海
责任编辑／何　璟
特邀编辑／唐　涛　孙　腾
装帧设计／纪喆铭　吴绮虹
出　　版／文匯出版社
上海市威海路 755 号
（邮政编码 200041）
发　　行／新经典发行有限公司
电　　话／010-68423599　邮　　箱／editor@readinglife.com
印刷装订／山东韵杰文化科技有限公司
版　　次／2021 年 1 月第 1 版
印　　次／2021 年 1 月第 1 次印刷
开　　本／640×960　1/16
字　　数／450 千
印　　张／36.5

ISBN 978-7-5496-3378-4
定　　价／128.00 元

Agents of Empire: Knights, Corsairs, Jesuits and Spies in the Sixteenth-Century Mediterranean World by Noel Malcolm

First published in Great Britain in the English language by Penguin Books Ltd.